Klaus-W. Bramann, Peter Cremer

Wirtschaftsunternehmen Sortiment

Edition Buchhandel Band 4

Herausgegeben von Klaus-W. Bramann

Klaus-W. Bramann, Peter Cremer

Wirtschaftsunternehmen Sortiment

Handbuch des Buchhandels

5. aktualisierte und erweiterte Auflage

bramann.

Dieser Titel wird in der Deutschen Nationalbibliografie angezeigt. Die Deutsche Nationalbibliothek bietet nach Erscheinen detaillierte bibliografische Informationen unter http://dnb.d-nb.de.

Herstellung Margarete Bramann
Druck und Bindung Druckerei TZ-Verlag & Print GmbH
Printed in Germany, 2019
ISBN 978-3-95903-009-0

Inhalt

	Vorwort	11
1	**Buch- und Medienwirtschaft**	13
1.1	Verlage	20
1.1.1	Verlagstypologie	22
1.1.2	Funktionsbereiche	26
1.2	Zwischenbuchhandel	29
1.2.1	Großhandel (Absatzmittler)	29
1.2.1.1	Barsortiment	30
1.2.1.2	Weitere Großhandelsunternehmen	35
1.2.2	Dienstleister (Absatzhelfer)	37
1.2.2.1	Verlagsauslieferung	38
1.2.2.2	Büchersammelverkehr	43
1.2.2.3	Bestellanstalt / Clearing Center	44
1.3	Sortimentsbuchhandel	45
1.3.1	Be- und Vertriebstypenvielfalt	48
1.3.2	Entwicklungstendenzen	51
1.4	Die Konkurrenzsituation des Sortimentsbuchhandels	58
1.4.1	Traditionelles und Modernes Antiquariat	59
1.4.2	Bahnhofsbuchhandel	65
1.4.3	Warenhausbuchhandel und sonstige Verkaufsstellen	66
1.4.4	Buchgemeinschaften	67
1.4.5	Versand- und Internethandel	68
1.5	Börsenverein des Deutschen Buchhandels	70
1.5.1	Aufgaben des Börsenvereins	71
1.5.2	Mitgliedschaft	73
1.5.3	Verbandsstrukturen	78
1.5.4	Kulturelle und kulturpolitische Verbandsaktivitäten	80
1.5.5	Die Wirtschaftsbetriebe des Verbandes	84
	Fragen zu Kapitel 1	88

2	**Gegenstände und Dienstleistungen des Buchmarktes**	91
2.1	Printmedien	97
2.1.1	Bücher	97
2.1.1.1	Aufbau eines Buches	99
2.1.1.2	Layout und Schrift	100
2.1.1.3	Typografie	103
2.1.1.4	Papier	105
2.1.1.5	Druckverfahren	108
2.1.1.6	Buchbinderische Verarbeitung	111
2.1.2	Loseblattausgaben und Fortsetzungswerke	114
2.1.3	Zeitschriften und Zeitungen	116
2.2	Weitere traditionelle Medien der Buchbranche	116
2.2.1	Kalender	117
2.2.2	Kartografische Produkte	118
2.2.3	Lehr- und Lernmittel	119
2.2.4	Nebensortiment Kunst	120
2.2.5	Musikalien, CD, DVD und Hörbücher (Audiobooks)	120
2.3	Non-Books	124
2.4	Digitale Produkte	126
2.4.1	E-Books	128
2.4.2	E-Book-Reader	129
2.5	Beurteilungskriterien für Gegenstände des Buchhandels	131
2.6	Dienst- und Serviceleistungen im Buchhandel	134
2.6.1	Besorgung	137
2.6.2	Bücherschecks	138
2.6.3	Zustellung und Versand	138
2.6.4	Monatskonto und Kundenkarte	139
2.6.5	Antiquarische Suche	140
	Fragen zu Kapitel 2	141
3	**Branchenspezifische Systematik**	143
3.1	Sachgruppen versus Warengruppen	144
3.2	Die einheitliche Warengruppensystematik (WGSneu)	148
3.2.1	Warengruppen-Index	148
3.2.2	Warengruppen	149
3.2.3	Zuordnungsprobleme mit der WGSneu	153
3.3	Warengruppenstatistik	153
	Fragen zu Kapitel 3	156
4	**Rechtliche Bestimmungen im Buchmarkt**	157
4.1	Buchpreisbindung	158
4.1.1	Buchpreisbindung und die Ausnahmen vom gebundenen Ladenpreis	162

4.1.2 Preisbindung für Presseerzeugnisse ... 167
4.1.3 Preisbindung und Absatzförderungssysteme ... 168
4.2 Regeln für den Buchhandel ... 171
4.2.1 Grundlagenpapier ... 172
4.2.2 Verkehrsordnung für den Buchhandel ... 173
4.2.3 Wettbewerbsregeln des Börsenvereins ... 176
4.3 Handelsrelevante Bestimmungen und Gesetze ... 177
4.3.1 Allgemeine Geschäftsbedingungen (AGB) ... 178
4.3.2 Fernabsatzrecht ... 179
4.3.3 Preisangabenverordnung ... 181
4.3.4 Ladenschlussrecht ... 182
4.3.5 Verpackungsgesetz ... 183
4.3.6 Datenschutz ... 185
4.3.7 Vertriebsbeschränkungen im Buchhandel ... 188
4.4 Urheberrecht ... 190
4.4.1 Das deutsche Urheberrechtsgesetz ... 191
4.4.2 Verwertungsgesellschaften ... 196
4.4.3 Verlagsvertrag ... 197
Fragen zu Kapitel 4 ... 199

5 Informationssysteme – Bibliografie und Recherche ... 203
5.1 Kenntnis und Nutzung von Informationssystemen ... 204
5.2 Literaturdatenbanken und das Metadatenformat FRBR ... 208
5.3 Deutsche Nationalbibliografie (DNB) ... 213
5.4 Regelwerke und Normdateien ... 216
5.5 Titelaufnahme nach RDA ... 218
5.6 Recherchestrategien ... 222
5.6.1 Suchmodus ... 223
5.6.2 Boolesche Operatoren ... 223
5.6.3 Maskieren und Trunkieren ... 224
5.6.4 Suche über Stichwort und Schlagwort ... 224
5.6.5 Suche über Verfasser (geistiger Schöpfer nach RDA) ... 225
5.6.6 Suche über den Sachtitel ... 225
5.6.7 Suche über Medientyp ... 226
5.6.8 Suche über Volltext ... 226
5.6.9 Suche über ISBN/ISSN ... 227
5.7 Verzeichnisse und Datenbanken im Überblick ... 231
5.7.1 Verzeichnis Lieferbarer Bücher (VLB) ... 233
5.7.2 VLB-TIX ... 241
5.7.3 Barsortimentskataloge ... 244
5.7.4 Kompendien – Fachverzeichnisse ... 248
5.7.5 Adress- und Zeitschriftenverzeichnisse ... 249
5.7.6 Metasuchmaschinen ... 252

5.7.7 Buchhändlerische Fachinformation ... 253
Fragen zu Kapitel 5 ... 257

6 Beratung und Verkauf ... 259
6.1 Verkäufertypen und Verkäuferrollen ... 262
6.1.1 Verkäufertypen ... 262
6.1.2 Verkäuferrollen ... 263
6.2 Kunden, Käufer, Konsumenten ... 265
6.2.1 Kundenbedürfnisse – die psychologische Dimension des Kaufens ... 265
6.2.2 Kundentypen ... 267
6.2.2.1 Sinus-Milieus ... 268
6.2.2.2 Limbische Welt ... 272
6.2.2.3 Kundentypologien ... 274
6.3 Beratungs- und Verkaufsgespräche ... 277
6.3.1 Struktur und Elemente von Beratungs- und Verkaufsgesprächen ... 279
6.3.2 Aktives Verkaufen ... 284
6.4 Kommunikation ... 285
6.4.1 Fragen und Fragetechniken ... 288
6.4.2 Interaktion: mehr als Sprache ... 291
6.4.3 Umtausch, Beschwerden und Reklamationen ... 291
6.4.4 Beratung und Verkauf hochpreisiger Produkte ... 293
6.4.5 Kunden am Telefon ... 295
6.4.6 Virtuelle Verkaufsräume und Online-Kunden ... 297
6.5 Beratung und Verkauf im Kontext von Serviceleistungen ... 300
6.6 Der ›Internet-Tsunami‹ ... 307
6.7 Der Kunde als Gast ... 309
Fragen zu Kapitel 6 ... 310

7 Einkauf ... 311
7.1 Bestellanlässe ... 318
7.2 Die Wahl der Bezugsquelle – Verlag oder Barsortiment? ... 321
7.3 Verlagsbezug über Verlagsvertreter ... 323
7.4 Einkaufskonditionen ... 325
7.4.1 Rabatte ... 326
7.4.2 Zahlungsbedingungen ... 328
7.4.3 Bezugsformen ... 331
7.4.4 Bezugskosten ... 333
7.4.5 Werbekostenzuschuss (WKZ) ... 334
7.4.6 Jahreskonditionen ... 335
Fragen zu Kapitel 7 ... 336

8 Warenwirtschaft und Lagerlogistik ... 339
8.1 Bestellvorgang ... 344

8.1.1 Kundenbestellungen ... 344
8.1.2 Lagerbestellungen ... 347
8.2 Wareneingang ... 352
8.2.1 Verlagssendungen ... 353
8.2.2 Barsortimentssendungen ... 354
8.2.3 Meldenummern ... 354
8.2.4 Mängelrüge ... 355
8.3 Abholfach ... 356
8.4 Bestandsverwaltung ... 357
8.4.1 Lagerkontrolle und wiederkehrende Lagerarbeiten ... 358
8.4.1.1 Preisänderungen ... 358
8.4.1.2 Remission ... 360
8.5 Inventur ... 362
8.5.1 Bestandsaufnahme ... 364
8.5.2 Inventurverfahren und Bewertung ... 365
Fragen zu Kapitel 8 ... 367

9 Vertrieb ... 369
9.1 Barverkauf ... 370
9.1.1 Kundenorientierter Kassiervorgang ... 372
9.1.2 Kassenbericht ... 373
9.1.3 Bargeldlose (unbare) Zahlungsarten ... 374
9.2 Rechnungsverkauf ... 378
9.3 Warenversand ... 379
9.4 E-Commerce ... 383
9.4.1 Multi-Channeling ... 386
9.4.2 Webshops ... 387
9.4.2 Der eigene Internetauftritt ... 389
Fragen zu Kapitel 9 ... 392

10 Marketing ... 393
10.1 Unternehmensphilosophie und Unternehmensleitlinien ... 395
10.2 Marketingziele, Marketingkonzepte und Marketinginstrumente ... 396
10.3 Marktforschung und Markterkundung ... 400
10.4 Zielgruppen und Milieus ... 405
10.5 Werbung ... 407
10.5.1 Werbeetat ... 407
10.5.2 Werbemittel und Werbeträger ... 408
10.5.3 AIDA-Prinzip ... 409
10.5.4 Werbeplan ... 410
10.5.5 Werbeerfolg ... 411
10.5.6 Gemeinschaftswerbung ... 412
10.5.7 Ausgewählte Werbemaßnahmen (print) ... 413

10.5.8 Ausgewählte Werbemaßnahmen (digital) ... 418
10.6 Verkaufsraum ... 427
10.6.1 Eingangsbereich ... 429
10.6.2 Kompetenzbereich ... 429
10.6.3 Kundenleitweg - der Loop ... 431
10.7 Präsentation und Wareninszenierung ... 433
10.8 Öffentlichkeitsarbeit - Public Relations (PR) ... 439
10.9 Verkaufsförderung (Sales Promotion) ... 443
10.9.1 Kosten und Erfolgskontrolle ... 444
10.9.2 Autorenlesung ... 447
Fragen zu Kapitel 10 ... 450

Anhang ... 453
Gesetz über die Preisbindung für Bücher ... 453
Sammelrevers 2002 ... 457
Grundlagenpapier ... 459
Verkehrsordnung für den Buchhandel ... 461
Wettbewerbsregeln des Börsenvereins ... 470
Normverrtrag / Verlagsvertrag ... 473
Fachvokabular deutsch-englisch ... 479
Verzeichnis weiterführender Literatur ... 483
Abkürzungen ... 484
Wichtige Internetadressen ... 485
Lösungsteil ... 485
Sachregister ... 499

Vorwort

Die fünfte aktualisierte und erweiterte Auflage von *Wirtschaftsunternehmen Sortiment* trägt den Titelzusatz ›Handbuch des Buchhandels‹, was sowohl am Umfang der Werkes als auch an der in die Tiefe gehenden Art der Darstellung liegt.

Zwar orientiert sich die Gliederung an den berufsspezifischen Kompetenzen, die in der Ausbildungsordnung 2011 für den Ausbildungsberuf Buchhändlerin / Buchhändler formuliert worden sind und in jedem der zehn Kapitel einleitend zitiert werden, die Inhalte gehen jedoch in vielen Bereichen weit über das hinaus, was Auszubildende ›wissen sollten‹. So hilft das Buch vielen Seiteneinsteigern beim Start in den Beruf und bringt Struktur in die komplexen Zusammenhänge der Branche. Die Ausführungen zu den Themen Einkauf und Lagerkennziffern dürften selbst für gestandene Profis von Interesse sein. Gleiches gilt für die Fragen am Ende jedes Kapitels. Sie dienen nicht nur zur Vorbereitung für die Abschlussprüfung, sondern gleichermaßen zur Auffrischung des Wissens von ›alten Hasen‹, die sich entweder als Inhaber oder als Entscheidungsträger in Sachen betrieblicher Ausbildung dem Strukturwandel der Branche stellen müssen.

Was hat sich gegenüber der letzten Auflage aus dem Jahre 2014 verändert? Neben der notwendig gewordenen Aktualisierung des Zahlenmaterials, die in erster Linie anhand von *Buch und Buchhandel in Zahlen 2019* vorgenommen worden ist, sind neue gesetzliche Vorschriften hinzugekommen, wie die Datenschutzgrundverordnung (2018) und das Verpackungsgesetz (2019). Alle Ausführungen zur ›digitalen Welt‹, ob sie nun E-Commerce, E-Books, VLB-TIX oder Webshops betreffen, sind komplett überarbeitet worden. Rundumerneuert wurde ferner das Kapitel ›Recherche‹, das mit den Neuerungen des seit 2014 weltweit geltenden Regelwerks RDA (Ressource, Description und Access) beginnt und selbstredend auch die Welt der Metadaten und die ›thema-Klassifikation‹ zum Gegenstand hat. Die wohl wichtigsten buchhändlerischen Arbeitsfelder ›Beratung und Verkauf‹ sowie ›Marketing‹ haben weiterhin einen Umfang von je rund 50 Seiten und wurden um einzelne wichtige Aspekte ergänzt.

Peter Cremer, gelernter Buchhändler und studierter Germanist, war lange Jahre Bildungsgangleiter Buchhandel am Joseph-DuMont-Berufskolleg in

Köln und hat dort im Schwerpunkt in den Buchhandelsfachklassen unterrichtet. Sein Engagement für den buchhändlerischen Nachwuchs zeigt sich nicht nur in der jahrzehntelangen Mitarbeit in diversen Prüfungsausschüssen, sondern auch in seiner Tätigkeit als Sachverständiger, der in den Jahren 2010 und 2011 den Reformprozess des Ausbildungsberufs begleitet hat. Klaus-Wilhelm Bramann, ebenfalls gelernter Buchhändler und studierter Germanist, hat fast zwei Jahrzehnte Auszubildende an den Schulen des Deutschen Buchhandels (heute: mediacampus frankfurt) unterrichtet, bevor er sich als Verleger und Berater selbstständig gemacht hat.

Ein Dankeschön gilt den vielen helping hands, die uns bei den vielfältigen Recherchearbeiten, bei der Korrektur einzelner Passagen und punktuell bei der Klärung schwieriger Sachfragen geholfen haben. Besonders erwähnen möchten wir: Susanne Barwick (Rechtsabteilung des Börsenvereins), Gudula Buzmann (Betriebsberaterin), Andschana Gad (Gabal Verlag), Tanja Haas (JDBK Köln), Bettina Heß (Studentin des Masterstudiengangs ›infernum‹), Sibylle Heyn (Außendienst Libri), Birgit Koch und Alexander Kleine (Sortimenter-Ausschuss des Börsenvereins), Michaela von Koenigsmarck (mediacampus frankfurt), Johanna Lammert-Bohnenkamp (Buchhandlung Carolin Wolf in Bruchsal), Nicole Schneider (Barsortiment Könemann), Maren Imke Weidanz (Buchhandlung Decius) sowie Tobias Wissmann (mediacampus frankfurt). Der größte Dank aber gebührt erneut Margret Bramann, die das Buch nicht nur in satztechnischer Hinsicht betreut hat.

Wirtschaftsunternehmen Sortiment erscheint weiterhin als gebundene Buchausgabe. Dahinter steht die Überzeugung, dass die komplexen Zusammenhänge der Medienlandschaft in geräteunabhängiger, ›sinnlich‹ aufbereiteter Form dem interessierten Benutzer zugänglich gemacht werden sollen. Damit verbunden ist ein hoher Anspruch an die qualitative Ausstattung und eine lesegerechte Typografie. In gleichem Maße legen die Verfasser Wert auf die korrekte ›Ansprache‹. Deshalb sei den mehrheitlich weiblichen Arbeitskräften im Buchhandel an dieser Stelle versichert, dass Worte wie Buchhändler, Sortimenter oder Filialleiter immer auch die grammatikalisch weiblichen Formen mit einschließen. Im Buch würde eine durchgehend gendergerechte Schreibweise, wie Buchhändler*in etc., jedoch den Lesefluss nicht unerheblich stören, sodass wir die überkommene Ansprache beibehalten haben.

Frankfurt und Schleiden, im September 2019
Dr. Klaus-Wilhelm Bramann und Peter Cremer

1
Buch- und Medienwirtschaft

Buch- und Medienwirtschaft

Aus: Ausbildungsrahmenplan für die Berufsausbildung zum Buchhändler und zur Buchhändlerin | Sachliche Gliederung (§ 4 Absatz 2 Abschnitt A Nummer 1)

BUCHMARKTPROZESSE UND -BETEILIGTE

- Besonderheiten der Buchbranche und Leistungen des Buchmarktes unter handelsbezogenen und kulturellen Aspekten bewerten;
- die Wertschöpfungskette im Buchmarkt erläutern und den eigenen Betrieb in diese einordnen;
- Geschäftsprozesse des Buchmarktes und Geschäftsbeziehungen zwischen den einzelnen Handelspartnern erläutern;
- Handelslandschaft im Sortimentsbuchhandel beschreiben;
- die Bedeutung und die unterschiedlichen Strukturen des Verlagswesens im Buchhandel beschreiben;
- Verlage und ihre Schwerpunkte unterscheiden;
- die Funktionsbereiche im Verlag beschreiben.

Ergänzt um:
VERTRIEBSWEGE (§ 4 Absatz 2 Abschnitt A Nummer 5.5; auszugsweise)

- Vertriebswege des Buchhandels nutzen;
- Informationen zur Erschließung neuer Vertriebswege auswerten und nutzen.

Der Buchhandel gilt als Markt der Medien, der zwischen Geschäft und Kultur, Lesevergnügen, Freizeitbeschäftigung und Informationsvermittlung agiert. Seine gesamtwirtschaftliche Bedeutung ist eher marginal – zumindest verglichen mit den Umsätzen, die Banken und Industrieunternehmen erwirtschaften. Denn was sind schon rund 10 Milliarden Euro Gesamtumsatz zu Endverbraucherpreisen im Jahr 2019 in Relation zu den Umsätzen von Aldi, Volkswagen oder Generali? Doch man kann schlecht Äpfel mit Karosseriebauten vergleichen, und so verbietet sich wohl auch ein Vergleich der Kultur- mit der Lebensmittel-, Industrie- oder Versicherungsbranche. Allerdings nur vordergründig. Denn es gibt auch Gemeinsamkeiten, die Wirtschaftsunternehmen prinzipiell zugrunde liegen: Man agiert in einem konkreten Markt, ist auf Kaufkraft angewiesen und muss mit Marketingtechniken umgehen, um anvisierte Zielgruppen zufrieden zu stellen. Trotzdem gilt: Rein ökonomisch betrachtet ist die Buchbranche ein wirtschaftlicher Zwerg, in kultureller Hinsicht hingegen ein Riese mit einer effizienten Lobbyarbeit, die in der Hand des Börsenvereins des Deutschen Buchhandels (siehe Kap. 1.5) liegt.

Doch man setze Kultur nicht zwangsläufig mit Belletristik oder fiktionaler Literatur gleich. Zwar dominiert die Belletristik von der verlegten Titelzahl her mit rund 14.000 Titeln den Markt der Neuerscheinungen und ist mit rund 25 Prozent Umsatzanteil am Gesamtumsatz auch die wichtigste Warengruppe im Sortimentsbuchhandel, gefolgt vom Kinder- und Jugendbuch mit circa 9.000 neuen Titeln und rund 15 Prozent Umsatzanteil. Auf die Hauptwarengruppe 1 (Belletristik) und die Hauptwarengruppe 2 (Kinder- und Jugendbuch) entfallen somit etwa 40 Prozent des Gesamtumsatzes der Branche. Damit generiert der Buchhandel unter 50 Prozent des Umsatzes in Buchhandlungen auf Titel, die man gemeinhin mit Lesen in Verbindung bringt, mit fiktionaler Literatur, mit Romanen und Erzählungen, die man zum Zeitvertreib, zur Freude, zur Entspannung, zum Genießen, zur Muße oder auch zum Nachdenken, zur Bereicherung, zur Erbauung oder zur Besinnung liest. Gemeint ist hiermit das zweckfreie Lesen, in der Terminologie der Leseforschung auch ›animatorisches‹ oder ›identifikatorisches‹ Lesen genannt. Über 50 Prozent des Buchangebots hingegen beziehen sich auf den Non-Fiction-Bereich, wo das zweckgerichtete oder informatorische Lesen von Inhalten und Themen im Vordergrund steht, wie im Falle von Sachbüchern, Ratgebern, berufsspezifischen Fachbüchern, Schulbüchern oder wissenschaftlicher Literatur.

Bücher und Medien

Die Anzahl der verlegten Buch- und Medienangebote, die den unterschiedlichen Lese- und Kaufbedürfnissen entsprechen, ist immens. Im Jahr 2018 waren es exakt 79.916 neue Titel, womit man sich im internationalen Vergleich auf einem sehr hohen Level bewegt. Diese Zahl wird von der Deutschen Nationalbibliothek veröffentlicht, die gemäß der *Verordnung über die Pflichtablieferung von Druckwerken an die Deutsche Nationalbibliothek* von jedem Verlag und jeder publizierenden Institution in Deutschland zwei Exemplare erhält (siehe Kap. 5.3). Hinzu kommen digitale Netzpublikationen unterschiedlicher Dateiformate sowie Printing-on-Demand-Titel, die physisch nicht existieren müssen, sodass hierüber keine exakten Zahlen vorliegen. Von den 79.916 Titeln sind allerdings nur 71.548 Titel (89,5 %) Erstausgaben und nur diese zählen zu den ›echten‹ Novitäten; bei den übrigen handelt es sich um bearbeitete Neuauflagen. Im Umkehrschluss heißt dies: Nur 10,5 Prozent der Novitäten der Vorjahre kommen in den Genuss bearbeiteter Auflagen, addiert um eine Dunkelziffer von unveränderten Nachdrucken, die in Branchenstatistiken nicht weiter erfasst werden.

Erhältlich sind natürlich weitaus mehr Titel, denn viele Verlage halten ihre Produktion über Jahre hinweg lieferbar. Das *Verzeichnis Lieferbarer Bücher* (VLB, siehe Kap. 5.7.1), das seit Anfang der 1970er-Jahre die buchhändlerische Arbeit unterstützt und als umfangreichste Literaturdatenbank für den deutschsprachigen Raum (inklusive Österreich und der Schweiz) gilt, meldet 2019 stolze 2,5 Millionen Datensätze aus rund 21.000 Verlagen. Es ist zudem die offizielle Referenzdatenbank für gebundene Ladenpreise.

Aber selbst die 2,5 Millionen Titel sind nur ein Teil des buchhändlerischen Angebots. Denn die Zahl der antiquarisch recherchierbaren Bücher liegt noch weit höher. Über die Internetplattform *Zentrales Verzeichnis Antiquarischer Bücher* (ZVAB) beispielsweise, dem weltweit größten Online-Antiquariat für deutschsprachige Titel, sind mehr als 25 Millionen antiquarische oder vergriffene Bücher sowie Noten, Grafiken, Autografen, Postkarten und Schallplatten von professionellen Antiquaren aus vielen Ländern zu beziehen.

Neben den traditionellen Printmedien, wie Bücher, Zeitschriften, Kalender, Loseblattausgaben etc., werden selbstverständlich auch E-Books in unterschiedlichen Dateiformaten über den Sortimentsbuchhandel bzw. dessen Webshops vertrieben. Dieses Marktsegment wächst stetig, wenn auch nicht überproportional: Ihr Umsatzanteil lag 2018 bei 5 Prozent bei einem Absatz von 32,8 Millionen verkauften E-Books im Publikumsmarkt. Nicht vergessen seien die mehr oder weniger buchaffinen Nebenprodukte, kurz Non-Books genannt, die in den letzten Jahren zunehmend in das buchhändlerische Sortiment aufgenommen worden sind und auch auf den Buchmessen immer mehr Fläche für sich beanspruchen. Aus diesem schier unbegrenzten Angebot stellt sich jeder einzelne Buchhändler sein(!) Sortiment zusammen (siehe Kap. 1.3); denn der Begriff ›Sortiment‹ kommt von sortieren oder auswählen.

Das Angebot in den Buchhandlungen besteht in erster Linie aus Titeln der Publikumsverlage und berücksichtigt Fachbücher und wissenschaftliche Literatur nur bei einer entsprechenden Spezialisierung. Publikationen von Institutionen oder Privatpersonen, Zuschuss- oder Dienstleistungsverlagen und der wachsende Markt der Selfpublisher, der ohne traditionelle Verlagsstrukturen auskommt, rücken selten in sein Gesichtsfeld.

Was bleibt: der Spagat zwischen ›Büchernarr‹ und ›Content-Experte‹. Und trotzdem: Das **Leitmedium Buch** wird so lange das Bild des Buchhändlers prägen, wie Verlage weiterhin den Großteil ihrer Umsätze mit gedruckten Büchern machen. Dass die Begriffe ›Buchhändlerin‹ und ›Buchhändler‹ auch in Zukunft Verwendung finden, ergibt sich allein aus der derzeit geltenden Ausbildungsordnung vom 15. März 2011, die als offizielle Berufsbezeichnung weiterhin ›Buchhändlerin‹ und ›Buchhändler‹ verwendet, obwohl die Begriffe Medien- oder Informationshändler lange Zeit im Gespräch waren. Durch die Beibehaltung der traditionsreichen Berufsbezeichnung wird der Bezug zur Kernkompetenz des Berufs deutlich: Es geht um das Buch.

Differenzierte kulturelle Dienstleistung

Die oben erwähnten Titel- bzw. Medienzahlen belegen eindrucksvoll, was den Buchhandel auszeichnet: differenzierte, kulturelle Dienstleistung. Der Schutz dieser Titelvielfalt ist auch ein Anliegen des Gesetzgebers in der Bundesrepublik Deutschland. Das Buchpreisbindungsgesetz (BuchPrG) schreibt Verlagen seit dem 1. Oktober 2002 vor, gebundene Endverkaufspreise für ihre Bücher festzusetzen – und zwar aus kulturpolitischen Gründen. Im Paragraf 1 ist der Zweck des Gesetzes definiert: »Das Gesetz dient dem Schutz des Kulturgutes Buch. Die Festsetzung verbindlicher Preise beim Verkauf an Letztabnehmer sichert den Erhalt eines breiten Buchangebots. Das Gesetz gewährleistet zugleich, dass dieses Angebot für eine breite Öffentlichkeit zugänglich ist, indem es die Existenz einer großen Zahl von Verkaufsstellen fördert.«

Aus Sicht der Verlage hat Klaus Wagenbach die Segnungen der Preisbindung hinsichtlich der Titelvielfalt beschrieben. In der Zeitschrift *Buchmarkt* führte er 1994 anlässlich seines 60. Geburtstags sehr konkret die Auswirkungen der Mischkalkulation vor Augen: »Die Preisbindung […] erlaubt uns – das sage ich auch öffentlich, auch vor Lesern! – die Liebesgedichte von Erich Fried, von denen wir glücklicherweise 300.000 Exemplare verkauft haben, zwei Mark teurer zu machen. Das stecken wir uns in die Tasche. Rechte Tasche – Kapital, weil Kapital – rechts. Linke Tasche – die schönen Verlustprojekte. Wenn das nicht mehr funktioniert, ist ein großer Teil unserer Arbeit nicht mehr möglich.«

Differenzierte, kulturelle Dienstleistung findet auf allen Ebenen des Buchhandels statt. Auch und erst Recht beim Sortimentsbuchhandel. Und hier nicht nur bei den Großen, die aufgrund ihrer Marktmacht und ihres verhältnismäßig großen Werbeetats in großem Stil beim allgemeinen Publikum und in den Medien punkten können. Auch viele ›Kleine‹ verstehen sich als Kulturförderer und tragen zur Leseförderung in Städten, Gemeinden und Stadtteilen bei. Finanziell honoriert wird dieses Engagement seit 2015 – seit Monika Grütters, Staatsministerin für Kultur und Medien, den Deutschen Buchhandlungspreis aus der Taufe hob, der seit 2019 um einen Deutschen Verlagspreis für unabhängige Verlage ergänzt wird.

Mit dem Deutschen Buchhandlungspreis werden inhabergeführte Buchhandlungen mit Sitz in Deutschland ausgezeichnet, die ein literarisches Sortiment oder ein kulturelles Veranstaltungsprogramm anbieten, die innovative Geschäftsmodelle verfolgen oder sich im Bereich der Lese- und Literaturförderung engagieren. Im Fokus stehen also die Unternehmen, die das kulturelle Leben in ihrer Region in besonderem Maße prägen und die ihren Kunden mit Wissen, Kompetenz, Einfallsreichtum und vor allem mit Herzblut ›ihre‹ Bücher empfehlen. Die dotierten Gütesiegel werden in drei Kategorien an Buchhandlungen vergeben, deren durchschnittlicher Jahresumsatz in den vergangenen drei Jahren unter einer Million Euro lag.

Eine vom Staatsministerium für Kultur und Medien berufene und jährlich wechselnde Jury wählt unter den Bewerbungen die Nominierten für die Verleihung der Gütesiegel aus und schlägt diese für die Auszeichnung vor.

Gütesiegel des Deutschen Buchhandlungspreises

HERVORRAGENDE BUCHHANDLUNG Gütesiegel verbunden mit einer Prämie in Höhe von jeweils 7.000 Euro für bis zu hundert Buchhandlungen.

BESONDERS HERAUSRAGENDE BUCHHANDLUNG Gütesiegel verbunden mit einer Prämie in Höhe von jeweils 15.000 Euro für bis zu fünf Buchhandlungen.

BESTE BUCHHANDLUNG Gütesiegel verbunden mit einer Prämie in Höhe von jeweils 25.000 Euro für drei Buchhandlungen.

UNDOTIERTES GÜTESIEGEL Für bis zu zehn Buchhandlungen, deren Jahresumsatz in den vergangenen drei Jahren über einer Million Euro lag.

Aussagekräftige Bewerbungsunterlagen werden online eingereicht. Hier müssen Buchhandlungen anhand von nachweisbarem Zahlenmaterial und konkreten Projekten belegen, warum sie meinen, den Preis verdient zu haben. Hierzu gehören u. a.:

- Aktive Nutzung des VLB, auch für Bestellungen von Titeln, die der Großhandel nicht führt,
- Serviceangebote, wie Besorgung vergriffener Bücher,
- Zusammenarbeit mit einer Vielzahl von Verlagen,
- Regelmäßiger Empfang von Verlagsvertretern,
- Umfang / Anteil von Titeln aus kleineren, unabhängigen Verlagen in Prozent der Gesamtsortimentsstruktur,
- Umfang und Auflistung des kulturellen Veranstaltungsprogramms,
- Umfang und Anzahl der Projekte zur Lese- und Literaturförderung,
- Online-Aktivitäten, wie eigene Website, Webshop und Social-Media-Accounts,
- Beteiligung an Indiebook-Aktivitäten.

Bei den ›freien Texten‹ liegt es in der Hand der jeweiligen Buchhandlung, die Jury auf eine individuelle Art zu überzeugen. Dies kann ein besonderer gestalterischer Pfiff der Präsentation sein oder Leit-Mottos wie ›Leseförderung für Alt und Jung‹, ›kulturelle Vernetzung in der Region‹ etc. Eine Prise Pfiffigkeit kann hier nicht schaden, um aus der Masse der Bewerber herauszustechen und das Prädikat ›Ausgezeichneter Ort der Kultur‹ zu erlangen.

Branchenstruktur und Marktteilnehmer

Buch- und Buchhandel in Zahlen, das ›statistische Jahrbuch‹ des Börsenvereins, bietet Jahr für Jahr aktuelles Zahlenmaterial über die Branche. In der Ausgabe 2019 finden sich zu Beginn des Kapitels Branchenumsatz und Branchenentwicklung gleich drei Übersichten, die geschätzte Umsätze buchhändlerischer Betriebe zu Endverbraucherpreisen thematisieren. Hier werden also die Umsätze erfasst, die zu Ladenpreisen generiert werden; keine Berücksichtigung finden die Umsätze, die im Geschäftsverkehr zwischen Verlagen und Buchhandlungen sowie zwischen Großhändlern und Buchhandlungen gemacht werden. Im 10-Jahres-Vergleich kann man festhalten, dass der Gesamtumsatz bis 2013 oberhalb der 9,5-Milliarden-Grenze lag, in den Jahren ab 2014 hingegen unterhalb. Man kann also von einer leicht rückläufigen Entwicklung des Gesamtmarktes sprechen.

Jahr	Umsätze in Mio Euro	Veränderung in Prozent
2013	9.536	+ 0,2
2014	9.322	– 2,2
2015	9.188	– 1,4
2016	9.276	+ 1,0
2017	9.131	– 1,6
2018	9.134	+/– 0,0

Geschätzte Umsätze buchhändlerischer Betriebe zu Endverbraucherpreisen.
Quelle: Börsenverein des Deutschen Buchhandels.
Zitiert nach: *Buch und Buchhandel in Zahlen 2019*

Vergleicht man die prozentuale mit der umsatzmäßigen Entwicklung, so werden Gewinner und Verlierer der letzten Jahre sichtbar. Klare Gewinner sind die Internethändler. Statistisch werden sie dem Versandbuchhandel zugeordnet und beanspruchen innerhalb dieses Vertriebswegs mit 19,5 Prozent vom Gesamtumsatz den größten Anteil. Einen Großteil davon dürfte Amazon für sich vereinnahmen. Zu den Gewinnern zählen auch Verlage mit ihrem Direktgeschäft. Hier schlägt vor allem das Engagement der Fachbuchverlage zu Buche, die in direktem Kontakt mit Unternehmen und Institutionen stehen; die Dynamik resultiert in erster Linie aus zahlreichen Online-Aktivitäten.

Zu den Verlierern zählen der Warenhausbuchhandel und die Buchgemeinschaften, wobei bei letzteren vor allem das Aus des Bertelsmann-Clubgeschäfts Ende 2015 zu Umsatz- und Anteilverlusten beigetragen hat. Aber auch das klassische Versandgeschäft via Katalog, Telefon und Mailing hat seine ehemals exponierte Bedeutung verloren.

Und der Sortimentsbuchhandel? Er ist mit knapp unter 50 Prozent Umsatzanteil zwar immer noch mit Abstand der wichtigste Absatzpartner für Publikumsverlage und wird dies auf absehbare Zeit auch bleiben – sein Anteil am Gesamtumsatz der Branche sinkt jedoch seit Jahren. 2011 lag er mit 49,7 Prozent erstmals unterhalb der 50-Prozent-Marke. Allerdings überlässt er das Online-Geschäft nicht länger allein den Internet-Giganten: Erfolgreich betriebene Webshops gehören seit geraumer Zeit zum Pflichtrepertoire modern geführter Unternehmen.

	2013	2014	2015	2016	2017	2018
Sortimentsbuchhandel (ohne E-Commerce)	48,6	49,2	48,2	47,3	47,1	46,8
Sonstige Verkaufsstellen	9,9	9,9	10,1	10,1	9,8	9,8
Warenhäuser	1,5	1,3	1,2	1,4	1,4	1,3
Versandbuchhandel (einschließlich Internethandel)	18,6	17,9	18,7	19,9	20,2	20,7
Verlage direkt	19,7	20,4	20,9	20,9	21,3	21,0
Buchgemeinschaften	1,6	1,3	0,8	0,3	0,3	0,4

Geschätzte Umsätze buchhändlerischer Betriebe zu Endverbraucherpreisen – Anteile der Vertriebswege in Prozent.
Quelle: Börsenverein des Deutschen Buchhandels. Zitiert nach: *Buch und Buchhandel in Zahlen 2019*

Mit dieser anhand statistischer Durchschnittswerte skizzierten Entwicklung ist für den Sortimentsbuchhandel also nicht zwangsläufig eine Weltuntergangsstimmung angesagt. Allenfalls kann man von einem leicht rückläufigen bzw. stagnierenden Markt sprechen, der eher einem Null-Summen-Spiel gleicht. Stagnierende Märkte jedoch sind gemäß moderner Wirtschaftstheorien Umverteilungsmärkte, in denen es Gewinner und Verlierer gibt. So auch im (Einzel-)Handel mit Büchern.

Es gilt also, die Entwicklung innerhalb der einzelnen Absatzkanäle differenziert zu analysieren. Denn die Entwicklung der Absatzkanäle ist nicht zwangsläufig mit der Entwicklung einzelner Unternehmen am Markt gleichzusetzen. Und nicht immer gilt das Prinzip der Ausschließlichkeit der Vertriebskanäle. Dies gilt vor allem für den Sortimentsbuchhandel. Obwohl die Begriffe **Multi- oder Omni-Channeling** erst seit kurzem in der Literatur verwendet werden, ist das, was sich absatztechnisch dahinter verbirgt, ein ›alter Hut‹. Nämlich die Erkenntnis: Umsätze werden nicht nur ›stationär‹ über das Ladenlokal generiert, sondern auch ›ambulant‹: via Versand, Büchertisch und Webshop.

Thematisieren wir im Folgenden die **Wertschöpfungskette** im Buchhandel, indem wir den drei Wirtschaftsstufen der Branche folgen. Wir beginnen beim Verlag, um über den Zwischenbuchhandel zum Bucheinzelhandel zu gelangen, wobei dem Sortimentsbuchhandel im Kapitel 1.3 der größte Platz vorbehalten bleiben soll. In den Fokus rücken dabei auch drei Marktteilnehmer, die aus unterschiedlichen Gründen nicht in der zitierten Statistik des Börsenvereins auftauchen. Erstens der Zwischenbuchhandel (Kap. 1.2), der nicht zu Endverbraucherpreisen verkauft und allein deshalb nicht erfasst wird. Zweitens der Bahnhofsbuchhandel (Kap. 1.4.2), dessen Zahlen von einem eigenen Verband recherchiert und veröffentlicht werden. Drittens das Antiquariat (Kap. 1.4.1), wobei vor allem das Marktsegment Modernes Antiquariat in fast allen Absatzkanälen eine wichtige Rolle spielt.

1.1 Verlage

Das *Adressbuch für den deutschsprachigen Buchhandel* (seit 2013 als Online-Ausgabe unter www.adb-online.de abrufbar; siehe Kap. 5.7.4) listet mehr als 30.000 buchhändlerische Betriebe auf, wobei rund 3/4 von ihnen (ca. 24.000 Betriebe) auf den herstellenden Buchhandel entfallen. Hierzu werden auch Körperschaften, Lehrstühle an Universitäten, Institutionen und Vereine gezählt, die nur sporadisch Publikationen herausgeben. Die Zahl der Unternehmen, die das Verlegen professionell betreiben, ist weitaus geringer. In diesem

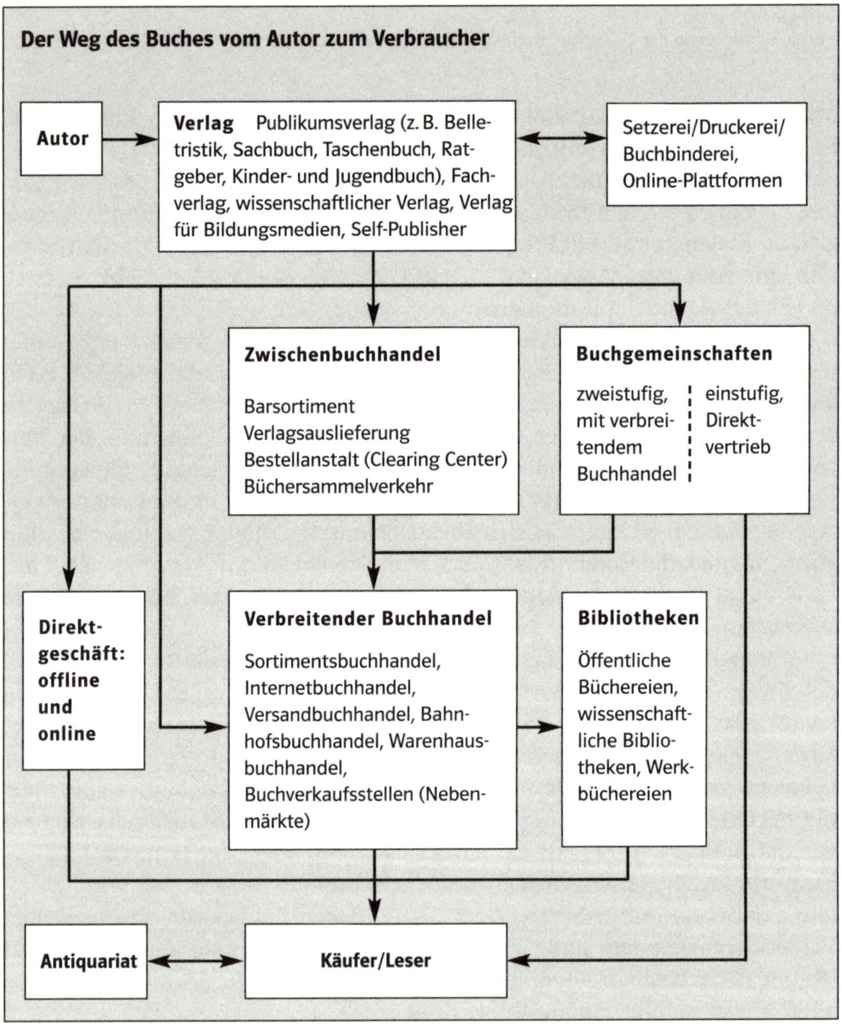

Zusammenhang sind die 1.606 Mitgliedsfirmen des Börsenvereins (Stand: 31.12.2018) ein recht guter Anhaltspunkt. Dabei soll keineswegs die Qualität so mancher Produkte geschmälert werden, wie die Bücher eines Self-Publishers, oder die Schriftenreihen einer Institution, mit der Informationen einer größeren Öffentlichkeit zur Verfügung gestellt werden.

Berachtet man die Welt der Verlage im Überblick, so tritt eine **Polarisierung** zutage, die für die gesamte Medienbranche typisch ist. Sie geht fast zwangsläufig einher mit der Unterscheidung zwischen inhabergeführtem (Klein-)Verlag und konzernabhängigem (Groß-)Verlag, für den der Begriff ›Buchindustrie‹ gelten mag. Dabei wachsen große Verlagshäuser überproportional schneller als kleine Verlage. Dies recherchiert der zur Spiegel-Gruppe gehörende Verlag Harenberg, der jährlich das Ranking der 100 größten Verlage in der April-Nummer des *buchreport.magazin* veröffentlicht und seine Recherchen auszugsweise auch im Internet unter www.harenberg.de veröffentlicht. Hier liest sich vor allem die Sparte ›Integrierte Verlage/Programme‹ spannender als manch ein Kriminalroman. Firmenzukäufe oder als Sub-Verlage gekennzeichnete **Imprints** zeigen an, woher so mancher Umsatzsprung kommt: durch den Kauf oder Übernahme anderer Verlage sowie durch speziell für bestimmte Marktbereiche entwickelte Programmsegmente. Andererseits ist es business as usual, dass Verlagshäuser Programmbereiche oder Imprints ›abstoßen‹, um sich auf mitunter neu definierte Kerngeschäfte zu fokussieren. Der höchste Konzentrationsgrad ist übrigens bei den Verlagen für Bildungsmedien festzustellen; sie belegen im Ranking des Jahres 2018 die Plätze zwei, drei und sieben.

Wenige große Verlagshäuser dominieren also den Markt, während der Großteil der Verlage zwar zur immensen Titelproduktion und damit zur kulturellen Vielfalt beiträgt, aber – im Vergleich zu den Großen – eher bescheidene Umsätze und Erträge erwirtschaftet. Diese Tendenz wird sicherlich noch lange anhalten und sich im Zuge der weltweit zu beobachtenden Fusionen verschärfen. So agiert nicht nur Bertelsmann mit seiner Verlagsgruppe Random House – spektakulär die Fusion mit Penguin Books im Jahr 2013 – oder der Stuttgarter Klett Verlag seit langem international, sondern auch ausländische Unternehmen wie Wolters Kluwer aus den Niederlanden, Pearson (Pearson Education, Dorling Kindersley) aus Großbritannien oder Bonnier

Verlagsübersicht – die TOP 10	Umsatzvolumen in Mio. Euro (2018)
Springer Nature	567,4
Haufe	324,1
Klett-Gruppe	318,2
Westermann	300,0
Random House	293,0
Wolters Kluwer Deutschland	268,0
Cornelsen	254,0
C. H. Beck	204,7
Weka	201,0
Thieme	162,4

Quelle: *Die 100 größten Buchverlage 2018. buchreport.magazin.* April 2019

(Piper, Carlsen, Ullstein, Ars Edition, Thienemann) aus Schweden reüssieren auf dem deutschen Markt. Die Globalisierung lässt grüßen. Und der Marktführer Springer Nature zieht mit mehr als 500 Millionen Umsatz ohnehin einsame Kreise.

Doch die Independents setzen sich zur Wehr. Als deren Sprachrohr formulierte die Kurt Wolff Stiftung 2018 in einem offenen Brief: »Die Lage ist ernst. Wir sehen mit wachsender Sorge, dass die Verlage, gerade auch die unabhängigen Verlage, immer mehr unter Druck geraten.Und mit ihnen die literarische Vielfalt, die Bibliodiversität, die Buchhandlungen und nicht zuletzt die Urheberinnen und Urheber.« Es scheint, als teile man in Berlin diese Einschätzung. Denn dort wird analog zum Deutschen Buchhandlungspreis erneut das Staatsministerium für Kultur und Medien aktiv und schreibt für 2019 erstmalig den Deutschen Verlagspreis aus – für besonders engagierte Verlage mit einem Jahresumsatz bis zu 3 Millionen Euro.

1.1.1 Verlagstypologie

Es gibt unterschiedliche Ansätze, Verlage zu klassifizieren oder in Gruppen zusammenzufassen. Aber welche Strukturelemente – Inhalte, Produkte, Umsatzgrößen, Zielgruppen, Verbandszugehörigkeiten oder vertriebliche Aspekte – man auch immer zugrunde legt, immer wird die Heterogenität der Verlagsbranche offensichtlich. So auch in der folgenden Übersicht, in der Verlage demselben Content-Segment zuzuordnen sind und sich deshalb in Verbänden, Vereinigungen oder Börsenverein-Interessengruppen zusammengeschlossen haben.

Verlage/Verlagsarten	Einordnung in Organisationen und Verbandsaktivitäten*
Adressbuchverlage	Verband Deutscher Adressbuchverleger (VDAV)
Bild- und Kunstbuchverlage	Interessengruppe Kunstbuch*
E-Publishing	Interessengruppe Digital*
Fach- und Wissenschaftsverlage	Arbeitsgemeinschaft wissenschaftlicher Verleger (AwV)
Hörbuchverlage	Interessengruppe Hörbuch*
Kalenderverlage	Interessengruppe Kalender*
Kartografische Verlage	Verband Kartografischer Verlage in Deutschland (VKViD)
Kinder- und Jugendbuchverlage	Arbeitsgemeinschaft von Jugendbuchverlagen (avj)
Kleinere Verlage	Interessengruppe unabhängige Verlage (IGUV)*
Konfessionelle Verlage	Vereinigung Evangelischer Buchhändler und Verleger (VEB) Katholischer Medienverband (KM)

Verlage / Verlagsarten	Einordnung in Organisationen und Verbandsaktivitäten*
Musikverlage	Deutscher Musikverlegerverband (DMV)
Publikumsverlage	Interessengruppe Belletristik und Sachbuch*
Ratgeberverlage	Interessengruppe Ratgeber*
Rechts- und staatswissenschaftliche Verlage	Arbeitsgemeinschaft der rechts- und staatswissenschaftlichen Verleger (ARSV)
Regionale Verlage	Interessengruppe Regionalia*
Schulbuchverlage	Verband Bildungsmedien
Taschenbuchverlage	Interessengruppe Vertrieb Belletristik und Sachbuch*
Theaterverlage	Verband Deutscher Bühnen- und Medienverlage (VDB)
Zeitschriftenverlage	Verband Deutscher Zeitschriftenverleger (VDZ). Innerhalb des VDZ gibt es drei Fachverbände: den Fachverband ›Die Publikumszeitschriften‹, den Fachverband ›Konfessionelle Presse‹ sowie den Fachverband ›Fachpresse‹. Die Deutsche Fachpresse (AGZV) wird hälftig von der IG Fachmedien im Börsenverein und dem Fachverband Fachpresse im VDZ getragen.

*Die mit einem Sternchen versehenen Verbände sind im Börsenverein des Deutschen Buchhandels organisiert, zum Großteil in Interessengruppen (IG).

Das Prinzip einer konsequenten Kunden- und Marktorientierung ist nicht nur eine Basisaufgabe für Sortimentsbuchhandlungen, sondern auch eine für Verlage. Denn auch hier gehen die Analyse einzelner Zielgruppen sowie die Analyse der Erwartungen und Interessen von Käufern wirtschaftlichen Entscheidungen voraus. Die Verlagsberater Winfried Ruf und Wolfgang Ehrhardt Heinold haben hierfür eine Verlagstypologie entwickelt, die an dieser Stelle geringfügig modifiziert wiedergegeben sei.

Verlagstypologie nach den Bedürfnissen unterschiedlicher Zielgruppen

PUBLIKUMSVERLAG (GENERAL INTEREST)

Der Publikumsverlag bedient allgemeine (kulturelle) Interessen und das Unterhaltungsbedürfnis der Leser. Seine Hauptaufgabe besteht darin herauszufinden, welche Zeitströmungen das Lesepublikum bewegen, um entsprechende Stoffe zu erwerben und Produkte zu entwickeln. Sein Erfolg ist weitgehend vom Handel und der Resonanz in den Medien abhängig. Publikumsverlage erzielen ca. 32 Prozent Umsatzanteil aller Verlage.

SPECIAL-INTEREST-VERLAG
Der Special-Interest-Verlag deckt den Informationsbedarf im Bereich der Freizeitbeschäftigungen ab, die mit quasi fachlichem Anspruch betrieben werden. Das Marketing ist dementsprechend auf spezielle Themen, Hobbys oder Märkte ausgerichtet. Je nach Zielpublikum kann er – zu unterschiedlichen Konditionen – als Publikumsverlag oder als Fachverlag agieren.

FACHVERLAG (PROFESSIONAL UND SCIENTIFIC INTEREST)
Der Fachverlag bedient berufliche Interessen. Sein Absatz stützt sich vor allem auf die Kundendatei und speziell sortierte Fachbuchhandlungen. Auch der wissenschaftliche Verlag zählt zu den Fachverlagen. Verlage für Fachinformationen und Wissenschaft erreichen mit rund 52 Prozent den größten Umsatzanteil aller Verlage.

VERLAG FÜR BILDUNGSMEDIEN
Das Angebot von Verlagen, die Bildungsmedien produzieren, ist auf ein differenziertes Schulsystem ausgerichtet und befriedigt Aus- und Weiterbildungsinteressen. Im weiteren Sinn handelt es sich um Fachverlage, die wissenschaftlich fundierte und pädagogisch aufbereitete Lern- und Lehrmaterialien entwickeln und verbreiten. Verlage für Bildung und Sprache kommen umsatzmäßig auf rund 17 Prozent. Allerdings gehören die drei dominanten Verlagshäuser (Klett, Westermann, Cornelsen) mit ihren sechsstelligen Millionenumsätzen zu den TOP 10 der Verlagsbranche.

Quelle für die Umsatzanteile: *buchreport.magazin*. April 2019

Aus dieser Typologie erklärt sich auch der mit über 20 Prozent sehr hohe Umsatzanteil des Direktvertriebs der Verlage. Denn Fachverlage kennen ihre Klientel und erreichen diese auch ohne den Sortimentsbuchhandel. Dasselbe gilt in abgeschwächter Form für Special-Interest-Verlage. Hinzu kommt, dass die Zielgruppen, für die man publiziert, ihre Informationen gezielt im Internet suchen und demnach auch bestens im Internet bedient werden können. Dies gilt auch für Verlage für Bildungsmedien, die Fachinformationen verbreiten. Allein das klassische Schulbuchgeschäft sorgt für Umsatzschübe im Sortimentsbuchhandel. Vorerst zumindest noch. Doch was passiert, falls Verlage in naher Zukunft kein Geschäft mehr mit Schulbüchern, sondern nur noch mit digitalem Content machen? Dann dürfte dieser Rechnungsumsatz ein- bzw. wegbrechen. Bleibt dem Sortimentsbuchhandel also das Geschäft mit den Publikumsverlagen. Somit ist auch seine Hauptaufgabe vorgezeichnet: Literatur und entsprechende Non-Books einzukaufen, die das allgemeine (kulturelle) Interesse sowie das Unterhaltungs- und Informationsbedürfnis des Publikums bedienen.

Die Ruf-Heinoldsche-Verlagstypologie erklärt auch die unterschiedliche Aufmachung sowie die unterschiedliche Preis- und **Rabattstruktur,** die im

Buchhandel anzutreffen sind. Hierzu die folgende Abbildung, die die Bereiche Belletristik, Ratgeber, Sachbücher, Fachbücher und wissenschaftliche Literatur voneinander unterscheidet. In diesem Zusammenhang sei auch auf die Unterscheidung zwischen Ratgeber, Sachbuch und Fachbuch im Rahmen der neuen einheitlichen Warengruppensystematik (siehe Kap. 3.2.) hingewiesen. Hier werden Ratgeber (Hauptwarengruppe 4) als handlungs- oder nutzenorientierte Literatur für den privaten Bereich definiert, Sachbücher (Hauptwarengruppe 9) als wissensorientierte Literatur mit primär privatem Nutzwert und Fachbücher (Hauptwarengruppen 5–7) als handlungs- bzw. wissensorientierte Literatur mit primär beruflichem oder akademischem Nutzwert.

	Zielgruppe	Aufmachung	Preis	Rabatt
Belletristik	Käufer fiktionaler Literatur, der ›zweckfrei‹ liest	*Sprachlich:* je nach Stil des Autors, Anteil wörtlicher Rede und Komplexität der Erzählstränge unterschiedlich. *Herstellerisch:* im Hardcover häufig gedruckt auf voluminösem Werkdruckpapier, verziert mit Kapitalband und Lesebändchen	Preisniveau abhängig von psychologischen Preisschwellen; vor allem im Taschenbuch	Grundrabatt 30–35 % Reiserabatt 40 % *40% Reiserabatt sind ein nominellerWert
Ratgeber	interessierte Laien, die die Informationen für den täglichen Bedarf nutzen	verständliche Sprache, unterhaltsam, zahlreiche Abbildungen, Handlungsanweisungen, Anleitungen und Tipps	niedriges Preisniveau	Grundrabatt 30–35 % Reiserabatt 40 %
Sachbücher	interessierte Laien, die Wissen oder spezifische Themen populär aufbereitet haben wollen	verständliche Bildungssprache, Auflockerung durch Bildmaterial und Grafiken	Preisniveau abhängig von Ausstattung und Aufmachung	Grundrabatt 30–35 % Reiserabatt 40 %
Fachbücher	Menschen in Ausbildung und Beruf, die Erkenntnisse und Zusammenhänge für ihre Arbeitssituation verwerten wollen/müssen.	berufsbezogene Fachsprache, Auflockerung durch Bildmaterial und Grafiken, Verzeichnis weiterführender Literatur	gehobenes Preisniveau	Grundrabatt 25–30 % Reiserabatt 35–40 %
Wissenschaftliche (Fach-) Bücher	Professoren und Studierende, Forschende und Lehrende	wissenschaftliche Fachsprache, differenziertes Inhaltsverzeichnis, aufwändiges Register, gekennzeichnete Zitate mit Quellenangaben, Fußnoten, umfassendes Literaturverzeichnis	oberes Preisniveau	Grundrabatt ca. 20–25 % Reiserabatt 30–35 %

1.1.2
Funktionsbereiche

Die Kernkompetenzen eines Verlags, so hat es der Betriebsberater Stephan Wantzen formuliert, müssen im Bereich seiner Programmpolitik und im Marketing liegen. Denn ein Verlag muss wissen, welche Inhalte er für welche Zielgruppen publizieren will, und er muss wissen, wie er seine Inhalte und/oder sein Programm gewinnbringend vermarktet. Alle anderen Funktionsbereiche können bei Bedarf ›outgesourct‹ werden. Bei einem **Outsourcing** (engl. outside resources = Hilfsmittel bzw. -quellen außerhalb des Unternehmens) werden Dienstleistungen in Anspruch genommen, die nicht betriebseigenen Kostenstellen zuzuordnen sind, wie im Falle von PR-Agenturen, die Werbekampagnen organisieren, oder im Falle von Satzbüros, die das Layout eines Buches konzipieren und den Text in seine Form bringen. Für Buchhandlungen ist nur eine Art des Outsourcing relevant: wenn es darum geht, von welchem Lagerort aus die Bücher des Verlags versandt werden (Verlagsauslieferung, siehe Kap. 1.2.2.1); hier stehen sogar Kostenvorteile durch Bündelung im Warenbezug im Raum – wenn nämlich mehrere sortimentsrelevante Verlage ihre Produktion über einen(!) Dienstleister ausliefern lassen.

Vielgestaltig sind die Aufgaben, die in modernen Verlagen anfallen. Und wenige Verlage dürften von ihren Detailabläufen her identisch ›funktionieren‹, was sich nahezu zwangsläufig aus der Unterscheidung zwischen Konzernverlag und inhabergeführtem (Klein-)Verlag ergibt. Denn was bei einem Kleinstunternehmen in den Händen Weniger, zugespitzt sogar in den Händen nur einer Person liegt, wird bei einem Konzernverlag in hohem Maße arbeitsteilig organisiert. Dies schlägt sich auch in der Terminologie für Funktionsbereiche und Arbeitsplatzbeschreibungen nieder. So tragen Geschäftsführer oder geschäftsführende Vorstandsmitglieder international agierender Verlage auf ihren Visitenkarten die Bezeichnung CEO (= chief executive officer), und Lektoren nennen sich Acquisition Editor bzw. Copy Editor. Während der Copy Editor als redigierender Lektor inhaltlich am Manuskript arbeitet, übernimmt der akquirierende Lektor neben der Autorenakquise konzeptionelle und programmbezogene Aufgaben. Aller Heterogenität einzelner Unternehmen zum Trotz sei mit der folgenden Übersicht ein idealtypischer Überblick über Funktionsbereiche bzw. Abteilungen eines Verlags gegeben.

Funktionsbereiche bzw. Abteilungen eines Verlags

VERLAGSLEITUNG

An der Spitze des ›Verleger-Verlags‹ steht sein Besitzer, der als Kaufmann und Programmchef seinen Verlag persönlich führt. Dies gilt nach wie vor für kleine und inhabergeführte Unternehmen. Größere Verlagshäuser werden inzwischen von einem oder von zwei angestellten Verlagsleiter(n) geführt; der oder die Kapitaleigner müssen nicht direkt an der Geschäftsführung beteiligt sein. Das Tandem an der Spitze einer zweiköpfigen Verlagsleitung teilt sich die Verantwortungsbereiche Programm und Finanzen/Controlling. Bei einer dreiköpfigen Verlagsleitung stößt der Marketingleiter hinzu.

LEKTORAT

In der Programmabteilung eines Verlags fällt die Entscheidung darüber, ob ein Buch gemacht wird oder nicht. Hier arbeiten die ›Büchermacher‹ bzw. die ›Bücherverhinderer‹. In belletristischen Verlagen steht der ›gute Text‹ im Vordergrund, im Bereich der Fachliteratur eher der Erwartungshorizont der anvisierten Zielgruppe. Waren Lektoren früher vor allem für die Inhalte ihrer Produkte verantwortlich, tragen sie heute zunehmend Umsatz- und Ergebnisverantwortung. Damit führen Cheflektoren und Redaktionsleiter ihren mit einem eigenen Budget ausgestatteten Bereich als ein finanziell eigenständiges Profit-Center. Dabei bleiben sie die Schaltzentrale der Buchproduktion, in der alle Kontakte koordiniert werden: Kontakte mit Autoren, Gut[illegible]setzern, Agenten, in- und ausländischen Lizenzgebern, freien Red[illegible]ren, Korrektoren, Illustratoren, Grafikern, Herstellern bis hin zu Mit[illegible]esse, Marketing und Vertrieb, die das Produkt in die Öffentlichkeit brin[illegible]recht wird die Tätigkeit eines modernen Lektors als ›Projektmanag[illegible]ben.

HER[illegible]

Die H[illegible]eilung ist für alle technischen und organisatorischen Arbeiten zwis[illegible]chnung des Manuskripts und der Fertigstellung des Produkts zust[illegible]gel trifft sie Entscheidungen über das Layout, das Papier, die Bind[illegible]ßere Anmutung und zeichnet für den Satz und das Datenhandling v[illegible]siehe Kap. 2.1.1). Die Herstellung trägt aber auch eine wichtige kaufmännische Verantwortung. Da die Kosten für die technische Leistung mitunter 30 Prozent vom Verkaufserlös der Verlage (Verlagserlös) ausmachen, ist hier verantwortungsbewusstes Kostenmanagement der ›Produktmanager‹ angesagt.

VERTRIEB

Die Vertriebsabteilung eines Verlags kümmert sich um den reibungslosen Abverkauf der Produktion. Hier werden strategische (Wahl der Absatzkanäle), ökonomische (Auslieferung über eine Fremdauslieferung; siehe Kap. 1.2.2.1) und verkaufstechnische Entscheidungen (unterschiedliche Betreuung von A-, B- und C-Kunden, Außendienst mit Reisenden oder Verlagsvertretern; siehe Kap. 7.3) getroffen. Während der Innendienst organisatorische und koordinierende Aufgaben übernimmt, ist der Außendienst für den aktiven Verkauf zuständig. Aufgrund seiner Erfahrung im Verkauf zählt – neben Lektorat, Herstellung und Marketing – auch die Stimme des Vertriebs bei der Festsetzung der Auflagenzahlen.

MARKETING

Im weiteren Sinn umfasst Marketing alle betrieblichen Maßnahmen, um ein Produkt oder ein Programm erfolgreich auf den Markt zu bringen (siehe Kap. 10). Die dazugehörende Marktforschung fällt bei Verlagen in der Regel in den Aufgabenbereich des Lektorats, sodass sich die Marketingabteilung in erster Linie um die ›Kommunikation‹ kümmert: Mit welchem Etat, welchen Maßnahmen (Werbeträger und -mittel) und ggf. mit welcher Agentur informiert man Händler und Kunden und verführt sie zum Kauf der produzierten Ware? Wichtiger Gesichtspunkt bei den Kampagnen ist der Multi-Impuls – die Kontaktaufnahme mit der Zielgruppe über möglichst viele Kanäle. Hierzu gehört neben der geschalteten Werbung die Pressearbeit, die Journalisten und andere Multiplikatoren mit Texten und Informationen beliefert, zunehmend mithilfe von Möglichkeiten, die Social Media bietet.

RECHTE UND LIZENZEN

Nur wenige Verlage haben eine eigene Lizenzabteilung, in der im Vertragsrecht versierte Mitarbeiter arbeiten. Bestimmt man jedoch die wesentliche Funktion eines Verlags als die eines Rechteinhabers, der Content verwertet, liegt hier ein wirtschaftlicher Kernbereich der Verlage vor. Der generierte Lizenzerlös ist die Summe der Einnahmen aus vertraglich zugesicherten Nutzungsrechten für Übersetzungen, Taschenbuch- oder Buchclubausgaben, Verfilmungen, Vorabdrucken, CD-ROM- oder DVD-Publikationen, Streaming-Dienste etc. (siehe Kap. 4.4.1).

RECHNUNGSWESEN UND CONTROLLING

Das betriebliche Rechnungswesen erfüllt verschiedene Aufgaben. Die Buchführung dokumentiert Vermögen, Schulden, Erträge, Aufwendungen, kurz den gesamten Kapitalfluss und seine Veränderungen. Für innerbetriebliche Zwecke speichert sie zum einen Daten für die Kosten- und Leistungsrechnung ab (Grundlage der Kalkulation) sowie zum anderen Daten für diverse Betriebsstatistiken, von denen das Controlling profitiert. Das Controlling seinerseits dient dem Ziel, den effizienten und effektiven Einsatz der verfügbaren Ressourcen im Sinne der Unternehmensziele sicherzustellen. Controlling ist demnach keine nachträgliche Kontrollinstanz, sondern ein Steuerungsinstrument, das mit Hilfe von Soll-Ist-Vergleichen Abweichungen von Planvorgaben möglichst frühzeitig erkennen soll.

IT

Die Abteilung für Informationstechnik, vormals die EDV-Abteilung, ist das ›technische Herzstück‹ der Verlage. In ihren Aufgabenbereich fallen u. a.: Bevorratung und Sicherung von Daten der eigenen Produktion und Aktualisierung in unterschiedlichen Dateiformaten, Speicherung relevanter Kundendaten gemäß den Bestimmungen des Datenschutzes (siehe Kap. 4.3.6), Erstellung von Statistiken, aufgrund derer programmatische und personalpolitische Entscheidungen getroffen werden, das Entwerfen von eigenen Programmen bzw. das Installieren und Warten fremder Programme etc.

1.2
Zwischenbuchhandel

Da er keine Bücher verlegt, gehört der Zwischenbuchhandel zum Bereich des verbreitenden Buchhandels. Der Börsenverein zählte (Stand: 31.12.2018) in dieser Sparte, die eine vermittelnde Tätigkeit zwischen Verlagen und dem Bucheinzelhandel ausübt, 64 Mitglieder. Die Aufgabenbereiche des Zwischenbuchhandels sind vielschichtig. Neben den wenigen Großhändlern (Barsortiment), die als ›Absatzmittler‹ (Intermediär) ihr Sortiment an den Bucheinzelhandel weiterverkaufen, gibt es einen breit gefächerten Dienstleistungsbereich, in dem ›Absatzhelfer‹ Distributionsprozesse unterstützen. Die folgende Übersicht vermittelt einen Einblick in die Komplexität der Funktionsbereiche und der Firmen am Markt. Dabei kann es durchaus sein, dass einzelne Firmen nur eine Teilfunktion übernehmen, während andere ein breites Spektrum anbieten. Wichtig ist es, die unterschiedlichen Funktionsbereiche – vor allem Großhandel, Verlagsauslieferung, Büchersammelverkehr und Bestellanstalten – rechtlich und wirtschaftlich streng voneinander zu trennen.

Funktionsbereiche des Zwischenbuchhandels: Übersicht über Absatzmittler und Absatzhelfer

Absatzmittler (Intermediäre) als Großhandelsunternehmen	Absatzhelfer als Dienstleister für Verlage	Absatzhelfer als Dienstleister für Buchhandlungen
Barsortiment (BS)	Verlagsauslieferung (VA) print und digital	Zentrallager
Regalgroßhandel (Rack-Jobbing)	Büchersammelverkehr	Büchersammelverkehr
Außenhandel (Im- und Export)	Clearing Center (Bestellanstalt)	Clearing Center (Bestellanstalt)
Einkaufsgenossenschaft	PoD-Maschinenparks	Zentraler Wareneingang
Großantiquariat	Digitaler Content-Vertrieb	Webshop-Lösungen
Pressevertrieb		

1.2.1
Großhandel (Absatzmittler)

In der Funktion als Großhandel verkaufen Unternehmen in eigenem Namen und auf eigene Rechnung. Stets liegen die Einkaufspreise niedriger als die Verkaufspreise. Ob sich der Rohgewinn bei preisgebundenen Medien aus unterschiedlich hohen Einkaufs- und Wiederverkäuferrabatten ergibt oder im nichtpreisgebundenen Bereich eine Frage von Kalkulationsaufschlägen ist, ist

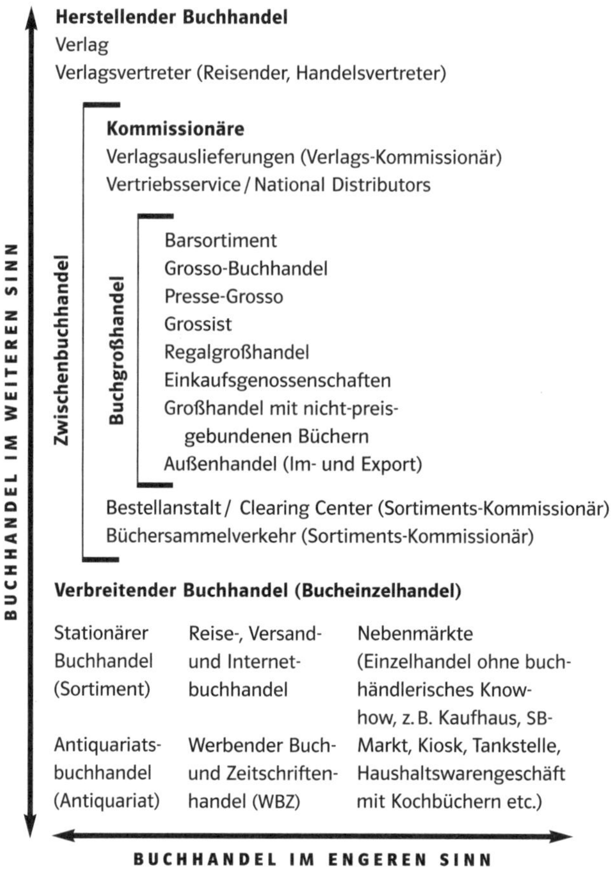

Absatzorganisation des Buchhandels
Erstellt in Anlehnung an eine Grafik aus *ABC des Zwischenbuchhandels*, 8. Auflage

dabei von untergeordneter Bedeutung. Heben wir bei den Ausführungen das Barsortiment als den mit Abstand wichtigsten Handelspartner des Sortimentsbuchhandels hervor, bevor wir zu den übrigen Unternehmen kommen, die in der dem *ABC des Zwischenbuchhandels* entnommenen Übersicht aufgelistet sind. Allein die Einkaufsgenossenschaften bleiben ausgespart; sie spielen eine wichtige Rolle im Rahmen von Bündelungsbemühungen im Einkauf und werden daher an anderer Stelle (siehe Kap. 7.2) thematisiert.

1.2.1.1 Barsortiment

Das **Barsortiment** ist definiert als der (Fach-)Großhandel der Buchbranche. Die ersten Barsortimente entstanden in der Mitte des 19. Jahrhunderts aus der

Tätigkeit von Unternehmen, die in Leipzig Buchbestände der Verlage verwalteten. Der Grundgedanke der ersten Firmen bestand darin, Bücher fest zu erwerben und in fester Rechnung weiterzuverkaufen, und zwar ›bar‹ (sofort) sowie ›sortiert‹ (verlagsunabhängig). Man verkaufte sie dem Bucheinzelhandel zum ›Bar-Preis‹, d. h. mit dem Rabattsatz, mit dem Verlage Händler beim Einzelbezug (Grundrabatt) belieferten. Hinzu kam ein weiterer, für die damalige Zeit nicht unwesentlicher Aspekt: Die angebotene Ware wurde maschinell aufgebunden.

Aktuell agieren nur noch wenige Firmen als Barsortiment; in marktwirtschaftlicher Hinsicht liegt also ein Angebotsoligopol vor. KNV Zeitfracht, Libri und Umbreit verkaufen aus ihrem eigenen Lager bundesweit und ins angrenzende Ausland, während das Barsortiment Könemann als Vertriebsgesellschaft seine Titel aus dem Libri-Lager bezieht und vorwiegend einen Kundenstamm in Nordrhein-Westfalen betreut, aber auch kleinere Sortimente in Norddeutschland beliefert. Hier die Übersicht:

- KNV Zeitfracht – Firmensitz in Leipzig; Lager in Erfurt und Stuttgart,
- Libri – Firmensitz in Hamburg und Lager am Standort Bad Hersfeld,
- Umbreit – Firmensitz und Lager inklusive des Tochterunternehmens Petersen Buchimport in Bietigheim-Bissingen,
- Könemann – Firmensitz in Hamburg und Servicebüro in Hagen; Belieferung über das Libri-Lager in Bad Hersfeld.

Über 95 Prozent des täglichen Bestellbedarfs erfolgt über die genannten Läger, was dem Sortimenter hilft, seinen Besorgungsauftrag im Rahmen der Preisbindung zu erfüllen. Denn mithilfe der Barsortimente kann der Bucheinzelhandel den Warenbezug schnell und kostengünstig über einen(!) Lieferanten abwickeln.

Neben den allgemeinen Barsortimenten gibt es auch Spezial-Barsortimente, wie das IC-Medienhaus (früher Hänssler) für den Bereich Theologie/Religion oder EDIS für Esoterik, Spiritualität und Wellness, die bei speziellen Titeln sowie im Non-Book-Bereich tiefer sortiert sind. Wichtige Gründe, die für einen Bezug über das Barsortiment sprechen, sind im Folgenden zusammengestellt.

Gründe, die für einen Bezug über das Barsortiment sprechen

BÜNDELUNG

Bezug vieler Titel aus einer Hand. Mehr als 500.000 Objekte (›Spitzenreiter‹ Libri arbeitet mit rund 850.000 Lagertiteln) von rund 4.000 Lieferanten bilden das Hintergrundlager des Buchhandels. Dieses Lager beinhaltet physisch Bücher in allen Ausstattungen sowie für den Buchhandel relevante Non-Book-Artikel, wie CDs, DVDs, Blu-rays, Hörbücher, Kalender, Musikalien, Spiele und Merchandising-Artikel.

Die genaue Zahl des Angebots ist schwer zu beziffern. Denn lieferbar – wenn auch zeitverzögert – sind auch PoD-Publikationen, für die Libri sich die Abkürzung BoD™ für Books on Demand markenrechtlich hat schützen lassen, sowie digitale Produkte in unterschiedlichen Dateiformaten, die per Download verkauft werden.

MINDERUNG DES LAGERRISIKOS

Das Barsortiment verführt – trotz angebotener Staffelrabatte, die je nach Verlagsart und bezogener Menge variieren – nicht zu großen Bestellmengen. So wird die Kapitalbindung im eigenen Warenlager reduziert. Lieferfähigkeit vorausgesetzt, kann schnell nachbezogen werden.

SCHNELLE ZUSTELLUNG

Als Just-in-time-Lieferung gilt der schnelle Zustellservice. Bis in den späten Nachmittag hinein nimmt das Barsortiment Bestellungen an und schickt die fertigen Sendungen bereits in der Nacht zu Umverteilungsplätzen, damit die Buchhandlung, in der Regel vor Ladenöffnung, am nächsten Tag ihre Bücher erhält.

LIEFERUNG ZUM GRUNDRABATT DER VERLAGE

Mit ungleich weniger Bestellaufwand erhält der Sortimenter bei Einzelbestellungen den gleichen (Grund-)Rabatt wie bei Verlagseinzelbestellungen.

TOP-DATENBANKEN

Buchhändler recherchieren zunächst in den Datenbanken der Großhändler, denn diese liefern bei Einzelbestellungen zum Grundrabatt der Verlage. Die bibliografischen und produktspezifischen Angaben werden anhand eines Plausibilitätsverfahrens überprüft bzw. per Autopsie erstellt.

VEREINFACHTE BUCHHALTUNG

Die Sendungen kommen mit (elektronischem) Lieferschein. Abgerechnet und bezahlt wird zu bestimmten Terminen (Festkontenführung). Die Kunden erhalten in der Regel Dekaden- (10-Tages-) bzw. 14-Tagesrechnungen.

KOSTENGÜNSTIGE ZUSTELLUNG

Die Zustellung von Barsortimentsware berechnet sich nach zugestelltem Kilogewicht. Allerdings wird die Gewichtsstaffel abhängig vom Barsortimentsjahresumsatz festgelegt, zum Teil filialübergreifend und remittendenbereinigt. Je höher der Umsatz bei einem Barsortiment, desto niedriger fällt die Zustellgebühr aus, die auf jeden Fall günstiger ist als die für Verlagssendungen.

TITELZUSAMMENSTELLUNGEN

In Form von Aktionswannen (Zusammenstellung aktueller oder saisonaler Titel), in Form von Warengruppenpaketen (Auswahlpakete mit jeweils rund 50 aktuellen und umsatzstarken Titeln mit Remissionsrecht) oder als ›Regalmanager‹ konzipiert, bieten die Barsortimente Hilfe bei der Bestückung des Sortiments an. So kann der Bucheinzelhandel in den Bereichen seines Sortiments, in denen er wenig Einkaufskompetenz besitzt, von den Marktdaten des Großhandels profitieren.

INTERNET-SERVICE – WEB-SHOP
Die Barsortimente bieten unterschiedliche Dienstleistungen im Bereich E-Commerce/E-Business an. So können Buchhandlungen auf bequeme Weise für ihre Kunden im Internet präsent sein.

VERRINGERUNG VON VERPACKUNGSMATERIAL
Die Belieferung in Wannen verringert den Anfall von Verpackungsmaterial. Dessen ungeachtet bietet allein die Möglichkeit, Tausende von Titeln aus einer Hand zu beziehen, Chancen zur Abfallvermeidung im Wareneingang.

Der Frage ›Verlags- oder Barsortimentsbezug?‹ wird aus Sicht des Sortiments im Laufe der weiteren Ausführungen noch einmal intensiver nachgegangen (siehe Kap. 7.2); vor allem in Bezug auf die ökonomische Relevanz der Einkaufsentscheidung, die in der Literatur unter dem Stichwort ›Rabattfalle‹ diskutiert wird.

Werfen wir im Folgenden einen Blick auf das Verhältnis der Verlage zur ›Institution‹ Barsortiment. Natürlich kann ein Verlag, falls er seine Verkaufsaktivitäten ausschließlich via Direktvertrieb organisiert, auf ein Barsortiment verzichten. Aber dies ist die Ausnahme – es sei denn, Verlage können ihr Programm komplett in Depotbuchhandlungen anbieten. Aber je populärer das Programm ist, was insbesondere bei Publikumsverlagen der Fall ist, desto mehr brauchen herstellende Unternehmen die Mittlerfunktion der Großhändler – vor allem im Bereich der Kommunikation und Logistik. Denn durch Barsortimente bekommen sie Kontakt zu einer Vielzahl von Händlern. Viele dieser Händler würde ein Verlag ansonsten nur mit sehr großem finanziellen Aufwand erreichen. Aber so ist die ›Jederzeit-Erhältlichkeit‹ seiner Produktion in tausenden Buchhandlungen garantiert.

Nicht nur aktuelle Titel, sondern auch Titel aus der Backlist werden von den Großhändlern betreut. Denn Titel, die von einem Barsortiment eingekauft worden sind, bleiben für einen längeren Zeitraum im Bestand; sie sind demnach auch dann noch für die Buchhandlungen bibliografisch und physisch verfügbar, wenn bereits aktuelle Novitäten den Platz in der Regalwand des Einzelhandels beanspruchen und zu einer Remission der alten Produktion führen. Erst nach dieser ›Schonfrist‹ erfolgt eine ökonomische Analyse dahingehend, ob der Titel aufgrund von Ladenpreis, Funktionsrabatt und Bestellbündelung (Anzahl der bestellten Exemplare pro Bestellzeile) weiterhin bevorratet werden soll. Aber auch aus anderen Gründen bietet sich eine ökonomisch sinnvolle Zusammenarbeit an:

- **Abnahme größerer Stückzahlen** Das Barsortiment bevorratet sein Lager für einen Zeitraum von vier bis sechs Wochen. Einzelbestellungen sind also ebenso die Ausnahme wie Palettenanlieferungen.
- **Entlastung von kostenintensiven Einzelbestellungen** Bereits Rudolf Oldenbourg hatte in den 1970er-Jahren nachweisen können, dass direkt ausgeführte Verlagsbestellungen bis zu einem bestimmten Bestellwert ökonomisch verlustbringend sind (siehe Kap. 7.2). Barsortimente entlasten also von kostenintensiven und organisatorisch aufwändigen Einzelbestellungen und helfen dadurch, Vertriebskosten zu reduzieren.
- **Verkauf aktueller Medientitel** Das Barsortiment bringt ›Medientitel‹, d.h. Bücher, die im Radio, in der Presse und im Fernsehen vorgestellt werden oder die sich über soziale Medien schnell verbreiten, schnell in den Markt – schneller als der Verlag es selbst machen könnte. Denn die Über-Nacht-Zustellung bleibt ein Qualitätsversprechen des Barsortiments und seines Fuhrparks.

Trotz der zahlreichen Vorteile sei ein großer Nachteil nicht verschwiegen: die ›Black-Box-Funktion‹ der Barsortimente. Das Barsortiment kauft zwar größere Mengen ein, aber der Verlag erfährt nicht, welcher Buchhändler welche Titel in welchen Mengen einkauft. Zwar haben sich die Großhändler in den ›Thesen der Barsortimente‹ (als Sonderdruck im *Börsenblatt* 43/1987 veröffentlicht) dazu verpflichtet, die durch die Betriebe fließenden Bücherströme offenzulegen, sofern Verlage dafür ein berechtigtes Interesse haben und bereit sind, die dadurch entstehenden Kosten zu bezahlen. Aber pauschale Übersichten, etwa für Absatzzahlen nach Postleitgebieten, sagen nichts über das Einkaufsverhalten einzelner Buchhandlungen aus. Dabei wäre gerade diese Kenntnis unter Umständen wichtig für Marketingaktivitäten vor Ort. Darum sieht die Vertriebsabteilung im Verlag das Barsortiment immer mit einem lachenden und einem weinenden Auge.

Als Entgelt für seine Mittlerfunktion erhält das Barsortiment nach einer Entscheidung des Bundeskartellamts den Höchstrabatt der Verlage: kein Einzelhändler darf beim Verlagsbezug für sich einen höheren Rabatt beanspruchen als den Barsortimentsrabatt. Letzteres ist seit dem Jahr 2002 auch im *Buchpreisbindungsgesetz* (§6 Abs.3) und darauf fußend auch in der Verkehrsordnung für den Buchhandel verankert. Dieser Rabattsatz umfasst den handelsüblichen Einzelhändler-Grundrabatt und den **Funktionsrabatt.** Zur Verdeutlichung: Publikumsverlage benötigen rund 50 Prozent des Ladenpreises zur Deckung ihrer Kosten und zur Erwirtschaftung ihres Gewinns. Mit ca. 50 Prozent vom Ladenpreis wird der Großhändler beliefert, der seinerseits die bestellten Bücher mit dem Originalverlagsgrundrabatt (bei Publikumsverlagen zwischen 30 und 35 Prozent vom Ladenpreis) an die Sortimenter weitergibt. Dem Barsortiment verbleiben somit rund 15 Prozent vom Ladenpreis (= Funktionsrabatt), um die eigenen Kosten zu decken und die

So ermittelt sich der Funktionsrabatt der Barsortimente

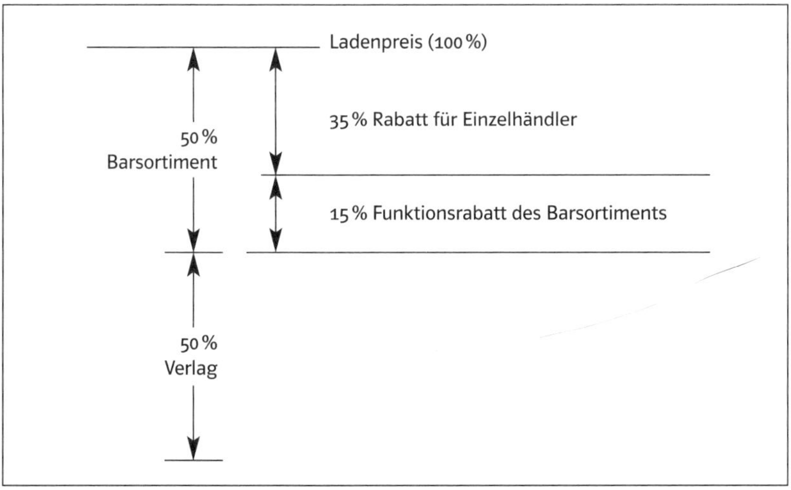

Betriebsrentabilität sicherzustellen. Die Rabattwerte variieren von Verlag zu Verlag und von Verlagsart zu Verlagsart (siehe Kap. 1.1.1). So entsprechen die Rabatte der Schulbuchverlage nicht denen der Publikumsverlage etc.

1.2.1.2
Weitere Großhandelsunternehmen

Der **Regalgroßhandel** (Handel mit Regalfläche; engl. rack jobbing) mietet Flächen an, bestückt die dort platzierten Warenträger und übernimmt die Sortierfunktion für den Händler. Der Rack-Jobber, früher identisch mit dem Verkaufsfahrer eines Regalgroßhändlers, liefert die Ware an, räumt sie ein, füllt die Warenträger nach und nimmt nicht verkäufliche Ware wieder zurück. Als größte Full-Serviceanbieter für Bücher und Medien gelten die Unternehmen BuchPartner und Best of Books (B.O.B.), die u. a. Verbrauchermärkte und Lebensmittel-Ketten beliefern. B.O.B. ist eine ehemalige Marke der Mayerschen, die nach erfolgter Fusion seit 2019 zum Thalia-Imperium gehört.

Der **Außenhandel** operiert in den Bereichen Im- und Export. Importeure **(Importgrossisten)** unterhalten ein Lager mit ausländischen Büchern und besorgen für den Handel einzelne Titel von Verlagen und Lieferanten. Häufig haben sie sich auf bestimmte Sprachräume spezialisiert. Import-Dienste spezialisierter Großhändler werden im Einzelfall gern angenommen, denn neben dem bekannten Bündelungseffekt kann der Handel seinen Schriftverkehr in deutscher Sprache abwickeln, muss sich nicht um Zollbearbeitungsgebühren kümmern, kann in inländischer Währung bezahlen und bekommt die Ware über den Büchersammelverkehr zugestellt. **Exporteure** hingegen sind Großhändler, die sich auf den Buchvertrieb in die gesamte Welt spezialisiert haben. Sie sind auf allen wichtigen Messen präsent und beliefern (Groß-)Kunden im Ausland. Als Beispiel sei die Firma Harrassowitz genannt, aber auch Barsortimente unterhalten eigene Exportabteilungen.

Als **Großantiquariat** wird ein Großhändler bezeichnet, der mit Modernem Antiquariat (MA) handelt: mit einer Mischung aus Restauflagen, Mängelexemplaren, Sonderausgaben oder Billig-Editionen (siehe Kap. 1.4.1). Spätestens seit den 1980er-Jahren ist dieser Handelszweig integraler Bestandteil des Buchhandelssystems, weil vor allem filialisierte Ketten, Versandunternehmen und Internetbuchhändler den niedrigen Preis als Marketinginstrument einsetzen (siehe Kap. 10.2). Je größer das Großantiquariat, umso mehr Vertriebsaktivitäten entfaltet es. Marktführer, wie der Großhandel für Modernes Antiquariat (GMA), der BuchVertrieb Blank, Avus, Jacobs & Jacobs und Panorama, ziehen fast alle Register der Vertriebsklaviatur, um die Ware in den ›zweiten Markt‹ hinein zu verkaufen. Hierzu gehören:

- Einsatz freier Handelsvertreter, die die Zentraleinkäufer von Buchhandelsketten besuchen,
- Online-Vermarktungsaktivitäten via Website und E-Mails,
- regelmäßiger Versand von Spezialkatalogen,
- Haus-Verkauf in eigenen Lagerhallen oder Show-Rooms,
- Beteiligung an Verkaufsbörsen und MA-Ausstellungen,
- Präsenz auf Buchmessen.

Presse-Grossisten übernehmen täglich die Versorgung von ca. 120.000 Angebotsstellen in Deutschland. Damit ist die im Artikel 5 des Grundgesetzes garantierte Presse- und Informationsfreiheit mehr als nur ein formales Recht. Denn die hohen Auflagen der Zeitungs- und Zeitschriftenverlage werden in kürzester Zeit flächendeckend verbreitet. Der Vertrieb der Presseerzeugnisse wird mit Genehmigung des Bundeskartellamtes über rund 60 Presse-Vertriebs-Gesellschaften (PVG) mit Alleinauslieferungsgebieten operativ abgewickelt.

Aufgrund ihres Gebietsmonopols gewährleisten sie die lückenlose und rationelle Versorgung der gesamten Bevölkerung mit Presseerzeugnissen. Neben dem Gebietsschutz der einzelnen Großhändler sind das Dispositionsrecht sowie das Remissionsrecht als Besonderheiten zu erwähnen; so legt das Presse-Grosso die Verkaufsmengen für jede Verkaufsstelle fest, kümmert sich um die Rücknahme nicht verkaufter Exemplare (volles RR) und erteilt entsprechende Gutschriften. Die Unternehmen des Presse-Grosso sind zur strikten Neutralität verpflichtet. Dies gilt sowohl gegenüber den Verlagen (sie dürfen den Vertrieb der Presseerzeugnisse nicht verhindern) als auch gegenüber den Händlern (sie dürfen Großkunden gegenüber kleinen Kunden nicht bevorzugen, insbesondere nicht durch Sonderleistungen).

Vertriebswege für Presseerzeugnisse

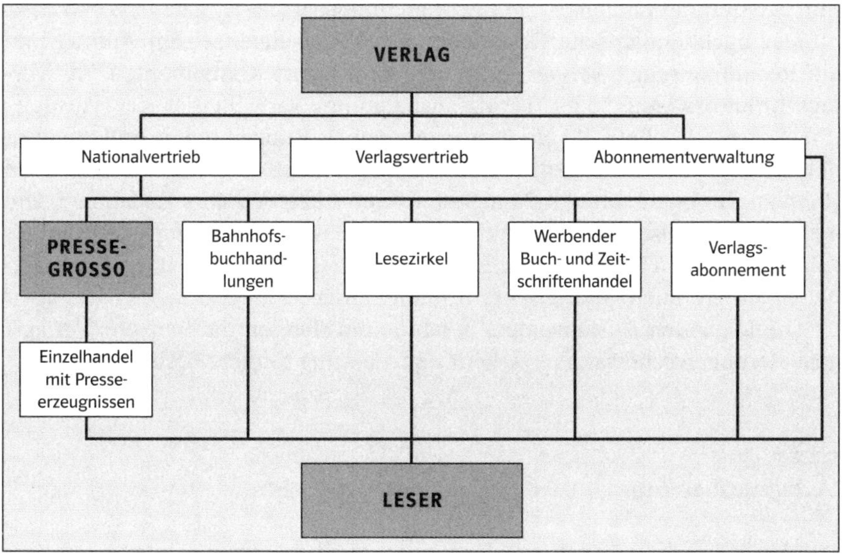

Quelle: W. E. Heinold, *Bücher und Buchhändler*, 5. Aufl., S. 50

Das Presse-Grosso, mit über 50 Prozent Marktanteil der dominierende Vertriebskanal im Pressevertrieb (Bahnhofsbuchhandlungen werden von Verlagen direkt beliefert, siehe Kap. 1.4.2), führt in seinem Programm vor allem Publikumszeitschriften sowie bundesweit erscheinende Tages- und Wochenzeitungen. Falls Comics, Taschenbücher, Groschenhefte oder sonstige Sonderhefte zusätzlich in das Programm aufgenommen werden, erfolgt deren Anlieferung in der Regel mittels Rack-Jobbing.

1.2.2 Dienstleister (Absatzhelfer)

Während Großhändler als Intermediäre ihren Gewinn durch den Weiterverkauf von Waren an den Einzelhandel erwirtschaften, bietet der rechtlich und organisatorisch selbstständige Dienstleister als Absatzhelfer sein Know-how gegen Gebühren an. Laut Verkehrsordnung für den Buchhandel (§1 Abs. 3a bis 3e; siehe Kap. 4.2.2) handeln diese Unternehmen als ›buchhändlerische Kommissionäre‹ im fremden Namen und auf fremde Rechnung. Der **buchhändlerische Kommissionär** ist das Leistungen anbietende Unternehmen, während man seine das Entgelt zahlenden Auftraggeber als **Kommittenten** bezeichnet. Verkompliziert wird die Terminologie dadurch, dass es sowohl Verlags- als auch Sortimenterkommissionäre gibt, wobei im Falle des Verlagskommissionärs Verlage die Kommittenten / Auftraggeber sind und im Fall des Sortimenterkommissionärs die Buchhandlungen.

Der buchhändlerische Kommissionär handelt demnach im Auftrag und auf Rechnung seiner Verlags- und / oder Sortiments-Kommittenten. Als **Verlags-Kommissionär** (oder Verlagsauslieferung) verwaltet er das Auslieferungslager im Auftrag, für Rechnung und auf Weisungen seiner Auftraggeber, der Verlage. Als **Sortimenter-Kommissionär** fasst er Dienstleistungen im Rahmen des buchhändlerischen Bestell- und Lieferverkehrs zusammen. Um welche Dienstleistungen es konkret geht, kann man der eingangs des Kapitels 1.2 abgebildeten Übersicht entnehmen; man ersetze nur den Begriff ›Absatzhelfer‹ durch ›buchhändlerischer Kommissionär‹.

Die folgenden Ausführungen beschränken sich auf die Bereiche Verlagsauslieferung, Büchersammelverkehr und Clearing Center / Bestellanstalt.

1.2.2.1
Verlagsauslieferung

Die Auslieferung kann verlagsintern in eigenen Lagerräumen oder extern von Dienstleistern organisiert werden. Die Antwort auf diese ›make-or-buy‹-Entscheidung wird zunehmend zu Gunsten von **Verlagsauslieferungen** (VA) entschieden – Serviceunternehmen, die im Auftrag der Verlage die Auslieferungstätigkeiten gegen Gebühr ausführen. Es sind Full-Service-Dienstleister, die neben dem Zur-Verfügung-Stellen von Lagerfläche vor allem die EDV- bzw. IT-technische Umsetzung des Bestelleingangs und der Remittenden leisten. Sie erstellen Statistiken über den Titelabsatz, den Lagerbestand (Knappmeldungen) etc. Aber zuvor organisieren sie die Einlagerung der Bestände. Die Auflage oder Bindequote eines Titels (der aufgebundene Teil der gedruckten Auflage) wird angeliefert, durch EDV-Codierung erfasst und eingelagert. Die Einlagerung erfolgt in der Regel ›chaotisch‹; einzig die EDV entscheidet über die Lagerplätze der Hochregal- und Handlagerplätze.

Warum hat sich diese ›Institution‹ Verlagsauslieferung in den letzten Jahrzehnten einen derartigen Namen gemacht und ist aus der Buchhandelsszene nicht mehr wegzudenken? – Die Arbeitsbereiche eines Verlags haben sich vielgestaltig entwickelt: Sie reichen von der Programmplanung des Lektorats, den Lizenzgeschäften, der Herstellung, der Werbung, der Buchhaltung bis hin zu den verschiedenen Aspekten des Vertriebs (siehe Kap. 1.1.2). Eine Verlagsauslieferung setzt am zuletzt genannten Punkt an. Sie entlastet die Verlage nicht nur von dem Problem der Lagerhaltung ihrer Titel, sondern sie kümmert sich auch um das manuelle Verpacken von Sendungen bis zum Versand. Deshalb wird in einem Verlagsunternehmen, das mit einer Auslieferung zusammen arbeitet, bestenfalls eine Handbibliothek der eigenen Produktion zu finden sein – das lieferbare Programm befindet sich an einem auswärtigen Lagerort.

Schematisierte Absatzkurven unterschiedlicher Verlagsarten

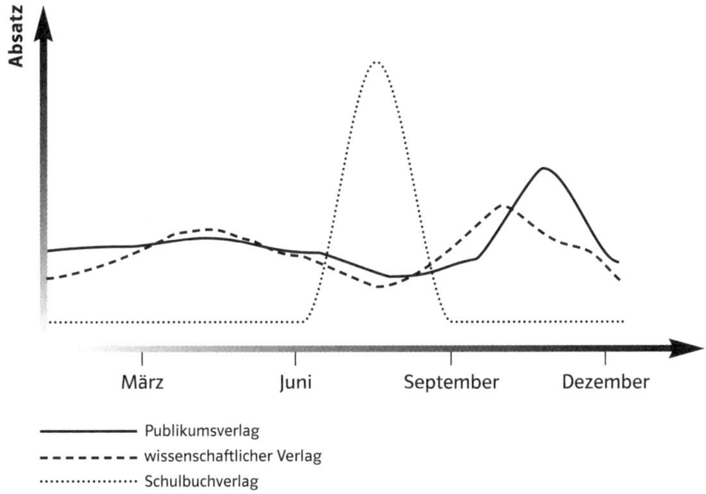

Quelle: M. Schickerling, B. Menche, *Bücher machen*, 3. Aufl., S. 337

Die Gründe, die einen Verlag dazu bewegen, Dienstleistungen einer Auslieferung in Anspruch zu nehmen, können zwar im Einzelfall variieren, dürften jedoch letztendlich auf ein Phänomen zurückzuführen sein: das Problem der Absatzspitzen. Denn selten fließt eine Produktion gleichmäßig über das Jahr verteilt ab, stattdessen ist der Absatz durch ein saisonal bedingtes und dadurch auch kalkulierbares Ansteigen und Absinken gekennzeichnet. Damit stellt sich die Frage nach der Raumkapazität und dem Personaleinsatz. Eine Auslieferung kann das Problem der Absatzspitzen dadurch entschärfen, dass sie in ihren Lagerhallen die Produkte von Verlagen mit unterschiedlichen Spitzen gemeinsam einlagert und ausliefert.

Obwohl die Wahl der Auslieferung jedem Unternehmen anheim gestellt ist, gibt es mitunter nachvollziehbare Gründe, warum ein Verlag sich für eine bestimmte VA entscheidet. Denn die derzeit in Deutschland agierenden Verlagsauslieferungen kann man in zwei Gruppen unterteilen. Zum einen gibt es Verlagsauslieferungen wie die VVA und SVK, die ursprünglich die Auslieferung der Bertelsmann- bzw. der Klett-Verlage organisierten, um dann nach Um- und Ausbauten andere Verlage ›mit ins Boot‹ zu nehmen. Die VVA (= Vereinigte Verlagsauslieferung), die zur Arvato-Gruppe des Konzerns gehört, ist mit mehr als 200 Verlagen die zahlenmäßig größte Auslieferung. Zum anderen operieren Unternehmen am Markt, die freie Lagerfläche und ihr Know-how in Sachen Lagerlogistik anbieten, wie beispielsweise Sigloch Distribution oder Prolit; diese Unternehmen verfolgen keine eigenen verlegerischen Interessen.

Unabhängig von der Unterscheidung für einen bestimmten Dienstleister berechnen sich die Gebühren für Verlage jeweils nach demselben Prinzip: Neben einer gewichtsabhängigen Lagermiete wird eine prozentuale Gebühr vom Umsatz in Rechnung gestellt. Unterschiedliche Gebührensätze beruhen auf der Marktmacht der Verlage, ihrem Verhandlungsgeschick und dem Umfang der (Detail-)Dienstleistungen, die abgerechnet werden. Für die Inanspruchnahme aller Dienstleistungen wird ein Verlag wohl mehr als 10 Prozent von seinem Nettoerlös zahlen dürfen.

Dienstleistungen einer Verlagsauslieferung

EINLAGERUNG UND LAGERHALTUNG

Die Paletten kommen von der Druckerei direkt in die Lagerhallen und werden dort in Hochregale eingelagert. In einem separaten Handlager werden die Sendungen zusammengestellt (= kommissioniert).

BESTELLANNAHME UND ERSTELLEN DER RECHNUNG

Eingehende Bestellungen werden in der Regel über Nacht bearbeitet. Hierzu gehört das Drucken der Rechnung (Fakturierung) bzw. eines Lieferscheins; ggf. werden elektronische Lieferscheine erstellt/zugestellt. Pack- oder Pickzettel zur Kommissionierung werden vorbereitet. Bei Verlagen, die nach dem Mandanten-Prinzip betreut werden (jeder Verlag gilt als in sich geschlossene organisatorische Einheit), kann das Verlagssignet auf der Rechnung aufgedruckt sein.

VERSANDFERTIGMACHEN DER PACKSTÜCKE

Die Sendungen werden kommissioniert und nach einer Gewichtskontrolle verpackt. Die VA übernimmt nicht die Zustellung der Ware, sondern übergibt die versandfertigen Packstücke an dasjenige Transportunternehmen (Büchersammelverkehr [siehe Kap. 1.2.2.2], DHL, UPS, DPD etc.), das der Besteller (Buchhandlung, Internethändler etc.) angegeben hat.

REMITTENDENANNAHME

Die Auslieferung übernimmt in der Regel auch die Bearbeitung der Remittenden. Nach dem Prinzip ›Die Guten ins Töpfchen – die Schlechten ins Kröpfchen‹ werden verlagsneue Bücher wieder in den regulären Lagerbestand übernommen und nicht mehr neuwertige Mängelexemplare als ›Ware 2. Wahl‹ an das Moderne Antiquariat weiterverkauft.

STATISTIKEN

Die Verlage erhalten differenziert aufgearbeitetes Zahlenmaterial über Lagerbewegungen und Verkaufszahlen. So können Absatzprobleme schnell erkannt und neue oder modifizierte Vertriebsstrategien leichter diskutiert werden.

DEBITORENBUCHHALTUNG

Der Serviceumfang erstreckt sich bei manchen Verlagsauslieferungen bis hin zur Debitorenbuchhaltung. Dort werden die anfallenden Routinearbeiten mit den ›Schuldnern‹ (= Debitoren) abgewickelt. Die Arbeiten umfassen Aufgabenbereiche wie Kontenpflege, BAG-Abrechnungsverfahren und Mahnwesen.

FACTORING UND DELCREDERE

Factoring (= Forderungskauf) bedeutet: Eine Verlagsauslieferung kauft den Verlagen die Forderungen ab, die sie ihren Kunden in Rechnung gestellt haben, und überweist ihnen die offenen Rechnungsbeträge nach vereinbarter Fälligkeit (mitunter auch vorab gegen Zinsen). Bei einem Delcredere-Vertrag übernimmt die VA darüber hinaus auch die Haftung für den Zahlungseingang der Forderungen; die VA übernimmt zusätzlich das Risiko für den Fall der Insolvenz (Zahlungsunfähigkeit) eines Kunden.

SONDERLEISTUNGEN

Alle separat anfallenden Arbeiten werden auf Anweisung des Verlags ausgeführt. Entsprechende Zusatzkosten mag der Verlag gern tragen, wenn ein Aufkleber mit dem Hinweis ›Nobelpreis für Literatur‹ anzubringen ist. Dies sieht im Falle eines nachträglichen Einlegens von Errata-Zetteln (formlos eingelegte Blätter, die auf inhaltliche oder formale Fehler unter Angabe von Seitenzahl und Zeile hinweisen) natürlich ganz anders aus. Als Sonderleistungen sind auch die eingangs des Kapitels angesprochenen PoD-Aktivitäten zu werten sowie Angebote im Vertriebsbereich (Versand der Verlagsvorschau o. Ä.).

Für die **Zahlungsabwicklung mit dem Sortimentsbuchhandel** ist die Unterscheidung zwischen zwei Grundtypen von Verlagsauslieferungen sinnvoll. Denn bei einer **Auslieferung nach dem Mandanten-Prinzip** wird die Auslieferungstätigkeit für jeden Verlag völlig separat praktiziert, inklusive der Rechnungsstellung – die Bezahlung jedoch erfolgt nach Vorgabe des Verlags auf ein Verlagskonto. Aus Gründen der Ökologie und der Rationalisierung (Verpackungsmaterial) wünschen buchhändlerische Bezieher zunehmend eine verlagsübergreifende Bündelung. Dem kommen Verlagsauslieferungen, die nach dem Mandantenprinzip organisiert sind, dadurch nach, dass sie mehrere Verlage (mit deren Einverständnis) zu einer Versandgemeinschaft, und Konzernverlage zu einer Fakturgemeinschaft zusammenfassen.

Diese Art der Auslieferung ist zu unterscheiden von Verlagsauslieferungen, die als **Full-Service-Dienstleister** für ihre Kommittenten zusätzlich Factoring und Delcredere anbieten. Hier können eingehende Bestellungen für verschiedene Verlage vertragsgemäß auf eine Rechnung gesetzt werden und in einer Sendung zum Handel gelangen. Die Bezahlung für alle ausgelieferten Verlagstitel seitens des Sortimenters erfolgt in diesem Fall zwangsläufig an die Verlagsauslieferung. Die größte Auslieferung dieser Art ist die VVA.

Digitale Verlagsauslieferung

Digitale Verlagserzeugnisse werden über Webshops vertrieben. Auch hier entscheidet der Verlag, ob er dies in eigener Regie organisiert oder ob er eine **digitale Verlagsauslieferung** mit dieser Aufgabe betraut. Im letzteren Fall muss es nicht zwangsläufig die Auslieferung sein, die bereits für die physische Buchdistribution zuständig ist. Denn es gilt, Lösungen für IT-technische und logistische Probleme zu finden, die sich im digitalen Vertrieb anders stellen. Deshalb splitten manche Verlage das operative Distributionsgeschäft in digitale Auslieferung (eigen/fremd) und Buchdistribution (eigen / fremd).

Digitale Verlagsauslieferungen sind auf den richtigen Verlagsinput angewiesen. Da sie weder das Layout noch den Informationsumfang beeinflussen können, die Webshops ihrerseits ihren Kunden anbieten, sind vor allem vollständige und dateigerechte Informationen vonnöten. Hierzu gehören bibliografische Metadaten (bevorzugt ONIX-Datensätze, die aus dem VLB-Titelbestand exportiert werden können), eine Produktabbildung, Textinformationen (Autorenporträt, Inhaltsverzeichnis, Hinweis auf Rezension(en), Leseproben) und natürlich die Mastercopy der E-Book-Datei.

So noch keine E-Book-Datei vorliegt, wird sich die digitale Verlagsauslieferung zunächst um die Konvertierung der Druckdaten in jeweils marktgängige E-Book-Formate (derzeit PDF und EPUB) kümmern. Ihre Hauptaufgabe jedoch besteht in der automatisierten Auslieferung an alle relevanten in- und ausländischen Online-Verkaufsplattformen. Und die gibt es im Überfluss – bei weitem nicht nur bei Apple, Google oder Amazon. Darüber hinaus stehen weitere Dienstleistungen im Raum:

- Zusammenfassung der über die zahlreichen Webshops generierten Umsätze,
- Integration der Umsätze in die Absatzstatistiken der Verlage,
- Überweisung der Umsätze auf das Verlagskonto,
- Aufbereitung der Umsätze für die Honorarabrechnung.

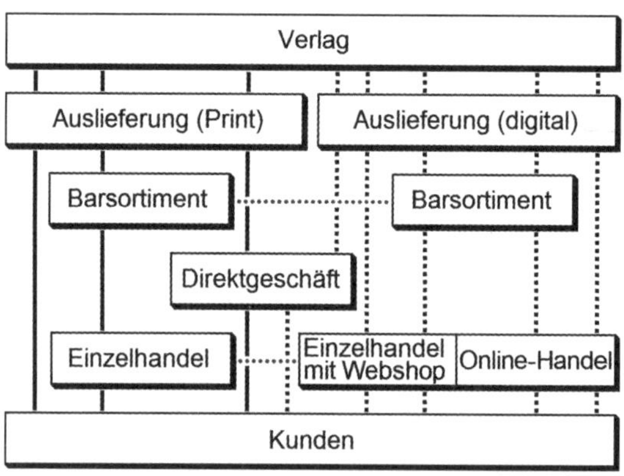

Quelle: M. Schickerling, *Bücher machen*, 3. Aufl., S. 311

Auch diese Dienstleistung bietet ein großes Bündelungspotenzial, und man muss kein Prophet sein um vorherzusagen, dass die digitale VA in Zukunft an Bedeutung gewinnen wird. Aber egal wie detailliert der Dienstleistungskatalog im Einzelfall auch aussehen mag: Die Vertriebsabteilung im Verlag möchte die Umsätze und Absatzzahlen im Print-Bereich und die Um- und Absatzzahlen im digitalen Geschäftsbereich auf einen Blick vergleichend sehen. Erst dann kann sie Verschiebungen von offline zu online genau beziffern, Entwicklungstendenzen fundierter vorhersagen und den künftigen Programmmachern wertvolle Informationen liefern.

Die Übersicht auf der vorherigen Seite zeigt die Komplexität der Vertriebswege, je nachdem ob der Direktvertrieb (Verkauf zu Ladenpreisen an Endabnehmer), der einstufig-indirekte Vertrieb (Verkauf an den Handel unter Ausschluss des Großhandels) oder der zweistufig-indirekte Vertrieb (Verkauf an den Handel unter Einbeziehung des Großhandels) im Vordergrund steht. Wie detailliert entsprechende Absatz- und (leider auch) Remissionsstatistiken aussehen, lässt sich erahnen.

1.2.2.2 Büchersammelverkehr = BSV

Die Warenzustellung erfolgt prinzipiell nach Anweisung des Bestellers. Gibt der Buchhändler beispielsweise DHL, UPS oder andere Speditionen an, so lässt der Verlag bzw. dessen Auslieferung die Sendungen entsprechend anliefern. Der größte Teil der Verlagsbestellungen wird jedoch über den Büchersammelverkehr (BSV) zugestellt, über branchenspezifische Transportunternehmen. Denn dieser stellt Sendungen nicht nur zu, sondern er organisiert auch den Rückfluss nicht verkaufter Bücher zum Lager des Verlags. Allerdings sollte der Sortimenter den Transportweg bei anstehenden Remittenden im Einzelfall überprüfen, da es, vor allem bei kleineren Verlagen, durchaus vorkommen kann, dass die ›Spedition der Branche‹ die Ware zwar zustellt, jedoch nicht den Rücktransport übernimmt.

Die Gebühren für das Sortiment gelten entfernungsunabhängig und staffeln sich, Remittenden ausgenommen, nach monatlichem Gewichtsaufkommen. Sie verstehen sich zuzüglich einer **monatlichen Kommissionsgrundgebühr** sowie weiteren Gebühren in Form von Dieselfloater, Stopp-Pauschalen etc. Auch der Verlag wird für das Abholen der Sendung mit Gebühren belastet – es sei denn, er übergibt die Sendung an bestimmten Orten dem BSV (Verkehrsordnung für den Buchhandel, § 15 Abs. 2). Alle Packstücke werden am zentralen Logistikplatz des Büchersammelverkehr-Unternehmens gewogen und am folgenden Tag dem Sortiment mit einem ordnungsgemäßen Avis angeliefert (Avis = Warenbegleitpapier, auf dem Paketanzahl und Gewichte der einzelnen Verlagssendungen aufgeführt sind). Diese Packstücke nennt man **Verlegerbeischlüsse**, weil sie zwecks Auslastung des buchhändlerischen Fuhrparks der Barsortimentsware beigeschlossen, d. h. ›beigefügt‹ werden.

Kleinbeischlüsse nennt man Packstücke bis zu fünf Kilogramm; für sie gilt ein besonders hoher Fixpreis. Über 50 Prozent aller Sendungen verlassen das

Auslieferungslager mit einem Gewicht von bis zu 5 kg – trotz der immensen Aufstockung der Barsortiments-Lagertitel, trotz der in den 1990er Jahren entwickelten **Parkmodelle,** nach denen eine Sendung auf Wert (Lieferung erst ab 100,– EUR), auf Zeit (Lieferung spätestens in 8 Tagen) oder auf Gewicht (Lieferung erst ab 5 kg) geparkt werden kann, und trotz der steigenden Zahl der Verlage, die Versandgemeinschaften bilden. Das hat unmittelbare Auswirkungen auf die Bezugskosten einer Buchhandlung (siehe Kap. 7.4.4).

Der Büchersammelverkehr stellt sowohl Barsortiments- als auch Verlagsware zu. Im ersten Fall handelt es sich um barsortimentseigene Ware, die man an den einheitlichen Wannenaufklebern erkennt. Im zweiten Fall transportiert der Büchersammelverkehr als Dienstleister Packstücke diverser Verlage. Daher rührt die frühere terminologische Unterscheidung zwischen Bücherwagendienst (Zustellung von Barsortimentsware) und Büchersammelverkehr (gemeinsame Zustellung von Barsortimentsware und Verlegerbeischlüssen).

1.2.2.3
Bestellanstalt / Clearing Center

Die Funktion einer **Bestellanstalt** als Bindeglied zwischen Sortiment und Verlag gibt es seit den 1830er-Jahren. Bis weit in die 1970er-Jahre wurden Bücherzettel mit Bestellungen in Papierform ausgestellt, gesammelt und den Verlagen und Großhändlern gebündelt übergeben. Daher rührt die Definition aus der Verkehrsordnung: »Der Sortiments-Kommissionär fasst Dienstleistungen im Rahmen des buchhändlerischen Bestell- und Lieferverkehrs zusammen. [...] Als Bestellanstalt leitet er im Auftrag des Sortiments-Kommittenten dessen Bestellungen an die Verlage bzw. deren Auslieferungen weiter.« Heute übernehmen Rechnersysteme das Sammeln, Zusammenführen und Übermitteln der Bestelldaten, sodass eher der Begriff **Clearing Center** sachadäquat erscheint – zumal der Datentransfer auch mit ausländischen Marktteilnehmern praktiziert wird.

Die Clearing Center von KNV Zeitfracht und Libri stehen nur den eigenen Barsortimentskunden zur Verfügung. Ihre Hauptfunktion besteht darin, Barsortiments- von Verlagsbestellungen zu trennen: Die Großrechner der Zwischenbuchhändler selektieren die abgerufenen Bestellungen. Die ›eigenen‹ Bestellungen werden hausintern weiterverarbeitet (Drucken der Lieferscheine, Erstellen eines elektronischen Lieferscheins etc.), während Verlagsbestellungen schnellstmöglich elektronisch weitergeleitet werden – nur im Ausnahmefall auch per Fax oder Briefpost.

Die jeweilige Bestellsoftware bietet auch die Möglichkeit einer ›optimierten Bestellweiterleitung‹. Durch Eingabe der ISBN und Vorwahl dieser Funktion geht die Bestellung in diesem Fall zunächst in den Rechner des Barsortiments. Wenn der Titel dort nicht geführt wird oder die gewünschte Anzahl nicht komplett lieferbar ist, erfolgt automatisiert die Weiterleitung an den entsprechenden Verlag. Dadurch werden unrentable Einzelbestellungen an Verlage vermieden.

Unabhängig vom Clearing Center der großen Barsortimente operiert der **Informationsverbund Buchhandel** (IBU), dessen Rechner von einer Wirtschaftstochter des Börsenvereins betreut werden. Denn Buchhandlungen sind heute nicht mehr (wie früher) auf eine spezielle Barsortiments-Software angewiesen. Stattdessen nutzen sie für die Dateneingabe die Funktion ›Bestelldisposition‹ in ihrem Warenwirtschaftssystem (WWS) und übermitteln die erfassten Daten anschließend gebündelt über eine EDV-Schnittstelle an IBU oder eine Bestellanstalt ihrer Wahl.

1.3 Sortimentsbuchhandel

Der in den 1970er-Jahren einsetzende Wandel von einem Verkäufer- hin zu einem Käufermarkt – nicht der Verkäufer dominiert mit einem eher begrenzten Angebot den Markt, sondern der Käufer wird in Zeiten des Überangebots zum Dreh- und Angelpunkt des Marktgeschehens – war entscheidend für strukturelle Veränderungen im (Buch-)Einzelhandel. Das Denken in Marketingkategorien wurde hoffähig und schlug sich zunächst in neuen Laden- und Präsentationskonzepten sowie in verstärkter Werbung nieder. Und je differenzierter man mit Mitteln der Marktforschung Kundenwünsche ermitteln konnte, desto differenzierter entwickelten sich neben der allgemeinen Sortimentsbuchhandlung Betriebstypen und Verkaufskonzepte, wie Großflächenhandlungen und Filialunternehmen auf der einen und Special-Interest-Anbieter auf der anderen Seite.

Die Gewinner des Strukturwandels, sofern es um die Frage nach Marktanteilen geht, sind Unternehmen mit expansiven Marktstrategien. Dies funktioniert mit größeren Flächen, die bessere Präsentationsmöglichkeiten bieten und zu einer längeren Verweildauer einladen, ebenso wie mit Filialunternehmen auf verhältnismäßig kleiner Fläche, die spezielle Marktsegmente bedienen. Dabei ist das Anwachsen der aktuell marktbestimmenden Unternehmen nur zu einem geringen Teil auf wachsende Umsätze mit preisgebundenen Verlagserzeugnissen zurückzuführen, die sich leicht rückläufig entwickeln. Modernes Antiquariat und Non-Books beanspruchen in zunehmendem Maße Flächenanteile und sichern die betriebliche Rendite. Dadurch verlaufen einzelne Firmenkonjunkturen abweichend von der Branchenkonjunktur. Dies alles bettet sich in eine marktwirtschaftliche Theorie ein, nach der stagnierende Märkte Umverteilungsmärkte sind (siehe Einleitung Kap. 1).

Natürlich setzen auch kleine(re) Buchhandlungen vielfach Marketingkonzepte erfolgreich um und behaupten sich am Markt, aber die ›Großen‹ haben in vielerlei Hinsicht die besseren Rahmenbedingungen für wirtschaftlichen Erfolg. Eine entscheidende Rolle hierbei spielen ihre relativ guten Verhandlungspositionen bei den Banken, wenn es um größere Investitionsvolumina geht, mit denen man das ›digitale Zeitalter‹ erfolgreich meistern will. Dieses Ziel im Visier ging man auch ungewohnte strategische Allianzen ein, wie 2013 im Falle des E-Readers ›tolino shine‹, verbunden mit einer Zugriffsmöglichkeit auf weit über hunderttausend E-Books (siehe Kap. 2.4.2). Um Amazons Kindle Paroli bieten zu können, schlossen sich Großunternehmen – seinerzeit Thalia, Weltbild, Hugendubel und der Club Bertelsmann – zusammen, um diesen E-Reader flächenmäßig durchzusetzen. Hinzu gesellte sich die Deutsche Telekom, die eine leistungsfähige technische Plattform bereitstellte. Mittlerweile setzt sich die ›Tolino-Allianz‹ anders zusammen.

Die skizzierten Turbulenzen der letzten Jahrzehnte lassen sich auch durch einen Blick auf die Marktführer nach 1945 belegen. Bis weit in die 1970er-Jahre hinein war das Unternehmen Bertelsmann, das mit seinem ›Club‹ – Ende 2015 stellte er seine Aktivitäten ein – das erste marktwirtschaftlich funktionierende Filialsystem etablierte, die Nummer 1 im verbreitenden Buchhandel. In den 1980er-Jahren übernahm mit Karstadt ein Warenhausbuchhändler mit seinem Filialnetz diesen Rang, um ihn in den 1990er-Jahren an Hugendubel abzugeben. Aber selbst die Fusion Hugendubels mit Weltbild – ein Joint Venture unter dem Namen DBH (Deutsche Buch Handels GmbH), das 2014 endete – konnte den Siegeszug Thalias nicht aufhalten. Thalia durchstieß 2010 mit über einer Milliarde Umsatz im deutschsprachigen Raum erstmalig eine neue Schallgrenze. Nicht nur aufgrund der Fusionen mit der Mayerschen Buchhandlung (2019) und mit Decius (2020) wird Thalia seine Spitzenposition auf absehbare Zeit behalten.

Ein Blick zurück anhand von drei Sekundärquellen

1990, genau elf Jahre nach der Entstehung der ersten Großflächenbuchhandlungen mit jeweils über 2.000 qm in Düsseldorf (Stern Verlag) und München (Hugendubel), erscheint die erste fundierte Untersuchung zum Thema. Ihr Titel: *Auswirkungen des Strukturwandels auf den mittelständischen Buchhandel*, veröffentlicht von der BBE-Unternehmensberatung in Köln, in der u.a. die Merkmale des mittelständischen Buchhandels definiert werden:

- kleinere und mittlere Unternehmen,
- Leitung durch einen selbstständigen Inhaber,
- Mitarbeit des Inhabers,
- Inhaber trägt unternehmerisches Risiko.

Eine genaue Abgrenzung des Begriffs mittelständischer Buchhandel hinsichtlich der Größenordnung wird nicht fixiert; es heißt, die Abgrenzung über Umsatzwerte sei problematisch. Allerdings könnte man hinsichtlich der Beschäftigtenzahl eine Grenze zu Großbetrieben angeben, die bei 100 Beschäftigten liegt, was wiederum einer Umsatzgrößenordnung von etwa 10 Mio. Euro (früher: 20 Mio. DM) Umsatz entspricht. Hier ist gleichsam der weitere Weg vorgezeichnet. Denn auch heute stehen wenige ›Großbetriebe‹, definiert über Beschäftigtenzahl und Umsatzgrößenordnung, einer Vielzahl von ›mittelständischen Kleinbetrieben‹ gegenüber. Bemerkenswert ist das weitsichtige BBE-Fazit: Es wird eine zunehmende Konkurrenz in Form von Großflächenbuchhandlungen, Ketten- und Filialunternehmen geben, die mehr Kapital benötigen, mehr Professionalität im Management (Marketing) vorweisen müssen und dadurch auch neue Käuferschichten bedienen können. Das ›feingliedrige Sortiment‹ hingegen wird Schwierigkeiten haben; denn Reaktionen auf die neuen marktbeherrschenden Unternehmen sind kapitalintensiv und es gilt, Defizite in Sachen Betriebsführung aufzuholen.

Faktoren, die den Strukturwandel beeinflussen

Exogene Faktoren	**Endogene Faktoren**
Gesellschaft Bevölkerungsentwicklung, Urbanisierung	Positionierung im Wettbewerb Betriebstypendynamik, Standortpolitik, neue Marktteilnehmer
Verbraucherverhalten One-Stop-Shopping, multioptionale Kunden	Absatzformen Warencharakter, Sortimentspolitik, Servicepolitik
Technischer Fortschritt EDV, Kommunikationstechnologie	Strukturelle Unterschiede Kapitalausstattung, Finanzierung, Unternehmenswachstum, Personalpolitik, kaufmännische Verwaltung und Management
Wirtschaft/Wirtschaftspolitik Mittelstandsförderung, Konjunktur, Kaufkraft	Funktionelle Unterschiede Beschaffung (Einkaufsmodelle), Lagerhaltung und Logistik, Absatzfunktion
Gesetze Buchpreisbindungsgesetz, Wettbewerbsgesetze, Ladenschlussgesetze	
Trends in vorgelagerten Wirtschaftsstufen Produktion (zwischen Massenauflage und PoD-Technologie), Verschiebung der Absatzkanäle, Konzentrationsprozesse	

Sabine Dörrichs Strukturanalyse des verbreitenden Buchhandels *Die Zukunft des Mediums Buch* ergänzt diese Prognose 1992, indem sie schreibt »[...] unübersehbar vollzieht sich ein Wandel des Buchmarktes. Neue Vertriebsformen und Betriebstypen entstehen, die mit den alten, ehrwürdigen Buchkulturstätten kaum mehr Gemeinsamkeiten haben. Kapitalkräftige Konzerne drängen erfolgreich auf den Markt. [...] Neue Konsumtrends lassen den Akt des Einkaufens zum Freizeiterlebnis mit Erlebnisdimensionen werden. Ein gewaltiger jährlicher Buchausstoß verursacht eine völlige Unübersichtlichkeit des Angebots mit der Folge, dass nur noch beachtet wird, was druckfrisch auf den Markt kommt. Parallel warnen die Kritiker vor einem neuen Analphabetismus. Und dem Zerfall der Lesekultur.«

2011 erscheint die Publikation von Kerstin Emrich *Konzentration im Sortimentsbuchhandel: Diagnose, Prognose und Handlungsempfehlungen.* Rückblickend geht die Autorin einer Vielzahl von Gründen nach, die den Strukturwandel der letzten Jahrzehnte beeinflusst haben. Sie rubriziert in exogene und endogene Faktoren, die in der beigefügten Übersicht stichwortartig zusammengefasst sind – also einerseits in Faktoren, die die Buchhandlung nicht beeinflussen kann, da sie durch Gesetze oder wirtschaftliche Rahmenbedingungen vorgegeben sind (exogen), und andererseits in Faktoren, die vom Unternehmen selbst bestimmt oder verursacht werden (endogen).

1.3.1
Be- und Vertriebstypenvielfalt

Ein sich differenziert entwickelnder Buchmarkt führt zwangsläufig zu einer Be- und Vertriebstypenvielfalt, die die Beantwortung der Frage **W**er (welche Betriebsform?) verkauft **W**ie (mit welchen Vertriebsbesonderheiten?) erschwert. Deshalb kann im Folgenden auch nur eine grobe Kategorisierung angeboten werden, da es in zahlreichen Punkten zu Überschneidungen kommt. Als historisch gewachsener Prototyp gilt die **allgemeine Sortimentsbuchhandlung** als das ›Fachgeschäft für Bücher‹, deren Merkmale in der nebenstehenden Übersicht zusammengefasst sind.

Aus dem Typ der allgemeinen Sortimentsbuchhandlung haben sich viele Konzepte entwickelt. Unter anderem potenziert die **Großflächenbuchhandlung** die Möglichkeiten des allgemeinen Sortiments. Vom Typus her entspricht sie einer **Boulevardbuchhandlung**, die durch eine gute Lauflage und durch das exponierte Herausstellen von Bestsellern und Geschenkartikeln charakterisiert wird. Nicht selten gibt sie sich im Eingangsbereich auch als **Discounter-Buchhandlung**, denn hier werden neben den populären Bestsellern aus dem firmeneigenen Zentrallager Modernes Antiquariat in Form von Sonderausgaben, Restauflagen und Mängelexemplaren (siehe Kap. 1.4.1) und frei kalkulierbare Non-Books angeboten.

Kennzeichen einer allgemeinen Sortimentsbuchhandlung

STATIONÄRER VERTRIEB ÜBER EIN LADENLOKAL

Wirtschaftliche Basis der ›Fachgeschäfte für Bücher‹ ist der generierte Bar-Umsatz in einem Ladengeschäft. Die Verkaufsfläche kann im Einzelfall durchaus mit 40 qm anfangen und ist nach oben hin nicht begrenzt. 300 bis 700 qm bevorzugen heutzutage die Filialisten, was aber nicht ausschließt, dass einzelne Häuser mit 2.000 und mehr Quadratmeter Verkaufsfläche operieren. Größere Flächen bedeuten aber nicht zwangsläufig proportional mehr Bücher im Angebot; bei den TOP-Unternehmen der Branche ist neben dem Rückbau größerer Flächen eine Tendenz zur Titel- und Lieferantenreduktion festzustellen.

MULTI-CHANNELING / OMNI-CHANNELING

Das Ladenkonzept wird unterstützt durch einen Online-Auftritt, der einen Webshop und Social-Media-Aktivitäten mit einschließt. Die Verzahnung von stationärem Vertrieb und Online-Aktivitäten ist für die meisten Kunden selbstverständlich. Ambulanter Vertrieb (Verkauf ohne Ladenfläche) findet aber auch durch Büchertische im Rahmen von Veranstaltungen (Lesungen, Kongresse etc.) statt, die das Gesicht der Buchhandlung nach außen prägen.

BEREITHALTEN EINES SORTIMENTS

Das Sortiment setzt sich überwiegend aus der Produktion von Publikumsverlagen zusammen. Die wichtigsten Sachgebiete sind Belletristik, Sachbuch, Ratgeber und Kinder- und Jugendbuch; je nach Verkaufsfläche, Marktgegebenheiten oder Neigung des Inhabers wird das Sortiment um weitere ergänzt. Es gilt das Prinzip ›Sortimentsbreite vor -tiefe‹. 1.000 und 50.000 Titel markieren Grenzwerte, die im Einzelfall sogar noch nach unten oder oben unter- bzw. überschritten werden. Non-Books ergänzen das Buchsortiment; meist im zweistelligen Prozentbereich. Warengruppen spiegeln die Sortimentsstruktur wider und gliedern das Angebot in ökonomischer Hinsicht.

BERATUNG

Sortiments- und Warengruppenkenntnis sind die Voraussetzung für eine gute Beratung. Denn die vorrangige Aufgabe des Buchhändlers ist der Abverkauf des eingekauften Sortiments. Dafür braucht es fachkundiges Personal mit einem großen Lesehorizont. Buchhändler*in ist ein staatlich anerkannter Ausbildungsberuf.

BESORGUNGSDIENST

Nicht vorrätige Titel werden für den Kunden bestellt und anschließend über das ›Abholfach‹ verkauft. Die Ware wird vorrangig vom Barsortiment (Kap. 1.2.1.1) bezogen, bei Bedarf aber auch von Verlagen.

Hinzu kommt die antiquarische Suche und Bestellung. Die hierfür bedeutendste Plattform ist das Zentrale Verzeichnis Antiquarischer Bücher (ZVAB; siehe Kap. 1.4.1).

SERVICE

Neben dem Besorgungsdienst bietet der Sortimentsbuchhandel eine große Palette von Service-Leistungen an. Hierzu gehören u. a. Kundenkarten, Ansichtssendungen, Zustellservice und für Vorzugskunden die Abrechnung über ein Monatskonto.

KULTURELLE AKTIVITÄTEN

Ein besonderer Service und für viele Buchhandlungen das I-Tüpfelchen ihres Leistungskatalogs ist die ›Kulturarbeit‹. So wie sich der Gesamtverband kulturelle Aktivitäten auf seine Fahne schreibt, so machen es auch viele seiner Mitglieder. Man denke nur an Vorlesewettbewerbe und Leseclubs, an Aktionen rund um den Welttag des Buches – vor allem aber an Lesungen, durch deren Angebot sich der Buchhändler zu Recht in der Rolle eines Kulturvermittlers sieht.
Seit der Einführung des Deutschen Buchhandlungspreises wird dieses Engagement durch Staatsmittel auch finanziell belohnt.

Eine **Special-Interest-Buchhandlung** hat sich ausschließlich auf ein Gebiet spezialisiert, z. B. auf Kinderbücher, Krimis, Comics oder Esoterik. Das Prinzip ›Tiefe vor Breite‹ gilt gleichermaßen auch für die Buchhandlungen, denen bestimmte Werte zugrunde liegen, wie im Falle konfessioneller oder esoterischer Spezialbuchhandlungen. Man kann solch ein Unternehmen, bei dem sich Mitarbeiter und Stammkunden mit dem angebotenen Sortiment (ideologisch) identifizieren, verallgemeinernd auch als **Tendenzbuchhandlung** bezeichnen.

Die **Fachbuchhandlung** als ein ›Spezialgeschäft für Bücher‹ führt zu bestimmten wissenschaftlichen Themen (Medizin, Recht – Wirtschaft – Steuern, Kunst & Architektur o. Ä.) nahezu alle lieferbaren und auch vergriffene Titel. Hier greift das Prinzip ›Tiefe vor Breite‹. In diesem Zusammenhang spricht man auch von Depotbuchhandlungen. Denn hier ›deponieren‹ Verlage ihre Bücher in den Buchhandlungen – mitunter in Kommission (siehe Kap. 7.4.3) ohne Lagerrisiko für den Händler. Die Buchhandlungen führen im Rahmen von Vertragsvereinbarungen das komplette Programm einzelner Verlage (Volldepot), respektive ausgewählte repräsentative Programmbereiche, auf jeden Fall aber alle Novitäten (Teildepot).

Abschließend sei eine Typologie von Buchhandlungen vorgestellt, die der Betriebsberater Arnd Roszinsky-Terjung 1995 erstmalig in der Fachzeitschrift *Buchmarkt* veröffentlicht hat. Diese Einteilung orientiert sich ebenfalls nicht an den Parametern Umsatzgröße und Marktanteil, sondern stellt Funktionen in den Vordergrund. Roszinsky-Terjung geht es in erster Linie um die Außenwirkung der Buchhandlung – eine Betrachtungsweise, die in Zeiten propagierter Kundenorientierung die gängige Betrachtungsweise ›groß oder klein‹ zu Recht ergänzt und relativiert.

	A-Buchhandlung (Anmutungs-Buchhandlung)	**B-Buchhandlung** (Bestell-Buchhandlung)	**C-Buchhandlung** (Competenz-Buchhandlung)	**D-Buchhandlung** (Discount-Buchhandlung)
Sortiment	breit und tief, ›alles da‹, ab 30.000 Titel aufwärts; niedriger Bestellanteil	klein, 1.000 bis 5.000 Titel; hoher Bestellanteil	in der Tiefe sortiert; niedriger Bestellanteil	eher flach; überproportional viele Non-Books; niedriger Bestellanteil
USP	hoher Grad an Verfügbarkeit, hoher Anteil an Spontankäufen	Erreichbarkeit am Ort	Warenbündelung, Leidenschaft für ein Thema, ggf. Werte-Identität	preiswert ohne Mitgliedschaft
Flächenbedarf	groß, ab ca. 300 qm	klein, ab ca. 40 qm	klein, ab ca. 30 qm	klein, ab ca. 50 qm bis ca. 150 qm
Präsentation	50 % Frontalpräsentation, viele Mittenmöbel	10–30 % Frontalpräsentation	30 % Frontalpräsentation	70 % Frontalpräsentation
Kunden	alle und jeder (entsprechend umfangreiche Streuwerbung); großer Anteil an Viel-Lesern	lokaler/regionaler Einzugsbereich, Käufer teils mit hoher Buchhandelserfahrung	Spezialisten auf hohem Niveau, Experten für das Thema	Schnäppchenjäger, Geschenkesuchende, Käufer mehr oder weniger buchaffin

Quelle: Arnd Roszinsky-Terjung: *Das neue Profil. ABC-Modell für den richtigen Ladentyp.* Erstmalig veröffentlicht in *Buchmarkt* 10/1995. Geringfügig bearbeitet.

1.3.2 Entwicklungstendenzen

In der Regel waren es die Marktführer am Ort, die durch Umbauten, Vergrößerungen oder neue Mietobjekte in besseren Lauflagen ihre Standortvorteile sicherten und vom Strukturwandel profitierten. Mindestens ebenso häufig wurden ehemalige Marktführer aber auch Opfer des Strukturwandels, wobei die Gründe im Einzelfall sehr unterschiedlich sein konnten: mal war es die Konkurrenz in Form neuer populärer Betriebstypen, mal Einkaufszentren auf der ›grünen Wiese‹, mal expansive Übernahmestrategien der ›noch Größeren‹ und manchmal die eigene Unfähigkeit, sich auf verändernde Märkte einzustellen. Dabei gab es durchaus wechselhafte Firmengeschichten. Reinhold

Gondrom beispielsweise war zunächst aktiver Mitgestalter der Veränderungsprozesse, bevor er seine 29 Filialen letzten Endes an Thalia verkaufte. Auch Buch Habel und Weiland besaßen ein zweistelliges Filialnetz, bevor die Firmen unter das ›schützende Dach‹ von Hugendubel zogen, um bereits nach einiger Zeit von eben dieser Firma ›abgewickelt‹ zu werden.

Aus dem fortschreitenden Strukturwandel wurde ein ›Strukturbruch‹ – als Vokabel erstmalig 2007 benutzt in der Headline ›Expansion der Filialisten führt zum Strukturbruch‹ von der Zeitschrift buchreport. Seit jenem Jahr listet buchreport alljährlich nur noch die TOP-50 (statt der TOP-100 in den Jahren zuvor) auf. Der Abstand zwischen Nr. 1 (Thalia) und Nr. 2 (Hugendubel) zu Nr. 3 und den weiteren Unternehmen im Ranking klafft zunehmend auseinander. Die Big Player spielen in einer eigenen Liga und generieren mehr als doppelt so viel Umsatz wie Random House als größter Publikumsverlag. Ihre Ziele: Markenbildung und flächendeckende Präsenz. Schreitet die Entwicklung weiter so voran, wie sie sich bisher abzeichnet, kann man zwei Prognosen formulieren.

Prognose 1 Die Branche splittet sich auf in bundesweit (Thalia, Hugendubel) oder eher groß-regional aufgestellte Marken (z. B. Osiander, Rupprecht). Der Rest entfällt auf das »Netz geistiger Tankstellen«, wie Altkanzler Helmut Schmidt einmal die stattliche Anzahl von Buchhandlungen in Städten und Gemeinden genannt hat.

Prognose 2 Die ›Großen‹ gewinnen immer mehr Marktanteile. Aktuell erreichen die TOP 10 einen Marktanteil von ca. 40 Prozent; allein die TOP 2 halten rund 30 Prozent. Folgerichtig das Statement eines Vertriebsleiters: »Mein Herz schlägt zwar für die ›Kleinen‹, aber nennenswerte Umsätze können wir nur mit den Großen machen.«

Großflächenbuchhandel und Filialsysteme

Die marktbeherrschenden Unternehmen bieten durchaus kein einheitliches Bild. Einige setzen auf große Flächen (300 qm oder mehr, sofern das Mietobjekt es verlangt), andere auf Vorteile aufgrund von Möglichkeiten, die eine Filialisierung bietet. Aber nur wenige Unternehmen investieren in ein kostenintensives Großflächen-Filialnetz. Andere, wie Dussmann (Berlin) oder Graff (Braunschweig), bestücken nur eine Immobilie. So oder so: Im Wirtschaftsleben wird nicht (immer) reine Quantität belohnt. Große Flächen wollen auch qualitativ ›bespielt‹ werden. Eine Auswahl der wichtigsten Erfolgsfaktoren sie im Folgenden zusammengestellt:

Erfolgsfaktoren der marktbeherrschenden Unternehmen

- bezugswegoptimierter lagergenauer Einkauf zu TOP-Konditionen,
- hohe Kundenfrequenz in 1a-Lagen,

- hohe Lagerumschlagsgeschwindigkeit,
- Ausnutzung modernster Technologien.

Erfolgsfaktoren, speziell für Großflächen
- attraktive Sortimentstiefe und -breite; interessante Rand- und Nebensortimente, vor allem im Bereich der Non-Books,
- großzügige Präsentationsflächen,
- individuell arrangierte Abteilungen und Stockwerke,
- Verweilatmosphäre (Café, Ruhezonen, Lese-Lounge),
- Mehrfach-Platzierung von Top-Titeln.

Erfolgsfaktoren, speziell für Filialsysteme
- zentrale Steuerung und Koordination aller Unternehmensaktivitäten (Einkauf, Warenordnung, Werbung, Fakturierung etc.),
- übersichtliche Angebotsstruktur,
- einheitliches Ladenlayout,
- filialübergreifendes Warenwirtschaftssystem,
- standardisierte Verkaufsschulung der Mitarbeiter und deren Einsetzbarkeit in allen Filialen.

Wie die Unterscheide im Einzelnen auch ausgeprägt sein mögen: Alle Unternehmen setzen vertriebstechnisch auf Multi-Channel-Strategien und verzahnen damit das Ladengeschäft mit den Möglichkeiten des Internets. Ferner versuchen sie, ihre Marke (Branding) ins Bewusstsein ihrer Kunden zu bringen. In diesem Zusammenhang bemühen sie sich um …
- einen hohen Bekanntheitsgrad,
- einen hohen Wiedererkennungswert,
- ein hohes Maß an Marktdurchdringung,
- emotionale Akzeptanz seitens der Käufer,
- größtmögliche Zufriedenheit der Käufer.

Zwangsläufig ist das Branding beim Marktführer am stärksten ausgeprägt: So sieht sich Thalia als Marke für den niveauvollen, gehobenen Einzelhandel mit Büchern und Medienartikeln. Dabei positioniert sich das Unternehmen als die deutschsprachige Marke schlechthin, indem es bewusst mit den Internet-Suffixen ›.de‹, ›.at‹ und ›.ch‹ aufwartet.

Was nicht ausschließt, dass übernommene Firmen im ›Untertitel‹ ihren Traditionsnamen weiter führen und ein zwar mit der ›Zentrale‹ abgesprochenes, aber teilweise abweichendes Marketing praktizieren. Dies geht in die Richtung, die James Daunt, Chef der britischen Waterstones-Kette, 2019 in einem *Börsenblatt*-Interview darlegte. In Konkurrenz zum Online-Buchhandel greifen herkömmliche Filialkonzepte zu kurz; überspitzt formulierte er: »Das Modell Buchkette funktioniert nicht mehr – ich glaube, nirgendwo.«

Networking

Unübersehbar ist die Polarisierung zwischen ›Groß‹ und ›Klein‹ – obwohl die Werte der Verlagsbranche bei weitem noch nicht erreicht sind, wo der Marktanteil der 100 Größten bei über 90 Prozent liegt. Und auch die Konzentration ist noch nicht so weit fortgeschritten wie in anderen Einzelhandelsbranchen, in denen einige wenige große Handelsketten den Markt fast vollständig beherrschen. Werden eines Tages auch im Buchhandel die ›Großen‹ die ›Kleinen‹ fressen? – Wohl kaum, und zwar vorrangig aus zwei Gründen. Erstens: Großflächen und Filialsysteme erfordern eine Mindest-Kundenfrequenz und ein gewisses Marktvolumen, um die gewünschte Rendite zu erwirtschaften. Damit bleiben viele Städte und Stadtteile für andere Buchhandlungen weiterhin lukrativ. Und so trotzen weiterhin rund 3.000 Buchhandlungen der medialen Übermacht der Großen. Zweitens: Nicht zwangsläufig verdrängen die ›Großen‹ die ›Kleinen‹, sondern manchmal auch die ›Schnellen‹ (die pfiffigen, agilen und innovativen Buchhandlungen) die ›Langsamen‹ und ›Trägen‹. Small kann also durchaus beautiful sein. Oder – wie es ein Newsletter des Arbeitskreises Kleinerer Sortimenter (AKS; heute: IG Unabhängiges Sortiment) seinerzeit sinngemäß formulierte: »Letztendlich wird die Zukunft zeigen, wie sich dieser Kampf der Giganten weiterentwickelt. Und während Thalia und Hugendubel miteinander beschäftigt sind, kümmern wir uns um uns, bilden Netzwerke und bleiben unabhängig, wendig und gut.«

Die ›Kleinen‹ können also durchaus überleben: als kleiner Generalist in einer Kleinstadt und einem Stadtteil oder als Spezialsortiment (z. B. Krimi-Buchhandlung) in einer Nische. Aber die Inhaber müssen eine Antwort auf die Frage nach dem einzigartigen Verkaufsversprechen, der USP der Buchhandlung, geben: »Warum ist es für Käufer wichtig, gerade in meiner Buchhandlung und in meinem Online-Shop zu kaufen?« Und sie müssen …

- ihr Sortiment klar und übersichtlich gliedern,
- ihre Stärken und ihr Konzept kommunizieren,
- ökonomisch gesund denken und handeln,
- im Warenbezug den Gedanken der Bündelung ernst nehmen,
- technisches Potenzial nutzen, denn erst ›High-tech‹ schafft Freiräume für Kundennähe,
- sinnvolle Zusatzsortimente anbieten,
- über Verkäufer-Persönlichkeiten verfügen,
- netzwerkfähig sein und strategische Allianzen bilden.

Kluges Networking wird in Zukunft eine zentrale Rolle spielen. Doch wie profitiert man in ökonomischer Hinsicht von Zusammenschlüssen, ohne die eigene Individualität aufzugeben? Wie bleibt das eigene Profil, der persönliche Kontakt zum Kunden bewahrt und garantiert? Dies sind Fragen, auf die Verbundgruppen im Bucheinzelhandel unterschiedliche Antworten haben.

Verbundgruppen im Bucheinzelhandel

BUCHWERT 172 Mitglieder an 231 Standorten (2018). www.buchwert-service.de
Buchwert entstand 2014 als Joint Venture der EK/servicegroup und der DZB-Bank. Regionalbetreuer beraten die Mitglieder individuell vor Ort. Buchwert übernimmt die Zahlungsabwicklung für Verbundpartner und Verlage (Zentralregulierung) und trägt zugleich das Risiko des Forderungsausfalls; die Mitglieder erhalten eine Rückvergütung. Durch die Anbindung an die EK/servicegroup besteht Zugriff auf ein umfangreiches Non-Book-Sortiment.

EBUCH 860 Mitglieder (2018). www.ebuch.net
EBuch wurde 2000 als Genossenschaft gegründet und erleichtert die Orga-Arbeit der Mitglieder (Umsatzvolumen bis ca. 1 Mio. EUR). Einkauf via ›Anabel‹ – ein genossenschaftliches Zentrallager, das von Libri in Bad Hersfeld logistisch betreut wird. Aktuelle Anabel-Konditionen: Bestellmenge 1: 35% Rabatt, Bestellmenge 2: 37%, Bestellmenge 3: 39%. Eigenes crossmediales Kundenmagazin. Multi-Channel-Angebote unter der Dachmarke ›Genialokal‹ (Webshop und Kundenmagazin).

LG BUCH 157 Mitglieder an 190 Standorten (2018). www.lg-buch.de
LG Buch wurde 1990 als Genossenschaft gegründet. Aktive Zusammenarbeit mit ca. 60 Partnerverlagen. Einbindung des Barsortiments Umbreit. Neues Kooperationsmodell mit Premium-Verlagen ab 2019: Mitglieder erhalten 44% Verlagsrabatt, 45% für Vorzugstitel zuzüglich 2 Prozent Bonus auf den erreichten Jahresumsatz. Im Gegenzug verpflichten sich die Mitglieder, drei Vorzugstitel pro Halbjahr im Ersteinkauf in größerer Stückzahl abzunehmen. Verbundgruppenzugang zu VLB-TIX.

NORDBUCH 54 Mitglieder an 122 Standorten (2018). www.nordbuch.com
Nordbuch, als GbR gegründet, firmiert seit 2014 als GmbH. Ein Einkaufs- und Marketingverbund in Zusammenarbeit mit Partnerverlagen, u.a. alle großen Verlagsgruppen. Fokussierung aller Mitglieder auf verbindlich festgelegte Spitzentitel, die von einem Zentrallager (Lagerort Libri) abrufbar sind. Bevorzugte Platzierung dieser Titel im Verkaufsraum, in Werbemitteln und in Online-Shops. Marktforschung innerhalb des Verbunds, Social-Media-Kampagnen, Jahreskonditionen mit Partnerverlagen.

In ökonomischer Hinsicht geht es Verbundgruppen immer um Kostenoptimierung durch Bündelung und Ertragssteigerung. Teilnehmende Unternehmen eint die Überzeugung, dass Kooperationen und selbstauferlegte Pflichten nicht mit Einschränkungen einhergehen, sondern in erster Linie mit deren Gegenteil: mit der Stärlung individueller und wirtschaftlicher Beweglichkeit. Rund 1.200 Unternehmen, Tendenz steigend, die hiervon überzeugt sind, entsprechen fast 50 Prozent der Sortimentsmitglieder im Börsenverein.

Folgen der Digitalisierung

›Früher‹ war der Buchhändler ein ›gate keeper‹ – ein Wächter über den Buchvertrieb. Diese Funktion hat der Buchhandel verloren. Unwiederbringlich. Denn die Digitalisierung hat neue Formate hervorgebracht. Damit sind nicht nur neue Produkte gemeint, sondern auch gänzlich neue Angebotsformen, wie Streaming-Dienste, durch Anbieter à la Netflix, YouTube & Co, die im Mix des Medienspektakels ebenfalls Nutzungszeit beanspruchen.

Jahresvergleiche der *ARD/ZDF-Online-Studie* belegen: Vor allem die 14- bis 29-jährigen, die überdurchschnittlich viel online unterwegs sind, sind hiervon betroffen, gefolgt von den 30- bis 49-jährigen. So wundert es nicht, dass in diesen Altersklassen auch der Bücherkauf rückläufiger ist als in anderen. Dies belegt eine Studie, die der Börsenverein gemeinsam mit GfK Consumer Panel Media*Scope Buch für den Publikumsmarkt (ohne Schul- und Fachbücher) durchgeführt hat. Insgesamt, so ein Ergebnis der letztgenannten Studie, habe das Marktsegment populärer Literatur im Zeitraum von 2012 bis 2017 inklusive Downloads von Hörbüchern und E-Books 7,3 Millionen Käufer verloren. 2018 erschien die Studie unter dem Titel *Buchkäufer – quo vadis?* Die Gründe für den schleichenden Rückgang des Bücherlesens sind:

- Zeitknappheit durch ein wachsendes Angebot an Freizeitmedien,
- Aufmerksamkeitsdefizit durch eine zu große Flut an Informationen auf zu vielen Kanälen,
- Abhängigkeitsgefühl von Rechnern und Smartphones durch den empfundenen Zwang, ›always on‹ zu sein,
- Konzentrationsverlust durch ständiges Multitasking.

Lesemomente werden seltener. Bücher werden immer häufiger schlichtweg vergessen – unabhängig davon, dass sie selten Thema des öffentlichen Diskurses sind. Ursächlich dürfte dies mit einer Gesellschaft zusammenhängen, die sich einem digitalen Zwangscharakter aussetzt. Denn die exzessive Nutzung von Smartphones und anderer digitaler Kommunikationsmittel führt zwangsläufig zu einem Erschöpfungszustand, in dem eher selten Energie für das Lesen von Büchern aufgewendet werden kann. »Vielen Menschen gelingt der Übergang vom produktiven Arbeitsmodus zum entschleunigten, kontemplativen Ruhemodus nicht mehr.« – so formuliert im Artikel *Das lesende Subjekt* im *Börsenblatt 25/2018*. Das Buch als Sehnsuchtsort, als Medium der Inspiration und Entschleunigung verliert an Stellenwert.

7,3 Millionen weniger Buchkäufer in einem Zeitraum von sechs Jahren entsprechen einem Rückgang der Käuferreichweite von 54 Prozent auf 41 Prozent der Bevölkerung. Rein quantitativ ein mehr als ernüchternder Wert. In qualitativer Hinsicht bleibt aber unklar, welche Käufer der Buchmarkt verloren hat. Welche gesellschaftlichen Milieus (siehe Kap. 6.2.2) lesen und kaufen weniger? Oder ist es sogar so, wie Peter Bichsel in einem Interview mit dem österreichischen *Standard* am 29.7.2018 vermutet: »Nicht die Leser sind aus dem Buchmarkt ausgestiegen, sondern die Nichtleser. Die Bücher, die heute nicht mehr gekauft werden, sind die Bücher, die früher ungelesen in den Regalen herumstanden.« Ferner: Gibt es vergleichbare Werte für den Bereich der Fachinformationen? Denn eines gibt zu denken und soll als positiver Aspekt im Rahmen dieser Diskussion abschließend genannt werden: Seine kaufkräftigen Zielgruppen hat der Buchhandel nicht verloren. Anders ist die relativ stabile Umsatzentwicklung nicht zu erklären.

Wandel im Handel

Der Weg vom Verkäufer- zum Käufermarkt ist unumkehrbar. Vorbei sind die Zeiten, in denen die Buchhändler ein begrenztes Warenangebot vorlegten und verteilten. Sicherlich besteht in diesem Bereithalten und Vorlegen eines begrenzten Sortiments auch heute noch die Kunst des Einkaufs, aber von einer Warenknappheit, die das konstitutive Merkmal des Verkäufermarktes ist, kann man bei mehreren 10.000 neuen Titeln im Jahr schon lange nicht mehr sprechen. In dem Maße, in dem der Käufer selber auswählen kann, findet der Übergang zu einem Käufermarkt statt.

Der Käufer entscheidet sich für oder gegen bestimmte Produkte, für oder gegen bestimmte Angebotsformen, für oder gegen bestimmte Dienstleistungen, die ihm geboten werden. Und was kein Buchhändler gerne wahrhaben will: Der Käufer trifft die Entscheidung autonom – ohne seinen Buchhändler zu fragen. Dies erklärt den sprunghaften Anstieg der sogenannten Parallelkäufer, womit Kunden gemeint sind, die nicht nur bei einer Einkaufsstätte ihren Bedarf befriedigen. Heute ein Bücherkauf im Fachgeschäft aufgrund einer Empfehlung der Buchhändlerin, morgen ein Schnäppchenkauf bei einer großen Versandbuchhandlung nach Durchblättern des Kataloges, übermorgen die Mitnahme eines neuen Bestsellers in einer Bahnhofsbuchhandlung auf dem Weg zur täglichen Arbeit und den Tag darauf ein Fachbuchkauf im Internet – so sieht der Käufermarkt um die Jahrhundertwende aus.

›Multioptional‹ wird dieses immer weniger berechenbare Verhalten in der Fachsprache der Marketingexperten genannt. Denn die Kunden sind in ein und derselben Person gleichzeitig Konsumverweigerer und Luxuskäufer – je nach Liquidität und Wertschätzung der Kaufobjekte. So wird auf der einen Seite Geld gespart (Kaufen von No-Name-Products im Lebensmittelbereich, billiger Fast-Food-Konsum in Schnellrestaurants, Hobby-Schreinern mit Baumarktartikeln etc.), das dann auf der anderen Seite wiederum ausgegeben wird (hochwertige Kleidung und Kosmetik, Designerlampen aus Fachgeschäften, Menüs in Spezialitätenrestaurants etc.). Anders ausgedrückt: Einerseits spielen bei Produkten, die für den Käufer einen nur geringen Wert haben, wo er also – wie die Marketingstrategen sagen – low involved ist, Kauf- und

Konsumerlebnisse eine untergeordnete Rolle, während andererseits bei für wertvoll erachteten Kaufobjekten (high-involvement des Käufers) das Einkaufserlebnis durch das Ambiente des Geschäftsraumes, die Freundlichkeit und Kompetenz des Personals etc. dominiert.

Diese ›Multi-Optionalität‹ erklärt aber nicht nur die Vielfalt der Vertriebsformen im Einzelhandel und den Anstieg der Parallelkäufer, sondern auch die ›Freiheit zum Verzicht‹. Umso wichtiger wird dadurch die emotionale Seite des Einkaufs. Denn das Notwendige, bzw. das, was die jeweiligen Kunden dafür halten, ist relativ einfach und ohne Ladenschlusszeiten über das Internet zu beziehen. Dort dürfte man sogar in Zukunft komplett eingerichtete virtuelle Buchhandlungen mit prall gefüllten Regalen, Coverabbildungen, Klappentexten und sonstigen Zusatzinformationen finden. Wer geht da noch in ein Fachgeschäft zu seiner Buchhändlerin? – Kurzum alle die, die nicht nur an der Ware interessiert sind (Produktnutzen), sondern auch ›Genuss‹ beim Einkaufen (Zusatznutzen) empfinden. »Shopping hat zu einem guten Teil den Charakter der Freizeitbeschäftigung bekommen und den der Bedarfsdeckung verloren« – so hat es einmal der Betriebsberater Arnd Roszinsky-Terjung formuliert und dabei auf die ›weichen‹ Faktoren Atmosphäre, Übersichtlichkeit des Angebotes und Emotionalität beim Einkaufen hingewiesen.

Wenn ohnehin alles über den Webshop der Buchhandlung erhältlich ist, kann sich der Sortimenter auf eine Auswahl beschränken. Denn das frühere Voll-Sortiment ist heutzutage problemlos als ›Grund-Sortiment‹ online zu recherchieren und zu beziehen. Damit ist die Buchhandlung aber von ihrer ehemaligen Funktion befreit, ein Lagerort für Bücher zu sein. Der neue virtuelle ›Lagerort 1‹ bietet Chancen für den ›Lagerort 2‹ – für das individuell präsentierte ›Entdecker-Sortiment‹, das Händler aufgrund ihrer Markt- und Kundenkenntnis als einen Ort der Inspiration gestalten können. Eine wahrhaft Kopernikanische Wende im Buchhandel, die zum Ursprung des Begriffs Sortimentsbuchhandel zurückführt.

1.4
Die Konkurrenzsituation des Sortimentsbuchhandels

In diesem Kapitel stehen die Konkurrenten bzw. – so der neuere Begriff – die ›Marktbegleiter‹ des Sortimentsbuchhandels im Vordergrund. Welche Konzepte buhlen um die Gunst von Lesern und Käufern? Welche Entwicklungen zeichnen sich innerhalb der einzelnen Absatzkanäle ab? – Dabei knüpfen wir an Überlegungen an, die am Ende des einleitenden Kapitels unter der Überschrift ›Branchenstruktur und Marktteilnehmer‹ thematisiert worden sind. Aber Achtung! Nicht immer gilt die Ausschließlichkeit der einzelnen Kanäle. Wer wüsste das besser als eine Sortimentsbuchhandlung, die mitunter auch als Verlag, als Antiquariat und auch als ambulanter Händler operiert.

1.4.1
Traditionelles und Modernes Antiquariat

Im traditionellen Antiquariat, auch Buch- und Kunstantiquariat genannt, sucht und findet man Bücher und Medien, die vergriffen sind und über Verlage und Barsortimente nicht mehr bezogen werden können. Die antiquarische Recherche (siehe Kap. 2.6.5) wird von vielen Buchhandlungen angeboten, die hierzu die Datenbank ›ZVAB für Buchhandlungen‹ nutzen. **ZVAB** (Zentrales Verzeichnis Antiquarischer Bücher) wurde 1996 gegründet und ist der weltweit größte Online-Anbieter für deutschsprachige antiquarische Titel. Professionell arbeitende Antiquare bieten auf www.zvab.com über 25 Millionen antiquarische oder vergriffene Bücher sowie Noten, Grafiken, Autografen, Postkarten und Schallplatten zum Kauf an.

Mit der Nutzung des ›ZVAB für Buchhandlungen‹ (vormals Antiquaria) einher geht der Zugriff auf das internationale Buchangebot des Online-Marktplatzes AbeBooks, wo gegen eine festgelegte Provision neue und gebrauchte Bücher zwischen Händlern und Kunden vermittelt werden. AbeBooks erzielt seinen Gewinn durch eine feste Angebotsgebühr zuzüglich einer Provision vom Umsatz für Abwicklungskosten. Seit 2008 ist die Firma ein Tochterunternehmen des Amazon-Firmenimperiums, das 2011 einen strategischen Coup landete: AbeBooks Europe übernahm das ZVAB.

Im Verband Deutscher Antiquare e. V., der wichtigsten Interessensvertretung für den professionellen Antiquariatsbuchhandel in Deutschland, sind rund 300 Mitgliedsfirmen organisiert. Auf internationaler Ebene kooperiert man mit der International League of Antiquarian Booksellers (ILAB). Das Angebot der Verbandsmitglieder, die ihre Bücher im ZVAB gelistet haben, wird bei der Recherche über www.ilab.org berücksichtigt.

Die **Ausbildung zum Antiquariatsbuchhändler** erfolgt im Rahmen der Berufsausbildung zum Buchhändler/zur Buchhändlerin; auch hier gilt die Ausbildungsordnung vom 15. März 2011. Allerdings gibt es eine spezielle sechsmonatige Wahlqualifikationseinheit Antiquariat. Die berufsprofilgebenden Fertigkeiten, Kenntnisse und Fähigkeiten werden auf der Folgeseite nach dem Ausbildungsrahmenplan zitiert. Als maßgebliches Fachbuch für Antiquare gilt weiterhin der Titel: Wendt, Bernhard/Gruber, Gerhard: *Der Antiquariatsbuchhandel. Eine Fachkunde für Antiquare und Büchersammler.* 4. Auflage. Stuttgart, Hauswedell.

Traditionelles Antiquariat

Im Antiquariatsbereich unterscheidet man das bibliophile Antiquariat, den Autografenhandel, das wissenschaftliche Antiquariat, das Musikantiquariat sowie das Kunstantiquariat mit dem Grafikhandel. In der Regel handelt es

Wahlqualifikation Antiquariat

Aus: Ausbildungsrahmenplan für die Berufsausbildung zum Buchhändler und zur Buchhändlerin | Sachliche Gliederung (§ 4 Absatz 2 Abschnitt B Nummer 3)

EINKAUF

- Angebote bearbeiten und bewerten; Gegenstände des Antiquariats aus Privathand und aus Doublettenbeständen öffentlicher Bibliotheken ankaufen und kollationieren;
- Gegenstände des Antiquariats, insbesondere unter Berücksichtigung des Preises und des Zustands, beschaffen;
- antiquariatsspezifische Internetportale nutzen;
- Gegenstände des Antiquariats ersteigern;
- aus Restbeständen von Verlagen und aus Antiquariatskatalogen bestellen;
- Bezugsquellen erschließen;
- Gegenstände des Antiquariats, insbesondere historische Buchgattungen, Druck- und Originalgrafiken und Handschriften, bewerten;
- Einkaufsentscheidungen unter Berücksichtigung der Marktsituation sowie literarischer, künstlerischer, wissenschaftlicher und warenkundlicher Gesichtspunkte treffen;
- Verkaufspreise unter Berücksichtigung antiquariatsspezifischer Besonderheiten kalkulieren;
- Finanzplanung und Budgetierung beim Einkauf berücksichtigen.

ERHALTUNG UND BESTANDSPFLEGE

- Materialien, insbesondere Papier, Leder und Pergament, unterscheiden;
- Bücher und Grafiken zur Erhaltung reparieren und pflegen;
- Lagersystematik erstellen und verwalten;
- Bestände und Datenbanken pflegen.

BERATUNG UND VERKAUF

- Kunden über Gegenstände des Antiquariats informieren;
- Angebote erstellen;
- Preise gegenüber den Kunden begründen;
- Kundenwünsche, insbesondere von Bibliotheken, Bibliophilen und Sammlern, feststellen und bearbeiten;
- nicht vorrätige Bücher und Zeitschriften auffinden, insbesondere über Handelspartner und Auktionen;
- Bücher im Kundenauftrag begutachten;
- über bibliophile Besonderheiten von Büchern informieren;
- Antiquariatskataloge sowie Sonderlisten und Spezialangebote planen, erstellen, gestalten und versenden;
- den Beitrag des Antiquariats für die Erhaltung von Kulturgütern aufzeigen.

sich um einzelne wertvolle Stücke oder ganze Privatbibliotheken oder -sammlungen, die meist aus Privathand oder auf Auktionen erworben worden sind. Der Weiterverkauf an Endabnehmer erfolgt zu Preisen, die je nach Marktlage, nach Seltenheitswert, nach dem Zustand des einzelnen Exemplars, nach seiner Ausstattung sowie nach seiner Herkunft von jedem Antiquar nach eigenem Ermessen festgesetzt werden.

Das **bibliophile Antiquariat** bedient in erster Linie die Sammler bibliophiler Kostbarkeiten. Hier geht es um Erstausgaben und Widmungsexemplare von literarischen Werken, Pressendrucke und Vorzugsausgaben, alte Handschriften und mit Illustrationen ausgestattete alte Drucke. Der Sammler sucht nach der ›Aura‹ von Erstausgaben. Der originale Erhaltungszustand, die Qualität des Einbands und des Schutzumschlags, eine handschriftliche Widmung des Autors und die Herkunft des Buches spielen bei der Preisfestsetzung eine erhebliche Rolle. Das gilt in besonderem Maße für Inkunabeln (lat. incunabula – Windeln, Wiege, daher der Begriff Wiegendrucke), womit alle Bücher aus den Anfängen der Buchdruckerkunst um 1450 bis 1500 bezeichnet werden.

Der **Autografenhandel** (Autograf – eigenhändige Niederschrift eines Verfassers) beschäftigt sich mit handschriftlichen Briefen, Notizen, Entwürfen und Manuskripten bedeutender oder interessanter Persönlichkeiten, die von Sammlern, Archiven, und Bibliotheken gesucht werden. Auch alte Handschriften gehören mitunter zu den Handelsobjekten des Autografenhandels.

Beim **wissenschaftlichen Antiquariat** sind Qualität und die Bedeutung des Textinhalts für die Wissenschaft und die Häufigkeit ihrer Verbreitung für die Preisfindung maßgebend. Die unüberschaubare Fülle von Publikationen hat bereits im 19. Jahrhundert entsprechend spezialisierte Antiquariate hervorgebracht. Die Kunden wissenschaftlicher Antiquariate sind Universitäts- und Institutsbibliotheken und Wissenschaftler; in jüngerer Zeit erwerben auch Forschungslaboratorien und Ingenieurbüros wertvolle Werke. In dem Maße, in dem Käufer auf gut erhaltene und mit Widmungen der Verfasser versehene Erstausgaben Wert legen, sind die Grenzen zum bibliophilen Antiquariat fließend.

Das **Musikantiquariat** befriedigt die Sammlerleidenschaft und das wissenschaftliche Interesse von Musikliebhabern, Musikern und Musikwissenschaftlern. Die Handelsobjekte umfassen Erstdrucke musikalischer Werke sowie sämtliche Ausgaben von Notenmaterial, alle Autografen von Komponisten, weiterhin Musikliteratur sowie Opern- und Operettenlibretti. Nicht selten gehören auch historische Musikinstrumente und sogar Devotionalien wie Totenmasken und Locken bedeutender Komponisten zum Angebot.

Das **Kunstantiquariat** und der **Grafikhandel** befassen sich mit grafischen Reproduktionen. Das Kunstantiquariat legt hierbei den Schwerpunkt auf die Künstlergrafik, also auf Holzschnitte, Kupferstiche, Radierungen, Lithografien und andere druckgrafische Formen und deren Vorstufen, darunter auch Handzeichnungen. Nicht selten kommt es zu Überschneidungen mit dem

Kunsthandel, denn auch Aquarelle und sogar Ölgemälde können sich im Angebot des Kunstantiquariats befinden. Der Grafikhandel fokussiert seine Warenstruktur auf dekorative Grafik und kartografische Reproduktionen.

Modernes Antiquariat (MA)

Der Begriff ›Modernes Antiquariat‹ (MA) umfasst unterschiedliche Bereiche. Der gemeinsame Nenner der hier angebotenen Waren ist die Kategorie ›Preis‹. So verwundert es auch nicht, dass das MA nie als Sachgruppe bei der Deutschen Nationalbibliothek erscheint, die ausschließlich nach inhaltlichen Kriterien sortiert. Klarheit bringt der synonym für Modernes Antiquariat verwendete Begriff Ramsch. Das französische Wort ramassis bedeutet soviel wie Sammelsurium oder (zusammengewürfelter) Haufen. Hierzu gehören Restauflagen ehemals preisgebundener Titel (vergriffene Titel), preisgebundene Sonder- oder Lizenzausgaben und Billig-Editionen sowie Mängelexemplare. Das Moderne Antiquariat ist übrigens nicht nur dem Einzelhandel zuzurechnen, sondern in seiner Funktion als Großantiquariat auch dem Zwischenbuchhandel (siehe Kap. 1.2.1.2), der Buchhandlungen mit MA-Abteilungen, Warenhäuser, Versandunternehmen und Nebenmärkte beliefert. Als gemeinsame Interessenvertretung im Börsenverein fungiert die IG Modernes Antiquariat.

Ein neues Geschäftsfeld des Modernen Antiquariats gibt es in Gestalt von ›Gebrauchtbüchern‹, die von privat über Online-Plattformen wie Ebay oder den ›market place‹ bei Amazon angeboten werden. Hier rücken Bücher in den Vordergrund, die vormals nur über Antiquariate verkauft wurden. Das gebrauchte Buch – auch das einmal gekaufte und dann ›abgestoßene‹ Buch (hier liegt keine Preisbindung mehr vor!) – gilt zunehmend als preiswerte Alternative zum verlagsneuen Buch.

Werfen wir abschließend einen Blick auf die Angebotsstruktur im modernen Antiquariat mit den drei Produktkategorien Restauflagen, Sonderausgaben und Mängelexemplare.

Restauflagen/vergriffene Titel

Im Buchpreisbindungsgesetz steht im § 8 (1): »Verleger und Importeure sind berechtigt, durch Veröffentlichung in geeigneter Weise die Preisbindung für Buchausgaben aufzuheben, deren erstes Erscheinen länger als achtzehn Monate zurückliegt.« Die Verwertung dieser Restauflagen von Erst- oder Folgeauflagen ist das Kerngeschäft der MA-Anbieter.

Nach diesem 18-Monate-Zeitraum können Verlage die Preisbindung aufheben (sie müssen nicht!) und ihre Restbestände verramschen. Verlage gehen höchst unterschiedlich mit diesem Paragrafen um. Publikumsverlage heben die Preisbindung häufig mit, manchmal auch vor Ablauf dieser Frist auf, da binnen 18 Monaten nach Erscheinen bereits Lizenzausgaben auf dem Markt sind, Fachverlage eher später, weil ihre Titel zum großen Teil auf einen längeren Lebenszyklus hin angelegt sind. Für die Entscheidungsfindung sind die Faktoren Lagerumschlag, Lagerkosten und Kapitalbindung von großer Bedeutung – aber auch das Image, welches sich ein Verlag gibt, was sich unter anderem auch in dem Kriterium ›Autorentreue‹ niederschlagen kann.

Nach der Ankündigung der Preisaufhebung, die 14 Tage vor dem Datum der Preisaufhebung erfolgen muss, treffen sich Großantiquariate und große Einzelhandelsunternehmen zu ›Ramscher-Runden‹, offiziell Gebots-Runden genannt. Der Meistbietende erhält den Zuschlag und setzt nun seinerseits einen empfohlenen Verkaufspreis fest. Die MA-Großhändler setzen daraufhin ›ihren‹ empfohlenen Verkaufspreis fest, auf den sie einen handelsüblichen Rabatt zwischen 40 Prozent und 50 Prozent gewähren. Erwirbt ein Einzelhändler die komplette Restauflage, setzt dieser dann ›seinen‹ neuen Verkaufspreis fest. In diesem Fall ist auch ein Preisvergleich statthaft, da die nunmehr preisreduzierte Ausgabe inhalts- und ausstattungsgleich der ehemaligen preisgebundenen entspricht.

Preisgebundene Sonderausgaben und Billig-Editionen

In diesem Segment agieren spezialisierte MA-Verlage. Inhaltlich kann es sich um ganz verschiedene Objekte handeln, die zum Teil für unterschiedliche Märkte produziert werden. Es überwiegen:

- **Originalausgaben** aus klassischen Buchverlagen (Sonderausgabe, Studienausgabe, Ausgabe im Schuber etc.).
- **Preiswerte, mitunter mehrsprachige Originalausgaben** für internationale Märkte. Diese werden häufig von Book-Packagern (Buch-Dienstleister, die fertige, verkaufsfähige Buchprojekte konzipieren, lektorieren und layouten) Verlagen für den (weltweiten) Vertrieb angeboten. Entweder ist der Text mehrsprachig gedruckt, oder die verschiedenen (Sprach-)Ausgaben entstehen im Rahmen der Produktion durch den Wechsel beim Schwarzfarbwerk. Anbieter: u. a. Taschen, Ullstein Medien.
- **Lizenzausgaben für sortimentsferne Märkte** (Zeitungstreuebände, Aldi etc.). Hier spielt die Lizenzverwertung ›klassischer‹ Buchverlage die entscheidende Rolle. Bestseller sind auf Nebenmärkten im Rahmen von Zweit- oder Drittverwertungen immer gerne gesehen. Anbieter: u. a. Lingen, NGV Naumann & Göbel Verlagsgesellschaft.
- **Lizenzausgaben** oder **Originalausgaben für spezielle MA-Märkte oder MA-Buchabteilungen** Anbieter: u. a. Anaconda, Bassermann (Imprint von Random House), Marix, Nelson (Imprint von Carlsen), Edition XXL.

- **Reprints** (Nachdrucke) vergriffener und rechtefreier Titel (Grimms Kinder- und Hausmärchen etc.) Anbieter: Klassische Buchverlage, aber auch buchhandelsferne Anbieter.

Mängelexemplare

Mängelexemplare sind beschädigte Bücher, die erkennbare Schäden oder Fehler aufweisen. Sie entstehen durch unachtsame Behandlung, Verschmutzung, sichtbare Lagerspuren, Transportschäden oder im Rahmen der Buchproduktion durch Druck- und Bindefehler. Die Verkehrsordnung definiert in diesem Zusammenhang im § 11 Abs. 2 den Begriff ›Defektexemplar‹, der für Exemplare mit Herstellungsfehlern verwendet wird. Aufgrund ihrer Beschädigung unterliegen Mängelexemplare nach BuchPrG § 7 Abs. 1 Punkt 4 nicht mehr der Preisbindung. Hier handelt es sich also um ein Einzeltitelgeschäft, das für Großantiquariate und Buchhandlungen nur dann interessant ist, wenn sie große Bestände mangelhafter Ware erwerben, um sie unsortiert zu Kilopreisen weiterzuverkaufen.

Da die ›Verwertung‹ preisgebundener Bücher als Mängelexemplare häufig zu Rechtsstreitigkeiten führt, hat die Rechtsabteilung des Börsenvereins ein Merkblatt verfasst, das die Kennzeichnung der Mängelexemplare sowie Preisbindungsaspekte thematisiert. Denn das Problem sind nicht die Bücher mit sichtbaren Schäden, sondern die durch Aufdruck oder Strich ›gemängelten‹ Bücher ohne wirklichen Mangel. Hier einige Passagen aus dem 2006 veröffentlichten *Merkblatt Mängelexemplare:*

> **Preisbindung** Für die Frage der Preisbindung ist allein entscheidend, ob es sich um echte Mängelexemplare handelt. Verlagsneue Bücher, die als Mängelexemplar gekennzeichnet sind, ohne verschmutzt oder beschädigt zu sein oder einen sonstigen Fehler aufzuweisen, dürfen nach einem Grundsatzurteil des OLG Frankfurt vom Juli 2005 nicht unterhalb des gebundenen Preises verkauft werden. Die Anbringung einer Kennzeichnung als Mängelexemplar allein bewirkt also nicht die Aufhebung der Buchpreisbindung. Ob ein Mängelexemplar oder einwandfreie Ware vorliegt, hat der Buchhändler zu entscheiden – und zu verantworten. Grundsätzlich ist jedes Buch (Einzelfallprüfung) vor seiner Kennzeichnung als ›Mängelexemplar‹ darauf zu untersuchen, ob es auch tatsächlich äußerlich erkennbare Schäden aufweist. Der Verkauf von ›gemängelten‹ Büchern, die abgesehen von der Bestempelung als ›Mängelexemplar‹ einwandfrei sind, stellt einen Preisbindungsverstoß dar. Vor diesem Hintergrund ist insbesondere auch die Praxis, noch eingeschweißte einwandfreie Bücher als Mängelexemplare zu verkaufen, unzulässig. Das Oberlandesgericht (OLG) Frankfurt hat ausdrücklich betont, dass der Verkäufer für die Richtigkeit der Auszeichnung als Mängelexemplar verantwortlich ist.
> Der Verlag hat seinerseits geeignete Vorkehrungen zu treffen, um sicherzustellen, dass remittierte, aber äußerlich einwandfreie Exemplare nicht als preisbindungsfreie Mängelexemplare auf den Markt gelangen. Die mit der Entscheidung für die Wiederverkäuflichkeit der einzelnen Bücher befassten Mitarbeiter, auch solche beauftragter Firmen, sind entsprechend zu schulen. Bei einer ›Mängelung‹ ohne sachlichen Grund liegt wettbewerbswidriges Verhalten vor.

Kennzeichnung ›echter‹ Mängelexemplare ›Echte‹ Mängelexemplare sind als solche zu kennzeichnen. Dies muss an signifikanter Stelle und in sofort erkennbarer Art und Weise geschehen. Beim Publikum darf nicht der Eindruck erweckt werden, es würden gebundene Preise unterschritten. Der Kennzeichnungspflicht kann durch die Anbringung eines Stempelaufdrucks ›preisreduziertes Mängelexemplar‹ oder ›Mängelexemplar‹ an der Unterschnittkante des jeweiligen Buches Genüge getan werden. Sollte dies aus technischen Gründen nicht möglich sein, müssen die Bücher an anderer Stelle äußerlich gekennzeichnet sein. Beim Taschenbuch genügt ggf. auch der Aufdruck eines auffälligen Stempels ›M‹ der Kennzeichnungspflicht.

Bewerbung von Mängelexemplaren Mängelexemplare dürfen weder vom Verlag noch vom Sortiment als ›neuwertig‹ beworben werden. Der Buchhandel muss in der Werbung darauf hinweisen, dass es sich um Mängelexemplare handelt.

1.4.2 Bahnhofsbuchhandel

Die ›Buchhändler mit Gleisanschluss‹ sind auch heute noch ein wichtiger Vertriebskanal für Printmedien. Lange Zeit ein Kiosk für in- und ausländische Presse, hat der Bahnhofsbuchhandel in den letzten Jahren den Sprung zu einer begehbaren Presse-Fachverkaufsstelle mit umfangreichem buchhändlerischem Sortiment vollzogen.

Im Sortiment dominieren Presseerzeugnisse, die mindestens 70 Prozent des Umsatzes ausmachen müssen. Das Erreichen dieses Werts gehört zu den leistungsbezogenen Kriterien, die zwischen dem Verband Deutscher Zeitschriftenverleger (VDZ) und dem Verband Deutscher Bahnhofsbuchhändler 1993 vereinbart worden sind (novelliert 2006) und die die Grundlage für eine Direktbelieferung zu Verlagskonditionen sind. Denn der Verlagsdirektbezug bedeutet höhere Einkaufsrabatte als beim Presse-Grosso und ermöglicht einen größeren Spielraum für höhere Personalkosten (aufgrund verlängerter Öffnungszeiten) und Mieten (Grundmiete zuzüglich Umsatzbeteiligung als Pachtbetriebe der Deutschen Bahn AG).

Im Jahr 2019 gab es 453 Verkaufsstellen an 318 Standorten. Vier große Ketten teilen sich fast 90 Prozent des Umsatzes. Marktführer ist die Valora-Gruppe mit ihren Labels Presse & Buch und K-Group, gefolgt von Lagardère Travel Retail Deutschland, die Bücher über ihre Labels Relay und hub convenience anbieten, und den deutschen Unternehmen Schmitt & Hahn sowie der Unternehmensgruppe Dr. Eckert mit ihren Ludwig- und Eckert-Filialen.

Aufgrund ihrer Aufgabe, Reisende und Berufspendler während der Betriebszeit des Bahnhofes mit Presseerzeugnissen zu versorgen, hat der Bahnhofsbuchhandel eine Sonderstellung hinsichtlich der Öffnungszeiten, die im § 8 Abs. 1 des Ladenschlussgesetzes ausdrücklich verankert ist. Übrigens: Auch Verkaufsflächen in Flughäfen oder auf Fährbetrieben zählen zum Bahnhofsbuchhandel.

1.4.3 Warenhausbuchhandel und sonstige Verkaufsstellen

Die Idee, Bücher im Warenhaus zu verkaufen, ist so alt wie die Betriebsform Warenhaus, die sich im Zuge der Verstädterung des Lebens um 1900 etablierte und heute eine große Strukturkrise durchlebt. Das in vielen Abteilungen praktizierte Shop-in-Shop-Modell (Flächen werden durch Fremdfirmen unterhalten) wird teilweise auch auf den Buchhandel übertragen, so betreut Hugendubel Verkaufsflächen in Karstadt-Filialen.

Die Zielgruppe des ›Buchhandels ohne Schwellenangst‹ ist in erster Linie Laufkundschaft, jedoch versuchen die wenigen großen Firmen zunehmend, Kundenbindung aufzubauen, etwa durch Kundenkarten, Besorgungsdienste und Online-Shops. Das Buchsortiment ist auf schnellen Umschlag angelegt – muss es sich doch in Konkurrenz zu anderen Abteilungen umsatz- und renditemäßig behaupten. Daraus resultiert eine eher breit, nicht tief gefächerte Angebotspalette nach Gängigkeit, wobei Publikumsverlagen und niedrigpreisigen Artikeln ein großer Stellenwert eingeräumt wird.

Die Mischung von gebundenen und nicht preisgebundenen Verlagserzeugnissen, darunter auch eigene von Warenhausunternehmen verlegte und vertriebene Sonderausgaben, soll den Eindruck erwecken, dass Bücher im Warenhaus besonders preisgünstig seien. Trotzdem erfüllt eine Buchabteilung im Warenhaus, wie jeder andere buchhändlerische Fachbetrieb auch, ihre Preisbindungspflicht. Und dies nicht nur, weil sie zu den Mitgliedsfirmen in buchhändlerischen Verbänden zählt. Denn die gebundenen Verkaufspreise garantieren eine feste, kalkulierbare Gewinnspanne, die den Vergleich zu anderen Warenhausabteilungen nicht scheuen muss.

Rund 10 Prozent des Umsatzes zu Endverbraucherpreisen werden über **sonstige Verkaufsstellen** abgewickelt, die man zutreffend mit Handel auf **Nebenmärkten** beschreibt. Obwohl es im Detail eine Vielzahl unterschiedlicher Firmen und Konzepte gibt, sind Nebenmärkte dadurch zu charakterisieren, dass Bücher hier nicht von Buchhändlern eingekauft, sondern ausschließlich im Rahmen eines Nebensortiments platziert und verkauft werden. Die Warenbeschaffung erfolgt mittels Rack-Jobbing – entweder durch den Verlagsaußendienst oder durch spezialisierte Großhändler.

Der **Regalgroßhandel** (siehe Kap. 1.2.1.2) mietet Verkaufsflächen an, bestückt die dort platzierten Warenträger und übernimmt die Sortierfunktion für den Einzelhändler. **Rack-Jobber** kümmern sich auch um einzelne Marktsegmente, beispielsweise Kalender. Der Einzelhändler investiert demnach in Fläche, und der Regalgroßhändler in den Einkauf und den Vertrieb des Sortiments. So räumen ›Fremdkräfte‹ die Titel ein, überprüfen in vereinbarten Abständen das Titelangebot, ergänzen, tauschen um und remittieren.

Diese klassische Nebenmarkt-Vertriebsschiene ist immer dann gegeben, wenn Verlage ihre Produkte in Fachgeschäften oder -märkten anderer Branchen anbieten. Dies können Tierhaltungsbücher in Zoohandlungen sein oder Handwerkerbücher in Baumärkten etc. Auch in Fachgeschäften für den PBS-Bereich (Papier-, Büro- und Schreibwaren) sowie in Geschenk-Boutiquen oder Drogerie-, Lebensmittel- und Verbrauchermärkten werden Zusatzsortimente gerne angeboten, zumeist Bestseller. Auch der ›Kaffeeröster‹ Tchibo oder Discounter bieten zeitlich begrenzt Spezialproduktionen an.

Der Vertrieb über Nebenmärkte wird in der Buchbranche immer wieder kontrovers diskutiert. Während Verlage behaupten, sie müssten alle Vertriebskanäle nutzen, weil sie nur dadurch ihren Verlagspflichten genügen (Erschließung aller Käuferschichten) und der Buchhandel davon nur in geringem Maße berührt werde, steht das Sortiment dieser ›Zwei-Märkte-Theorie‹ skeptisch gegenüber. Denn wenn das Bestsellergeschäft in Gestalt täglicher Umsatzbringer – von denen es ja nominell nicht viele gibt – nicht über ihre Ladentheken läuft, wird die Ertragslage geschwächt und langfristig die traditionellen Vertriebsstrukturen der Buchbranche zerstört.

1.4.4 Buchgemeinschaften

Die Buchgemeinschaften sind eingebettet in die **Idee des Buchabonnements.** Kunden werden durch eine Mitgliedschaft und Abnahmeverpflichtung an das Unternehmen gebunden und erhalten im Gegenzug Bücher preiswerter als zum regulären gebundenen Ladenpreis, wobei bei Lizenzausgaben die Kriterien Zeitabstand, Ausstattungsunterschied und Preisdifferenz zu den Originalausgaben zu berücksichtigen sind. Durch den regelmäßigen Kauf wird die Kaufkraft des Mitglieds verplant. Die Absatzgarantie mindert das verlegerische Risiko und erleichtert gleichzeitig die Preiskalkulation. Im Laufe der rund 100-jährigen Geschichte sind unterschiedliche Modifikationen dieses Grundkonzepts festzustellen. Während in den Anfängen die Pflicht zur Abnahme des gesamten Jahresprogramms bestand, wurden später Hauptvorschlagsbände und Quartalskäufe populär.

Die Blütezeit der Buchgemeinschaften scheint in Zeiten sinkender Umsätze und Marktanteile allerdings vorbei zu sein. Mitgliedsbindung ist im heutigen Käufermarkt mit seinen vielfältigen spontanen und individuellen Kaufentscheidungen nicht mehr zeitgemäß. Und gebundene Bücher gibt es schon lange nicht mehr nur bei Buchgemeinschaften preiswerter. Der Discount-Buchhandel sowie das Moderne Antiquariat sind diesbezüglich die ›angesagten‹ Betriebsformen. Außerdem reüssiert der Gebrauchtbüchermarkt im Internet. Die Folge: Der ehemalige Marktführer Bertelsmann stellte Ende 2015 sein Club-Engagement ein. Vor allem zwei Unternehmen bewahren aktuell die Tradition: die Büchergilde Gutenberg und die Wissenschaftliche Buchgesellschaft.

Das Parallelausgaben-Erfolgskonzept der Buchgemeinschaften ›ein Buch, zwei Preise‹ sorgte vor allem in den 1980er- und 1990er-Jahren häufig für Unmut in Reihen des Sortimentsbuchhandels. Aufgrund des heftigen Widerstandes gegen so manche Parallelausgabe und der zwiespältigen Interessenslage seitens der Verlage, die einerseits Haupthandelspartner des Sortimentsbuchhandels sind, andererseits aber Lizenzgeber für Buchgemeinschaften, einigte man sich 1994 während der Buchhändlertage einvernehmlich auf preisbindungsrechtliche Kriterien für Ausgaben in Buchgemeinschaften, die im ›Potsdamer Protokoll‹ festgehalten wurden und 2004 in einer revidierten Fassung erschienen. Hier die wichtigsten Auszüge:

Preisbindungsrechtliche Kriterien für Buchgemeinschaftsausgaben (Potsdamer Protokoll, revidierte Fassung)

1. Die Mitgliedschaftsbindung zur Buchgemeinschaft ist nach wie vor unabdingbare Voraussetzung. Sie beinhaltet, dass ein Kunde sich verpflichtet, mindestens ein Jahr Mitglied zu bleiben und jährlich mehrere Artikel aus dem Buch-, Musik- oder Video- / DVD-Programm der Buchgemeinschaft zu kaufen.
2. Der Zeitabstand, mit dem die Buchgemeinschaftsausgabe unabhängig von ihrer Erscheinungsform (z. B. als Hardcover oder Broschur) nach der Originalausgabe erscheinen darf, wird individuell zwischen dem lizenzgebenden Verlag und der Buchgemeinschaft vereinbart. Wünschenswert und üblich ist ein Zeitabstand von neun bis zwölf Monaten; mindestens beträgt er jedoch vier Monate. [...] Von diesem Grundsatz kann abgewichen werden, das heißt, der Zeitabstand kann geringer als vier Monate sein und sogar gegen Null reduziert werden, wenn es sich um ein Werk handelt, das sich auf ein aktuelles Ereignis bezieht und von nur kurzlebiger Aktualität ist (Beispiele: Fußball-WM-Buch, Olympiade-Buch [...].
3. Beim Ausstattungsunterschied kommt es auf die ›äußere Anmutung‹ an: Papier und Satz dürfen identisch sein, nicht jedoch der Einband und der Schutzumschlag. Der ›normale‹ Buchkäufer muss beim Vergleich den Eindruck gewinnen, dass es sich um zwei unterschiedliche Bücher handelt. [...]. Ist der Zeitabstand gemäß der o. a. Sondersituationen geringer als sechs Monate, so ist dem Ausstattungsunterschied in besonderer Weise Rechnung zu tragen.
4. Bei der Preisdifferenz gilt folgender Grundsatz: Je kleiner der zeitliche Abstand zwischen dem Erscheinen der Original- und dem der Buchgemeinschaftsausgabe ist, desto kleiner muss auch der Preisunterschied gehalten werden.

1.4.5 Versand- und Internethandel

Das Vertriebsmodell ›ambulanter Buchhandel‹ erklärt sich durch den Unterschied zum ›stationären Buchhandel‹. Während dieser in einem Ladengeschäft Bücher für jedermann zugänglich zum Verkauf auslegt (Bereithaltung im Verkaufsraum), kommt jener bei Kundenakquise und -betreuung mit Büro- und Lagerflächen und Back-Office-Personal aus. Denn der Käufer kommt nicht in die Geschäfte, sondern Händler kontaktieren, akquirieren und betreuen ihre Kunden außerhalb ihrer Geschäftsräume. In historischer Sicht unterscheidet man drei Grundformen des ambulanten Buchvertriebs.

Grundformen des ambulanten Buchvertriebs

REISEBUCHHANDEL
Verlage oder Einzelhändler besuchen ihre Kunden ›vor Ort‹. Waren früher fahrende Händler mit ihren ›Bauchläden‹ unterwegs, vereinbart man heute Besuche beim Kunden. In Betrieben, Behörden und Schulen, bei Ärzten, Juristen oder auch bei kaufkraftstarken Privatpersonen werden Verkäufer vorstellig, die spezielle Produkte bewerben und verkaufen. Damit handelt es sich um eine B2C-Beziehung (business to customer; eine Firma verkauft Ware an Endkunden zu Ladenpreisen) und nicht um eine Form der B2B-Kommunikation (business to business; eine Firma verkauft via Außendienst Leistungen an Geschäftspartner).

VERSANDBUCHHANDEL
Verlage oder Einzelhändler nutzen das Mail-Order-Geschäft. Hier wird zunächst ein Angebot via Anzeige, Newsletter, Katalog, Bestell-Liste unterbreitet, das der Kunde anschließend telefonisch, postalisch, per Fax oder E-Mail bestellen kann. Ob es sich dabei um ein einstufiges Mailing (im Angebot wird direkt auf eine Bestellmöglichkeit hingewiesen) oder um ein zweistufiges Mailing handelt (bei wertigen und/oder hochpreisigen Produkten wird im ersten Angebot dazu aufgefordert, nähere bzw. umfassendere Informationen einzuholen, erst dann erfolgt eine Bestellung), ist von nachgelagerter Bedeutung.

INTERNETBUCHHANDEL
Der Internet- oder Online-Buchhandel ist die moderne Form des Versandbuchhandels. Nutzt der traditionelle Versandbuchhandel als Material der Werbeaussendung die Papierform, bietet der Internetbuchhandel Recherchemöglichkeiten auf seiner Website an und ermöglicht Bestellungen per Mausklick mittels integrierter Warenkorbfunktion. Reine Internethändler agieren ausschließlich im Netz.

Das Unternehmen Buch.de Internetstores, das fast 20 Jahre lang mit mehreren Marken, wie buch.de, bol.de und alphamusic.de, im Netz operierte, wurde 2015 mit der Thalia Holding verschmolzen. Wie Thalia betreiben heute die meisten Sortimentsbuchhandlungen im Rahmen ihrer Multi-Channel-Strategie Internethandel durch eigene Webshops.

Buch- und Buchhandel in Zahlen veröffentlicht in seiner Branchenübersicht ›Geschätzte Umsätze buchhändlerischer Betriebe zu Endverbraucherpreisen‹ 2013 erstmalig getrennte Zahlen: von 19,1 Prozent entfielen 2,6 Prozent auf den Versand- und 16,5 Prozent auf den Internethandel; 2018 entfiel von 20,7 Prozent 19,5 Prozent auf den Internet- und nur noch 1,2 Prozent auf den Versandhandel. Also: Nur dank E-Commerce und Internet ist der Versandhandel ein boomender Vertriebszweig.

Der Bundesverband E-Commerce und Versandhandel (bevh) ist die Branchenvereinigung der Online- und Versandhändler. Dem bevh gehören 2019 rund 500 Unternehmen an. Reguläre Mitglieder sind Unternehmen, die als Hersteller, Händler oder Dienstleister ihre Waren oder Services auf dem Weg des ›Distanzhandels‹ vertreiben und dafür E-Commerce-Prozesse nutzen bzw. bestehende alternative Vertriebswege, wie Filialen, Außendienst, Katalog oder TV, mit Internet-Angeboten kombinieren. Nicht nur Versandbuchhändler gehören zum Verband, sondern auch andere Versender mit Katalog- und Internet-Angeboten, Internet-Pure-Player, Teleshopping-Unternehmen und Versandapotheken etc. 2016 wurde der Bundesverband der Deutschen Versandbuchhändler – als e. V. bereits 1901 in Leipzig gegründet – mit dem bevh verschmolzen und bildet die Fachgemeinschaft buch.netz (www.bevh.org). Die Mitglieder des Bundesverbandes der Deutschen Versandbuchhändler sind durch die Fusion jetzt Mitglieder im bevh. Commerce-Shops entwickeln sich, der US-amerikanischen Entwicklung folgend, hin zu einem Warenangebot mit universellem Charakter.

Die Möglichkeit, Kataloge und andere Inhalte ansprechend, kostengünstig und stets aktuell auf Websites anzubieten, macht das Vertriebskonzept ›Verkauf via Internet‹ für alle Sparten des Buchhandels interessant. Verlage setzen im Rahmen ihres Direktgeschäfts Webshops ein, der Buchhandel propagiert 24 Stunden Online-Shopping und auch die wenigen Antiquariate würden ohne Online-Verkäufe nicht mehr existieren. Wegen der steigenden Bedeutung dieses Vertriebswegs wird das Thema E-Commerce in einem eigenen Kapitel behandelt (siehe Kap. 9.4).

1.5
Börsenverein des Deutschen Buchhandels

Die Gründung des Börsenvereins geht auf eine ›Buchhändler-Börse‹ in Leipzig zurück, die 1792 zum ersten Male die Abrechnung unterschiedlicher Währungen zwischen Verlagen und Buchhandlungen regelte. Daraus entstand am 30. April 1825 der Börsenverein der Deutschen Buchhändler zu Leipzig. Anfänglich nur zur Weiterführung der Börse eingerichtet, entwickelte sich dieser Verband schon bald zu einer Vertretung des gesamten Berufsstandes über alle damaligen Ländergrenzen hinweg, der im 19. Jahrhundert vor allem an drei Fronten aktiv wurde: gegen die staatliche Zensur, für eine Urheberrechtsgesetzgebung und für den gebundenen Ladenpreis im Rahmen einer buchhändlerischen Verkaufsordnung.

1.5.1 Aufgaben des Börsenvereins

Der Börsenverein ›begleitet‹ mit seiner komplexen Organisationsstruktur, die im Kapitel 1.5.3 anhand eines Organigramms dargestellt ist, die sich ständig wandelnde Medienbranche. Er versteht sich als Sprachrohr der Branche mit Verbindungen zu politischen Entscheidungsgremien und -trägern. Unter dem **Leitbild ›Bücher befördern Ideen‹** engagiert sich der Verband für das Kulturgut Buch, das Lesen, für die Meinungsfreiheit und die kulturelle Vielfalt. Diese vielfältigen Aufgaben finden selbstredend in der Satzung Niederschlag, die in ihrer derzeit gültigen Fassung am 13. Juni 2018 auf der 194. Hauptversamlung verabschiedet worden ist. Im § 1 Abs. 4 heißt es: »Der Börsenverein hat den Zweck, die Interessen seiner Mitglieder, der Buchhändlerischen Unternehmen, zu vertreten und die Erfüllung der Aufgaben des Herstellenden, des Verbreitenden und des Zwischenbuchhandels zu fördern. Sein Zweck ist nicht auf einen wirtschaftlichen Geschäftsbetrieb gerichtet.«

Der Börsenverein des Deutschen Buchhandels e. V. besteht aus dem Bundesverband mit Sitz in Frankfurt am Main, Landesverbänden und einer Regionalgeschäftsstelle NRW mit Büro in Düsseldorf. Während der Bundesverband überregional ›für die große Politik‹ zuständig ist, erfüllen die Landesverbände ihre Aufgaben ›vor Ort‹. Mit einem Länderrat ist ein oberstes Gremium institutionalisiert worden, das die Willensbildung des Börsenvereins als Gesamtverein in allen Fragen und Angelegenheiten sowie die gemeinsamen Interessen von Börsenverein und Landesverbänden vollzieht. Dies schlägt sich in zum Teil unterschiedlichen Aufgabenkatalogen nieder, die im Folgenden im Überblick skizziert sind:

Aufgaben des Börsenvereins (Bundesverband)

NATIONALE UND INTERNATIONALE LOBBYARBEIT
Preisbindung, Urheberrecht, Umsatzsteuer, Europäische Union und internationale Gremien, Politische Verbindungsarbeit in Berlin, Kontakte mit gesellschaftlich relevanten Verbänden und Institutionen.

KULTURARBEIT
Frankfurter Buchmesse, Friedenspreis des Deutschen Buchhandels, Welttag des Buches (23. April), Leseförderung, Vorlesewettbewerb, Mitwirkung in der Stiftung Lesen, der Stiftung Buchkunst und anderen kulturell wichtigen Einrichtungen.

BERUFSBILDUNG
Berufsbild und Berufsbildungsrecht, Träger des mediacampus frankfurt.

PRESSE UND INFORMATION
Kontakt zu den Medien, Information über die Position des Börsenvereins zu aktuellen Fragestellungen, Servicestelle für die Vermittlung von Informationen an die Landesverbände.

SERVICELEISTUNGEN
Angebote in den Bereichen Betriebswirtschaft, Marketing, Versicherungen, Rahmenverträge, technische Standards, Organisation von Messen und Ausstellungen.

RECHTS- UND STEUERANGELEGENHEITEN
Beratung der Mitgliedsfirmen in allen buchhandelsspezifischen Rechtsfragen (Urheberrecht, Preisbindung, Steuern, Wettbewerbsrecht), Mitwirkung an den ›Regeln des Buchhandels‹ (Verkehrsordnung, Wettbewerbsregeln, Grundlagenpapier; siehe Kap. 4.2) und an der Satzung des Verbandes.

MARKETING UND MARKTFORSCHUNG
Markt- und Leserforschung, Branchenstatistik, Betriebsvergleich.

GREMIENARBEIT
Fachausschüsse (lt. § 32 der Satzung), z. B. Sortimenter-Ausschuss [SoA] und Interessengruppen (lt. § 54 der Satzung), z. B. IG Unabhängiges Sortiment.

Aufgaben des Börsenvereins (Landesverbände) in Auswahl

LOBBYARBEIT
Landesregierungen und Kommunen, politische Verbindungsarbeit in den Landeshauptstädten, Unterstützung des Bundesverbandes, parlamentarische Abende, Arbeitstreffen mit Parlamentariern etc.

ÖFFENTLICHKEITSARBEIT
Gesellschaftliche und kulturelle Organisationen, Medien, Marketing für Buch und Lesen, Beantwortung von Anfragen von Nicht-Mitgliedern.

AUS- UND WEITERBILDUNG
Ausbildungsbetriebe, staatliche oder staatlich anerkannte Berufsschulen, duale Ausbildung, IHK und Arbeitsamt, Weiterbildung durch eigene Veranstaltungen oder durch Kooperationen.

BERATUNG UND INFORMATION FÜR MITGLIEDER
Betriebswirtschaft, Steuern, Existenzgründung und -aufgabe, Wirtschafts- und Steuerinformationen, Beratersuche, allgemeine Informationen zu Rechtsfragen.

Die ›Politik für das Buch‹ steht an oberster Stelle. Denn Lobbyarbeit bedeutet: Schaffung optimaler Rahmenbedingungen für Produktion und Vertrieb von Medienerzeugnissen. Ein wichtiges Instrument hierbei ist der Kontakt zu den Meinungsführern der Gesellschaft: In Gesprächen mit Regierungs- und Parlamentsvertretern in Bund, Ländern und auf europäischer Ebene argumentiert der Verband für die Interessen seiner Mitglieder. Für den direkten Kontakt zur Bundespolitik unterhält der Börsenverein ein Berliner Büro.

Auf www.boersenverein.de erhalten Verbandsmitglieder zahlreiche Informationen und Handreichungen für die Praxis. Darüber hinaus informieren wöchentlich das *Börsenblatt*, seit 2013 auch mit einer E-Paper-Ausgabe, sowie tagesaktuell die Online-Plattform boersenblatt.net. Außerdem können Mitglieder einen Newsletter mit individuell wählbaren inhaltlichen Kategorien beziehen.

1.5.2 Mitgliedschaft

Die Mitgliedschaft im Börsenverein des Deutschen Buchhandels e.V. kann von allen buchhändlerischen Unternehmen erworben werden, die im Sinne der Satzung Gegenstände des Buchhandels herstellen, verbreiten oder vermitteln. Im Mitgliedsbeitrag ist der kostenlose Bezug eines Mitglied-Abonnements des *Börsenblatts* enthalten. Neue Firmen, die in der Gründungsphase oder erst nach Geschäftseröffnung Mitglied werden, müssen bestimmte Mindestkriterien nachweisen, die ihren Niederschlag u.a. im *Fragebogen Fachgruppe verbreitender Buchhandel* finden (folgende Doppelseite).

Mindestkriterien für die Aufnahme in den Börsenverein (nur Verbreitender Buchhandel, in Auswahl)

SORTIMENT
- Nachweis über Ladenlokal, Quadratmeter-Verkaufsfläche und Schaufensterfläche,
- Angaben zum Personal und dem (geplanten) Umsatz,
- Nachweis der Führung der Buchhandlung im Hauptgewerbe,
- Gewährleistung fachlicher Beratung.

REISE-, VERSAND- UND INTERNETBUCHHANDEL
- Nachweis hauptberuflicher Tätigkeit,
- Vorlage eines Versandprospektes,
- Nachweis eines Internet-Shops,
- Nachweis über Geschäftsräume und Bürozeiten.

Börsenverein des Deutschen Buchhandels

Fragebogen
Fachgruppe Verbreitender Buchhandel

Für die Aufnahme in den Landesverband und in den Börsenverein des Deutschen Buchhandels bitten wir, folgende Fragen nach bestem Wissen zu beantworten:

1. Unterhalten Sie ein offenes Ladengeschäft? □ ja □ nein
   Wenn ja, mit welchen Öffnungszeiten?____________________

2. Über wie viele qm Geschäftsraum verfügen Sie insgesamt?________________ qm

3. Wie viele qm davon sind Verkaufsfläche? ________________ qm

4. Befindet sich der Laden in □ eigenen oder in □ gemieteten Räumen?
   Falls gemietet, bitte Kopie des Mietvertrags beifügen!

5. Ladeneinrichtung und -ausstattung:
   Lieferant der Ladeneinrichtung: ____________________

   Über wie viele Regalmeter Bücher verfügen Sie? ________________

   Welche technischen Einrichtungen sind vorhanden (Ladenkasse, Bestellaufnahmegerät usw.)?
   Fügen Sie bitte einige Innen- und Außenaufnahmen Ihres Ladens bei!

   ____

6. Beschreiben Sie bitte Ihre Geschäftslage (Haupt- oder Nebenstraße, Fußgängerzone, Einkaufszentrum usw.):

   ____

7. Von welchen Verlagen werden Sie bereits beliefert?

   ____

8. Von welchen Firmen des Zwischenbuchhandels werden Sie beliefert?

   ____

9. Welche bibliographischen Hilfsmittel sind vorhanden?

   ____

(bitte wenden)

10. Sortimentsstruktur:

10.1. Buchhandel

Zahl der Titel und Exemplare ca. ________ Titel, ca. ________ Expl.

Verkaufswert ca. ________________________________ €

Warengruppen (geschätzt in %):

Belletristik ________________________________ %

Sachbücher ________________________________ %

Wissenschaftliche u. Fachliteratur ________________ %

Kinder- und Jugendbücher ____________________ %

Taschenbücher ____________________________ %

Schulbücher ______________________________ %

Spezialgebiet (welches?) ______________________ %

10.2. Nichtbuchhändlerische Artikel (z.B. Papier- und Schreibwaren, Bürobedarf, Schulbedarf, Kunstgewerbe, Büromaschinen, Fotoartikel, sonstige):

____

11. Welche Schaufensterfläche und/oder Vitrinen stehen für die Buchdekoration zur Verfügung?

____

12. Wodurch garantieren Sie eine fachkundige Führung der Buchhandlung? (Abgeschlossene Berufsausbildung als Buchhändler/in, andere abgeschlossene Berufsausbildung? Ausbildungsfirma und -dauer, Abschlussprüfung wann und wo? Bisherige Tätigkeiten in Verlagen und/oder Buchhandlungen? Ggf. bitte Nachweise beifügen oder Referenzen angeben!)

____

13. Wollen Sie den Buchhandel □ hauptberuflich oder □ nebenberuflich betreiben? Wenn nebenberuflich, was ist Ihr Hauptberuf?

____

14. Können Sie Referenzen aus der Branche benennen?

____

15. Angaben zu Ihrem Personal (Anzahl der Mitarbeiter, fachliche Qualifikation):

____

16. Falls das Geschäft bereits eröffnet ist: bisher erzielter Umsatz: ____________________ €

Der Antragsteller verpflichtet sich, eine Änderung der Verhältnisse, die für die Aufnahme maßgeblich waren, unverzüglich den Verbänden mitzuteilen. Soweit eine Aufnahme durch wissentlich unrichtige Angaben seitens des Antragstellers herbeigeführt wurde, kann die Mitgliedschaft von den Verbänden widerrufen werden.

____

Ort / Datum — Rechtsverbindliche Unterschrift / Firmenstempel

Der Beitrag für die Mitgliedschaft richtet sich nach dem Netto-Jahresumsatz des Vorjahres. Während bilanzierungspflichtige Unternehmen ihren Umsatz alle zwei Jahre von einem Wirtschaftsprüfer oder Steuerberater attestieren lassen müssen, stufen sich die nicht bilanzierungspflichtigen Mitglieder selbst ein. Je nach Zugehörigkeit zu einem Landesverband können Beitragsanteile für die Arbeitgeberverbände der Verlage und Buchhandlungen (AGV) bzw. eine Umlage für das Sozialwerk des Deutschen Buchhandels hinzukommen. Die Mitgliedschaft eröffnet den Zugang zu Leistungen und Serviceeinrichtungen des Börsenvereins. Seit geraumer Zeit gibt es auch Partnermitglieder sowie internationale Mitglieder (siehe Kap. 1.5.3), z. B. PR-Agenturen für Medien und den Verband der freien Lektorinnen und Lektoren (VFLL).

Seitenreich – das Vorteilsprogramm

Das Vorteilsprogramm ›Seitenreich‹ für Mitglieder des Börsenvereins wird vom MitgliederService angeboten. Die Leistungspalette erstreckt sich über verschiedene Bereiche: Versicherungen, Bürobedarf, Verpackungsmaterialien, elektronische Zahlungssysteme, Kommunikationstechnologie, Strom und Gas, Fahrzeuge etc. bis zu kulturellen Ereignissen. Hervorzuheben sind die versicherungstechnischen Dienstleistungen, die die Firma Wulff und Partner anbietet. Denn die ausgehandelten Rahmen- und Kollektivverträge umfassen den gesamten gewerblichen und privaten Versicherungsbedarf und gelten nicht nur für die Mitgliedsfirmen, sondern auch für Inhaber und Mitarbeiter dieser Unternehmen und deren Angehörige – also auch für Auszubildende.

Verkehrsnummer und GLN

Mit der Aufnahme in den Börsenverein wird eine Verkehrsnummer zugeteilt. Sie wird innerbetrieblich vor allem in der Buchhaltung verwendet. Für den Geschäftsverkehr wird sie auf Briefbögen, Rechnungs- und Zahlungsformularen etc. aufgedruckt. Im elektronischen Verkehr gilt sie als Adresse der jeweiligen Partner. Die Verkehrsnummern sind unterteilt in Kreditoren- und Debitorennummern. Die **Kreditorennummern** (10.000 bis 19.999) werden den Lieferanten als Kreditgebern (Verlage und Zwischenbuchhändler) und die **Debitorennummern** (20.000 bis 59.999) den Buchhandlungen als Kreditnehmern zugeteilt. Änderungen und Aktualisierungen der Nummern (Neuzugänge, Umfirmierungen, Löschungen, Berichtigungen) werden im *Börsenblatt* angezeigt.

Mit der Zuteilung der Verkehrsnummer erhält jede Mitgliedsbuchhandlung auch eine **Global Location Number** (GLN) – eine Nummer, die Waren, Dienstleistungen, Lokationen, Transporteinheiten etc. eindeutig identifiziert und damit eine überschneidungsfreie Identifikation jeglicher Art von Loka-

Börsenverein des Deutschen Buchhandels
Hessen, Rheinland-Pfalz, Saarland

Beitragsstaffel ab 1. Januar 2019

Folgende Beitragsstaffel hat die Hauptversammlung des **Börsenvereins des Deutschen Buchhandels e.V.** satzungsgemäß am 13. Juni 2018 beschlossen. Die Hauptversammlung des **Börsenvereins des Deutschen Buchhandels – Landesverband Hessen, Rheinland-Pfalz, Saarland e.V.** hat am 23. Mai 2013 den Beschluss zur Sozialwerksumlage gefasst, der Mitgliedsbeitrag für den Landesverband wurde nicht geändert:

Beitragsstaffel Gesamtverein

	Jahresumsatz		Mitgliedsbeitrag (Euro jährlich)			Jahresumsatz		Mitgliedsbeitrag (Euro jährlich)	
Gruppe	Umsatz über Euro	Umsatz bis Euro	Bundes-verband	Landes-verband	Gruppe	Umsatz über Euro	Umsatz bis Euro	Bundes-verband	Landes-verband
1		100.000	349	125	29	10.800.000	12.800.000	4.911	1.646
2	100.000	119.000	381	137	30	12.800.000	15.200.000	5.387	1.806
3	119.000	141.000	419	150	31	15.200.000	18.100.000	5.904	1.979
4	141.000	168.000	473	164	32	18.100.000	21.500.000	6.475	2.171
5	168.000	200.000	526	182	33	21.500.000	25.600.000	7.101	2.380
6	200.000	238.000	579	201	34	25.600.000	30.400.000	7.781	2.608
7	238.000	283.000	631	219	35	30.400.000	36.200.000	8.530	2.859
8	283.000	336.000	684	237	36	36.200.000	43.100.000	9.347	3.133
9	336.000	400.000	750	260	37	43.100.000	51.200.000	10.258	3.438
10	400.000	476.000	828	287	38	51.200.000	60.900.000	11.237	3.767
11	476.000	566.000	908	315	39	60.900.000	72.400.000	12.326	4.131
12	566.000	673.000	999	347	40	72.400.000	86.100.000	13.509	4.528
13	673.000	800.000	1.092	378	41	86.100.000	102.400.000	14.802	4.961
14	800.000	951.000	1.197	415	42	102.400.000	121.800.000	16.230	5.440
15	951.000	1.130.000	1.360	456	43	121.800.000	144.800.000	17.794	5.964
16	1.130.000	1.350.000	1.483	497	44	144.800.000	172.200.000	19.495	6.534
17	1.350.000	1.600.000	1.632	547	45	172.200.000	204.800.000	21.385	7.168
18	1.600.000	1.900.000	1.782	597	46	204.800.000	243.500.000	23.440	7.857
19	1.900.000	2.260.000	1.959	657	47	243.500.000	289.600.000	25.697	8.614
20	2.260.000	2.690.000	2.149	720	48	289.600.000	344.400.000	28.174	9.444
21	2.690.000	3.200.000	2.354	789	49	344.400.000	409.600.000	30.881	10.351
22	3.200.000	3.810.000	2.586	866	50	409.600.000	487.100.000	33.860	11.350
23	3.810.000	4.530.000	2.829	948	51	487.100.000	579.300.000	37.125	12.444
24	4.530.000	5.380.000	3.102	1.040	52	579.300.000	688.900.000	40.704	13.644
25	5.380.000	6.400.000	3.401	1.140	53	688.900.000	819.200.000	44.622	14.957
26	6.400.000	7.610.000	3.727	1.249	54	819.200.000	974.200.000	48.906	16.393
27	7.610.000	9.050.000	4.081	1.368	55	974.200.000	1.159.000.000	53.640	17.980
28	9.050.000	10.800.000	4.475	1.500	56	1.159.000.000	1.378.000.000	58.810	19.713

Im Börsenverein des Deutschen Buchhandels – Landesverband Hessen, Rheinland-Pfalz, Saarland e.V. zahlen Mitglieder darüber hinaus einen Beitrag an das Sozialwerk des Deutschen Buchhandels e.V. gemäß folgender Staffel:

Bis zu einem Umsatz von Euro	entspricht Beitragsgruppe	Betrag in Euro
566.000	1-11	6,50
1.600.000	12-17	13,00
5.380.000	18-24	19,50
Darüber	25-56	26,00

Landesverband Hessen, Rheinland-Pfalz, Saarland e.V. | Frankfurter Straße 1 | 65189 Wiesbaden

tion ermöglicht. Die GLN wird im Rahmen eines internationalen Systems in Deutschland von der GS1 Germany (Global Standard One) vergeben. Die GLN dient als Datenbankenschlüssel für lokationsspezifische Informationen. Der Einsatz von strukturierten weltweit eindeutigen Identifikationsnummern ermöglicht es, Eingabefehler zu reduzieren und die Effizienz zu steigern. Aus einer GS1 Basisnummer, eine eindeutige Zeichenfolge von vier bis zwölf Ziffern, können GLN für verschiedene Standorte und Abteilungen generiert werden. Die GLN besteht aus 13 Ziffern und setzt sich aus der GS1 Basisnummer, dem Lokationsbezug und der Prüfziffer zusammen.

1.5.3 Verbandsstrukturen

Weltweit einzigartig ist die Struktur des Börsenvereins des Deutschen Buchhandels e. V., denn er vereint alle drei Handelsstufen unter einem Dach. Zum Jahresende 2018 waren 4.513 Unternehmen im Verband organisiert: 1.606 Verlage, 2.736 Buchhandlungen und Antiquariate, 64 Zwischenbuchhändler, 16 freie Verlagsvertreter, 54 Partnermitglieder sowie 37 internationale Mitglieder. Als deutscher Vertreter der Buchbranche ist der Börsenverein Mitglied der Internationalen Verleger-Union (International Publishers Association, IPA) und der Internationalen Buchhändler-Vereinigung (International Booksellers Federation, IBF) sowie des Europäischen Verlegerverbandes (Federation of European Publishers, FEP) und des Europäischen Buchhändlerverbandes (European Booksellers Federation, EBF).

Verbandsorgane

Organe des Vereins (in Klammern stehen die Paragrafen der Satzung) sind: die Hauptversammlung (§ 25), die Fachgruppenversammlungen (§ 31), die Fachausschüsse (§ 32), der Länderrat (§ 36), der Vorstand (§ 42), die Geschäftsleitung (§ 51), die Satzungs-und Schiedskommission (§ 53) sowie der Haushalts-Ausschuss (§ 58 Abs. 3). Sie werden unterstützt durch die Interessengruppen (§ 54), die Task-Forces (§ 55), Arbeitsausschüsse (§ 57) sowie das Nachwuchsparlament (§ 61). Die Task-Forces werden bei Bedarf entweder vom Vorstand oder von der Geschäftsleitung mit anstehenden Aufgaben beauftragt und lösen sich mit deren Erledigung wieder auf.

Der Vorstand leitet den Börsenverein. Er besteht aus neun Mitgliedern, und zwar dem Vorsteher, dem Schatzmeister und ihren jeweiligen Stellvertretern, dem Schriftführer, den Vorsitzenden der drei Fachausschüsse sowie einem Vorstandsmitglied der Landesverbände. Seine Amtszeit beläuft sich auf drei Jahre.

Die **Hauptversammlung** ist die Versammlung der Mitglieder des Börsenvereins. Sie findet einmal jährlich im Rahmen der Buchtage statt. Laut Satzung hat die Hauptversammlung u. a. folgende Aufgaben:

- Wahl der Mitglieder des Vorstands,
- Beschlussfassung über Anträge auf Änderung der Satzung sowie auf Festsetzung des Jahresbeitrags und etwaiger Sonderumlagen und Zuschläge,
- Entgegennahme der Tätigkeitsberichte des Vorstands (...) und der Fachausschüsse,
- Entgegennahme des Jahresberichts des Schatzmeisters sowie Entgegennahme und Genehmigung des Jahresabschlusses für das vergangene und des Voranschlags für das nächste Vereinsjahr,
- die Entscheidung über die Auflösung des Vereins.

Gremien des Börsenvereins

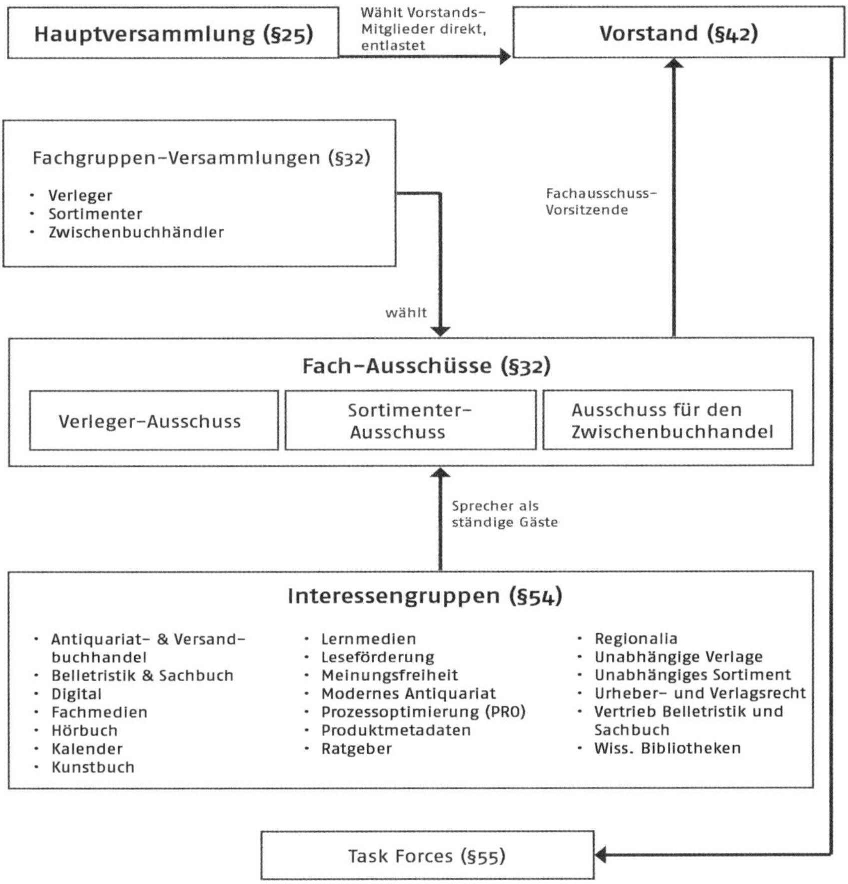

© Börsenverein des Deutschen Buchhandels

Es liegt auf der Hand, dass ein so komplex aufgebauter Verband wie der Börsenverein nicht nur ehrenamtlich geleitet werden kann. Deshalb existiert eine mit hauptamtlichen Mitarbeitern geführte **Geschäftsstelle.** Diese trifft – soweit es nicht Sache der ehrenamtlichen Gremien ist – mitunter auch verbandspolitische Entscheidungen. Darüber hinaus ist sie im organisatorischen Bereich tätig. Dem ehrenamtlichen Vorsteher entspricht in diesem Sinn ein Hauptgeschäftsführer des Vereins. Sein Stellvertreter, gleichzeitig Leiter der Rechtsabteilung, ist der Justitiar des Börsenvereins. Zur Geschäftsleitung des Verbandes gehört darüber hinaus noch die hauptamtliche Geschäftsführerin der Geschäftsstelle der Fachausschüsse (siehe hierzu auch das Organigramm ›Verbandsarbeit und Wirtschaftsbetriebe‹ im Kap. 1.5.5).

2015 hat das höchste Organ des Verbands, die Hauptversammlung, eine Strukturreform beschlossen, um langfristig eine lebendigere Verbandsdemokratie und bessere Partizipationsmöglichkeiten zu schaffen. Die Fachausschüsse der einzelnen Handelsstufen, Verleger-Ausschuss, Sortimenter-Ausschuss und der Ausschuss für den Zwischenbuchhandel, haben nun eine gemeinsame Geschäftsstelle. In dieser sind auch die ehrenamtlichen Interessengruppen angesiedelt, die das Herzstück des Verbands bilden und mit denen der Börsenverein den spartenübergreifenden Austausch verstärkt fördert. In den Interessengruppen können sich die Mitglieder zu ihrer Unternehmensstruktur, ihrem Programm oder Sortiment oder zu einem bestimmten Sachthema austauschen, informieren und positionieren (siehe hierzu das Organigramm ›Organisationsstruktur des Börsenvereins‹ auf der nächsten Seite).

1.5.4 Kulturelle und kulturpolitische Verbandsaktivitäten

Rund 1/3 des Verbandsbudgets fließt in die Kulturarbeit ein. Denn der Verband setzt sich für kulturelle Vielfalt und Meinungsfreiheit ein und organisiert dahingehende Veranstaltungen bzw. fördert entsprechende Projekte auf ganz unterschiedlichen Ebenen, so beispielsweise anlässlich von Gedenkveranstaltungen zum Jahrestag der Bücherverbrennung und zum Writers-in-Prison-Day. Schwerpunkte der Kulturarbeit jedoch sind wenige, aber publikumsträchtige Projekte: der Friedenspreis des Deutschen Buchhandels, der Deutsche Buchpreis, der Welttag des Buches sowie der Vorlesewettbewerb.

Friedenspreis des Deutschen Buchhandels

Der Friedenspreis wird seit 1950 jährlich zur Buchmesse in der Frankfurter Paulskirche verliehen. Er ist verbunden mit einer Preissumme von 25.000 Euro, die aus Spenden von Verlegern und Buchhändlern aufgebracht wird. Er wird von einer Stiftung betreut, deren siebenköpfiger Stiftungsrat zwar von der Abgeordnetenversammlung gewählt und bestätigt wird, ohne aber in irgendeiner Hinsicht weisungsgebunden zu sein. In einem Statut sind Richtlinien festgelegt, nach denen dieser auch international renommierte Preis vergeben werden soll: »Die Stiftung dient dem Frieden, der Menschlichkeit und der Verständigung der Völker. Dies geschieht durch die Verleihung des Friedenspreises an eine Persönlichkeit, die in hervorragendem Maße vornehmlich durch ihre Tätigkeit auf den Gebieten der Literatur, Wissenschaft und Kunst zur Verwirklichung des Friedensgedankens beigetragen hat. Der Preisträger wird ohne Unterschied der Nation, der Rasse und des Bekenntnisses gewählt. Der Preis wird in der Regel jährlich verliehen, er kann auch posthum vergeben werden. Der Friedenspreis kann unter gleichen Voraussetzungen einer Institution oder Organisation verliehen werden. Auch ist im besonderen Falle die Umwandlung des Preises in einen Auftrag oder ein Stipendium zur Förderung des Friedensgedankens möglich.« Die Auflistung belegt, dass der Preis an Persönlichkeiten aus nahezu allen Bereichen des öffentlichen Lebens (Literatur, Politik, Philosophie, Soziologie, Kunst etc.) verliehen worden ist.

Friedenspreisträger des Deutschen Buchhandels

2009	Claudio Magris	2014	Jaron Lanier
2010	David Grossman	2015	Navid Kermani
2011	Boualem Sansal	2016	Carolin Emcke
2012	Liao Yiwu	2017	Margaret Atwood
2013	Swetlana Alexijewitsch	2018	Aleida und Jan Assmann

Deutscher Buchpreis (dbp)

Mit dem Deutschen Buchpreis zeichnet eine Stiftung des Börsenvereins des Deutschen Buchhandels jährlich den ›Roman des Jahres‹ in deutscher Sprache aus. Ziel des Preises ist es, über die deutschen Grenzen hinaus für deutschsprachige Autoren, das Lesen und das Leitmedium Buch Aufmerksamkeit zu schaffen.

Dieses Ziel hat der Preis binnen kurzer Zeit mit großem Medienecho erreicht. Der Stellenwert und das Image deutschsprachiger Literatur haben sich weltweit verbessert – das demonstriert nicht nur die Zahl der vergebenen Auslandslizenzen für die Siegertitel. Verlage aus Deutschland, Österreich und der Schweiz können sich mit ihren Titeln direkt um die Auszeichnung bewerben. Sieben jährlich wechselnde Juroren prüfen alle eingereichten und den Teilnahmekriterien entsprechenden Bücher. Der Preis orientiert sich an Vorbildern wie dem englischen Man Booker Prize und dem französischen Prix Goncourt.

Im August wird eine Auswahlliste von 20 Titeln (Longlist) veröffentlicht, im September dann eine auf sechs Titel reduzierte Shortlist. Seit 2010 werden mit den 20 Favoriten Blind-Date-Lesungen organisiert. Die MVB unterstützt den Preis im Vorfeld mit zahlreichen Werbematerialien. Der Preisträger erhält ein Preisgeld von 25.000 Euro, die übrigen Autoren der Shortlist je 2.500 Euro. Die Auszeichnung wird zum Auftakt der Frankfurter Buchmesse verliehen.

Preisträger des Deutschen Buchpreises

2010	Melinda Nadj Abonji, *Tauben fliegen auf*
2011	Eugen Ruge, *In Zeiten des abnehmenden Lichts*
2012	Ursula Krechel, *Landgericht*
2013	Terézia Mora, *Das Ungeheuer*
2014	Lutz Seiler, *Kruso*
2015	Frank Witzel, *Die Erfindung der Roten Armee Fraktion durch einen manisch-depressiven Teenager im Sommer 1969*
2016	Bodo Kirchhoff, *Widerfahrnis*
2017	Robert Menasse, *Hauptstadt*
2018	Inger-Maria Mahlke, *Archipel*

Welttag des Buches

Aus einer regionalen Tradition ist ein internationales Ereignis geworden: 1995 erklärte die UNESCO den 23. April zum Welttag des Buches, zum weltweiten Feiertag für das Lesen, für Bücher und die Rechte der Autoren. Pate stand der katalanische Brauch, zum Namenstag des Volksheiligen St. Georg Rosen und Bücher zu verschenken. Darüber hinaus hat dieses Datum eine weitere Bedeutung: Es ist sowohl der Todestag des spanischen Dichters Miguel de Cervantes Saavedra im Jahr 1616 als auch der Geburts- und Todestag (1564 bzw. 1616) von William Shakespeare.

Seit 1996 wird der Welttag des Buches auch in Deutschland in Szene gesetzt. Zahlreiche Buchhandlungen organisieren jedes Jahr mit viel Engagement und Kreativität Veranstaltungen rund ums Lesen. Hierbei hat sich vor allem die Buch-Gutschein-Aktion ›Ich schenk dir eine Geschichte‹ für Kinder der vierten und fünften Klassen etabliert. An dieser bundesweiten Kampagne zur Leseförderung können Schulen, Bibliotheken und Buchhandlungen teilnehmen. Letztere bestellen das ›Welttagsbuch‹ auf eigene Kosten, um es den Schüler*innen zu schenken. Zuvor erhalten diese in den teilnehmenden Klassen Gutscheine, mit denen sie ihr Exemplar in der Buchhandlung abholen können.

Vorlesewettbewerb

Die Fähigkeit zu lesen stellt eine der Grundvoraussetzungen für die Existenz des Buchhandels dar. Deshalb ist Leseförderung immer schon ein Thema des

Verbandes gewesen. Ein Wettbewerb findet im Zusammenhang mit der Leseförderung besonders starke Beachtung. Seit 1959 gibt es den Vorlesewettbewerb des Deutschen Buchhandels, der für alle Schülerinnen und Schüler des sechsten Schuljahres – gleich welche Schulform sie besuchen – ausgeschrieben und in Kooperation mit Buchhandlungen und Bibliotheken veranstaltet wird.

Der Vorlesewettbewerb soll Spaß am Lesen und Vorlesen vermitteln und einen Einblick in die Vielfalt der Kinder- und Jugendliteratur geben. Die Schüler stellen ein selbst gewähltes Lieblingsbuch vor; bewertet werden Textverständnis und Lesetechnik. Allein die Zahl von rund 700.000 Kindern ist imposant, die vom Klassen- und Schul- bis zum Bundesentscheid an diesem Wettbewerb teilnehmen. Die außerordentliche Resonanz dieses Wettbewerbs zeigt sich unter anderem darin, dass er seit 1979 unter der Schirmherrschaft des Bundespräsidenten stattfindet.

IG Leseförderung

Die IG Leseförderung des Börsenvereins kümmert sich institutionalisiert um weitere derartige Maßnahmen. Ihr geht es in erster Linie darum, die Wahrnehmung des Sortimentsbuchhandels als Anbieter von Leseförderung in der Öffentlichkeit zu schärfen und ihn als kompetenten Partner in Sachen Leseförderung zu etablieren. Denn Lese- und Sprachkompetenz sind Schlüsselqualifikationen, um in einer digitalisierten Welt an gesellschaftlichen und ökonomischen Aufgaben teilnehmen zu können.

Weitere Preise im Überblick

Mit dem **Alfred-Kerr-Preis für Literaturkritik** wird seit 1977 einmal jährlich im Rahmen der Hauptversammlung die Redaktion eines bemerkenswerten Literaturteils einer deutschsprachigen Zeitung oder Zeitschrift oder auch eines deutschsprachigen Hörfunk- bzw. Fernsehprogramms ausgezeichnet. Alfred Kerr (1867–1948) war bis zu seiner Emigration nach London im Jahr 1933 einer der einflussreichsten Literaturkritiker in Berlin. Bereits frühzeitig trat er für Autoren wie Henrik Ibsen und Gerhart Hauptmann ein, die seinerzeit neue Wege in der Kunst suchten.

Der vom Landesverband Bayern und dem Kulturreferat der Stadt München gestiftete **Geschwister-Scholl-Preis** ehrt Bücher, die der Gesellschaft wichtige Impulse geben, von geistiger Unabhängigkeit zeugen und geeignet sind, bürgerliche Freiheit sowie moralischen, intellektuellen und ästhetischen Mut zu fördern.

Der **Leipziger Buchpreis zur Europäischen Verständigung** würdigt seit 1994 Persönlichkeiten, die sich in Buchform um das gegenseitige Verständnis in Europa, vor allem aber mit den Ländern Mittel- und Osteuropas, verdient gemacht haben. Das Kuratorium bilden die Stadt Leipzig, der Freistaat Sachsen, der Börsenverein des Deutschen Buchhandels und die Leipziger Messe GmbH.

Weitere kulturelle und kulturpolitische Aktivitäten

Der Börsenverein, die Deutsche Nationalbibliothek und der Magistrat der Stadt Frankfurt am Main tragen seit 1978 gemeinsam die im Jahre 1965 gegründete **Stiftung Buchkunst**. Aufgabe und Zweck der Stiftung ist es, »alle Bestrebungen zu fördern, die auf sachgemäße und künstlerische Buchgestaltung ausgerichtet sind« (Satzung Art. II Abs. 2). Dies geschieht u. a. durch Ausstellungen, Vorträge und Wettbewerbe. Der bekannteste von ihnen trägt seit 1990 den Titel ›Die schönsten deutschen Bücher‹. Zwei bedeutende internationale Ausstellungen finden in Leipzig und Frankfurt statt.

Die Vorläufer des mediacampus frankfurt|die schulen des deutschen buchhandels reichen zurück bis ins Jahr 1852, als der Börsenverein in Leipzig eine Buchhändler-Lehranstalt ins Leben rief, um den Nachwuchs berufsbezogen ausbilden zu können. Nach dem 2. Weltkrieg gründete 1946 der Rheinisch-Westfälische Verleger- und Buchhändlerverband in Köln eine ähnlich konzipierte Buchhändlerschule, die dann sechs Jahre später vom Börsenverein übernommen wurde. 1963 verlegte man den Sitz der Schule nach Frankfurt am Main-Seckbach, wo sie sich noch immer befindet. Die Umfirmierung zum **mediacampus frankfurt** erfolgte 2009. Kein anderer ›kleiner‹ Berufsstand unterhält in Deutschland eine vergleichbare Bildungsinstitution mit einem derartig breit gefächerten kostenpflichtigen Ausbildungs- und Fortbildungsprogramm, das auch Bachelor-Studienangebote mit einschließt.

1.5.5 Die Wirtschaftsbetriebe des Verbandes

Neben politischer Lobbyarbeit und verbandspolitischen Themen werden, größtenteils unter dem Dach der BBG Holding (Börsenverein des Deutschen Buchhandels Beteiligungsgesellschaft mbH), Wirtschaftsaktivitäten ausgeführt, wie die beiden Organigramme auf den folgenden Seiten verdeutlichen.

MVB

Relevant für den Bucheinzelhandel ist vor allem die MVB (vormals: Marketing- und Verlagsservice des Buchhandels) – ein Unternehmen, das erstmalig

Verbandsaufgaben und Wirtschaftsbetriebe

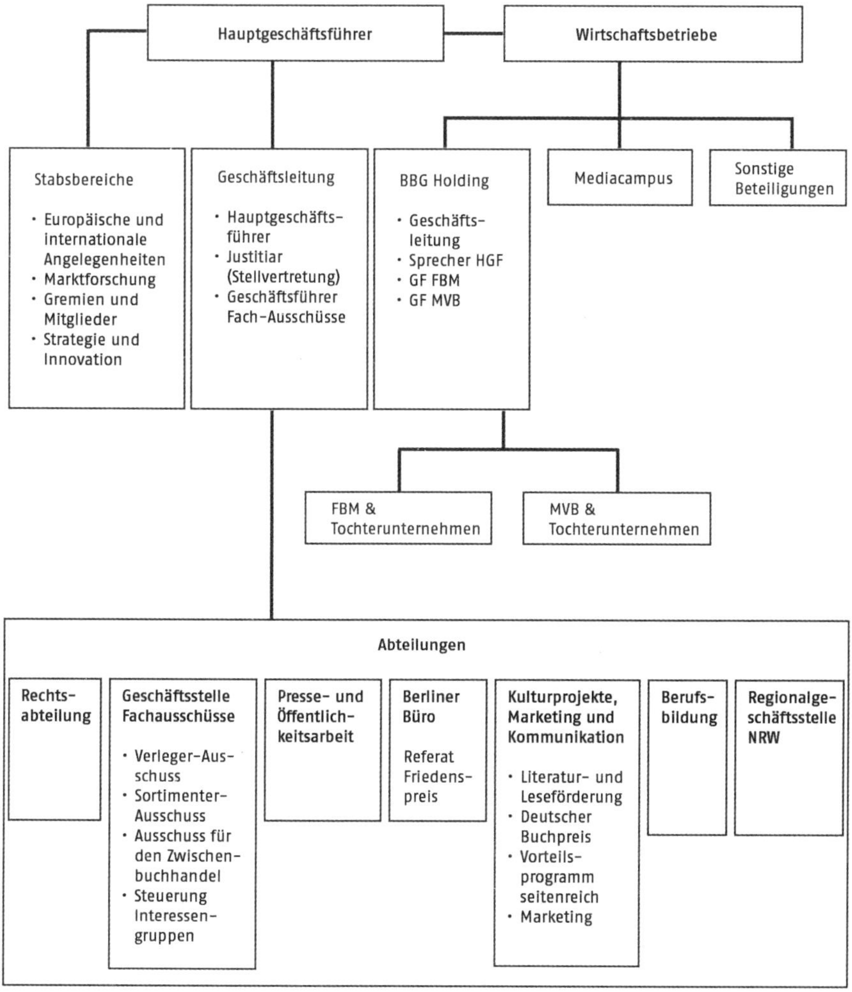

© Börsenverein des Deutschen Buchhandels

2003 unter diesem Namen aufgetreten ist. Die MVB bietet Verlagsprodukte und Dienstleistungen an, die das Marketing von Büchern unterstützen und die Orientierung am Markt erleichtern sollen. Zur breit gefächerten Produktpalette (einzelne Produkte werden zum Teil sachbezogen an anderen Stellen dieses Buches thematisiert) gehören u. a.:

- **Börsenblatt** – das offizielle Verbandsorgan,
- **Verzeichnis Lieferbarer Bücher** (VLB) – ›die‹ bibliografische Datenbank,

- **VLB-Tix** – digitale Vorschau und Beschaffungs-Tool,
- **Buchjournal** – flächendeckend eingesetzte Kundenzeitschrift, die unter Mitwirkung von Verlagen erstellt wird,
- **Adressbuch für den deutschsprachigen Buchhandel** – eine Datenbank mit über 30.000 Adressen buchhändlerischer Betriebe,
- **BuchSchenkService** – Koordinationsstelle für die überregionale Einlösung ausgegebener Bücherschecks,
- **Buch- und Buchhandel in Zahlen** – das ›statistische Jahrbuch‹ mit branchenrelevantem Zahlenmaterial: für Betriebsberater, Gründer, Trendforscher und Interessierte.

Börsenverein und BBG Holding

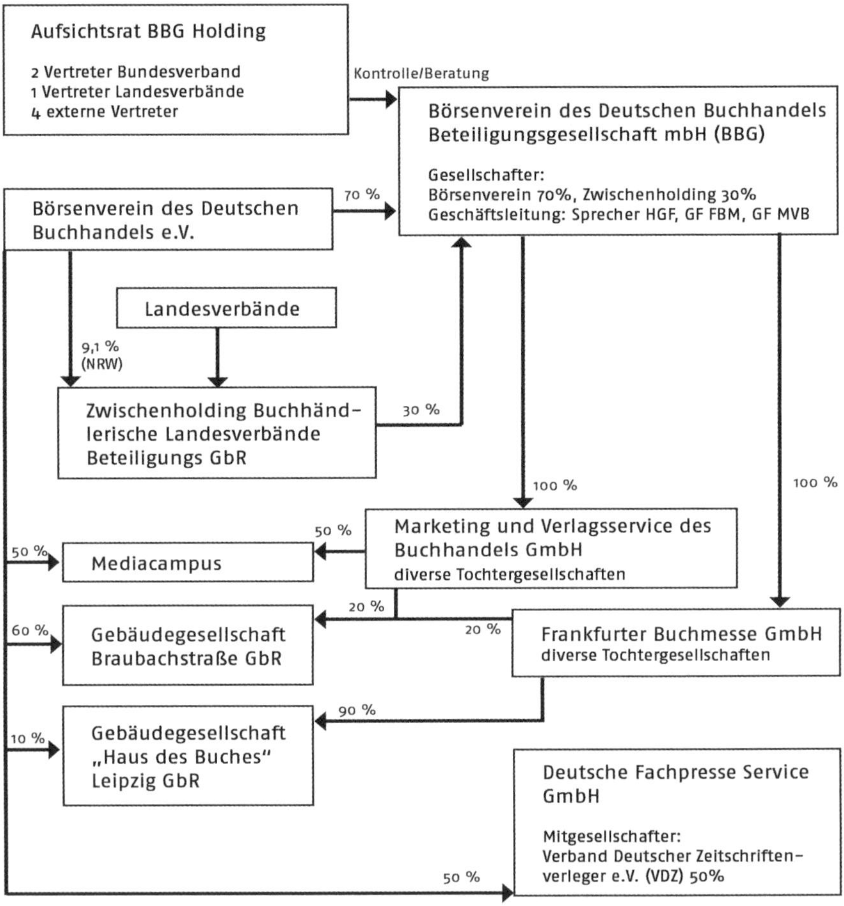

Abschließend seien noch zwei weitere Dienstleistungen genannt. So vermittelt die MVB den Verkauf der Verlagsnummer (dritter Bestandteil der ISBN; siehe Kap. 5.6.9) über die ISBN-Agentur, die sich als Menüpunkt auf der Website www.mvb.de unter dem Punkt ›Verlage – So vermarkten Sie Ihre Titel‹ befindet. Auch der **Informationsverbund Buchhandel** (IBU; siehe Kap. 1.2.2.3), der für Buchhandlungen das Bestellclearing managt, gehört zum Aufgabenbereich der MVB.

Frankfurter Buchmesse

Die Frankfurter Buchmesse (FBM) hat die Aufgabe, Ausstellungen deutscher Bücher und Verlagsobjekte im Ausland zu fördern. Deshalb ist sie jährlich auf über 20 bedeutsamen Buch- und Handelsmessen vertreten und organisiert dort Gemeinschaftsstände für die Mitgliedsverlage des Börsenvereins. Ferner unterhält sie mit www.frankfurt-bookfair.com das weltweit meistgenutzte Online-Portal der Buchbranche.

Alljährlich kommen mehr als 7.000 Aussteller zur Frankfurter Buchmesse, davon mehr als die Hälfte aus dem Ausland. Auf über 150.000 Quadratmetern werden ca. 400.000 Produkte gezeigt. Fachbesucher aus allen Berufssparten rund ums Buch (Verleger, Buchhändler, literarische Agenturen, Bibliotheken, Journalisten, Buchhandelsfachklassen etc.) nutzen die Messe für Gespräche, Kontaktaufnahmen oder für Vertragsabschlüsse. Rund 70 Prozent des internationalen Rechte- und Lizenzgeschäfts werden hier angebahnt und abgewickelt. Das allgemeine Publikum mit eingerechnet, besuchen jedes Jahr rund 300.000 Menschen die weltweit größte Buchmesse.

Pflichtprogramm für (angehende) Sortimentsbuchhändler ist ein Besuch der Halle 4.0, in der Dienstleistungen für Verlage und Buchhandlungen präsentiert werden. Hier findet der interessierte Buchhändler vieles, was er zu seinem Unternehmenserfolg braucht: angefangen bei Geschenkverpackungen bis hin zu EDV-Lösungen. Seit 2006 ist auch eine spezielle Non-Book-Ausstellung in dieser Halle angesiedelt.

Börsenverein und MVB bündeln ihre Messeaktivitäten in der Halle 3.1. Auszubildende im Buchhandel, die mit dem Gedanken spielen, in naher Zukunft eine eigene Buchhandlung zu gründen, erhalten – vom Sortimenter-Ausschuss organisiert – dort nach Anmeldung eine kostenlose Erstberatung. Diese Dienstleistung des Sortimenter-Ausschusses wird auch auf der Leipziger Buchmesse angeboten.

Fragen zu Kapitel 1

1.1 Erläutern Sie den ersten Satz des Buchpreisbindungsgesetzes: »Das Gesetz dient dem Schutz des Kulturgutes Buch«.

1.2 Erläutern Sie die Wertschöpfungskette im Buchhandel.

1.3 Kennzeichnen Sie die richtigen Aussagen mit einer 1 und die falschen Aussagen mit einer 2.

( ) Rund 40 Prozent des Umsatzes im allgemeinen Sortimentsbuchhandel entfallen auf Titel, die man mit fiktionaler Literatur in Verbindung bringt.

( ) 5 Prozent der an die Deutsche Nationalbibliothek eingereichten Pflichtexemplare sind bearbeitete Neuauflagen.

( ) Im *Verzeichnis Lieferbarer Bücher* sind 1 Mio. Datensätze aus rund 15.000 Verlagen recherchierbar.

( ) Verlage generieren ca. 12 Prozent des gesamten Buchhandelsumsatzes im Direktvertrieb.

( ) Der geschätzte Gesamtumsatz der Buchbranche zu Endverbraucherpreisen liegt bei rund 9 Milliarden Euro.

( ) In Deutschland gibt es zahlenmäßig mehr Unternehmen des herstellenden Buchhandels als verbreitende Buchhändler, aber im Börsenverein überwiegt die Zahl der verbreitenden Buchhändler.

1.4 Nennen Sie drei Lesebedürfnisse, die ein Publikumsverlag bedient.

1.5 Nennen Sie drei Verlagsabteilungen, mit denen ›das Lektorat‹ und ›die Herstellung‹ intensiv zusammenarbeiten müssen, um Maßnahmen bzw. Prozesse ihres Workflows aufeinander abzustimmen.

1.6 Erläutern Sie den Begriff ›Outsourcing‹ im Buchhandel anhand von zwei Beispielen.

1.7 Grenzen Sie für die Wirtschaftsstufe Zwischenbuchhandel die Bereiche ›Absatzmittler‹ und ›Absatzhelfer‹ voneinander ab. Nennen Sie jeweils zwei Beispiele.

1.8 Nennen Sie zwei Betriebstypen des Großhandels, die ›just-in-time‹ liefern.

1.9 Nennen Sie sechs Gründe, die aus Sicht des Sortimentsbuchhandels für einen Bezug über das Barsortiment sprechen.

1.10 Erläutern Sie die Begriffe:
Rabattfalle,
Bündelung,
Funktionsrabatt,
Rack-Jobbing.

1.11 Erläutern Sie das Verhältnis zwischen einem Kommissionär und einem Kommittent.

1.12 Kennzeichnen Sie die richtigen Aussagen mit einer 1 und die falschen Aussagen mit einer 2. (Einige Antworten erschließen sich nicht anhand der Ausführungen im Buch; bitte weitere Quellen hinzuziehen.)
( ) Die VVA (= Vereinigte Verlagsauslieferung) gehört zur Arvato-Gruppe des Bertelsmann-Konzerns.
( ) Sigloch Distribution betreut auslieferungstechnisch u. a. die Holtzbrinck-Verlage.
( ) SVK und CVK liefern die Produktion großer Schulbuchverlage aus.
( ) Mit dem Forderungskauf übernimmt eine Verlagsauslieferung das Delcredere.
( ) Eine Auslieferung nach dem Mandanten-Prinzip kann die Sendungen aller Verlage in einer Sendung zusammenfassen und eine Faktur erstellen.

1.13 Erläutern Sie drei Leistungen einer digitalen Verlagsauslieferung.

1.14 Erläutern Sie die Begriffe:
Parkmodell,
Kleinbeischluss,
Avis,
Clearing Center.

1.15 Nennen Sie die umsatzstärksten Unternehmen (Marktführer im Bucheinzelhandel) seit 1945 in zeitlicher Reihenfolge.

1.16 Erläutern Sie je zwei exogene und endogene Faktoren, die den Strukturwandel beeinflusst haben.

1.17 Beschreiben Sie eine allgemeine Sortimentsbuchhandlung anhand von fünf Merkmalen.

1.18 Nennen Sie vier Verbundgruppen die sich im Bucheinzelhandel etabliert haben. Beschreiben Sie, unter Zuhilfenahme der Webseiten, zwei von ihnen ausführlich.

1.19 Erläutern Sie die wirtschaftliche Lukrativität von Filialunternehmen anhand von fünf Aspekten.

1.20 Nennen Sie Gewinner und Verlierer im Kampf um Marktanteile verschiedener Absatzkanäle, bezogen auf den Umsatz zu Endverbraucherpreisen.

1.21 Nennen Sie fünf Aufgaben, die zum Bereich ›Einkauf‹ im Antiquariat gehören.

1.22 Erläutern Sie den Betriebstyp ›bibliophiles Antiquariat‹.

1.23 Erläutern Sie die Angebotsstruktur im ›Modernen Antiquariat‹.

1.24 Unterscheiden Sie ›normale‹ Mängelexemplare von ›gemängelten‹ Mängelexemplaren.

1.25 Erläutern Sie die Idee des Buch-Abonnements.

1.26 Erläutern Sie die vier preisbindungsrechtlichen Kriterien für Buchgemeinschaftsausgaben gemäß der revidierten Fassung des ›Potsdamer Protokolls‹.

1.27 Nennen Sie drei Betriebsformen des ambulanten Buchhandels.

1.28 Erläutern Sie den Begriff ›Multi-Channeling‹.

1.29 Erläutern Sie zwei Aufgabenbereiche, die zur Lobbyarbeit des Börsenvereins gehören.

1.30 Wofür stehen – im Kontext des Börsenvereins – folgende Abkürzungen:
FBM,
MVB,
SoA,
IGUS?

1.31 Wie hoch ist der Jahresbeitragssatz für eine Mitgliedsfirma im Börsenverein mit einem Jahresumsatz von 1,2 Mio. Umsatz?

1.32 Nennen Sie zwei Mindestkriterien für Sortimentsbuchhandlungen, die vor der Zuteilung einer Verkehrsnummer erfüllt sein müssen.

1.33 Nennen Sie fünf Leistungen des ›Vorteilsprogramms‹ für Mitglieder des Börsenvereins.

1.34 Erläutern Sie die unterschiedlichen Zielsetzungen, die der Friedenspreis des Deutschen Buchhandels und der Deutsche Buchpreis haben.

1.35 Welche literarischen Verlage haben Autoren im Programm, die den Deutschen Buchpreis gewonnen haben? Recherchieren Sie auch bei aktuellen Preisträgern.

1.36 Aktualisieren Sie die Liste der Preisträger (Deutscher Buchpreis, Friedenspreis des Deutschen Buchhandels).

1.37 Wie viele Autoren werden in die Longlist und wie viele Autoren werden in die Shortlist gewählt?

1.38 Auf welches Datum fällt der Welttag des Buches?

1.39 Nennen Sie den Namen der Institution, die den Wettbewerb ›Die schönsten deutschen Bücher‹ organisiert.

1.40 Nennen Sie den Namen des Börsenverein-Ausschusses, der sowohl auf der Frankfurter als auch auf der Leipziger Buchmesse kostenlose Erstberatungen für Gründungswillige anbietet – unabhängig davon, ob es sich um gestandene Buchhändler, Seiteneinsteiger oder Auszubildende handelt.

2
Gegenstände und Dienstleistungen des Buchmarktes

Gegenstände und Dienstleistungen des Buchmarktes

Aus: Ausbildungsrahmenplan für die Berufsausbildung zum Buchhändler und zur Buchhändlerin | Sachliche Gliederung (§ 4 Absatz 2 Abschnitt A Nummer 1)

GEGENSTÄNDE UND DIENSTLEISTUNGEN DES BUCHMARKTES

- Gegenstände des Buchhandels, insbesondere Bücher, Zeitschriften und andere Printmedien, unterscheiden und ihre Bedeutung für die Branche darstellen;
- Bücher, Zeitschriften und andere Printmedien von Angeboten in digitaler Form unterscheiden und bewerten;
- kartografische Produkte unterscheiden;
- buchaffine Nebenprodukte beschreiben und ihre Bedeutung für den Buchhandel begründen;
- Dienstleistungen des Buchmarktes und ihre Bedeutung für den Unternehmenserfolg darstellen;
- Kriterien, insbesondere literarischer, künstlerischer, wissenschaftlicher und technischer Art, für die qualitative Beurteilung des Angebots im Ausbildungsbetrieb anwenden.

HERSTELLUNG

- Aufbau von Büchern beschreiben, ihre Ausstattung bewerten;
- Schrift-, Papier- und Einbandarten unterscheiden;
- Satz-, Druck- und Bindetechniken unterscheiden;
- Formen elektronischen Publizierens unter Berücksichtigung rechtlicher Vorschriften und technischer Erfordernisse unterscheiden.

Die zwar branchenübliche, aber gespreizt klingende Formulierung ›Gegenstände des Buchhandels‹ trägt dem Phänomen Rechnung, dass der Buchhandel viele verschiedene ›Waren‹ und ›Produkte‹ vertreibt. Die Verkehrsordnung für den Buchhandel fasst diese 2006 im Rahmen der Begriffsbestimmungen (§1 Abs.4) wie folgt zusammen: »Werke sind alle Gegenstände des Buchhandels sowie des Zeitschriften- und Kunsthandels, die der Verlag herstellt und verbreitet. Gegenstände des Buchhandels sind alle Erzeugnisse der Literatur, Tonkunst, Kunst, Kartografie und Fotografie, die durch ein grafisches, phonografisches, fotografisches, fotomechanisches, optisches, magnetisches, digitales oder vergleichbares bestehendes oder neues Verfahren vervielfältigt sind, wie z. B. Bücher, Zeitschriften, Musikalien, Tonträger einschließlich Hörbücher, Daten- oder Bildträger (insbesondere CD-ROM und DVD), Kunstblätter, Kalender, Diapositive, Atlanten, Landkarten, Globen, Schulwandbilder und andere diesen Begriffsbestimmungen entsprechende Lehr- und Lernmittel.« 2007 fügte der Börsenvereins in § 7 seiner Satzung (§ 7 gilt unverändert in der Satzung aus dem Jahr 2018) zukunftsorientiert hinzu, dass diese Gegenstände auch im Wege der Online-Nutzung verbreitet werden können. Seitdem gehören auch E-Books und die zu ihrem Lesen erforderlichen Lesegeräte ›offiziell‹ zu den Gegenständen des Buchhandels.

Die Definition der Verkehrsordnung stellt den Werk-Aspekt in den Vordergrund – die geistigen Wurzeln als die Grundlage materieller Erzeugnisse. Einmal mehr zeigt sich der **Doppelcharakter des Buches** als geistiges Erzeugnis und als Ware: Ein Buch ist durch seine Idealität und durch seine Materialität gekennzeichnet. Bertolt Brecht hat diesen Zusammenhang mit der Formulierung ›geheiligte Ware‹ umschrieben. Es ist eben dieser Doppelcharakter, der nicht nur unterschiedliche Sichtweisen auf die Gegenstände des Buchhandels zulässt, sondern auch auf den Berufsstand ›Buchhandel‹ und seine Werte-Identität. Denn der Buchhandel steht in der ständigen Spannung zwischen Geist und Kommerz, zwischen kultureller Aufgabe und ökonomischem Handeln. Und je nachdem, ob man den Gesichtspunkt ›Handel‹ oder den Aspekt ›Buch‹ in den Vordergrund stellt, wird man in unserer Branche eher profitorientierte Ökonomen oder kulturbesessene Persönlichkeiten antreffen.

Non-Books

Wenn kulturelle und kommerzielle Zielsetzungen miteinander in Konflikt geraten, sind Spannungen und Differenzen quasi vorprogrammiert. Aktuell zeigt sich dies anlässlich der Diskussion um (vermehrte) Aufnahme von Non-Books (siehe Kap. 2.3) in die Verkaufsflächen von Buchhandlungen. Bei **Non-Books** handelt es sich im engeren Sinn um Waren, die zwar im Buchhandel verkauft werden, aber keine Bücher sind. Dies ist kein neues Phänomen. Denn schon immer gab es buchaffine Medien, die als verlagstypisch angesehen und deshalb über den Buchhandel vertrieben wurden – und werden, wie die Aufzählung der Verkehrsordnung beweist, die Hörbücher, Kalender, DVD etc. zu den Gegenständen des Buchhandels zählt. Aber auch Papier-, Büro- und Schreibwarenbedarf (PBS-Artikel) sowie Spiele sind häufig in Form von Neben- oder Randsortimenten anzutreffen und gehören damit zur buchhändlerischen Angebotsstruktur.

Buchaffine Non-Books gehören also unstrittig zum Buchhandel. Aber ab welchem Umfang und mit welchen Produkten profiliert sich eine Buchhandlung über nicht-buchaffine Produkte? Auch hier gibt es durchaus unscharfe

Grenzziehungen. Mögen Schokolade und Wein als ›Genussmittel‹ durchaus eine Beziehung zu einer entspannten Lesekultur haben, so kann davon bei beliebigem (und billig produziertem) ›Plüschkram‹ nicht mehr die Rede sein. Es ist diese ›Beliebigkeit‹ und die mit ihr verbundene ausschließlich ökonomische Relevanz, die in einer Branche auf Kritik stößt, die sich – zumindest offiziell – einer differenzierten kulturellen Vielfalt verschrieben hat und dem Leitmedium Buch eine hohe Priorität einräumt.

Exkurs: Lebensdauer

In Bezug auf die Lebensdauer der Handelsgegenstände hat sich die folgende Terminologie etabliert. Grundlegend unterscheidet man Novitäten und Backlist, aber auch andere Begriffe trifft man in Praxis und Presse an:

- **Aktionstitel** Titel, die zeitlich befristet geführt werden.
- **Backlist** Titel, die im Sortiment geführt werden, ohne zu den Novitäten zu gehören. Die Lebensdauer ist unterschiedlich lang.
- **Besorgungstitel** Titel, die auf Kundenwunsch bestellt und über das Abholfach verkauft werden.
- **Bestseller** Die TOP-Seller aus der Warenwirtschaft. In der Regel sind es die im Rahmen des Bestseller-Marketings der Publikumsverlage eingekauften Novitäten, die durch Stapelpräsentation ›Warendruck‹ erzeugen sollen.
- **Imagetitel** Titel, die der Profilbildung einer Buchhandlung dienen und zu ihrem ›guten Ruf‹ beitragen. In der Regel sind es aktuelle oder interessante Zusatzartikel zu ohnehin gepflegten Sortimentsschwerpunkten. Imagetitel sind nicht mit Ladenhütern zu verwechseln.
- **Ladenhüter** Titel, die in den Regalen der Buchhandlung für einen (sehr) langen Zeitraum bevorratet werden, ohne verkauft zu werden.
- **Longseller/Steadyseller** Titel, die sich über einen längeren Zeitraum, mitunter sogar Jahre, gut verkaufen. Verlage sorgen in regelmäßigen Abständen für Neuauflagen oder Nachdrucke.
- **Novitäten (Neuerscheinungen)** Titel, deren Lebensdauer unbestimmt ist, denn im Raum stehen sowohl ›Top-Titel‹ als auch ›Flops‹. ›Neu‹ allein ist kein Qualitätskriterium. Manche ›Novis‹ der Publikumsverlage weisen ein nur kurzfristiges Absatzhoch aus.
- **Originalausgaben** Novitäten, die erstmalig veröffentlicht werden. Haben sie Erfolg, erleben sie weitere Auflagen oder Nachdrucke bzw. werden als Lizenzausgaben im Programm anderer Verlage (vor allem Taschenbuchverlage) weitergeführt.
- **Schnelldreher** Titel, die binnen kurzer Zeit häufig verkauft werden.

Die Lebensdauer dieser Handelsgegenstände variiert von Unternehmen zu Unternehmen. Denn was die eine Buchhandlung mit Freude jahrelang verkauft, kann in einer anderen Buchhandlung bereits nach kurzer Zeit remittiert werden. Das mag zu einem Großteil an den unterschiedlichen Zielgruppen, kann aber auch am Einkaufsverhalten des Buchhändlers liegen. Der Betriebsberater W. E. Heinold hat diesbezüglich bereits Anfang der 1980er Jahre eine Unterscheidung vorgenommen, die heute nahezu unverändert gilt: die in Überzeugungs- und Vermittlungs-Buchhändler.

Der **Überzeugungs-Buchhändler** lebt für sein Credo: »Ich stehe hinter dem, was ich verkaufe«. Das Schnelldreher-Sortiment nimmt er zwar am Rande mit, aber er konzentriert sich auf erklärungs- und überzeugungsbedürftige Produkte mit hohem Beratungsaufwand – entweder um eigene Wertvorstellungen zu verwirklichen oder um seiner Zielgruppe gerecht zu werden, die ihn gerade wegen seiner Beratungskompetenz schätzt. Der Anteil an Backlist-Titeln ist bei ihm besonderes hoch. Bei den ›Großen‹ der Branche hingegen hat sich der **Vermittlungs-Buchhändler** durchgesetzt. Er reduziert die Anzahl ›schwieriger‹ Produkte und konzentriert sein Angebot auf stark nachgefragte Titel (Best-, Long- und Steadyseller), die als ›Selbstläufer‹ immer vorrätig sind und auf besten Plätzen ausliegen.

Preisbindung, Umsatzsteuer und Büchersendung

Die Buchbranche genießt nicht nur das ›Privileg‹ der Preisbindung, sondern auch den ermäßigten Umsatzsteuersatz sowie mit Büchersendung und Streifbandzeitung postalische Sonderregelungen (siehe Kap. 9.3).

Die nachstehende Matrix für Gegenstände des Buchhandels macht diese Besonderheiten im Vergleich überschaubar. Auf den ersten Blick fällt auf, dass einige neue Medien nicht preisbindungsfähig sind. Dies hängt ursprünglich mit einer Entscheidung des Bundesgerichtshofes aus dem Jahre 1966 zusammen, nach der Schallplatten nicht preisgebunden werden durften, da sie keine klassischen Verlagsobjekte seien und nicht in größerem Umfang über den traditionellen Vertriebsweg Buchfachhandel verkauft würden. Diese Entscheidung galt in der Folgezeit für alle Neue-Medien-Produkte – bis es in den 1990er Jahren erste Ausnahmen für elektronische Wörterbücher oder spezielle CD-ROMs gab. Die Begründung lautete in diesen Fällen: Es sind auch solche Produkte preisbindungsfähig, die als »lesbarer Ersatz des gedruckten Buches« angesehen werden können.

Nach einer Novelle des Buchpreisbindungsgesetzes aus dem Jahr 2016 unterliegen mittlerweile auch E-Books der Preisbindung. Das Gesetz formuliert im § 2: »Bücher im Sinne dieses Gesetzes sind auch Produkte, die Bücher, Musiknoten, oder kartographische Produkte reproduzieren oder substituieren, wie zum Beispiel zum dauerhaften Zugriff angebotene elektronische Bücher, und bei Würdigung der Gesamtumstände als überwiegend verlags- oder buchhandelstypisch anzusehen sind.«

Matrix zur Umsatzsteuer und Preisbindung

Handelsgegenstände des Buchhandels	USt-Satz	Preisbindung	Bemerkungen
Adressbücher	7	ja	–
Antiquarische Bücher	7	nein	–
Arbeitshefte oder -bücher (mit			–
hohem Anteil gedruckter Texte)	7*	ja	* im Einzelfall prüfen
Bibliografien	7	nein	
Bilderbücher, -alben, Zeichen-			–
und Malbücher	7	ja	–
Bildmappen, mit Texten	7*	ja	* im Einzelfall prüfen
Briefmarkenalben (Steckalben)	19	nein	–
Briefmarkenkataloge	7	nein	–
Bücher und Broschüren	7	ja	
– in Kassetten	7	ja	–
– von Firmen, deren Hauptzweck nicht das Verlegen ist	7*	ja	* im Einzelfall prüfen
Comics	7	ja	–
CD-ROM/DVD	19	nein*	* im Einzelfall prüfen
CD-ROM/DVD (nur Texte, ohne Interaktion)	19	ja	–
E-Books	**	ja	** 19%; 7% voraussichtlich ab Ende 2019
– Enhanced E-Books	19	nein	–
E-Bundle-Produkte (Printprodukte			–
mit elektronischen Produkten)	**	ja	** 7% für Print; 19% für elektronischen Teil
Einbanddecken	19	nein	–
Fahrpläne	7	nein	–
Folien	19	nein	–
Globen	7	ja	
Hörbücher	7*	nein	* sofern kein Hörspiel
Jugendgefährdende Schriften			–
(lt. Liste der Bundesprüfstelle)	19	ja	
Kalender (Abreiß-)	19	nein	
Kalender, Jahrbücher (als Buch)	7*	ja	* sofern hoher Textanteil
Kartenspiele, Spielkarten	19	nein	–
Kleinschrifttum (geheftete Traktate o. Ä.)	7	nein	–
Landkarten (kartografische Erzeugnisse)	7	ja	–
Lehrtafeln (Wand- und Lehrkarten)	19	ja*	* soweit bedruckt
Lehrmittel, Lernmittel	19	nein	–
Lernspiele	19	nein	–
Loseblattwerke, Ergänzungslieferungen	7	ja	–
Loseblattwerke, Grundwerk im Ordner	7	ja	

Matrix zur Umsatzsteuer und Preisbindung
(Fortsetzung)

Handelsgegenstände des Buchhandels	USt-Satz	Preisbindung	Bemerkungen
Medienverbundprodukte (Buch und weitere Waren)	7*	ja	* soweit Buchanteil überwiegt
Noten, Notenblätter	7	ja	
Poster	19	ja*	* sofern mit bedrucktem Text
Postkarten, Kunstpostkarten	19	nein	–
Reprints	7	ja	–
Software	19	nein	–
Spiele	19	nein	–
Spiele-Karteien	7	nein	–
Vorlesungsverzeichnisse	7	ja	–
Wand- und Lehrkarten	19	ja*	* soweit bedruckt
Zeitungen, Zeitschriften	7	ja*	* Preisbindung laut GWB § 15 über Fachzeitschriften-Revers bzw. Pressegrossovertrag

Alte und neue Medien

Die ›neuen Medien‹, die sowohl als Offline- als auch als Online-Medien angeboten werden (siehe Kap. 2.4), gehören zum Buchfachhandel wie die traditionellen Printmedien. Das Wort ›neu‹ steht für die (fast) unbegrenzten Möglichkeiten digitaler elektronischer Datenverarbeitung, die multimediale Aufbereitung mit einschließt. Denn es ist möglich geworden, Text, Ton und Bildsequenzen zu verbinden, es ist ferner möglich geworden, Verlagsprodukte interaktiv zu gestalten, und ist es auch möglich geworden, dass Nutzer bzw. User ihren Inhalt bzw. Content selbst zusammenstellen (UGC – user generated content; siehe Kap. 10.5.8).

Dienstleistungen

Der Begriff ›Sortiment‹ kommt von ›sortieren‹ oder ›auswählen‹. Aus Novitäten und Backlist stellt sich jede Buchhandlung aus verkaufsrelevanten Titeln ihr einmaliges(!) Sortiment zusammen. Diese Einkaufsleistung dient absatzpolitisch zur Profilierung und marketingtechnisch zur Abgrenzung einer Buchhandlung gegenüber der Konkurrenz. Aber nicht nur die je eigene Sortimentszusammenstellung bewirkt die Individualität eines Sortiments. Auch **Dienstleistungen** (siehe Kap. 2.6) schärfen das Profil und können damit entscheidend zum Unternehmenserfolg beitragen. Dabei können sie im Detail höchst unterschiedlich ausfallen. So wird das Besorgungsgeschäft als Basisdienstleistung von jeder Buchhandlung angeboten, und bargeldlose Zahlung, Geschenkverpackung, Versandservice, Benachrichtigung per SMS oder E-Mail, Getränkeangebot (Kaffee, Wasser) werden von vielen Kunden zunehmend als Basis-Dienstleistungen empfunden. Aber es gibt Buchhandlungen, die – ausgehend von ihrem Schwerpunkt oder ihrer inhaltlichen Ausrichtung – ›Besonderes‹ bieten, was sie von anderen Geschäften ihrer Umgebung unterscheidet. Dies kann bei einer ›Kulturbuchhandlung‹ ein ansprechendes Veranstaltungsprogramm sein, bei einer ›Stadtteilbuchhandlung‹ der abendliche Botendienst (per Fahrrad), bei einer stets aktuell ausgerichteten ›Kommunikationsbuchhandlung‹ ein schwarzes Brett im Laden oder Fan-Pages in sozialen Netzwerken etc. Dieses ›Besondere‹ oder ›Mehr‹ kann also durchaus variieren, zementiert aber letzten Endes die Unternehmensidentität und damit das Bild, das Kunden von ›ihrer‹ Buchhandlung haben.

Fast alle Entscheidungen über das Angebot (Sortiment und Dienstleistungen; siehe Kap. 10.2) betreffen die USP (engl. unique selling proposition) und damit das einzigartige Verkaufsversprechen, das die zentrale Frage nach der Existenzberechtigung eines jeden Wirtschaftsunternehmens beantworten helfen soll: »Warum sollen Kunden gerade in meinem Geschäft und meinem Webshop einkaufen?« Letzten Endes geht es also immer um Fragen des Marktes (siehe Kap. 1) und des Marketings (siehe Kap. 10). In diesem Kapitel steht allerdings allein die buchhändlerische Angebots- und Dienstleistungsstruktur im Fokus: Wie können Gegenstände und Dienstleistungen des Buchhandels beschrieben, unterschieden und bewertet werden?

2.1 Printmedien

Printmedien werden in Buchverlagen sowie in Zeitungs- und Zeitschriftenverlagen (ZZ-Verlage) hergestellt. Der Fokus der folgenden Ausführungen liegt auf dem Bereich Buch mit einem Exkurs zu Print(ing)-on-Demand-Publikationen (PoD). Presseerzeugnisse spielen im Sortimentsbuchhandel eine eher untergeordnete Rolle (siehe Kap. 1.2.1.2); Fachzeitschriften eine wichtigere – allerdings nur, sofern ein umfangreiches Rechnungsgeschäft besteht.

2.1.1 Bücher

In formaler Hinsicht sind Bücher gedruckte und der Öffentlichkeit verfügbar gemachte Veröffentlichungen. Die bedruckten, beschriebenen, bemalten oder auch leeren (vakat) Blätter werden mittels Bindetechniken zusammengehalten. Man unterscheidet sie u.a. nach den folgenden Kriterien.

Formale Unterscheidungskriterien bei Büchern

INHALT
Grundlegend gilt die englische Unterscheidung von Fiction und Non-Fiction. Die fiktionale Literatur umfasst Romane und Erzählungen, die zu Unterhaltungszwecken geschrieben werden oder als anspruchsvolle Literatur (Belletristik im engeren Sinn) konzipiert ist. Der nicht fiktionale Bereich, in dem Sachthemen und Fachliches im Vordergrund stehen, umfasst Sachbücher, Ratgeber, berufsspezifische Fachbücher, Schulbücher und wissenschaftliche Literatur. Die Trennung in Fiction und Non-Fiction entspricht der eingangs des ersten Kapitels erwähnten Lese-Typologie. In diesem Sinne bedient und fördert Fiction das animatorische oder identifikatorische Lesen und Non-Fiction das zweckgerichtete oder informatorische Lesen.

UMFANG
Neben Einzelveröffentlichungen (im Non-Fiction-Bereich als **Monografien** bezeichnet) gibt es mehrbändige Werkausgaben oder mehrbändige Werke eines Herausgebers bzw. eines Herausgeberteams zu unterschiedlichen Themen (siehe Kap. 2.1.2).

EINZEL- UND REIHENTITEL
Belletristische Hardcover-Titel und Sachbücher erscheinen in der Regel als Einzeltitel. Nur wenige Verlage (z.B. Diogenes) übergeben ihre Novitäten mit einem konsequent durchgehaltenen Layout (corporate design) der Öffentlichkeit. Reihentitel hingegen sorgen für unmittelbare Wiedererkennung, wie im Fall der Taschenbuchverlage, bei Fachbüchern und bei wissenschaftlichen Schriftenreihen.

Eine Produktion in Reihen ist für Verlage in verschiedener Hinsicht sinnvoll, wobei neben dem Wiedererkennungseffekt bei der Zielgruppe vor allem der Kostenaspekt im Vordergrund steht: Das Reihen-Layout muss nur einmal entworfen werden, Produktionskosten können niedrig gehalten werden (vereinheitlichtes Format, dasselbe Papier) und es ist selten eine aufwändige Einzeltitelwerbung notwendig.

EINBANDART
Man unterscheidet grundlegend zwischen Hardcover (= fester Pappeinband) und Softcover (= flexibler Einband, kartoniert). Hersteller verwenden hierfür die Begriffe Deckenband und Broschur.

EDITIONSFORM
Die einheitliche Warengruppensystematik (siehe Kap. 3.2) trennt Bücher gemäß ihrem Warengruppen-Index nach Hardcover und Softcover auf der einen und Taschenbuch auf der anderen Seite. In diesem Sinne sind Taschenbücher Publika-

tionen, die in ausgewiesenen Taschenbuchverlagen monatlich in Reihen mit Bandzählung oder aber bei ›gemischten Verlagen‹ in taschenbuchähnlichen Reihen produziert werden.

FORMATE
›Format‹ bezeichnet im Rahmen der Buchproduktion eine Größenangabe. Marketingtechnisch wird der Begriff verwendet, um Produktionseinheiten oder Programmsegmente zu vermarkten. Eine Abgrenzung zum Begriff ›Reihe‹ bleibt unscharf.

ERSCHEINUNGSWEISE
Die meisten Bücher sind nicht periodische Veröffentlichungen. Es gibt aber auch Publikationen, die als Fortsetzungswerke in mehreren Teilen und in mehr oder weniger regelmäßigen Abständen erscheinen (siehe Kap. 2.1.2).

Neben der formalen existiert natürlich auch eine markt- und/oder kundenbezogene Betrachtungsweise. Denn Bücher werden in erster Linie für bestimmte Zielgruppen konzipiert. Hier hilft die im Kap. 1.1.1 vorgestellte Verlagstypologie, aus der nicht nur die unterschiedliche Aufmachung für die Genres Belletristik, Ratgeber, Sachbücher, Fachbücher und wissenschaftliche Literatur ersichtlich wird, sondern auch die unterschiedliche Preis- und Rabattstruktur im Buchhandel.

So bleibt ein abschließender Blick auf wesentliche herstellerische Aspekte: ein Blick auf Schrift-, Papier- und Einbandarten, auf Druck- und Bindetechniken sowie ein Blick in den Aufbau von Büchern. Dies vor allem vor dem Hintergrund, dass angemessene Buchpreise auch immer die Wertigkeit der Produkte widerspiegeln. Die Generierung der Inhalte im Lektorat ist nur ein, wenn auch ein wichtiges, Geschäftsfeld der Verlage. Diese Inhalte zu vertretbaren Kosten in eine Form zu bringen, ist Aufgabe der Herstellungsabteilung, die im Spannungsfeld von Kostenoptimierung, Produktqualität und Termindruck arbeitet. Hier wird über die Haptik des Endprodukts und seine Anmutung entschieden – in Zeiten einer um sich greifenden Digitalkultur letzten Endes auch ein Kriterium für Kundenzufriedenheit. Ausführlicher sind die im Folgenden angesprochenen Aspekte in den Büchern *Basiswissen Herstellung für Buchhändler* (Edition Buchhandel Band 19) und *Bücher machen* (Edition Buchhandel Band 13) dargestellt.

2.1.1.1 Aufbau eines Buches

Ein Buch setzt sich aus einem Buchblock und einem Einband zusammen. Der Buchblock gliedert sich im Allgemeinen in Titelei, Textteil und Anhang.

Die **Titelei** umfasst, sofern Widmung, Motto, Danksagung o.Ä. keine besondere Lösung erfordern, üblicherweise die Seiten 1–4:

Seite 1 **Schmutztitel.** Ein historisch überkommener Begriff: Früher brauchte man ein Blatt, das dem aufwändig gestalteten Titelblatt vorgeschaltet war und dieses schützte, denn der Buchblock wurde ohne Einband verkauft.

Seite 2 **Schmutztitelrückseite.** Bei Romanen und Sachbüchern üblicherweise eine Vakatseite (unbedruckte Seite). Bei Taschenbüchern stehen hier, in Ermangelung von Schutzumschlagklappen, häufig Informationen über Inhalt und Autor. Bei Reihen befindet sich hier in der Regel die Reihenbezeichnung. Früher schmückte die Schmutztitelrückseite häufig ein Frontispiz (lat. Titelbild) in Form von Illustrationen/Abbildungen oder eines Fotos des Autors.

Seite 3 **Titelblatt.** Haupttitel, der (bis auf Ortsangabe und Erscheinungsjahr) die vollständigen bibliografischen Angaben (siehe Kap.5.5) enthält.

Seite 4 **Impressum** mit Copyright-Angaben: Verlag und Verlagsort sowie Druckerei und Sitz der Druckerei; weitere Angaben sind möglich, aber nicht zwingend erforderlich. Die Angaben des Impressums können auch am Ende des Buches stehen. In diesem Fall sind die Grenzen zu einem Kolophon (Paratext, der am Schluss eines Druckwerks weitere Informationen über den Titel bietet) unscharf.

Ab der fünften Buchseite sind Aufbau und Umbruch eines Buches abhängig von der Reihenkonzeption, von Gestaltungstraditionen oder von Wünschen des Autors. So können auf der Seite 5 stehen: Widmung/Motto, Vorwort, Inhaltsverzeichnis, Zwischentitel oder Textbeginn. Bei stark gegliederten Inhalten sollte das Inhaltsverzeichnis unter dem Aspekt der Lesefunktion auf der fünften Seite beginnen.

Nach dem **Textteil** (siehe weiter unten) folgt der **Anhang.** Im Bereich Non-Fiction sind Register obligatorisch, die je nach Bedarf differenziert werden (z.B. in Sach-, Stichwort-, Autoren-, Personen- und Ortsregister). Hinzu kommen Literaturverzeichnisse sowie ggf. Abbildungs- und Abkürzungsverzeichnisse u.a.m.

2.1.1.2
Layout und Schrift

Gut gestaltete Bücher bilden eine Einheit von Inhalt, Gestaltung, Papier, Bindung, Einband und Umschlag. Es gehört zu den kreativen Aufgaben der Herstellungsabteilung, in Absprache mit dem Lektorat Büchern eine zweckmäßige und ästhetisch ansprechende Form zu geben. Dabei geht es neben dem Aufbau des Buches um die Seitengestaltung, das richtige Verhältnis von Text und

Klassischer Satzspiegel für einen Roman

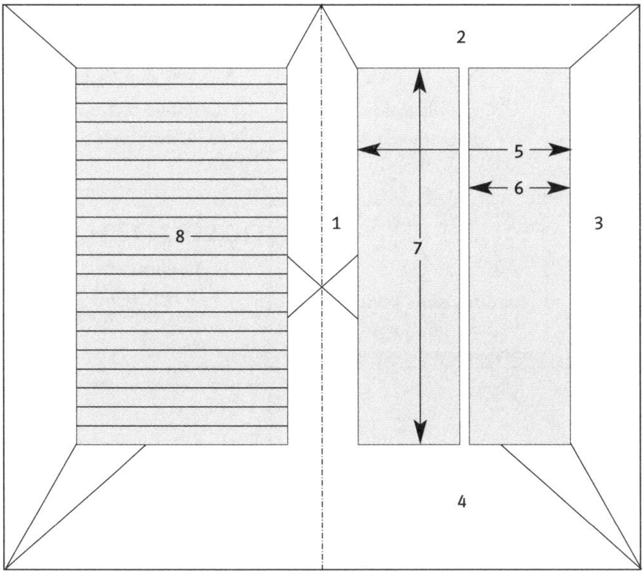

1 Bundsteg
2 Kopfsteg
3 Außensteg
4 Fußsteg
5 Satzspiegelbreite
6 (Text)Spalte (Kolumne)
7 Satzspiegelhöhe
8 Satzspiegel mit Grundlinienraster

Quelle: H.-H. Ruta, *Basiswissen Herstellung für Buchhändler*, S. 44

Bild, die richtige Wahl von Schriften und Auszeichnungen und manchmal auch um den Umschlag, sofern dieser nicht von einer Agentur als Fremdleistung konzipiert wird. Benutzerfreundlichkeit und optimale Lesbarkeit heißen die Hauptziele.

Das **Layout,** mitunter auch als Makrotypografie bezeichnet, bildet die Entscheidungsgrundlage für alle weiteren herstellerischen Prozesse. Denn in der visualisierten Gestaltungsidee eines Druckprodukts werden die entscheidenden Parameter des Endprodukts festgelegt. Hierzu gehören u. a.:

- beschnittenes Buchformat (Angabe in mm oder cm),
- Satzspiegel (siehe weiter unten),
- Schriften (für Fließtext, Überschriften bzw. Überschriftshierarchien, Infokästen, Legenden etc.),
- Stand der Seitenzahl (Pagina),
- Größe der Abbildungen und deren Platzierung im Layout,
- ggf. der Farbraum für Schriften und Farbfonds (Hintergründe).

Der **Satzspiegel** ist die bedruckte Fläche auf einer Seite. Er besteht aus Schrift, Bild, Tabellen, Kolumnentitel (Seitenüberschriften) etc., umfasst also die Breite und Höhe des gesetzten Textes. Abhängig vom Format kann er ein- oder mehrspaltig angelegt sein. Eine wichtige Rolle für den Lesekomfort spielen Weißräume in Form der den Satzspiegel umgebenden Stege (Fuß-, Bund-,

Antiqua-Schriften in ihrer historischen Entwicklung

Karl Vöhringer: *Druckschriften kennenlernen, unterscheiden, anwenden.* Fachtechnische Schriftenreihe der Industriegewerkschaft Medien Nr. 1, Verlag Form und Technik, Stuttgart.
Zitiert nach: Ruta: *Basiswissen Herstellung für Buchhändler*, Seite 28. Geringfügig bearbeitet.

Kopf- und Außensteg) und der freien Fläche zwischen den Elementen auf einer Seite. Falls möglich, sollte die Titelei und möglichst auch der Einband im Einklang mit der Innengestaltung angelegt werden; denn Hersteller gestalten ein Buch von Innen nach Außen.

Die **Schrift** beeinflusst den Charakter eines Buches, das sachlich oder emotional, streng oder verspielt, statisch oder dynamisch, traditionell oder modisch konzipiert ist. Dabei bestimmt nicht nur die Schriftgröße die Lesbarkeit, sondern auch der Buchstaben-, Wort- oder Zeilenabstand (Durchschuss). Die Wahl der richtigen Schriftart fällt angesichts mehrerer tausend Schriften schwer und obliegt – vor allem bei gestalterisch anspruchsvollen Werken, bei neuen Reihen oder bei Büchern, die eine besondere Zielgruppe ansprechen – Schriftexperten: also den Herstellern, Typografen oder Grafikern. Verlage beschränken sich in der Regel auf wenige Hausschriften; denn einerseits müssen Schriften, sofern sie nicht gemeinfrei sind, gekauft werden, und andererseits dienen sie der Wiedererkennung (corporate design). Und immer müssen dieselben Fragen beantwortet werden:

- Passt die Schrift zum Inhalt des geplanten Buches?
- Entspricht die Schrift den Erwartungen der Zielgruppe?

Besonders häufig werden Antiqua- und Groteskschriften verwendet. Bei den **Antiquaschriften** haben die Buchstaben Serifen (An-, Ab- und Fußstriche mit mehr oder weniger feinen Linien), während die **Groteskschriften** serifenlos sind. Schriften mit Serifen gelten als besser lesbar, weil sie – vor allem durch ihre Fußstriche – die Schriftlinie unterstützen. Deshalb sind serifenlose Schriften bei Büchern eher die Ausnahme. Sie werden jedoch gern bei digitalen Publikationen genutzt, weil Monitore und Lesegeräte wegen ihrer begrenzten Auflösung Serifen häufig nicht optimal darstellen können.

2.1.1.3 Typografie

Schriften, wie überhaupt der Gesamtkomplex Typografie, machen Sprache sichtbar und lenken die Aufmerksamkeit der Leser nicht vom Inhalt ab. Ziel einer Buchproduktion muss es sein, ein Buch seinem Zweck entsprechend für eine Zielgruppe lesbar zu gestalten. Gute Typografie ist also immer gut lesbare Typografie. Kinder und Leseanfänger benötigen zum Lesen eine andere Schrift und ein anderes Layout als Vielleser, Fremdsprachler oder Wissenschaftler. In der Fachliteratur unterscheidet man daher (nach Willberg/Forssman, *Lesetypografie*):

Typografie für lineares Lesen Der Text wird kontinuierlich von Anfang bis Ende gelesen – Wort für Wort, Seite für Seite. Die Typografie tritt zurück und bietet einen möglichst hohen Lesekomfort. Beispiel: Prosatexte.

Grundmuster für Layout und Typografie

1 Typografie für lineares Lesen

2 Typografie für informierendes Lesen

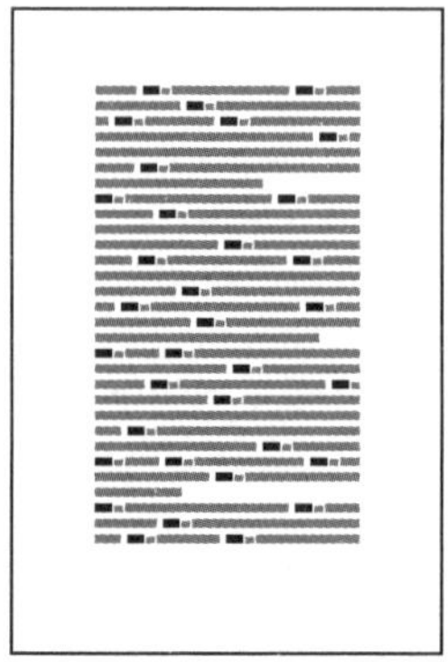

3 Differenzierende Typografie

4 Typografie für konsultierendes Lesen

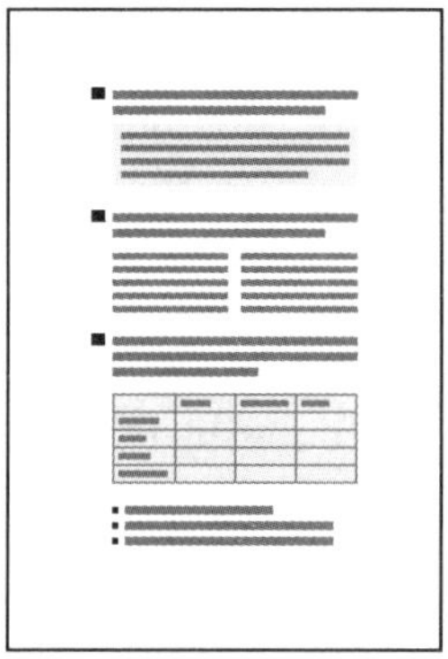

5 Typografie für selektierendes Lesen

6 Typografie nach Sinnschritten

7 Aktivierende Typografie

8 Inszenierende Typografie

Quelle: M. Schickerling, *Bücher machen*, S. 250

Typografie für informierendes Lesen Der Text wird zuerst überflogen; gelesen wird nur, was interessiert. Wichtig ist eine klare Gliederung. Beispiele: Sachbücher, Zeitungen.

Differenzierende Typografie Stark strukturierte Texte weisen für (geübte) Leser unterschiedliche, aber gleichwertige Auszeichnungen auf. Beispiele: Wissenschaftliche Bücher, Lehrbücher.

Typografie für konsultierendes Lesen Texte werden gezielt gesucht und sehr genau gelesen. Die Stichworte müssen deshalb deutlich hervorgehoben werden. Beispiel: Nachschlagewerke.

Typografie für selektierendes Lesen Unterschiedliche Textinhalte erfordern unterschiedliche Gestaltungselemente. Der Lesekomfort sollte möglichst hoch sein. Beispiele: Ratgeber und Schulbücher.

Typografie nach Sinnschritten Der Zeilenfall wird nach Sinneinheiten gegliedert. Zielgruppe sind Leseanfänger aller Altersgruppen. Beispiele: Bilderbücher, Lesefibeln.

Aktivierende Typografie Ein auffälliges Layout dominiert den Text und soll zum Lesen verführen. Beispiele: Geschenkbücher, Magazine.

Inszenierende Typografie Das Layout soll die Wirkung des Textes verstärken, interpretieren oder verfremden. Beispiel: Lyrik.

Doch mit Layout und Festlegung der Schrift, des Schriftschnitts und ggf. einer Zweitschrift ist es noch lange nicht getan. Nun müssen im Satz Auszeichnungen ([halb]fett, kursiv, gesperrt, Großbuchstaben etc.) vorgenommen und Regeln der Detail- oder Mikrotypografie (richtige An- und Abführungszeichen, richtiger Gebrauch von langen Strichen [Gedankenstriche] und kurzen Strichen [Divis], feste Abstände zwischen Ziffern und Einheitsangaben u.a.m.) angewandt werden. Hier erkennen nicht nur Experten sehr schnell den Unterschied zwischen guten Setzern und solchen, die mit den Möglichkeiten moderner Layoutprogramme nur unvollkommen umgehen.

Auch die Wahl der **Satzart** entscheidet sich mit den Fragen: Passt die gewählte Satzart zum Inhalt? Welche Anmutung soll durch die Gestaltung erreicht werden? Wie wirkt diese optische Anmutung auf den Betrachter? Die ganzseitige Übersicht auf der folgenden Seite illustriert gängige Lösungen.

2.1.1.4 Papier

Laut Angabe des Verbandes der deutschen Papierindustrie gibt es etwa 3.000 grafische Papiere. Die Entscheidung über die Wahl des ›richtigen‹ Papiers fällt also schwer. Sie hängt immer ab von dem Verwendungszweck, dem Inhalt, der typografischen Gestaltung, dem Druckverfahren und der Bindung des Buches. So muss das Papier für einen Reiseführer mehrfarbige Bilder gut wie-

Satzarten

Blocksatz Diese Satzart wird für den Satz von Büchern, Zeitschriften und Zeitungen am häufigsten verwendet. Der Wortabstand ist innerhalb der Zeile rechnerisch gleich, verändert sich jedoch von Zeile zu Zeile. Für die Hauptleseform ›Lineares Lesen‹ sollten zwischen 55 und 65 Anschlägen pro Zeile gewählt werden. Dann erhält man ein ruhiges Satzbild mit Wortabständen, die zum Lesekomfort beitragen. Um große Wortabstände zu vermeiden, sollte bei einer Zeilenbreite unter 49 Anschlägen statt des Blocksatzes der Rausatz verwendet werden.

Linksbündiger Flattersatz (asymmetrisch/anaxial) Die Wortabstände sind bei dieser Satzart innerhalb der Zeilen sowie von Zeile zu Zeile rechnerisch gleich. Es muss ein rhythmischer Zeilenfall erreicht werden (z. B. lang, kurz, lang). Worttrennungen sind zu vermeiden, der Flatterbereich sollte groß sein. Nur durch intensive manuelle Nachbearbeitung nach der letzten Korrektur ist ein optimaler Flattersatz zu erreichen. Der Seitenumfang vergrößert sich bei dieser Satzart.

Rechtsbündiger Flattersatz Formal wie linksbündiger Flattersatz – jedoch für große Textmengen ungeeignet, da der Leser sich von Zeile zu Zeile einen neuen Leseanfang suchen muss. Geeignet für Bildlegenden in Kombination mit linksbündigem Flattersatz, um so die Zuordnung zu den Abbildungen zu verdeutlichen.

Mittelachse (symmetrisch/axial)
Formal wie Flattersatz – jedoch für große Textmengen ungeeignet, da der Leser sich ebenfalls von Zeile zu Zeile einen neuen Leseanfang suchen muss. Diese Satzart weist in ihrer Anmutung eine hohe Ästhetik auf und eignet sich nicht für alle Inhalte. Kurze Lyrikeinschübe im Blocksatz, Bildlegenden und Überschriften können in dieser Satzart gesetzt werden.

Rausatz Ein durch das Trennprogramm ausgeschlossener links- oder rechtsbündiger Satz wird als Rausatz bezeichnet. Er verfügt über keine Zeilenrhythmik, der Flatterbereich ist sehr gering, Trennungen und gleich lange Zeilen werden akzeptiert. Die Textmenge pro Zeile entspricht der Menge im Blocksatz – also keine Steigerung des Umfangs durch diese Satzart. Diese Art ist vor allem bei schmaler Satzbreite (unter 48 Anschläge pro Zeile) geeignet, die im Blocksatz zu große Wortabstände ergäbe.

Quelle: H.-H. Ruta, *Basiswissen Herstellung für Buchhändler*, S. 40

dergeben, für ein Kinderbuch besonders reißfest sein oder für eine bibliophile Werkausgabe edel wirken. Dabei bestimmt vor allem der verwendete Rohstoff die Qualität. Hier unterscheidet man:

- **Holzschliff** Besteht aus mechanisch zerkleinerten Nadelhölzern. Papiere aus diesem Material vergilben schnell, weil sie Lignin enthalten. Sie eignen sich deshalb für den Zeitungsdruck, für preiswert produzierte Taschenbücher oder andere kurzlebige Printprodukte.
- **Zellstoff** Wird aus Holzschnitzeln gewonnen. Holzfreies Papier besteht zu mindestens 95 Prozent aus diesem Zellstoff und wird für den Buchdruck oder als Schreibpapier verwendet.
- **Hadern aus Leinen, Wolle oder Baumwolle** Sind sehr haltbar, aber teuer. Verwendet werden sie deshalb z. B. für Dokumente, Wertpapiere und Banknoten oder als Bibeldruckpapier. Handgeschöpftes Büttenpapier besteht ebenfalls aus diesem Material.
- **Altpapier** Grundlage von Recyclingpapieren. Sie werden in unterschiedlichen Qualitäten angeboten und finden im Zeitungsdruck Verwendung.
- **Synthetische Rohstoffe** Kunststoffteilchen können natürlichen Faserstoffen beigemischt werden und sorgen für eine hohe Reißfestigkeit, Wasser- oder Hitzebeständigkeit, z. B. für kartografische Erzeugnisse.

Naturpapiere werden häufig behandelt, damit sie getönt (gelblich, bläulich) wirken, oder mit Aufhellern versehen, um in einem bestimmten Weißton zu erscheinen. Füllstoffe, Leimstoffe und Wasser verbessern die Druckeigenschaften. Naturpapiere besitzen eine raue, matte (maschinenglatte) oder eine glatte, leicht glänzende (satinierte) Oberfläche. Gestrichenes Papier wird zusätzlich an der Oberfläche mit einem ›Strich‹ versehen; das Papier wird dadurch glatter, stabiler und weniger durchscheinend. Die folgende Übersicht zeigt, welche Papiere in der Buchproduktion überwiegend Verwendung finden.

Die Papierauswahl in Verlagen orientiert sich vor allem an praktischen Kriterien. So verwendet man voluminöses bzw. volumiges Papier, damit ein Buch umfangreicher erscheint, als es eigentlich ist, kostengünstiges Papier, um einen niedrigen Ladenpreis zu ermöglichen, und alterungsbeständiges Papier, wenn die Haltbarkeit (und nicht der Gebrauchsaspekt) im Vordergrund steht. Bei reinen Textbänden ist ein Papier mit rauer Oberfläche und einer leicht elfenbeinfarbenen oder gelblichen Tönung besonders lesefreundlich. Eine glänzende Oberfläche bei gestrichenen Papieren neigt zum Spiegeln, und hochweißes Papier überstrahlt oft die schwarze Schrift – beides schadet der Lesbarkeit, ist aber die beste Wahl für detailgetreue Wiedergabe von Abbildungen. Eine wichtige Funktion spielt die Opazität (Deckkraft); eine höhere Opazität wird durch Zugabe von Füllstoffen oder durch einen höheren Holzanteil erzeugt. Denn wenn das Papier stark durchscheint und sichtbar wird, was auf der Rückseite steht, stört dies die Lesbarkeit des Textes und die Wirkung der Abbildungen.

Papiersorte	Gewicht	Merkmale	Verwendungszweck
Bibel-/ Dünndruckpapier	20–60 g/m²	holzfreies, festes, dünnes Papier mit geleimter Oberfläche	umfangreiche Bücher, Nachschlagewerke
Bilderdruck-/ Kunstdruckpapier	60–170 g/m²	holzfreies oder holzhaltiges, zweiseitig gestrichenes Papier mit glänzender oder matter, glatter Oberfläche	Bildbände
Buchbinderpapier	90–300 g/m²	weißes oder farbig getöntes Naturpapier mit Oberflächenstruktur	Vorsatzpapier zum Bekleben der Innenseiten des Buchdeckels
Chromopapier	70–120 g/m²	meist holzhaltiges, einseitig gestrichenes Papier mit guter Prägefähigkeit	Umschlagbezüge, Etiketten
LWC-Papier	39–72 g/m²	leichtgewichtiges, oft holzhaltiges, gestrichenes Papier	Zeitschriften, Kataloge
Offsetpapier	60–120 g/m²	holzfreies oder holzhaltiges, weißes oder farbig getöntes, geleimtes Papier mit meist glatter, unveredelter Oberfläche	Bücher
Umschlagkarton	130–300 g/m²	holzfreies oder holzhaltiges, maschinenglattes, reißfestes und formstabiles Papier, unterschiedliche Oberflächenbehandlung	Buchumschläge
Werkdruckpapier	60–120 g/m²	holzfreies oder leicht holzhaltiges, maschinenglattes Naturpapier, oft leicht gelblich getönt, leicht geleimte Oberfläche, unterschiedliche Volumen	Bücher
Zeitungspapier	40–60 g/m²	holzhaltiges, maschinenglattes Papier mit hohem Altpapieranteil, oft mit geleimter Oberfläche	Zeitungen, Zeitschriften

Quelle: Schickerling u. a.: *Bücher machen*, S. 281

2.1.1.5
Druckverfahren

Es gibt unterschiedliche Druckverfahren. Kataloge und farbige Magazine mit hohen Auflagen werden meist im Tiefdruckverfahren produziert; der Hochdruck wird fast nur für handwerklich hergestellte Kleinauflagen verwendet. Für Bücher (und Zeitungen) ist nur der Flachdruck sowie bei kleineren Auflagen der Digitaldruck von Bedeutung. Welches Druckverfahren in Frage kommt, hängt von vielen Faktoren ab: von der Auflagenhöhe, der Qualität, den Kosten, der Wiedergabequalität bei Abbildungen und Farben, vom Papier und von den Nachdruckmöglichkeiten.

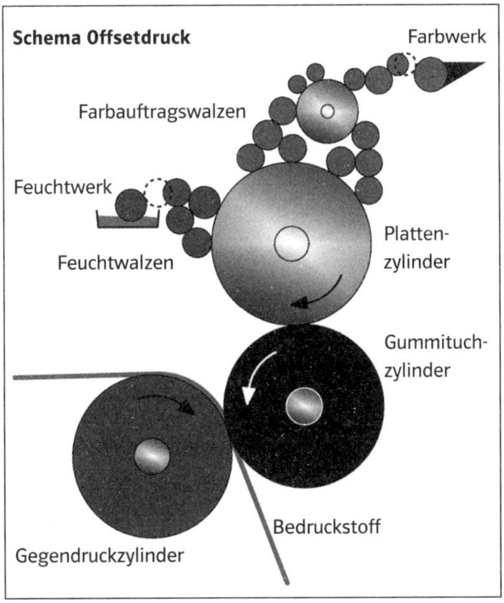

Quelle: H.-H. Ruta: *Basiswissen Herstellung für Buchhändler,* Seite 108

Der **Offsetdruck** spielt seine Vorteile besonders bei großen Auflagen aus, denn er ist schnell, preiswert und bietet eine hohe Qualität; er eignet sich auch für den Druck von hochwertigen Bildbänden. Als Druckvorlagen dienen in der Regel PDF-Dateien, als Druckform speziell beschichtete Metallplatten. Verwendet werden können viele Papiersorten und -formate. Beim Bogenoffsetdruck werden einzelne Planobogen verarbeitet, während beim Rollenoffsetdruck Rollenpapier zum Einsatz kommt. Der Offsetdruck gehört zu den Flachdruckverfahren: druckende und nicht druckende Teile liegen seitenrichtig in einer Ebene auf der Druckplatte. Diese wird auf dem Plattenzylinder des Offsetdruckwerks befestigt. Das Druckverfahren bedient sich des Prinzips, dass Fett und Wasser einander abstoßen: Das speziell aufbereitete Wasser im Feuchtwerk benetzt die nicht druckenden Stellen mit Wasser bzw. einem Wasserfilm; diese können deshalb keine fetthaltige Farbe annehmen. Die druckenden Teile, die belichtete Schicht, werden jedoch eingefärbt. Käme jetzt die gefeuchtete und eingefärbte Druckplatte mit dem Bedruckstoff Papier in einen direkten Kontakt, würde das Papier Farbe und Wasser aufnehmen und dabei seine Formstabilität einbüßen. Aus diesem Grunde wird ein Gummituchzylinder als Zwischenträger im Offsetdruckwerk eingesetzt. Dort wird nur das eingefärbte Druckbild auf das Gummituch abgesetzt (engl. to set off). Dadurch entsteht zunächst einmal ein seitenverkehrtes Druckbild, das jedoch vom Gummituch anschließend seitenrichtig auf den Bedruckstoff bzw. das Papier übertragen wird. Dieses Prinzip macht den Offsetdruck zu einem **indirekten Druckverfahren,** das auch für einen Mehrfarbendruck geeignet ist. Die oben stehende Abbildung visualisiert diese Zusammenhänge.

Im **Tiefdruck** befinden sich die druckenden Bereiche als seitenverkehrte Näpfchen vertieft in einem Formzylinder. Die Näpfchen nehmen je nach Größe und Tiefe unterschiedliche Farbmengen auf. Der Zylinder rotiert innerhalb der Druckmaschine in einer Farbwanne, wobei diese sich sowohl in die Näpfchen als auch auf die höher liegenden Stege absetzt. Von letzteren wird die

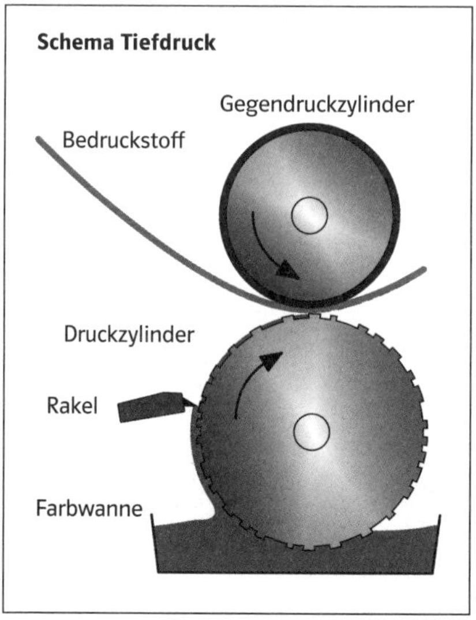

Quelle: H.-H. Ruta: *Basiswissen Herstellung für Buchhändler,* Seite 107

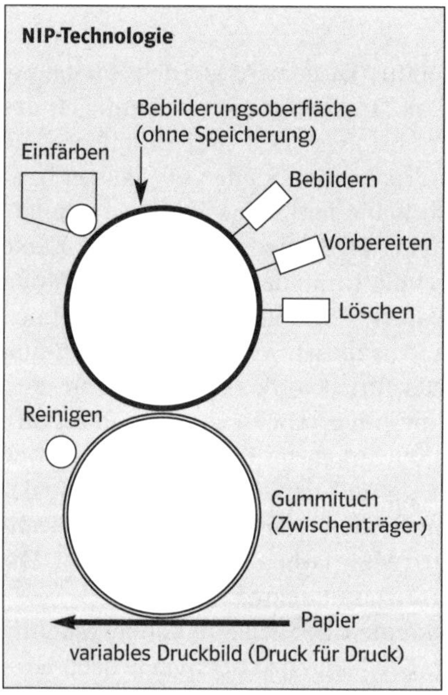

Kipphan: *Handbuch der Printmedien*
Zitiert nach: H.-H. Ruta: *Basiswissen Herstellung für Buchhändler,* Seite 110

überschüssige Farbe mittels eines Rakels (dünnes, verschleißfestes Stahlband) abgestreift. Durch diesen Vorgang sind die nicht druckenden Stellen auf dem Formzylinder frei von Druckfarbe. Der Zylinder kommt danach direkt mit dem zu bedruckenden Papier durch den Gegendruckzylinder in Berührung. Hier liegt also ein **direktes Druckverfahren** vor. Der Tiefdruck ist aufgrund der Druckformherstellung sehr teuer und wird nur in großen Spezialdruckereien angewendet, die hochauflagige Druckobjekte, wie Zeitschriften, drucken. Auch hier visualisiert eine Abbildung die Zusammenhänge.

Digitaldruck ist eine zusammenfassende Bezeichnung für Technologien, die ohne feste Druckform (Druckplatte oder -zylinder) auskommen und deshalb nach dem NIP-Druckverfahren (Non-Impact-Printing) arbeiten. Hier werden ›digitale Druckseiten‹ aus Computern an Drucker übertragen und dort mittels Tonermaterial ausgedruckt. Da im Unterschied zu den herkömmlichen Verfahren keine statische Druckform erforderlich ist, kann der jeweilige Seiteninhalt sogar von Druck zu Druck variieren. Damit ist eine Auflage mit einem(!) Druckexemplar technisch machbar. Hierzu gehören u.a. personalisierte Druckerzeugnisse, bei denen ein Kunde digitale Dateien (Texte und/oder Bilder) individuell auswählen und durch persönliche Elemente wie ein Vorwort oder eine Widmung ergänzen kann. So können sich Nutzer des von Gräfe und Unzer initiierten Internetportals www.kuechengoetter.de ein persönliches Kochbuch mit Lieblingsrezepten aus diesem Portal zusammenstellen (Web-to-Print) – verbunden mit der Möglichkeit, Cover und Innenteil unter Verwendung vorgegebener Mustervorlagen individuell zu gestalten und auf Wunsch/bei Bedarf auszudrucken. Noch gibt es nicht die Papiersortenvielfalt, die für den konventionellen Druck zur Verfügung steht, und auch die Bindearten sind eingeschränkt. Aber die Technik wird sich weiter entwickeln und immer günstigere Lösungen anbieten – auch im Bereich der Druckausgabe.

Der Digitaldruck wird in der Verlagswelt auch als **Printing-on-Demand-Verfahren** (PoD) bezeichnet. (Die Abkürzung BoD für Books-on-Demand hat sich die Firma Libri schützen lassen, die unter diesem Namen eine digitale Buchproduktion anbietet.) In Verbindung mit dem Aspekt, dass der Druck hoher Auflagen das Risiko hoher und damit unwirtschaftlicher Läger birgt, wird der Digitaldruck zu einem neuen Geschäftsmodell.

Wenn es denn stimmt, dass Marktführer Prozesse neu organisieren oder neue ›Spielregeln‹ aufstellen, ist das Credo von Springer Nature, in Zukunft ausschließlich nach der Devise ›online first‹ zu publizieren, wegweisend. Denn nicht nur Springer nutzt die Möglichkeiten des Digitaldrucks. Die meisten Verlage halten ihre Backlist über dieses Verfahren lieferbar, sodass keine großen Läger entstehen. Auch sie nutzen moderne Digital-Maschinenparks (Hochleistungskopierer mit angeschlossener Bindestraße), um ›bei Bedarf‹ oder ›auf Wunsch‹ einzelne Exemplare in Kleinstauflagen zu produzieren.

Der (Fach-)Kunde erwirbt also künftig eine digitale Datei für den Download. Oder er bestellt, falls er den Content in Buchform haben möchte, eine PoD-Ausgabe, die binnen kurzer Zeit exklusiv für ihn gedruckt wird.

2.1.1.6 Buchbinderische Verarbeitung

Die Buchbinderei ist die letzte Station der Buchproduktion vor der Auslieferung. Hier werden die bedruckten Papierbogen weiterverarbeitet. Oft liegen dabei Druck und buchbinderische Weiterverarbeitung in einer Hand.

In einem ersten Arbeitsschritt erfolgt das **Falzen** der so genannten Rohbogen. Dabei werden die Druckbogen gefalzt, sodass nach dem Falzen die späteren Buchseiten in der richtigen Reihenfolge liegen. Beim **Zusammentragen** werden die einzelnen Falzbogen oder Lagen in der richtigen Reihenfolge zu einem Buchblock zusammengelegt. Bei der Kontrolle helfen, außer der Bogennorm und -signatur, so genannte Flattermarken (Balken, die auf jedem Bogen zwischen der ersten und der letzten Seite mitgedruckt werden und treppenförmig angeordnet sein müssen). Die gängigen Bindetechniken sind:

- **Klebebindung** Der Buchblock wird zunächst am Rücken gefräst, um einzelne Blätter zu erhalten. Diese werden durch das Fräsen aufgeraut und gleichzeitig mit Klebstoff bestrichen. Damit sich das Buch nicht schon bald in seine Bestandteile auflöst, müssen Klebstoff, Klebeverfahren, Buchformat, Papiersorte und Papiergewicht genau aufeinander abgestimmt sein. Die Klebebindung ist der Regelfall für Broschuren. Der nächste Arbeitsschritt ist das Einhängen des Buchblocks in den Einband bzw. die Verleimung des Buchblockrückens mit dem Einband. Danach wird der Buchblock mit Einband an den drei Seiten beschnitten (Kopf-, Fuß- und Vorderschnitt).

- **Fadenheftung** Fadengeheftete Bücher – meist Deckenbände – lassen sich gut aufschlagen und sind sehr haltbar. Alle Seiten eines Falzbogens werden entlang des Rückens mit einem Heftfaden durchstochen; anschließend werden die Fäden miteinander vernäht, der Buchrücken verleimt (Gaze, ein festmaschiges Gewebeband, verleiht dem Buchblock zusätzliche Stabilität) und durch das **Vorsatzpapier,** das circa 5 mm breit an die erste und letzte Seite des Buchblocks geklebt wird, mit dem Bucheinband verbunden. Beim Beschneiden wird der Buchblock inklusive Vorsatzpapier zuvor an drei Seiten auf das endgültige Buchformat beschnitten. Der Teil des Vorsatzpapiers, der vollflächig mit der Buchdecke verklebt ist, heißt Spiegel, der andere flatterndes oder fliegendes Blatt.
- **Fadensiegelung** Die Rücken der Falzbogen werden mit kurzen Plastikfäden oder -klammern von innen durchstoßen. Diese werden von außen erhitzt und so miteinander verschweißt. Die einzelnen Lagen werden dann wie bei der Klebebindung miteinander verleimt. Diese Heftung ist fast genauso haltbar wie die Fadenheftung, jedoch preiswerter, sodass Fadensiegelung eine wirtschaftliche Alternative zur Fadenheftung ist. Das Einhängen in den Einband erfolgt wie bei der Fadenheftung.

Das Verpacken der fertigen Bücher bildet den Abschluss der buchbinderischen Arbeiten. Zunächst werden die Bücher eingeschweißt oder in Papier gewickelt, um sie zu schützen. Anschließend werden sie für den Transport direkt auf Paletten oder in Kartons gepackt und an das Lager des Verlags oder des Auslieferungsbetriebs versandt.

Einbandarten

Broschuren (Paperback) und Deckenbände (Hardcover) sind die gebräuchlichen Einbandarten für Bücher. Daneben gibt es noch Loseblatt- und Mappenwerke, die hier unberücksichtigt bleiben. Bei einer **Broschur** sind die einzelnen Lagen durch Klebebindung, Fadenheftung oder Fadensiegeln miteinander verbunden und in einen biegbaren Umschlagkarton eingehängt. Es gibt zahlreiche Broschurarten, u. a.:

- **Standardbroschur** Der Umschlag wird im Rücken mit dem Buchblock verklebt und dreiseitig beschnitten. Das ist die einfachste und preiswerteste Broschurart, wie sie z. B. bei der Taschenbuchproduktion angewandt wird.

- **Vorsatzbroschur** Ein Vorsatzpapier wird an den Buchblock geklebt. Dieser wird in den Umschlag eingehängt und ganzflächig mit dem Umschlagkarton verbunden. Die Vorsatzbroschur ist haltbarer und eleganter als die Standardbroschur.
- **Klappenbroschur** Der Umschlag besitzt zusätzliche Klappen, die nach innen umgelegt werden. Sie können Beilagen aufnehmen, Werbetexte enthalten oder auch auf der Innenseite den Text mit zusätzlichen Informationen ergänzen.
- **Englische Broschur** Der Buchblock wird wie bei der Standardbroschur in einen meist unbedruckten Umschlagkarton eingehängt und dreiseitig beschnitten. Danach wird um den Umschlag ein weiterer Schutzumschlag mit Klappen entweder lose umgelegt oder am Rücken festgeklebt. Die englische Broschur verleiht Büchern eine hochwertige Anmutung.

Beim **Deckenband** wird der fadengeheftete, fadengesiegelte oder klebegebundene Buchblock dreiseitig beschnitten. Gegebenenfalls wird auf den Seiten Farbe für einen so genannten Farbschnitt aufgetragen. Zusätzlich wird der Buchblock mit einem farbigen Kapitalband (Stoffbändchen am Kopf und Fuß) verziert und kann ein farbiges Lesebändchen erhalten. Am Rücken werden dann ein reißfester Gewebestreifen (Gaze) oder ein Papierstreifen angebracht, um den Buchblock haltbarer zu machen (siehe Fadenheftung weiter oben). Anschließend wird die Buchdecke an das Vorsatzpapier angeleimt und dadurch fest mit dem Buchblock verbunden. Die Buchdecke besteht, außer beim Plastikeinband, aus einer festen Pappe, die mit einem Bezugsstoff (Papier, Gewebestoff etc.) überzogen wird. Dabei bestimmt die Stärke des Einbands dessen Flexibilität. Abhängig vom Einbandmaterial lässt sich die Buchdecke bedrucken, kaschieren, prägen, ausstanzen oder mit einem Titelschild versehen, was einen großen Einfluss auf die Wirkung des Buchs hat. Folgende Buchdecken sind gebräuchlich:

Ganzband Die Buchdecke wird vollständig mit einem Gewebestoff, Papier, Leder, Kunstleder oder einem anderen Stoff überzogen. Ein Plastikband, der mit Kunststofffolie überzogen wird, ist abhängig von seiner Stärke nicht nur recht flexibel, sondern auch wasser- und schmutzabweisend.

Halbband Der Rücken wird bis auf den vorderen und hinteren Deckel mit Gewebe oder anderen Einbandmaterialien überzogen; manchmal auch die stoßempfindlichen Ecken. Die beiden Deckel werden meist mit Papier eingefasst.

Wattierter Band Ein dünner Schaumstoff wird zwischen Kartondeckel und Bezug eingelegt. Dadurch fühlt sich das Buch weich und gepolstert an.

Ein Buch kann mit einer Vielzahl von zusätzlichen, teilweise teuren Details veredelt werden. Diese Maßnahmen dienen der Dekoration, aber auch einer besseren Vermarktung. Zu den wichtigsten Sonderausstattungen zählen u.a.:

- **Schutzumschlag** Oft wird um einen Ganz- oder Halbband noch ein bedruckter Papierumschlag gelegt. Dieser bewahrt das Buch nicht nur vor Verschmutzungen und Beschädigungen, sondern ist vor allem ein wichtiges Gestaltungs- und Werbeelement.
- **Schuber** Ein stabiles Futteral aus Pappe oder Karton dient als Schutz für wertvolle Bücher. Dabei bleibt meistens nur noch deren Rücken sichtbar. Die Gestaltung des Schubers wird in der Regel der des Werks bzw. seines Schutzumschlags angepasst.
- **Kassette** Mehrere Bücher werden in einer Kassette aus Karton, Pappe oder Kunststoff verpackt, deren Gestaltung auf den Umschlag abgestimmt ist.
- **Bauchbinde** Ein schmaler und auffällig gestalteter Papierstreifen, der um das Buch gelegt wird, enthält meist eine zusätzliche Werbebotschaft.
- **Beilagen** Karten, DVD oder andere Beilagen können in einer Einstecktasche, die auf der zweiten oder dritten Umschlagseite eingeklebt ist, eingelegt sein. Aufwändiger ist es, die Beilagen in den ausgestanzten Buchdeckel zu integrieren.

Zur Druckveredelung gehören auch alle Verfahren, mit denen das Papier oder andere Bedruckstoffe nach dem Druck weiterverarbeitet werden, um das Buch haltbarer zu machen oder um ihm eine hochwertige Wirkung zu verleihen. Zur Anwendung kommen u. a.:

- **Kaschieren** Der Umschlag wird mit einer dünnen Folie beklebt, um ihn vor Beschädigungen oder Verschmutzungen zu schützen.
- **Lackieren** nachträgliches Aufbringen von Glanz- oder Mattlacken.
- **Prägen** bestimmte Strukturen, z. B. Schriften, Linien oder Ornamente, werden mechanisch auf das Papier gepresst oder hinein- bzw. aufgeprägt (Tief- bzw. Hochprägung).

2.1.2 Loseblattausgaben und Fortsetzungswerke

Loseblattausgaben und Fortsetzungswerke sind Bücher, deren Besonderheiten allein vertriebstechnisch zu erklären sind. Denn es handelt sich um Publikationen, die in mehreren Teilen und / oder in mehr oder weniger regelmäßigen Abständen erscheinen, wobei es unerheblich ist, ob Teile des Fortsetzungswerkes auch einzeln (apart, à part) erhältlich sind. Weil Fortsetzungswerke häufig nur mit dem Erscheinen des ersten Bands bzw. dem Grundwerk in das Sortiment einer Buchhandlung aufgenommen werden, werden sie in einer speziellen Datei, in größeren Buchhandlungen auch in einer speziellen Abteilung, betreut. Hierfür zuständig ist die Fortsetzungsabteilung, die neben Zeitschriften (siehe Kap. 2.1.3) auch alle weiteren Abonnements verwaltet.

Wichtige Begriffe rund um Loseblattausgaben und Fortsetzungswerke

PFLICHTFORTSETZUNG Mit der Abnahme eines Bandes verpflichtet sich der Käufer zur Abnahme aller Bände.

APART-BEZUG Einzelbezug (eines Grundwerks, einer Zeitschriftennummer), kein Abonnement.

LOSEBLATTAUSGABEN (Loseblattsammlungen, Loseblattwerke) Sie bestehen aus einem Grundwerk und Ergänzungslieferungen.

GRUNDWERK (GW) Grundwerk in einem Ordner. Grundwerke in einem Kunststoffordner werden in mehr oder weniger regelmäßigen Abständen durch das Herausnehmen und Einsortieren neuer, bereits vorgelochter Blätter aktualisiert.

ERGÄNZUNGSLIEFERUNGEN Nachlieferungen zu einem Grundwerk. Einzelne Blätter, die die Beiträge des Grundwerks aktualisieren/ergänzen. Die (Seiten-)Preise variieren je nach Umfang der Ergänzungslieferung.

GESAMTAUSGABEN Eine Zusammenstellung mehrerer Werke eines Verfassers. Man unterscheidet gesammelte Werke (ausgewählte Werke) und sämtliche Werke (vollständige Werkausgabe). Umfasst eine Gesamtausgabe auch Tagebuchaufzeichnungen und / oder Briefwechsel, so spricht man von gesammelten/sämtlichen Schriften. Eine Erstausgabe bezeichnet die erste Fassung, während eine Ausgabe letzter Hand die letzte Ausgabe eines Werkes ist, die noch vom Autor selbst durchgesehen und eventuell verändert wurde. Groß angelegte historisch-kritische Ausgaben rekonstruieren den Originaltext und erfassen die historischen Textvarianten mit Hilfe eines kritischen Apparates (Anmerkungen, Fußnoten etc.); in der Regel sind sie kommentiert und bieten dadurch Interpretationshilfen.

MEHRBÄNDIGE NACHSCHLAGEWERKE Zu den Nachschlagewerken gehören Wörterbücher, Lexika und Enzyklopädien. Wörterbücher vermitteln Sprachinformationen, während es bei Lexika in erster Linie um Sachinformationen geht. Eine Enzyklopädie stellt die jeweils umfangreichste Publikation eines Lexikonverlages dar – sie kann alphabetisch, aber auch thematisch geordnet sein. Mehrbändige Nachschlagewerke werden immer häufiger nur noch in digitalen Versionen angeboten.

MEHRBÄNDIGE MONOGRAFIEN Umfangreiche Darstellung eines Themas in mehreren (Teil-)Bänden. Das Wort Monografie wird in der Regel im Zusammenhang mit wissenschaftlichen Abhandlungen benutzt.

REIHEN Fortlaufend konzipierte Programmeinheiten mit übergeordnetem Reihentitel, die eine inhaltliche (auf eine Sach- oder Zielgruppe zugeordnete Thematik) und optische (eine auf Wiedererkennung angelegte Ausstattung) Geschlossenheit aufweisen. Das Reihenphänomen gibt es bei wissenschaftlichen Schriftenreihen, Fachbüchern, Sachbüchern, Ratgebern und Taschenbüchern, seltener bei belletristischen Werken in der Hardcover-Version.

PERIODISCH ERSCHEINENDE VERZEICHNISSE Datenwerke, die regelmäßig aktualisiert werden, z. B. Bibliografien. Zu den periodisch erscheinenden Verzeichnissen gehören auch die Jahrbücher, die von rein statistischen Publikationen bis hin zu inhaltlich aufbereiteten Jahresbänden reichen. Auch derartige Datenwerke werden zunehmend in Online-Datenbanken angeboten und vertrieben.

2.1.3 Zeitschriften und Zeitungen

Die Verkehrsordnung erläutert zum Thema: »Zeitschriften sind periodisch erscheinende Druckwerke mit mindestens zwei Ausgaben jährlich in gleicher Form und Aufmachung. Das Redaktionskonzept mit einer kontinuierlichen und universellen Stoffdarbietung ist auf bestimmte Zielgruppen ausgerichtet, vom breiten Publikum bis hin zu Spezialisten. Zeitschriften enthalten Beiträge mehrerer Autoren, sind für eine unbegrenzte Erscheinungsdauer konzipiert und können im Voraus für einen längeren Zeitraum abonniert werden. Sie haben üblicherweise sowohl einen Einzelbezugspreis als auch einen Abonnementpreis.«

Als buchhandelsrelevante **Zeitschriften** gelten Publikumszeitschriften (Illustrierte sowie alle General-Interest-Zeitschriften und Nachrichtenmagazine), Fachzeitschriften (inhaltlich auf Sachgebiete begrenzte Zeitschriften, die sich primär an [Berufs-]Spezialisten wenden) und Special-Interest-Zeitschriften (sachbezogene Zeitschriften, die nicht nur für Spezialisten verfasst werden, sondern für alle Fachinteressierten). Der Bezug von Publikumszeitschriften erfolgt wegen des vollen Remissionsrechts über das Presse-Grosso (siehe Kap. 1.2.1.2), während Fachzeitschriften über den Verlag bezogen und über die Fortsetzungsabteilung betreut werden.

Zeitungen werden unterschieden nach Periodizität (Tages-, Wochen- und Sonntagszeitungen), Verbreitungsgebiet (lokal, regional, überregional) und nach ihrer Vertriebsform bzw. redaktioneller Orientierung (Abonnement-, Kauf- oder Boulevard-Zeitung). Sie zählen zu den periodischen Veröffentlichungen und dienen in ihrem redaktionellen Teil der kontinuierlichen, aktuellen und thematisch nicht auf bestimmte Themen begrenzten Berichterstattung mit den Sparten Politik, Wirtschaft, Zeitgeschehen, Kultur, Unterhaltung und Sport. Die **APPU**-Formel bringt die gemeinsamen Merkmale auf den Punkt: **A**ktualität (tagesaktuelle Informationen aus dem Zeitgeschehen), **P**ublizität (freie Zugänglichkeit für jedermann), **P**eriodizität (regelmäßiges Erscheinen; wenigstens 2-mal pro Woche) und **U**niversalität (keine Themengrenze; alles Geschehen – soweit es interessant genug ist – wird von der Zeitung gebracht). Im Buchhandel spielen Zeitungen nur dann eine Rolle, wenn eine Buchhandlung Presseerzeugnisse in ihrem Sortiment führt. Der Bezug erfolgt in der Regel über das Presse-Grosso.

2.2 Weitere traditionelle Medien der Buchbranche

Schon immer handelte man in der Buchbranche mit Medien, die sich editionstechnisch von Büchern unterscheiden, was die umfangreiche Aufzählung der Gegenstände des Buchhandels in der Verkehrsordnung belegt (siehe Kapitelbeginn). Da digitale Produkte an anderer Stelle (siehe Kap, 2.4) thematisiert werden, wird hier nur auf Kalender, kartografische Produkte sowie Lehr- und Lernmittel eingegangen.

2.2.1 Kalender

Unter einem Kalender versteht man die Einteilung der Zeitrechnung in Jahre, Monate, Wochen und Tage. Kalender als Gegenstände des Buchhandels gibt es in zahlreichen Ausführungen. Man unterscheidet:

- **Kleinformatige Tages- oder Wochenkalender:** Thematisch konzipierte Abreißkalender mit täglich wechselnden Sprüchen, Ratschlägen, Informationen o. Ä.
- **Großformatige Foto- oder Kunstkalender:** Thematisch konzipierte Abreiß-Wandkalender für unterschiedliche Länder, geografische Räume, Künstler etc.
- **Gebundene Kalender:** Jahresplaner-Ausgaben für bestimmte Ziel- oder Berufsgruppen.

Natürlich gibt es auch Mischformen, was sich allein sprachlich auffällig in einer Vielzahl von Komposita niederschlägt: Tisch-, Wand- oder Küchenkalender stehen für Platzierungsmöglichkeiten, Buch-, Taschen-, Aufstell- und Abreißkalender verweisen auf die Verwendungsform, Schüler-, Kinder- und Lehrerkalender bedienen unterschiedliche Benutzergruppen und Katzen-, Kräuter-, Natur- und Literaturkalender belegen das Themenspektrum, dem keine Grenzen gesetzt sind.

Das Kalendergeschäft bietet die Möglichkeit saisonaler Aktions- und Zusatzverkäufe, beansprucht aber eine relativ große Präsentationsfläche. Es wird im letzten Tertial des Jahres realisiert, zunehmend im gesamten zweiten Halbjahr. Neben dem Verlagsbezug bietet sich der Einkauf über die Barsortimente an, die Jahr für Jahr Kalenderausstellungen organisieren, bei denen sie ein gemischtes Kalendersortiment mit lukrativen Staffelrabatten anbieten, teilweise auch mit speziellen Valuta-Konten.

Aufmerksamkeit verlangen die **unterschiedlichen Steuersätze**. Nicht preisgebundene Abreißkalender beinhalten den vollen Umsatzsteuersatz, während im Preis gebundene Buchkalender den ermäßigten Umsatzsteuersatz haben (siehe Matrix zu Beginn dieses Kapitels). Der ermäßigte Steuersatz gilt übrigens auch dann, wenn der Textanteil überwiegt bzw. eine dominierende Rolle spielt. Im Einzelfall achte man auf die Preismitteilungen der Verlage bzw. auf die Angabe auf der Verlagsrechnung.

2.2.2 Kartografische Produkte

Kartografische Produkte zählen zu den ältesten Non-Books der Branche. Daher mag es nicht verwundern, dass die Privilegien für die Ware Buch (ermäßigter Umsatzsteuersatz, Preisbindung) auch für Landkarten, Globen und Atlanten gelten. Hier ein kleiner Einblick in die Welt kartografischer Erzeugnisse anhand wichtigster Begriffe und Publikationsformen.

Fachbegriffe und Publikationen aus der Kartografie

AMTLICHE KARTE Von staatlichen Behörden herausgegebene Karten(werke). In Deutschland sind dies die Landesvermessungsämter (LVA) der einzelnen Bundesländer.

ATLAS, ATLANTEN Gebundenes Kartengroßwerk, das Landkarten thematisch, inhaltlich oder regional zusammenhängend zusammenstellt.

BLATTSCHNITT Eine Blatt(schnitt)übersicht informiert über die Lage der einzelnen Blätter und der jeweils angrenzenden Anschlusskarten für ein Kartenwerk, das sich aus mehreren Detailkarten zusammensetzt.

GENERALISIEREN Anpassung des Karteninhalts an den jeweils verwendeten Maßstab einer Karte. Dabei gilt die Regel: Je kleiner der Kartenmaßstab, desto mehr muss der Karteninhalt vereinfacht und Unwichtiges weggelassen werden oder in höhere Einheiten aufgehen (z. B. Laub- und Nadelwald in Wald).

GLOBUS, GLOBEN Ein verkleinertes, kugelförmiges Modell von Himmelskörpern, die gleichzeitig flächen-, winkel- und längengetreu sind.

HÖHENLINIEN (Isohypsen) Gedachte Linien im Gelände, die benachbarte Punkte gleicher Höhe über dem Meeresspiegel miteinander verbinden. Aus dem Bild der Höhenlinien lassen sich geometrisch genau die realen Landschaftsformen ablesen. Es gilt: Je enger der Abstand der Höhenlinien zueinander, desto steiler ist das Gelände.

KARTE Eine maßstabsmäßig verkleinerte, generalisierte und erläuterte Grundrissdarstellung (von Teilen) der Erde. Größere Kartenwerke mit identischem Maßstab werden gemäß der Blatt(schnitt)übersicht nummerisch geordnet.

LANDKARTE Für spezielle Verwendungszwecke (Wander-, Freizeit-, Radwander-, Straßen-, Tourenkarte) erstellte Kartenwerke.

LEGENDE Erklärung der in einer Karte verwendeten Signaturen (symbolische Landkartenzeichen) und Abkürzungen.

MASSSTAB Der auf jeder Karte angegebene Maßstab gibt Auskunft über das Zahlenverhältnis der Verkleinerung des Kartenbildes gegenüber der Wirklichkeit. Bei einem Maßstab von 1:100.000 entspricht 1 cm auf der Karte 100.000 cm (= 1 km) in der Wirklichkeit. Wanderkarten haben mit 1:25.000, 1:50.000 große, Straßenkarten haben kleine Maßstäbe.

PLANOKARTE Planokarten werden gerollt in Köchern geliefert und sind im Wesentlichen gleichzusetzen mit Poster-Wandkarten.

RELIEFKARTE Dreidimensionale Karte, die Berge und Gebirge als Erhöhungen plastisch hervortreten lässt.

SCHUMMERUNG (Schattierung, Geländetönung) Form der Geländedarstellung, die eine räumlich-dreidimensionale Aussage ermöglicht. Bei einer fiktiv angenommenen Beleuchtung einer Landschaft wird der Schattenwurf eines Bergs in der Karte als Grautönung dargestellt.

TOPOGRAFISCHE KARTE (TK) Karte, die eine Landschaft dem jeweiligen Maßstab entsprechend vollständig, geometrisch exakt und mit Höhenlinien darstellt. Topografische Karten gibt es nur in den Maßstäben 1:25.000 (TK 25), 1:50.000 (TK 50) und 1:100.000 (TK 100); die Topografische Übersichtskarte (TÜK) gibt es im Maßstab 1:200.000.

2.2.3 Lehr- und Lernmittel

Zur Produktvielfalt der wissenschaftlich fundierten und pädagogisch aufbereiteten Lehr- und Lernmittel im Markt für Bildungsmedien gehören unterschiedliche Medien für verschiedene Zielgruppen.

Lernmedien Zielgruppen: Vorschulbereich, Schulen, Erwachsenenbildung (VHS etc.), Eltern und Erziehungsberechtigte

Pädagogische Fachliteratur Zielgruppen: Studierende und Dozierende, Lehrer an allgemein bildenden und beruflichen Schulen, Diplom-Pädagogen, Erzieher

Ratgeberliteratur Zielgruppen: Eltern und Erziehungsberechtigte

Zu den Lernmitteln zählen Schulbücher, Lernhilfen, Wörterbücher, Wandtafeln, Lernsoftware, Online-Angebote u. a. m. Das Gesamttitelangebot liegt bei über 40.000 Bildungsmedien. Der Markt für Bildungsmedien ist höchst komplex, muss er doch einerseits die Kulturhoheit der Länder (länderspezifische amtliche Lehrpläne) und andererseits die jüngsten methodischen und didaktischen Trends im Blick haben. Hinzu kommen die Angebote des **Nachmittagsmarkts,** die sich nicht explizit auf den Lernort Schule beziehen.

Für buchhandelsspezifische Fragen hält der Börsenverein in seinem Downloadbereich mehrere Informationsschriften für das Schulbuchgeschäft bereit, u. a. ›Das Schulbuchgeschäft lohnt sich!‹, ›Beschaffung von Schulbüchern – Merkblatt für Buchhandlungen‹, ›Beschaffung von Schulbüchern – Merkblatt für kommunale Schulträger‹, ›Merkblatt Schulen zum Thema Preisbindung‹, ›Informationen zum privaten Schulbuchkauf‹ und ›Merkblatt. Kein Nachlass für private Schulbuchverkäufe‹.

2.2.4
Nebensortiment Kunst

Bei Führung eines Kunst-Zusatzsortiments (Bilder, Keramik u. a. m.) verhält es sich ähnlich wie bei dem Musik-Zusatzsortiment. Interesse und die Bereitschaft, sich in das Gebiet historisch einzuarbeiten, sind hier genauso Pflicht wie die Beobachtung zeitgenössischer Strömungen. Manchmal geht das Zusatzsortiment sogar einher mit einem Galeriebetrieb sowie mit Ausstellungen und Vernissagen. Auch das handwerkliche Rahmen von Grafiken und Bildern kann hier ein Teil der Dienstleistungspalette des Buchhändlers sein.

Bleibt man beim Medium Buch, so ist in diesem Zusammenhang auf den Begriff Faksimile hinzuwiesen. **Faksimiles** (lat. = mache es ähnlich) sind aufwändig produziert. Denn hier geht es um die detailgetreue Wiedergabe eines Originals mit allen Eigenschaften. Selbst eventuelle Beschmutzungen oder sonstige Gebrauchsspuren müssen mit dem Original übereinstimmen. Für faksimilierte Handschriften(sammlungen) des Mittelalters beispielsweise müssen schon etliche tausend Euro bezahlt werden. Damit unterscheiden sich Faksimiles deutlich von **Reprints** (unveränderte Neudrucke vergriffener Werke), die im wissenschaftlichen Bereich und im Modernen Antiquariat (siehe Kap. 1.4.1) eine Rolle spielen.

2.2.5
Musikalien, CD, DVD und Hörbücher (Audiobooks)

Musikalien sind gedruckte oder geschriebene Musikwerke. In der Geschichte und teilweise heute noch im Bereich des bibliophilen Antiquariats gab bzw. gibt es Überschneidungen zum Buchhandel. Ansonsten spielt der Handel mit Noten, sofern es sich nicht um Liederbücher mit einer ISBN handelt, im Sortimentsbuchhandel eine eher untergeordnete Rolle. **(Musik-)Tonträger** hingegen sind häufiger im Sortiment anzutreffen. Das mag daran liegen, dass gehörte Musik ein dem Lesen entsprechender Unterhaltungs- und Kulturgenuss ist. Der Grund kann aber auch schlichtweg im Interesse des Inhabers sowie der Verfügbarkeit von Klassik- und Jazz-CDs bei den buchhändlerischen Großhändlern bestehen.

Hörbücher, auch Audiobooks genannt, gehören seit den 1990er-Jahren zur buchhändlerischen Angebotsstruktur und bilden einen Brückenschlag zu den ›neuen‹ Medien – vor allem, wenn sie nur noch als digitaler Datensatz im mp3-Format lieferbar sind. Historisch gesehen gab es aber bereits vor der Etablierung der Hörbücher Einspielungen von Literatur oder (Theater-)Inszenierungen, allerdings auf Schallplatte (Vinyl) und/oder Musikkassette. Die neue Digitaltechnik und Kooperationen mit Hörfunkanstalten, die als Lizenzgeber auftreten, ermöglichten den entstehenden Massenmarkt mit einem breit gefächerten Angebot, unterschiedlichsten Genres und faszinierenden Produktionen. Die auf den Seiten 123-124 stehende ›Checkliste mit Qualitätskriterien zur Bewertung von Hörbüchern‹ stammt zwar aus dem Jahr 2008, ist aber immer noch aktuell.

Gängige Hörbuchgenres und -techniken – ein Überblick

DRAMATISIERTE HÖRFASSUNG Eine ganz eigenständige Bearbeitung und Umsetzung eines Stoffes – ähnlich dem Film oder der Bühneninszenierung. So können z. B. Romanwerke ganz individuell bearbeitet werden.

FEATURE Skizzierende Berichterstattung für Sachthemen, historische oder biografische Inhalte, die verschiedene Techniken wie Reportage, Kommentar, Dialog, Interview, Original-Tondokumente (›O-Töne‹) oder Ton-Collagen etc. nutzt, um (aktuelle) Sachverhalte aufzubereiten. Der Begriff Feature stammt ebenso wie das Hörspiel aus dem klassischen Radiojargon.

HÖRSPIEL Genre, das dramatische Handlungselemente im Medium Hörfunk umsetzt. Das Geschehen wird in Form von Dialogen, (inneren) Monologen und berichtenden Abschnitten dargestellt, häufig unter Zuhilfenahme von Geräuschen und Musik.

INSZENIERTE LESUNG Der gesprochene Text wird mit Geräuschen oder Musik untermalt.

LESUNG Hörbuchformat oder -genre, das eine größtmögliche Nähe zum geschriebenen Text anstrebt. Der Vortragende kann der Autor selbst sein, ein Schauspieler oder ein ausgebildeter Sprecher. Wichtige Entscheidungen stehen auch dann an, wenn Verlage eine gekürzte Version auf den Markt bringen wollen. Wer erstellt die ›Strichfassung‹? Und wer autorisiert diese? Der Autor, dessen Verlag oder ein Agent? Auch die Frage des Einlese-Ortes stellt sich dem Verlag: Es gibt Inhalte und Sprecher, die auf einer Bühne aufblühen und geradezu nach einer Live-Einspielung verlangen. Andere brauchen die ruhige, konzentrierte Atmosphäre eines Studios.

LIVE-MITSCHNITT Aufzeichnung einer öffentlichen Darbietung mit der entsprechenden Live-Atmosphäre ohne spätere technische Bearbeitung.

SZENISCHE LESUNG Schauspieler sprechen verschiedene Rollen eines Dramas, ohne auf der Bühne zu spielen.

Literarische Stoffe werden nicht nur akustisch umgesetzt, sondern auch durch das Medium **Film.** Die Liaison zwischen Buchhandel und Film begann um 2000 mit der Etablierung des Mediums **DVD** (digital versatile disc; digitale vielseitig verwendbare Scheibe) mit hoher Speicherkapazität und guter Bild- und Tonqualität. Aktuell bietet die Blu-Ray-Technik die beste Wiedergabequalität, wobei ›blue ray‹ (blauer Strahl) für den blau-violetten Laserstrahl steht, der die Informationen auf den Silberscheiben liest. (Die bewusst falsche Schreibweise ›Blu-ray‹ ist eine Markenbezeichnung, die von einem Konsortium führender Technologie-Unternehmen etabliert worden ist, u.a. von Sony, Panasonic und Samsung.)

Der Zusammenhang zwischen Film und Literatur wird unter dem Stichwort **Intermedialität** diskutiert. Hier geht es um einen bewussten Medienwechsel, wie er bei Ton und Bild, Sprache und Musik und eben auch bei Film und Literatur vorliegt. Immer geht es um Stoffe und Motive, die unterschiedlich realisiert werden. In diesem Sinne entspricht der Plot einer Erzählung dem Drehbuch eines Films. Das Storyboard bringt man zwar sprachlich mit dem Medium Film in Verbindung, aber als Visualisierung eines Konzeptes dient es auch zur Verdeutlichung der Verzahnung von Handlungssträngen in Romanen. Als das Filmgenre entstand und sich als Massenmedium in den 1920er Jahren etablierte, beeinflussten sich Literaten und andere Künstler gegenseitig. In diesem Sinne schreiben Jürgen Lemke und Osama Ishneiwer in *Mehr DVDs verkaufen:* »Literatur, Bilder und schließlich bewegte Bilder wie im Film gehörten kulturgeschichtlich schon immer zusammen. Bilder erzählen Geschichten, Bilder dokumentieren – ähnlich wie in schriftlicher Form – Geschichten für die Nachwelt. Literarische Texte inspirierten stets den Schaffensprozess von bildenden Künstlern und Bilder wiederum beeinflussten das Entstehen literarischer Werke.«

Weil Filme im Zeitalter des Home-Entertainments bereits ihren Weg in private Haushalte gefunden haben, liegt es nun am Buchhandel, sich in bestimmten Genres zu engagieren und sich über Produktvielfalt und -kenntnis zu profilieren. Manchmal reicht es, ausgewählte Filme den entsprechenden Autoren zuzuordnen oder im Auslagenbereich eine Mischung von Buch- und Filmangebot anzubieten. Bereits dadurch signalisiert man Aufgeschlossenheit gegenüber anderen Medien und schafft eine Voraussetzung für interessante Kundengespräche, für zufriedene Kunden und bestenfalls – wie bei allen Non-Books – auch für Zusatzverkäufe.

Checkliste mit Qualitätskriterien zur Bewertung von Hörbüchern

Check 1: Sprecher und Regie

Ein Hörbuch steht und fällt mit dem Sprecher! Denn Hörbücher sind eine eigenständige Form der Literatur, erst durch die Stimme wird ein Text lebendig. Selbstverständlich braucht auch jeder Sprecher eine eigene Regie, denn auf das Zusammenspiel mit dem Text kommt es an.

- ☐ Bringt der Sprecher das Hörbuch zum Klingen und damit zum Leben?
- ☐ Wie gut ist die Interpretation, und passt der Sprecher überhaupt zum Text? Hört man ihm gern länger zu?
- ☐ ›Zieht‹ der Sprecher den Hörer mit den ersten gelesenen Sätzen in die Erzählung?
- ☐ Liest er im richtigen Tempo, nicht zu langsam oder zu schnell – oder im schlimmsten Falle wie abgelesen?
- ☐ Setzen Sprecher und Regie der Handlung angemessene Akzente?
- ☐ Wird Modulation eingesetzt, an wirkungsvollen Stellen eine Pause gemacht und der Handlung entsprechend das Tempo gewechselt?

Check 2: Inhalt und Bearbeitung

Genauso wichtig ist die Qualität der literarischen Vorlage bzw. des Stoffes, auf dem z. B. ein Originalhörspiel basiert. Viele Verlage machen sich sehr viel Arbeit mit der Bearbeitung, die manchmal sogar die Schwächen der Buchvorlage abmildern kann.

- ☐ Funktioniert das Hörbuch unabhängig vom Buch wie eine eigenständige Version?
- ☐ Ist der Stoff geeignet für eine Hörbuchumsetzung, oder wirkt die Produktion ›erzwungen‹?
- ☐ Erscheint die Sprache eher zäh oder lebendig?
- ☐ Ist die Bearbeitung des Textes adäquat ausgeführt worden?
- ☐ Gab es Kürzungen, die den Sinn entstellen?
- ☐ Kommt man gut ›rein‹, oder braucht das Hörbuch einen langen Anlauf?
- ☐ Ist die Handlung/das Ende vorhersehbar?
- ☐ Ist das, was gelesen wird, inhaltlich gut zu verstehen, oder muss man ständig ›Sinn herstellen‹, das Gelesene im Geist ›reparieren‹?

Check 3: Musik und Geräusche

- ☐ Werden Musik und/oder Geräusche dramaturgisch stimmig eingesetzt, oder wirken sie ›draufgepfropft‹?
- ☐ Ist es unnötige Dudelmusik oder im Gegenteil viel zu opulente Musik, die gegenüber dem Text dominiert?
- ☐ Schafft es die Musik vielleicht sogar, als eine eigenständige Erzählfigur zu wirken?

Check 4: Die Aufnahme

- ☐ Ist der Klang sauber, sogar besonders brillant?
- ☐ Ist die Aufnahme zu leise oder zu laut?
- ☐ Machen Dynamiksprünge das Hören im Auto oder per Kopfhörer zur Qual?
- ☐ Ist die Produktion in genügend kleine Abschnitte unterteilt worden?

Check 5: Verpackung und Ausstattung

- ☐ Gefallen Aufmachung und Ausstattung?
- ☐ Passt die Verpackung zum Preis?
- ☐ Sind wichtige Angaben auf dem Cover und der Rückseite enthalten (Hörbuchgattung, Autor, Inhalt, Laufzeit, evtl. Kürzungen)?
- ☐ Ist ein Booklet mit interessanten Zusatzinformationen enthalten, oder dient es nur als reiner Werbeträger für weitere Hörbuchtitel?

Check 6: Rezensionen und Preise

Wenn das Hörbuch, das Sie bewerten, bereits einen oder mehrere Preise gewonnen hat, kann auch dieser Aspekt für die Bewertung hilfreich sein. Nicht zu verachten ist auch das Renommee des Verlags, immerhin ein Indiz für die höhere Wahrscheinlichkeit von Qualität.

- ☐ Was sagen Kritiker in Fachpresse und Online-Magazinen zu dem Hörbuch?
- ☐ Wurde das Hörbuch schon durch Insider-Tipps, etwa in Internet-Foren, empfohlen?
- ☐ Gab es bereits Nominierungen oder Auszeichnungen, z. B. vom Deutschen Hörbuchpreis oder der hr2-Hörbuchbestenliste?
- ☐ Ist eventuell die Buchvorlage prämiert worden?
- ☐ Steht das Hörbuch auch auf Bestsellerlisten, die immerhin die Beliebtheit widerspiegeln?
- ☐ Gehört der Verlag zu den am meisten ausgezeichneten Hörbuchverlagen? (Eine Top 25 gibt es regelmäßig im BuchMarkt-Hörbuch-Special zur Mitte jedes Jahres)
- ☐ Hat der Verlag allgemein einen guten Ruf in Bezug auf die Qualität seiner Hörbücher?

Darüber hinaus sollten Sie sich – rein subjektiv – drei weitere Fragen stellen: Haben Sie beim Hören schnell vergessen, dass Sie etwas vorgelesen oder vorgespielt bekommen? Ist allgemein das Preis-Leistungs-Verhältnis in Ordnung? Und würden Sie das Hörbuch einem Hörbuch-Anfänger zum Einstieg in die ›erlesene‹ Literatur empfehlen? Wenn Sie drei Mal mit ›ja‹ antworten, liefert Ihr Hörbuch mit Sicherheit ein schönes Hörvergnügen.

Abdruck mit freundlicher Genehmigung von René Wagner, Erkelenz. Diese Checkliste aus dem *Hörbuch-Lexikon* erschien erstmals im *hörBücher Magazin 2008*

2.3 Non-Books

Non-Books ist ein schillernder Begriff. Rein formal handelt es sich um einen Begriff, der ›Anderes‹ ausgrenzt: nämlich Waren, die im Buchhandel verkauft werden, aber keine Bücher sind. Legt man diese Negativ-Abgrenzung zugrunde, dann zählen die bereits thematisierten Printprodukte wie Zeitschriften und Kalender zu den Non-Books. Wertet man den vollen Umsatzsteuersatz als Kennzeichen für Non-Books, so fallen auch Medien wie Hörbücher, oder DVD hierunter. Aufgrund ihrer inhaltlichen Nähe und ›Verwandtschaft‹ zum Buch oder zu Buchinhalten nennt man diese Medien **buchaffin.** Als buchaffin gilt auch der PBS-Bereich (Papier-, Büro- und Schreibwaren mit einem Grußkartensortiment) sowie Spiele, die auch in vielen kleineren Buchhandlungen, vorzugsweise im Bereich des Kinderbuchs, zur buchhändlerischen Angebotsstruktur gehören.

Der Kölner Betriebsvergleich (siehe Kap. 3.1) subsumiert derartige Waren seit 2008 unter dem Begriff **nicht-buchhändlerisches Sortiment** und weist einen zweistelligen Umsatzanteil aus. Ungeklärt ist jedoch die Frage, wie hoch der Anteil **nicht-buchaffiner Produkte** ist, die als Geschenk- oder Mitbringartikel angeboten werden, wobei die folgende Produktauflistung beliebig ist und endlos fortgesetzt werden könnte: Aromaöle, Duftkerzen, Plüschtiere, Kaffee, Schlüsselanhänger, Schmuckdosen, ›Schokoladiges‹, Tragetaschen, Seifen, Tee, Gewürze, Wein, Quizboxen etc. Häufig weisen sie eine Verbindung zur Wohnkultur oder Wohlfühlatmosphäre auf, selten eine Nähe zur Literatur im engeren Sinn. Falls doch, findet man Lesezeichen mit Zitaten berühmter Schriftsteller, Buchhüllen, Buchstützen, Lesebrillen, Leselampen, Blanko-Bücher oder eine Vielzahl von trendigen **Merchandising-Produkten** (›Fan-Artikel‹: von Schlüsselanhängern und Stickern bis hin zu T-Shirts und Bettwäsche), die im Zusammenhang mit der Vermarktung von Buchinhalten oder Figuren stehen, mittels derer Verlage bzw. Hersteller hoffen, den Absatz ihrer Titelhelden zu fördern.

Die Grenzen zwischen buchaffin und nicht-buchaffin sind fließend. Den meisten Kunden dürften sie egal sein. Denn es gibt durchaus buchaffine Kunden, die wenig lesen. Weit über 50 Prozent der Kunden betreten nur deshalb eine Buchhandlung, weil sie auf der Suche nach einem ansprechenden, originellen und wertvollen Geschenk sind – und das muss nicht zwangsläufig ein Buch sein. Wenn man den Faktor Kundenzufriedenheit in den Vordergrund stellt, dann haben Non-Books zweifelsohne ihre Berechtigung. Entweder in ihrer Funktion als Geschenkartikel, der den Kunden erfreut, oder als Zweit-Artikel, den man zuzüglich zum Buchkauf erwirbt. Bestenfalls haben sie einen inhaltlichen Bezug zum Sortiment; vor allem zu Sortiments-Schwerpunkten. Unter dem Motto ›Bücher und mehr‹ kann man an Vieles denken, was bei weitem nicht durch die nachstehenden Beispiele abgedeckt wird.

Kinderbuch Spiele, Plüschtiere, Holzspielzeug, Glaskugeln, Kasperlefiguren/-theater etc.

Belletristik Hörbücher, literarische T-Shirts, Literaturkalender, Lesezeichen, Buchstützen etc.

Esoterik Duft- und Aromastoffe, Tarotkarten, Steine, Pendel etc.

In Zeiten sinkender Absatzzahlen für Bücher werden Non-Books im wahrsten Sinne des Wortes überlebenswichtig. Nicht nur unter dem Gesichtspunkt des Mehr-Umsatzes, sondern auch hinsichtlich der Handelsspanne und Rentabilität, weil die Verkaufspreise frei kalkulierbar sind (siehe Einleitung Kap. 7). Aber Non-Books sind nicht per se Selbstläufer und Renditebringer. Man muss sie auch verkaufen wollen und können, wozu eine entsprechende Fläche (evtl. spezielle Warenträger), eine ansprechende Präsentation und die Produktkompetenz des Buchhändlers gehören. Nur dann schärfen sie das Profil einer Buchhandlung und erleichtern damit gleichzeitig das Abgrenzen zur Konkurrenz.

Mit der Sortimentserweiterung stellt sich auch die Frage nach möglichen Bezugsquellen. Zwar bleiben die Buchmessen in Frankfurt und Leipzig beliebte Treffpunkte und Einkaufsorte, aber **Ambiente** als Trendmesse in Sachen Deko und Lifestyle und die für den PBS-Bereich zuständige ›Papiermesse‹ **Paperworld** kommen hinzu. Häufig dient ein Besuch nur der Information. Denn Mindestbestellmengen sind dort an der Tagesordnung, teilweise verknüpft mit der Abnahme des Gesamtsortiments eines Anbieters bzw. dem Einkauf einer kompletten Produktlinie. Lohnend für Große und Filialunternehmen, aber weniger für die ›Kleinen‹ der Branche. Sie beziehen ihren Bedarf von ihren Buchgroßhändlern als reguläre Barsortiments-Ware, die mitunter in Themenpaketen zusammengefasst wird.

2013 veröffentlichte Angelika Niestrath, langjährige Leiterin einer Sonderausstellung Non-Book auf der Frankfurter Buchmesse, für den Sortimenter-Ausschuss des Börsenvereins die lesenswerte Broschüre *Sortiment mit Gesicht. Wie Nonbooks helfen, Bücher zu verkaufen.*

2.4 Digitale Produkte

Alle digitalen Produkte gehören zu den neuen Medien. Hier liegen die Inhalte als digitale Datensätze vor, die entweder offline oder online zur Verfügung stehen. **Offline-Medien** werden in einer Auflage/Serie oder bei Bedarf (on demand) als physische Artikel produziert und in großem Umfang über den Handel verkauft. **Online-Medien** hingegen werden per Download über Websites bestimmter Anbieter (Downloadportale) auf Rechner oder andere digitale Empfangsgeräte der Interessenten / User heruntergeladen; hier spielt der Direktvertrieb der Verlage oder Produzenten eine ungleich größere Rolle. Um diese digitalen Produkte geht es vorrangig in diesem Kapitel. Unberücksichtigt hingegen bleiben digitale Produkte mit primär verkaufsunterstützender Funktion. Denn Websites oder Portale, Podcasts, Clips, Trailer etc. werden nicht in erster Linie als Produkt verkauft, sondern legitimieren ihren Stellenwert über das Marketing bzw. über den Vertrieb.

Im Zusammenhang mit den neuen technischen Möglichkeiten verfolgen große Verlagshäuser bereits seit einiger Zeit das Prinzip ›create once – use many‹ – und schließen dabei selbst alte Produktionsformen mit ein. Denn die Inhalte bzw. der Content werden im Rahmen der Herstellungsprozesse ›medienneutral‹ erfasst und in einem elektronischen Speicher (Server) bereitgestellt. Danach gibt es unterschiedliche Optionen: Ausdruck als Printausgabe oder Download als E-Book. Differenzierter stellt es die folgende Übersicht dar:

›Create once – use many‹ – alte und neue Publikationsformen

PRINT-AUSGABEN
erscheinen in unterschiedlicher Auflagenhöhe als Buch, Zeitschrift, Zeitung oder Loseblattwerk; auch kartografische Produkte, Kalender, Musikalien sowie Lernmittel gehören traditionell zu den Printmedien.

PRINT(ING)-ON-DEMAND (POD)
sind Print-Ausgaben, die dank Digitaldruck und Hochleistungskopierern mit angeschlossener Bindestraße in Kleinstauflagen bis hin zur Einzelstückproduktion verfügbar sind.

DIGITALE OFFLINE-MEDIEN (CD-ROM, DVD und USB-Stick)
können sowohl Text- und Audiodateien als auch multimediale Inhalte (Animationen, Filme etc.) speichern und wiedergeben. Entsprechend differenziert ist das Angebot. Eine **CD-ROM** (engl. compact disc – read only memory) ermöglicht die Wiedergabe von Text- und/oder Audiodateien. Die Nachfolgetechnologie **DVD** (engl. digital versatile disc) macht aufgrund bedeutend höherer Speicherkapazitäten multimediale Inhalte handelsfähig (siehe Kap. 2.2.5). **USB** (engl. universal serial bus) bezeichnet eine Technologie zur Datenübertragung. Im Zusammenhang buchhändlerischer Waren ein Content-Speichermedium (USB-Stick), das aufgrund einer noch höheren Speicherkapazität als der auf DVD große Verbreitung gefunden hat, als Handelsgegenstand aber (noch) eine untergeordnete Rolle spielt.

ONLINE-MEDIEN
bieten Inhalte (Content) ausschließlich über elektronische Speicher (Server, Internet-Plattformen) an. Der Zugang ist entweder gebührenpflichtig (Paid Content) oder ohne Zugangsbeschränkung möglich. Text- und Bildinformationen, die in unterschiedlichen Formaten zur Verfügung stehen, liest man direkt am Bildschirm oder auf anderen Lesegeräten (Tablet, E-Book-Reader, Smartphone). Sofern es keine Beschränkungen gibt, können sie bei Bedarf zum Lesen/für die Ablage ausgedruckt werden.

2.4.1
E-Books

Ein E-Book ist eine elektronische Datei, die wie ein Buch gelesen werden kann. Nur dass das Buch nicht physisch vorliegt und haptisch verfügbar ist, sondern ein digitaler Datensatz ist, der seinerseits an eine Hardware (siehe Kap. 2.4.2) und an eine Software gebunden ist. Der Inhalt bzw. Content wird in unterschiedlichen Dateiformaten angeboten, für die eine Software nötig ist. Die aktuell angebotenen Formate sind allerdings derzeit (2019) nicht kompatibel mit allen Geräten; geräteübergreifende Standards stehen also aus. So bevorzugt Amazon ein proprietäres Dateiformat, das nur auf seinem eigenen Lesegerät (Kindle) lesbar und damit für den Sortimentsbuchhandel irrelevant ist. Auch E-Books, die bei Apple (iTunes) gekauft werden, kann man nur mit einer Apple-Software lesen, die wiederum untrennbar mit dem firmeneigenen Betriebssystem iOS verbunden ist. Als ›offene‹ Dateiformate gelten:

- **PDF** Bei *PDF*-Dateien (Portable Document Format) bleibt das vom Verlag gestaltete Seitenlayout (siehe Kap. 2.1.1.2) auf jedem Lesegerät erhalten; allerdings ist es skalierbar. Die meisten Fach- und auch aufwändig gestaltete Sachbücher werden im PDF-Format angeboten. Sie werden am Bildschirm des PC/Laptops oder auf Tablets gelesen; bei Smartphones mit kleineren Lesedisplays entsteht mitunter großer Scroll-Aufwand.
- **EPUB** EPUB (electronic publication) wurde von führenden E-Book-Lesesoftware-Anbietern (Microsoft, Adobe etc.) entwickelt. Bei EPUB-Dateien kann eine dynamische Anpassung des Textes an die Bildschirmgröße eines Lesegerätes vorgenommen werden. Der Nutzer wählt ›seine‹ Schrift und ›seine‹ Schriftgröße aus, woraufhin Zeilen- und Seitenumbruch gemäß der individuellen Vorgaben und der Größe des Sichtdisplays erfolgen. In diesem Sinne ist EPUB ein ›Fließtext-Format‹. Dieses Dateiformat bietet sich vor allem für Bücher mit einfach strukturierten Texten an; aber auch Fachbücher gibt es zunehmend im EPUB-Format.
- **EPUB 3** EPUB 3 ist ein Standard für interaktive, dynamische und multimedial angereicherte E-Books, die damit zur Gruppe der enhanced (angereicherten) E-Books gehören.

In wissenschaftsorientierten Verlagen dürften sich E-Books im PDF-Format durchsetzen. Publikumsverlage werden teilweise, parallel zu ihren Buchausgaben, E-Books im EPUB-Format oder als enhanced E-Book herausbringen. Bei Fachbüchern und Ratgebern haben bereits heute Apps eine immer größere Bedeutung. App ist die deutsche Kurzform für Applikation; damit sind Programme oder Anwendungen für Smartphones und Tablet-Computer gemeint, die schnell und unkompliziert installiert werden können.

Ein Kunde, der ein E-Book kauft, erwirbt im juristischen Sinn kein Eigentumsrecht an dem digitalen Datensatz, sondern eine nicht übertragbare persönliche Lizenz, dieses E-Book zu nutzen. Andernfalls könnte er – wie bei einem gedruckten Buch – die Datei nach dem Lesen verleihen oder privat weiterverkaufen. Natürlich kann man E-Books kopieren und auf unterschiedlichen eigenen Geräten installieren. Aber die Weitergabe an Dritte ist illegal. Und damit das ›Geschäft mit illegalen Kopien‹ erst gar nicht in Gang kommt, sind viele E-Books mit einem DRM versehen, das der Produzent (Verlag) festlegt. Im **Digital Rights Management (DRM)** werden die Rechte verwaltet, ein E-Book zu lesen, zu drucken oder auf andere (eigene) Geräte zu kopieren.

Aktuell existiert eine ›harte‹ und eine ›weiche‹ Variante des Kopierschutzes. Das ›Hard DRM‹ reglementiert den Erwerb und die Nutzung eines E-Books am stärksten. Adobe beispielsweise verlangt eine persönliche Adobe-ID als Zugangsschlüssel zu Online-Diensten. Diese ID muss sowohl im E-Book hinterlegt als auch in der Lese-Software verankert sein, bevor die Datei geöffnet werden kann. Außerdem ist die Anzahl der Kopien auf eine bestimmte Anzahl von Lesegeräten beschränkt. Das ›Soft DRM‹ hingegen, auf die immer mehr Verlage setzen, besteht eher in einem psychologischen Kopierschutz. In die E-Book-Datei wird beim Kaufvorgang sowohl sichtbar als auch unsichtbar ein Wasserzeichen mit Informationen über den Käufer eingefügt. Das E-Book kann nun auf vielen Lesegeräten gelesen werden, und es ist hierfür keine spezielle Software erforderlich. Im Fall einer illegalen Weitergabe kann jedoch der Erstkäufer ausfindig gemacht werden.

Was die Preisbindung betrifft: E-Books sind preisgebunden. Allerdings werden sie mit 19 Prozent Umsatzsteuer an den Endkunden verkauft, da es um eine reine Nutzung des E-Books geht. Eine diesbezügliche Änderung auf EU-Ebene ist im Oktober 2018 beschlossen worden, sodass vermutlich noch 2019 der ermäßigte Umsatzsteuersatz zur Geltung kommt. Die Preise werden unabhängig vom Printprodukt festgelegt; in der Regel sind sie günstiger als die preiswerteste Printausgabe. Auch E-Bundle-Preise für den gemeinsamen Erwerb von Printausgabe und E-Book sind möglich, wobei der USt-Satz differiert (siehe Kap. 4.1.1).

2.4.3 E-Book-Reader

E-Books sind an eine Software gebunden – und an eine Hardware: ein Lesegerät, das das E-Book-Format und den jeweiligen Kopierschutz (DRM) unterstützt. Zu Beginn des digitalen Zeitalters war der Bildschirm des PC das übliche Lesegerät; heute sind es auch Tablets und Smartphones. Seit den 1990er Jahren gibt es auch spezielle mobile E-Reader, wobei der kommerzielle Erfolg erst 2007 durch den Kindle von Amazon eintrat. Der Markt der Lesegeräte ist stark in Bewegung, wobei man zwei Technologien unterscheidet: die E-Ink- und die LCD-Technik.

Der **E-Book-Reader** ist ein ›Buch‹, dessen Seiten beim Umblättern durch elektronische Spannungen ständig neu aufgebaut bzw. ›bedruckt‹ werden. Er besteht aus einem Gehäuse mit einem Display (Sichtfläche), das eine klare Flüssigkeit (**E-Ink**, elektronische Tinte) enthält, in der sich durch einmaliges Anlegen einer elektrischen Spannung positiv geladene Mikropartikel in schwarze Farbe wandeln und damit Schrift darstellen, während negativ geladene Mikropartikel den umgebenden Weißraum bilden. Die Seite erscheint gestochen scharf und flimmerfrei. Diese Geräte eignen sich vor allem für reine Textdokumente, also vorrangig für das Lesen von Romanen – eine ideale Lösung für Leseratten. Da Strom nur für die kurze Zeit des ›Seitenaufbaus‹ benötigt wird, haben E-Book-Reader eine Akku-Leistung von mehreren tausend Seiten.

Neuere Geräte, wie auch die gesamte Generation der Tablet-Computer, benutzen hingegen die **LCD-Technik** (engl. liquid crystal display), die mit Flüssigkristallen arbeitet. Hier verändern Segmente ihre Transparenz, indem mittels elektrischer Spannung die Ausrichtung dieser Flüssigkristalle gesteuert wird. Damit ändert sich die Durchlässigkeit für polarisiertes Licht, das mittels einer Hintergrundbeleuchtung und durch Polarisationsfilter erzeugt wird. E-Reader mit LCD-Technik sind zwar weniger scharf und kontrastreich, und ihr Display spiegelt bei Sonneneinwirkung erheblich, aber sie eignen sich vorzüglich für die Darstellung farbiger Bilder, für Animationen und für multimediale Anwendungen jeglicher Art. Ihr Nachteil: Aufgrund der Hintergrundbeleuchtung ermüden die Augen schneller.

Neue E-Book-Reader-Modelle sorgen für die Weiterentwicklung dieses Marktes, der mit Geräten von Kobo, Medion, Amazon und Tolino aufwartet, um nur einige Anbieter aufzuzählen. Auf Kundenseite kennt man nur ein Ziel: die Verbesserung des Leseerlebnisses und die Steigerung der Lese-Convenience. Kriterien für den Kauf und Verkauf von E-Readern sind:

- Displaygröße,
- eingesetzte Technologie (E-Ink-Technik [spiegelungsfrei] oder LCD-Technik [blendempfindlich]),
- Lesbarkeit im Dunkeln (integrierte Beleuchtung),
- E-Book-Formate,
- Größe des Sichtdisplays,
- Schriftvergrößerung (stufenlos),
- Schriftarten (Auswahl),
- Bedienungskomfort (Tastatur, Touchscreen),
- Zusatzfunktionen (Lesezeichenfunktion, Notizen, integriertes Wörterbuch),
- Gehäuse (Robustheit, Farbe, Gewicht etc.),
- Ladezeiten,
- Stromverbrauch, Laufzeit (Akku),
- E-Book-Bezug (über Buchhandel möglich?).

Weit über 100.000 E-Reader werden nach Angaben des Hightech-Verbands Bitkom jährlich verkauft. Und doch scheint es den großen Durchbruch für den E-Book-Markt nicht zu geben – zumindest nicht für das Segment der Publikumstitel. Hier einige Zahlen für private E-Book-Käufe (ohne Schulbuch und Fachbücher), entnommen aus *Buch und Buchhandel in Zahlen 2019*:

- Der Umsatzanteil hat zwar die 5%-Marke erreicht (2016:4,6%; 2017: 4,6%; 2018: 5,0%), aber die Wachstumskurve verflacht zusehends;
- Der Absatz nimmt weiterhin zu, obwohl sich auch hier die Wachstumskurve zusehends abflacht (2016: 28,1 Mio.; 2017: 29,1 Mio.; 2018: 232,8 Mio.);
- Der durchschnittlich bezahlte E-Book-Preis sinkt (2016: 6,72 EUR; 2017: 6,38 EUR; 2018: 6,19 EUR).

Werden E-Books in Zukunft gedruckte Bücher vom Markt verdrängen? Das scheint nicht der Fall zu sein, denn die von einigen Kulturkritikern heraufbeschworene ›digitale Disruption‹, das Ersetzen tradierter Print-Geschäftsmodelle durch neue digitale Medien, hat sich nicht eingestellt. Vielmehr zeichnet sich eine friedliche Ko-Existenz ab. Dies lässt sich nicht nur durch das Nutzerverhalten der E-Book-Leser belegen, sondern auch durch gemeinsame wirtschaftliche Rahmenbedingungen: Seit 2016 unterliegen E-Books der Preisbindung und vermutlich ab 2019 gilt der ermäßigte USt-Satz. Bemerkenswert ist auch, dass die ›Tolino-Allianz‹ – ein Zusammenschluss der Buchhandlungen Thalia, Mayersche, Hugendubel, Weltbild, Osiander und des Zwischenbuchhändlers Libri mit potenziell rund 2.000 weiteren Buchhandlungen im deutschsprachigen Raum – Amazons Kindle Paroli bietet.

2.5 Beurteilungskriterien für Gegenstände des Buchhandels

Bei über 2,5 Millionen lieferbaren Titeln im Jahr 2019 kann von keiner Buchhändlerin und keinem Buchhändler verlangt werden, alle Bücher gelesen zu haben. Die inhaltliche Produktkenntnis ist selbst für diejenigen Titel selten vorhanden, die zum eigenen Sortiment gehören. Auch hier ist die Erklärung einfach: Es liegt an den zahlreichen Novitäten und an der wenig verfügbaren Zeit der Verkaufskräfte, die zudem nicht immer bei der Einkaufsplanung der Titel mitwirken. Trotzdem muss der Buchhändler als Fachhändler im konkreten Beratungs- und Verkaufsgespräch die Sachlage und den Anspruch der Kunden schnell erfassen, um ihm die eine oder andere für ihn wichtige Information geben zu können – auch ohne das Buch gelesen zu haben.

Hilfreich sind in diesem Zusammenhang formale Beurteilungskriterien, die als Anhaltspunkte für eine Bewertung zu einer Titeleinschätzung beitragen können. Im Abschnitt über Hörbücher (siehe Kap. 2.2.5) findet man eine differenzierte ›Checkliste mit Qualitätskriterien zur Bewertung von Hörbüchern‹.

Auch an anderen Stellen dieses Kapitels wurden Bewertungskriterien genannt und in verkaufsrelevante Zusammenhänge gestellt. Fast zwangsläufig variieren Kriterienkataloge für unterschiedliche Literaturgattungen, wobei einzelne Bewertungspunkte je nach Genre eine unterschiedliche Wertigkeit haben. Trotzdem folgt eine allgemeine (bei weitem nicht vollständige) Übersicht, die einen großen Freiraum bietet, einzelne Punkte begründet zu akzentuieren.

Formale Bewertungskriterien für Bücher (in Auswahl)

FAKTEN UND DATEN RUND UM DEN TITEL
Umfang
Erscheinungsjahr
Auflagenzahl
Aktualisierungszyklus
Vorwort/Geleitwort
Register (z. B. Sach-, Namenregister)
Literaturverzeichnis
Anzahl der Abbildungen/Grafiken/Statistiken/Übersichtstafeln
Preis

FAKTEN UND DATEN RUND UM DEN AUTOR
Anzahl der veröffentlichten Titel
Medienresonanz bereits veröffentlichter Titel
Schreib-/Erzähltradition
Preisinhaber
Kulturkreis

RUND UM INHALT UND SPRACHE (Fiction)
Zielgruppenadäquater Schreibstil
Handlung (Plot)
Erzählperspektive
Erzählstränge
Spannungsbogen
Stilmittel
Anteil an wörtlicher Rede
Wort- und Sprachwahl (z. B. Sondersprachen, Sprechjargon)
Verständlichkeit
Originalität
Umfang
Möglichkeiten zur Identifikation
Problemorientierung

RUND UM INHALT UND SPRACHE (Non-Fiction)
Aktualität des Themas
Zielgruppenadäquater Schreibstil
Aufbau/Struktur
Verständlichkeit
Originalität
Umfang
Weiterführende Literatur

HERSTELLUNGSTECHNISCHE KRITERIEN
Papier-, Binde- und Druckqualität
Einbandart
Besondere Ausstattung (z. B. Lesebändchen)
Schutzumschlag, Schuber

KÜNSTLERISCH-ÄSTHETISCHE KRITERIEN
Typografie
Layout
Übersichtlichkeit
Covergestaltung
Bild(motiv)auswahl

MEDIENRESONANZ
Bestsellerlisten, Bestenlisten
Klicks und Likes in sozialen Netzwerken (Social Media)
Vorstellung in Talk-Shows o. Ä.
Rezensionen in Feuilletons
Präsenz in Kundenzeitschriften

MARKTRELEVANZ UND MARKTAKZEPTANZ
Markenname/Bekanntheitsgrad des Verlages
Bekanntheitsgrad des Verfassers/des Herausgebers
Veröffentlichung in eingeführter Reihe
Auflagenzahl der aktuellen Ausgabe

Natürlich können Bücher und andere Gegenstände nicht ausschließlich formal sachadäquat erschlossen werden. Das liegt u. a. daran, dass eine künstlerisch-ästhetische Buchgestaltung ohne einen Bezug zum Inhalt wenig Sinn macht; denn Schrift und Layout interpretieren den Inhalt. Aber die genannten Kriterien bieten zumindest ein formales Gerüst – quasi eine Checkliste, die man abarbeiten kann, um eigene Besprechungen zu erarbeiten oder um fremde Aussagen über Bücher zu bewerten. Eine inhaltliche Einführung in die Welt des Buchhandels kann und will dieses Kapitel nicht bieten; dies leistet die Publikation *Warengruppen im Buchhandel* (Edition Buchhandel, Band 16).

2.6 Dienst- und Serviceleistungen im Buchhandel

Das Spektrum buchhändlerischer Dienstleistungen ist breit gefächert. Es beginnt bei elementaren Selbstverständlichkeiten, die zum Konzept des Buchfachhandels gehören, wie Beratung (siehe Kap. 6.3 bis 6.7) und Besorgung (siehe Kap. 2.6.1), und hört beim liebevollen Geschenk-Einpacken noch lange nicht auf. Hierzu gehören u. a.:

- Ansichtssendungen,
- Bücherreservierungen,
- Benachrichtigungsdienst,
- kostenloser Zustellservice,
- antiquarische Suche,
- Informationsdienste (siehe Kap. 5.1. und 5.3)
- Monatskonto,
- E-Procurement (siehe Kap. 9.2).

Service ist in der Regel personal- und damit kostenintensiv. Aber man möchte Kunden an sich binden, denn Geschäftstreue hat beim heutigen multioptionalen Kunden nicht gerade Hochkonjunktur. Welche Leistungen – über die bereits erwähnten hinaus – eine Buchhandlung im Einzelnen anbietet, hängt aber letztendlich von ihrem Konzept, von ihrem Schwerpunkt und ihrer USP ab (siehe Abschnitt ›Dienstleistungen‹ am Ende der Einleitung des Kapitels 2). Und auch davon, ob Buchhandlungen zwischen Service (unentgeltliche Leistung) und Dienstleistung (Leistung gegen Entgelt) unterscheiden.

In welchem Umfang und Ausmaß handelsübliche Service- bzw. Dienstleistungen erbracht werden dürfen, ohne dass der Wettbewerb darunter leidet, und in welchem Rahmen Kundenbindungssysteme möglich sind – das sind Themen, die das *Buchpreisbindungsgesetz* zu klären versucht (siehe Kap. 4.1.1). Aber die Wechselbeziehung zwischen Buchpreisbindung und handelsüblichen Leistungsangeboten ist noch in ganz anderer Hinsicht interessant: Verlage müssen gemäß § 6 Abs. 1 BuchPrG bei der Ausgestaltung ihrer Konditionen den Beitrag der Buchhandlungen zur flächendeckenden Versorgung mit Büchern sowie ihren Service angemessen berücksichtigen. Denn der Gesetzgeber weiß um die Besonderheit der Wertschöpfungskette im Buchhandel und benennt die zwei zentralen Faktoren, die das Wirtschaften der Verlage beeinflussen: die Festlegung der Verkaufspreise und die Ausgestaltung der Konditionen.

Was aber sind angemessene Konditionen? – Auf genaue Werte konnten (oder wollten?) sich die Mitglieder im Börsenverein nicht einigen. Aber seit 2012 liegt eine gemeinsame Empfehlung des Sortimenter- und Verleger-Ausschusses mit dem Titel *Angemessene Handelsspannen und Konditionen* vor, die sich mit dem Problem näher auseinandersetzt. In der Präambel heißt es u. a.:

> Diese für den herstellenden Buchhandel verpflichtende Norm [angemessene Handelsspannen und Konditionen; eig. Erg.] setzt jedem einzelnen Verlagsunternehmen bei der Ausgestaltung seiner Konditionen von vornherein Grenzen und verleiht dem verbreitenden Buchhandel einen einklagbaren Anspruch auf angemessene Rabattierung (unter Berücksichtigung der Gesamtkonditionen). Die gesetzlich geforderte Angemessenheit ist grundsätzlich dann **nicht** gegeben,
>
> - wenn selbst bei optimalen Einkaufsmöglichkeiten, realistischen Lagerdrehzahlen und guten Rahmenbedingungen wie Standort, Wettbewerbssituation, Servicequalität etc. die gewährten Rabatte nicht ausreichen, um positive Deckungsbeiträge zu erwirtschaften und
> - wenn eine Buchhandlung trotz angepasster Kostenstrukturen und entsprechender Rahmenbedingungen dauerhaft Betriebsergebnisse erwirtschaftet, die einen rentablen Betrieb der Buchhandlung nicht ermöglichen, wobei sich dies nur mittels detaillierter und individueller Betriebsprüfung des einzelnen Buchhandelsunternehmens feststellen lässt.

Im Rahmen der weiteren Ausführungen kommt man auf den buchhändlerischen Service zu sprechen. Denn zur Erfüllung seines gesetzgeberischen Auftrags (flächendeckende Versorgung mit Büchern sowie buchhändlerischen Service) hat der stationäre Buchhandel eine Reihe von Vertriebs- und Serviceleistungen zu erbringen. Diese Leistungen, die das Sortiment in seiner Mittlerfunktion für die Verlage den Kunden gegenüber erbringt, dürfen übrigens nicht in Form einer Service-Gebühr an den Endabnehmer weitergegeben werden, da sie durch den Grundrabatt der Verlage abgedeckt sind.

Die Palette der angebotenen Leistungen reicht vom Besorgungsservice über Lagerhaltung bis hin zum qualifizierten Personal. Der folgende, eigens hierfür erstellte Katalog, der allerdings keinen Anspruch auf Vollständigkeit erhebt, differenziert in standardmäßige Leistungen und sonstige, darüber hinaus gehende (Zusatz-)Leistungen des stationären Buchhandels:

Leistungskatalog sorgfältiger buchhändlerischer Praxis

Im Rahmen der Preisbindung und Erfüllung des kulturpolitischen Auftrages sind die nachfolgenden Leistungen Bestandteil der sorgfältigen buchhändlerischen Praxis eines stationären Sortiments. Sie dienen sowohl Verlagsunternehmen als auch Buchhandlungen als Orientierung bei bilateralen Konditionenverhandlungen.

BEZUG (Bestellung/Besorgung)
- Besorgung aller lieferbaren Titel eines jeden Verlags,
- Besorgung und Beratung zu sonstigen Medien im Sinne des BuchPrG,
- Einsatz qualifizierter Bibliografie-Instrumente,
- Bestellbündelung, Bestellrhythmus,
- Optimierung des Einkaufsverhaltens zwischen Barsortiments- und Verlagsbezug;
- elektronische Bestellübermittlung,
- möglichst niedrige Remissionsquote,
- Bereitschaft, Vertreter/Verlagsmitarbeiter zu empfangen.

LAGERHALTUNG

Der Einsatz von elektronischen Warenwirtschaftssystemen erlaubt Optimierungen und Spielräume hinsichtlich der Kapitalbindung im Warenlager, die insbesondere auch kleineren Verlagen wieder zugute kommen können.
- Aktualität,
- regelmäßige Lagerergänzung,
- Sortimentstiefe und -breite,
- Vorfinanzierung.

WERBUNG/VERKAUF
- Anzeigen, PR, Kataloge und Prospekte (eigene und Verlagswerbemittel),
- Autorenlesungen und Verlagsaktionen,
- Veranstaltungsbegleitung (Büchertische),
- Mailings (regional oder überregional),
- Schaufenster,
- Inszenierung von Titeln,
- Integration von Webangeboten einschließlich Bestellmöglichkeiten,
- Leseförderungsaktionen.

BERATUNG
- Kundenkontakt: soziale Komponenten als ›Türöffner‹, angefangen vom ersten optischen Eindruck bis zum gezielten Verkaufsgespräch,
- qualifiziertes Personal,
- Bibliografie und Recherche,
- Titelkenntnis,
- Literaturlisten.

LADENLOKAL
- Standort und Umfeld,
- Größe,
- Ladengestaltung,
- Öffnungszeiten.

EXEMPLARISCHE ÜBER DIE »SORGFÄLTIGE BUCHHÄNDLERISCHE PRAXIS« HINAUSGEHENDE LEISTUNGEN im Sinne des gesetzlichen Auftrages gem. §6 Buchpreisbindungsgesetz

- effizientes und zuverlässiges Zahlungsverhalten, Zentralregulierung,
- Information des Verlages durch die Buchhandlung über Bestände und Strukturdaten,
- Auslandsbesorgung,
- Bestellung zur Ansicht,
- Besorgung antiquarischer Bücher,
- Beschäftigung eigener Vertreter,
- online: interaktive Elemente (z. B. Kundenrezensionen) auf der Internetseite;
- online: Mitwirkung in buchbezogenen Social Networks,
- Beratung und Unterstützung bei der Auswahl und Lizensierung maßgeschneiderter Informationsressourcen,
- Administration von Bestellung und Auslieferung, inklusive konfektionierter Rechnungsstellung, Zahlungsabwicklung, Zugangsverwaltung, Reklamationshandling etc.,
- anbieterübergreifende Nutzungsstatistiken,
- prozessverschlankende Angebots-, Verwaltungs- und Bestellsysteme als Webservice,
- E-Procurement-Systeme.

Im Zusammenhang mit auskömmlichen Konditionen ist die vom Sortimenter-Ausschuss des Börsenvereins herausgegebene *Gelbe Liste* zu erwähnen, die alle zwei Jahre erscheint (letzte Ausgabe: 2018/2019). Hier erhält man eine Übersicht der Verlage, die nur an Endverbraucher oder nur gegen Vorkasse oder per Nachnahme liefern. In der Liste findet sich aber auch eine Schar ›schwarzer Schafe‹, sprich Verlage, die das Sortiment ohne Rabatt beliefern, obwohl das Buchpreisbindungsgesetz diesen Fall nicht vorsieht.

2.6.1 **Besorgung**

Die Besorgung ist die Kern-Serviceleistung des Buchhandels. Sie ergibt sich fast zwangsläufig aus der Diskrepanz der Zahl der lieferbaren Titel und der Zahl der von den einzelnen Buchhandlungen eingekauften Titel. Somit stehen der immensen Titelzahl im *Verzeichnis Lieferbarer Bücher* (VLB) 3.000, 5.000, 20.000, 50.000 oder mehr Titel der eigenen Buchhandlung gegenüber. Aber die Besorgung ist nicht nur praktiziertes Good Will, sondern steht auch im Zusammenhang mit dem höchsten Gut der Branche: der Preisbindung. Zwar gibt es für den Sortimenter nach dem Buchpreisbindungsgesetz keine rechtliche Verpflichtung, alle lieferbaren Titel zu besorgen. Aber die Besorgung gehört elementar zum Buchhandelsservice, der durch die Preisbindung überhaupt erst ermöglicht wird. Es gibt also Usancen, aber keine Rechtsverpflichtung, wie es der langjährige Preisbindungstreuhänder Dieter Wallenfels einmal formuliert hat.

Das Besorgungsgeschäft wird in der Regel über das ›Hintergrundlager des Sortimentsbuchhandels‹, das Barsortiment (siehe Kap. 1.2.1.1), abgewickelt. Denn die Rabattierung für einen Titel entspricht in der Regel der einer Einzelbestellung beim Verlag, während die übrigen Warenbegleitkosten günstiger sind. Beim Verlagsbezug ist das ›Handling‹ ungleich aufwändiger – und der Zeitraum zwischen Bestelleingabe und Wareneingang länger.

Wenn der Begriff ›Besorgungsgeschäft‹ fällt, denkt man normalerweise an einzelne Bücher. Aber der Buchfachhandel verwaltet in seiner Fortsetzungsabteilung auch das Abo-Geschäft für Privat-, Firmen- und Bibliothekskunden. Je nach technischem Standard und je nach Vertrag mit entsprechenden Dienstleistern gibt es EDV-Schnittstellen oder im Rahmen des E-Procurements (siehe Kap. 9.2) eine optimierte Prozessabwicklung via Internet.

2.6.2 Bücherschecks

Neben individuell gestalteten, firmeneigenen Büchergutscheinen, die nur in der jeweiligen Buchhandlung eingelöst werden können, gibt es den von der MVB angebotenen **BuchSchenkService.** Dieser steht allen Mitgliedsfirmen des Verbandes zur Verfügung und gewährleistet die Einlösung der Büchergutscheine in über 2.000 Buchhandlungen. Der Stellenwert des Buches als Geschenkartikel ist bekannt, und manches langwierige Verkaufsgespräch ließe sich abkürzen, wenn auf die Existenz eines Bücherschecks hingewiesen würde. Informationen zu juristischen sowie kassen- und abwicklungstechnischen Aspekten stehen an anderer Stelle in diesem Buch (siehe Kap. 9.1.3).

2.6.3 Zustellung und Versand

Ein weiterer klassischer Dienstleistungs- bzw. Servicebereich des Buchhandels ist das Zustellen der Ware. Größere Sendungen sowie laufende Sendungen für (private) Großkunden werden über einen firmeneigenen Kurierdienst abgewickelt, wobei in kleineren Buchhandlungen ab und zu auch einmal der Chef den Botengang übernimmt.

Der Versand der via Internet oder Telefon eingegangenen Einzelbestellungen wird in der Regel über die Post bzw. über private Paket- oder Kurierdienste abgewickelt. Einige Marktteilnehmer sprechen von guten Erfahrungen mit örtlichen Fahrradkurier-Diensten, um Sendungen noch am Tag der Bestellung an Kunden auszuliefern, andere reden positiv über den Rahmenvertrag, den der Börsenverein mit dem Paketdienst DPD abgeschlossen hat und der über das Vorteilsprogramm Seitenreich zur Verfügung steht.

Nutzt man externe Dienstleister, stellt sich zwangsläufig die Frage nach der Weiterbelastung der Gebühren, die der eigenen Firma in Rechnung gestellt worden sind. Die Antworten der Buchhandlungen fallen individuell aus: von einer generellen Kostenpauschale für Zustellung und Versand bis hin zur portofreien Zustellung trifft man alle Varianten an. Häufig werden auch Mischformen praktiziert, indem man eine portofreie Lieferung ab einem bestimmten Bestellwert verspricht. Viele Marktteilnehmer orientieren sich im Versandbereich an der Praxis der Marktführer .

2.6.4 Monatskonto und Kundenkarte

Die Preise für gebundene Verlagserzeugnisse sind Barzahlungspreise. Für Rechnungskunden und private Vorzugskunden jedoch wird trotzdem häufig ein **Monatskonto** eingeräumt (siehe Kap. 9.1.3). Hier werden alle Verkäufe eines Monats (abzüglich etwaiger Remittenden) saldiert und in einer Summe in Rechnung gestellt; gleichgelagert sind die Fälle, in denen Kunden die Bücher zur Ansicht erhalten und erst im Folgemonat bezahlen. Sinnvollerweise ist das Monatskonto mit einer Einzugsermächtigung verknüpft, denn Barzahlungen dulden keinen Zahlungsaufschub. Der Kunde, der später bezahlt, erhält nicht nur einen Warenkredit, sondern auch einen Geldkredit, was den Bestimmungen des Buchpreisbindungsgesetzes widerspricht. Das ist auch der Grund, warum keine Buchhandlung im Rahmen ihres Service-Katalogs mit einem (langen oder verlängerten) Zahlungsziel werben darf.

Einige Buchhandlungen setzen **Kundenkarten** als Mittel zur Kundenbindung ein, wobei eine Kundenkarte mit Zahlungsfunktion die aufwändigste Variante darstellt. Meistens wollen diese Buchhandlungen mit ihrer Karte nur signalisieren: Du bist für mich ein besonders wichtiger Kunde und ich biete dir eine Palette an Serviceleistungen an. Zu dieser Palette können gehören:

- bargeldloses Bezahlen in allen Filialen,
- kostenloser Geschenk-Versand-Service,
- freier oder ermäßigter Eintritt zu Lesungen,
- Reservierung signierter Bücher,
- individuelle Erstellung von Literaturlisten,
- eine spezielle Hotline.

2.6.5 Antiquarische Suche

Die antiquarische Suche (siehe Kap. 1.4.1) erfolgt über Datenbanken, die Buchhandlungen (und Endabnehmern) zur Verfügung stehen. An erster Stelle sei das Zentrale Verzeichnis Antiquarischer Bücher (ZVAB) genannt; hier ist durch diverse Eingabemöglichkeiten (siehe Kap. 5.6), wie Autor, Titel, Stichwort, Schlagwort, Verlag, Erscheinungsjahr (von/bis) oder Preis in Euro (von/bis) und ›Neuzugänge der letzten x Tage‹ eine gezielte Suche möglich. Bei der Recherche ermittelte unterschiedliche Preise orientieren sich traditionell an den vier antiquariatsspezifischen Kriterien:
- Erhaltungszustand des Objekts,
- Seltenheitswert des Objekts,
- Marktwert des Objekts,
- Sammlerwert des Objekts.

Für den täglichen Gebrauch in der Buchhandlung ist die abschließende Auflistung gängiger Abkürzungen gedacht, die Antiquariate im Geschäftsverkehr verwenden.

Gängige Abkürzungen aus dem Bereich des Antiquariatsbuchhandels

besch.	beschädigt	ms.	Manuskript
bez.	bezeichnet	nn.	nicht nummeriert
Bl(l).	Blatt, Blätter	Or/Orig.	Original
def.	defekt	Or/Umschl/ou	Originalumschlag
einger.	eingerissen	pag.	paginiert
ersch.	erschienen	rest./restaur.	restauriert
gebr.	gebräunt	S./SS.	Seite, Seiten
Gr.	Größe	Slg.	Sammlung
hs.	handschriftlich	t.	teilweise / teils
Kat.	Katalog	vorgeb.	vorgebunden
kplt.	komplett	vorw.	vorwiegend
Kte.	Karte	w.	weiß
l.	leicht	wasserfl.	wasserfleckig
läd.	lädiert	wdh.	wiederholt

Fragen zu Kapitel 2

2.1 Beschreiben Sie den Doppelcharakter des Buchs.

2.2 Erläutern Sie den Begriff ›buchaffine Non-Books‹ und nennen Sie drei Beispiele.

2.3 Erklären Sie die Begriffe Imagetitel, Bestseller, Steadyseller und Aktionstitel.

2.4 Welche vier Zuordnungen sind nicht richtig?

a) Globen – ermäßigter Umsatzsteuersatz – Preisbindung

b) Zeitschriften – ermäßigter Umsatzsteuersatz – Preisbindung

c) Jugendgefährdende Schriften – ermäßigter Umsatzsteuersatz – keine Preisbindung

d) Landkarten – ermäßigter Umsatzsteuersatz – Versand als Büchersendung

e) Abreißkalender – voller Umsatzsteuersatz – Versand als Büchersendung

f) 20-bändige Taschenbuchausgabe von Thomas Mann – ermäßigter Umsatzsteuersatz – Versand als Büchersendung

g) Wandkalender – Preisbindung – voller Umsatzsteuersatz

2.5 Ordnen Sie die folgenden Publikationsformen den entsprechenden Verlagsarten zu: Gesamtausgaben, Monografien, (Buch-)Reihen, Loseblattwerke und Hörbücher.

2.6 Wie viele Seiten umfasst normalerweise die Titelei eines Buches? Nennen Sie die entsprechenden Fachtermini.

2.7 Nennen Sie fünf Aspekte, die bei einem Buch-Layout eine wichtige Rolle spielen.

2.8 Erläutern Sie die Begriffe Satzspiegel, Antiquaschriften und Groteskschriften.

2.9 Ordnen Sie die Typografie-Arten (siehe Kap. 2.1.1.3) den entsprechenden Buchgattungen zu: Romane/Erzählungen, Nachschlagewerke, Ratgeber und Bilderbücher.

2.10 Nennen Sie die für die folgenden Publikationen normalerweise verwendeten Papierarten: Bildbände, Romane, Ratgeber und Gesangbücher.

2.11 Erklären Sie Offset-, Tief- und Digitaldruck anhand von jeweils zwei Aspekten.

2.12 Unterscheiden Sie Fadenheftung und Fadensiegelung.

2.13 Erläutern Sie Standard- und Klappenbroschur sowie englische Broschur.

2.14 Beschreiben Sie das Werk *Wirtschaftsunternehmen Sortiment* anhand der in Kap. 2.1.1 vorgestellten herstellungstechnischen Parameter.

2.15 Nennen Sie, außer Zeitschriften, fünf Handelsgegenstände, die in Ihrer Fortsetzungsabteilung verwaltet bzw. bearbeitet werden.

2.16 Erläutern Sie, warum es im Kalendergeschäft unterschiedliche Umsatzsteuersätze gibt.

2.17 Erläutern Sie die Funktion von Maßstäben, Höhenlinien, Schummerung, Legenden und die Blattschnittübersicht bei kartografischen Produkten.

2.18 Welche Maßstäbe gelten üblicherweise für Wander-, Radwander- und Straßenkarten?

2.19 Erklären Sie die Begriffe: Faksimile, Reprint, Musikalien und Tonträger.

2.20 Nennen Sie drei Arten von Lesungen bei Hörbuchproduktionen.

2.21 Erläutern Sie fünf kaufrelevante Qualitätskriterien für Hörbücher.

2.22 Nennen Sie drei für Non-Books relevante Messen.

2.23 Wählen Sie drei Bücher aus drei verschiedenen Warengruppen aus. Bewerten bzw. beschreiben Sie jeden Titel anhand von mindestens fünf Kriterien gemäß der Aufstellung in Kap. 2.5.

2.24 Moderne Technologien bringen neue Begriffe hervor. Erläutern Sie folgende Abkürzungen: PoD, DVD, UGC, PDF, EPUB, DRM und App.

2.25 Erläutern Sie die These ›online first‹, die einzelne Verlage propagieren, und setzen Sie sie in Bezug zu dem Postulat ›create once – use many‹.

2.26 Kennzeichnen Sie die richtigen Aussagen mit einer 1 und die falschen Aussagen mit einer 2.

( ) Digitale Datensätze können nur offline vorliegen.

( ) Paid Content steht für Abruf gebührenpflichtiger Inhalte (Content) auf elektronischen Speichermedien (Server, Internet-Plattformen).

( ) Proprietäre Dateiformate sind nicht auf allen E-Book-Lesegeräten lesbar.

( ) Bei EPUB-Dateien bleibt das vom Verlag gestaltete Seitenlayout auf jedem Lesegerät erhalten.

( ) Enhanced E-Books sind mit Booklets angereichert.

( ) Beim Kauf eines E-Books erwirbt der Käufer kein Eigentumsrecht an der digitalen Datei.

( ) Beim ›weichen‹ Kopierschutz wird beim Kaufvorgang ein Wasserzeichen mit Informationen über den Käufer eingefügt.

( ) Die E-Book-Preise entsprechen denen der Printprodukte.

2.27 Erläutern Sie den Unterschied von E-Book-Readern mit E-Ink- und mit LCD-Technologie.

2.28 Nennen Sie fünf Kriterien für den Kauf bzw. Verkauf von E-Book-Readern.

2.29 Nennen Sie acht buchhändlerische Service- bzw. Dienstleistungen.

3 Branchenspezifische Systematik

Branchenspezifische Systematik

Aus: Ausbildungsrahmenplan für die Berufsausbildung zum Buchhändler und zur Buchhändlerin | Sachliche Gliederung (§ 4 Absatz 2 Abschnitt A Nummer 1)

BRANCHENSPEZIFISCHE SYSTEMATIK

- Warengruppensystematik des deutschen Buchhandels, insbesondere im Bezug auf Literatur, Kultur, Wissenschaft und Technik, begründen und anwenden;
- Bedeutung von Autoren, Titeln sowie Verlagen innerhalb von Warengruppen bestimmen;
- Literaturgattungen und -formen sowie Epochen und Grundbegriffe der Literaturgeschichte unterscheiden und bewerten;
- Gegenwartsliteratur und ausgewählte internationale Literatur im Kontext der Weltliteratur einordnen.

Wie gliedert eine Buchhandlung ihr Sortiment? Das Wort ›wie‹ impliziert die Fragestellung: nach welchen Kriterien? Planung ist also angesagt, die wechselseitige Abhängigkeiten berücksichtigen muss. Denn eine Gliederung wird nur dann gelingen, wenn die Vorgaben der Produktpolitik (Welche Leistungen bietet die Buchhandlung an?) berücksichtigt werden und das Sortiment ansprechend präsentiert wird.

Die Gliederung tangiert also den Einkauf, so wie dieser wiederum Auswirkungen auf Präsentation und Absatz hat. Da die Themen Einkauf und Marketing explizit anderen Kapiteln vorbehalten sind (siehe Kap. 7 und 9), geht es in diesem Kapitel nur um das formale Gerüst einer Buchhandlung, um ihr Korsett bzw. ihre Struktur. Dies mag auf den ersten Blick abstrakt klingen, doch es geht um zentrale praxisrelevante und betriebswirtschaftliche Fragestellungen:

- **Fragestellung für den Berufsalltag:** In welche Regale und Warenträger werden Bücher eingeräumt, und auf welchen Tischen und Auslageflächen werden Bücher und sonstige Gegenstände des Buchhandels präsentiert?
- **Fragestellung aus dem Blickwinkel der Kundenorientierung:** An welcher Stelle im Laden soll der Käufer die Ware sehen, in die Hand nehmen, begutachten und kaufen?

- **Fragestellung für den Warengruppenleiter:** Welchen Umsatz muss ich mit meinen Segmenten und meiner Fläche erreichen – verantwortungsvollen Einkauf vorausgesetzt?
- **Fragestellung für den Controller:** Welchen Deckungsbeitrag sollen einzelne Segmente erwirtschaften?

In den Hintergrund treten demnach inhaltliche Aspekte, die grundlegend in *Warengruppen im Buchhandel* (Edition Buchhandel Bd. 16) behandelt werden. In diesem Buch werden auf über 200 Seiten rund 20 Warengruppen inhaltlich vorgestellt – von Belletristik bis Medizin, von Kinder- und Jugendbuch bis EDV/Informatik, von Ratgeber bis Recht und Wirtschaft – mit ihrer jeweiligen Systematik sowie mit verkaufsrelevanten Verlagen, Autoren und Standardtiteln bzw. -reihen. Auch auf die im Ausbildungsrahmenplan angesprochenen literaturgeschichtlichen Anforderungen sei nicht näher eingegangen. Hierfür gibt es einschlägige Fachliteratur, die sich in den Regalen gut sortierter Buchhandlungen findet. Eine kurze Darstellung innerhalb dieses Buches wird der Sache nicht gerecht, und eine umfangreiche ist mit dem Titel *Literatur im Buchhandel* (Edition Buchhandel Bd. 1) bereits geleistet.

3.1 Sachgruppen versus Warengruppen

Sowohl Sachgruppen als auch Warengruppen strukturieren einen Buchbestand. Warengruppen in Buchhandlungen eher nach ökonomischen Kriterien, während bei Bibliotheken eine inhaltliche Klassifizierung im Vordergrund steht. So sortiert die *Deutsche Nationalbibliografie* (siehe Kap. 5.3) deutschsprachige Publikationen nach Fachgebieten. Eine entsprechende Übersicht ›Titelproduktion (Erstauflagen) nach Sachgruppen‹ wird jedes Jahr in *Buch und Buchhandel in Zahlen* veröffentlicht. Seit 2004 werden Fachgebiete in der Reihe A in zehn Sachgruppen zusammengefasst:

Sachgruppe	Fachgebiet
000	Allgemeines, Informatik, Informationswissenschaft
100	Philosophie und Psychologie
200	Religion
300	Sozialwissenschaften
400	Sprache
500	Naturwissenschaften und Mathematik
600	Technik, Medizin, angewandte Wissenschaften
700	Künste und Unterhaltung
800	Literatur
900	Geschichte und Geografie

Eine Zuordnung richtet sich allein nach dem Inhalt, unabhängig von der Editionsform der Publikationen. Eine tiefergehende inhaltliche Erschließung erfolgt über die Belegung der zweiten und dritten Ziffer. So steht beispielsweise 310 für Statistik, 320 für Politik, 330 für Wirtschaft, 340 für Recht, 350 für Öffentliche Verwaltung etc. Doch wird dieses Ordnungsprinzip nach einer Dezimalklassifikation (DK) den Erfordernissen des Buchhandels gerecht? – Wohl eher nicht, und so erfasst *Buch und Buchhandel in Zahlen* in der Sachgruppe 800 (= Literatur) handelsrelevante Publikationen separat mit Buchstaben:

B Belletristik
K Kinder- und Jugendbuch
S Schulbücher

Wenn man denn wollte, könnte man – wie in einer Buchhandlung – die Literatur weiter untergliedern: Die Belletristik beispielsweise in Klassiker, Lyrik, Krimis; das Kinder- und Jugendbuch in Erstlesealter, Bilderbücher und erzählende Literatur. Häufig entsprechen derartige Gliederungen den Regalüberschriften, und man kann sich weitere Untergliederungen in Form von Regalbeschriftungen oder Etikettierungen an einzelnen Regalböden vorstellen, wie etwa Sachbilderbuch oder erzählendes Bilderbuch, Regionalkrimis oder Krimis international etc., ohne dass man sich um die Begriffe ›Sachgruppe‹ oder ›Warengruppe‹ Gedanken machen müsste.

Warengruppen gliedern das Sortiment in ökonomischer Hinsicht, indem das differenzierte Erfassen der Umsätze in den Vordergrund rückt. So bündeln Buchhandlungen inhaltliche Sortimentsbereiche, um verlässliche Zahlen über die Akzeptanz einzelner Sortimentsbereiche seitens der Käufer zu erhalten: Bar- und Rechnungsumsatz werden nicht nur nach Umsatzsteuersätzen separat registriert, sondern darüber hinaus auch nach Warengruppen, die in der EDV / IT angelegt und per Scan erfasst werden. Wobei jede Buchhandlung ein Interesse daran haben dürfte, eigene Warengruppen mit entsprechenden Bezeichnungen festzulegen. Denn ein allgemeines Sortiment hat zwangsläufig eine andere Struktur als eine Fachbuchhandlung und diese ist wiederum anders sortiert als ein Comic-Laden. Prinzipiell kann also jedes selbstständige Unternehmen so fein ökonomisch gliedern, wie es dies für sinnvoll hält.

Doch spätestens wenn es nicht mehr um betriebsinterne Statistiken geht, sondern um einen vergleichenden Blick auf andere Buchhandlungen, ist ein Ende der Individualität angesagt. Werfen wir also einen Blick auf zwei grundlegende Systematiken, mit denen in der Buchbranche gearbeitet wird.

Kölner Betriebsvergleich

Ein Betriebsvergleich kann entweder einmalig als Momentaufnahme oder in regelmäßigen Abständen durchgeführt werden. Aber immer verfolgt er zwei

Ziele: Zum einen dient er dem Betrieb, weil dieser durch die Veröffentlichung von Vergleichswerten, die als Durchschnittswerte, manchmal aber auch als Benchmarks, gesehen werden können, Anhaltspunkte für seine Rentabilität erhält, zum anderen gibt er Aufschlüsse darüber, wie lukrativ und leistungsfähig sich eine Branche insgesamt in betriebswirtschaftlicher und struktureller Hinsicht darstellt. Deshalb unterstützt der Börsenverein des Deutschen Buchhandels den *Kölner Betriebsvergleich,* der seit 1949 vom Institut für Handelsforschung (IfH) in Köln durchgeführt wird, wobei er die Kosten der teilnehmenden Buchhandlungen übernimmt. Der Verband nutzt die Ergebnisse für seine Öffentlichkeitsarbeit sowie für seine ›Bankengespräche‹, die in regelmäßigen Abständen stattfinden, und veröffentlicht sie jährlich in *Buch und Buchhandel in Zahlen.*

Das Institut für Handelsforschung (www.ihfkoeln.de) analysiert etwa 50 Einzelhandelsbranchen. Die Anzahl der teilnehmenden Buchhandlungen ist mit rund 150 leider recht gering. Aber an dieser Stelle geht es nicht um die Repräsentativität der Teilnehmer und der Ergebnisse, sondern um die Warengruppen, mit denen man im Kölner Institut operiert. Im Jahr 2018 waren es 14 Warengruppen, die mit ihren Umsatzanteilen in der nachstehenden Tabelle aufgeführt sind.

Warengruppen lt. Kölner Betriebsvergleich 2018	**Umsatz in Prozent des Gesamtumsatzes**
Belletristik (Hardcover und Taschenbücher)	22%
Kinder- und Jugendbücher	12%
Sachbücher (u. a. Politik, Geschichte)	8%
Ratgeber (u. a. Hobby, Freizeit)	7%
Reiseliteratur	4%
Schule und Lernen	15%
Fachbücher Wissenschaft	6%
Theologie / Religion	3%
Modernes Antiquariat	2%
Kalender	3%
Presseerzeugnisse, Zeitschriften, Fortsetzungen	4%
Hörbücher	2%
Digitale Produkte	1%
Nicht-buchhändlerisches Sortiment	11%

Quelle: *Buch und Buchhandel in Zahlen 2019*

Media Control

Der Börsenverein arbeitet aber auch mit dem Marktforschungsinstitut Media Control zusammen und veröffentlicht die Ergebnisse monatlich online in seinem *Branchen-Monitor BUCH*. Diese Zahlen dokumentieren die Entwicklung nach Warengruppen und nach Editionsformen (Hardcover / Softcover, Taschenbuch, Hörbuch). 2018 kommt media control für ›seine‹ Warengruppen kumuliert auf folgende Werte:

Umsatzanteile der Warengruppen nach Editionsformen in Prozent (2018)

Warengruppe	alle Editionsformen	Hardcover/ Softcover	Taschenbuch	Hörbuch/ Audiobook
Belletristik	31,5	21,0	67,3	44,4
Kinder- und Jugendbücher	16,6	17,8	9,7	39,3
Reise	5,7	6,8	2,5	0,4
Ratgeber	14,0	16,2	7,3	6,5
Geisteswissenschaften, Kunst, Musik	4,4	5,2	1,6	3,5
Naturwissenschaften, Medizin, Informatik, Technik	3,8	4,6	0,3	0,2
Sozialwissenschaften, Recht, Wirtschaft	2,5	3,0	1,7	0,2
Schule und Lernen	10,9	14,1	1,0	2,1
Sachbuch	9,8	11,4	8,6	3,5

Quelle: Media Control. Zit. nach *Buch und Buchhandel in Zahlen 2019*

Die gegenüber dem Kölner Betriebsvergleich abweichenden Werte – vor allem die Belletristik weist eklatante Unterschiede auf – sind auf eine andere Datenbasis und ein anderes Erhebungsverfahren zurückzuführen. Denn die Auswertungen basieren auf den Abverkaufsdaten (Barverkäufe inkl. Kartenzahlung) von rund 3.800 Verkaufsstellen in den Vertriebswegen Sortimentsbuchhandel, Bahnhofsbuchhandel, Kauf- und Warenhaus, Elektro- und Drogeriemarkt sowie auf den Abverkaufsdaten des gesamten E-Commerce (inkl. Amazon). Damit bildet das Marktforschungsinstitut rund 80 Prozent des Absatzmarktes ab. Unberücksichtigt bleiben Presseerzeugnisse, Rechnungsverkäufe und das Moderne Antiquariat. Für unseren Zusammenhang entscheidend: Die Warengruppen von media control entsprechen denen der einheitlichen Warengruppensystematik (WGSneu) des Börsenvereins.

Media control recherchiert aber nicht nur Absatzdaten für den Börsenverein des Deutschen Buchhandels. Das Marktforschungsinstitut verkauft die gewonnenen Absatzdaten auch an Vertriebsabteilungen einzelner Verlage. Damit können die Entscheidungsträger in den Verlagen Nachdrucke bzw. -auflagen von Novitäten besser kalkulieren, weil sie neben den Absatzzahlen der Vertreter nun auch Zugang zu den tatsächlichen Verkaufszahlen im Sortiment haben.

3.2 Die einheitliche Warengruppensystematik (WGSneu)

Zum 1. Januar 2007 wird unter der Bezeichnung ›Warengruppensystematik neu‹ (WGSneu) eine einheitliche Systematik als ›Branchennorm‹ eingeführt. Damit finden Diskussionen einen Abschluss, die bereits in den 1990er Jahren begannen und vor allem von den Barsortimenten und dem Betriebswirtschaftlichen Ausschuss des Börsenvereins geführt worden sind. Die letzte Fassung der Systematik erarbeitete eine Arbeitsgruppe aus Vertriebsleitern und Buchhändlern in Abstimmung mit den Barsortimenten, dem Internetbuchhandel und den großen Filialisten.

Die WGSneu soll nunmehr als Grundlage für alle Statistiken über die wirtschaftliche Entwicklung einzelner Segmente im Buchhandel dienen. Voraussetzung: Alle Unternehmen müssen mit der einheitlichen Systematik arbeiten. Dies beginnt bereits bei der Titelmeldung der Verlage an das VLB: Jeder Verlag muss für jeden Titel einen 1-stelligen Warengruppen-Index und eine 3-stellige Warengruppennummer festlegen. Die zentrale Verwaltung sowie die redaktionelle Betreuung und Pflege der WGSneu obliegt der VLB-Redaktion. Damit genießt die Systematik – verbandspolitisch gewollt – einen Status, dem man die Beschreibung ›normative Kraft des Faktischen‹ schwerlich entziehen kann.

3.2.1 Warengruppen-Index

Die Warengruppen-Codierung beginnt mit einem 1-stelligen Warengruppen-Index, der die Editionsform kennzeichnet. Hier wird das Trägermedium identifiziert, das die äußere Ausstattung des Produkts charakterisiert. Die neun Editionsformen sind:

1 Hardcover, Softcover
2 Taschenbuch
3 Zeitschrift, Loseblattausgabe
4 DVD, Video
5 Audio CD, Kassette
6 CD-ROM, DVD-ROM
7 Kalender
8 Karten, Globen
9 Non-Book / PBS

Gegenstände des Buchhandels nach ihrem Produktmerkmal zu sortieren und anzubieten, ist zwar nicht originell, aber durchaus nachvollziehbar – erfordern doch einzelne Produkte durchaus unterschiedliche Warenträger und verlangen jeweils besondere Präsentationsmöglichkeiten. Allein ein kurzer Blick auf das Zeitschriften- und Buchsortiment oder auf das Kalender- und Grußkartensortiment belegt dies. Auf zwei Besonderheiten sollte trotzdem eingegangen werden.

Die Abgrenzung der ersten zwei Indizes erscheint auf den ersten Blick unscharf. Dabei ist nicht die Unterscheidung zwischen Hardcover und Taschenbuch gemeint, die sich allein aus herstellerischen Gesichtspunkten ableitet (siehe Kap. 2.1.1.6). Aber was grenzt ein Taschenbuch von einem Softcover ab? Liegen doch in beiden Fällen flexible Umschläge ohne Schutzumschlag und Broschuren vor. Die Herstellung bietet also keine Erklärung. Eher eine Definition des besonderen Buchtyps Taschenbuch, die sich an zwei Kriterien orientiert: Taschenbücher erscheinen vertriebstechnisch im monatlichen Erscheinungsrhythmus (zu relativ günstigen Preisen) und produktionstechnisch in Reihen (mit relativ hohen Auflagen). Erhält nun das Taschenbuch einen eigenen Index, so liegt dies an dem immensen Stellenwert, den es im Laufe der letzten Jahrzehnte erlangt hat. Wobei es vor allem die wirtschaftliche Relevanz ist, denn Taschenbücher werden über alle Vertriebskanäle (auch Nebenmärkte, Bahnhofsbuchhandel etc.) verkauft und ihr Umsatzanteil liegt selbst im Buchfachhandel im 2-stelligen Bereich; im Einzelfall mag der Gesamtumsatz in kleineren Buchhandlungen bei über 30 Prozent liegen. Da die WGSneu Grundlage für alle Statistiken über die wirtschaftliche Entwicklung einzelner Segmente im Buchhandel ist, so erscheint ein separater Warengruppen-Index 2 für Taschenbuch – genauer: für die Produktion der Taschenbuchverlage – sinnvoll.

Erstaunlich, aber wohl dem Jahr des Inkrafttretens 2007 geschuldet, ist die Tatsache, dass es keinen speziellen Warengruppen-Index für E-Books gibt, weist doch auch dieses Marktsegment spezielle und definierbare Produktmerkmale auf (siehe Kap. 2.4.1). Es ist jedoch wahrscheinlich, dass bei zunehmender Marktrelevanz digitaler Produkte die Warengruppen-Indizes in Zukunft (im Detail) neu festgelegt werden.

3.2.2 Warengruppen

Die 3-stellige Warengruppennummer setzt sich zusammen aus einer Ziffer für die Hauptwarengruppe und zwei Folgeziffern für weitere Untergliederungen in Warengruppen. Als **Hauptwarengruppen** wurden festgelegt:

1 Belletristik
2 Kinder- und Jugendbücher
3 Reise
4 Ratgeber
5 Geisteswissenschaften, Kunst, Musik

6 Naturwissenschaften, Medizin, Informatik, Technik
7 Sozialwissenschaften, Recht, Wirtschaft
8 Schule und Lernen
9 Sachbuch

Erstmalig werden in einer Systematik die Non-Fiction-Bereiche Ratgeber, Sachbuch und Fachbuch unterschieden, wobei folgende Kriterien zugrunde liegen:

Ratgeber (WG 4)	handlungs- oder nutzenorientierte Literatur für den privaten Bereich,
Sachbücher (WG 9)	wissensorientierte Literatur mit primär privatem Nutzwert,
Fachbücher (WG 5-7)	handlungs- bzw. wissensorientierte Literatur mit primär beruflichem oder akademischem Nutzwert.

Diese Unterscheidung wird unterschiedlichen Verlagsprofilen gerecht und ist im Hinblick auf verschiedene Zielgruppen bzw. Kundenbedürfnisse (siehe Kap. 1.1.1) getroffen worden. Marketinggesichtspunkte stehen also im Vordergrund. Etwaige Sortierprobleme in den Buchhandlungen rücken in den Hintergrund. Aber die WGSneu intendiert ja keine schematische Sortimentsanordnung nach dem Prinzip ›auf Hauptwarengruppe 2 folgt die Hauptwarengruppe 3, die dann in 3.1, 3.2, 3.2.1, 3.2.3 etc. weiter aufgefächert wird‹. Ihr geht es vielmehr um Datenmaterial, mit dem die Entwicklung der Branchenprodukte nach außen hin dokumentiert werden soll.

Doch wie sieht die tiefergehende Untergliederung durch maximal zwei weitere Ziffern innerhalb der Hauptwarengruppen aus? – Beispielhaft sei dies für die sortimentsrelevanten Hauptwarengruppen Belletristik (auszugsweise) sowie Kinder- und Jugendbuch (vollständig) gezeigt, deren Aufdifferenzierung nach Warengruppen die nachstehenden Übersichten zeigen.

10 Belletristik
11 Erzählende Literatur
12 Spannung
13 Science Fiction, Fantasy
14 Gemischte Anthologien Prosa und Lyrik
15 Lyrik, Dramatik
16 Zweisprachige Ausgaben
18 Comic, Cartoon, Humor, Satire
19 Geschenkbücher, Alben, immerwährende Kalender, Postkartenbücher

Die Feingliederung sieht bei den beiden ersten drei Untergruppen dann folgende Differenzierung vor:

110 Erzählende Literatur (auch Epen, Vers-Erzählungen)
111 Hauptwerk vor 1945 (auch Gesamtausgaben)

112 Gegenwartsliteratur ab 1945 (auch Gesamtausgaben)
113 Historische Romane und Erzählungen (Romane, in der Gegenwart verfasst, die vor 1900 spielen)
114 Märchen, Sagen, Legenden (auch Fabeln)
115 Anthologien, nur Prosa (auch Anekdoten)
116 Romanhafte Biographien
117 Briefe, Tagebücher
118 Essays, Feuilleton, Literaturkritik, Interviews (auch Reden)
119 Aphorismen

120 Spannung
121 Krimis, Thriller, Spionage
122 Historische Kriminalromane (Kriminalromane, in der Gegenwart verfasst, die vor 1900 spielen)
123 Horror

130 Science Fiction, Fantasy
131 Science Fiction
132 Fantasy
133 Fantastische Literatur

200 Kinder- und Jugendbücher

210 Bilderbücher
211 Erzählerische Bilderbücher (auch: Pop-up Bücher)
212 Pappbilderbücher (mit und ohne Zusatzteile, Fühlbilderbücher mit Rädern, mit Fühlelementen, mit Figuren am Band)
213 Stoff-, Holz- und Badebücher
214 Religiöse Bilderbücher

230 Vorlesebücher, Märchen, Sagen, Reime, Lieder
231 Vorlesebücher (auch Jahrbücher, Hausbücher, Sammlungen, Anthologien)
232 Märchen und Sagen (auch Fabeln und Legenden; auch für Jugendliche)
233 Gedichte und Reime
234 Lieder und Songs

240 Erstlesealter, Vorschulalter (auch Großschrift/Schreibschrift, schulvorbereitende Texte, Fibeln)

250 Kinderbücher bis 11 Jahre (Romane und Erzählungen)

260 Jugendbücher ab 12 Jahre (Romane und Erzählungen)

270 Biographien

280 Sachbücher/Sachbilderbücher
281 Allgemeines, Nachschlagewerke (Lexika, Atlanten, Geographie)

282 Tiere, Pflanzen, Natur, Umwelt
283 Naturwissenschaft, Technik (z. B. Fahrzeuge, Mathematik, EDV, Medien)
284 Recht, Wirtschaft
285 Mensch (z. B. Aufklärung, Anatomie, Sexualität)
286 Geschichte, Politik
287 Religion, Philosophie, Psychologie (z. B. Bibelgeschichten, Kinderbibeln, Gebetbücher)
288 Kunst, Musik
289 Sonstiges (z. B. Kochen, Sport, Schönheit, Entspannung)

290 Spielen, Lernen
291 Lernen (Lernspiele Vorschulalter, Lernsoftware Vorschulalter)
292 Sprachen
293 Mathematik
295 Kreativität (Malen, Zeichnen, Basteln)
296 Abenteuer, Spielgeschichten, Unterhaltung (Kinderspiele, Kinderbeschäftigung)
297 Quiz, Rätsel
299 Sonstiges (Kinderkalender, Adventskalender, Geburtstagskalender, (Poesie-)Alben, Schülerkalender, Stofftiere, T-Shirts)

Die 4-stellige Warengruppennummer setzt sich somit zusammen aus dem Warengruppen-Index (1. Ziffer), der Hauptwarengruppe (2. Ziffer) sowie einer 3. und 4. Ziffer für Warengruppen bei weiteren Differenzierungsmöglichkeiten. Zwei bekannte Buchtitel mögen dies abschließend verdeutlichen.

Warengruppennummer	Buchtitel
1692	Pschyrembel, Klinisches Wörterbuch (Hardcover, de Gruyter) 1 = Buch (= Editionsform) 6 = Hauptwarengruppe: Naturwissenschaften 9 = Warengruppe: Medizin 2 = Weitere Warengruppenspezifizierung: Allgemeine Nachschlagewerke
2113	Noah Gordon, Der Medicus (Taschenbuch, Goldmann) 2 = Taschenbuch (= Editionsform) 1 = Hauptwarengruppe: Belletristik 1 = Warengruppe: Erzählende Literatur 3 = Weitere Warengruppenspezifizierung: Historische Romane und Erzählungen

3.2.3 Zuordnungsprobleme mit der WGSneu

Marketinggesichtspunkte stehen bei der Vergabe der Warengruppennummern im Vordergrund. Individuelle Sortierprobleme in den Buchhandlungen sind je nach Sortimentsausrichtung ›vor Ort‹ pragmatisch zu lösen. Falls beispielsweise Bücher zum Thema Karriere von unterschiedlichen Verlagen sowohl dem Bereich Ratgeber (WG 4) als auch dem Bereich Wirtschaft (WG 7) zugeordnet werden, wird ein bewusst ›sortierender‹ Buchhändler diese Titel trotzdem nebeneinander in sein thematisches ›Karriere-Regal‹ einstellen.

Aber auch in anderen Fällen ist die Sortierfunktion und -leistung des Buchhändlers gefragt. So liegt es eben im Wesen ›schwieriger Titel‹ (Publikationen, die sich zwischen Genres bewegen oder unterschiedliche Zielgruppen ansprechen), dass man sie nicht eindeutig zuordnen kann. Offiziell wird der ›Schwarze Peter‹ den Verlagen zugeschoben. Denn sie legen die vierstellige Warengruppennummer bei der Meldung der Novitäten an das VLB fest und sollen bei einer mehrfachen Zuordnungsmöglichkeit diejenige Warengruppennummer bevorzugen, die dem Hauptnutzen am ehesten entspricht. Schlimmstenfalls führt das Denken in Nutzen-Kategorien dazu, dass eigenwillige Titel einer wirtschaftlichen Selbstzensur anheim fallen. Verlage verlegen derartige Titel erst gar nicht, und Buchhandlungen verlieren ihre Bedeutung als Ort für Gespräche über ›schwierige‹ Literatur.

An Grenzen stößt die WGSneu auch bei Spezialbuchhandlungen. Denn je ›tiefer‹ eine Buchhandlung sortiert ist, desto weniger Anhaltspunkte kommen von der WGSneu. Dies betrifft nicht nur spezialisierte Krimi-Läden, die ihr Sortiment höchst individuell in Regio-Krimis aus Deutschland, Länderkrimis aus aller Welt, kulinarische Krimis etc. gliedern, von der Warengruppennummer 121 (= Krimis, Thriller, Spionage) aber nicht bedient werden.

Wie fahrlässig offizielle Statistiken verfälscht werden können, zeigte Hape Kerkelings *Ich bin dann mal weg*. Als Reisebericht (Warengruppennummer 362) sorgte der Titel für einen Boom in der Warengruppe Reise (Hauptwarengruppe 3), obwohl im selben Zeitraum die Umsätze in der ›klassischen‹ Reiseabteilung in den Segmenten Kurzreiseführer und Karten nahezu einbrachen. Eine Binnendifferenzierung tut also im Einzelfall immer gut.

3.3 Warengruppenstatistik

Mit der Warengruppenzuordnung lassen sich Statistiken erstellen, die zeigen, welcher Sortimentsbereich besonders erfolgreich ist und welches Segment unterdurchschnittlich bleibt – eine unerlässliche Grundlage für sortimentspolitische Entscheidungen, wie der Ausbau oder die Zurückstufung entsprechender

Abteilungen. Bei einer tiefergehenden Detailanalyse kann man ferner für jede Warengruppe im Rahmen einer ›Renner-Penner-Analyse‹ ermitteln, ob der Erfolg nur von wenigen Bestsellern abhängt (Trendabhängigkeit), ob er auf einer breiten Grundlage steht, oder ob die Anzahl der ›Imagetitel‹, die angeblich zur Attraktivität des Geschäfts beitragen, aber selten (bis nie) verkauft werden, ökonomisch bedrohliche Ausmaße annimmt. Aufgrund des Warengruppen-Index bietet die WGSneu die Möglichkeit, einzelne Produktgruppen detailliert auszuwerten, um z. B. die Preisniveauentwicklung bei Taschenbüchern und dem restlichen Buchsortiment (Hardcover, Softcover) getrennt zu verfolgen.

Das Lager einer Buchhandlung richtig zu organisieren, ist eine der verantwortungsvollsten Aufgaben überhaupt. Die Warengruppen des Kölner Betriebsvergleichs und die der WGSneu bieten hierzu Anhaltspunkte. Und sie bieten Möglichkeiten für unzählige feingliedrige Statistiken, die mittels Warenwirtschaftssystemen erstellt werden können (siehe Kap. 8). Aber irgendwo gibt es ein normales Maß. Deshalb sollte man zumindest die Übersichtsstatistiken so überschaubar halten, dass sie bequem auf einem DIN-A4-Blatt (im Hoch- oder Querformat) ausgedruckt werden können. So im nebenstehenden Beispiel, in den vier (Informations-)Spalten im Vordergrund stehen:

- Umsätze (gesamt und pro Warengruppe),
- Anteil der einzelnen Warengruppen innerhalb der Hauptwarengruppe (HWG) in Prozent,
- Anteil der Hauptwarengruppen (HWG) am Gesamtumsatz in Prozent,
- Anteil des Durchlaufgeschäfts (bestellte, nicht über das Lager verkaufte Exemplare je Warengruppe in Prozent des erreichten Umsatzes je Warengruppe).

Die Tabelle könnte weitere Spalten aufweisen. Sinnvoll wäre es beispielsweise, die Bestandswerte je Warengruppe zu erfassen um zu sehen, wie viel Kapital im Warenlager (auch je Warengruppe) gebunden ist. Ferner ist es angebracht, Vergleichszahlen des Vorjahres in die Übersicht aufzunehmen, damit man analysieren kann, wie sich Umsätze, Bestände und das Durchlaufgeschäft einzelner Warengruppen und der Hauptwarengruppen entwickeln: Bleiben die Werte stabil, oder weisen sie nach oben oder nach unten? Spannend wird es erst recht, wenn man die prozentualen Werte mit anderen Filialen, Geschäften oder Durchschnittswerten der Branche vergleicht. Denn hierfür sind Vergleichszahlen ja da. Vor allem: Welche Konsequenzen sind aus einer **Warengruppenanalyse** zu ziehen?

- In welchem Maße muss das Lager reduziert werden, wenn die Umsatzzahlen nachhaltig nach unten zeigen?
- In welchem Maße muss man den Lagerbestand einzelner Warengruppen aufstocken, wenn das Durchlaufgeschäft ständig überproportional hoch ist, sodass man davon ausgehen muss, dass sich nie genug – vielleicht aber auch nie die richtige – Ware am Lager befindet?

Warengruppenstatistik einer Musterbuchhandlung*

HWG	Warengruppe (WG)	Umsatz in €	Anteil am Umsatz der WG in %	Anteil am Gesamtumsatz in %	Anteil Durchlaufgeschäft in % der WG
1	11 Erzählende Literatur	439.992	48,5		
	12 Spannung	247.666	27,3		
	13 Fantasy, Science Fiction	74.390	8,2		
	18 Comic, Humor …	70.762	7,8		
	19 Geschenkbücher	48.082	5,3		
	Sonstige …	26.308	2,9		
	Gesamt	**907.200**	**100,0**	**32,4**	**15,0**
2	21 Bilderbücher	113.904	18,0		
	23 Vorlesebücher, Märchen ...	32.273	5,1		
	24 Erstlesealter	40.499	6,4		
	25 Erzählende Literatur (bis 11 Jahre)	183.512	29,0		
	25 Erzählende Literatur (ab 12 Jahre)	178.450	28,2		
	Sonstige …	84.162	13,3		
	Gesamt	**632.800**	**100,0**	**22,6**	**18,0**
3	31 Reiseführer	98.725	51,1		
	34 Karten, Stadtpläne …	28.980	15,0		
	35 Bildbände	20.286	10,5		
	36 Reiseberichte	15.842	8,2		
	Sonstige …	29.367	15,2		
	Gesamt	**193.200**	**100,0**	**6,9**	**30,0**
	Sonstige WG gesamt	1.066.800		38,1	60,0
	Gesamtumsatz	**2.800.000**		**100,0**	**26,5**

*Es handelt sich um fiktive Werte. Bewusst nicht nicht alle Felder ausgefüllt worden, weil der Fokus auf größere Zusammenhänge gelenkt werden soll. Die Anteile einzelner Warengruppen am Umsatz der Hauptwarengruppen entsprechen in etwa den Werten, die das *Börsenblatt* im Rahmen einzelner Spezialhefte veröffentlicht.

- Sollte man die Warengruppen im Verkaufsraum anders platzieren oder gewichten, wenn deren Umsatzanteile nicht den Flächenanteilen entsprechen, wenn beispielsweise 50 Prozent der Fläche nur 20 Prozent zum Lagerumsatz beitragen?

All dies sind Fragen, die in diesem Buch im Rahmen der Sortimentspolitik, des Marketings und des Controllings weiter vertieft werden. Die Warengruppensystematik und die sich aus ihr ergebende Warengruppenstatistik – nur hierum geht es in diesem Kapitel – sind zunächst eine Art Rohdiamant, der erst im Zusammenspiel mit anderen Einflussfaktoren geschliffen wird.

Fragen zu Kapitel 3

3.1 Erläutern Sie die wirtschaftliche Bedeutung von Warengruppen.
3.2 Erstellen Sie eine eigene Warengruppensystematik mit zehn Untergruppen für eine Krimi-Spezialbuchhandlung.
3.3 Erläutern Sie den vom Börsenverein beabsichtigten Nutzen in Bezug auf die Einführung der WGSneu.
3.4 Schauen Sie sich die Warengruppenstatistik von Media Control (Kap. 3.1) näher an. In welcher Warengruppe liegt der Anteil an Taschenbüchern besonders hoch?
3.5 Erläutern Sie den Begriff ›Warengruppen-Index‹.
3.6 Erklären Sie den Unterschied zwischen Softcover (= Warengruppen-Index 1) und Taschenbuch (= Warengruppen-Index 2) im Rahmen der WGSneu.
3.7 Die WGSneu grenzt die Hauptwarengruppen 4, 5–7 und 9 voneinander ab. Erläutern Sie diese Unterscheidung.
3.8 Vergeben Sie die Warengruppennummern gemäß WGSneu für die folgenden vier Titel:
a) Christie, Agatha: *Mord im Orientexpress.* Autorisierte Lesefassung. Der Hörverlag, ISBN: 978-3-89940-132-5
b) Ringelnatz, Joachim: *Das Gesamtwerk.* 7 Bde., Halbleinen, Diogenes, ISBN 978-3-257-06040-9
c) Menasse, Eva: *Vienna.* btb Bd.73253, ISBN 978-3-442-73253-0
d) *Grimms Märchen.* Vollständige Ausgabe. Mit den Illustrationen von Otto Ubbelohde. Anaconda Verlag, ISBN 978-3-7306-0033-7
3.9 Am Ende eines Geschäftsjahres liegen Ihnen jahresabschließende Umsatzstatistiken vor. Formulieren Sie vier mögliche betriebswirtschaftliche Schlussfolgerungen im Rahmen einer Warengruppenanalyse.

4
Rechtliche Bestimmungen im Buchmarkt

Rechtliche Bestimmungen im Buchmarkt

Aus: Ausbildungsrahmenplan für die Berufsausbildung zum Buchhändler und zur Buchhändlerin | Sachliche Gliederung (§ 4 Absatz 2 Abschnitt A Nummer 1)

RECHTLICHE BESTIMMUNGEN IM BUCHMARKT

- branchenspezifische Gesetze berücksichtigen;
- Rechte und Pflichten, die sich aus dem Preisbindungsgesetz ergeben, anwenden;
- Bestimmungen des Urheberrechts berücksichtigen;
- branchenspezifische Rahmenbedingungen, insbesondere Verkehrsordnung für den Buchhandel und Wettbewerbsregeln des Börsenvereins des Deutschen Buchhandels anwenden;
- handelsrechtliche Bestimmungen, insbesondere zum Wettbewerb, Internethandel und Fernabsatz, anwenden.

Die Buchbranche muss zahlreiche Regularien beachten, die die Rahmenbedingungen für den Handel mit Büchern und Medien bilden. Hierzu gehören:

Gesetze und Verordnungen, die für alle Handelsunternehmen gelten
Bürgerliches Gesetzbuch (BGB), Handelsgesetzbuch (HGB), Gesetz gegen den unlauteren Wettbewerb (UWG), Jugendschutzgesetz (JuSchG), Ladenschlussgesetze, Preisangabenverordnung (PAngV), Bestimmungen zum Fernabsatzrecht, Verpackungsgesetz, Bestimmungen zum Datenschutz;

Spezielle Gesetze, die für die Medienbranche relevant sind
Buchpreisbindungsgesetz (BuchPrG), Verlagsgesetz (VerlG), Urheberrechtsgesetz (UrhG);

Verbandsspezifische Regelungen
Verkehrsordnung, Wettbewerbsregeln, Normvertrag zwischen Urhebern und Verlagen, Grundlagenpapier.

Die folgenden Ausführungen beginnen mit dem wichtigsten Gut der Branche: der Buchpreisbindung. Es folgen die ›Regeln für den Buchhandel‹, die sich vor allem in der Verkehrsordnung und den Wettbewerbsregeln konkretisieren, bevor allgemeine handelsrechtliche Grundlagen thematisiert werden. Den Abschluss bilden Ausführungen über das Urheber- und Verlagsrecht.

4.1 Buchpreisbindung

Das Buchpreisbindungsgesetz verpflichtet Verlage, gebundene Endverkaufspreise für ihre Bücher festzusetzen. Die kulturpolitische Begründung hierfür liefert der erste Paragraf des Gesetzes: »Das Gesetz dient dem Schutz des Kulturgutes Buch. Die Festsetzung verbindlicher Preise beim Verkauf an Letztabnehmer sichert den Erhalt eines breiten Buchangebots. Das Gesetz gewährleistet zugleich, dass dieses Angebot für eine breite Öffentlichkeit zugänglich ist, indem es die Existenz einer großen Zahl von Verkaufsstellen fördert.« Der Gesetzgeber möchte also ein breites Angebot kultureller Inhalte und die flächendeckende Versorgung eben dieses Angebots sicherstellen. »Books are different« hieß es 1962 in der Entscheidung des britischen Kartellgerichts zum Netbook Agreement, dem ehemaligen englischen Preisbindungssystem. Doch während die Buchpreisbindung in Großbritannien mittlerweile aufgehoben worden ist – übrigens mit den vorausgesagten Konsequenzen, wie fortschreitende Konzentration im Einzelhandel, Verteuerung der Ladenpreise, Ausdünnung des Angebots durch Verzicht auf schwierige Titel –, erkennt der Gesetzgeber in Deutschland weiterhin an, dass Bücher Waren besonderer Art sind.

Dabei fehlt es nicht an Kritikern. So hat 2018 ein Gutachten der ›Monopolkommission‹, ein unabhängiges jeweils für vier Jahre berufenes Expertengremium, das die Bundesregierung in Wettbewerbsfragen berät, für Furore gesorgt. Dieses hatte nämlich empfohlen, die Buchpreisbindung abzuschaffen, weil die Nachteile der Wettbewerbsbeschränkung durch kulturpolitische Vorteile nicht aufgewogen, Konzentrationsprozesse nicht verhindert und Innovationen eher behindert würden. Nahezu postwendend konterte die Kulturstaatsministerin: »Gerade angesichts der Marktmacht einiger weniger global agierender Internetkonzerne ist die Buchpreisbindung als zentrales Instrument der Vielfaltssicherung für die deutsche Buch- und Verlagslandschaft unverzichtbar.« Die Debatte im Bundestag zum Thema endete damit, dass sich sämtliche Parteien für den Erhalt der Preisbindung aussprachen. Ein Blick auf den europäischen Markt zeigt, dass die Mehrzahl der EU-Staaten Preisbindungssysteme befürwortet, wobei im Detail durchaus Abweichungen von der deutschen Gesetzgebung zu konstatieren sind. Befürworter des Systems sind u. a.: Belgien, Frankreich, Griechenland, Italien, Luxemburg, Niederlande, Norwegen, Österreich, Portugal, Slowakei, Slowenien und Spanien.

Der Gesetzgeber erkennt damit an, dass Bücher Waren besonderer Art sind, für die die Gesetze des Marktes nur eingeschränkte Gültigkeit haben sollen. Also kein Wettbewerb? – Doch! Denn es bleibt der Wettbewerb der Verlage untereinander um den literarischen und wirtschaftlichen Erfolg. Und es bleibt der **Wettbewerb der Buchhandlungen,** der ausgetragen wird über ...

- den Standort bzw. die Lage,
- die Attraktivität der Angebotsstruktur,

- die Größe und die Atmosphäre des Verkaufsraums,
- die Qualifikation und Motivation der Mitarbeiter,
- das Marketingkonzept,
- die Wahl der Absatzkanäle,
- die Präsentation der Ware,
- die Qualität des Veranstaltungsprogramms,
- den Umfang der Social-Media-Aktivitäten.
- die eingesetzten Werbemittel und -träger,
- den Service als konstitutiver Bestandteil der heutigen Dienstleistungsgesellschaft ist.

Nur so ist zu erklären, dass – trotz Buchpreisbindung – der Buchhandel strukturellen Veränderungen ausgesetzt war, ist und bleiben wird.

Wie Branchenbeteiligte vom Buchpreisbindungsgesetz profitieren

VERLAGE Verlage haben die Möglichkeit einer firmeninternen Mischkalkulation, da ›schwierige‹ Titel (junge Autoren, sperrige Themen, Erstlingswerke) weniger Ertrag als Bestseller abwerfen, in preispolitischer Hinsicht aber annähernd gleich behandelt werden. Ferner nutzen Verlage das Vertriebsnetz des Bucheinzelhandels.

AUTOREN Autoren erhalten ihr Honorar in der Regel in Prozent vom gebundenen Ladenpreis und profitieren ebenfalls vom breiten Vertriebsnetz der Branche. Denn Buchhandlungen gelten als bevorzugter Veranstalter für Lesungen und damit als Ort zusätzlicher Verdienstmöglichkeiten.

GROSSHANDEL Der Großhandel ermittelt seine Gewinnspanne (Funktionsrabatt, siehe Kap. 1.2.1) in Prozent vom gebundenen Ladenpreis und hat damit eine sichere Planungsgrundlage.

EINZELHANDEL
Der Einzelhandel ist keinem ruinösen Preiswettbewerb ausgesetzt und kann seine (Marketing-)Aktivitäten auf sein Sortiment und seine Zielgruppen ausrichten. Als »Netz geistiger Tankstellen«, so eine Formulierung des Altkanzlers Helmut Schmidt, garantiert er die kulturelle Nahversorgung.

ENDKUNDE / KÄUFER
Der Käufer muss nicht nach dem günstigsten Angebot Ausschau halten. Selbst in kleineren Orten erhält er Bücher zum selben Preis wie bei größeren Unternehmen in der nächstgelegenen Stadt oder im Internet.

Die für einzelne Marktteilnehmer und für die Branche insgesamt positiven Effekte gelten allerdings nicht für Produkte, die keiner Preisbindung unterliegen, wie Wandkalender, Hörbücher, DVDs und weitere Non-Books (siehe Kap. 2.2 bis 2.4) – Produkte, die im Branchendurchschnitt aller Buchhandlungen mehr als 10 Prozent des Gesamtumsatzes ausmachen. Und Sie gelten auch nicht für Produkte, die Verlage aus der Preisbindung herausnehmen (vergriffene Titel) und die dann im Modernen Antiquariat verkauft und damit ihrer Resteverwertung zugeführt werden. In diesem Marktsegment herrscht mitunter ein erbitterter Preiskampf.

De jure ist das Buchpreisbindungsgesetz (BuchPrG) ein Spezialgesetz zum Gesetz gegen Wettbewerbsbeschränkungen (GWB), auch Kartellrecht genannt. Die höchstrichterliche Instanz ist das Bundeskartellamt. Dort, wo die Klärung von missbräuchlicher Marktmacht oder marktbeherrschender Stellung zum Tagesgeschäft gehört, werden also auch Belange der Preisbindung entschieden. Selten, dann aber spektakulär. Zuletzt geschehen im Jahr 2007, als das Bundeskartellamt ein für die Entwicklung der Branche positives Grundsatzurteil fällte. Damals wurde erstmals der Konzentrationsgrad hinsichtlich des Marktvolumens in einer Stadt bzw. einer Region bewertet – ein Gesichtspunkt, der in der Folgezeit auch bei weiteren Fusionen beachtet werden musste. Denn das Bundeskartellamt verbot die Übernahme eines Buchkaufhauses durch einen anderen umsatzstarken Marktteilnehmer am Ort mit der Begründung, dass ansonsten in der Stadt – konkret handelte es sich um die Landeshauptstadt Niedersachsens – durch einen(!) Anbieter eine marktbeherrschende Stellung entstehen würde. Hinter dieser Begründung stand die Überzeugung, dass die Preisbindung nicht zu einem Wettbewerbsausschluss führen darf, sondern vielmehr zu dessen Gegenteil: zur Erhaltung eines möglichst vielgestaltigen Wettbewerbs.

2019, als der Zusammenschluss des Branchenprimus Thalia mit der Mayerschen Buchhandlung anstand und das Kartellamt dieser Mega-Fusion auf Handelsebene zustimmte, lautete die Argumentation anders. Durch die Fusion komme es zwar in einzelnen Städten zu hohen gemeinsamen Marktanteilen beim stationären Verkauf, doch bestehen weder aus Verbraucher- noch aus Verlagssicht wettbewerbliche Bedenken. Denn einerseits hätten Verbraucher mit dem wachsenden Online-Handel gute Einkaufsalternativen und andererseits eröffnet der Gesichtspunkt der Angebotsqualität (durch Sortimentsauswahl, Beratung, Gestaltung der Geschäfte etc.) auch Chancen für kleinere Händler. Dass diese Argumentation nicht unwidersprochen blieb, dürfte nachvollziehbar sein. Denn Kritiker befürchten, dass diese Fusion nicht mehr, sondern vielmehr weniger Wettbewerb mit sich bringt, und Nachfrage-Monopole mit entsprechenden Rabattforderungen auf Verlagsseite eher Mainstream-Literatur befördere als ein kulturell vielgestaltiges Buchangebot.

Die Anfänge der Preisbindung in Deutschland reichen bis ins 19. Jahrhundert zurück, denn der 1825 gegründete Börsenverein hatte neben den Themen

Zensur und Urheberrecht auch bereits die Preisbindung auf seiner Agenda. Doch erst 1888 trat unter dem Vorsteher Adolf Kröner eine Vereinssatzung in Kraft, die die Mitglieder verpflichtete, die von den Verlagen festgesetzten Ladenpreise einzuhalten und das Anbieten von Rabatten zu unterlassen. Diese Reform ging als **Krönersche Reform** in die Buchhandelsgeschichte ein. Vorausgegangen war ein langwieriger Kampf der ›Provinzbuchhändler‹, die sich in zahlreichen Regionalvereinen gegen die ›Fernschleuderer‹ aus den Buchhandelsmetropolen Leipzig und Berlin zusammengeschlossen hatten. Denn von dort wurde ein intensiver Versandhandel betrieben, wobei Rabattofferten von bis zu 40 Prozent keine Seltenheit waren. So entstand die Situation, dass die Buchhändler fernab der großen Städte Bücher zwar einkauften, die ortsansässigen Kunden diese jedoch nicht bei ihnen, sondern mit Nachlass bei den großen Versandunternehmen kauften. Eine Situation, die durchaus vergleichbar ist mit der heutiger Einzelhändler: Sie preisen ihre Produkte an, die der Kunde dann mit dem vermeintlichen ›best price‹ im Internet bestellt.

Die rechtliche Organisation der Buchpreisbindung hat sich im Laufe des 20. Jahrhunderts mehrmals geändert. Lag sie bis 1945 noch verbandsintern in den Händen des Börsenvereins, so wurde sie in den 1950er-Jahren im Rahmen des Gesetzes gegen Wettbewerbsbeschränkungen (GWB), auch Kartellgesetz genannt, gesetzlich gestaltet. Jedem Verlag war es freigestellt, die Preise seiner Verlagserzeugnisse zu binden. Rund 1.800 buchhandelsrelevante Verlage machten von dieser Möglichkeit Gebrauch, indem sie einen privatwirtschaftlichen Sammelrevers unterschrieben, der die Buchhandlungen zur Preisbindung verpflichtete. Dieses auf freiwilliger Basis praktizierte Sammelreversverfahren, das rechtlich auf Bestimmungen des Gesetzes gegen Wettbewerbsbeschränkungen basiert, gilt auch heute noch durch den **Sammelrevers 2002** für die Preisbindung von Fachzeitschriften (siehe Kap. 4.1.2).

Das privatwirtschaftlich organisierte Preisbindungssystem, das mit einem ›Drei-Länder-Revers‹ für Deutschland, Österreich und die Schweiz auch grenzüberschreitend galt, geriet in den 1990er-Jahren immer wieder in die Kritik der Wettbewerbskommission der Europäischen Union und führte im Sommer 2000 zur Abschaffung der grenzüberschreitenden Preisbindung. Das System wurde re-nationalisiert und galt nun nicht mehr für grenzüberschreitende Verkäufe innerhalb des Europäischen Wirtschaftsraumes. Bereits im selben Jahr trat in Österreich ein eigenes Bundesgesetz über die Preisbindung bei Büchern in Kraft. Deutschland folgte 2002 mit seinem **Gesetz über die Preisbindung für Bücher**, kurz **Buchpreisbindungsgesetz** (BuchPrG). Die Preisbindungssituation in der Schweiz verlief wechselvoll. Letztendlich sprach sich die Schweizer Bevölkerung 2012 im Rahmen eines Referendums mehrheitlich gegen eine Preisbindung für Bücher aus.

Sowohl in Zeiten des ›Sammelrevers‹ als auch aktuell im ›Gesetzeszeitalter‹ war und ist eine Institution hervorzuheben, die sich um die Belange der Preisbindung im Allgemeinen und um Preisbindungsverstöße im Besonderen kümmert. Die Rede ist von der Anwaltskanzlei Fuhrmann Wallenfels, die als Preisbindungstreuhänder der Verlage fungiert; Dieter Wallenfels und Christian Russ führen derzeit die Geschäfte. Die Preisbindungstreuhänder informieren durch Vorträge und Veröffentlichungen, verfolgen Preisbindungsverstöße von Buchhandlungen, führen Preisbindungsprozesse im eigenen Namen oder als bevollmächtigte Anwälte, kümmern sich organisatorisch um laufende Ergänzungen zum ›Sammelrevers 2002‹ – und dies alles in enger Abstimmung mit dem Börsenverein und dessen Landesverbänden. Als Buchhändler gut zu wissen: Es gibt auch einen Preisbindungsbevollmächtigten, der Preisbindungsverstöße der Verlage verfolgt; diese Tätigkeit übt aktuell RA Birgit Menche aus.

4.1.1 Buchpreisbindung und die Ausnahmen vom gebundenen Ladenpreis

Die wichtigsten Inhalte des Gesetzes über die Preisbindung für Bücher (BuchPrG), im Oktober 2002 in Kraft getreten und 2006 sowie 2016 in wenigen Punkten novelliert (der Gesetzestext ist im Anhang abgedruckt), werden im Folgenden vorgestellt und ggf. kurz kommentiert. Untrennbar verbunden mit der Festsetzungspflicht der Preise ist die Pflicht zur Bekanntmachung eben dieser Preise im *Verzeichnis Lieferbarer Bücher*, der Referenzdatenbank für gebundene Ladenpreise in Deutschalnd und Österreich. Alle Artikel, die nicht der Preisbindung unterliegen, müssen mit dem Zusatz ›unverbindliche Preisempfehlung‹ gekennzeichnet werden.

Laut § 3 BuchPrG gelten die Bestimmungen nur für Firmen und Personen, die **Bücher gewerbs- oder geschäftsmäßig an Letztabnehmer verkaufen.** Hierunter fallen nicht nur die professionell agierenden Gewerbetreibenden, sondern auch medienaffine Privatpersonen, die Bücher in einem Ausmaß verkaufen, der für Privatleute unüblich ist. Dabei kommt es nicht darauf an, ob sie damit einen Gewinn erzielen oder Bücher nur ›nebenbei‹ verkaufen, und auch nicht, ob sie dies haupt- oder nebenberuflich machen.

Im § 3 steht ferner, dass die Preisbindung nicht für den Verkauf gebrauchter Bücher gilt. Damit ist zum einen der professionelle Antiquariatshandel angesprochen (siehe Kap. 1.4.1). Zum anderen aber auch der Tatbestand, dass bereits der Kauf eines Buchs dieses im juristischen Sinn zu einem ›gebrauchten‹ macht. Dies erklärt die höchst seltsam anmutenden, zum Teil weit unter den Ladenpreisen liegenden Angebotspreise von Novitäten auf Amazons market place oder vergleichbaren Plattformen. Wenn die Anbieter derartiger Offerten Privatpersonen sind, die die Bücher geschenkt bekommen haben, und regelmäßig nicht mehr als 30 Bücher pro Monat ins Internet einstellen, liegt de jure kein Preisbindungsverstoß vor. Händler hingegen, die Bücher unter Preis verkaufen, begehen kein Kavaliersdelikt. Als Strafen drohen Unterlassungs- und Schadensersatzansprüche, gegebenenfalls sogar Liefersperren.

Wichtige Bestimmungen aus dem Buchpreisbindungsgesetz (BuchPrG)

OBJEKTE, DIE DER PREISBINDUNG UNTERLIEGEN (§2)
Bücher unterliegen der Preisbindung – das ist das Anliegen des Gesetzes. Allerdings gilt dies nicht für alle Bücher. Und auch elektronische Medien können preisgebunden sein. Preisgebunden sind:

- alle deutschsprachigen Bücher,
- kartografische Produkte (auch Globen),
- Musiknoten,
- Kombinierte Objekte, bei denen Buch, Noten oder Karte die Hauptsache bilden (z.B. Sprachkursbuch mit CD/DVD für Aussprachebeispiele),
- CD-ROMs nur, sofern sie reine Texte wiedergeben (also nicht, wenn der Anteil an Multimedia-Elementen überwiegt).
- E-Books ohne multimediale Inhalte unabhängig von ihrem Format (PDF, EPUB). Der Preis kann unter dem der Print-Ausgabe liegen (siehe Kap. 2.4.1).
- Deutschsprachige Bücher ausländischer Verlage (vor allem Österreich, Schweiz) werden durch den Importeur gebunden.

Es gibt selten Gesetze ohne Ausnahmen und Grenzfälle. Viele sind in der Matrix ›Preisbindung – Umsatzsteuer‹ (siehe Einleitung von Kap. 2) erfasst. Die wichtigsten sind:

- Zeitungen und Zeitschriften unterliegen nicht dem BuchPrG. Publikumszeitschriften werden in der Regel über das Pressegrosso preisgebunden, Fachzeitschriften können von ihren Verlagen über den Sammelrevers 2002 auf der Grundlage des §30 GWB gebunden werden (siehe Kap. 4.1.2).
- Kalender unterliegen nicht der Preisbindung. Bei Kalendern in Buchform bzw. buchähnlich aufgemachten Kalendern kommt es auf die Umstände des Einzelfalls an. Prägen Buch- bzw. Textinhalte den ›Charakter‹ der Publikation, so unterliegt das Verlagserzeugnis der Preisbindung (siehe Kap. 2.2.1).
- Hörbücher unterliegen – trotz teilweise ermäßigtem USt-Satz (Hörspiele: 19%) – nicht der Preisbindung (siehe Kap. 2.2.5). Damit teilen alle Hörbuch-Genres das Schicksal eingespielter Musikwerke, die ebenfalls nicht preisgebunden sind.
- Fremdsprachige Bücher unterliegen auch nicht der Preisbindung. Es sei denn, sie sind ausschließlich (oder überwiegend) für den Verkauf in Deutschland bestimmt.
- Enhanced E-Books, d.h. digitale Publikationen unter Verwendung multimedialer Elemente (siehe Kap. 2.4.1), sind ebenfalls nicht preisbindungsfähig.

SONDERPREISE (§5 ABS. 4)
Verlage können Sonderpreise festlegen, die dann verbindlich für Endabnehmer gelten. Die folgende Aufzählung ist abschließend.

- Serienpreise: für eine Reihe auch einzeln beziehbarer Bände eines Autors oder für eine Reihe mit inhaltlichem Zusammenhang.

- Mengenpreise: bei Verkauf von einem Titel (in größerer Anzahl) an einen Endabnehmer (Industriegeschäft). Mengenpreise werden in der Regel in den Liefer- und Zahlungsbedingungen auf der Website der Verlage veröffentlicht. Die im Preis reduzierten Mengenpreise sind rechtsverbindlich.
- Subskriptionspreise: ›Markteinführungspreise‹ bei mehrbändigen Werken bis zum vollständigen Erscheinen. Bei einbändigen und bei mehrbändigen Werken, die gleichzeitig erscheinen, darf der Subskriptionspreis bis max. 3 Monate nach Erscheinen gelten. Die Vergünstigung darf max. 20 % des festgesetzten Ladenpreises betragen.
- Sonderpreise für Institutionen, die bei der Herausgabe von Verlagswerken ausschlaggebend mitgewirkt haben.
- Sonderpreise für Zeitschriften-Abonnenten beim Bezug eines Buches, das die Redaktion dieser Zeitschrift verfasst oder herausgegeben hat.
- Teilzahlungszuschläge (zwingend bei Ratenzahlung).

PREISE FÜR AUSGABEN GLEICHEN INHALTES (§ 5 ABS. 5)

Die Festsetzung unterschiedlicher Endpreise für verschiedene Ausgaben eines Titels ist zulässig, »wenn dies sachlich gerechtfertigt ist«. Dies betrifft vor allem Lizenzausgaben: Taschenbuch- oder Sonderausgaben und Buchgemeinschaftsausgaben, deren preisbindungsrechtliche Kriterien (Ausstattungsunterschied, Zeit- und Preisabstand zur Originalausgabe sowie Mitgliedschaftsbindung) im ›Potsdamer Protokoll‹ festgelegt sind (siehe Kap. 1.4.4).

Sonderfälle sind **Bundle-Preise.** Hier kombiniert ein Händler ein preisgebundenes Buch mit einem nicht-preisgebundenen Produkt (Manga-Heft plus Stifte, Kochbücher plus Deko-Tischset) – und verstößt nur dann gegen die Preisbindung, wenn der Preis des Gesamtproduktes unter dem gebundenen Buchpreis plus dem Einstandspreis des nicht-preisgebundenen Produkts liegt.

Für **E-Books** gehen die Preisbindungstreuhänder in ihrem *Arbeitsbericht 2012* von folgenden Sonderfällen aus. Abo-Preise: Eine vertragliche Kaufverpflichtung zur wiederkehrenden Abnahme von E-Books ist ein sachlich gerechtfertigter Grund zur Festsetzung von reduzierten Abo-Preisen. Bundle: Es kann auch sachlich gerechtfertigt sein, wenn ein Print-Produkt mit dem inhaltsgleichen E-Book als Bundle verkauft wird, und hierfür ein gemeinsamer, unterhalb der Summe der Einzelpreise liegender Preis festgesetzt wird. Flatrates: Rechtlich unproblematisch sind Flatrate-Verträge; hier werden E-Books nicht verkauft, sondern in rechtlicher Hinsicht vermietet.

VERLAGSKONDITIONEN (§ 6)

Verlage müssen bei ihrer Preis- und Konditionengestaltung die Leistungen auch kleinerer Buchhandlungen zur flächendeckenden Bücherversorgung sowie deren buchhändlerischen Service berücksichtigen. Daraus ergeben sich drei Punkte, die auch in die Verkehrsordnung (§ 3 Abs. 1) übernommen worden sind (allerdings konnte man sich bislang innerhalb der Branche nicht auf konkrete Werte im Hinblick auf Rabatte oder sonstige Konditionen einigen):

- Rabatte dürfen nicht allein am Umsatz ausgerichtet sein (siehe Kap. 2.6).
- Branchenfremde Händler dürfen nicht zu besseren Konditionen beliefert werden als Buchhändler.
- Zwischenbuchhändler, wie Barsortimente, dürfen nicht zu schlechteren Konditionen beliefert werden als (umsatzstarke) Einzelhändler.

BIBLIOTHEKSNACHLÄSSE (§ 7 ABS. 2)

Bibliotheksnachlässe sind erlaubt; sie stehen im Ermessen des Händlers. Das Gesetz benennt jedoch Höchstwerte für preisgebundene Bücher:

- wissenschaftliche Bibliotheken, die jedem wissenschaftlich Arbeitenden zugänglich sind, erhalten bis zu 5 Prozent,
- jedermann zugängliche öffentliche Bibliotheken (gleichgestellt sind konfessionelle Büchereien, Truppen- und Schülerbüchereien) erhalten bis zu 10 Prozent.

SCHULBUCHNACHLÄSSE (§ 7 ABS. 3)

Schulbuchnachlässe müssen den Schulen (Schulbibliotheken) zwingend gewährt werden. Wobei nach der Gesetzesnovelle von 2006 nicht mehr die Frage entscheidend ist, wer die Bücher finanziert, sondern ob sie und in wessen Eigentum sie übergehen. Wenn also von privaten Fördervereinen bezahlte Bücher in der Schule als staatliches Eigentum inventarisiert werden, sind die entsprechenden Nachlässe durch die Buchhandlung zu gewähren. Die im Einzelfall vorgeschriebene Nachlasshöhe (zwischen 8 und 15 Prozent) bemisst sich nach Auftragswert-Staffeln, die im Gesetzestext aufgeführt sind. Soweit Schulbücher im Rahmen eigener Schul-Etats angeschafft werden, ist ein genereller Nachlass von 12 Prozent für alle Sammelbestellungen zu gewähren. Über Detailregelungen in den einzelnen Bundesländern geben die buchhändlerischen Landesverbände Auskunft.

PERSONENKREISE, FÜR DIE SONDERREGELUNGEN GELTEN (§ 7 ABS. 1)

Für einige Personenkreise gelten Sonderregelungen beim Verkauf preisgebundener Verlagserzeugnisse. Hierzu gehören:

- Mitarbeiter buchhändlerischer Unternehmen: für alle Bücher, wobei die Höhe des ›Kollegenrabatts‹ nicht vorgegeben ist. Dieser Rabatt gilt nur für Buchhändler in Festanstellung und ausschließlich für deren Eigenbedarf, das heißt für Bücher zum Selbst-Lesen oder zum Verschenken.
- Autoren selbstständiger Publikationen: nur für Bücher des eigenen Verlags.
- Lehrer: nur für die Bücher, die dahingehend überprüft werden, ob sie im Unterricht eingesetzt werden sollen. Diese ›Lehrerprüfstücke‹ sind nicht zu verwechseln mit Lehrerfreiexemplaren anlässlich von Klassensatzbestellungen; diese sind verboten.

WIRTSCHAFTLICHE VERGÜNSTIGUNGEN/KUNDENBINDUNGSSYSTEME (§ 7 ABS. 4)

Der Letztverkäufer, also der Buchhändler, darf seinen Kunden folgende Vergünstigungen gewähren:

- Zugaben von geringem Wert. Dies können Sachprämien bis zu 2 Prozent des Warenwertes sein, wobei die Zugabe nicht unmittelbar nach einem Kauf gewährt werden muss. Es ist auch möglich, dass der Kunde erst nach Erreichen eines bestimmten Mindestumsatzes, also erst nach mehreren Käufen, ein Anrecht auf die Zugabe erhält. Eine Auszahlung in Geld, Ausgabe von Gutscheinen oder dem Payback-Verfahren ähnliche Systeme sind unzulässig.
- Handelsübliche Nebenleistungen. Bezogen auf das Schulbuchgeschäft hat der Börsenverein ein ›Merkblatt für kommunale Schulträger‹ erstellt, das handelsübliche Serviceangebote benennt: Bibliografische Recherche und Nachweise (Titel, Bestellnummern, Auflagen, Ladenpreise), fachliche Beratung mit entsprechendem Anschauungsmaterial vor Ort, Hotline für Einzelauskünfte, Nachbestellungen oder Reklamationen, Lieferung frei Haus (Anlieferungsstelle), Lieferung sortiert und verpackt nach Klassen in einzelne Schulen/Klassenräume, Literaturlisten, Nachbestell-Service, Rechnungsstellung nach Vorgabe der Schulen (auch getrennt nach einzelnen Schulen), Rücknahme beschädigter Bücher sowie Rücknahme von Verpackungsmaterial.
- Übernahme von Versandkosten.
- Erstattung von Parkgebühren.

MÄNGELEXEMPLARE (§ 7 ABS. 1)

Mängelexemplare, die mehrheitlich durch unachtsame Behandlung, Verschmutzung, Transportschäden oder Druck- und Bindefehler entstehen, unterliegen aufgrund ihrer Beschädigung nicht der Preisbindung. Weitere Ausführungen hierzu, auch zu den ›gemängelten Mängelexemplaren‹, stehen im Kap. 1.4.1.

BEENDIGUNG DER PREISBINDUNG (§ 8)

Frühestens 18 Monate nach Druck der Erstauflage durch den Verlag zulässig. Ausnahmen: periodisch in einem kürzeren Abstand als 18 Monate erscheinende Publikationen, zum Beispiel Jahrbücher, und Titel, »deren Inhalt mit dem Erreichen eines bestimmten Datums oder Ereignisses erheblich an Wert« verlieren, wie Bücher zu bedeutenden Sportereignissen. Nach dieser ›Schutzfrist‹ von 18 Monaten können Verlage ihre Produkte selbstverständlich preisgebunden lassen oder bei Bedarf Preisänderungen vornehmen (dies auch bereits während der 18 Monate). Alternativ können sie jedoch Titel aus der Preisbindung herausnehmen und die Restauflage verramschen (siehe Kap. 1.4.1 und 8.4.1.1), dann gilt der Titel offiziell als vergriffen.

Verlage gehen höchst unterschiedlich mit diesem § 8 BuchPrG um. Publikumsverlage nutzen diesen Zeitraum eher, da binnen 18 Monaten nach Erscheinen bereits preiswertere Lizenzausgaben auf dem Markt sind. Fachverlage weniger, weil hier Bücher einen längeren Lebenszyklus haben. In der Regel entscheidet die Vertriebsabteilung aufgrund vorliegender Absatzstatistiken über die Preisaufhebung, mitunter möchte aber auch die Verlagsleitung gefragt werden – geht es doch auch um Aspekte wie das eigene Verlagsimage und die Autorenpflege.

4.1.2
Preisbindung für Presseerzeugnisse

Die Preisbindung für Zeitschriften und Zeitungen ist nicht durch das Buchpreisbindungsgesetz abgedeckt. Presseerzeugnisse sind jedoch nach § 30 Abs. 1 des Gesetzes gegen Wettbewerbsbeschränkungen (GWB) preisbindungsfähig, wovon fast alle Zeitungs- und Zeitschriftenverlage Gebrauch machen. Im Gesetzestext steht:

> »§ 1 [Verbot wettbewerbsbeschränkender Vereinbarungen; eig. Erg.] gilt nicht für vertikale Preisbindungen, durch die ein Unternehmen, das Zeitungen und Zeitschriften herstellt, die Abnehmer dieser Erzeugnisse [...] rechtlich oder wirtschaftlich bindet, bei der Weiterveräußerung bestimmte Preise zu vereinbaren oder ihren Abnehmern die gleiche Bindung bis zur Weiterveräußerung an den letzten Verbraucher aufzuerlegen. Zu Zeitungen und Zeitschriften zählen auch Produkte, die Zeitungen oder Zeitschriften reproduzieren oder substituieren und bei Würdigung der Gesamtumstände als überwiegend verlagstypisch anzusehen sind, sowie kombinierte Produkte, bei denen eine Zeitung oder Zeitschrift im Vordergrund steht.«

Nach Vorgabe des GWB muss die Lückenlosigkeit des vertikalen Preisbindungssystems nachgewiesen werden. Das bedeutet: Jeder Verlag müsste mit jedem Zwischenhändler und die wiederum mit jedem Einzelhändler einen schriftlichen Vertrag abschließen, bei dem die jeweiligen Preise für den Zwischenhandel, Einzelhandel und Endkunden als gebundene Preise festgelegt werden. Da ein derartiges Vertragssystem praktisch kaum zu realisieren ist, werden die Verträge über ein **Sammelreverssystem** (privatrechtliche Vereinbarung zwischen Branchenteilnehmern) abgewickelt. Ein gemeinsam benannter Treuhänder führt eine Liste der teilnehmenden Verlage. Zurzeit gilt für Fachzeitschriftenverlage der Revers ›Vertragsstrafenvereinbarung und Fachzeitschriften-Sammelrevers‹, nach dem Jahr seines Inkrafttretens auch Sammelrevers 2002 genannt (im Anhang abgedruckt). Neben der Bindung der Fachzeitschriftenverlage bietet er gleichzei-

Das Preisbindungsprozedere für Fachzeitschriften

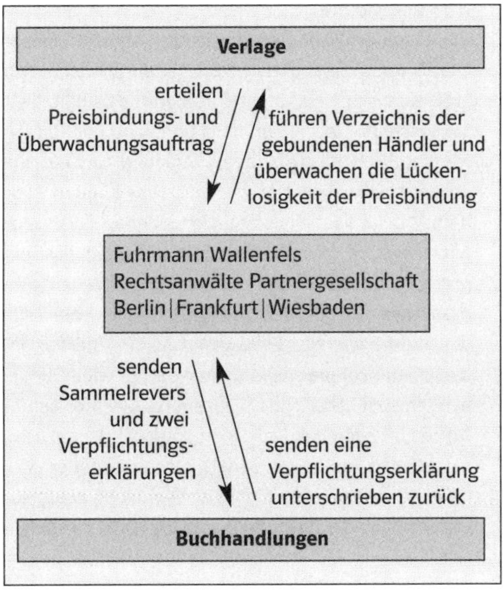

tig die juristische Grundlage für die Verfolgung von Preisbindungsverstößen bei Buchverlagen; denn das Buchpreisbindungsgesetz sieht hier keine konkreten Strafmaßnahmen vor.

Die Preisbindung populärer Presseerzeugnisse wird über Einzelreverse (Einzelverträge) sichergestellt. Hier binden Verlage der Publikumszeitschriften Unternehmen des Bahnhofsbuchhandels und des Presse-Grosso. Der Grossist ist damit verpflichtet, bei Abschluss seiner Verträge mit dem Presseeinzelhandel diesen wiederum zu verpflichten, den gebundenen Endverkaufspreis einzuhalten; im gleichen Vertragswerk wird auch die Bindung der Abgabepreise der Großhändler an den Handel festgelegt. Auch die Preisbindung für Zeitungen wird über Einzelreverse sichergestellt.

4.1.3 Preisbindung und Absatzförderungssysteme

Die Grenzen der Buchpreisbindung werden immer wieder durch absatzfördernde Maßnahmen großer Marktteilnehmer neu ›ausgelotet‹. Die Rechtsabteilung des Börsenvereins hat aufgrund marktrelevanter Rechtsunsicherheit im Jahr 2016 derartige Versuche dokumentiert. Es handelt sich um Bonussysteme, das Phänomen Kundenbindung durch Eigengutscheine, drittfinanzierte Gutscheine von Werbepartnern und erlaubte bzw. nicht erlaubte Provisionen im Rahmen sogenannter Affiliate Programme. Der Abdruck erfolgt mit freundlicher Genehmigung der Rechtsabteilung.

I. Bonussysteme

OLG Frankfurt 20.07.2004, 11 U 2/04 – **Miles & More:** Ausgabe und Einlösung von Bonuspunkten beim Kauf preisgebundener Bücher durch den Buchhändler ist zulässig, wenn der Buchhändler im Ergebnis den gebundenen Ladenpreis erhält. (rechtskräftig)

Sachverhalt: Eine Versandbuchhandlung bot Kunden des Miles & More-Programms der Fluggesellschaft Lufthansa an, für jeden Kauf eines preisgebundenen Buches Prämienmeilen gutzuschreiben sowie Meilen, die diese Kunden – auch bei anderen Unternehmen – gesammelt hatten, beim Kauf eines preisgebundenen Buchs anzurechnen.

Entscheidung: Das OLG Frankfurt entschied, dass ein Buchhändler dem Kunden für den Kauf preisgebundener Bücher nur dann Bonusmeilen gutschreiben kann, wenn gewährleistet ist, dass diese nicht bei ihm selbst, sondern nur bei Partnerfirmen eingelöst werden können und der Buchhändler den Einlösewert den Partnerfirmen nicht erstatten muss. Der Buchhändler darf beim Kauf preisgebundener Bücher wiederum nur Bonusmeilen anrechnen, d. h. den gebundenen Ladenpreis reduzieren, wenn der Kunde diese Bonusmeilen durch Geschäfte mit Dritten erhalten hat. Zudem muss gewährleistet sein, dass der Buchhändler den Wert der eingelösten Punkte von dem Dritten erstattet erhält.

Ob ein Bonussystem zulässig ist oder nicht, hängt somit nach dem OLG Frankfurt entscheidend davon ab, ob der Buchhändler im Ergebnis den vollen gebundenen Ladenpreis vereinnahmt.

II. Eigengutscheine

OLG Frankfurt 20.07.2004, 11 U 15/04 – **Startgutscheine:** Es stellt einen unzulässigen Nachlass dar, wenn ein Händler ohne Gegenleistung Gutscheine ausgibt, die er bei einem späteren Kauf preisgebundener Bücher verrechnet und somit nicht den gebundenen Ladenpreis erhält. (rechtskräftig)

Sachverhalt: Der Online-Versandhändler Amazon bot Neukunden bei erstmaliger Registrierung einen ›5-EUR-Startgutschein‹ an. Dieser wurde den Kunden nach Einrichtung eines Kundenkontos übersandt und konnte innerhalb eines Monats im Rahmen einer Warenbestellung bei Amazon eingelöst werden, wobei der Gutschein-Wert auch auf preisgebundene Bücher angerechnet wurde.

Entscheidung: Das OLG Frankfurt sah in der Anrechnung des 5-EUR-Gutscheins auf preisgebundene Bücher einen unzulässigen Preisnachlass, da Amazon im Ergebnis für die Überlassung des Buches nicht den gebundenen Ladenpreis erhalten habe. Entscheidend für das Gericht war, dass der Online-Händler im Ergebnis einen Betrag abzog, der auf einem selbst gewährten Gutschein beruhte. Dadurch unterscheide sich der in Frage stehende Gutschein von einem durch einen Dritten erworbenen Geschenkgutschein, da dessen Erwerber stets den vollen Betrag an den Händler entrichte. Zudem stelle die Neuregistrierung des Kunden keine hinreichende, den Wert des Gutscheins aufwiegende Gegenleistung dar, da die bloße Registrierung den Kunden nicht zu zukünftigen Bestellungen verpflichte.

OLG Stuttgart 11.11.2010, 2 U 31/10 – **Drogerie Müller:** Ein Händler verstößt dann nicht gegen die Buchpreisbindung, wenn der Käufer eines preisgebundenen Buches den gebundenen Ladenpreis teilweise mit einem vom Händler für nicht preisgebundene Ware ausgegebenen Gutschein bezahlt. (rechtskräftig)

Sachverhalt: Die Drogeriekette Müller überreichte ihren Kunden an der Kasse Gutscheine über einen Rabatt von 3 % auf den Wert der Einkäufe (mit Ausnahme von preisgebundenen Büchern), die die Kunden bei einem späteren Einkauf einlösen konnten. Der Preisnachlass von 3 % wurde auch beim Kauf preisgebundener Bücher gewährt.

Entscheidung: Das OLG Stuttgart sah in der Ausgabe des Einkaufsgutscheins beim Ersteinkauf einen Preisnachlass nur auf den Ersteinkauf. Dieser sei zulässig, da er für Waren gewährt werde, die nicht preisgebunden sind. Beim Zweiteinkauf könne der Gutschein nach Meinung des Gerichts dann auch für preisgebundene Bücher eingelöst werden, weil der Kunde unter Einschluss des Gutscheins den vollen Preis bezahle.

III. Drittfinanzierte Gutscheine von Werbepartnern

KG Berlin 23.09.2014, 5 U 136/12 – **Buch.de:** Die Anrechnung von Drittgutscheinen auf preisgebundene Bücher ist unzulässig, da der Buchhändler den sofort zu entrichtenden Ladenpreis teilweise erst nach Wochen erstattet erhält. (rechtskräftig)

Sachverhalt: Die Firma Zalando legte Warensendungen an Endkunden einen Gutschein in Höhe von 5,– EUR bei, der bei einem Einkauf im Onlineshop von ›buch.de‹ mittels Eingabe des aufgedruckten Codes auch für preisgebundene Bücher eingelöst werden konnte. Im kleingedruckten Text am unteren Ende des Gutscheins fand sich der Hinweis: »Zalando erstattet den Wert jedes eingelösten Gutscheins an buch.de.«

Entscheidung: Das KG Berlin entschied, dass die Buchhandlung die Gutscheine nicht beim Kauf preisgebundener Bücher einlösen darf, auch wenn Zalando dem Buchhändler im Nachhinein den Gutscheinbetrag erstatte. Entscheidend sei, dass der Kunde den festgesetzten Ladenpreis nicht als Barzahlungspreis sofort entrichte. Anders als bei Geschenkgutscheinen, die üblicherweise sofort bar oder im bargeldlosen Zahlungsverkehr bezahlt werden, werde hier der Geldbetrag des Gutscheines über einen längeren Zeitraum gestundet. Damit übernehme der Buchhändler ein Insolvenzrisiko, das über das eines bargeldlosen Zahlungsverkehrs hinausgehe.

OLG Hamburg 24.10.2012, 5 U 164/11 – **Studibooks:** Zuzahlungen von Drittunternehmen dürfen auf preisgebundene Bücher nicht angerechnet werden, wenn Kunden dadurch einen Preisvorteil erhalten, der mittelbar zu einem Preiswettbewerb zwischen Händlern führt. (rechtskräftig)
Sachverhalt: Die Versandbuchhandlung Studibooks.de hat in ihrem Internetangebot Fachbücher im Schnitt 10% unterhalb des gebundenen Ladenpreises angeboten. Diese Vergünstigung wurde von Studibooks damit gerechtfertigt, dass die Differenz zum gebundenen Ladenpreis von ›Förderern‹ bezahlt würde, die die Ausbildung von Studenten und damit deren Bildung unterstützen wollten.
Entscheidung: Eine derartige Werbung mit Förderern bzw. Gutscheingebern ist nach Ansicht des hanseatischen OLG unzulässig, wenn dadurch ein Preiswettbewerb entsteht, den das Preisbindungsgesetz gerade verhindern will. Denn aus Sicht des Buchkäufers komme es nur darauf an, dass er die Bücher günstiger erhält. Ihm sei gleichgültig, ob und durch wen der fehlende Betrag an den Buchhändler gezahlt wird. Der Kunde assoziiere mit dieser Art von Werbung einen attraktiven Preisvorteil, der ihm von anderen Händlern nicht gewährt werde. Nachahmungen durch andere Wettbewerber könnten daher zu einer zu vermeidenden erheblichen Wettbewerbsverzerrung führen. Stellungnahme RegE BuchPrG 20160223 9

IV. Provisionen

KG Berlin 02.06.2015, 5 U 108/14 – **Affiliateprogramm:** Buchhändler können Provisionszahlungen für Buchkäufe an Dritte leisten, wenn diese die Käufer über einen Link auf ihrer Homepage auf die Online-Plattform des Buchhändler leiten. (nicht rechtskräftig)
Sachverhalt: Amazon gewährt Fördervereinen von Schulen über sein Affiliate-Programm Provisionen von bis zu 9% des gebundenen Buchpreises, wenn die Eltern (Schul-)Bücher für ihre Kinder über einen Button auf der Website des Fördervereins bei Amazon kaufen.
Entscheidung: Das KG Berlin sieht keinen Verstoß gegen das Buchpreisbindungsgesetz, da die Buchkäufer, die über den Link des Schulfördervereins bei Amazon Bücher kaufen, den gebundenen Ladenpreis bezahlen. Die spätere ›Werbekostenerstattung‹, die Amazon dem Schulförderverein zahlt und deren Höhe in einem Prozentsatz der über die Internetseite des Fördervereins generierten Kaufumsätze besteht, sei unbeachtlich. Dem Buchpreisbindungsgesetz lasse sich nicht entnehmen, dass der Händler seine Einnahmen aus Buchverkäufen nicht durch Entgelte verringern dürfe, die er Dritten dafür zahle, dass sie ihm ein Geschäft vermittelten. Zudem erhielten die Buchkäufer keine Vorteile, die das Buchpreisbindungsgesetz verbieten würde. Ideelle und immaterielle Vorteile wie das Gefühl, dem Förderverein der Schule, auf die das eigene Kind geht, etwas Gutes getan zu haben, seien unbeachtlich. Die Provision komme jedenfalls nicht in der Vermögenssphäre des Schulbuchkäufers an. Auch das Ziel des Buchpreisbindungsgesetzes, einen Preiswettbewerb zu verhindern, führe hier zu keiner anderen Betrachtungsweise. Der Buchhändler biete die Bücher gerade nicht zu geringeren Preisen an als konkurrierende Händler und der Buchkäufer spare weder am Buchpreis noch an eigenen Aufwendungen, die er sonst zwangsläufig hätte aufbringen müssen.

4.2
Regeln für den Buchhandel

Zuzüglich zu den ›äußeren‹ Gesetzen der Bundesrepublik Deutschland hat der Börsenverein ›innere‹ verbandsinterne Regeln verabschiedet, die dem Geschäftsverkehr der herstellenden und verbreitenden Unternehmen der Buchbranche zugrunde gelegt werden sollen. Für Mitgliedsfirmen aller Fachsparten gelten demnach:

- **Satzung des Börsenvereins** Die Börsenvereinssatzung ist für jedes Mitglied verpflichtend. Sie definiert den Handel mit Büchern und anderen Medien (§ 7) und regelt Rechte und Pflichten der Verbandsmitglieder untereinander. Die jüngste Satzungsänderung datiert von 2018.
- **Wettbewerbsregeln des Börsenvereins** Die Wettbewerbsregeln fassen die Grundsätze des lauteren, den guten kaufmännischen Sitten entsprechenden Wettbewerbs im Buchhandel zusammen (siehe Kap. 4.2.3). Ihre Beachtung gehört zu den satzungsgemäßen Verpflichtungen der Mitglieder des Börsenvereins (Satzung § 13 Ziffer 2). Ein Verstoß kann nach § 16 der Satzung sanktioniert werden.
- **Verkehrsordnung des Buchhandels** Die Verkehrsordnung kodifiziert die Bedingungen, die im Interesse eines geordneten Geschäftsverkehrs angewendet werden sollen (siehe Kap. 4.2.2). Sie fixiert den Handelsbrauch im Buchhandel und kommt in allen Fällen zur Anwendung, in denen sich Unternehmen nicht ausdrücklich für eigene Geschäftsbedingungen entschieden haben.
- **Grundlagenpapier** Das Grundlagenpapier ist eine Sammlung von Grundsätzen und Regeln, die zwar nicht rechtlich bindend sind, deren Einhaltung aber anerkanntermaßen im gemeinsamen Interesse aller drei Sparten liegt, um als Buch- und Medienbranche auf Dauer wirtschaftlich erfolgreich zu sein (siehe Kap. 4.2.1). Sie dient sowohl den Mitgliedern zur täglichen Orientierung als auch zur Schlichtung in Streitfällen.

Alle ›Regelwerke‹ wurden im Konsens des Verleger-Ausschusses, des Sortimenter-Ausschusses und des Ausschusses für den Zwischenbuchhandel verabschiedet und sind seither geltendes Verbandsrecht. Um ihre Kenntnis in den Unternehmen lebendig zu halten, sind sie auch ein zentraler Gegenstand der Aus- und Fortbildung.

Die Originaltexte stehen – bis auf die Börsenvereinssatzung – im Anhang dieses Buches. Für die folgenden Unterkapitel werden jeweils wichtige Themen und Bestimmungen zusammengefasst. Da sie elementar mit dem ›Funktionieren‹ der Branche zusammenhängen, tangieren sie teilweise auch Ausführungen an anderen Stellen dieser Publikation, vorzugsweise die Kapitel Einkauf (siehe Kap. 7) sowie Warenwirtschaft und Lagerlogistik (siehe Kap. 8).

4.2.1 Grundlagenpapier

Das Grundlagenpapier aus dem Jahr 2007 geht von der Besonderheit der Ware Buch aus, die zugleich Kultur- und Wirtschaftsgut ist (siehe Einleitung von Kap. 2). Somit gibt es einen gesellschaftlich-kulturellen Auftrag, nach dem die Werke der Autoren mit dem Kultur- und Bildungsbetrieb und den vielschichtigen Leseinteressen zusammengebracht werden sollen. Aber auch einen ökonomischen Auftrag; denn nur wirtschaftlich erfolgreiche Unternehmen können in Kultur investieren. Weiter heißt es im Originalwortlaut: »Wir begreifen dieses Spannungsfeld nicht als Gegensatz, sondern sehen unsere Chance darin, beide Seiten zu einem für die Gesellschaft fruchtbaren Ausgleich zu bringen. Dieser doppelte innere Antrieb, das Streben nach kulturellem und wirtschaftlichem Gewinn, wirkt sinnstiftend für die gesamte Branche. Dies unterscheidet uns von ausschließlich ökonomisch gesteuerten Branchen.«

In Anbetracht gesetzlicher Privilegien (Buchpreisbindung, reduzierter Umsatzsteuersatz), die die Rahmenbedingungen des Handelns erleichtern, werden vier zentrale Ziele definiert, die anschließend in Maßnahmenkatalogen für Verlage, Zwischenbuchhandel und Bucheinzelhandel konkretisiert werden:

- Garantie der Vielfalt von Autoren und Inhalten,
- landesweite Verfügbarkeit der Inhalte,
- qualifizierte Titelauswahl durch den verbreitenden Buchhandel,
- umfassende Information und Beratung des Lesepublikums.

Beitrag der Sparten zur Erreichung der zentralen Ziele

VERLAGE ...

... machen das Wissen der Autoren für Leser zugänglich.
... fördern durch Arbeit an Konzept und Text die Qualität der Produktion.
... erarbeiten in einer Wettbewerbssituation eine Vielzahl an Konzepten und Inhalten.
... halten ihre Produktion über einen möglichst langen Zeitraum verfügbar.
... kümmern sich nicht einseitig um Novitäten, sondern auch um eine lebendige Backlist.
... organisieren ein dichtes Vertriebsnetz.
... pflegen die Daten des *Verzeichnisses Lieferbarer Bücher* (VLB). Als einziges Gesamtverzeichnis aller lieferbaren Titel ist die Existenz des VlB eine Grundbedingung für den Erhalt der Vielfalt.
... befürworten urheberrechtlich abgesicherte Online-Recherchen (auch Volltextsuche) im digitalen Zeitalter.

DER ZWISCHENBUCHHANDEL ...
... organisiert Prozesse zwischen Verlagen und dem Bucheinzelhandel.
... garantiert die Verfügbarkeit inhaltlicher Vielfalt.
... beachtet auch kleinere Verlage.
... beliefert auch kleinere Buchhandlungen, die abseits der Zustelltouren liegen.
... berücksichtigt bei der Auswahl der Titel Gesichtspunkte wie Meinungsfreiheit und Pluralität.

DER VERBREITENDE BUCHHANDEL ...
... realisiert die kulturelle Vermittlungsarbeit der gesamten Branche mit den Kunden.
... weist einen Weg durch die Titelvielfalt.
... stellt eine fundierte Auswahl der wichtigsten und besten Titel zur Verfügung.
... vermittelt zwischen dem Interesse des Kunden und dem Angebot der Verlage.
... garantiert den individuellen Zugang zur gesamten Informationswelt auf allen Vertriebskanälen.
... stellt die Besorgung aller lieferbaren Titel sicher.
... steht für eine aktive Ansprache, indem er auf Kunden zugeht, Titel anbietet und Alternativen präsentiert.
... nutzt Datenbanken systematisch und recherchiert auf Kundenwunsch auch nicht gängige Werke.

4.2.2 Verkehrsordnung für den Buchhandel

Die Verkehrsordnung für den Buchhandel (VeO) definiert Konditionen und Handelsbräuche zwischen Verlag, Zwischenbuchhandel und Sortiment. Sie gilt als unverbindliche Konditionenempfehlung des Verbandes, deren Paragrafen Mitgliedsfirmen des Börsenvereins häufig als eigene Geschäftsbedingungen verwenden. Seit 1989 wird sie auch von Gerichten im Falle von rechtlichen Auseinandersetzungen herangezogen, da in ihr im Buchhandel geltende Handelsbräuche im Sinne von HGB §346 kodifiziert sind. Insofern erstreckt sich ihre Wirkung auch auf Unternehmen, die dem Börsenverein nicht angeschlossen sind.

Die Verkehrsordnung könnte man mit den Begriffen ›Mustergeschäftsbedingungen‹ oder ›Branchen AGB‹ umschreiben, die buchhandelsspezifische Sachverhalte regeln; allein im §3 Ziffer 1 werden Passagen aus dem Buchpreisbindungsgesetz zitiert. Erste Bemühungen um eine Fixierung der Handelsbräuche gehen bis ins 18. Jahrhundert zurück, als sich aus dem Tauschhandel der Verlage untereinander der Kaufhandel mit dem Sortimentsbuchhandel entwickelte. Trotzdem wurde erst auf der Hauptversammlung des Jahres 1888 eine erste Verkehrsordnung verabschiedet. Seither hat es verschiedene Fassungen gegeben. Die 20 Paragrafen der heute gültigen Verkehrsordnung aus dem Jahr 2006 – nachträglich geändert im Juni 2011 (§ 3 Ziffer 3), im November 2013 (§ 3 Ziffer 4, jetzt Ziffer 5), im September 2015 (§ 3 Ziffer 3) und im November 2018 (Ergänzung von § 3 Ziffer 4) – kommen allerdings erst dann zum Tragen, falls Verlage, Buchhändler oder Zwischenbuchhändler im Einzelfall keine eigenen abweichenden Vereinbarungen getroffen haben, entweder durch einen individuell ausgehandelten Vertrag oder durch Allgemeine Geschäftsbedingungen (AGB). Die folgende thematische Übersicht führt ein in die Welt buchhändlerischer Geschäftsbedingungen und Handelsbräuche.

Wichtige Bestimmungen aus der Verkehrsordnung für den Buchhandel

BÖRSENBLATT – DAS OFFIZIELLE VERBANDSORGAN (§ 1 ZIFFER 8, § 2)
Das *Börsenblatt – Magazin für den deutschen Buchhandel* ist als Verbandszeitschrift das offizielle Mitteilungs- und Veröffentlichungsorgan des Börsenvereins. Es erscheint in einer Druckausgabe, ist aber auch in einer Online-Version im Internet abrufbar (siehe Kap. 5.7.6). Alle in der Verkehrsordnung aufgeführten buchhändlerischen Anzeigen und Mitteilungen über geschäftliche Vorgänge, Veränderungen und dergleichen (u. a. § 3 Ziffer 4, § 4 Ziffer 1) gelten als ordnungsgemäß erfolgt, wenn sie im *Börsenblatt* veröffentlicht worden sind.

LADENPREISE, PREISAUFHEBUNGEN UND PREISÄNDERUNGEN (§ 3, ZIFFER 3 BIS 9)
Verlage melden ihre Ladenpreise (Endpreise) an das Verzeichnis Lieferbarer Bücher (VLB). Der dort gemeldete Preis gilt als verbindliche Preisfestsetzung und Preisveröffentlichung im Sinne des Buchpreisbindungsgesetzes (siehe Kap. 4.1.1). Preisaufhebungen und Ladenpreisänderungen sind mit einer Vorlauffrist von 14 Tagen im VlB anzuzeigen. Subskriptionspreise gelten für den Buchhändler bis zu sieben Tage nach Ablauf der für den Endabnehmer verbindlichen Frist, damit der Vorgang sachgerecht bearbeitet werden kann.

Liegt im Einzelfall der Rechnungsbetrag (Abgabepreis zuzüglich Versandkosten) über dem gebundenen Ladenpreis, so darf der Buchhändler die Rechnung um den entsprechenden Betrag kürzen. In diesem Zusammenhang ist auch auf § 15 Ziffer 1 hinzuweisen. Dort steht ausdrücklich: »Der Abnehmer schreibt Art und Wege der Versendung generell oder für den Einzelfall vor. Fehlt eine Vorschrift hierüber, muss der Verlag eingehende Bestellungen auf Kosten des Abnehmers auf dem nach seinem Wissen günstigsten Wege ausführen. Berechnet werden die reinen Porto- bzw. Frachtkosten. Verpackung wird grundsätzlich nicht berechnet.«

BESTELLUNGEN (§ 5, § 13)
Bei elektronischen Bestellungen reicht die Angabe der Verkehrs- oder Kundennum-

mer; schriftliche Bestellungen werden entweder auf Firmenpapier oder auf Bestellformularen notiert und übermittelt. Sie gelten grundsätzlich als Fest-Bestellungen, sofern sie nicht zweifelsfrei anders gekennzeichnet wurden. Sind verschiedene Ausstattungsarten eines Titels lieferbar, und hat der Buchhändler keine spezielle Ausgabe bestellt, so liefert der Verlag grundsätzlich die preisniedrigste gebundene Ausgabe. Bestellte Werke sind stets in neuester Auflage zu liefern; steht das Erscheinen einer in Inhalt oder Ausstattung wesentlich veränderten neuen Auflage binnen acht Wochen ab Eingang einer Bestellung bevor, so ist der Abnehmer hierauf hinzuweisen, und die Bestellung nur bei ausdrücklicher Aufrechterhaltung auszuführen. Der Verlag muss das Bestelldatum und das Bestellzeichen auf seiner Rechnung oder seinem Lieferschein angeben.

KONDITIONEN DER VERLAGE (§ 3, ZIFFER 1)

Verlage setzen ihre Lieferbedingungen unter Berücksichtigung der jeweiligen Marktfunktion ihrer Abnehmer fest. Dabei müssen sie im Interesse des Erhalts der Preisbindung (expliziter Verweis auf das Buchpreisbindungsgesetz) auf drei Dinge achten:

- Barsortimente erhalten als Großhändler einen besseren Rabatt als Einzelhändler,
- Branchenfremde Händler in Nebenmärkten werden nicht zu günstigeren Konditionen beliefert als der Buchhandel,
- Der von kleineren Buchhandlungen erbrachte Beitrag zur flächendeckenden Versorgung mit Büchern (Besorgungsservice) ist angemessen zu berücksichtigen. Rabatte dürfen nicht allein an dem mit einem Händler erzielten Umsatz ausgerichtet werden. – Die Höhe des ›angemessenen Rabatts‹ ist allerdings (noch) nicht definiert. (Stand Mai 2014)

UNVERLANGTE SENDUNGEN (§ 9)

Für unverlangte Sendungen trägt der Verlag Gefahr und Kosten der Hin- und Rücksendung sowie weitere angemessene, beim Abnehmer entstandene Kosten. Novitäten dürfen unverlangt nur an die Buchhändler versandt werden, die solche Sendungen grundsätzlich erbeten haben. Titel aus der Backlist dürfen nicht unverlangt zugestellt werden.

REMISSION (§ 6)

In vier Ziffern und diversen Unterpunkten wird das komplexe Thema zu unterschiedlichen Remissionsgründen unter Angabe zu berücksichtigender Fristen differenziert abgehandelt (siehe Kap. 8.4.1.2).

ZEITSCHRIFTEN UND FORTSETZUNGEN (§ 7, § 8)

Besonderheiten zu Bestellungen, Rücksendungen und Stornierungen der buchhandelstypischen Abonnements, die in größeren Betrieben über eine spezielle Fortsetzungsabteilung abgewickelt werden (siehe Kap. 2.1.2, 2.1.3), finden sich in den angegebenen Paragrafen, aber auch in § 4 Ziffer 2 und 3.

EINSTWEILIGE VERFÜGUNGEN UND BESCHLAGNAHME VON WERKEN (§ 19, § 20)
Darf ein Verlag seine Werke (aufgrund der Inhalte oder ihrer Ausstattung) wegen einer einstweiligen Verfügung oder anderer Gerichts- oder Behördenentscheidungen nicht weiter verbreiten, so hat er dies unverzüglich im *Börsenblatt* oder seinen Abnehmern direkt bekannt zu geben. Zwischenbuchhändler sind dazu verpflichtet, diese Information an ihre Kunden weiterzugeben. Sortiment und Zwischenbuchhandel müssen ihrerseits dem Verlag unverzüglich mitteilen, wenn ihnen wegen der Verlagsinhalte oder wegen der Ausstattung eines Werkes dessen weiterer Vertrieb untersagt worden ist.

Werden Werke beim Buchhändler beschlagnahmt, so fällt der Schaden dem Verlag zur Last. Etwaige Schadensersatzansprüche erstrecken sich auf die Erstattung des bei der Lieferung berechneten Abgabepreises und der entstandenen Versandkosten, nicht jedoch auf die Vergütung eines entgangenen Gewinns.

4.2.3 Wettbewerbsregeln des Börsenvereins

Das Gesetz gegen den unlauteren Wettbewerb (UWG) enthält keine Sondervorschriften für den Buchhandel. Aber die Generalklausel in § 1 betrifft alle Wirtschaftsunternehmen: »Wer im geschäftlichen Verkehr zu Zwecken des Wettbewerbs Handlungen vornimmt, die gegen die guten Sitten verstoßen, kann auf Unterlassung und Schadensersatz in Anspruch genommen werden.« Die Wettbewerbsregeln des Börsenvereins konkretisieren das Gesetz, indem Tatbestände und Handlungen benannt werden, die den guten kaufmännischen Sitten zuwiderlaufen. Ihre Einhaltung gehört nach § 13 Nr. 2 der Satzung des Börsenvereins zu den Mitgliederpflichten. Verstöße gegen die Regeln können nach § 16 der Satzung durch Verwarnung, Geldbuße oder Ausschluss geahndet werden. Die derzeit geltende Fassung ist 2006 verabschiedet und im Mai 2011 vom Bundeskartellamt genehmigt worden. Es folgt eine Übersicht über die wichtigsten Bestimmungen.

Wichtige Bestimmungen aus den Wettbewerbsregeln des Börsenvereins

EINHALTUNG DER BESTIMMUNGEN DES BUCHPREISBINDUNGSGESETZES (ZIFFER I PUNKT 4, II, IV, V)
Bestimmungen hinsichtlich des Verkaufs und der Werbung für preisreduzierte Ware im Modernen Antiquariat (siehe Kap. 1.4.1) werden in mehreren Ziffern thematisiert. Wie auch in der Verkehrsordnung § 3 Ziffer 3 wird auf die Vorlauffrist von 14 Tagen für Preisaufhebungen und Ladenpreisänderungen hingewiesen.

BENACHTEILIGUNG EINZELNER MARKTTEILNEHMER (ZIFFER I PUNKT 1–3)
Verlage müssen dafür sorgen, alle buchhändlerischen Abnehmer gleich zu behandeln. Dies betrifft vor allem die zeitgleiche Unterrichtung über Neuerscheinungen und die Information über etwaige Mengenpreise. Ferner darf ein Verlag keine Bezugsbedingungen festlegen, die dazu führen, dass der gebundene Ladenpreis eines Werks, das nicht über Buchgroßhandlungen oder andere bündelnde Verkehrswege beziehbar ist, unter dem Einstandspreis (Abnahmepreis zuzüglich Portokosten) liegt; auch hier klingt, wie in der Verkehrsordnung § 3 Ziffer 4, das Thema auskömmliche Rabatte an.

ADRESSSCHUTZ (ZIFFER VI PUNKT 1–3)
Kundendaten, auch die im Endkundengeschäft, sind vertraulich zu behandeln; sie dürfen nicht an Dritte weitergegeben werden.

MINDESTBESTELLGRÖSSEN (ZIFFER VII)
Verlage dürfen keine Mindestbestellgrößen fordern, wenn das preisgebundene Verlagserzeugnis nur beim Verlag direkt beziehbar ist, und der Buchhändler es im Rahmen seines Besorgungsauftrags bestellt. Bei niedrigpreisigen Büchern (z. B. Pixi) sind Mindestbestellmengen erlaubt.

ERSTVERKAUFSTAG (ZIFFER VIII)
»Als ›Erstverkaufstag‹ gilt der vom Verlag festgesetzte Tag, an dem ein Werk erstmals ausgestellt und/oder an Endabnehmer verkauft werden darf«, formuliert die Verkehrsordnung im § 1 Ziffer 7. Allerdings hat der Erstverkaufstag keine rechtsverbindliche Wirkung – es sei denn, der Verlag schließt mit jeder Buchhandlung, die er beliefert, einen Vertrag, der einen Verkauf vor dem Termin unter Strafe stellt. So spektakulär geschehen bei Hardcover-›Reihen‹, die eine große Fangemeinde aufgebaut haben, wie bei den letzten Bänden der Harry-Potter-Romane oder vereinzelt bei Bestseller-Ausgaben berühmter Autoren. Die Bedeutung des Erstverkaufstags ist also eher in einem Marketinginstrument zu sehen, da Werbe- und Vertriebsmaßnahmen auf diesen Tag hin fokussiert werden. Ein vom Börsenverein geplanter und für alle Verbandsmitglieder verbindlich geltender ›Verhaltenskodex zum Erstverkaufstag‹ wurde nie verabschiedet.

4.3 Handelsrelevante Bestimmungen und Gesetze

Allgemeine handelsrechtliche Bestimmungen stehen größtenteils in den Grundlagenwerken Bürgerliches Gesetzbuch (BGB) und Handelsgesetzbuch (HGB) sowie in Spezialgesetzen bzw. Verordnungen. Fünf Themengebiete sind Gegenstand dieses Kapitels: Allgemeine Geschäftsbedingungen, das

Fernabsatzrecht, die Preisangabenverordnung, Ladenschlussgesetze sowie Vertriebsbeschränkungen, die bei Verstößen gegen das Strafgesetz, gegen die Rechte Anderer und gegen den Jugendmedienschutz in Kraft treten.

4.3.1 Allgemeine Geschäftsbedingungen (AGB)

Allgemeine Geschäftsbedingungen (AGB) sind alle für eine Vielzahl von Verträgen vorformulierten Vertragsbedingungen, die eine Vertragspartei für Verträge mit anderen Vertragsparteien festlegt. Einige Buchhandlungen legen für den (Rechnungs-)Verkauf eigene Allgemeine Geschäftsbedingungen – häufig Liefer- und Zahlungsbedingungen genannt – fest, wobei die Vorschriften des Bürgerlichen Gesetzbuches (BGB) inhaltliche und formale Kriterien vorgeben. So betont §307 (›Inhaltskontrolle‹) die Unwirksamkeit von Bestimmungen, die den Vertragspartner entgegen den Geboten von Treu und Glauben unangemessen benachteiligen, was bereits durch unklare Formulierungen der Fall sein kann.

Im Buchhandel können die Lieferungs- und Zahlungsbedingungen einer Buchhandlung die nachstehend aufgeführten folgenden Punkte beinhalten. Die genauen Formulierungen sollten auf jeden Fall von einem Anwalt erstellt und regelmäßig, vor allem im Hinblick auf das Fernabsatzrecht (siehe Kap. 4.3.2), auf ihre Richtigkeit hin überprüft werden.

- **Verkaufspreise** Die Verkaufspreise entsprechen den gebundenen Ladenpreisen am Liefertag. Etwaige Nachlässe werden nur gemäß den Bestimmungen des Buchpreisbindungsgesetzes gewährt.
- **Nicht-Lieferbarkeit** Im Falle der Nicht-Lieferbarkeit werden Bestellungen (für einen festzulegenden Zeitraum) vorgemerkt und gegebenenfalls beim Lieferanten angemahnt. Der Besteller kann ggf. vom Kaufvertrag zurücktreten, wenn beispielsweise ein mehrbändiges Werk in nicht angemessener Frist erscheint oder der Ladenpreis deutlich über dem angekündigten Preis liegt.
- **Reklamationen / Schadensersatzansprüche** Bestellungen werden unter Vorbehalt entgegengenommen. Nicht-Lieferungen, geänderte Erscheinungstermine oder Abweichungen in der Ausstattung der Bücher sind keine Gründe für Schadensersatzansprüche.
- **Rücksendungen** Rücksendungen aus Ansichtssendungen müssen in einwandfreiem Zustand erfolgen.
- **Kaufpreis** Der Kaufpreis ist ohne Abzug zahlbar nach Erhalt der Rechnung / nach Erhalt der Ware. Verzug tritt nach der gesetzlichen Regelung dann ein, wenn innerhalb von 30 Tagen nach Erhalt der Rechnung keine Zahlung erfolgt. Im Falle eines Zahlungsverzuges werden Verzugszinsen in Höhe von 5 Prozent über dem jeweiligen von der Deutschen Bundesbank

bekannt gegebenen Basiszinssatz berechnet. Bei der Berechnung der Verzugszinsen wird taggenau (›act-act‹ / ›kalendermäßig‹ nach BGB §268, Abs. 2) gerechnet.

- **Widerrufsrecht** Das Widerrufsrecht ist eine Kernbestimmung beim Online-Verkauf, gilt aber für alle Kaufverträge, die Unternehmen mit privaten Verbrauchern unter ausschließlicher Verwendung von Fernkommunikationsmitteln (also auch Briefe, Fax, Telefon etc.) abschließen. Weitere Informationen hierzu im nächsten Abschnitt Fernabsatzrecht.
- **Eigentumsvorbehalt** Die Ware bleibt gemäß §449 BGB bis zur vollständigen Bezahlung Eigentum der Buchhandlung.
- **Gesetzlicher Erfüllungsort/Gerichtsstand** Der gesetzliche Erfüllungsort des Kaufvertrages ist (lt. §269 BGB) der Wohn- bzw. Geschäftssitz des Schuldners. Ist der Kunde ein privater Endverbraucher, und versendet die Buchhandlung die Ware an den Kunden, dann ist der Erfüllungsort aus Warenlieferung immer am Wohnort des Kunden (BGB §474). Desgleichen ist der Gerichtsstand bei Geldforderungen immer am Wohnort des privaten Endverbrauchers. Sprachliche Wendungen auf Geschäftsformularen, wie ›Erfüllungs- und Gerichtsstand für beide Teile ist der Geschäftssitz der Buchhandlung‹, sind privaten Endverbrauchern gegenüber nichtig.

4.3.2 Fernabsatzrecht

Das Fernabsatzrecht ist seit 2002 in das Bürgerliche Gesetzbuch integriert. Die gesetzlichen Bestimmungen über Fernabsatzverträge (§§312b ff. BGB) gelten für alle Versandunternehmen, also auch für alle Buchhandlungen. Wobei Fernabsatz bereits dann vorliegt, wenn ein Kunde telefonisch bestellt oder telefonisch ein Kaufvertrag geschlossen wird. Zweck der Regelungen ist der Verbraucherschutz in Situationen, in denen der Verkäufer nicht persönlich anwesend ist und das gekaufte Produkt nicht in Augenschein genommen werden kann; oder anders ausgedrückt: wenn der Kaufvertrag über ›elektronischen Geschäftsverkehr‹ abgeschlossen worden ist. ›Verbraucher‹ ist hierbei jede natürliche Person, die das Rechtsgeschäft zu einem Zwecke außerhalb einer gewerblichen oder selbstständigen beruflichen Tätigkeit abschließt, wie es §13 BGB festlegt; gewerbliche Kunden sind also von der Regelung nicht betroffen. Die Fernabsatzvorschriften erfassen alle Verträge, die Unternehmen mit Verbrauchern unter ausschließlicher Verwendung von Fernkommunikationsmitteln (Webshops, E-Mails, Briefe, Kataloge, Fax, Telefon etc.) abschließen. Inhaltlich geht es u.a. um nachstehende Informationspflichten:
Identität und Anschrift des Unternehmens Die Anschrift des Unternehmens befindet sich auf der Homepage oder wird durch den Eindruck der Adresse auf Katalogen eindeutig ausgewiesen.

Wesentliche Merkmale der Ware Die Beschaffenheit des beworbenen Produkts (Einbandart, Auflagenzählung, Mängelexemplar etc.) muss gekennzeichnet sein.
Preis der Ware und sonstige Preisbestandteile Sämtliche Preise sind einschließlich der gesetzlich vorgeschriebenen Umsatzsteuer anzugeben. Liefer- und Versandkosten sind ebenfalls auszuweisen.
Einzelheiten hinsichtlich Zahlung, Lieferung und Erfüllung Hier geht es um die Angaben von IBAN und BIC, sowie um besondere Zahlungsmodalitäten wie Kreditkarten, Vorkasse, Nachnahme etc.
Kosten für Nutzung von Fernkommunikationsmitteln Die Verbraucher sind auf die Gebühren für eine telefonische Hotline hinzuweisen, wenn diese über die marktüblichen Grundtarife hinausgehen.
Widerrufsrecht Nach §312d BGB muss der Verbraucher zwingend über das Bestehen eines Widerrufsrechts informiert werden. Dieses Widerrufsrecht wurde zuletzt im Juni 2014 durch das Gesetz zur Umsetzung der Verbraucherrechte-Richtlinie in Deutschland geändert, deren Ziel es war, die Rechte der Verbraucher europaweit zu vereinheitlichen (Stand 2014). Die wichtigsten Regelungen seien im Folgenden aufgezählt:

- **Widerrufsfrist:** Die Widerrufsfrist wird für alle Mitgliedstaaten auf 14 Tage ab Erhalt der Ware festgelegt.
- **Widerrufsrecht bei falscher Belehrung:** Im Falle einer fehlenden oder nicht korrekten Widerrufsbelehrung verlängert sich das Widerrufsrecht nach dem Ablauf der 14-Tage-Frist auf 12 Monate.
- **Widerrufserklärung:** Der Verbraucher muss den Widerruf ausdrücklich erklären. Das bloße Zurücksenden der Ware reicht dafür nicht aus.
- **Kosten für die Hinsendung:** Die regulären Hinsendekosten trägt der Unternehmer mit Ausnahme etwaiger Expressgebühren oder Zuschlägen für den Nachnahmeversand.
- **Kosten der Rücksendung:** Die Rücksendekosten sind bei Ausübung des Widerrufsrechts vom Verbraucher zu tragen, wenn der Händler ihn hierüber informiert hat, und zwar unabhängig vom Warenwert.
- **Zurückbehaltungsrecht:** Der Händler kann die Rückerstattung des Kaufpreises verweigern, solange er die Ware nicht erhalten oder der Verbraucher die Rücksendung der Ware nicht nachgewiesen hat.
- **Ausnahmen vom Widerrufsrecht:** Das Widerrufsrecht erlischt u.a. bei der Lieferung von Ton- oder Videoaufnahmen oder Computersoftware (Videos, DVDs sowie Kombi-Produkte wie Buch plus CD-ROM etc.) in einer versiegelten Verpackung, wenn die Versiegelung nach der Lieferung entfernt wurde.
- **Widerrufsrecht bei Downloads:** Es gibt auch ein Widerrufsrecht für online übermittelte Download-Produkte. Allerdings kommt dies nicht zum Tragen, wenn spezielle Vereinbarungen zwischen Händler und Verbraucher getroffen worden sind.

Vor allem bei **Formulierungen für eigene Internet-AGB** ist es ratsam, einen Rechtsanwalt einzuschalten, um unnötige Abmahnungen zu vermeiden. Wie kompliziert die Rechtslage im Detail ist, und wie vorsichtig man dementsprechend sein muss, mag man allein der Tatsache entnehmen, dass u. a. die Widerrufsbelehrung spätestens unverzüglich nach Vertragsschluss in Textform und zusätzlich zuvor im Onlineshop klar und verständlich angegeben werden muss. Deshalb empfehlen Rechtsexperten, den Text der Widerrufsbelehrung sogleich mit der – bei Shop-Systemen üblicherweise automatisch generierten – Eingangsbestätigungsmail zu versenden.

Die Rechtsabteilung des Börsenvereins stellt den Mitgliedern des Verbands Musterformulierungen zur Verfügung, die zum Teil noch auf die individuellen Gegebenheiten eines Webshops angepasst werden müssen. Ein Blick in die von der Rechtsabteilung des Börsenvereins herausgegebene Publikation *Buchhandel im Netz. Anmerkungen zur Gestaltung von Websites* ist lohnend; sie wurde im Jahr 2018 zuletzt überarbeitet.

Der Verbraucherschutz war aber nicht nur hinsichtlich des Widerrufsrechts aktiv. Aufgrund unseriöser Praktiken zahlreicher Online-Firmen wirkte er auf eine Gesetzesänderung hin, die unter dem Begriff **Button-Lösung** in die Literatur einging. Im Rahmen der Fernabsatzverträge steht seit 2012 im § 312g Abs. 3 BGB:

> Der Unternehmer hat die Bestellsituation bei einem Vertrag [...] so zu gestalten, dass der Verbraucher mit seiner Bestellung ausdrücklich bestätigt, dass er sich zu einer Zahlung verpflichtet. Erfolgt die Bestellung über eine Schaltfläche, ist die Pflicht des Unternehmers [...] nur erfüllt, wenn diese Schaltfläche gut lesbar mit nichts anderem als den Wörtern ›zahlungspflichtig bestellen‹ oder mit einer entsprechenden eindeutigen Formulierung beschriftet ist.

Ein Kaufvertrag kommt also nur dann zustande, wenn der Unternehmer einen Button ›zahlungspflichtig bestellen‹ in seinem Webshop anbringt. Diese Regelung gilt für Webshops, die sich mit ihrem Angebot an Verbraucher richten, die den Kaufvertrag über ›elektronischen Geschäftsverkehr‹ abschließen. Hierzu gehört der Großteil der Buchhandlungen. Reine B2B-Shops hingegen, die sich nur an gewerbliche Unternehmen richten, sind von der Regelung nicht betroffen. Liefert eine Buchhandlung, wie es meistens der Fall sein dürfte, sowohl an Verbraucher als auch an Unternehmen (Bibliotheken, Rechtsanwälte, Ärzte etc.), muss sie die Button-Lösung zwingend umsetzen.

4.3.3 Preisangabenverordnung

Die Preisangabenverordnung (PAngV) dient in erster Linie dem Verbraucherschutz. Ihr Zweck besteht darin, durch eine sachlich zutreffende und vollständige Verbraucherinformation Preistransparenz zu gewährleisten und somit die Stellung der Verbraucher gegenüber dem Handel zu stärken und den Wettbewerb zu fördern. Nach §4 Abs.1 wird dem Handel auferlegt: »Waren, die in Schaufenstern, Schaukästen, innerhalb oder außerhalb des Verkaufsraumes auf Verkaufsständen oder in sonstiger Weise sichtbar ausgestellt werden, und Waren, die vom Verbraucher unmittelbar entnommen werden können, sind durch Preisschilder oder Beschriftung der Ware auszuzeichnen.«

Diese Bestimmung betrifft im Buchhandel nahezu alle Produkte. Ausnahmen hiervon sind rar – wie im Falle wertvoller Originalgrafiken, wo eine ausgehängte Preisliste die Funktion der Preisauszeichnung erfüllt, sofern die Waren im Laden zum Verkauf bereit gehalten werden. Ferner entfällt eine am Objekt auszuführende Preisauszeichnung, wenn die Preise der ausgestellten Titel vereinheitlicht sind; hier reicht ein pauschaler Hinweis auf den für alle Produkte geltenden Preis.

Aufgeweicht wurden diese Bestimmungen für die Preisauszeichnung im Schaufenster; der Bundesgerichtshof hat hier 2016 die Preisauszeichnungspflicht aufgehoben. Dies bedeutet: Es stellt keinen Verstoß gegen das Wettbewerbsgesetz dar, wenn die Ware im Schaufenster nicht ausgezeichnet ist. Falls jedoch ausgezeichnet wird, dann gelten die EU-Preisangaberichtlinien, nach denen u. a. die Preise inkl. Umsatzsteuer ausgewiesen werden und unmissverständlich, klar erkennbar und gut lesbar sein müssen.

Übrigens: Auch falsch ausgepreiste Bücher unterliegen der Preisbindung. Denn Preise auf den Waren im Verkaufsraum sowie Preise auf versandten Literaturlisten oder Werbemitteln gelten formaljuristisch als unverbindliche ›Angebote an die Allgemeinheit‹ – also lediglich als eine Aufforderung, ein Kaufangebot abzugeben. Damit haben Kunden keinen Rechtsanspruch auf den Verkaufspreis eines irrtümlicherweise preisgünstiger ausgezeichneten Buches. Maßgeblich ist der vom Verlag festgesetzte gebundene Ladenpreis am Tag des Verkaufs, der auch nicht durch einseitige Willenserklärungen der Händler zu verändern ist. Allenfalls bei Mängeln sind individuelle Preisabschläge bei preisgebundenen Verlagserzeugnissen möglich.

4.3.4 Ladenschlussrecht

Das Ladenschlussrecht gehört zum Gewerberecht. Das Gesetz über den Ladenschluss regelte von 1956 bis 2006 die Öffnungszeiten für Ladengeschäfte und Verkaufsstellen aller Art. Nach mehrmaligen Änderungen des Ladenschlussgesetzes seit den 1990er-Jahren, in denen die Öffnungszeiten schrittweise erweitert wurden, schaffte der Deutsche Bundestag im Jahre 2006 die bundeseinheitliche Regelung im Rahmen der Föderalismusreform ab und übergab die Gesetzgebungskompetenz in die Hände der Bundesländer. Seitdem gibt es in Deutschland unterschiedliche Ausprägungen der erlaubten Ladenöffnungszeiten, wobei die Mehrheit der 16 Bundesländer von Montag bis Samstag eine Öffnung bis 24.00 Uhr zulässt (midnight shopping). Dieser Zeitrahmen wird aber bisher zumeist nur von wenigen Geschäften ausgeschöpft. Die Mehrzahl der Buchhandlungen schließt nach wie vor zwischen 18.30 Uhr und 20.00 Uhr, sofern sie nicht als Center-Filiale dazu verpflichtet sind, sich an die Ladenschlusszeiten der Einkaufszentrenbetreibergesellschaft zu halten.

Der Sonntag und Feiertage bleiben auch nach den neuen Gesetzen Ruhetage. Hier konnten nicht zuletzt die Gewerkschaften und die Kirchen ihren gesellschaftlichen Einfluss zugunsten des Schutzes von Arbeitnehmern und ihren Familien geltend machen. Ausnahmen gelten nur für den Bahnhofsbuchhandel, der an 365 Tagen im Jahr geöffnet haben darf, für touristisch bedeutsame Verkaufsstätten, wie Museumsbuchhandlungen, und für eine bestimmte Anzahl von verkaufsoffenen Sonntagen im Jahr, die in den einzelnen Landesgesetzen benannt ist.

4.3.5 **Verpackungsgesetz**

Ab Januar 2019 gilt ein Verpackungsgesetz (VerpackG), das die bis dahin geltende Verpackungsverordnung aus dem Jahre 1994 ersetzt. Das Gesetz verpflichtet alle ›Erstinverkehrbringer‹ von Verpackungsmaterialien, im Klartext alle Hersteller und Händler, die Endabnehmer beliefern, sich bei der Zentralen Stelle Verpackungsregister (ZSRV) auf der Datenbank LUCID verbindlich registrieren zu lassen. Die Kernidee des Gesetzes ist: Wer etwas in einer Verpackung herstellt und / oder versendet, soll für deren Entsorgung bereits im Vorfeld des Versands bezahlen, wobei die Entgelte für zu recycelnde oder zu entsorgende Verpackungen sich nicht nur an der Menge, sondern auch an der Umweltverträglichkeit der Materialien bemessen.

Viele Regelungen der Verpackungsverordnung wurden in das Gesetz übernommen; so besteht bereits seit deren fünfter Novelle eine Beteiligungspflicht für Verkaufsverpackungen an einem dualen System, das in Deutschland von mehreren Recycling-Unternehmen angeboten wird. Hintergrund des Gesetzes ist die Fortentwicklung der haushaltsnahen Getrennterfassung von werthaltigen Abfällen, um das Recycling voranzutreiben; die Verwertungsquoten sollen erhöht und die Entsorgungskosten fairer verteilt werden. Die ZSRV übernimmt die Registrierung und die Marktüberwachung. Verstöße gegen das Gesetz können den Vollzugsbehörden der Länder angezeigt und mit Vertriebsverbot und Bußgeldern im sechsstelligen Euro-Bereich geahndet werden. ›Systembeteiligungspflichtige Verpackungen‹, so der Terminus des Gesetzes, sind in der Übersicht auf der nächsten Seite zusammengefasst.

Systembeteiligungspflichtige Verpackungen lt. Verpackungsgesetz

VERKAUFSVERPACKUNG
Umhüllung, die dem Schutz der Ware und deren sicherer Übergabe an den Endverbraucher dient. Hierzu gehören alle Umhüllungen unabhängig von ihrem Material (Pappe, Kunststoff, Glas etc.) sowie ergänzende Materialien (Luftpolsterfolien, Holzwolle, Kraftpapier etc.).

VERSANDVERPACKUNG
Mit Ware gefüllte Verkaufsverpackung.

UMVERPACKUNG
Eine zusätzliche Umhüllung der Verkaufsverpackung, die häufig als Werbeträger benutzt wird und den Verkauf von Waren im Rahmen der Selbstbedienung ermöglicht. Beispiele: Blisterhüllen um mehrere kleinteilige Verkaufseinheiten oder Kartonagen um Artikel, die in größerer Anzahl zusammengehalten werden und als eigene Verkaufseinheit angeboten werden. Für Umverpackungen gilt: Der Händler bzw. Verkäufer muss dem Endabnehmer die Gelegenheit zur kostenlosen Rücknahme anbieten.

SERVICEVERPACKUNG
Alle Verpackungsarten, die im Einzelhandel dazu verwendet werden, um Ware für den Kunden einzupacken oder einzutüten. Hierzu gehören auch Tragetaschen.

Für Bücher wie auch für Zeitungen und Zeitschriften gilt die Regelung, dass Verkaufs- und Umverpackungen aller Art (Schuber, Einschweißfolien, Banderolen etc.) nicht systembeteiligungspflichtig sind. Anders sieht es bei Kalendern, kartografischen Erzeugnissen, Hörbüchern, Fotobüchern oder Non-Books aus; sie fallen unter das Gesetz.

Eng mit dem Recycling-Gedanken verbunden ist der Ökologie-Gedanke. Wie sieht es im stationären Sortiment aus mit den Umweltschutzpotenzialen, mit der Ökobilanz im Rahmen des Warenbezugs, mit den eingesetzten Materialien im Verkaufsraum und mit der freiwilligen Selbstverpflichtung zur Einhaltung des Nachhaltigkeits-Prinzips? Aktuell greifen hier keine Gesetze, aber es bleibt zu hoffen, dass Bewegungen wie ›fridays for future‹ oder ›zero waste‹ die Sensibilität für den verantwortungsvollen Umgang mit der Umwelt stärker ins Bewusstsein auch des Einzelhandels rücken. Verstärkt verzichten Buchhandlungen freiwillig auf Einschweißfolien, achten auf Energieeffizienz bei der Stromauswahl, benutzen im Wareneingang angefallene Einweg-Kartonage ein zweites Mal für den Versand, verwenden ökologische Alternativen im Bereich der Büromaterialien, bedrucken Papier beidseitig, erledigen Teile des Versands via Fahrradkurier bzw. Lastenfahrrad, initiieren oder beteiligen sich an Baumpflanzaktionen, unterstützen Buy-local-Initiativen, führen vermehrt Verlage im Programm, die aus Überzeugung klimaneutral produzieren, und thematisieren die ökologische Ausrichtung des Unternehmens gegenüber ihren Kunden.

Vielleicht gipfeln diese und weitere Maßnahmen in einem Konzept eines buchhändlerischen ›Eco-Entrepreneurs‹ – ständig auf der Suche nach innovativen und zukunftsorientierten Lösungen im Umgang mit den vorhandenen Ressourcen. Wenn alles auf den Prüfstand muss, wird dies zwangsläufig auch den Sortimentseinkauf bzw. eine selbstgesetzte Remissionsquote betreffen. Der Einkauf muss dann noch ausgewählter und reflektierter vonstattengehen und ›ökologisch gelebt‹ werden. Hierzu gehört auch, den Gedanken der Bündelung noch stärker als bislang zu beachten – ist er doch zwei Nutzenaspekten gleichermaßen zuträglich: dem (eigenen) Geldbeutel und der (allgemeinen) Umwelt.

4.3.6 Datenschutz

Die Datenschutzgrundverordnung (DSGVO) ist eine Verordnung der Europäischen Union mit dem Ziel einer Vereinheitlichung der Datenschutzbestimmungen in den EU-Mitgliedsländern. Im Fokus steht der Schutz natürlicher Personen im Hinblick auf die Verarbeitung personenbezogener Daten im Rahmen des freien und Daten- und Handelsverkehrs. Die DSGVO trat im Mai 2018 in allen Mitgliedsstaaten in Kraft und liegt der Neufassung des Bundesdatenschutzgesetzes (BDSG) aus demselben Monat zugrunde.

In der Buchbranche sind alle Unternehmen betroffen, die im Direktgeschäft mit personenbezogenen Daten zu tun haben und diese manuell oder in Informations- und Kommunikationskanälen erfassen, verarbeiten oder speichern. Zu diesen Daten gehören auch die persönlichen Daten der eigenen Mitarbeiter und die von Geschäftspartnern. Ferner regelt die DSGVO die Anforderungen an technische Prozesse der Datenspeicherung und Techniken zur Identifikation von Personen, beispielsweise durch Cookies. Gesetz und Verordnung fordern je nach Geschäftsmodell und Unternehmensgröße u. a.:

- Dokumentations- und Informationspflichten,
- datenschutzgerechte Verträge,
- Datenschutz- und Einwilligungserklärungen (online und offline),
- datenschutzgerechte Verarbeitungs- und Organisationsprozesse,
- Benennung eines Datenschutzbeauftragten in Betrieben ab einer Größe von mindestens neun Mitarbeitern, die personenbezogene Daten automatisiert verarbeiten.

Im Rahmen etwaiger Prozesse sieht die DSGVO eine Beweislastumkehr vor, d. h. Unternehmen müssen keine Verletzungen nachgewiesen werden, vielmehr müssen sie aktiv ihre Datenschutzmaßnahmen dokumentieren und rechtfertigen. Demzufolge sind sämtliche Prozesse derart zu organisieren und zu dokumentieren, dass die Einhaltung der Datenschutzbestimmungen jederzeit eingehalten wird. Verstöße gegen die Bestimmungen der DSGVO werden gemäß den §§ 41–43 BDSG geahndet. Da das Gesetz keine wettbewerbsschützende Zielrichtung hat, dürften Abmahnungen auf der Grundlage des Gesetzes gegen den unlauteren Wettbewerb ausbleiben. So entschied zumindest im Mai 2019 das Landgericht Stuttgart und setzt damit ein Signal in einer Debatte, die wohl noch auf Jahre anhalten und zahlreiche Gerichte beschäftigen wird.

Die DSGVO und das BDSG fordern den Schutz personenbezogener Daten und verlangen die Erfüllung bzw. Einhaltung bestimmter Informations- und Dokumentationspflichten. Hierzu gehört, dass jedes Unternehmen einerseits nach außen sichtbar agiert und andererseits eigene Tätigkeiten nach innen dokumentiert. Zuvor gilt es zu klären, wo und in welchem Rahmen personenbezogene Daten anfallen und nach Maßgabe der Datenschutzbestimmungen (Datensicherheit, Passwörter, IT-Schutz etc.) verarbeitet werden, wobei ›verarbeiten‹ sowohl das Erheben und Speichern als auch das Ändern, Nutzen, Übermitteln, Verknüpfen und Löschen von Daten umfasst.

Zu den personenbezogenen Daten gehören alle Daten, die einen Bezug zu einer natürlichen Person herstellen, wie Name, Rufnummer(n), E-Mail-Adresse, Anschriften (Rechnungs- und Lieferadresse), Geburtsdatum, Bestellhistorie. Deren Verarbeitung ist nach Art. 6 Abs. 1 DSGVO u. a. dann rechtmäßig, wenn die betroffene Person eine Einwilligung erteilt hat, z. B. für die Zusendung von Werbematerialen oder Newsletter, oder die Verarbeitung für die Erfüllung eines Vertrages oder einer rechtlichen Verpflichtung erforderlich ist, wie im Fall einer Bestellung.

Pflichten im Zusammenhang mit der DSGVO (in Auswahl)

PERSONENBEZOGENE DATEN SCHÜTZEN. Sie fallen an:

- bei Bestellungen (stationär im Laden bei abzuholenden Büchern, Kundendatenbank; online und ambulant),
- im Rahmen von Beschäftigungsverhältnissen (Personaldatenbank, Lohnbuchhaltung),
- im Rahmen von Lieferantenbeziehungen (Ansprechpartner in Verlagen und beim Großhandel),
- in Zusammenarbeit mit Dienstleistern (Webshop-Betreiber, Hosting-Anbieter, Agentur etc.).

DATENSCHUTZERKLÄRUNG IM VERKAUFSRAUM AUSHÄNGEN ODER AUSLEGEN. Aus dem Aushang muss ersichtlich sein:
- Verantwortlicher mit Kontaktdaten,
- ggf. betrieblicher Datenschutzbeauftragter mit Kontaktdaten,
- Zweck der Datenverarbeitung,
- Rechtsgrundlage (Paragraf, Notwendigkeit für Vertragsabschluss etc.).
- Werden persönliche Daten weitergegeben?
- Wie lange werden diese Daten gespeichert?
- Hinweise auf die Rechte Betroffener (Recht auf Auskunft, Berichtigung, Löschung, Beschwerde, Widerruf).

VERZEICHNIS ALLER VERARBEITUNGSTÄTIGKEITEN ANLEGEN UND ABSCHLIESSEN. Wer macht wann was?
- Bestellaufnahme,
- Bestellweiterleitung,
- Informationsweitergabe,
- Werbeversand.

VERZEICHNIS TECHNISCH-ORGANISATORISCHER MASSNAHMEN ANLEGEN UND ABSCHLIESSEN. Wer hat wann in welchem Umfang mit personenbezogenen Daten zu tun?
- Bezeichnung der Verarbeitungstätigkeit,
- Beschreibung der Vorgänge,
- Betroffener Personenkreis (Auflistung der Verantwortlichen),
- Kategorien personenbezogener Daten,
- Datenquelle,
- Informations- und Transparenzpflicht,
- Weitergabe an Dritte (Auftragsverarbeitung),
- Löschung (Aufbewahren nach steuer-/handelsrechtlichen Vorschriften).

TECHNISCH-ORGANISATORISCHE MASSNAHMEN UMSETZEN. In Form von:
- Zugangskontrolle. Unbefugten ist kein Zugang zu EDV-Anlagen zu gewähren, in denen personenbezogene Daten verarbeitet werden.
- Datenträgerkontrolle. Datenträger dürfen nicht unbefugt gelesen, kopiert, verändert oder entfernt werden.
- Speicherkontrolle. Die unbefugte Eingabe in Speicher sowie die unbefugte Kenntnisnahme, Veränderung oder Löschung gespeicherter Daten sind zu verhindern.
- Benutzerkontrolle. EDV- und IT-Systeme dürfen nicht mit Hilfe von Einrichtungen zur Datenübertragung von Unbefugten genutzt werden.
- Zugriffskontrolle. Die für die EDV- bzw. IT-Anlage Verantwortlichen müssen gewährleisten, dass die zur Benutzung eines Datenverarbeitungssystems Berechtigten ausschließlich auf die ihrer Zugriffsberechtigung unterliegenden Daten zugreifen.

- Übermittlungskontrolle. Es muss überprüfbar sein, an welchen Stellen personenbezogene Daten durch Einrichtungen zur Datenübertragung übermittelt werden können.
- Eingabekontrolle. Es muss auch nachträglich überprüfbar sein, welche personenbezogenen Daten wann und von wem in die Datenverarbeitungssysteme eingegeben worden sind.
- Auftragskontrolle. Personenbezogene Daten, die im Auftrag verarbeitet werden, dürfen nur entsprechend den Weisungen des Auftraggebers verarbeitet werden.
- Transportkontrolle. Es ist zu verhindern, dass bei der Übertragung personenbezogener Daten sowie beim Transport von Datenträgern die Daten unbefugt gelesen, kopiert, verändert oder gelöscht werden können.
- Organisationskontrolle. Die innerbetriebliche Organisation ist so zu gestalten, dass sie den besonderen Anforderungen des Datenschutzes gerecht wird.

DATENSCHUTZERKLÄRUNG AUF DER WEBSITE VERÖFFENTLICHEN. Am besten einen eigenen Menüpunkt anlegen.

WEBSITE MIT VERSCHLÜSSELUNGSTECHNOLOGIEN SICHERN. IP-Adressen der Websitenutzer gehören zu personenbezogenen Daten. SSL, TLS 1.2 oder neuere Versionen stehen zur Verfügung.

4.3.7 Vertriebsbeschränkungen im Buchhandel

In Artikel 5 Absatz 1 des Grundgesetzes ist das Grundrecht auf Kunst- und Pressefreiheit verankert. »Eine Zensur findet nicht statt« heißt hier der Leitsatz. Das Grundrecht kann allerdings, einschließlich der Verbreitungsfreiheit, nach Absatz 2 eingeschränkt werden, wenn die Inhalte von Büchern oder anderen Medien gegen geltende Gesetze verstoßen. Hierbei unterscheidet man drei Fallgruppen: Verstöße gegen das Strafgesetz, Verstöße gegen die Rechte Anderer und Verstöße gegen den Jugendmedienschutz.

Verstoß gegen ein Strafgesetz

Der Vertrieb von Medien, deren Inhalt einen Straftatbestand erfüllt, kann durch ein rechtskräftiges strafrichterliches Urteil verboten werden. Beispiele hierfür sind etwa Delikte wie Volksverhetzung (§ 130 Abs. 2), Gewaltdarstellungen (§ 131), Straftaten gegen die öffentliche Ordnung oder im Fall von pornografischen Schriften (§ 184 ff.) Straftaten gegen die sexuelle Selbstbestimmung.

Verstoß gegen die Rechte Anderer

Zu zeitweiligen oder dauerhaften Vertriebsverboten kann es kommen, wenn der Inhalt einer Schrift gegen die Rechte anderer Personen verstößt. Dies können Urheberrechte sein (im Falle eines Plagiats) oder aber das ›allgemeine Persönlichkeitsrecht‹ eines anderen Menschen, wie im Fall der persönlichen Ehre. Kunst- und Veröffentlichungsrecht im Sinne des Grundgesetzes versus ›Ehrenschutz‹ heißt die Alternative für Gerichte, denn persönlich Betroffene können bei entsprechenden Publikationen Klage bei einem Zivilgericht einreichen. Dieses entscheidet dann über ein Vertriebsverbot des gesamten Werkes oder einzelner zu beanstandender Passagen. Das Werk darf dann entweder im Ganzen nicht mehr verbreitet werden oder nur noch nach Schwärzung der betreffenden Textstellen. So war der Roman *Mephisto* von Klaus Mann jahrelang in Deutschland verboten, weil der Erbe von Gustaf Gründgens dessen Ehre verletzt sah, und das Bundesverfassungsgericht ihm noch 1971 in dieser Auffassung folgte.

Verstoß gegen den Jugendmedienschutz

Der Vertrieb bestimmter Medien kann zum Schutz von Kindern und Jugendlichen eingeschränkt werden. Entsprechende Regelungen nennt das Jugendschutzgesetz (JuSchG). Ziel des Jugendmedienschutzes ist der präventive Schutz vor solchen Medien, die geeignet sind, Heranwachsende »sozialethisch zu desorientieren«. Es sind dies Medien, die verrohend wirken, zu Gewalttätigkeiten oder Verbrechen anreizen, die zum Rassenhass aufstacheln oder das Toleranzgebot verletzen, die NS-Gewaltherrschaft, Krieg oder den Drogenkonsum verherrlichen oder verharmlosen.

Für solche jugendgefährdende Medien gibt es das so genannte Listen- oder Indexverfahren. Auf Antrag können Gremien der **Bundesprüfstelle für jugendgefährdende Medien** darüber befinden, ob ein Medium als sozial-ethisch desorientierend einzustufen ist und indiziert werden soll. Dann wird es in eine Liste aufgenommen und unterliegt ab Bekanntgabe im *Bundesanzeiger* bestimmten Vertriebsbeschränkungen. Ambulante Händler, Kioske, Versandhändler, Bahnhofsbuchhändler, gewerbliche Leihbüchereien und Lesezirkel dürfen indizierte Medien nicht vertreiben, verbreiten, verleihen oder zu diesen Zwecken vorrätig halten. Hersteller und Zwischen(buch)händler dürfen diese Medien nicht mehr an die genannten Vertriebsformen liefern. Des Weiteren gilt ein Werbeverbot, und indizierte Bücher verlieren das Privileg des ermäßigten Umsatzsteuersatzes.

Buchhandlungen und Videotheken, die von Jugendlichen betreten werden können, dürfen indizierte Medien nur ›unter der Theke‹ oder in einem gesonderten, für Jugendliche nicht zugänglichen Raum vorrätig halten und nur an Erwachsene verkaufen, verleihen oder vermieten. Hersteller und Händler müssen sich über eine mögliche Indizierung selbst informieren. Unterlassen sie dies, können sie wegen Verstoßes gegen das Gesetz bestraft werden.

4.4 Urheberrecht

Der wohl wichtigste Rechtsbereich für Verlage ist das Urheber- und Verlagsrecht, aus dem sich in vielerlei Hinsicht Verpflichtungen sowohl für Verlage als auch für Autoren ergeben. In §1 des Gesetzes über Urheberrecht und verwandte Schutzrechte (UrhG) steht: »Die Urheber von Werken der Literatur, Wissenschaft und Kunst genießen für ihre Werke Schutz nach Maßgabe dieses Gesetzes.« Das Urheberrecht steht demnach einem Urheber bestimmter Werke zu, und nur der Urheber kann die ausschließliche Verfügungsgewalt über sein Werk ausüben. Dieses **Urheberrecht im subjektiven Sinne** schützt gegen die unerlaubte wirtschaftliche Auswertung seiner persönlich-geistigen Schöpfung, aber auch gegen jegliche Verletzung seiner ideellen Belange an diesem Werk. Der Urheberrechtsschutz entsteht kraft Gesetz immer dann, wenn einer künstlerischen Idee Ausdruck verliehen wird, wenn sie, etwa in Form einer Skizze oder eines Textes, Gestalt oder Form annimmt. Geschützt ist also nicht die Idee, sondern immer nur das konkrete Werk in seiner spezifischen Ausdrucksform.

Das **Urheberrecht im objektiven Sinne** bezeichnet die Gesetze, die für diesen Rechtsbereich verabschiedet worden sind. Historisch betrachtet, gibt es den urheberrechtlichen Schutz literarischer, wissenschaftlicher und künstlerischer Werke in Europa seit dem 18. Jahrhundert. Aber erst im Jahr 1837 erließ Preußen mit dem Gesetz zum Schutz des Eigentums an Werken der Wissenschaft und Kunst das erste moderne deutsche Urheberrechtsgesetz. 1901 folgte das Deutsche Reich jener Gesetzesvorlage. Dieses erlassene Gesetz betreffend das Urheberrecht an Werken der Literatur und Tonkunst, häufig als Literatur-Urheber-Gesetz (LUG) bezeichnet, wurde 1907 ergänzt durch das Gesetz betreffend das Urheberrecht an Werken der bildenden Künste und der Photographie, kurz Kunst-Urheber-Gesetz (KUG) genannt. Allerdings waren durch diese Gesetze Werke nur bis zu 30 Jahre nach dem Tod des Urhebers geschützt; heute sind es nach dem seit 1965 geltenden Gesetz über Urheberrecht und verwandte Schutzrechte (UrhG) 70 Jahre. Aber auch dieses Gesetz wird in Teilbereichen ständig aktualisiert; vor allem im Hinblick auf die digitalen Medien und europäische Rechtsaspekte, wie die EU-Richtlinie zur Informationsgesellschaft. Vor dem Hintergrund des Internets gewinnen Fragen nach einem internationalen Urheberrechtsschutz erheblich an Bedeutung.

Ein weltweit einheitliches Urheberrecht gibt es zwar nicht, aber es existiert ein System internationaler Abkommen, das die Urheber der Mitgliedsländer entsprechend ihrer jeweils nationalen Rechtsordnung wechselseitig schützt. Bereits seit 1886 schützt die Berner Übereinkunft (BÜ) als erste internationale Urheberrechtskonvention Werke der Literatur und Kunst; eine revidierte Fassung (Revidierte Berner Übereinkunft, RBÜ) trat 1971 in Kraft. Die der **Berner Übereinkunft** angeschlossenen Länder verpflichten sich zum gegenseitigen Urheberschutz der in den jeweiligen Ländern erschienenen Werke. Außerdem wurde im Jahre 1952 von der UNESCO das **Welturheberrechtsabkommen** (WUA) gegründet. Diesen beiden Abkommen sind jeweils mehr als 170 Länder der Welt beigetreten. Die Bundesrepublik Deutschland ist, ebenso wie die meisten anderen westeuropäischen Staaten, Mitglied beider Konventionen.

4.4.1 Das deutsche Urheberrechtsgesetz

Das **Gesetz über Urheberrecht und verwandte Schutzrechte** (UrhG) erläutert im §2 sehr ausführlich den Begriff des Werkes und fügt zahlreiche Beispiele an. Zu den »persönlich geistigen Schöpfungen« – und damit geschützten Werken der Literatur, Wissenschaft und Kunst – zählen demnach:

- Sprachwerke, wie Schriftwerke, Reden und Computerprogramme,
- Werke der Musik,
- pantomimische Werke einschließlich der Werke der Tanzkunst,
- Werke der bildenden Künste einschließlich der Werke der Baukunst und der angewandten Kunst und Entwürfe solcher Werke,
- Lichtbildwerke einschließlich der Werke, die ähnlich wie Lichtbildwerke geschaffen werden,
- Filmwerke einschließlich der Werke, die ähnlich wie Filmwerke geschaffen werden,
- Darstellungen wissenschaftlicher oder technischer Art wie Zeichnungen, Pläne, Karten, Skizzen, Tabellen und plastische Darstellungen.

Die Aufzählung der Werke ist nicht abschließend, sodass es im Einzelfall durchaus zu Streitigkeiten um die Frage der Schutzwürdigkeit eines konkreten Werkes kommen kann und die Gerichte darüber entscheiden müssen. Entscheidend ist aber immer der Gesichtspunkt der ›persönlichen geistigen Schöpfung‹. Insofern sind auch Werkbearbeitungen (Übersetzungen, Verfilmungen, Vertonungen), denen der Urheber zugestimmt hat, als persönliche geistige Schöpfungen wie selbstständige Werke geschützt. Nicht urheberrechtlich geschützt hingegen sind amtliche Werke, wie Gesetze, Verordnungen, amtliche Erlasse und Bekanntmachungen.

Der **Urheber** ist der Schöpfer eines Werkes. Sein persönliches Urheberrecht kann er nicht auf andere Personen übertragen. Selbst die in einem Arbeits- oder Vertragsverhältnis entstandenen Werke sind rechtlich immer dem Urheber zuzuordnen – auch wenn er per Vertrag die Nutzungsrechte übertragen hat. Der Schutz des Urhebers erstreckt sich sowohl auf seine ideellen als auch auf seine materiellen Interessen. Demnach unterteilt der Gesetzgeber in Urheberpersönlichkeitsrechte und Verwertungsrechte.

- **Urheberpersönlichkeitsrechte** Hierzu zählen das Veröffentlichungsrecht (Recht, ob und wie sein Werk zu veröffentlichen ist), das Recht auf Anerkennung der Urheberschaft (Schutz gegen jede Form des Plagiats; Recht, ob und wie sein Werk mit einer Urheberbezeichnung zu versehen ist) sowie der Schutz vor Entstellung des Werkes durch nicht abgesprochene Änderungen.

  Die Bearbeitung oder Umgestaltung eines Werkes, z. B. durch Übersetzung, Dramatisierung, Verfilmung, Vertonung, gehört nicht zu dem Schutz vor Entstellung. Allerdings muss die Bearbeitung der ›neuen‹ Werke, sofern sie veröffentlicht und verwertet werden, vom Urheber des Originals genehmigt werden. Dies geschieht über Nutzungs- oder Lizenzverträge, in denen u. a. auch die Vergütung des Urhebers festgelegt wird. Der Bearbeiter erwirbt nun seinerseits ebenfalls Urheberpersönlichkeits- und Verwertungsrechte an dem neuen Werk, die er geltend machen kann.

Inhalt des Urheberrechts im Überblick

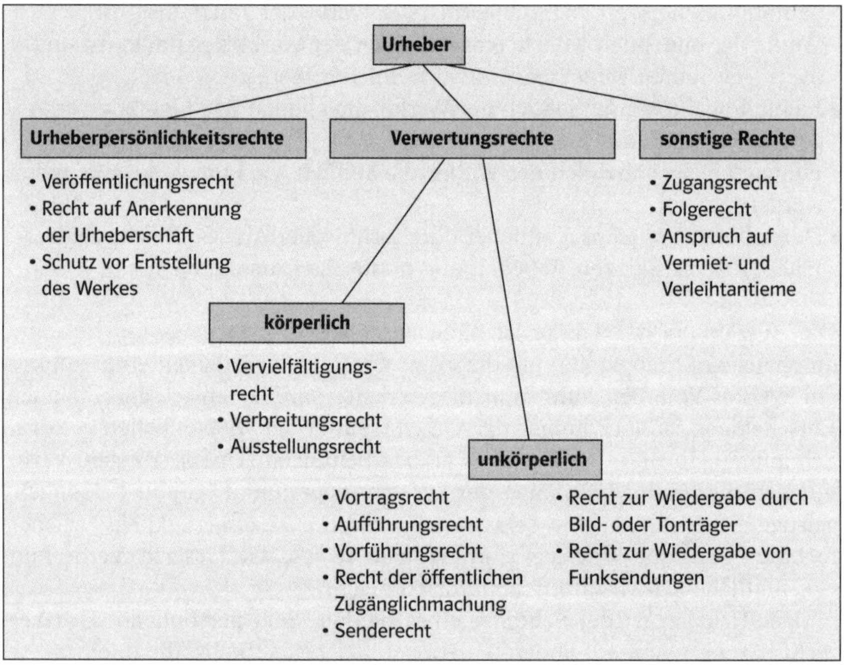

- **Verwertungsrechte, körperliche** Neben dem Ausstellungsrecht, das für Schöpfer von unveröffentlichten Werken der bildenden Künste oder von Lichtbildwerken gilt, gibt es das Vervielfältigungs- und Verbreitungsrecht. Diese beiden Rechte werden im Verlagswesen oft als **Verlagsrecht** oder auch **Hauptrecht** bezeichnet – sofern der Urheber mit einem Verlag zusammen-arbeitet und diesem in einem Verlagsvertrag (siehe Kap. 4.4.3) das ausschließliche Nutzungsrecht überträgt. Denn dann ist der Verlag dazu berechtigt, das Werk unter Ausschluss aller anderen Personen, übrigens auch des Urhebers, auf die ihm erlaubte Weise zu nutzen und selbst wiederum im Rahmen seines Lizenzgeschäfts Nutzungsrechte zu vergeben. Dieses Nutzungsrecht kann man auch als rechtliche Absicherung des Verlags sehen, der für Vervielfältigung und Verbreitung ein finanzielles Risiko eingeht und bis zum Erscheinen des Objekts erst einmal investiert und Geld ausgibt. Allerdings kann der Urheber auch räumlich, zeitlich sowie inhaltlich beschränkte Nutzungsrechte vergeben.

  Darüber hinaus ist es Urhebern unbenommen, ihren Erfolg auf Self-Publishing-Plattformen zu suchen. Denn in juristischer Hinsicht steht allein dem Urheber das ausschließliche Recht zu, sein Werk in körperlicher Form zu verwerten: Er kann sowohl über die Anzahl der Vervielfältigungsstücke von seinem Werk verfügen als auch darüber, wie diese der Öffentlichkeit angeboten und in Verkehr gebracht werden.
- **Verwertungsrechte, unkörperliche** Hierzu zählen das Vortrags-, Aufführungs- und Vorführungsrecht, das Senderecht, das Recht der öffentlichen Zugänglichmachung, das Recht zur Wiedergabe durch Bild- oder Tonträger sowie das Recht zur Wiedergabe von Funksendungen.

Übertragung, Vererbung und Dauer des Urheberrechts

Das Urheberrecht ist prinzipiell nicht übertragbar. Es kann lediglich im Todesfall des Urhebers auf den Rechtsnachfolger vererbt werden. Den Nachkommen eines Urhebers oder auch seinen testamentarisch eingesetzten Erben fallen dann sämtliche Urheberrechte zu, also sowohl die Urheberpersönlichkeits- als auch die Verwertungsrechte.

Das Urheberrecht erlischt in der Bundesrepublik Deutschland 70 Jahre nach dem Tod des Urhebers (p. m. a.: post mortem auctoris), wobei die Fristenberechnung immer mit dem Ablauf des Todesjahres beginnt. Zur Verdeutlichung: Christa Wolf verstarb am 1. Dezember 2011; ihre Werke sind also bis zum 31. Dezember 2081 urheberrechtlich geschützt. Erst ab dem 1. Januar 2082 sind sie gemeinfrei, und jeder kann sie, ohne eine Erlaubnis einholen zu müssen, benutzen, nachdrucken, verbreiten und bearbeiten. Erst dann sind auch keine Nutzungs- oder Lizenzgebühren mehr an den oder die Rechtsnachfolger zu entrichten.

Haben mehrere Urheber gemeinsam an einem Werk gearbeitet und es als ›Miturheber‹ geschaffen, erlischt das Urheberrecht 70 Jahre nach dem Tod des längstlebenden Urhebers. So werden übrigens auch die Fristen von Filmwerken berechnet: Als Miturheber gelten hier laut dem Urheberrechtsgesetz der Hauptregisseur, der Urheber des Drehbuchs, der Urheber der Dialoge sowie der Komponist der betreffenden Filmmusik.

Hier die wichtigsten Schutzfristen im Rahmen des Urheberrechts und der Leistungsschutzrechte, die im Titel des Urheberrechtsgesetzes ›verwandte Schutzrechte‹ genannt werden:

- 70 Jahre nach Tod des Urhebers: Alle nach § 2 des UrhG geschützten Werke.
- 70 Jahre nach Erscheinen: Anonym oder unter Pseudonym erschienene Werke.
- 70 Jahre nach Tod des Urhebers: Lichtbildwerke (künstlerische Fotografien) als persönliche geistige Schöpfungen von Fotografen.
- 50 Jahre nach Erscheinen: Lichtbilder. Fotografien, die keinen künstlerischen Werkcharakter aufweisen, wie Dokumente der Zeitgeschichte, Pressefotos, Fotos von Veranstaltungen, auch Urlaubsfotos.
- 70 Jahre nach Aufführung: Werkinterpretationen ausübender Künstler (Sänger, Schauspieler, Tänzer oder Musiker). Diese dürfen nicht mit technischen Mitteln vervielfältigt werden.
- 25 Jahre nach Erscheinen: Herausgeber wissenschaftlicher Ausgaben nicht geschützter Werke oder Texte, die sich als Ergebnis wissenschaftlich sichtender Tätigkeit wesentlich von bisher bekannten Ausgaben unterscheiden. Die erstmalige Herausgabe eines nicht mehr unter den Urheberrechtsschutz fallenden Werkes ist ebenfalls bis zu 25 Jahren geschützt.
- 25 Jahre nach Erscheinen: ›Entdecker‹ nachgelassener Werke, auch wenn der Urheber bereits länger als 70 Jahre tot ist. Auch Herausgeber von (mündlich) überlieferten Märchen, Sagen oder Volksliedern.
- 15 Jahre nach Veröffentlichung: Schutz von Datenbankerstellern.

Eine Besonderheit besteht bei anonym oder unter **Pseudonym** erschienenen Werken. Hier hängt die Berechnung der Schutzfristen vom Jahr der Veröffentlichung ab. Sollte aber innerhalb dieser Zeit der wahre Name des Urhebers bekannt werden, oder das vom Urheber angenommene Pseudonym (Deck- oder Künstlername) keinen Zweifel an seiner wahren Identität zulassen, so gilt selbstverständlich die ›klassische‹ Fristenberechnung nach dem Todesjahr.

Rückrufrecht des Urhebers

Unter gewissen Umständen hat ein Urheber Möglichkeiten, einmal vergebene Nutzungsrechte zurückzufordern. Sollte beispielsweise ein Verlag als der Inhaber eines ausschließlichen Nutzungsrechts das Werk nur unzureichend verbreiten und dadurch die Interessen des Urhebers erheblich verletzen, so kann dieser das Nutzungsrecht zurückrufen. Natürlich muss der Urheber zuvor entsprechende Nachfristen gesetzt haben.

Ferner besteht ein Rückrufrecht wegen gewandelter Überzeugung. Wenn ein Werk nicht mehr der Überzeugung des Urhebers entspricht, und der Urheber dieses nicht weiter verwertet sehen will, darf er das ursprünglich vergebene Nutzungsrecht zurückrufen. In einem solchen Fall hat er jedoch den Inhaber des Nutzungsrechtes angemessen zu entschädigen.

Schranken des Urheberrechts

In Abwägung mit anderen Rechtsgütern muss ein Urheber in bestimmten Situationen eine Einschränkung seiner Ansprüche in Kauf nehmen. Man spricht in diesem Zusammenhang von Schranken des Urheberrechts. Hierzu gehören beispielsweise die Rechtspflege und öffentliche Sicherheit; Einschränkungen gibt es aber auch zugunsten der Medien und der Allgemeinheit, ferner für Vervielfältigungen zum privaten und sonstigen eigenen Gebrauch (Kopierrecht) sowie für Textsammlungen für den religiösen Gebrauch sowie für Schulfunksendungen. Auf einige Fälle sei näher eingegangen.

- **Rechtspflege und öffentliche Sicherheit** Zur Verwendung in Verfahren vor einem Gericht, Schiedsgericht oder einer Behörde ist es zulässig, einzelne Vervielfältigungsstücke von Werken herzustellen und zu verbreiten.
- **Einschränkungen zugunsten der Medien** Öffentliche Reden über Tagesfragen dürfen in Zeitungen, Zeitschriften oder anderen Informationsblättern und Medien, die im Wesentlichen den Tagesinteressen Rechnung tragen, vervielfältigt und verbreitet werden. Sie dürfen jedoch nicht dazu genutzt werden, in einer eigenständigen Sammlung von Reden veröffentlicht zu werden. Hierzu ist die Einwilligung des Urhebers unumgänglich.
- **Vervielfältigungen zum privaten, wissenschaftlichen und sonstigen Gebrauch** Vervielfältigungen mittels Fotokopien sind gestattet, dürfen jedoch nicht verbreitet und kommerziell oder zu öffentlichen Wiedergaben genutzt werden. Eine Nutzung zu Unterrichtszwecken, sogar in Klassenstärke, ist ebenfalls erlaubt. Trotzdem sind Urheber auch Nutznießer des immensen Kopieraufkommens. Denn sie profitieren von den im Gesetzestext festgelegten Vergütungssätzen, die z. B. ein Copyshop-Betreiber oder ein Hersteller von CD- oder DVD-Rohlingen direkt an entsprechende Verwertungsgesellschaften (siehe Kap. 4.4.2) abführen muss. Nicht gestattet sind das Kopieren von Musiknoten sowie das vollständige Kopieren ganzer Bücher oder Zeitschriften.

- **Zitate** Stellen eines erschienenen Werkes dürfen in anderen selbstständigen Werken zitiert werden, wenn dies in einem dem Zweck gebotenen Umfang geschieht. Allerdings muss eine genaue Quellenangabe erfolgen, und die Werkstellen dürfen nicht verändert werden. Werden Zitate beispielsweise in einer Zitatsammlung oder in größerem Umfang als ›schmückendes Beiwerk‹ aufgenommen, greift das Zitatrecht nicht und man braucht eine Genehmigung.

Urheberrechts-Wissensgesellschafts-Gesetz (UrhWissG)

Seit März 2018 gilt ein neues Gesetz zum Urheberrecht für die ›Wissensgesellschaft‹. Es schafft übersichtliche und einfach verständliche Regelungen für die Nutzung urheberrechtlich geschützter Werke im digitalen Zeitalter und reformiert die Regelungen zur Nutzung urheberrechtlich geschützter Werke für Bildung und Forschung. Kernstück des Gesetzes sind sechs Schrankenregelungen.

§ 60a UrhG erlaubt es, für den **Unterricht und die Lehre an Bildungseinrichtungen** (z. B. Schule und Hochschule) grundsätzlich bis zu 15 Prozent eines Werkes zu nutzen.

§ 60c UrhG gestattet, für die nicht-kommerzielle **wissenschaftliche Forschung** grundsätzlich bis zu 15 Prozent eines Werkes zu nutzen; für die eigene wissenschaftliche Forschung wird die Vervielfältigung von 75 Prozent eines Werkes erlaubt.

§ 60d UrhG regelt erstmals das so genannte **Text- und Data-Mining.** Dies ist eine Forschungsmethode, bei der große Mengen urheberrechtlich geschützter Inhalte (z. B. Texte, Bilder, Tonaufnahmen) automatisiert ausgewertet werden.

§ 60e UrhG enthält verschiedene Erlaubnisse für **Bibliotheken**. Sie dürfen beispielsweise Werke aus ihrem Bestand zum Zwecke des Erhalts digitalisieren. Geregelt wird ferner, unter welchen Umständen Bibliotheken Werke an Terminals in ihren Räumen zugänglich machen dürfen und in welchem Umfang sie an diesen Terminals Ausdrucke gestatten dürfen. Ebenfalls geregelt wird der Versand von Kopien durch Bibliotheken.

§ 60f UrhG enthält für **Archive, Museen und Bildungseinrichtungen** ähnliche Erlaubnisse wie für Bibliotheken.

4.4.2 Verwertungsgesellschaften

Da Inhaber von Urheber- und Leistungsschutzrechten (Autoren und Verlage) eine Vielzahl von ›kleinen Rechten‹ nicht selbst wahrnehmen können, beauftragen sie Verwertungsgesellschaften damit, diese Rechte kollektiv wahrzunehmen. Verwertungsgesellschaften überwachen also die Werknutzung, ziehen vertraglich festgelegte Entgelte ein und verteilen die Tantiemen nach einem in Verteilungsplänen festgelegten Abrechnungsmodus. So werden zum Beispiel pauschal vereinbarte Abgaben für Tonträger, Kopien und Kopiergeräte oder Gebühren für das Abspielen von Musik in Verkaufsräumen erhoben und den Rechteinhabern zugeführt. Deutsche Verwertungsgesellschaften unterstehen einer weitgehenden Aufsicht durch das Deutsche Patent- und Markenamt (DPMA). Zu ihnen zählen u. a.:

VG Wort (www.vgwort.de) Verwertungsgesellschaft Wort, München. Zuständig für Autoren, Übersetzer, Journalisten und Verleger.

GEMA (www.gema.de) Gesellschaft für musikalische Aufführungs- und mechanische Vervielfältigungsrechte, Berlin/München. Zuständig für Komponisten, Textdichter und Musikverleger.

VG Bild-Kunst (www.bild-kunst.de) Verwertungsgesellschaft Bild-Kunst, Bonn. Zuständig für bildende Künstler, Fotografen, Bildjournalisten, Bildagenturen, Grafikdesigner und Fotodesigner.

VG Media (www.vg-media.de) Verwertungsgesellschaft mit Sitz in Berlin. Zuständig für Fernseh- und Radiosendungen sowie für digitale Verlagsangebote namhafter Presseverlage.

VG Musikedition (www.vg-musikedition.de) Verwertungsgesellschaft zur Wahrnehmung von Nutzungsrechten an Editionen (Ausgaben) von Musikwerken e.V., Kassel. Zuständig für Verfasser, Herausgeber und Verleger von Musikwerken und Ausgaben nachgelassener Werke.

GVL (www.gvl.de) Gesellschaft zur Verwertung von Leistungsschutzrechten, Berlin. Zuständig für ausübende Künstler und Tonträgerhersteller.

4.4.3 Verlagsvertrag

Der Verlag erwirbt vom Autor mit dem Verlagsvertrag das **Verlagsrecht:** das ausschließliche Vervielfältigungs- und Verbreitungsrecht an dem Werk des Urhebers. Das Verlagsrecht umfasst in der Regel buchnahe und buchferne Verwertungsrechte, also die Möglichkeit der Vergabe weiterer Print-Lizenzen sowie die Vergabe von sonstigen Nutzungsrechten, beispielsweise für digitale Erzeugnisse, Hörbücher, Verfilmungen und Merchandising.

Es gilt das Prinzip der Vertragsfreiheit. Daher ist der Verlagsvertrag weder an eine Form gebunden noch schreibt das seit 1901 geltende Verlagsgesetz zwingende Bestimmungen vor. Abgesehen von gesetzes- oder sittenwidrigen Bestimmungen können Autor und Verlag ihre Beziehungen also frei vereinbaren. Das Verlagsgesetz kommt nur dann zur Anwendung, falls kein schriftlicher Vertrag geschlossen wurde oder der Verlagsvertrag Lücken aufweist.

Normvertrag für den Abschluss von Verlagsverträgen

Es liegt im ureigenen Interesse der Verlage, über jedes Werk einen schriftlichen Vertrag mit dem Autor abzuschließen, der eine spätere Rendite – auch in Anbetracht der Vorleistungen (Lektorat, Satz etc.) – sicherstellt. Aber auch Autoren haben ein Interesse daran, für sich selbst bestmögliche Verträge zu optimalen Konditionen auszuhandeln. Es müssen also Kompromisse gefunden werden, wie im Falle des Normvertrags, den eine gemeinsame Kommission des Verleger-Ausschusses des Börsenvereins des Deutschen Buchhandels und des Verbandes deutscher Schriftsteller (VS) in der Vereinten Dienstleistungsgesellschaft (ver.di) in nahezu drei Jahren ausgehandelt hat. In einer Art Präambel verpflichten sich die Vertragschließenden, auf ihre Mitglieder dahingehend einzuwirken, dass ohne sachlich gerechtfertigten Grund nicht zu Lasten des Autors von den Festlegungen des Normvertrags abgewichen werden soll, der de jure ausschließlich empfehlenden Charakter hat.

Dieser Normvertrag ist in erster Linie für Publikumsverlage konzipiert, während die Vertragsnormen für wissenschaftliche Verlagswerke, die 1980 zwischen dem deutschen Hochschulverband und dem Verleger-Ausschuss vereinbart worden sind, wesentliche Vertragsbestimmungen für wissenschaftliche Werke oder Fachbücher enthalten. Beide Vertragswerke enthalten übrigens keine Ausführungen über das ›Konkurrenzverbot des Autors‹ und über Optionsklauseln – in der Praxis integrale Bestandteile von Verlagsverträgen. Zur Erläuterung: Beim Konkurrenzverbot geht es um die Selbstverpflichtung des Urhebers, während der Gültigkeit des Verlagsvertrages kein konkurrierendes Werk in einem anderen Verlag herauszubringen, wohingegen die Optionsklausel den Autor dazu verpflichtet, seine neuen Werke zunächst seinem ›Erstverlag‹ anzubieten.

Seit 2014 soll Verlagsverträgen, die Publikumsverlage mit ihren Autoren aushandeln, der Normvertrag für den Abschluss von Verlagsverträgen (im Anhang abgedruckt) zugrunde gelegt werden. Hier die wichtigsten Inhalte:

§ 1 **Vertragsgegenstand** Definition des Werkes, (Arbeits-)Titel

§ 2 **Rechtseinräumungen** Nutzungsrechte für Print- und Online-Ausgaben, die der Autor dem Verlag überträgt; Nutzungsrechte, die der Verlag Dritten überträgt

§ 3 **Verlagspflichten** Vervielfältigung, Veröffentlichung, Höhe der Auflage, Ausstattung / Ausgaben, Marketingmaßnahmen, Erscheinungstermin, Festlegung des Ladenpreises

§ 4 **Honorar** Höhe des Honorars, ggf. Vorschuss, Bemessungsgröße (Nettoladenpreis oder Verlagsabgabepreis), Zahlungsmodalitäten, Vereinbarungen für ›unkörperliche elektronische Ausgaben‹ (E-Books, sonstige Downloads), Vereinbarungen für Lizenzerlöse, honorarfreie Exemplare (Pflicht-, Prüf-, Werbe- und Rezensionsexemplare)

§ 5 **Manuskriptablieferung** Terminierung, Nachfrist, Sicherheitskopie
§ 6 **Freiexemplare** Autorenfreistücke zum eigenen Bedarf (nicht zum Verkauf), Anzahl kostenloser Downloads bei E-Books, Rabattregelung für Erwerb weiterer Print-Exemplare zum eigenen Bedarf
§ 7 **Satz, Korrektur** Honorarfreie Korrektur der ersten Satzfassung, Kostenregelung bei Änderungen in der ersten Satzfassung
§ 8 **Lieferbarkeit, veränderte Neuauflagen** Benachrichtigungspflicht des Verlags bei Nicht-Lieferbarkeit, Veröffentlichungspflicht für Neuauflagen, ›Ersatz‹ der Print-Ausgabe durch eine elektronische Ausgabe, Bearbeitungspflicht des Autors, Kündigungsmöglichkeiten und -fristen
§ 9 **Verramschung, Makulierung** Informationspflicht des Verlags gegenüber dem Autor, Festlegung von Verkaufs-Untergrenzen als Voraussetzung zur Verramschung oder Makulierung, Rückkaufmöglichkeit des Autors
§ 10 **Rezensionen** Zeitpunkt der Zusendung seitens des Verlags
§ 11 **Urheberbenennung, Copyright-Vermerk** Ausweispflicht seitens des Verlags, Anbringung des Copyright-Vermerks
§ 12 **Änderungen der Eigentums- und Programmstrukturen des Verlags** Informationspflicht des Verlags, Bedingungen für Rücktritt vom Vertrag seitens des Autors
§ 13 **Schlussbestimmungen** Gerichtsstand, Zugehörigkeit zu und Mandatsverträge mit Verwertungsgesellschaften

Fragen zu Kapitel 4

4.1 Mit welchem Namen verbindet man das Inkrafttreten der Preisbindung und in welchem Jahr trat sie erstmalig als Vereinssatzung in Kraft?

4.2 Ordnen Sie die nachstehend aufgeführten Rechtstexte den Ziffern 1 bis 3 zu:
(1) Allgemeine Gesetze und Verordnungen,
(2) Spezielle Gesetze der Medienbranche,
(3) Verbandsspezifische Regelungen.
Jugendschutzgesetz, Urheberrechtsgesetz, Normvertrag für den Abschluss von Verlagsverträgen, Fernabsatzrecht, Buchpreisbindungsgesetz, Verkehrsordnung, Wettbewerbsregeln, Gesetz gegen den unlauteren Wettbewerb

4.3 Seit welchem Jahr ist die Buchpreisbindung in Deutschland gesetzlich geregelt?

4.4 Erläutern Sie die Funktion der Preisbindungstreuhänder für Verlage in Deutschland.

4.5 Ergänzen Sie den Satz: Das Buchpreisbindungsgesetz ist ein Spezialgesetz des … .

4.6 Erläutern Sie das Prozedere bei Preisänderungen.

4.7 Kennzeichnen Sie Handelsgegenstände, die der Preisbindung unterliegen, mit einer 1 und Handelsgegenstände, die nicht der Preisbindung unterliegen, mit einer 2:
a) Musiknoten,
b) E-Books im EPUB-Format,
c) Wandkalender,
d) Landkarten,
e) antiquarische Bücher,
f) deutschsprachige Taschenbücher,
g) Multimedia-Produkte,
h) Hörbücher.

4.8 Nennen Sie zwei preisbindungsrechtliche Besonderheiten bei einem Subskriptionspreis.

4.9 Nennen Sie zwei Voraussetzungen, unter denen Mengenpreise gewährt werden dürfen.

4.10 Nennen Sie zwei Beispiele für ›Bundle-Preise‹.

4.11 Wie hoch ist der (maximale) Nachlass für Bestellungen folgender Abnehmer:
a) Uni-Bibliothek,
b) katholische Pfarrbücherei,
c) Stadtbibliothek,
d) Schülerbücherei,
e) Gefängnisbücherei,
f) Schule für Anschaffung von Schulbüchern im Rahmen eines eigenen Schul-Etats.

4.12 Im § 7 Abs. 4 thematisiert das Buchpreisbindungsgesetz ›Kundenbindungssysteme‹. Erläutern Sie die Rechtslage.

4.13 Nennen Sie drei handelsübliche Nebenleistungen im Schulbuchgeschäft.

4.14 Erläutern Sie die zwei Funktionen, die der ›Sammelrevers 2002‹ hat.

4.15 Ordnen Sie die nachstehend aufgeführten Themenbereiche den drei ›Regelwerken‹ zu:
(1) Grundlagenpapier,
(2) Verkehrsordnung,
(3) Wettbewerbsregeln.
Mindestbestellgrößen, Adressen- und Abonnentenschutz, Remittenden (Rücknahmepflicht der Verlage), Versandwege, Parallelausgaben, Versandkosten, Titelvielfalt

4.16 Welche Aussagen sind nach der Verkehrsordnung richtig?
a) Abgabepreise enthalten die gesetzliche Umsatzsteuer.
b) Als Erscheinungstermin eines Buches gilt der Tag, an dem das Buch erstmals ausgestellt werden darf.

c) Wenn ein Verlag seine gebundenen Ladenpreise erhöht, so muss er alle bis zum Stichtag aufgegebenen Bestellungen zum alten Preis ausführen.
d) Bei Preisherabsetzungen kann der Verlag die Bücher zurücknehmen oder den Unterschied der Nettopreise vergüten.
e) Wenn ein Verlag seine gebundenen Ladenpreise aufhebt, so muss der Buchhändler seinen Anspruch auf Rücknahme binnen 6 Monaten ab Bekanntgabe der Preisaufhebung geltend machen.
f) Subskriptionspreise gelten für den Buchhändler bis zu sieben Werktage nach Ablauf der für den Endabnehmer geltenden Subskriptionsfrist.
g) Als rechtsgültige Bestellung dient auch ein Bestellformular, auf das die Firma des Auftraggebers aufgestempelt ist.
h) Der Versandweg wird vom Abnehmer vorgegeben.
i) Verlage dürfen bei der Versendung einen angemessenen Kostensatz für Verpackungen in Rechnung stellen.
j) Ein Verlag darf ein Werk, das er in verschiedenen Ausstattungen führt, der Buchhandlung in der teuersten Ausgabe liefern, wenn diese keine näheren Bestelldaten angibt.

4.17 Nennen Sie – außer den Regularien zum Widerrufsrecht – fünf Informationspflichten, die Buchhandlungen laut Fernabsatzrecht für Verkäufe via Webshop erfüllen müssen.

4.18 Nennen Sie fünf besondere Regelungen, die das Widerrufsrecht im Rahmen von Fernabsatzverträgen umfasst.

4.19 Nennen Sie drei Besonderheiten, die für indizierte Bücher gelten.

4.20 In welchen Fällen finden die Bestimmungen des Fernabsatzrechts Anwendung?
a) Ein Geschäftskunde bestellt Bücher per E-Mail.
b) Ein Lehrer bestellt Bücher aufgrund eines Newsletters Ihrer Buchhandlung.
c) Ein Stammkunde bestellt Bücher, die er in einem Prospekt Ihrer Buchhandlung gesehen hat, telefonisch.
d) Eine Stammkundin bestellt Bücher im Laden und möchte diese zugesandt haben.
e) Eine Anwaltskanzlei bestellt über Ihren Webshop.

4.21 Vervollständigen Sie die Aussage: »Urheberrechtsschutz entsteht lt. Gesetz (...).«

4.22 Erläutern Sie die Begriffe ›Verlagsrecht‹ und ›Hauptrecht‹.

4.23 Erläutern Sie je zwei körperliche und unkörperliche Verwertungsrechte im Rahmen des Urheberrechts.

4.24 Bis zu welchem Datum sind die Werke des Nobelpreisträgers Heinrich Böll urheberrechtlich geschützt? Heinrich Böll starb am 16. Juli 1985.

4.25 Erläutern Sie die Schranken des Urheberrechts anhand von vier Beispielen.

4.26 Nennen Sie je drei Pflichten für Verlage und Autoren, die sich aus dem Normvertrag ergeben.

4.27 Nennen Sie den Namen der Instanz, die im Jahr 2016 die Preisauszeichnungspflicht für Waren im Schaufenster aufgehoben hat.

4.28 Nennen Sie die Handelsstufen, die zu den ›Erstinverkehrbringern‹ von Verpackungsmaterialien nach dem Verpackungsgesetz gehören.

4.29 Nennen Sie fünf Maßnahmen, die Ihrer Meinung nach eine ökologisch ausgerichtete Buchhandlung auszeichnen.

4.30 Erläutern Sie den Begriff ›Beweislastumkehr‹ im Zusammenhang mit der Datenschutzgrundverordnung (DSGVO).

4.31 Fügen Sie das fehlende Wort ein: »Bei der Datenschutzgrundverordnung geht es um den Schutz … Daten.«

4.32 Nennen Sie fünf konkrete Daten, die durch die Datenschutzgrundverordnung geschützt werden sollen.

5
Informationssysteme – Bibliografie und Recherche

Bibliografien und Nachschlagesysteme

Aus: Ausbildungsrahmenplan für die Berufsausbildung zum Buchhändler und zur Buchhändlerin | Sachliche Gliederung (§ 4 Absatz 2 Abschnitt A Nummer 2)

BIBLIOGRAFIEN UND NACHSCHLAGESYSTEME

- Aufbau von Bibliografien kennen und Regeln des Bibliografierens anwenden;
- das *Verzeichnis Lieferbarer Bücher* und Barsortimentskataloge anwenden und auswerten;
- wichtige Fach- und Spezialkataloge, sowie Recherchemöglichkeiten im Internet nutzen;
- Methoden der Beschaffung antiquarischer und vergriffener Werke anwenden.

ERWEITERTE BUCHHÄNDLERISCHE RECHERCHE

- Möglichkeiten der Volltextsuche nutzen;
- Recherchemöglichkeiten von fremdsprachigen Titeln im Internet nutzen und Besonderheiten berücksichtigen;
- Angebote buchaffiner Nebenmärkte erschließen und Nutzen prüfen;
- Verzeichnisse oder Kataloge mit den bibliografischen Angaben erstellen;
- interaktive Web-Techniken und buchhandelsspezifische Portale nutzen.

BUCHHÄNDLERISCHE FACHINFORMATION

- Fachinformationen, insbesondere das Börsenblatt, auswerten;
- Buchmessen als Informationsquellen nutzen;
- Vorschauen, Internetauftritte der Verlage sowie Informationen von Verlagsvertretern für die Beschaffung und das Angebot des Ausbildungsbetriebes nutzen.

Das kundenorientierte buchhändlerische Arbeiten basiert auf der Kenntnis und der Nutzung einer Vielzahl von Informationen, die verschiedensten Quellen entnommen werden können. Bibliografien, Nachschlagesysteme und buchhändlerische Fachinformationen, kurz Informationssysteme aller Art, stehen dem Buchhändler als Informationsquellen zur Verfügung. Komplexes Recherchehandeln dient immer unternehmerischen Zielen, beispielsweise in den Bereichen:

- Warenwissen,
- Marktsichtung,

- Beschaffung / Einkauf,
- Service / Informationshandeln,
- Verkaufsförderung,
- Kundenorientierung.

Erst der sichere Umgang mit buchhändlerischen Informationssystemen macht den modernen Buchhändler zu einem **Information Professional** und unterscheidet ihn vom einfachen User, der zu privaten Zwecken im Netz recherchiert. Buchhändler sind Handelnde im Informationsmarkt. Sie bedienen sich vorhandener Informationen und geben Informationen an Dritte weiter. In diesem Zusammenhang erzeugen sie wiederum neue Informationen und werden letztlich zu Informationshändlern, da sie vom Verkauf der Informationen leben. Sie sind also Teil eines vielgestaltigen Informationsmarktes, in dem sie erfolgreich agieren wollen und müssen.

Die Voraussetzung für das erfolgreiche buchhändlerische Handeln ist dabei u.a. die Ermittlung relevanter Informationen für unterschiedliche Handlungssituationen auf der Grundlage erworbener Beurteilungskompetenz hinsichtlich der ermittelten Daten. Im Zentrum stehen somit Informationssysteme, genauer: die Kenntnis von Aufbau und Funktion dieser Informationssysteme und deren Verwendungsmöglichkeiten für das Erreichen betrieblicher Ziele im Kontext von Kundenorientierung. Dabei kann der Begriff Informationssystem in einem generellen Sinn als **strukturierte Menge von Informationen** aller Art, aber auch in einem engeren Sinn als **strukturierte Datensammlung in Datenbanksystemen** verstanden werden.

Informationssysteme im weiteren Sinn (Auswahl) / print + online	**Informationssysteme im engeren Sinn (Auswahl) / print + online**
Verlagsinformationen (Gesamtverzeichnisse, VLB-TIX, Vorschauen, Reader, Prospekte etc.)	Kataloge, Bibliografien und Kompendien
Publikationen der Branchenpresse (Börsenblatt, Buchreport, BuchMarkt etc.)	Adressverzeichnisse
Sonstige Informationssammlungen (Sellerlisten, Bestenlisten, Besprechungsdienste, Kulturportale etc.)	Suchmaschinen

5.1 Kenntnis und Nutzung von Informationssystemen

Ausführungen über die Kenntnis und Nutzung von Informationssystemen wären in früheren Darstellungen mit der Überschrift ›Bibliografie‹ betitelt worden. Doch dieser Begriff wird den Anforderungen des digitalen Zeitalters nicht mehr gerecht. Auch die modernste Definition (Bibliografie = Lehre von nach bestimmten Gesichtspunkten geordneten Druckschriften- und Medienverzeichnissen) wirkt einengend und antiquiert. Da signalisiert die Umschreibung ›Kenntnis und Nutzung von Informationssystemen‹ doch mehr Modernität. Dennoch bleiben die Aufgaben bibliografischen Arbeitens unabhängig von der Erscheinungsform der genutzten Recherchemittel (print oder online) nahezu dieselben. Denn im Rahmen buchhändlerischer **Recherchearbeit** sind die zu erbringenden Leistungen weiterhin:

- Titelsuche,
- Literatursuche bzw. -zusammenstellung,
- Literaturkontrolle.

Diese drei Leistungen beschreiben die gängigsten Anforderungen der buchhändlerischen Praxis. Die jeweils ermittelten **Rechercheergebnisse** sind dann wiederum Ausgangspunkt für eine Vielzahl betriebswirtschaftlich relevanter Handlungen und werden in unterschiedlichen betrieblichen Kontexten genutzt, beispielsweise für Kundenberatung, Verkauf, Marktsichtung, Sortimentsgestaltung und Beschaffungsvorgänge.

Was Informationssysteme leisten müssen

TITELSUCHE
Die Titelsuche präsentiert als Ergebnis den Eintrag mit den vollständigen bibliografischen Angaben.

LITERATURSUCHE BZW. -ZUSAMMENSTELLUNG
Die Literaturzusammenstellung verfolgt die (in der Regel einmalige) Erstellung von Literaturlisten zu einem speziellen Gebiet oder einem speziellen Thema.

LITERATURKONTROLLE / PERMANENTE SUCHFRAGE
Die Literaturkontrolle verfolgt die (meistens regelmäßig durchgeführte) Erstellung von Literaturlisten zu einem speziellen Gebiet oder einem speziellen Thema und beinhaltet z. B. die ständige gezielte Information über den Markt der Novitäten. Aufgrund der Regelmäßigkeit der Abfrage spricht man in diesem Zusammenhang auch von einer ›permanenten Suchfrage‹.

WEITERE RECHERCHEOPTIONEN
Neben den eher ›klassischen‹ bibliografischen Aufgabenstellungen (Titelsuche, Literatursuche bzw. -zusammenstellung und Literaturkontrolle bzw. permanente Suchfrage) verlangt der Alltag im Sortiment auch immer häufiger die Lösung ganz spezieller Suchaufgaben, wie etwa die Recherche nach bestimmten Editionsformen oder nach Adressen von Lieferanten.

Geändert haben sich nicht die grundsätzlichen Aufgaben, jedoch die technischen Zugriffsmöglichkeiten auf Kataloge, Bibliografien und bibliografische Hilfsmittel sowie sonstige Nachschlagewerke, die mittlerweile nahezu vollständig und oft ausschließlich als elektronische Datenbanken vorliegen. In dem Maße, in dem die Tendenz zur Lagerreduktion und Lieferantenkonzentration anhält, muss zumindest die virtuelle Kenntnis über die verfügbaren Titel steigen. Andernfalls hat der Sortimentsbuchhandel seine Berechtigung verloren, sich ›Fachgeschäft für Bücher‹ zu nennen. In diesem Sinne ist die kenntnisreiche Nutzung von Informationssystemen also eine der Voraussetzungen für den Erfolg buchhändlerischer Arbeit. Natürlich reicht es nicht aus, sich nur theoretische Kenntnisse anzueignen. Das Wissen muss angewendet und dazu genutzt werden, andere wichtige buchhändlerische Kompetenzen weiter zu entwickeln. Dies gilt insbesondere für den Bereich der **Kommunikation mit Kunden** (siehe Kap. 6).

Tägliche Recherche

Der Regelfall im täglichen Routinegeschäft in der Buchhandlung ist die Online-Recherche für den Kunden, der sich mit mehr oder weniger vollständigen Informationen in Bezug auf einen bestimmten Sachverhalt (Suche nach einem Buchtitel, bestimmte Ausgabe einer Publikation, Erstellung einer Literaturliste zu einem bestimmten Thema usw.) an den Buchhändler wendet, damit dieser ihm bei der Lösung seines Problems behilflich ist. Grundlage für die erfolgreiche Recherche ist immer das ›Verstehen‹ der Kundenfrage. Idealtypisch vollzieht sich dabei der **Recherchevorgang in neun Schritten:**

1. **Verbale Suchfrage** Der Kunde äußert eine umgangssprachlich formulierte Suchfrage.
2. **Formale Suchfrage** Der Buchhändler muss diese Frage a) verstehen und b) in eine formale Suchfrage umwandeln, die dann als Dateneingabe in der Architektur der jeweiligen Datenbank möglich ist.
3. **Recherchemöglichkeit** Der Buchhändler wählt eine Datenbank aus.
4. **Recherchestrategie** Der Buchhändler legt eine für die Datenbank mögliche Recherchestrategie fest.
5. **Recherchemodus** Der Buchhändler nutzt einen bestimmten Recherchemodus.
6. **Rechercheeinstieg** Der Buchhändler entscheidet sich für einen geeigneten Rechercheeinstieg.
7. **Trefferliste** Das System (= Datenbank) generiert eine Kurztitelliste bzw. eine Vollanzeige.
8. **Relevanzprüfung** Der Buchhändler interpretiert – ggf. im Dialog mit dem Kunden – die generierten Treffer.
9. **Umsetzung in Handlungen** Weitere Aktionen schließen sich an, z. B.

- erneute Suche (bei nicht-relevanten Treffern),
- Beratung (Hilfestellung bei Auswahlentscheidung des Kunden),
- Abverkauf (falls Treffer = Lagertitel),
- Beschaffung (falls Treffer kein Lagertitel).

Die eigentliche Recherche ist als ›Dialog‹ zwischen Datenbank und Nutzer (Buchhändler) zu verstehen. Der Buchhändler muss wissen, welche Datenbank er für welche Fragen seiner Kunden nutzen kann. Dabei kommen für die buchhändlerische Recherche in erster Linie Literaturdatenbanken in Betracht, vorrangig das **Verzeichnis Lieferbarer Bücher** (VLB), aktuell zunehmend in seiner besonderen ›Spielart‹ **VLB-TIX,** sowie die (Lager-)Kataloge der Barsortimente. Aber auch weitere Informationssysteme kommen zum Einsatz, von denen in der nachstehenden Übersicht einige wichtige buchhändlerische (Online-)Informationssysteme zusammengefasst sind.

Übersicht über wichtige buchhändlerische Informationssysteme (online)

VLB [Bibliografie] / VLB-TIX [funktionale Onlinedatenbank / Plattform für interne / externe Kommunikation mittels multifunktionalem dialogfähigem Vorschautool]
Lagerkataloge der Barsortimente (KNV, Libri, Umbreit) [Katalog]
DNB (Deutsche Nationalbibliografie) [Katalog]
ZDB (Zeitschriftendatenbank) [Katalog]
GEO-Katalog [Kompendium]
ZVAB.de [Katalog]
KVK (Karlsruher Virtueller Katalog) [Metasuchmaschine]
Amazon.com (Katalog des Internetbuchhändlers Amazon) [Katalog]
Adress- und Zeitschriftenverzeichnisse (siehe Kap. 5.7.4)
Blogs und Foren zu verschiedenen Warengruppen oder zu Aspekten des Literaturbetriebs (z. B. perlentaucher.de oder krimi-couch.de)

[Die Fachbegriffe in eckigen Klammern werden im Kap. 5.7 erläutert.]

Literaturdatenbanken enthalten **Dokumentationseinheiten** (DE, Datensätze als Stellvertreter der originalen Information), die aus dokumentarischen Bezugseinheiten (DBE, Vorlageformen wie Romane, wissenschaftliche Monographien, Zeitschriftenaufsätze usw.) nach unterschiedlichen Standards erstellt werden. Als Standards dienen Regelwerke und Normdateien:

- **Regelwerke** Die seit Jahrzehnten für die Erfassung formaler Daten genutzten RAK-WB (= Regeln für die alphabetische Katalogisierung in wissenschaftlichen Bibliotheken) oder die AACR 2 (= Anglo-American-Cataloguing-Rules, in den USA bis 2005 genutzt) werden nicht mehr ange-

wendet. Dennoch ist die Kenntnis dieser nicht länger ›aktiven‹ Regelwerke nach wie vor relevant für so genannte nicht-konvertierte Datenbanken, also solche, die nach den ehemals gültigen Regelwerken erstellt wurden und nicht mittels neu eingeführter verbindlicher Regelwerke ›umgeschrieben‹ worden sind. Neben den nach wie vor gültigen RSWK (= Regeln für die Schlagwortkatalogisierung) gilt seit 2014 weltweit das Regelwerk **RDA (Ressource, Description and Access)** für die Erfassung formaler Daten.
- **Normdateien** (z. B. GND = Gemeinsame Normdatei).

Bei der Datenerfassung für (Literatur-)Datenbanken werden mittels der erwähnten Hilfsmittel die jeweiligen Vorlageformen (DBE) zu Ansetzungsformen oder Dokumentationseinheiten (DE) umgewandelt. Die jeweils zu erfassenden Gegenstände (= Ressourcen) werden gemäß festgelegter Regeln beschrieben und dadurch recherchierbar. Diese Beschreibung kann einerseits nach äußerlichen, formalen Kriterien erfolgen, andererseits auch nach inhaltlichen Kriterien, die beschreiben, welche Themen in einer Ressource behandelt werden. Im ersten Fall spricht man von Formalerschließung (= alphabetische Katalogisierung), die inhaltliche Beschreibung heißt Sacherschließung. Die jeweilige Beschreibung muss dafür sorgen, dass die Ressource zutreffend wiedergegeben wird, damit sie aufgrund der regelkonformen Erfassung im Rahmen einer Recherche wiedergefunden werden kann.

5.2 Literaturdatenbanken und das Metadatenformat FRBR

Ein wichtiges Hilfsmittel für die Erstellung von Literaturdatenbanken sind Metadatenformate. Zu nennen ist hier insbesondere das Format **FRBR (Functional Requirements for Bibliographic Records),** mit dem derzeit weltweit bibliografische Datensatzstrukturen dargestellt werden und einheitliche Begriffe zur Beschreibung der Datensätze etabliert werden, deren Organisation dann durch RDA geregelt wird.

Das FRBR-Modell bildet dabei nutzerorientiert das **bibliografische Universum** ab: alles, was möglicherweise für Nutzer bzw. Katalogisierer von Bedeutung ist. Es entsteht ein Entitäten-Modell, das als relationale Datenbank darauf ausgerichtet ist, die Beziehungen zwischen den zu erfassenden Elementen aufzuzeigen. Als Entitäten der Gruppe 1 unterscheidet das FRBR-Modell: Werk, Expression, Manifestation, Exemplar. Die folgenden Abbildungen dienen zur Illustration dieses innovativen Ansatzes, der einerseits den Anforderungen des Semantic Web genügt (Daten im Netz so zur Verfügung stellen, dass auch Maschinen sie verstehen und automatisch weiterverarbeiten können), andererseits grundsätzlich internationale Gültigkeit anstrebt und daraus resultierend Daten-Austauschmöglichkeiten garantiert. »Eine voll-

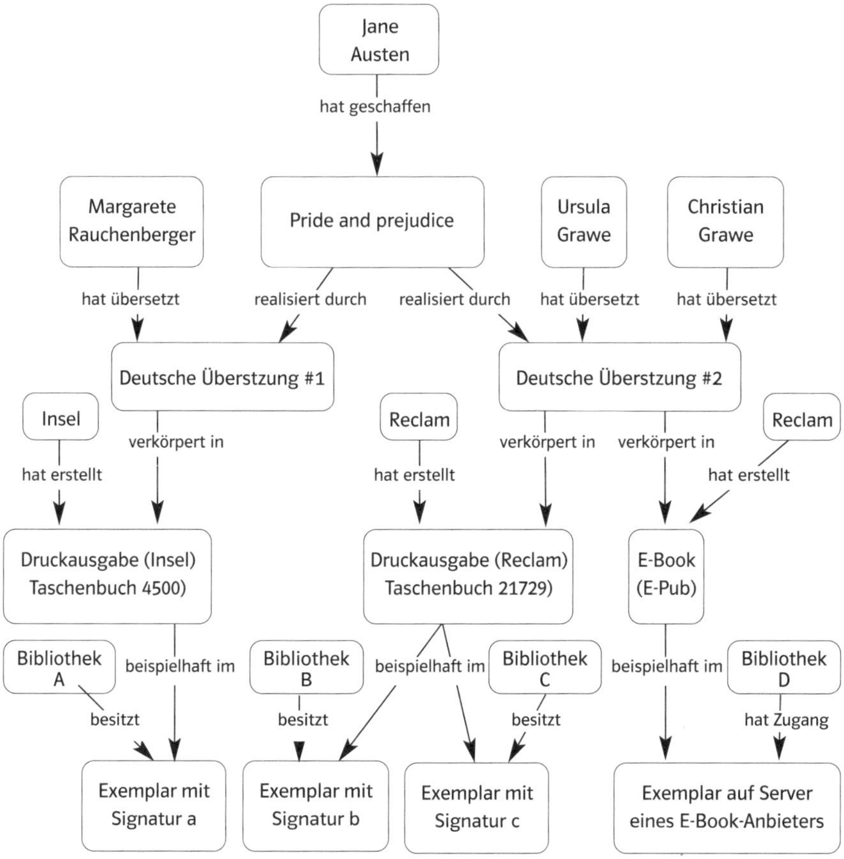

Bibliografisches Universum – Ausschnitt aus einem FRBR-Baum. Quelle: Heidrun Wiesenmüller, *Basiswissen RDA*, S.20. Diese Darstellung findet ihre buchhandelsspezifische Entsprechung in der Übersicht ›Umfang der Daten im VLB‹ (s. Kap. 5.7.1)

ständige Identität von Katalogisaten aus dem deutschsprachigen und angloamerikanischen Raum wird es auch zukünftig nicht geben. Zumindest jedoch werden deutsche und angloamerikanische RDA-Katalogisate künftig strukturell weitestgehend übereinstimmen.« So formuliert es Heidrun Wiesenmüller in ihrer Publikation *Basiswissen RDA*.

Die bis 2014 üblichen Bezeichnungen aus RAK-WB werden verändert. Eine stark gekürzte Auswahl relevanter FRBR-Begrifflichkeiten in RDA- im Unterschied zur RAK-WB-Begrifflichkeit stellt der nachstehende Terminologievergleich vor, der von H. Wiesenmüller erstellt wurde (Stand: 30.12.2014) und www.basiswissen-rda.de entnommen ist.

RAK	RDA
Allgemeine Materialbenennung	keine genaue Entsprechung vorhanden; geht auf in den neuen Konzepten Medientyp, Datenträgertyp und Inhaltstyp
Ansetzungsform	bevorzugter Name (Personen, Geografika) bzw. normierter Sucheinstieg (d.h. bevorzugter Name + ggf. unterscheidende Merkmale)
Ausgabe	Manifestation (nur ungefähre Übereinstimmung)
Einheitssachtitel	bevorzugter Titel des Werks
Eintragung	Beziehung (z.B. zu verantwortlicher Person oder Körperschaft oder zu einer monografischen Reihe); allerdings keine exakte Übereinstimmung (es gibt auch RAK-Nebeneintragungen, die keine RDA-Beziehungen sind)
Erscheinungsjahr	Erscheinungsdatum (auch genauere Angaben werden gemacht; nicht nur das Jahr)
Gesamttitel	Haupttitel der Reihe (gemeint ist der Titel eines größeren Ganzen, z.B. einer monografischen Reihe oder einer mehrteiligen Monografie)
Haupteintragung	kein spezifischer Terminus vorhanden; entspricht dem ersten geistigen Schöpfer, sofern vorhanden (ansonsten dem Haupttitel)
Hauptsachtitel	Haupttitel
Haupttitelseite	Titelseite
Illustrationsangabe	illustrierender Inhalt
Verfasser	geistiger Schöpfer (und weitere Formen, z.B. Komponisten, Künstler)
Verfasserangabe	Verantwortlichkeitsangabe
Verfasserwerk	kein spezifischer Terminus vorhanden; es handelt sich um Fälle, bei denen der erste geistige Schöpfer eine Person ist
Erscheinungsjahr	Erscheinungsdatum (nach RAK wurde nur das Jahr erfasst)
Haupteintragung	erster geistiger Schöpfer (ungefähre Entsprechung)
Ausgabe	Manifestation (nur ungefähre Übereinstimmung)
Ansetzungsform	normierter Sucheinstieg (ungefähre Übereinstimmung)
Zusatz zum Sachtitel	Titelzusatz
vorlagegemäß wiedergeben	übertragen

Auf der Grundlage der angegebenen Terminologie strukturiert FRBR die Titelaufnahme. Sie bildet die Basis für die unterschiedlichsten konkreten Datendarstellungen, wie man sie heute aus allen Literaturdatenbanken kennt, und die Grundlage für die Eingabe formaler Suchfragen im Rahmen buchhändlerischer Recherchearbeit. Hier auszugsweise eine ebenfalls stark gekürzte Auswahl des so genannten Standardelemente-Sets für Titeldaten (Version 2.2, 2018).

Legende

*	Kernelement
**	Kernelement, nur unter bestimmten Bedingungen
+	Zusatzelement
++	Zusatzelement, nur unter bestimmten Bedingungen
P	Zusätzliche Bestimmung für Nationalbibliotheken

RDA	Art des Elements	Deutsch
2.3.2	*	Haupttitel
2.3.3	++	Paralleltitel
2.3.4	++	Titelzusatz
2.3.6	++	Abweichender Titel
2.3.7	++	Früherer Haupttitel
2.4.2	*	Verantwortlichkeitsangabe, die sich auf den Haupttitel bezieht
2.5.2	*	Ausgabebezeichnung
2.7.6	**	Entstehungsdatum
2.8.2	*	Erscheinungsort
2.8.4	*	Verlagsname
2.8.6	*	Erscheinungsdatum
2.11	++	Copyright-Datum
2.12.2	*	Haupttitel der Reihe
3.2	+	Medientyp
3.3	*	Datenträgertyp
3.4	**	Umfang
3.5		Maße
6.3	**	Form des Werks
6.4	**	Datum des Werks
6.5	**	Ursprungsort des Werks
6.11	*	Sprache der Expression
6.13	*	Identifikator für die Expression
7.15	++	Illustrierender Inhalt
7.20	+	Musikalische Ausgabeform
7.25.3	*	Horizontaler Maßstab bei kartografischem Inhalt
7.25.4	*	Vertikaler Maßstab bei kartografischem Inhalt
17.8	*	In der Manifestation verkörpertes Werk
17.10	*	In der Manifestation verkörperte Expression
18.5		Beziehungskennzeichnung
19.2	*	Geistiger Schöpfer
19.3	**	Sonstige Person, Familie oder Körperschaft, die mit einem Werk in Verbindung steht
20.2	++	Mitwirkender
23.4	*	Themenbeziehung
24.5	++	Beziehungskennzeichnung
25.1		In Beziehung stehendes Werk
26.1		In Beziehung stehende Expression
27.1	++	In Beziehung stehende Manifestation

Die komfortablen Nutzungsmöglichkeiten des Titelelemente-Daten-Sets werden besonders schnell einsichtig, wenn man sich im Rahmen einer Recherche in einer Literaturdatenbank den gängigen Recherchemodus ›Maskensuche‹ (häufig auch als ›erweiterte Suche‹ bezeichnet) vor Augen hält, der es dem Benutzer ermöglicht, mithilfe bestimmter einzelner oder kombinierter Suchkriterien Titel zu recherchieren. In vorgegebene Such-Felder schreibt man mehrere Wörter (oder Teile dieser Wörter) und kombiniert möglicherweise einige Begriffe oder Suchkriterien, um das Ergebnis der Recherche schon vorab einzugrenzen. Das Suchergebnis besteht dann beispielsweise in einer Kurztrefferliste, die mittels Auswahl einzelner Treffer zur Vollanzeige führt.

Die Erfassung bibliografischer Daten erfolgt seit 2015 in allen zuständigen Institutionen, in Bibliotheken, in Verlagen und im Zwischenbuchhandel in der Begrifflichkeit der FRBR mittels des Regelwerkes RDA. FRBR ermöglicht aber nicht nur die Erfassung der Daten, sondern gleichzeitig das Sichtbarmachen von Beziehungen zwischen Werk, Expression, Manifestation und Exemplar.

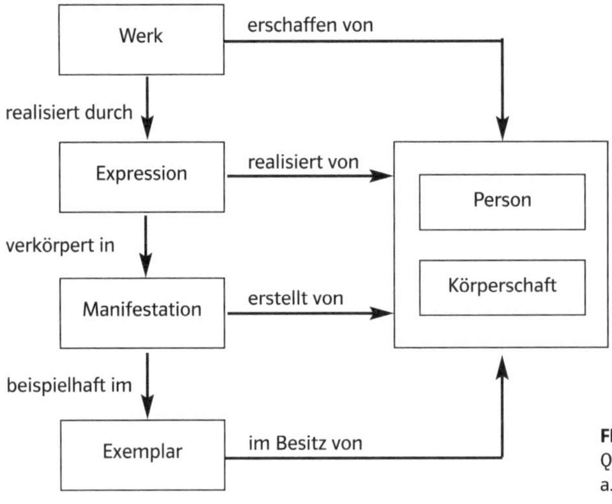

FRBR-Entitäten
Quelle: H. Wiesenmüller, a.a.O., S. 18

Deshalb kann man sagen: Das Werk ist realisiert in der Expression, die in der Manifestation verkörpert ist, die dann letztlich als Exemplar beschreibbar ist. Werk und Expression beschreiben die schöpferische Dimension und damit die urheberrechtlichen Komponenten, während Manifestation und Exemplar verwertungsrechtliche Aspekte der Entität betreffen. Ein ›gefülltes‹ Datenelemente-Set ist nachstehend abgebildet.

RDA	Element	Deutsch
2.3.2 *	Haupttitel	Harry Potter und der Stein der Weisen
2.3.4 ++	Titelzusatz	Einmalige Sonderausgabe
2.4.2 *	Verantwortlichkeitsangabe	Joanne K. Rowling
2.4.2 *	Verantwortlichkeitsangabe	aus dem Englischen übersetzt von Klaus Fritz
2.5.2 *	Ausgabebezeichnung	Limitierte Taschenbuchausgabe
2.8.2 *	Erscheinungsort	Hamburg
2.8.4 *	Verlagsname	Carlsen
2.8.6 *	Erscheinungsdatum	2005
2.13 +	Erscheinungsweise	Einzelne Einheit
2.15 *	Identifikator für die Manifestation	ISBN 978-3-551-35401-3
3.2 +	Medientyp	Ohne Hilfsmittel zu benutzen
3.3 *	Datenträgertyp	Band
3.4 **	Umfang	Seiten 336
3.5 p	Maße	19 cm
6.2.2 *	Bevorzugter Titel des Werkes	Harry Potter and the philosopher's stone
6.9 *	Inhaltstyp	Text
6.11 *	Sprache der Expression	ger
17.8 *	In der Manifestation verkörpertes Werk	Rowling, Joanne K. Harry Potter and the philosopher's stone
19.2 *	Geistiger Schöpfer	Rowling, Joanne K.
18.5 p	Beziehungskennzeichnung	Verfasser
20.2 ++	Mitwirkender	Fritz, Klaus
18.5 p	Beziehungskennzeichnung	Übersetzer

5.3 Deutsche Nationalbibliografie (DNB)

Unter http://dnb.dnb.de kann jedermann über öffentliche Netze kostenfrei in der Datenbank der Deutschen Nationalbibliothek recherchieren. Sie verzeichnet den Bibliotheksbestand und erfüllt somit ihren gesetzlichen Auftrag zur bibliografischen Verzeichnung aller in Deutschland erscheinenden Veröffentlichungen. Der Katalog umfasst die Bestände der Deutschen Nationalbibliothek seit 1913. Die Datenbank dient der bibliografischen Erstverzeichnung und nutzt für die Erstellung ihrer Titelaufnahmen das Regelwerk RDA und andere Hilfsmittel. Die Kontinuität der *Deutschen Nationalbibliografie* wird durch das Datensicherungskonzept und das Engagement der Deutschen Nationalbibliothek auf dem Gebiet der Langzeitverfügbarkeit sichergestellt. Sie erscheint als Online-Zeitschrift im PDF-Format (außer Reihe O) und wird im Rahmen des Datendienstes, des Titelkartendienstes (außer Reihe O) und

Reihen der Deutschen Nationalbibliografie (DNB)

Reihe A	Monografien und Periodika des Verlagsbuchhandels. Bücher, Zeitschriften, nicht musikalische Tonträger, weitere AV-Medien, Mikroformen und elektronische Publikationen. Die Reihe A enthält seit dem Jahr 2004 auch die Übersetzungen und Germanica, die bis dahin separat in der Reihe G erschienen sind. Erscheint wöchentlich.
Reihe B	Monografien und Periodika außerhalb des Verlagsbuchhandels. Bücher, Zeitschriften, nicht musikalische Tonträger, weitere AV-Medien, Mikroformen und elektronische Publikationen. Erscheint wöchentlich.
Reihe C	Karten. Erscheint vierteljährlich.
Reihe H	Hochschulschriften. Dissertationen und Habilitationsschriften deutscher Hochschulen und deutschsprachige Dissertationen und Habilitationsschriften des Auslandes. Erscheint monatlich.
Reihe M	Musikalien. Erscheint monatlich.
Reihe O	Online-Publikationen. Erscheint monatlich.
Reihe T	Musiktonträgerverzeichnis. Erscheint monatlich.

über den Datenshop angeboten. Über die verschiedenen Reihen informiert die obenstehende Übersicht.

Neben der frei zugänglichen *Deutschen Nationalbibliografie* gibt es weitere nationalbibliografische Angebote. Diese erfüllen die Bedürfnisse derjenigen Kunden, die als Mehrwert gegenüber der Nutzung der Datenbank z. B. die Selektion der neu hinzugekommenen Datensätze in bestimmten Lieferintervallen nutzen oder die auf eine bestimmte, gewohnte Ausgabeform nicht verzichten möchten. So nutzen viele Fachbuchhandlungen solche selektierten Datenangebote, da sie für die betriebsinterne Marktsichtung und die daraus resultierenden Warenbeschaffungsmaßnahmen nur die für sie relevanten Fachgebiete (z. B. Medizin, Jura, Naturwissenschaften) auswählen können, die dann ihrerseits die Grundlage für die Ausgestaltung weiterer betrieblicher Prozesse bilden

Exkurs: Deutsche Nationalbibliothek

Die Deutsche Nationalbibliothek hat die Aufgabe, lückenlos alle deutschen und deutschsprachigen Publikationen ab 1913, im Ausland erscheinende Germanica und Übersetzungen deutschsprachiger Werke sowie die zwischen 1933 und 1945 erschienenen Werke deutschsprachiger Emigranten zu sammeln, dauerhaft zu archivieren, bibliografisch zu verzeichnen und der Öffentlichkeit zur Verfügung zu stellen. Im nationalen und internationalen Rahmen pflegt die Deutsche Nationalbibliothek kooperative Beziehungen. So ist sie u. a. Mitglied des Lenkungsgremiums RDA und dadurch maßgeblich an der Entwicklung internationaler Standards beteiligt. Sie ist eine rechtsfähige bundesunmittelbare Anstalt des öffentlichen Rechts. Die jährlich aus dem Haushalt des Staatsministers für Kultur bereitgestellten Mittel betragen rund 45 Millionen Euro. **Das Gesetz über die Deutsche Nationalbibliothek** (DNBG) vom 22. Juni 2006 (BGBl. I S. 1338) schreibt die Aufgaben, Pflichten und Organe der Bundesanstalt fest und macht die Deutsche Nationalbibliothek weitgehend autonom. Sie untersteht allein der Rechtsaufsicht des Beauftragten der Bundesregierung für Kultur und Medien.

Der Gesamtbestand der Deutschen Nationalbibliothek belief sich Ende 2018 auf rund 36 Millionen Einheiten. Sie hat mehrere Vorgängereinrichtungen: 1912 wurde die Deutsche Bücherei mit Sitz in Leipzig gegründet, 1946 die Deutsche Bibliothek Frankfurt am Main. 1970 kam das in Berlin gegründete Deutsche Musikarchiv hinzu, das seit Dezember 2010 am Standort Leipzig angesiedelt und für die Bearbeitung und bibliografische Verzeichnung der Musikalien und Musiktonträger verantwortlich ist. Mit der Wiedervereinigung Deutschlands wurden diese Einrichtungen zu einer Gesamtinstitution vereinigt, die 2006 einen erweiterten gesetzlichen Auftrag und einen neuen Namen erhielt: Deutsche Nationalbibliothek.

Archivierung und Benutzung erfolgen an beiden Standorten; die Literaturbearbeitung jedoch geschieht arbeitsteilig. Durch dieses Konzept werden an jedem Standort eine komplette Sammlung und ein optimaler Service angeboten. Jedem Standort wurden darüber hinaus Schwerpunktfunktionen übertragen. Am traditionsreichen Standort Leipzig befinden sich das Deutsche Buch- und Schriftmuseum, das Deutsche Musikarchiv, die Sammlung Exil-Literatur 1933–1945 und die Anne-Frank-Shoah-Bibliothek. Der Frankfurter Standort ist für die Entwicklung der Informations- und Kommunikationstechnik zuständig, zu dem auch Aufbau und Führung der zentralen Datenbank gehören. Er übernimmt auch Produktion, Marketing und Vertrieb der nationalbibliografischen Dienstleistungen. Außerdem ist hier das Deutsche Exilarchiv 1933–1945 angesiedelt.

Die Grundlage der Sammlung ist das Gesetz über die Deutsche Nationalbibliothek (DNBG). In Ergänzung des Gesetzes präzisiert die am 23. Oktober 2008 in Kraft getretene **Pflichtablieferungsverordnung** (PflAV) den Sammelauftrag (BGBl. I S. 2013). Gesetz und Verordnung legen grundsätzlich fest, was zu den Sammlungsgegenständen der Deutschen Nationalbibliothek gehört. Die Sammlung umfasst ab 1913:

- in Deutschland veröffentlichte Medienwerke,
- im Ausland veröffentlichte deutschsprachige Medienwerke,
- im Ausland veröffentlichte Übersetzungen deutschsprachiger Medienwerke in andere Sprachen,
- im Ausland veröffentlichte fremdsprachige Medienwerke über Deutschland, so genannte Germanica,
- die zwischen 1933 und 1945 von deutschsprachigen Emigranten verfassten oder veröffentlichten Druckwerke.

Die Medienwerke sind in körperlicher und auch unkörperlicher Form zu sammeln. Dazu gehören sowohl herkömmliche Veröffentlichungen in Papierform, Karten, Musikalien und Tonträger als auch Mikroformen, elektronische Publikationen und Netzpublikationen.

Die Pflichtablieferungsverordnung konkretisiert das Recht der Deutschen Nationalbibliothek auf unaufgeforderte und kostenlose Belieferung mit den Medienwerken aus Deutschland und schließt diejenigen von der Ablieferungspflicht aus, für deren Sammlung kein öffentliches Interesse besteht. Jeder gewerbliche oder nicht gewerbliche Verleger in der Bundesrepublik Deutschland ist verpflichtet, von seinen Medienwerken zwei Pflichtexemplare kostenlos an die Deutsche Nationalbibliothek abzuliefern. Unter bestimmten Voraussetzungen wird zu den abzuliefernden Exemplaren ein Zuschuss gewährt. Der Erwerb der im Ausland erscheinenden Medienwerke erfolgt entweder durch die Ablieferung von Pflichtexemplaren, durch großzügige Überlassung von Belegexemplaren, durch internationale Tauschabkommen oder auch durch Kauf.

Die gesetzlichen Bestimmungen zum Sammelauftrag werden durch die **Sammelrichtlinien** weiter erläutert und präzisiert. Die Funktion der Sammelrichtlinien ist die differenzierte Festlegung, welche Publikationen aus Deutschland und aus dem Ausland zu sammeln sind, da die ständig wachsende Publikationsmenge und die große Zahl der Internetveröffentlichungen zu einer Eingrenzung nach formalen Kriterien zwingen.

Auf Besonderheiten in Bezug auf Netzpublikationen, beispielsweise die Archivierung von Verlagshomepages, kann hier nicht eingegangen werden. Ständig aktualisierte Informationsdienste der DNB (www.dnb.de) geben diesbezüglich jederzeit genaue Auskunft

5.4 Regelwerke und Normdateien

Im Juni 2014 erschien die erste deutsche Ausgabe von RDA im Online-Werkzeug ›RDA Toolkit‹. Seitdem erfolgt die bibliografische Erfassung von Entitäten nahezu ausschließlich mittels des Regelwerkes RDA. Dass die bis 2016 nach RAK-WB und anderen Regelwerken erfassten Publikationen mittels RDA neu erfasst werden (man spricht in diesem Zusammenhang von Retrokonversion), ist nicht zu erwarten. Ein solches Verfahren wäre weder finanzierbar noch in einem überschaubaren zeitlichen Rahmen zu erledigen. Moderne Rechercheinstrumente erlauben jedoch mittels unterschiedlichster Suchparameter problemlos relevante Trefferlisten jederzeit zu generieren, die auf der Grundlage nicht mehr fortgeführter Regelwerke erfasst wurden. Bis zur verbindlichen Einführung von RDA wurden als Regelwerke genutzt:

- **RAK-WB** Regeln für die alphabetische Katalogisierung in wissenschaftlichen Bibliotheken,
- **RAK-NBM** Regeln für die alphabetische Katalogisierung von Nichtbuchmaterialien,
- **RAK**-Musik Regeln für die alphabetische Katalogisierung von Ausgaben musikalischer Werke,
- **RSWK** Regeln für die Schlagwortkatalogisierung.

Gemeinsame Normdatei (GND)

Die Gemeinsame Normdatei (GND) ist eine Normdatei für Personen, Körperschaften, Konferenzen, Geografika, Sachschlagwörter und Werktitel, die vor allem zur Katalogisierung von Literatur in Bibliotheken dient, zunehmend aber auch von Archiven, Museen, Projekten und in Webanwendungen genutzt wird. Sie löste im April 2012 die bis dahin getrennt geführten Normdateien Personennamendatei (PND), Gemeinsame Körperschaftsdatei (GKD), Schlagwortnormdatei (SWD) und die Einheitssachtitel-Datei des Deutschen Musikarchivs (DMA-EST-Datei) ab. Sie wird von der Deutschen Nationalbibliothek, allen deutschsprachigen Bibliotheksverbünden mit den angeschlossenen Bibliotheken, der Zeitschriftendatenbank (ZDB) und zahlreichen weiteren Einrichtungen gemeinschaftlich geführt. Die Mitarbeit in der GND erfolgt entweder über Verbünde oder nach direkter Absprache mit der Deutschen Nationalbibliothek.

Normdaten erleichtern die Katalogisierung, bieten eindeutige Sucheinstiege und die Möglichkeit der Vernetzung unterschiedlicher Informationsressourcen. In den Normdatensätzen der GND sind nicht nur die Vorzugsbenennungen normiert, sondern neben abweichenden Benennungen auch Relationen zu anderen Normdatensätzen enthalten. Auf diese Weise ist ein Netz von miteinander in Beziehung stehenden Datensätzen entstanden, das sich besonders für die Nutzung im Web eignet, die Navigation innerhalb der Normdatei erlaubt und somit die Recherchemöglichkeiten für Nutzer verbessert. Darüber hinaus enthalten einige geografische Normdaten unveränderte Koordinaten aus der Datenbank GeoNames.

Die GND-Normdaten stehen allen Interessenten in den Formaten MARC21 Authority, MARC21-xml und RDFxml über verschiedene Bezugswege kostenfrei unter der Lizenz CC0 1.0 zur Verfügung. Normdatensätze der GND sind Bestandteil des Virtual International Authority File (VIAF) und werden dort mit den Daten anderer nationaler Normdateien zusammengeführt.

5.5 Titelaufnahme nach RDA

Grundsätzlich gilt, dass RDA den Anspruch hat, ein international gültiges Regelwerk zu sein. Dabei gilt, dass alle Daten, die nicht direkt dem zu katalogisierenden Objekt entnommen werden, in der Arbeitssprache der jeweiligen Katalogisierungsagentur erfasst werden. Ziffern, Daten und Maßeinheiten können gemäß eigenständig formulierter Verfahrensregeln erfasst werden. In einigen Bereichen ist RDA auf den angloamerikanischen Kulturkreis zugeschnitten, beispielsweise bei juristischen Werken.

Die einzelnen Informationen, die aufgenommen werden, nennt man Elemente. Die als besonders wichtig definierten Elemente werden als Kernelemente bezeichnet. Diese bilden eine Art ›Mindestdatensatz‹, der immer zu erfassen ist. Kernelemente sind u. a. Haupttitel, Verantwortlichkeitsangabe, Ausgabebezeichnung, Erscheinungsort, Verlag, Erscheinungsdatum und die Gesamttitelangabe. Bei den Beziehungen gilt nur der geistige Schöpfer als Kernelement. Bei nicht verpflichtend aufzunehmenden Elementen wurden für den gesamten deutschsprachigen Raum so genannte verbindliche Zusatzelemente festgelegt. Kernelemente und Zusatzelemente bilden zusammen das Standardelemente-Set. Die folgende Grafik illustriert diese Ausführungen.

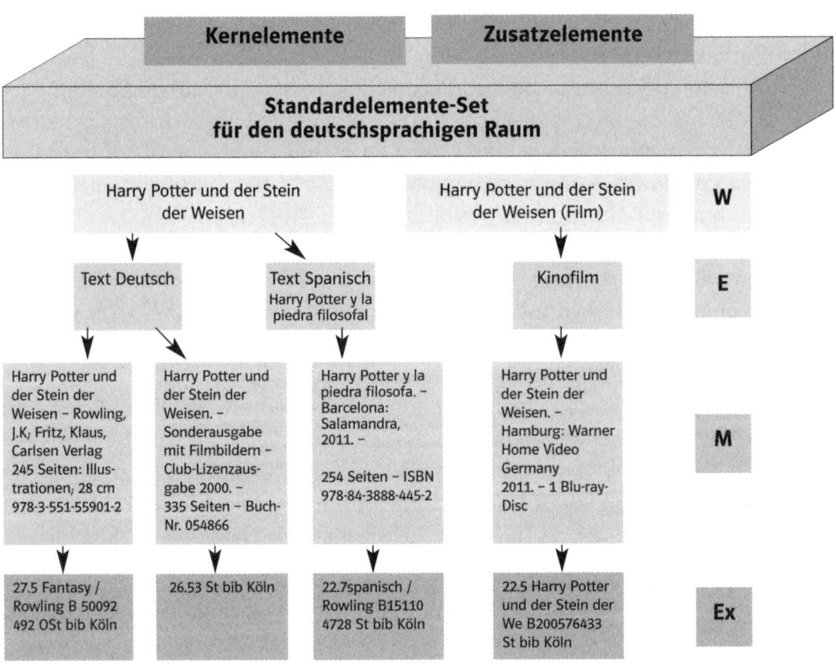

Die hier angesprochenen RDA-Grundlagenaspekte reichen aus, die Entstehung von Trefferlisten in Literaturdatenbanken einschätzen zu können. Tiefergehende Kenntnisse im Rahmen der Katalogisierung sollten entsprechend ausgebildeten bibliothekarischen Fachkräften vorbehalten bleiben. Deshalb kann und soll an dieser Stelle nur ein Eindruck davon vermittelt werden, wie komplex das Thema ›Titelaufnahme‹ ist, in dem viele Regularien zu berücksichtigen sind, die auf die Erstellung und die Nutzung elektronischer Datenbanken Einfluss nehmen.

Die Titelnachweise in buchhändlerischen Datenbanken berücksichtigen die obigen Ausführungen nur teilweise. Wichtigstes Anwendungskriterium ist immer die Nutzbarkeit für das buchhandelsspezifische Arbeiten. Allerdings finden sich in den meisten Online-Literaturdatenbanken (zumindest partiell) die Elemente wieder, die in den FRBR aufgelistet werden, wenn auch häufig in zweckorientierter abgewandelter Ausprägung.

Als Beispiel für eine nutzerorientierte Recherchemaske sei an dieser Stelle stellvertretend für viele andere ein Screenshot der Suchmaske für die so genannte erweiterte Suche in der *Deutschen Nationalbibliografie* (DNB) abgebildet. Weitere Suchmasken findet man im Kapitel 5.7.

Recherchemaske für die erweiterte Suche in der DNB
Quelle: https://portal.dnb.de/opac.htm;jsessionid=RQ3wRwgH1zhW8Vgc69RCpDdfnDvR5z2tKMi7AzEa.prod-fly8?method=showOptions#top

Deutliche Auswirkungen hat das Regelwerk RDA auf die Ansetzung von Personennamen, die sich grundlegend von den Gepflogenheiten nach RAK-WB unterscheiden.

Exkurs: Grundsätze und Regeln zur Ansetzung von Personennamen (in Auswahl)

UNTER DEN BEGRIFF ›PERSON‹ FALLEN LAUT RDA:

- echte Individuen,
- zwei oder mehrere Identitäten, die zu einer wirklichen Person gehören (siehe auch Pseudonyme),
- zwei oder mehrere Individuen, die unter einem Namen zusammengefasst werden,
- fiktive Figuren, z. B. Potter, Harry (fiktive Figur),
- legendarische Figuren, z. B. Christophorus (legendarische Figur),
- Gottheiten, z. B. Zeus (griechischer Gott),
- Tiere mit individuellem Namen (in der Literatur, als Schauspieler usw.), z. B. Kater Mikesch,
- eine Gruppe von Individuen, die denselben Namen tragen und für die es nicht gelungen ist, die Personen voneinander zu unterscheiden.

GRUNDREGELN

- Man wählt den eindeutig bevorzugten Namen.
- Ist eine Person unter verschiedenen Namen bekannt, so wird der gebräuchlichere Name angesetzt (z. B. Richard Bachmann ⇨ Stephen King).
- Hat eine Person ihren Namen geändert oder führt sie gleichzeitig mehrere Namen, so wird im Allgemeinen der von der Person am häufigsten verwendete Name angesetzt.

PRAXISREGELN ZUR INDIVIDUALISIERUNG

Bei der Individualisierung geht es darum, Personennamen möglichst eindeutig Personen zuzuordnen. Zur Individualisierung zieht man die Lebensjahre heran (ersatzweise auch Wirkungsjahre, ungefähre Zeitangaben bzw. zusätzlich z. B. ein Wirkungsort).

- Johann Wolfgang von Goethe Goethe, Johann Wolfgang <von>, 1749–1832

UMSCHRIFT

Personennamen in nicht-lateinischen Schriften werden in ihrer originalschriftlichen Form erfasst, sofern das technisch möglich ist.

- Ḫumainī, Rūhullāh Mūsawī ⇨ Ḫumainī, Rūhullāh Mūsawī

NAMEN, FÜR DIE DAS STAATSBÜRGERPRINZIP GILT

Nach dem Staatsbürgerprinzip richtet man sich gemäß RDA nur dann, wenn unklar ist, wie der bevorzugte Name zu behandeln ist, nach dem Gebrauch des Landes, in dem die Person lebt und / oder tätig ist bzw. nach der Sprache, die überwiegend in den Werken einer Person verwendet wird.

MODERNE FAMILIENNAMEN IN STAATEN MIT EUROPÄISCHEN SPRACHEN

Familiennamen mit Präfixen und Konjunktionen

Als Präfixe gelten:

- Präpositionen (von, auf, zu, aus, in, ...),
- Artikel,
- Verschmelzungen aus Präposition und Artikel (vom, zur, auf m, ...),
- Wie ein Präfix ist das Wort ›und‹ zu behandeln.

Präfixe werden nach der Sprache der Person oder dem Land, in dem sie wohnt und/oder tätig ist, behandelt. Zieht die Person in ein anderes Land, richtet man sich nach der Sprache dieses Landes.

ANSETZUNGSREGELN FÜR STAATEN MIT DEUTSCHER SPRACHE

Unverschmolzene Präpositionen und Artikel sind nicht in der Ordnungsgruppe des Familiennamens anzusetzen. Eine Ausnahme bilden Artikel am Anfang eines Namens romanischen Ursprungs

- Max von der Grün ⇨ Grün, Max <von der>, 1926–2005

Eine Verschmelzung von Präposition und Artikel am Anfang eines Namens ist in der Ordnungsgruppe des Familiennamens anzusetzen:

am, auf'm, aus'm, im, vom, zum, zur

- Fritz vom Berg ⇨ Vom Berg, Fritz

Aber: mehrere durch ›und‹ verbundene Präfixe am Anfang eines Namens sind nicht in der Ordnungsgruppe des Familiennamens anzusetzen:

- Karl von und zum Stein ⇨ Stein, Karl <von und zum>

ANSETZUNGSREGELN FÜR STAATEN MIT ENGLISCHER SPRACHE

Präfixe und Artikel sind zum Familiennamen zu ziehen

- Wernher von Braun ⇨ Von Braun, Wernher, 1912–1977
- George Washington De Long ⇨ De Long, George Washington, 1844–1871

ANSETZUNGSREGELN FÜR STAATEN MIT FRANZÖSISCHER SPRACHE

Präpositionen am Anfang eines Namens werden nicht zum Namen gezogen

- Simone de Beauvoir ⇨ Beauvoir, Simone <de>, 1908–1986
- Louis de Broglie ⇨ Broglie, Louis <de>, 1892–1987

Artikel oder Verschmelzung von Präposition und Artikel am Anfang eines Namens werden zum Namen gezogen

- Andre du Bouchet ⇨ Du Bouchet, Andre, 1924–2001
- Marcel L'Herbier ⇨ L'Herbier, Marcel, 1888–1979

Präfixe am Anfang eines Namens niederländischen oder flämischen Ursprungs werden in der Ordnungsgruppe des Familiennamens angesetzt.

- Maxence van der Meersch ⇨ Van der Meersch, Maxence, 1907–1951
- Johannes Diderik van der Waals ⇨ Van der Waals, Johannes Diderik, 1837–1923

ANSETZUNGSREGELN FÜR PAPSTNAMEN

Grundregel ist: Wenn der Name in mehreren Sprachen in Ressourcen, die mit der Person zu tun haben, vorliegt, dann ist der in den Ressourcen am häufigsten zu findende Name der bevorzugte.

- Benedikt XVI., Papst, 1927–
- Johannes XXIII., Papst, 1881–1963

ANSETZUNGSREGELN FÜR NAMEN VON FÜRSTEN UND MITGLIEDER VON FÜRSTENHÄUSERN

Persönlicher Name, Titel, Name des Landes oder Volkes jeweils in der Sprache des nationalbibliografischen Zentrums, wenn es eine Entsprechung in dieser Sprache gibt.

- Iwan IV., Russland, Zar, 1530–1584
- Elisabeth, Österreich, Kaiserin, 1837–1898

ANSETZUNGSREGELN FÜR PSEUDONYME

Bei Personen mit Pseudonymen, die nie unter ihrem wirklichen Namen etwas tun (also diesen nicht als geistigen Schöpfer oder Mitwirkenden verwenden), wird als bevorzugte Namensform das Pseudonym genommen. Der wirkliche Name wird als abweichender Name erfasst.

- Carroll, Lewis, hat eine Beziehung zu Dodgson, Charles L.
- King, Stephen, hat eine Beziehung zu Bachmann, Richard

5.6 Recherchestrategien

Im Folgenden sollen Begriffe, Funktionsweisen und Strategien erklärt werden, die im Zusammenhang mit der Recherche in (Literatur-)Datenbanken Anwendung finden. Dabei kann es nicht darum gehen, die detailgenauen Unterschiede verschiedener Datenbanken herauszuarbeiten, vielmehr soll Wert auf das Gemeinsame gelegt werden – unabhängig von der Programmierung der unterschiedlichen Datenbanken, von Systemvoraussetzungen und erst recht von der Gestaltung der Bildschirmoberfläche. Bei problematischen Fällen muss ohnehin ein Blick in die Leitfäden der Datenbankanbieter geworfen werden. Ansonsten hilft in der Praxis häufig ein kurzer Telefonanruf bei der Hotline des Anbieters, um das bibliografische oder technische Problem zu klären. In den meisten Fällen haben die verschiedenen Suchmasken der einzelnen Datenbanken eine Vielzahl von Eingabemöglichkeiten. Dies gilt gleichermaßen für nahezu alle Suchmodi. Die unterschiedlichen Eingabemöglichkeiten verfeinern die Suchergebnisse und haben demnach eine Filter-Funktion. Gerne benutzt werden Filtermöglichkeiten wie Reihennummer, Editionsform, Lesealter, Warengruppe, Notation (= Warengruppenziffer), Sprache, Lieferbarkeit oder Novität. Es ist auch nicht verwunderlich, dass in allen relevanten (Literatur-)Datenbanken der Operator ›und‹ voreingestellt ist, denn dessen ›Setzung‹ bedeutet immer die Verfeinerung der jeweiligen Trefferliste durch Reduzierung der Trefferanzahl.

5.6.1 Suchmodus

Bei der so genannten **einfachen Suche** werden alle in einer Suchzeile aufgelisteten Suchbegriffe mit dem Operator ›und‹ verbunden und nur solche Treffer angezeigt, in denen alle gesuchten Begriffe vorhanden sind. In der **erweiterten Suche** werden unterschiedliche Begriffe in verschiedene Suchzeilen (Kategorien) eingegeben. Alle Zeilen und die darin aufgelisteten Begriffe werden bei der Abfrage wiederum mit dem Operator ›und‹ verbunden. Als Treffer erscheinen die Titel, die als Schnittmenge alle gesuchten Begriffe aufweisen. Bei der **Profisuche** werden unterschiedliche Begriffe in einer Suchzeile mittels Klammerung bzw. der Verwendung unterschiedlicher Operatoren (z. B. ›und‹, ›oder‹ und ›nicht‹) angegeben und entsprechend dieser Vorgabe werden Treffer generiert.

5.6.2 Boolesche Operatoren

Die Verwendung der Booleschen Operatoren ›und‹, ›oder‹ und ›nicht‹ bei der Verknüpfung von zwei Suchbegriffen filtert die Trefferlisten je nach Wahl des Operators.

›und‹ Es werden diejenigen Datensätze gefunden, in denen beide Suchbegriffe gemeinsam vorkommen (sowohl A als auch B). Als Ergebnis erhält man die Schnittmenge.

›oder‹ Es werden diejenigen Datensätze gefunden, in denen entweder der eine oder der andere Suchbegriff oder beide gemeinsam vorkommen (entweder A oder B oder beide). Als Ergebnis erhält man die Vereinigungsmenge.

›nicht‹ Es werden diejenigen Datensätze gefunden, in denen nur der eine, nicht aber der andere Suchbegriff vorkommt (A minus B). Als Ergebnis erhält man die Restmenge.

5.6.3 Maskieren und Trunkieren

Neben der Verwendung der Booleschen Operatoren werden viele weitere Filterfunktionen der jeweiligen Datenbank genutzt, um relevante Treffer zu erzielen. ›Traditionelle‹ Filterfunktionen sind das Trunkieren bzw. das Maskieren.

Beim **Maskieren** wird eine genau festgelegte Zahl von Symbolen bzw. Buchstaben durch einen Platzhalter (häufig Frage- oder Dollarzeichen, Asterisk oder Leerstellen) ersetzt. Eine solche Strategie bietet sich z. B. an, wenn die Schreibweise eines Namens unklar ist (Beispiel: M**er findet: Mayer, Meier, Meyer, Maier).

Das **Trunkieren** wird genutzt, wenn der Suchbegriff an bestimmten Stellen abgekürzt werden soll. Man unterscheidet dabei zwischen Anfangs- (Beispiel: *verordnung findet: Pflichtablieferungsverordnung, Preisangabenverordnung etc.) und Endtrunkierung (Beispiel: Schul* findet: Schule, Schulpolitik, Schulgesetz, Schulamt etc.).

5.6.4 Suche über Stichwort und Schlagwort

Ein **Stichwort** ist den gesamten Titeldaten einer Publikation entnommen. Die weitaus meisten Suchabfragen erfolgen über das Eingabefeld ›Stichwort‹ in der jeweiligen Suchmaske. In diesem Fall werden **alle** bibliografischen Daten durchsucht. Ausgenommen als Eingabewörter sind so genannte Stoppwörter, z. B. Artikel oder die logischen Operatoren ›und‹, ›oder‹ sowie ›nicht‹. Im folgenden Beispiel können alle Wörter im Eingabefeld Stichwort miteinander verknüpft werden und führen zum Suchergebnis: ›Hans-Helmut Röhring: Wie ein Buch entsteht. Einführung in den modernen Buchverlag‹.

Das **Schlagwort** ist ein übergeordneter thematischer Begriff. Er kann im Titel vorkommen, muss es aber nicht. So sind in dem Buchtitel ›Weißes Gold‹ die Wörter ›weißes‹ und ›Gold‹ zwar als Stichworte recherchierbar, aber sie sagen nichts über den Inhalt des Buches aus, dessen Thema die Herstellung von Porzellan ist.

Jede Katalogredaktion gibt die Schlagworte nach den von ihr festgelegten Richtlinien vor, die auch die Hierarchie bzw. Abfolge unterschiedlicher Schlagworte (vormals mit Begriffen wie Schlagwortketten, Schlagwortkategorien, Schlagwortgruppen bzw. Schlagwortarten bezeichnet) festlegt beispielsweise: Italien / Geschichte / Renaissance / Roman.

Sinnvoll ist die Nutzung eines Thesaurus, der auch als Index hinterlegt werden kann. So weiß der Datenbankersteller genau, welche Begriffe er für die Verschlagwortung benutzen darf, der Recherchierende wiederum kann genau erkennen, mit welchen Schlagworten bzw. Schlagwortkategorien er seine Recherche durchführen darf. Dabei sind hinterlegte Indizes, die sich häufig als Pop-Up-Fenster während der Eingabe der Suchbegriffe öffnen, bei der konkreten Recherche ausgesprochen hilfreich. – Das hier dargestellte Verfahren bei der Verschlagwortung nennt man ›gebundenes Indexieren‹. Der wichtigste Thesaurus für den deutschsprachigen Raum ist die GND (siehe Kap. 5.4).

5.6.5
Suche über Verfasser (geistiger Schöpfer nach RDA)

Das Suchkriterium ›Verfasser‹ (meist wird diese Suchkategorie in buchhändlerischen Datenbanken ›Autor‹ genannt; nach RDA handelt es sich um die Kategorie ›geistiger Schöpfer‹) wird nur dann eingesetzt, wenn gezielt nach bestimmten Personen gesucht wird. Unsicherheiten bei dem Auffinden von Autorennamen resultieren in der Regel aus der Problematik der Namensansetzung, die Gegenstand des vorstehenden Exkurses war. Viele Datenbanken lösen das Problem der Namensansetzung elegant, indem sie die **phonetische Suche** anbieten. Man schreibt den Namen so, wie man ihn ausspricht. Damit erübrigen sich theoretisch alle Schwierigkeiten, die insbesondere bei Namensübertragungen aus nicht-lateinischen Schriften entstehen. Denn da gibt es neben der Möglichkeit der **Transkription** (phonetische oder Lautumschreibung) auch die **Transliteration** (wissenschaftliche Umschreibung), die dem nichtlateinischen Buchstaben einen oder mehrere lateinische Buchstaben zuordnet. Kyrillisch ЧЕХОВ gibt es auch heute noch in den Schreibweisen Čechov (Transliteration) und Tschechow (Transkription), obwohl die GND die Schreibung Čechov als Norm festgelegt hat. Generell schreibt die GND die jeweilige Namensform in Transliteration vor, da nur so die ›Rückübersetzung‹ in die ursprüngliche Sprache möglich ist.

5.6.6
Suche über Sachtitel

Das Suchen über den Sachtitel gibt nur dann einen Sinn, wenn mit der vollständigen und exakten Bezeichnung des Sachtitels gesucht wird. Man nennt diese Art der Suche auch Phrasensuche. Vorsicht ist bei dieser Suchstrategie bei Titeln mit Satzzeichen geboten. Komma, Punkt, Schrägstriche und Ausrufungszeichen können eventuell weggelassen werden. Fragezeichen gelten bei der Maskierung meist als Platzhalter; sie dürfen z. B. im VLB nicht eingegeben werden. Bindestriche hingegen werden wie Buchstaben behandelt und müssen entsprechend genau eingegeben werden. Ferner ist aufzupassen, wenn in dem Titel die Wörter ›und‹, ›oder‹ sowie ›nicht‹ vorkommen, denn diese werden möglicherweise als Boolesche Operatoren (siehe Kap. 5.6.2) behandelt. Das VLB zum Beispiel verlangt in diesem Fall, dass die volle Titelbezeichnung in Anführungsstriche gesetzt wird, wie im Falle von »Nicht ohne meine Tochter«. All diese Probleme vermeidet man, wenn man Teile des Titels unter dem Suchkriterium ›Stichwort‹ eingibt.

5.6.7 Suche über Medientyp

Suche über den Medientyp – so die Bezeichnung im VLB – bedeutet, dass ein produktspezifischer Filter vorgeschaltet wird. Denn warum sollte man in einem Pool von hunderttausenden Datensätzen suchen, wenn man ohnehin weiß, dass man an einem bestimmten Kalender oder einer DVD interessiert ist. Filtermöglichkeiten des VLB sind u. a.: Hardcover, Taschenbücher, Schulbücher, Hörbücher, Kalender, Landkarten, Software, Zeitschriften, Non-Books, DVD, Loseblattausgaben und Mikrofiches.

Filtermöglichkeiten entsprechen den ›Gegenständen des Buchhandels‹, wie sie in § 1 der Verkehrsordnung aufgelistet werden. Allein der Begriff ›Mikrofiche‹ soll erklärt werden: ein Mikroplanfilm, der ein Originaldokument stark verkleinert, sodass die Informationen nur über entsprechende Hilfsgeräte zu lesen sind. Es ist wahrscheinlich, dass die Medientypen im Rahmen der Überarbeitung der einheitlichen Warengruppensystematik (siehe Kap. 3.2.1) angeglichen werden. Denn nach dieser Systematik wird jedem Verkaufsobjekt ein Warengruppen-Index (ein Produktmerkmal oder eine Editionsform) vorangestellt, der seiner Funktion nach ein ›Medientyp‹ ist.

5.6.8 Suche über Volltext

Mithilfe der Volltextsuche können Inhalte eines Internet-Angebotes nach bestimmten Begriffen durchsucht werden. Je nach Programmierung des Angebots bleibt die Suche auf einen Begriff beschränkt, oder man kann mit den Booleschen Operatoren ›und‹, ›oder‹ sowie ›nicht‹ die Recherchemöglichkeiten eingrenzen bzw. erweitern. Durchsucht werden können natürlich nur die Texte, Textpassagen oder Teile eines Buches (Vorwort, Register) oder eines Dokuments, die digitalisiert vorliegen. Volltextsuche im großen Stil bieten die Internet-Giganten Amazon und Google. Allerdings werden bei Google die ungeheuren Datenmengen automatisch indexiert. Man spricht in diesem Zusammenhang vom ›freien Indexieren‹, d. h. ein Index-Roboter pflegt alle Begriffe eines Textdokuments (mit Ausnahme der Stoppwörter) in einen riesigen Begriffsspeicher ein, der dann bei einer Nutzerabfrage aktiviert wird.

5.6.9
Suche über ISBN / ISSN

In Anbetracht der weltweit steigenden Titelproduktionen sowie der technischen Möglichkeiten, die das beginnende EDV-Zeitalter in sich barg, beschäftigten sich in den 1960er-Jahren Verantwortliche im Bibliotheks- und Buchhandelsbereich intensiv mit der Frage nach einer einheitlichen Nummerierung für Printobjekte. Das Resultat dieser Bemühungen ist die ISBN, die internationale Standard-Buchnummer (international standard book number). Mittlerweile ist sie aus den Bereichen der Buchproduktion, des Buchhandels und des Bibliothekswesens nicht mehr wegzudenken. Im herstellenden Buchhandel begleitet sie die Verlagsprodukte von der Herstellung über die Lagerhaltung bis hin zum Vertrieb. Im verbreitenden Buchhandel dient ihre strichcodierte Umsetzung vom Scanning im Wareneingang und an den Datenkassen bis hin zur Verwendung als Bestellnummer und Identifikationszeichen eines konkreten Titels, der im Warenwirtschaftssystem angelegt ist. Im Bibliotheksbereich spielt die ISBN eine entscheidende Rolle bei der Bestellung, der Katalogisierung und der länderübergreifenden Ausleihe.

Bis zum Jahr 2006 war die ISBN immer 10-stellig, unterteilt in vier Bestandteile. Seit dem 1. Januar 2007 vergibt die nationale ISBN-Agentur nur noch 13-stellige Nummern, unterteilt in fünf Bestandteile. Die Umstellung war nötig geworden, weil ein Ende der Kapazitäten des 10-stelligen Systems abzusehen war. Die ISBN besteht seitdem aus:

- GS1-Element,
- Gruppennummer,
- Verlagsnummer,
- Titelnummer,
- Prüfziffer.

Der ISBN werden in gedruckter Form immer die Buchstaben ›ISBN‹ vorangestellt. In Ländern, in denen das lateinische Alphabet nicht verwendet wird, kann zusätzlich zu den lateinischen Buchstaben ›ISBN‹ auch eine Abkürzung in den Buchstaben der dort gebräuchlichen Schrift angegeben werden. Die ISBN besteht aus fünf Elementen. Drei davon haben eine variable Länge, während die Länge des ersten und des letzten Elements festgelegt ist. Wenn eine ISBN in einer für das menschliche Auge lesbaren Form dargestellt ist, muss jedes Element durch Bindestriche oder Abstände klar von den anderen getrennt werden. ISBN 978-92-95055-12-4 oder ISBN 978 92 95055 12 4. Den Bindestrichen oder Leerzeichen kommt keine lexikalische Bedeutung zu, sie dienen lediglich der besseren Lesbarkeit. Die Anzahl der Ziffern im zweiten, dritten und vierten Element der ISBN (Gruppennummer, Verlagsnummer, Titelnummer) variiert. Die Länge der Gruppen- und der Verlagsnummer richtet sich nach dem geplanten Publikationsvolumen innerhalb der Gruppe bzw. des

Verlags. Besteht das Element aus einer kurzen Ziffernfolge, dann weist dies darauf hin, dass in der Registrierungsgruppe oder beim Registranten (oder bei beiden) voraussichtlich ein hohes Publikationsvolumen erwartet wird.

Das **erste Element der ISBN** ist eine festgelegte 3-stellige Ziffernfolge, die von der Organisation GS1 bereitgestellt wird. GS1 wurde 2005 als Zusammenschluss von EAN International (EAN steht für european article number) und Uniform Code Council (UCC) ins Leben gerufen. Zwischen diesen beiden Organisationen sowie der International ISBN Agency und der International ISMN Agency wurde bereits 1997 ein Abkommen zur Förderung der gegenseitigen Zusammenarbeit geschlossen, das u.a. die Nummerierung von nicht gedruckten Büchern regelte. Die Präfixe 978 und 979 sind von GS1 für Bücher bereitgestellt worden. In Zukunft könnten noch weitere Präfixe vergeben werden, um die Kapazität des ISBN-Systems zu erweitern.

Mit dem **zweiten Element (Registrierungsgruppenelement) der ISBN** wird das am ISBN-System teilnehmende Land, die geografische Region oder das Sprachgebiet identifiziert. Die Mitglieder des ISBN-Identifikationssystems werden entweder zu Sprachräumen zusammengefasst (z.B. Registrierungsgruppennummer 3 = deutsche Sprachgruppe) oder zu regionalen Einheiten (z.B. Registrierungsgruppennummer 982 = Südpazifik im GS1-Element 978). Die Länge dieses Elements kann bis zu 5 Stellen umfassen. Die Gruppennummer wird von der Internationalen ISBN-Agentur zugewiesen. Hier einige ausgewählte Gruppennummern mit dem Präfix 978:

- 0+1 **Englischsprachige Länder** Australien, Großbritannien, Kanada, Irland, Neuseeland, Puerto Rico, Südafrika, USA u.a.m.
- 2 **Französischsprachige Länder** Belgien, Frankreich, Kanada, Luxemburg, französischsprachige Schweiz
- 3 **Deutschsprachige Länder** Deutschland, deutschsprachiges Belgien, Liechtenstein, Österreich, deutschsprachige Schweiz, ehemalige DDR
- 4 Japanisch
- 5 Russisch (ehemalige Sowjetunion)
- 7 Volksrepublik China
- 83 Polen
- 84 Spanien
- 87 Dänemark
- 88 Italien und italienischsprachige Schweiz
- 90+94 Niederlande
- 92 Internationale Verleger (UNO, UNESCO, EU u.a.m.)

Das **dritte Element (Registrantenelement) der ISBN** bezeichnet einen bestimmten Verlag oder ein bestimmtes Imprint innerhalb einer Registrierungsgruppe. Die Länge dieses Elements ist variabel und hängt direkt von dem erwarteten Publikationsvolumen des Verlags ab; die Verlagsnummer kann bis zu 7 Ziffern umfassen. Verlagen mit dem größten Titelvolumen werden die kürzesten Gruppennummern zugewiesen. Verlage, die an einer Registrierung interessiert sind, beantragen bei der ISBN-Agentur, die für die Verwaltung des ISBN-Systems innerhalb des Landes, der Region oder der Sprachgruppe, in der sie ihren Sitz haben, zuständig ist, die Zuweisung ihrer individuellen Verlagsnummern. Sobald sie das ihnen zugeteilte ISBN-Kontingent, das mit ihrer Verlagsnummer verknüpft ist, ausgeschöpft haben, kann ihnen eine weitere Verlagsnummer für die Vergabe von ISBN zugewiesen werden.

Das **vierte Element (Veröffentlichungselement) der ISBN** bezeichnet eine bestimmte Ausgabe einer Veröffentlichung eines bestimmten Verlags. Die Länge dieses Elements ist variabel und hängt direkt von dem erwarteten Publikationsvolumen des jeweiligen Verlags ab; die Titelnummer kann bis zu 6 Ziffern umfassen. Verlagen mit dem größten zu erwartenden Titelvolumen werden die kürzesten Verlagsnummern zugewiesen und umgekehrt. Die ordnungsgemäße Länge der ISBN wird gewährleistet, indem Leerzeichen durch vorangestellte Nullen dargestellt werden.

Die **Prüfziffer ist das fünfte Element der ISBN**. Ihre Berechnung erfolgt durch einen Modul-10-Algorithmus. Auf der Folgeseite wird die Ermittlung der Prüfziffer für die ISBN des vorliegenden Titels erklärt.

ISBN 978-3-95903-009-0

9 783959 030090

		Vergabe	Umfang
Teil 1	Präfix	durch GS1	3-stellig
Teil 2	Gruppennummer: für nationale, geografische Gruppen oder Sprachgruppen	durch die internationale ISBN-Agentur	1- bis 5-stellig
Teil 3	Verlagsnummer: für einzelne Verlage innerhalb einer Gruppe	durch nationale ISBN-Agenturen oder vergleichbare Institutionen. In Deutschland durch die Agentur für Buchmarktstandards (MVB Servicebereich)	2- bis 7-stellig
Teil 4	Titelnummer: für einen Titel des in Teil 3 bezeichneten Verlages	durch die Verlage innerhalb eines von der Agentur vorgegebenen Nummernkontingents	1- bis 6-stellig
Teil 5	Prüfziffer	durch einen Algorithmus (siehe Folgeseite)	1-stellig

	Präfix			Gruppennummer	Verlagsziffer					Titelnummer			Prüfnummer	Summe
ISBN	9	7	8	3	9	5	9	0	3	0	0	9	?	
Gewichtung	1	3	1	3	1	3	1	3	1	3	1	3	–	
Produkt	9	21	8	9	9	15	9	0	3	0	0	27	–	110

1. Schritt: Die Summe der Produkte für die ersten 12 Ziffern der ISBN (gewichtet mit 1–3–1) wird ermittelt.
2. Schritt: Die Summe der gewichteten Multiplikationsergebnisse (= 110) wird durch 10 dividiert, um gegebenenfalls einen Restwert zu erhalten. 110 : 10 = 11 Rest 0
3. Schritt: Ein etwaiger Restwert wird von 10 subtrahiert. Die Differenz ist die Prüfziffer – es sei denn, der Restwert aus dem zweiten Schritt ist bereits Null.

Die ISBN als eindeutiges und unverwechselbares ›Kürzel‹ für jeden Buchtitel wird nach inhaltlichen und herstellungstechnischen Kriterien vergeben. Dadurch kann ein Titel durchaus verschiedene ISBN haben. Dies ist der Fall bei einer gegenüber der vorhergehenden hinsichtlich des Textes oder der Abbildungen veränderten Auflage. Auch verschiedene Einbandarten (Leinen, Leder), Ausgaben (Schullektüre, Studienausgabe), Medienarten (Buch, E-Book) oder verschiedene Dateiformate (PDF, EPUB) bedingen unterschiedliche ISBN. Ferner Publikationen, in denen ein Titel bei mehreren Verlagen erscheint. Die Preispolitik hat keinen Einfluss auf die ISBN; so erhält ein und dieselbe Ausgabe mit verschiedenen Preisen (Vorzugspreis, Subskriptionspreis, Preiserhöhungen infolge von Preisänderungen) nur eine ISBN.

Mehrbändige Nachschlagewerke erhalten eine ISBN, wenn der Titel für das gesamte Werk gilt und in einer Lieferung verkauft wird. Sollten Bände aus einem mehrbändigen Verlagsobjekt – beispielsweise im Rahmen der Gesamtausgabe eines Schriftstellers – auch einzeln erhältlich sein, so muss eine ISBN für das Gesamtwerk und jeweils eine ISBN für jeden Einzelband vergeben werden; in jedem Teilband muss auch die ISBN für das Gesamtwerk angegeben werden.

ISSN (International Standard Serial Number)

Im Unterschied zu Büchern und anderen Verlagsobjekten erhalten Zeitungen, Zeitschriften und zeitschriftenartige Reihen, die keinen von vornherein festgelegten Umfang haben und in aufeinander folgenden Teilen (Hefte, Bände, Jahrgänge) erscheinen, eine ISSN (International Standard Serial Number). Diese ist eine international verbindliche Standardnummer nach ISO 3297. Sie dient weltweit der kurzen und unverwechselbaren Identifikation von Publikationen, die fortlaufend erscheinen. Als eindeutiger Standardcode zur Identifizierung unterstützt die ISSN die automatisierte Verwaltung von fortlaufenden Publikationen und den Datenversand. Die Recherche wird erleichtert, weil ein eindeutiger Identifier für diese Publikation vorhanden ist.

Die Vergabe und Kontrolle dieser Internationalen Standard Serien-Nummer ist abweichend von der ISBN organisiert. Die ›fortlaufenden Sammelwerke‹ – so die offizielle Bezeichnung für Serien – werden zentral in Form eines International Serials Data Systems (ISDS) verwaltet, wobei die Zuteilung durch jeweilige ›national centre‹ erfolgt. Das ISSN-Netzwerk besteht aus nationalen Zentren und dem Internationalen ISSN-Zentrum mit Sitz in Paris. In über 80 Ländern der Welt koordiniert es die Arbeit der nationalen Zentren. In der internationalen Datenbank, dem ISSN-Portal, werden über 1,9 Millionen ISSN und die dazugehörigen Titel mit einer kurzen bibliografischen Beschreibung nachgewiesen. Diese Zahl wächst täglich. Das Nationale ISSN-Zentrum für Deutschland ist bei der Deutschen Nationalbibliothek angesiedelt. Sie unterteilt gemäß den Richtlinien die stets 8-stellige ISSN in zwei Vierer-Blöcke (beispielsweise 1611-4280 für das *Börsenblatt*), die nur für den Titel des Sammelwerkes vergeben wird. Anders als bei der ISBN sind keine Rückschlüsse auf Verlag und Ausgabenummer möglich.

5.7 Verzeichnisse und Datenbanken im Überblick

Der Begriff **Katalog** steht für ein **anbieterabhängiges Bestandsverzeichnis.** Im Buchhandel werden in erster Linie die Katalog-Datenbanken der Barsortimente, der Katalog des ZVAB, der Lagerkatalog des Internetbuchhändlers Amazon sowie die Deutsche Nationalbibliografie genutzt. Eine **Bibliografie** hingegen ist ein standortunabhängiges und **anbieterübergreifendes Verzeichnis** – wie im Falle des **Verzeichnis Lieferbarer Bücher (VLB)**, das als **die** ›Branchenbibliografie‹ angesehen wird. Die an sich wichtige begriffliche Unterscheidung zwischen Katalog und Bibliografie ist heute allerdings eher Ausdruck besonderer fachspezifischer Kompetenz. Denn im buchhändlerischen Tagesgebrauch gehen die Begriffe ineinander über und werden manchmal durch den wenig präzisen Begriff ›Titel-Datenbank‹ ersetzt.

Die Qualität der Datenbankeinträge hängt entscheidend davon ab, unter welchen Voraussetzungen die Daten erfasst werden. Diejenigen Datenbanken, die das Verfahren der Autopsie praktizieren, haben zwangsläufig die bessere Qualität. Denn **Autopsie** (gr. auto = selbst; optik = Licht, in Augenschein nehmen) bedeutet, die Angaben werden am Objekt selbst überprüft. Autopsie ist das grundlegende Verfahren bei der Titelaufnahme in die *Deutsche Nationalbibliografie* (DNB). Die zu erfassenden Medien liegen aufgrund der geltenden gesetzlichen Bestimmungen vor (s. Kap. 5.3). Aber auch die Großhändler, die ihre im Katalog gelisteten Titel verkaufen wollen, haben ›naturgemäß‹ ein ureigenes Interesse daran, mit autopsierten Daten zu arbeiten. Denn die Akzeptanz der Datenbanken durch die Einzelhändler steht und fällt mit der Qualität und Zuverlässigkeit der in ihnen enthaltenen Daten. Lediglich die angekündigten Neuerscheinungen sind ausschließlich aufgrund von Meldungen der Verlage recherchierbar.

Beim VLB sieht es mit der Qualität der Daten häufig nicht ganz so optimal aus. Denn die angekündigten Novitäten werden durch die Verlage eigenständig online in die Datenbank eingepflegt oder der VLB-Redaktion mitgeteilt. Man sollte meinen, dass die Verlage allein aus betriebswirtschaftlichen Gründen (Verkaufsaspekt) größten Wert auf exaktes Datenmaterial legen müssten, die Realität belegt dies jedoch nicht immer. Aufgrund einer Kooperationsvereinbarung zwischen der MVB und der Deutschen Nationalbibliothek leitet die VLB-Redaktion die Meldungen automatisch an die Deutsche Nationalbibliothek weiter, die die neuen Titel im **Neuerscheinungsdienst** (der nicht Teil der *Deutschen Nationalbibliografie* ist) publik macht. Die Deutsche Nationalbibliothek versieht die Verlagsmeldungen mit der Sachgruppenzuordnung der DNB und sendet diese Informationen an die VLB-Redaktion zurück. Sobald die Pflichtexemplare bei der Deutschen Nationalbibliothek eintreffen, wird die Publikation nach formalen und inhaltlichen Gesichtspunkten auf der Grundlage nationalbibliografischer Standards per Autopsie katalogisiert und in den entsprechenden Reihen der DNB verzeichnet. Der Datenrückfluss an die VLB-Redaktion, die die Sachgruppen und Schlagwörter der DNB übernimmt, wird laufend optimiert.

Regelmäßig erscheinende **Datenbankführer** geben einen aktuellen Überblick über Möglichkeiten und Grenzen der jeweiligen Informationssysteme. Im Internet ist eine Vielzahl von Datenbankführern recherchierbar. Für die Sachgruppe Medizin sei als Beispiel der *Datenbankführer des Deutschen Instituts für medizinische Dokumentation und Information* (DIMDI) genannt. Natürlich enthalten auch die einzelnen Datenbanken selbst auf den jeweiligen Hilfeseiten wertvolle Tipps und Hinweise. Kriterien einer Datenbankbeschreibung sind u. a.:

- Zielgruppe(n),
- Umfang / Inhalt,
- Gegenstände / Inhalt,
- Aktualität / Updates,
- Erscheinungsform(en),
- Kosten,
- Recherchemöglichkeiten (Modi / Kategorien / Indizes / Operatoren ....),
- Zusatztools (z. B. Schnittstellenangebote),
- Relevanz,
- Systemvoraussetzungen.

5.7.1
Verzeichnis Lieferbarer Bücher (VLB)

Das **VLB online** ist unter www.vlb.de abrufbar oder in die Warenwirtschaft der jeweiligen Buchhandlung eingebunden. Der Zugang ist als Einzel- oder Mehrplatzversion abonnierbar und greift auf rund 2,5 Millionen Titel zu. Mit der Zusatzoption ›Archivierte Daten‹ kann der Nutzer in weiteren 3,6 Millionen Titeldatensätzen recherchieren, die seit 1988 als vergriffen gemeldet wurden. So erhält man einen umfassenden Überblick über die relevanten Titel der Branche. Zusätzlich zum Online-Zugang ist das Abonnement einer monatlich erscheinenden DVD möglich. Im VLB-Abonnement ist auch der Zugang zum täglichen Preisreferenz-Export enthalten. Über www.buchhandel.de ist eine kostenfreie Endverbraucherversion nutzbar, die natürlich nicht den Leistungsumfang des kostenpflichtigen Angebots bietet. Hier einige Leistungen:
- Titelinformationen in Echtzeit zu nahezu allen lieferbaren deutschsprachigen Titeln,
- tagesaktuelle Verfügbarkeits- und Lieferbarkeitsinformationen,
- Preissicherheit,
- Suche mit frei kombinierbaren Suchkriterien,
- Schnellsuche,
- Bestelloption über die IBU, mit frei wählbarem Bestellziel – ohne Zusatzkosten,
- Export von Titeln in diverse Dateiformate, z. B. Excel,
- Informationen zu Verlagsadressen und Verlagsauslieferungen,
- Preisreferenz-Export zur Einbindung in die Warenwirtschaft,
- Schnittstellen zu allen gängigen Warenwirtschaftssystemen,
- Übernahme von Titelstammdaten und Verlagsanschriften in die Warenwirtschaft,
- Zugriff auf den gesamten Titelbestand des VLB bei der Nutzung von VLB-TIX,
- Zusatzoption: Zugriff auf den Datenbestand ›Archivierte Daten‹.

Selbstverständlich besteht die Möglichkeit, das VLB in die Webshops unterschiedlicher Anbieter zu integrieren, so gibt es Standardlösungen für alle Shop-Angebote der deutschen Barsortimente. VLB-Daten können aber auch über entsprechende Schnittstellen oder als ONIX-Daten über einen ftp-Server bereitgestellt werden. Der Preis richtet sich nach der Beitragsgruppe der Buchhandlung im Börsenverein des Deutschen Buchhandels.

Den bibliografischen Kosmos, den das VLB abbildet und der vergleichbar mit dem bibliografischen Universum des FRBR-Raums (siehe Kap. 5.2) ist, verdeutlicht die ganzseitige Grafik ›Umfang der Daten im VLB‹ auf der Folgeseite.

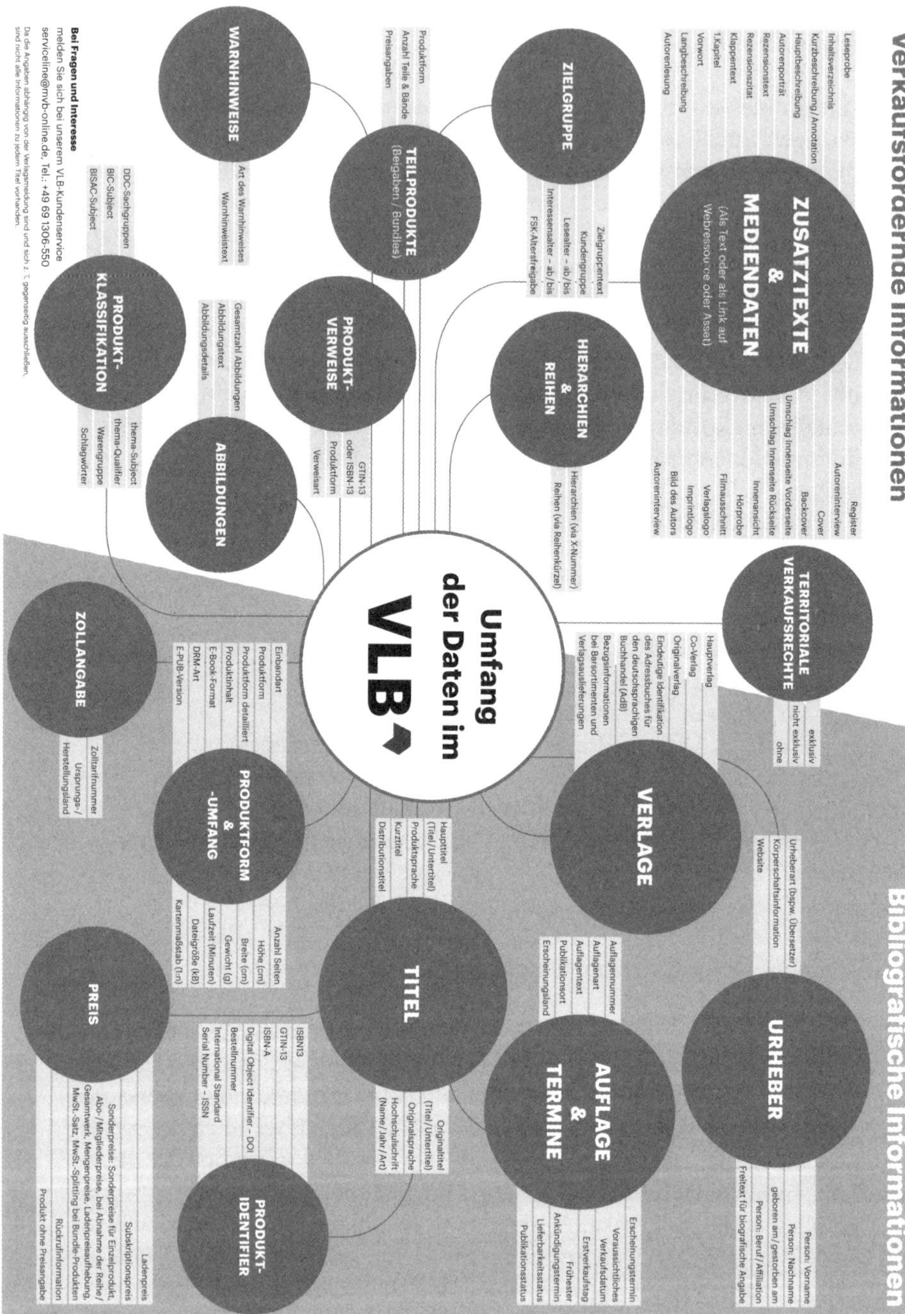

Umfang der Daten im VLB. Quelle: https://vlb.de/assets/images/VLB_Datenumfang_Grafik.pdf

Wie in den meisten gängigen Literaturdatenbanken hat man auch im VLB verschiedene Suchmöglichkeiten. Die einfachste Art der Suche ist die Schnellsuche, die auf jeder Seite im VLB ausgeführt werden kann. Die Schnellsuche durchsucht die Kategorien Schlagwort, Titel und Untertitel, Autor, Verlag, Standardnummern, Reihenkürzel und Hierarchienummern.

Da die **erweiterte Suche** die am häufigsten genutzte Rechercheart ist, soll diese Suchstrategie hier in vier möglichen Schritten beschrieben werden.

1. **Auswahl des Datenbestandes** Zunächst muss entschieden werden, in welchem Datenbestand gesucht werden soll. In Abhängigkeit von der erworbenen Nutzungslizenz kann generell u. a. auf den vollständigen aktiven Titelbestand des VLB (inklusive Archiv) zugegriffen werden.
2. **Textsuche** Die Textsuche ermöglicht eine gezielte Suche in den bibliografischen Angaben eines Titels. Aus der Auswahlliste ist das gewünschte Suchkriterium auszuwählen und im Nachbarfeld der Suchbegriff einzugeben. Folgende Suchkriterien (eine Anpassung an die RDA-Begrifflichkeit ist 2019 noch nicht erfolgt) stehen zur Auswahl:
   - Stichwort (durchsucht Urheber, Titel, Untertitel, ISBN, Schlagwort und Verlag),
   - Urheber (Autor, Übersetzer etc.),
   - Titel, ISBN,
   - Verlag,
   - thema (thema-Inhalt und thema-Zusatz),
   - Reihe (Titel der Reihe).

Voreingestellt werden drei Zeilen angezeigt. Es besteht jedoch die Möglichkeit, beliebig viele Suchkriterien anzufügen (Klick auf ›Suchkriterium hinzufügen‹) oder zu entfernen (Klick auf Mülleimer-Symbol). Ein Suchkriterium kann mit dem auf der nächsten Zeile logisch mittels der Operatoren ›und‹/›oder‹/›nicht‹ verknüpft werden (Boolesche Suche).

3. **Auswahlbereich** Die Auswahlbereiche sind Filteroptionen, mit denen man das Suchergebnis einschränken kann. Wie bei der Textsuche kann man beliebig Zeilen hinzufügen oder entfernen und mittels Drop-Down zwischen verschiedenen Optionen wählen:
   - Preis (bezieht sich nur auf den gebundenen Ladenpreis in Deutschland),
   - Erscheinungstermin,
   - Änderung,
   - Archivierung (nur dann, wenn als Suchbereich ›Archiv‹ aktiviert ist),
   - Reaktivierung.

Bei allen Filteroptionen handelt es sich um Von-Bis-Angaben. Im Fall einer Datumsangabe kann mit Klick auf das Kalendersymbol das jeweilige Datum ausgewählt werden.

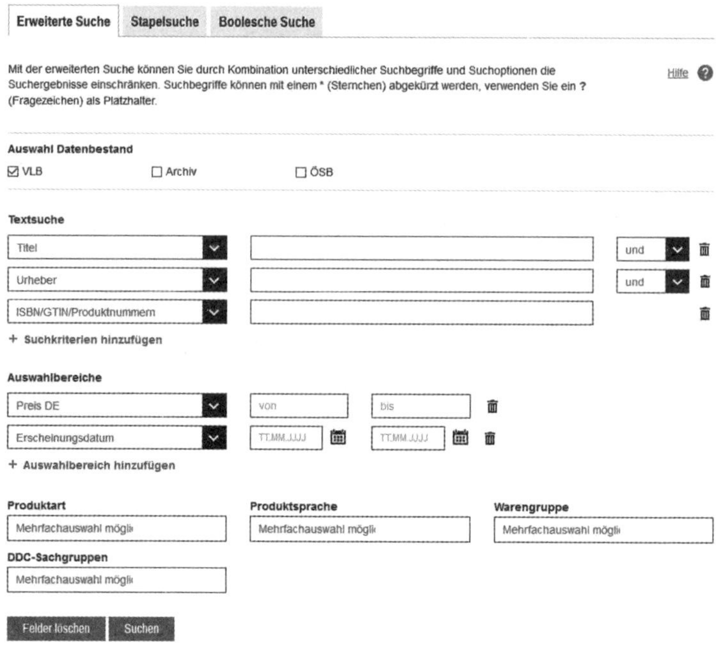

Suchmaske für die erweiterte Suche im VLB Quelle: https://vlb.de/ hilfe/vlb-verlag/suche/erweiterte-suche

4. **Weitere Angaben** Mit den weiteren Angaben kann man das Suchergebnis durch folgende Filter noch weiter einschränken:
   - Produktart,
   - Produktsprache,
   - Warengruppe,
   - DDC-Sachgruppe.

Die Auswahl erfolgt durch Anwahl eines Eintrags im jeweiligen Dropdown-Menü.

Exkurs thema-Klassifikation

Für die inhaltliche Beschreibung von Medien gibt es neben der Verschlagwortung (verbale Sacherschließung) die Möglichkeit der Klassifikation oder Klassifizierung (klassifikatorische Sacherschließung). Dabei findet in der Deutschen Nationalbibliothek und vielen anderen deutschen Bibliotheken die sehr feingliedrige Dewey-Dezimalklassifikation (DDC) Anwendung. Für den Buchhandel wird eine weniger komplexe Klassifikation benötigt. Klassifikationen haben den Zweck, Medien gleichen bzw. ähnlichen Inhalts Klassen zuzuordnen, die aufgrund der vorgenommenen Systematisierung (Klassifikation) gemeinsam erfasst, gruppiert und präsentiert werden. Auch die WGSneu (siehe Kap. 3.2) ist eine solche Klassifikation.

In der Praxis hat sich die WGSneu jedoch als zu ungenau herausgestellt, wenn es um die exakte Beschreibung von Inhalten geht. Seit 2017 findet deshalb die **thema-Klassifikation** Anwendung, die aufgrund der sehr viel höheren Zahl an Kategorien gegenüber der WGSneu den Vorteil bietet, Inhalte deutlich genauer beschreiben zu können. Weit über 7.000 Kategorien (thema) stehen knapp 550 Kategorien (WGSneu) gegenüber. Wie jede Klassifikation (Systematik) ist auch thema hierarchisch gegliedert. Dabei sind die Klassen jeweils in thema-Subjects (Inhalte zur Einordnung des Produktinhalts) und thema-Qualifier (Zusätze mit ergänzenden Informationen) geteilt. Für jede Klassifizierung ist eine thema-Kategorie zwingend vorgeschrieben, allerdings sind durchaus mehrere erlaubt. Das Main Subject beschreibt das Hauptthema des jeweiligen Produkts. Es darf nur einmal vergeben werden. Ziel des Main Subject ist es, die USP des Produkts abzubilden. Ergänzungen durch weitere thema-Klassen sind möglich. Qualifier können in beliebiger Zahl hinzugefügt werden. Die Entwickler der Klassifikation formulieren als Maxime: »Nehmen Sie die Klassifizierung so genau wie möglich und so allgemein wie notwendig vor.« Ausgedrückt werden die jeweiligen Zuordnungen mittels Buchstaben und Zahlen. So entstehen alpha-nummerische Notationen. Für thema-Inhalte werden Buchstaben verwendet, für thema-Zusätze Zahlen.

Ein Beispiel für thema-Inhalte

F	Belletristik und verwandte Gebiete
FB	Belletristik: allgemein / literarisch
FBA	Moderne und zeitgenössische Belletristik (ab 1945)

Als thema-Zusätze sind möglich:	Code-Nummer
Geographische Qualifier	1
Sprach-Qualifier	2
Zeitliche Qualifier	3
Qualifier für pädagogische Zwecke	4
Qualifier für Altersstufen und besondere Interessensgruppen	5
Stil-Qualifier	6

Wie die WGSneu besitzen auch die thema-Klassen einen thema-Code und einen thema-Text: thema-Code = FBA / thema-Text = Moderne und zeitgenössische Belletristik (ab 1945). Bei belletristischen Titeln können neben Handlungsorten und -zeiten auch andere Kategorien vergeben werden, wenn es angebracht scheint.

Ein Beispiel für eine thema-Klassifizierung:

HELIX – Sie werden uns ersetzen, von Marc Elsberg, Blanvalet

thema-Subjects:	**FHK**	Technothriller (Main-Subject)
	FBA	Moderne und zeitgenössische Belletristik
	MFN	Genetik
thema-Qualifier:	**1F**	Asien
	1H	Afrika
	1K	Amerika
	3MRBF	2010 bis 2019 n. Chr.

Ziele der thema-Klassifikation ist es, die Sichtbarkeit von Titeln zu gewährleisten, Recherche und Zuordnung zu erleichtern sowie mögliche Vergleichstitel anzuzeigen. thema wird laufend weiterentwickelt. In Deutschland arbeitet die Peer Group ›thema-Klassifikation‹ der IG Produktmetadaten an der ständigen Weiterentwicklung und Übersetzung der deutschsprachigen thema-Klassifikation.

Recherche im VLB / Stapelsuche

Mit der Stapelsuche können im Rahmen einer einzigen Suchanfrage gezielt mehrere VLB-Einträge anhand von Identifikationsnummern (bis zu 1.000 Einträge im Textfeld sind möglich) gesucht werden.
- Suche nach Produkten: ISBN-13,
- Suche nach Zeitschriften: ISSN,
- Suche nach Reihen bzw. Hierarchien über Reihenkürzel.

Recherche im VLB / Boolesche Suche

Ein Suchvorgang über die Boolesche Suche besteht aus einem oder mehreren Suchkriterien, die logisch über die Vergleichsoperatoren ›und‹/›oder‹/›nicht‹ miteinander verknüpft werden. Die Angabe von Suchkriterien erfolgt dabei über Kürzel, die der nachstehenden Tabelle zu entnehmen sind. Ein Suchkriterium setzt sich immer aus folgenden drei Teilen zusammen:
- Abkürzung für die Kategorie (Kürzel), in der gesucht werden soll,
- Vergleichsoperator › = ‹,
- gesuchter Begriff.

Kategorie	Name	Beispiel
ST	Stichwort (Durchsucht: Autor, Titel, Untertitel, Identifier (ISBN-13 / ISSN / Produktnummer / Reihenabkürzung / Schlagwort (DNB / Verlag) u. a.	ST=Linux
AU	Autor (Durchsucht alle Angaben zur Urheberschaft)	AU="Kafka, Franz"
SW	Schlagwort (DNB / Verlag)	SW="Gesetz"
TI	Titel	TI="Das Schloß"
RH	Reihe und Hierarchien	RH=RoRoRo
VL	Verlag	VL=Suhrkamp
IS	Identifier (ISBN-13 / ISSN / u. a.	IS=9781234567890
PR	EUR-Preis	PR=10^20
EJ	Erscheinungsjahr	EJ=2010
WG	Warengruppennummer (Warengruppen-Index wird vorangestellt)	WG=449
SP	Sprache	SP=Englisch
AD	Änderungsdatum (tt.mm.jjjj)	AD=10.2009 / AD=01.10.2009 / AD=2009
ZD	Zugangsdatum (tt.mm.jjjj)	ZD=10.2009 / ZD=01.10.2009 / ZD=2009
TH	thema-Inhalt, thema-Zusatz	TH=A
PT	Produkttyp: Suche nach spezifischen Bundle-Typen bzw. nach allen Bundle-Produkten pt=multiBundle; pt=duo-Bundle; pt=*Bundle (für alle Bundles)	PT=multiBundle

Anzeigemöglichkeiten im Rahmen einer VLB-Recherche (Auswahl)

TITELANGABE & PRODUKTSPRACHE
- Titel,
- Untertitel,
- Kurztitel,
- Originaltitel und ggf. Originaluntertitel,
- Originalverlag,
- Originalsprache,
- Bei Hochschulschriften: Name und Art der Hochschule, Veröffentlichungsjahr.

VERLAG (VERLAG, CO-VERLAG)
- Produktnummern,
- Urheber (Produkt hat Urheber / Produkt hat keinen Urheber),
  Urheberangaben:
  - Urheberart,
  - Name der Körperschaft.

PREISE
- Produkt mit Preisangabe / Produkt ohne Preisangabe,
- aktuelle und ggf. zukünftige Ladenpreise in EUR (DE), EUR (AT) und CHF,
- Sonderpreise in EUR (DE), EUR (AT) und CHF,
- Preise in Fremdwährungen.

AUFLAGE
- Auflagennummer,
- Auflagentext,
- Auflagenart,
- Publikationsort,
- Erscheinungsland.

TERMINE, LIEFERBARKEITSSTATUS & PUBLIKATIONSSTATUS
- Erscheinungstermin,
- Lieferbarkeitsstatus,
- Publikationsstatus,
- Voraussichtliches Auslieferungsdatum,
- Erstverkaufstag,
- Frühester Ankündigungstermin.

UMFANG
- Seitenzahl,
- Höhe, Breite und Gewicht,
- Dateigröße,
- Kartenmaßstab.

ABBILDUNGEN
- Anzahl & Abbildungstext,
- detaillierte Angaben mit Abbildungsart, Abbildungsanzahl und Abbildungstext.

BÄNDE & TEILE, BEIGABEN
- Anzahl Teile,
- zusätzliche Teile in unterschiedlicher Form: Anzahl & Produktform.

PRODUKTKLASSIFIKATION
- Warengruppe,
- thema-Klassifikation,
- Schlagwörter.

ZIELGRUPPE & ALTERSEMPFEHLUNG
- Zielgruppenbeschreibung,
- Kundengruppe,

- Lesealter,
- Interessensalter,
- Altersfreigabe (FSK).

ZUSATZINFORMATIONEN
- Zusatztexte, z. B. Hauptbeschreibung, Inhaltsverzeichnis, Klappentexte,
- Herstellungsland,
- Warnhinweise.

MEDIENDATEIEN
- Downloadbare Dateien, z. B. Cover, Leseproben, Videos, Hörproben.

REIHEN & HIERARCHIEN

BEZUGSMÖGLICHKEITEN (BARSORTIMENTE UND AUSLIEFERUNGEN)

5.7.2 VLB-TIX

Zum Start von VLB-TIX hieß es in der Pressemitteilung vom 12.01.2016: *Neues Titelinformationssystem steht jetzt allen Verlagen und Buchhandlungen zur Verfügung|Inklusive Backlist sind derzeit über 2,1 Millionen Titel aus mehr als 21.000 Verlagen in VLB-TIX recherchierbar|Bereits über 260 Vorschauen integriert.* Nach einjähriger Entwicklungsarbeit ist VLB-TIX, die Online-Plattform für tagesaktuelle Kommunikation über neue Bücher, planmäßig Ende Dezember 2015 an den Start gegangen.

Über das neue Titelinformationssystem der Buchbranche können aktuell (Stand 2019) mehr als 390.000 Novitäten recherchiert und detailliert gefiltert werden. Als Novitäten zählen alle im Verzeichnis Lieferbarer Bücher (VLB) gelisteten Titel ab Erstankündigungstermin bis ein Jahr nach Erscheinen.

Nahezu alle Branchenteilnehmer nutzen die Möglichkeiten des online basierten Titelinformationssystems. Spätestens seitdem bedeutende Marktteilnehmer, u. a. die Verlagsgruppe Random House, angekündigt haben, in naher Zukunft generell auf traditionelle Print-Informationsdienste verzichten zu wollen, führt kein Weg mehr an einer Beschäftigung mit VLB-TIX vorbei. Damit ist die Branche endgültig in der digitalen Welt angekommen. Die Marktteilnehmer haben erkannt, dass Content im 21. Jahrhundert anders organisiert, dargeboten und genutzt werden muss als jahrzehntelang üblich. Denn das Ressourcen schonende Tool VLB-TIX bedeutet ja keineswegs das Ende der Vorschau (siehe Kap. 5.7.7) schlechthin, sondern nur das Ende der kostenintensiv produzierten Print-Variante – die wenig nutzerfreundlich erscheinen mag, sollte sie von mehreren Mitarbeitern der Buchhandlung genutzt werden. Das hat auch zur Folge, dass die Gestaltung der buchhändlerischen Kernkompetenz ›Beschaffung‹ neu organisiert und ausgerichtet werden muss.

VLB-TIX bietet eine umfangreiche Marktübersicht über nahezu alle deutschsprachigen Novitäten. Das Verzeichnis Lieferbarer Bücher (VLB), an das Verlage ihre Neuheiten melden, ist Grundlage dieser Online-Plattform.

- Verlage nutzen VLB-TIX zur Kommunikation ihrer Verlagsprogramme an den Handel sowie an Multiplikatoren und Leser.
- Handelsvertreter / Vertriebskooperationen und Buchhandelsverbünde können diese Funktionen auch verlagsübergreifend nutzen.
- Buchhandlungen nutzen VLB-TIX zur Prozessoptimierung ihres Einkaufs. Dies gilt besonders für größere Betriebe, in denen verschiedene Mitarbeiter einkaufen, und Filialunternehmen.
- Journalisten / Blogger und Leser nutzen VLB-TIX zur themen- oder verlagsbezogenen Recherche und Verbreitung von Informationen über Novitäten.

VLB-TIX versteht sich als funktionale Datenbanklösung. So besitzen Vorschauen auf der Online-Plattform umfassende Funktionalitäten, u.a. Filtermöglichkeiten, Kommunikation mit Kollegen, Schnittstellen zu Warenwirtschafts- und Verlagssystemen. Die teilnehmenden Premiumverlage reichern ihre Novitäten mit Text-, Bild- und Audio-Inhalten an. Sie können in VLB-TIX Verlagsvorschauen erstellen und bearbeiten sowie aus dem Fundus ihrer gesamten Backlist Sonderkataloge erzeugen. Individualisierte Vorschauen können – in welcher Aufmachung (Hochglanz, ›Öko-Anmutung‹) auch immer – somit weiterhin, gegebenenfalls nach unterschiedlichen Kriterien selektiert, an Kunden versendet werden. Das spart den Verlagen Druck-, Portokosten und Zeit. Im Gegenzug finanzieren sie VLB-TIX.

Der folgende **Vorteilskatalog** für **Buchhandlungen** die VLB-TIX nutzen, liest sich eindrucksvoll, wobei anschließend fünf sortimentsspezifische Leistungs- bzw. Nutzungsangebote besonders herausgestellt werden:

- verlagsübergreifende Bündelung (Sicht auf mehrere vergleichbare Titel, auch unabhängig vom Verlag),
- einkaufsrelevante Zusatzinformationen – umfangreich und tagesaktuell,
- Notizfunktionen,
- speicherbare Suchen,
- direkte Abstimmung mit Kollegen,
- Einsehbarkeit von Bestellhistorien,
- Bestellübertragung an Warenwirtschaft,
- Approval-Plan für institutionelle Kunden (Bibliotheks- und Firmenlösungen),
- Individuallösungen,
- Abbildung von Filialstrukturen,
- In Planung: Budgetverwaltung.

Novitäten finden Titel können in VLB-TIX nicht nur gezielt recherchiert und geclustert werden, auch die Verarbeitung der Daten zeichnet VLB-TIX aus. Buchhändler können sich einzelne Titel ›merken‹ und komplette Verlagsvorschauen oder vom Verlag für sie zusammengestellte Teilvorschauen ansehen. Kommentarfunktionen für den Eigengebrauch oder den Austausch mit Kollegen erleichtern die Orientierung und machen Merkzettel überflüssig. Um die individuellen Interessens- und Sortimentsschwerpunkte zu erfassen, können in VLB-TIX Suchprofile anlegt werden, die sich täglich aktualisieren. So entfallen aufwändige und wiederholte Recherchen. VLB-TIX ist auch für die mobile Nutzung geeignet.
Mehr Titel kennen, mehr Informationen nutzen Der Zugang zu VLB-TIX ist für alle Buchhandlungen kostenlos. Nur in VLB-TIX finden sich alle Novitäten von über 21.000 Verlagen aus dem VLB – in der Regel mehr als 80.000 im Jahr, angereichert um die vollständigen Informationen aus der thema-Klassifikation. VLB-Abonnenten haben darüber hinaus den Zugriff auf alle Backlist-Titel im VLB. Sie können über VLB-TIX bequem recherchieren und alle themenverwandten Titel auf einen Blick sehen. Mit VLB-TIX können Verlage noch weit mehr Informationen vermitteln als das mit gedruckten Vorschauen heute möglich ist, beispielsweise Autorenporträts, neueste Rezensionen, Marketingaktivitäten, Verkaufsargumente, Referenz- oder Reihentitel, verfügbares Werbe-Material für den Point-of-Sale oder Leseproben.
Bestellungen ausführen Als Instrument zur Sortimentsplanung enthält VLB-TIX neben der verlagsübergreifenden Recherche von Novitäten auch Bestellfunktionen zur Erleichterung des jeweiligen Einkaufsmanagements. Titel können über das Warenwirtschaftssystem, über den Verlag bzw. die Verlagsauslieferung, den Verlagsvertreter oder das Barsortiment bestellt werden. Schnittstellen zu allen gängigen Warenwirtschaftssystemen werden bedient bzw. nach Bedarf umgesetzt. Buchhändler haben die Möglichkeit, eigene Warengruppenspezifikationen anzulegen. Auch die Bedürfnisse von Filialbetrieben werden berücksichtigt, weil Bestellungen filialübergreifend oder nach Filialen aufgegeben werden können.
Digitale Leseexemplare nutzen Viele Verlage stellen digitale Leseexemplare in ihre Vorschauen ein. Angemeldete Nutzer können diese nach Freischaltung herunterladen oder entsprechend angekündigte Print-Leseexemplare beim Verlag anfordern.
Kataloge erstellen Mit VLB-TIX können alle Novitäten leicht recherchiert und zu besonderen thematischen Katalogen oder Empfehlungslisten gruppiert werden. Kostengünstig und ohne großen Aufwand können so Werbematerialien direkt aus VLB-TIX generiert werden, die zu unterschiedlichsten Anlässen an Kunden verschickt werden.

Informationen zu allen Fragestellungen im Umgang mit VLB-TIX werden im systemeigenen Hilfecenter (siehe Screenshot auf Folgeseite) angeboten.

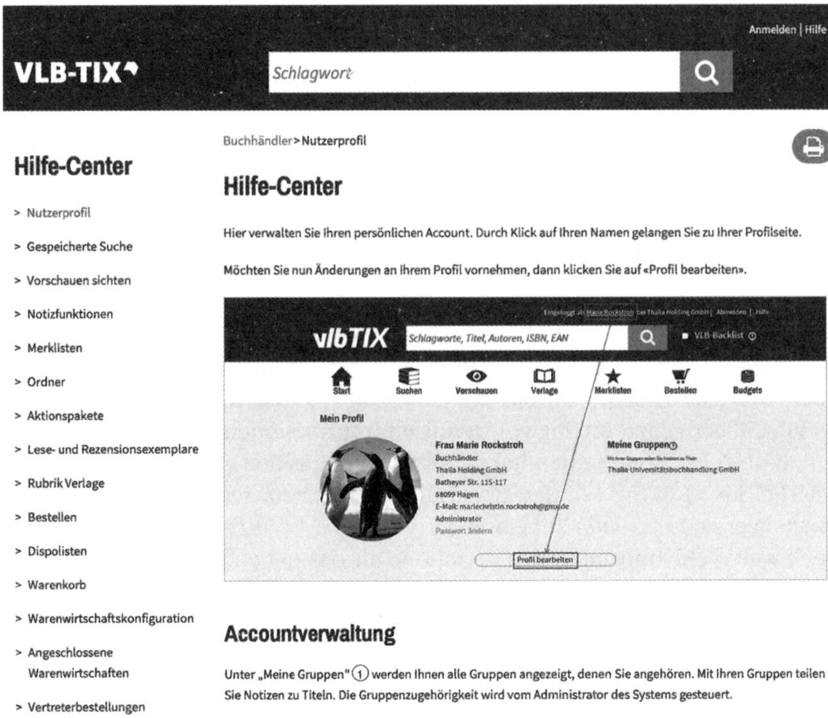

VLB-TLX Quelle: https://www.vlbtix.de/de/hilfe/buchhaendler/nutzerprofile-buchhaendler.html

5.7.3 Barsortimentskataloge

Die Katalog-Datenbanken der Barsortimente sind Bestandsverzeichnisse der jeweiligen Lagertitel. Hunderttausende Objekte, vor allem aus Buchverlagen, aber auch aus Softwarehäusern oder von gänzlich anderen Anbietern (Wein, Merchandising-Artikel, PBS usw.) sind gelistet und von heute auf morgen lieferbar – sofern Meldenummern nicht den Grund der Nicht-Lieferbarkeit angeben. Darüber hinaus gibt es Schnittstellen zu weiteren Datenbanken, vor allem im Hinblick auf fremdsprachige Titel. So verkauft Libri Titel von Ingram (USA) und Bertrams (GB), während KNV Zeitfracht den Zugang zu den Beständen von Baker & Taylor (USA), Gardners (GB), Horizon (Frankreich), CELESA (Spanien) und Licosa (Italien) ermöglicht und sogar einen Besorgungsdienst anbietet.

Die Informationsseiten der Barsortimente bieten nur einen groben Einblick in die aktuelle Katalogorganisation. Das jeweils aktuelle Zahlenmaterial (Gesamtzahl gelisteter Titel, Anteile einzelner Warengruppen bzw. Produkte und / oder Erscheinungsformen im gesamten Produktportfolio, Verfahren der Titelmeldung durch Verlage, Redaktion der gemeldeten Titel und Produkte, zusätzliche Arbeiten der Textredaktionen in den Katalogabteilungen, wie Bildrecherche oder das Schreiben von Zusatztexten sowie Porträts von Autoren oder Übersetzern, Zahl und Ausbildung der Mitarbeiter) ändert sich ständig und ist für die Bearbeitung entsprechender Fragen den jeweils aktuellen Sachstandsinformationen zu entnehmen. Generell gilt, dass Katalogredakteure oft eine bibliothekarische und / oder buchhändlerische Fachausbildung haben. Sie wissen genau, welche Informationen in welcher Darbietungsform dem Sortiment beim Bibliografieren die Arbeit erleichtern. Die Katalogredaktion ist meist in mehrere Kompetenz-Teams nach Spezialgebieten aufgeteilt. Verlage melden ihre Titel in der Regel mittels der aus den VLB-Daten generierten ONIX-Datensätze elektronisch. Änderungsmeldungen werden automatisch mit den vorhandenen Daten abgeglichen. Jede Titelmeldung wird von der Katalogredaktion geprüft, ergänzt und veredelt. Bei der Autopsie des Titels überprüfen und korrigieren die Katalogisierer / Fachredakteure die bibliografischen Angaben aus den Titelmeldungen anhand des ›realen‹ Produkts.

Auch die Ausgestaltung der Recherchemöglichkeiten unterliegt einem stetigen Wandel. Die nachstehend abgebildeten Screenshots illustrieren einen üblichen Recherchevorgang mit Hilfe eines Barsortiment-Katalogs (https://www.koenemann-bs.de/mein-koenemann-bs-de-ihr-onlineportal) Die Verfasser danken Nicole Schneider, Assistentin der Geschäftsführung, für ihre Unterstützung und die Möglichkeit der Abbildung des Suchvorgangs für den Titel *Kaffee und Zigaretten* von Ferdinand von Schirach im Anwendungstool ›Mein Könemann‹ (Stand September 2019).

Screenshot 1
Einloggen mit den notwendigen Zugangsdaten

Screenshot 2
Auswahl des Suchmodus / erweiterte Suche

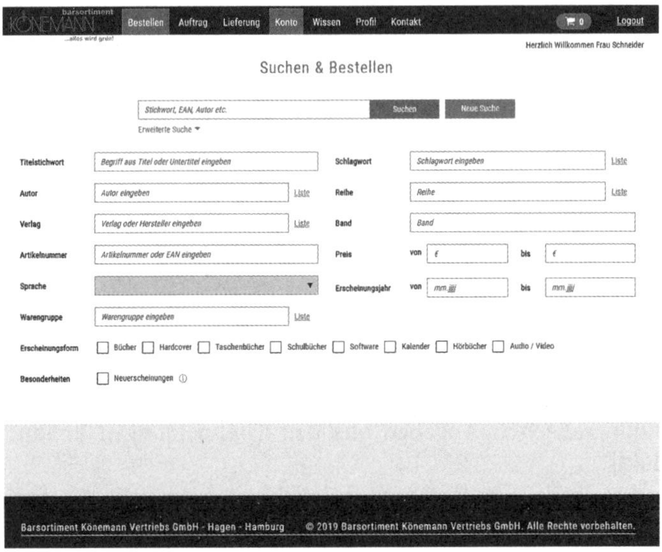

Screenshot 3
Dateneingabe / Suche über Verfasser

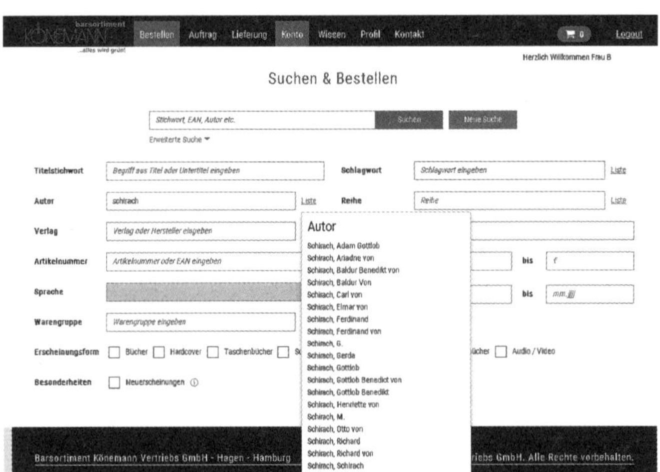

Screenshot 4
Trefferliste / Kurztitel

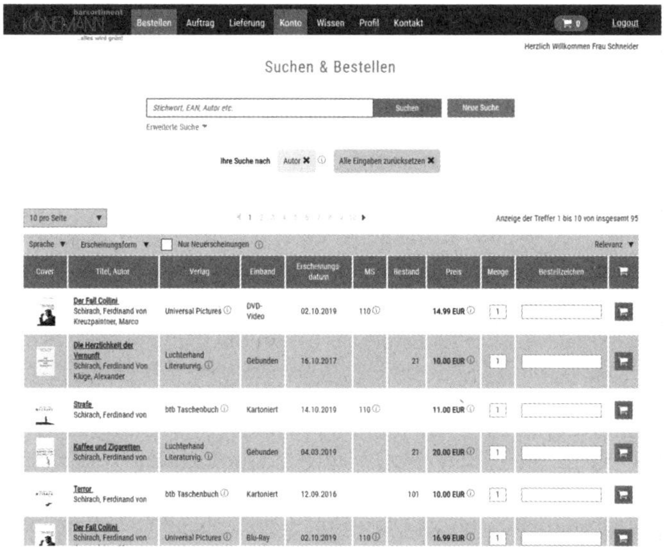

Screenshot 5
Trefferliste / Vollanzeige

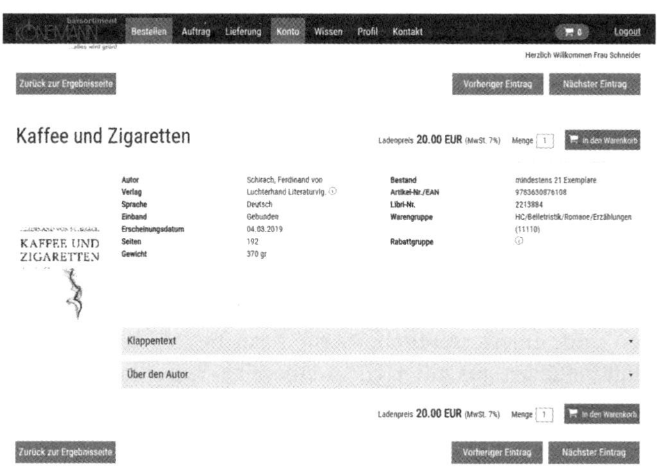

5.7.4 Kompendien – Fachverzeichnisse

In der bibliografischen Terminologie steht der Begriff ›Kompendium‹ für Fachverzeichnis oder Fachkatalog. Kompendien werden für zahlreiche Spezialgebiete von Barsortimenten, Buchhandlungen, Instituten und Werbegemeinschaften herausgegeben und Interessenten angeboten, in zunehmendem Maße auch als Online-Ausgaben. Von einst zahlreichen traditionsreichen Kompendien sind wenige übrig geblieben. Hierzu gehört Schweitzers **Vademecum**, das der Verlag unter der Adresse: https://edvgt.de/wp-content/uploads/2015/12/edvgt2007-firma-schweitzer.pdf wie folgt beschreibt: »Literatur-Recherche: Welches Buch ist für Ihren speziellen Fall das beste? Wenn Sie diese Frage am Schreibtisch klären wollen, dann greifen Sie zu ›Schweitzers Vademecum‹, einem umfangreichen Katalog, den Sie jedes Jahr kostenlos in zwei Ausgaben erhalten: ›Recht‹ und ›Steuerrecht, Jahresabschluss, Wirtschaftsprüfung«. Dieses Kompendium ist 2019 außerdem auch über www.schweitzer-online.de/.at zusammen mit neun anderen Literaturdatenbanken zugänglich.

Nicht mehr aufgelegt wird der **GeoKatalog 1**, der über Jahrzehnte vom GeoCenter herausgegeben wurde. Es handelte sich dabei um einen Print-Katalog zuzüglich einer CD-Rom, wobei diese CD-Rom jedoch nicht inhaltsgleich mit der Printausgabe war, sondern nur einen separaten Blattschnitt-Teil enthielt. Die Print-Ausgabe des Geokatalog 1 umfasste seinerzeit:

- im deutschsprachigen Raum erhältliche touristische Veröffentlichungen,
- Stichwortregister,
- geografischer Teil,
- Verlagsübersicht mit Programmen,
- Blattschnittübersicht.

Inzwischen werden Teilbereiche (z. B. Blattschnitte) unter der Internet-Adresse https://www.geocenter.de recherchierbar gemacht.

Auch das Kompendium **GeoKatalog 2** gilt bibliografisch als Katalog (Bestandsverzeichnis), da alle in ihm gelisteten Artikel über das Internationale Landkartenhaus (ILH – Scientific Cartography), einer rechtlich getrennten Spezialabteilung des GeoCenters, liefer- bzw. bestellbar sind. Das ILH versorgt schwerpunktmäßig einen internationalen Kundenkreis, meist Bibliotheken und andere staatliche Stellen mit neuem Kartenmaterial, Atlanten und Handbüchern aus allen Themenbereichen der (regionalen) Geographie. Aktuelle Neuerscheinungen werden über den **GeoKartenbrief** angezeigt. Alle in diesem angezeigten Veröffentlichungen sind beim ILH (für Buchhändler zum Teil auch bei GeoCenter) erhältlich. Das ILH führt ein Lager, das über 100.000 Titel umfasst und Objekte aus der weltweiten Produktion beschafft. Der *GeoKartenbrief* erscheint viermal jährlich und wird zwischenzeitlich ergänzt durch die so genannten ›Weekly News‹.

Der GeoKatalog 2 ist nach einem nummerischen System organisiert, welches die Erde in Kontinente, Regionen und Länder teilt. Dies wird durch eine dreistellige Nummer angezeigt. Die Nummern und geographischen Regionen sind im Inhaltsverzeichnis aufgeführt, was auch mit dem entsprechenden Kapitel verlinkt ist. Die thematische Sortierung wird mit einer vierstelligen Zahl dargestellt. Die dreistellige Regionszahl und die vierstellige Themenzahl werden durch einen Schrägstrich getrennt. Die Nummern der Themen sind im thematischen Index am Ende des *GeoKartenbriefs* aufgeführt. Eine topographische Karte (Thema #1210) von Deutschland (Region #211) z. B. ist unter 211/1210 abgelegt. Die *GeoKartenbriefe* gelten als Nachträge zum Geokatalog 2.

Etabliert im Markt hat sich inzwischen auch der **Kinderliteraturführer (KiLiFü)**, der seit 2012 im Herbst eines jeden Jahres von der Buchhandlung Schmitz in Essen publiziert wird. Er bietet einen Überblick über relevante Veröffentlichungen der Warengruppe Kinder- und Jugendbuch. Ergänzend sind warengruppenspezifische Aufsätze zu aktuellen Themen enthalten. Die Publikation bietet die Möglichkeit der Individualisierung. Buchhandlungen können eigene Umschlagseiten gestalten. Damit wird das Nachschlagewerk gleichzeitig zum Marketinginstrument für den Bucheinzelhandel.

OECKL. Handbuch des Öffentlichen Lebens

Der OECKL aus dem Bonner Festland Verlag bietet in zwei Ausgaben (Deutschland und Europa) einen Überblick über die verschiedenen Interessengruppen und staatlichen Institutionen. Das Nachschlagewerk liegt als Buch, CD-ROM oder Online-Datenbank vor. In jedem Buchexemplar findet sich ein individueller Zugangscode für die OECKL-Online Datenbank. Die Deutschland-Ausgabe bietet Adressen u. a. zu folgenden Bereichen: Bund, Bundesländer, Kommunen, Ausland, Wirtschaft, Tarifpartner und Berufe, Gesundheit und Soziale Sicherheit, Natur und Umwelt, Medien und Kommunikation, Politische Parteien, Bildung und Erziehung, Kultur und Kunst.

5.7.5 Adress- und Zeitschriftenverzeichnisse

Adress- und Zeitschriftenverzeichnisse werden zunehmend online, seltener auch noch auf CD-ROM angeboten. Dabei existieren naturgemäß unterschiedliche Versionen mit jeweils ergänzenden Tools nebeneinander, wobei die jeweilige Nutzung kostenpflichtig sein kann. Natürlich sind Verlagsadressen auch über das VLB oder über Suchmaschinen recherchierbar. Weitergehende Informationen findet man außerdem auch auf den jeweiligen Websites der Anbieter.

Adressbuch für den deutschsprachigen Buchhandel / AdB-Online

Das umfangreichste Adressverzeichnis ist das Adressbuch für den deutschsprachigen Buchhandel (AdB), das seit Mitte 2012 als Online-Datenbank von der MVB herausgegeben wird. Über www.adb-online.de kann der Nutzer kostenlos in den Adressen von ca. 7.500 Buchhandlungen und rund 24.000 Verlagen sowie Selbstverlagen, Auslieferungen, Verlagsvertretern, Agenturen und buchhändlerischen Organisationen recherchieren. Das Adressbuch enthält außerdem das offizielle Verzeichnis der Internationalen Standard-Buchnummern für Deutschland. Vier Recherche-Kategorien stehen zur Verfügung:

- Adress-Suche,
- ISBN-Suche,
- Verkehrsnummern-Suche,
- erweiterte Suche.

Im Rahmen der erweiterten Suche stehen zahlreiche Selektionskriterien zur Auswahl, die jeweils miteinander kombiniert werden können. Die Einzelkriterien (siehe Screenshot), wie Firmentyp, Art der Buchhandlung bzw. des Verlags, Fachgebiete, Region, Verbandsmitgliedschaft, Teilnahme am BAG-Abrechnungsverfahren und Mail-Adressen, sind dabei jeweils wieder untergliedert (siehe Profilansicht auf der Folgeseite), sodass eine genaue Spezifizierung der jeweiligen Suchfrage möglich ist. Mit seinen umfangreichen Angaben, wie Verkehrsnummer, ISBN, Geschäftsführung oder Inhaber, Ansprechpartner und Lieferhinweise liefert es umfassende Informationen für die Arbeit in der Buchhandelsbranche. Alle im AdB-Online vorhandenen Adressen werden fortlaufend gepflegt.

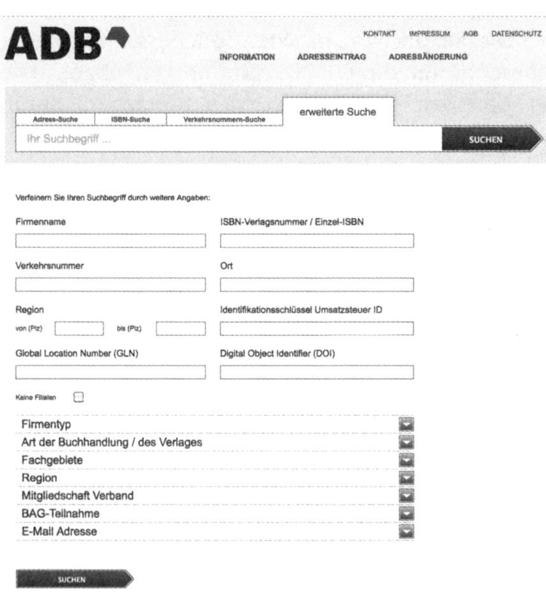

Recherchemaske AdB / Erweiterte Suche
Quelle: https://www.adb-online.de/adbwas/control/adressSucheDetail;jsessionid=56FF674565F8C75820912CA79D1DC448.jvm1

Beispiel: Profilansicht: Hanser, Carl, Verlag GmbH & Co. KG (Daten vom 05.09.2019)

Firmenbezeichnung	Hanser, Carl, Verlag GmbH & Co. KG
Anschrift	**Anschrift** Kolbergerstr. 22, 81679 München, Bayern, Deutschland **Postfach-Adresse** Postfachbezeichnung/Nr. 86 04 20, 81631
Organisationsstruktur	Verlag
Telefon/Fax	**Telefon Festnetz** +49 (089) 99830-0 **Fax** +49 (089) 99830-269 (Fachbuch)
Online-Kontakt	**E-Mail-Adresse** info@hanser.de **Web-Adresse** www.hanser-literaturverlage.de www.hanser.de
Buchhandelskennungen	**Kreditorische Verkehrsnummer** 12573 **Debitorische Verkehrsnummer** 46314 **Umsatzsteuer ID** DE129735021 **Global Location Number** 4027083000006 **ISBN-Verlagsnummer / Einzel-ISBN** 978-3-446, 978-3-8363 **BAG-Debitor** ja **Fachzeitschriftenpreisbindung Sammelrevers** Ja
Bankverbindung	**Bankverbindung** Deutsche Bank München Kto 434343000, HypoVereinsbank München Kto 862700, Postbank München 7715-805
Ansprechpartner	**Prokurist** Johannes Schaible Dirk Stempel Evelyn Tippe Felicitas Feilhauer Dr. Hermann Riedel Michael Himmelstoß Barbara Storke **Geschäftsführer** Jo Lendle Stephan D. Joß Wolfgang Beisler **Persönlich haftender Gesellschafter** (Carl Hanser Verlagsleitungsges. mbH),
Mitgliedschaften/Teilnahmen	**Landesverband** Bayern **Verbandszugehörigkeit** Verband Deutscher Bühnen- und Medienverlage e.V. Firma ist im Handelsregister des zuständigen Amtsgerichts eingetragen Verband Deutscher Zeitschriftenverleger e.V. Börsenverein des Deutschen Buchhandels e.V. **VLB-Teilnehmer** Ja
Fachgebiete	**AdB-Fachgebiete** Buchverlag Zeitschriftenverlag
Lieferhinweise	**Verlagsauslieferung Deutschland** Verlegerdienst München, Gilching **Verlagsauslieferung Ausland** A: Mohr Morawa, Wien

Beispieleintrag aus adb-online für den Carl Hanser Verlag. Quelle: https://www.adb-online.de/adbwas/control/showProfile/~partyId=5107516;jsessionid=56FF674565F8C75820912CA79D1DC448.jvm1

Ulrich's Periodicals Directory (Bowker, New York)

Ulrich's Periodicals Directory erscheint 2019 in der 57. Auflage (vier Bände). Der Schwerpunkt liegt auf englischsprachigen Publikationen. Insgesamt sind mehr als 90.000 Verlage aus über 215 Ländern gelistet und über 246.000 Periodica in 901 verschiedenen Sachgruppen verzeichnet. Sowohl Online-Ausgaben, Print-Produkte als auch Mikroformen sind verzeichnet. Eine kostenpflichtige Online-Datenbank (Ulrichsweb) wird für registrierte Nutzer wöchentlich aktualisiert. Die dort aufgeführten Datensätze enthalten u.a. die Kategorien: ISSN, Sachtitel, Veröffentlichungszeitraum, Sprache, Verlag, Erscheinungsort, Preisangaben, Hinweis auf elektronische Verfügbarkeit und Sachgruppenzuordnung.

STAMM Leitfaden durch Presse und Werbung (Stamm Verlag, Essen)

Seit seiner 1. Ausgabe 1947 ist der STAMM Leitfaden durch Presse und Werbung das Nachschlagewerk für die Öffentlichkeitsarbeit von Unternehmen, Agenturen und Organisationen. Jährlich im April erscheint die aktuelle Ausgabe neu (2019 in der 72. Ausgabe, 2 Bde.) und liefert Informationen über die aktuellen Ansprechpartner, Tarife, Termine und technischen Daten der deutschen Medien. Dabei können rund 200.000 Medien- und Redaktionsadressen, Ansprechpartner in Verlagen und Anzeigenabteilungen recherchiert werden. Der Stamm ist das umfangreichste Verzeichnis der deutschen Printmedien mit den Angaben zu Verlag, Anzeigenleitung und verantwortlichen Redakteuren, Erscheinungsweise, Verbreitungsgebiet, Auflage, Anzeigenpreisen und anzeigentechnischen Daten. Alle Printmedien sind titelalphabetisch, Zeitschriften darüber hinaus nach Lesergruppen sortiert. Neben der zweibändigen Druckausgabe bietet der Verlag, jeweils in Basis- bzw. Profi-Versionen, alle Informationen auch als PC-Mediendatenbank STAMM Impressum zum Download bzw. als STAMM myConvento weltweit über Browser an.

5.7.6 Metasuchmaschinen

Datenbankübergreifende Suche in verschiedenen Datenbanken, gleichzeitig und mit der Formulierung nur einer einzigen Suchfrage für alle angesteuerten Datenbanken, das ist der Vorzug, der in der Verwendung von Metasuchmaschinen liegt. Der **Karlsruher Virtuelle Katalog** (www.ubka.uni-karlsruhe.de/kvk) ist eine der meist genutzten Metasuchmaschinen in Deutschland. Zahlreiche Bibliothekskataloge, elektronische Volltexte und buchhändlerische (Literatur-)Datenbanken können hier gleichzeitig abgefragt werden.

Recherchemaske KIT
Quelle: ttps://kvk.bibliothek.kit.edu/?digitalOnly=0&embedFulltitle=0&newTab=0 (05.09.2019)

Treffer werden mit Hinweis auf die jeweilige Datenquelle ausgewiesen. Die Nutzung erfordert jedoch einige Übung, vor allem bei der Formulierung von Suchfragen für mehrere Datenbanken gleichzeitig. Denn nicht in jedem Fall wird die ausgewählte Recherchekategorie von allen angesteuerten Datenbanken unterstützt, was dann zu einer Null-Treffer-Recherche führen kann – obwohl möglicherweise Treffer gefunden werden könnten, falls die Suchfrage anders gestellt worden wäre. Nach ähnlichem Prinzip funktionieren nahezu alle Metasuchmaschinen, so unter anderem auch die DigiBib (= digitale Bibliothek des Hochschulbibliothekszentrums NRW (www.digibib.net/template/search) oder das Gebrauchtbücher-Portal Booklooker (www.booklooker.de).

5.7.7 Buchhändlerische Fachinformation

Neben den Informationssystemen im engeren Sinne nutzen Buchhandlungen zahlreiche weitere Möglichkeiten zur Verkaufsförderung und Kundenorientierung. Aus der Fülle der im Markt zur Verfügung stehenden **bibliografischen Hilfsmittel** sollen am Schluss dieses Kapitels pars pro toto zwei Informationssysteme im weiteren Sinne näher vorgestellt werden, deren Kenntnis und Nutzung von besonderer Bedeutung für den Erfolg betrieblichen Handelns sind: Verlagsvorschauen und die buchhändlerische Fachpresse.

Verlagsvorschau

Verlagsvorschauen informieren über die Novitäten des Verlags. In vor-digitalen Zeiten geschah dies in der Regel zweimal jährlich für die Produktionszyklen Frühjahr und Herbst. In diesen Vorschauen waren oft noch zusätzlich Hinweise auf erfolgreiche Titel der Vorsaison sowie auf Long- und Bestseller aus dem Verlagsprogramm (Backlist) enthalten. Wichtige Kontaktadressen (Verlagsadressen, Ansprechpartner, Vertriebskontakte, Verlagsvertreter, Auslieferung etc.) wurden meist am Ende der Vorschau aufgelistet. VLB-TIX (siehe Kap. 5.7.2) formuliert den Anspruch, diese Art der Produktanzeigen obsolet zu machen. Einige Verlage sehen diese Einschätzung noch skeptisch. Die Wertigkeit gedruckter Vorschauen für die jeweils vorgestellten Autoren*innen und Nutzergruppen, die VLB-TIX eher weniger intensiv nutzen (Presse und Bibliotheken), sollten jedoch nicht unterschätzt werden, so die Äußerung der Vertriebsleiterin eines mittelgroßen belletristischen Publikumsverlags. Und das, obwohl alle relevanten Informationen in einem umfassenden Online-Titelinformationssystem zur Verfügung gestellt werden. Die Einzelelemente der Darstellung der Titel sind in Bezug auf relevante Informationselemente in der Print- und in der Online-Version nahezu identisch. Sie enthalten u. a.:

- Aufmacher / Schlagzeile (Headline),
- Verlagstext (Werbetext),
- Coverabbildung,
- Annotationen / Testimonials,
- Autorenvita,
- Autorenfoto,
- bibliografische Angaben / EAN-Codierung,
- Marketinghinweise / Kampagnenplanung,
- voraussichtlicher Erscheinungstermin etc.

Dabei muss jedwede Produktinformation den jeweiligen Titel klar positionieren und Argumente für den Kauf des Titels liefern. Wirksame Verkaufsargumente, die Neugierde entfachen und Spannung wecken, sind u. a.:

- USP (= unique selling proposition), das Alleinstellungsmerkmal eines Titels; Abgrenzung zu ähnlichen Autoren auf dem Markt bzw. Bezüge zu bereits im Markt etablierten Autoren als (vermeintliches) Qualitätsindiz.
- Bekanntheit des Autors (Bestsellerautor, Erfolg von Vorgängertiteln),
- Gesamtkonzept der Vermarktung eines Titels bzw. dessen Autors,
- PR-Konzept des Verlags,
- Auftritte des Autors im Buchhandel (Lesung, Signierstunde), in Talkshows u. Ä.,
- Werbung / Mediaplanung (wo und wie).

Das Zusammenwirken von Headline, Marketingargumenten, Vorschautext, Cover, bibliografischen Daten und Autoreninfo ergibt das Produkt-Layout. Nicht länger relevant sind in der Online-Präsentation die Platzierung (am Anfang, in der Mitte oder am Ende) sowie der Umfang (ein- oder mehrseitig), die Einschätzung des Verlags in Bezug auf die Relevanz des jeweiligen Titels (A-Titel = Spitzentitel etc.) – Elemente, die in der Print-Vorschau noch von großer Wichtigkeit waren. Nicht zuletzt auch der Umstand, dass die Kosten für Herstellung und Versand der Verlagsvorschauen enorm hoch sind, hat zur Neugestaltung mittels VLB-TIX geführt. Der Siegeszug von VLB-TIX ist vorprogrammiert, obwohl immer noch auch viele Buchhändler vorgeben, die Nutzung von gedruckten Vorschauen zu bevorzugen. Unregelmäßig vom Börsenverein durchgeführte Befragungen im Sortiment belegen diese Einschätzung. Trotzdem: Die Zeit der gedruckten Vorschau scheint abgelaufen zu sein.

Was Volker Weidermann in seiner Glosse *Vorschau, oh Vorschau* (in: PREGO, Das Magazin von Edel, 1-2009, S. 2f.) formuliert hat, ist – unabhängig von der Editionsform – ohne Abstriche nach wie vor gültig. Vorschauen (ob nun digital oder print) sind die:

- immer wieder grunderneuerte Visitenkarte des Verlags,
- Vorabinszenierung erhoffter Kaufereignisse,
- Simulation einer maximal günstigen Zukunftsvison.

Auch wenn der werbliche Aspekt von Novitätenanzeigen künftig immer mehr im Mittelpunkt stehen mag, die strukturelle Kenntnis und die Nutzungspotenziale des bibliografischen Hilfsmittels VLB-TIX bzw. Verlagsvorschau sind im Kontext einer kundenorientierten Sortimentsgestaltung notwendig.

Fachpresse

Das **Börsenblatt** ist die auflagenstärkste Zeitschrift der Buchbranche. Es ist gleichermaßen Informationssystem, Mitgliederzeitschrift, Lobbyorgan und Pflichtlektüre für alle Mitarbeiter im Buchhandel. Nicht zuletzt deshalb, weil laut Verkehrsordnung § 2 alle im *Börsenblatt* veröffentlichten Anzeigen und Bekanntmachungen der gesamten Branche gegenüber als mitgeteilt gelten.

Grundsätzlich teilt sich das *Börsenblatt* in einen anzeigenden und einen redaktionellen Bereich. Während der Anzeigenteil neben umfangreicher Verlagswerbung u. a. noch die Bereiche Titelschutz, Stellenmarkt und Brancheninfos enthält, werden im redaktionellen Teil nach dem Editorial folgende Kategorien präsentiert: Markt, Wochenschau, Management, Medien, Börsenverein, Rubriken.

Diese regelmäßig wiederkehrende Struktur bietet jedoch nur das **Magazin.** Hier, im *Börsenblatt – Das Magazin für den Deutschen Buchhandel,* gibt es als Nachrichtenorgan alle 14 Tage neben aktuellen Meldungen ein vielfältiges

Themenspektrum: Marktanalysen, Rechtsfragen, Branchenereignisse, Interviews, Kommentare und Personalia zählen ebenso dazu wie Praxisbeispiele und Hintergrundberichte.

In den ***Spezial-Ausgaben***, die im wöchentlichen Wechsel mit dem Magazin erscheinen, werden die im letzten Absatz vorgestellten Aspekte auf ein jeweils spezielles Schwerpunktthema fokussiert. Besondere Branchenereignisse (z. B. Buchmessen) bzw. ausgewählte Warengruppen werden thematisiert. Darauf nimmt dann auch der anzeigende Teil Bezug, in dem themenbezogen in erster Linie entsprechende Werbung platziert wird. Im Börsenblatt-Terminplan sind in einer Jahresübersicht alle Veröffentlichungsdaten und Themen einsehbar.

Börsenblatt.net versteht sich als Line-Extension des Börsenblatts mit den Rubriken Markt, Medien, Bestseller, Branchenservice Praxis, Börsenverein, Personalia und Jobs. Angereichert wird der Online-Auftritt durch tagesaktuelle News, Dossiers, Sellerlisten etc. Der tägliche Newsletter sowie wichtige Social-Media-Kanäle ergänzen das Angebot.

Damit ist das *Börsenblatt* eine wichtige Informationsquelle und nicht nur für Verlage und den verbreitenden Buchhandel interessant, sondern auch für Bibliothekare, Autoren, Journalisten und andere Kulturschaffende. Seit 2013 gibt es für Abonnenten der Printausgabe die Möglichkeit, das *Börsenblatt* auch als E-Paper kostenlos mittels Tablets oder anderen mobilen Endgeräten überall und jederzeit zu lesen, wobei zahlreiche Features diesen Service begleiten (z. B. Volltextsuche, Lesezeichenfunktion, interaktive Elemente, In-App-Zugriff auf die Rubrik Meinung).

Ergänzt werden muss die buchhändlerische Informationsgewinnung durch die Rezeption und Nutzung weiterer branchenrelevanter Fachzeitschriften. Hier stehen zur Verfügung: *BuchMarkt – Das Ideenmagazin für den Buchhandel* (www.buchmarkt.de) oder *Buchreport* mit seinen Ausgaben Express, Magazin und Spezial (www.buchreport.de). Der **BuchMarkt** wurde 1966 von Christian von Zittwitz gegründet. Das Fachmagazin ist bis heute die einzige unabhängige Fachzeitschrift für den deutschsprachigen Buchhandel. Sie erscheint 12 Mal pro Jahr. Kernzielgruppe ist das stationäre Sortiment und die Mitarbeiter im Verkauf. Thematisch widmet sich der *BuchMarkt* mit zahlreichen Specials allen Branchen-Zweigen und deren Interessen.

Der **Buchreport** wird seit über 40 Jahren von der Harenberg Kommunikation mit Sitz in Dortmund herausgegeben, seit 2007 eine Tochter des SPIEGEL-Verlags. Der wöchentlich erscheinende *buchreport.express* bietet jeweils donnerstags Berichte über die Ereignisse der Woche, Hintergründe und Kommentare. Jeder Ausgabe liegen zudem die aktuellen Bestseller-Plakate für den Aushang im Handel bei. *buchreport.magazin* erscheint jeweils zum Monatsende und enthält Interviews und Analysen zu nationalen und internationalen Entwicklungen. *buchreport.spezial* wird ca. zwölfmal im Jahr als Supplement dem *buchreport.magazin* beigelegt. Es richtet seinen Fokus auf jeweils eine ausgewählte Warengruppe oder ein Spezialthema.

Zu erwähnen ist auch die Online-Publikation **Langendorfs Dienst – leichter Führen im Buchhandel,** die sich ausschließlich durch Abonnements finanziert und nur ihren Lesern verpflichtet ist, wie es der Betreiber Matthias Koeffler auf der Startseite des Informationsdienstes www.langendorfs-dienst.de formuliert. Seit 2014 ist Koeffler für das Portal verantwortlich und informiert seine Abonnenten in den Rubriken Sortimenter-Check, Kunden, lokaler Handel, Omni-Channel, Branchendaten, Tipp des Tages und Meinung. Was passiert in den Buchhandlungen? Was bewegt Buchhändler? Wie entwickelt sich das wirtschaftliche Umfeld? Wie betreibt man ein lebendiges Buchhandelsgeschäft vor Ort? Was passiert in anderen Buchhandlungen? Fragen, die LD täglich neu zu beantworten sucht.

Die abschließende Aufstellung schließt neben der Fachpresse bewusst die Kundenzeitschriften mit ein, da auch hier – allerdings vornehmlich unter werblichen Gesichtspunkten – Informationen über Themen und Autoren gegeben werden. Nicht in dieser Tabelle aufgeführt sind Special-Interest-Magazine oder reine Rezensionsorgane. Je nach Intensität, mit der die jeweilige Warengruppe gepflegt wird, sei ihr Studium ebenso empfohlen wie das Lesen der Feuilletons, in denen die Literaturkritik Titel wertend bespricht.

Buchhändlerische Fachpresse im Überblick

Fachzeitschrift	Verlag	Kundenzeitschrift
Börsenblatt Magazin für den Deutschen Buchhandel Börsenblatt-Spezial www.boersenblatt.net	MVB	Buchjournal
BuchMarkt www.buchmarkt.de	Buchmarkt Verlag K.Werner	
Buchreport • buchreport.express, • buchreport.magazin (mit dem Supplement Spezial) www.buchreport.de	Harenberg Kommunikation (Spiegel Gruppe)	buch aktuell
Langendorfs Dienst (LD) www.langendorfs-dienst.de		

Fragen zu Kapitel 5

5.1 Erläutern Sie mindestens drei betriebliche Handlungen, die mittels Informationssystemen ausgeführt werden können.

5.2 Ein Kunde fragt: »Da gibt es doch ein neues Kräuterbuch von GU.« Erläutern Sie Ihr kundenorientiertes Recherchehandeln, wobei Sie sich der in diesem Kapitel vorgestellten buchhändlerischen Fachterminologie bedienen.

5.3 Erläutern Sie dem Kunden jeweils anhand eines konkreten Beispiels die buchhändlerisch relevanten Informationssysteme: Bibliografie, Katalog, Kompendium, Adressverzeichnis, Branchenzeitschrift.

5.4 Erläutern Sie die Relevanz von bibliografischen Standards und Regelwerken für die Erstellung von Literaturdatenbanken.

5.5 Erläutern Sie die Idee des FRBR-Modells, das so genannte ›bibliografische Universum‹ abzubilden.

5.6 Beschreiben Sie (mindestens 4) unterschiedliche Recherchestrategien.

5.7 Der Kunde berichtet Ihnen: »Ich habe gehört, es gibt ein Buch über lateinische Wörter im Deutschen, das ist wohl in einem Verlag erschienen, da kommt irgendwie ›Ab‹ vor?!« – Erläutern Sie auf der Grundlage Ihrer Kenntnisse und Fertigkeiten Ihre Recherche.

5.8 Einer Ihrer Kollegen äußert im Gespräch: »Bei den vielfältigen Anforderungen hier im Geschäft bleibt mir für die Lektüre des *Börsenblatts* keine Zeit!« – Begründen Sie anhand von zwei Aspekten die Unhaltbarkeit dieser Äußerung.

5.9 Erläutern Sie einem interessierten Kunden anhand von fünf Aspekten die Funktionalität des in Ihrer Buchhandlung genutzten Barsortimentskatalogs.

5.10 Ein Kunde möchte sich selbstständig über die Fachgebiete verschiedener Verlage informieren und bittet Sie um entsprechende Informationen. – Erläutern Sie kundenorientiert die entsprechende Handhabung des AdB.

5.11 Erläutern Sie die Erscheinungsweise und den strukturellen Aufbau des *Börsenblatts*.

5.12 Formulieren Sie jeweils eine verbale Suchfrage, die ausschließlich mittels des Informationssystems *Verzeichnis Lieferbarer Bücher, Deutsche Nationalbibliografie,* Barsortimentskatalog (betriebsabhängig) oder Antiquaria.com beantwortet werden kann. Begründen Sie Ihre Auswahl.

5.13 Sie erklären einem Kunden die Relevanz der Verwendung von Booleschen Operatoren bei der Recherche hinsichtlich der Menge der zu erwartenden Treffer.

5.14 Ein Kunde sagt: »Mein Sohn benötigt für ein Referat im Deutsch-LK vertiefende Informationen zu Goethes *Iphigenie auf Tauris.* Können Sie mir da weiterhelfen?« – Formulieren Sie eine kundenorientierte Antwort im Hinblick auf Ihre Recherche.

6 Beratung und Verkauf

Beratung und Verkauf

Aus: Ausbildungsrahmenplan für die Berufsausbildung zum Buchhändler und zur Buchhändlerin | Sachliche Gliederung (§4 Absatz 2 Abschnitt A Nummer 5)

- Waren und Dienstleistungen des Ausbildungsbetriebes kundenorientiert anbieten, Preise begründen;
- Gesprächsführungstechniken bei Informations-, Beratungs- und Verkaufsgesprächen anwenden;
- im Kundengespräch sprachliche und nichtsprachliche Kommunikationsformen berücksichtigen;
- auf Kundeneinwände und Kundenargumente verkaufsfördernd reagieren;
- Konfliktursachen feststellen, Konfliktlösungen im Beratungsgespräch situationsbezogen anwenden;
- Kundentypen und Verhaltensmuster im Kundengespräch individuell nutzen;
- Kaufmotive und Wünsche von Kunden ermitteln und in Verkaufsgesprächen nutzen;
- kulturelle Besonderheiten im Kundenkontakt berücksichtigen;
- Kunden beraten und Verkaufsgespräche führen, Kauf abschließen;
- Kundenkontakte nutzen und pflegen, dem Kundeninteresse entsprechende Bücher und Produkte aktiv anbieten;
- über Neuerscheinungen informieren, neue Bücher und Bestsellerservice anbieten;
- über Titel und Produktformen kundenorientiert beraten;
- Trends und innovative Ansätze als Verkaufsargument nutzen;
- Kundenbestellungen aufnehmen und bearbeiten;
- Auswirkungen der eigenen Verkaufstätigkeit auf Unternehmenserfolg, Kundenzufriedenheit und Kundenbindung berücksichtigen;
- das Spektrum der buchhändlerischen Dienstleistungen des Ausbildungsbetriebes kundenorientiert einsetzen;
- Einfluss von Kundenbindung und Kundenservice auf den Verkaufserfolg beachten;
- für nicht lieferbare Bücher und Produkte vergleichbaren Ersatz anbieten und erläutern;
- beim Einsatz besonderer Formen des Kundenservices im Ausbildungsbetrieb mitwirken;
- Umtausch, Beschwerden und Reklamationen bearbeiten; rechtliche Bestimmungen und betriebliche Regelungen anwenden;
- Beschwerdemanagement als Instrument zur Kundenbindung nutzen;
- durch eigenes Verhalten zur Kundenzufriedenheit und Kundenbindung beitragen.

Buchhändler verkaufen sowohl Waren als auch Dienstleistungen. Richtschnur ihres Handelns beim Verkauf ist dabei immer die Zufriedenheit des Kunden. Um die buchhändlerische Arbeit erfolgreich zu gestalten, bedarf es des gelungenen Zusammenspiels einer Vielzahl von Faktoren. Der Kunde, dessen Bedürfnisse der Buchhändler kennen muss und denen er in seiner Sortimentsausrichtung Rechnung trägt, soll sich im Geschäft wohl fühlen. Dabei findet er nicht nur Waren nach seinem Geschmack, sondern auch fachkundiges Personal, das ihn kompetent beraten kann und will. Die Mitarbeiter sind auch in der Lage, ungenau formulierte Wünsche bzw. unklare Bedürfnisse in einem aktiv geführten kundenorientierten Gespräch zu ermitteln und einer Lösung zuzuführen, sodass letztlich beide Seiten, Sortimenter und Kunde, die miteinander gestaltete Kommunikations- bzw. Verkaufssituation als gelungen erleben. Dies kann sich im Abverkauf eines Buches niederschlagen, aber auch im Hinweis auf eine besondere Kulturveranstaltung in der Stadt oder im Versprechen des Kunden, bei Gelegenheit wieder im Laden vorbeizuschauen.

Zwar möchte der Buchhändler grundsätzlich die von ihm angebotenen Waren und Dienstleistungen verkaufen, doch steht die Beratungsleistung gleichsam über und vor dem konkreten Verkauf, der eine mögliche Folge guter Beratung sein kann. Wichtiger ist jedoch, den Kunden in jedem Fall zufrieden zu stellen. Dabei wird Kundenzufriedenheit hier so verstanden, dass die Erwartungen des Kunden hinsichtlich der Leistungen, die der Buchhändler anbietet, voll und ganz erfüllt werden. Dies kann eben unter Umständen auch bedeuten, dass der Kunde nur einige Informationen zu einem bestimmten Thema erhalten möchte. Hinsichtlich möglicher Kundenbindungspotenziale kann der beschriebene ›Nicht-Verkauf‹ im Übrigen sehr viel höheres Potenzial enthalten als ein tatsächlich vollzogener Verkauf. Dies wird unter dem Stichwort Serviceleistungen im Kapitel 6.5 noch näher ausgeführt.

In erster Linie beziehen sich die folgenden Ausführungen auf den stationären Verkauf, wobei die Besonderheiten von Beratung und Verkauf in virtuellen Verkaufsräumen ebenfalls berücksichtigt werden. Es ist jedoch nach wie vor unbestritten, dass die konkrete Präsenz des menschlichen Individuums in echten Kommunikationssituationen denen der virtuellen Präsenz in digitalen Kontexten immer überlegen ist. Dennoch nutzt der moderne multioptionale Kunde unterschiedlichste Kanäle, um seine Bedürfnisse zu befriedigen. Er nimmt Online-Angebote als ebenso selbstverständlich wahr und nutzt sie wie stationäre Angebote.

In diesem Kapitel soll herausgestellt werden, was die Besonderheit der konkreten buchhändlerischen Beratungsleistung ausmacht und warum der Kunde sich nicht mit den Angeboten eines reinen Internet-Buchhändlers zufrieden geben sollte. Denn zig (so genannte) Kundenrezensionen können niemals die Authentizität einer buchhändlerischen Fachberatung ersetzen, die neben Chancen leider auch Risiken in sich birgt.

Bedarf decken, Bedarf wecken und ›Atmosphäre verkaufen‹

Zunächst sollte man sich noch einmal klar machen, was die verkäuferischen Aufgaben einer Buchhandlung ausmacht. Es gibt höchst unterschiedliche Anlässe, eine Buchhandlung zu betreten und nicht immer kommt es zu einer Kaufhandlung. Mehr als zwei Drittel der Kunden, die einen Buchladen betreten, tun dies ohne feste Kaufabsicht, und viele verlassen die Buchhandlung, ohne einen Kauf getätigt zu haben. Das Betreten einer Buchhandlung ist also nicht untrennbar mit einem Kaufwunsch verbunden. Viele Kunden wollen sich einfach nur umschauen, vielleicht um ihre freie Zeit sinnvoll zu nutzen, um sich einen Überblick über das Warenangebot zu verschaffen, um eine Reise vorzubereiten, um sich über ein Spezialthema zu informieren oder was immer man sonst noch als Motiv anführen kann. Wenn eine Buchhandlung kunden- und verkaufsorientiert sein will, muss sie drei unterschiedliche Aufgaben erfüllen: Bedarf decken, Bedarf wecken und Atmosphäre verkaufen.

Verkäuferische Aufgaben einer Buchhandlung

BEDARF DECKEN

Bei einem Zielkauf seitens der Kunden liegt keine verkäuferische Leistung im engeren Sinne vor, denn die Wünsche des Kunden werden aufgrund des eingekauften Sortiments und der Recherche- und Lagerkenntnisse der Mitarbeiter befriedigt. Die Verkaufskompetenz des Buchhändlers tritt erst dann zutage, wenn ein Ersatzverkauf angeboten wird und der Kunde nach einem erfolgreichen Verkaufsgespräch das Buch oder ein anderes Produkt kauft. Ein Extremfall des Bedarf-Deckens liegt vor, wenn ein bestellter Titel aus dem Abholfach heraus ausgehändigt wird.

BEDARF WECKEN

Rund 2/3 aller Kaufentscheidungen fallen am Point-of-Sale. Diese Spontankäufe werden häufig ohne das Verkaufspersonal realisiert; sie sind Resultat eines – meist auch werblich durchdachten – visuellen Warenarrangements. Der Kunde wird durch Warenplatzierung und -präsentation im Schaufenster oder im Verkaufsraum auf Themen und Titel aufmerksam gemacht, an die er (zunächst) gar nicht gedacht hat.

ATMOSPHÄRE VERKAUFEN

Hier geht es nicht um den kurzfristigen Verkaufserfolg in barer Münze, sondern um den ›Verkauf‹ des Sich-Wohlfühlens in der Buchhandlung. Der Kunde soll sich in Ruhe umschauen dürfen und das Sortiment mit seinem Warenangebot, seinem ihm eigenen Flair und auch mit seiner mitunter hektischen Betriebsamkeit erfahren können. Ein derart positiv beeinflusster Kunde wird wiederkommen, wenn er demnächst Bücher kauft bzw. kaufen muss oder anderen eine Buchhandlung empfehlen soll.

6.1 Verkäufertypen und Verkäuferrollen

Das Gelingen eines Verkaufsgesprächs hängt von den Kenntnissen und Fertigkeiten der im Unternehmen tätigen Mitarbeiter ab. Auch wenn das Unternehmen im Rahmen seiner Corporate Identity bestimmte Richtlinien für seine Mitarbeiter festlegt, so unterscheiden sich die buchhändlerischen Fachkräfte doch genauso wie die vielen verschiedenen Kunden(gruppen), die die Buchhandlung besuchen. Dabei kann man differenzieren zwischen Typen, die die jeweiligen Mitarbeiter repräsentieren, und den Rollen, die sie einnehmen.

6.1.1 Verkäufertypen

In der heutigen Betriebspsychologie unterscheidet man nach Frederick Herzberg Hygienefaktoren und Motivatoren. **Hygienefaktoren** resultieren aus dem Arbeitsumfeld (Betriebspolitik, Führungstechnik, Organisation, Beziehungen zu den Kollegen und Vorgesetzten, Bezahlung etc.). Ihr Vorhandensein wird in der Regel als selbstverständlich vorausgesetzt. Erst wenn diese Faktoren fehlen oder wenn sie für die Mitarbeiter nicht ›stimmen‹, entsteht eine Unzufriedenheit, die demotivierend und damit leistungsmindernd wirkt. Die **Motivatoren** hingegen sind Faktoren, die in direktem Zusammenhang mit dem Inhalt der Arbeit stehen. Hier geht es um Verantwortung, Zuständigkeitsbereiche, Anerkennung, Selbstbestätigung, Fortbildungs- und Beförderungsmöglichkeiten u. a. m. Auch hier gilt: ›Stimmen‹ die Motivatoren, so erbringt der Mitarbeiter gute Leistung, während das Fehlen eine stark verminderte Produktivität nach sich zieht.

Wie kann nun der Mitarbeiter seine optimale Leistung erzielen und gleichzeitig die höchstmögliche Zufriedenheit im Arbeitsprozess ermöglicht werden? Arnd Roszinsky-Terjung spricht in diesem Zusammenhang von einem ›Speichenrad-Theorem‹. Ein Rad hat die vier Speichen Wissen, Können, Dürfen und Wollen. Wenn diese vier Speichen in gleicher Stärke angeordnet sind, dann ›rollt‹ das Rad ohne Probleme, die Fachkraft arbeitet motiviert, bereitwillig, engagiert und mit vollem Einsatz. Ist jedoch eine dieser Speichen weniger stark ausgeprägt, dann entsteht eine ›Unwucht‹, und es treten Dissonanzen auf. Wenn beispielsweise der Mitarbeiter mehr will und kann als er darf oder wenn er mehr darf als er kann, kommt es zu psychischen Zuständen wie Frustration, Enttäuschung, Angst, die sich arbeits- und produktivitätshemmend auswirken.

Die Faktoren des Arbeitsumfeldes wirken sich immer und direkt auf die Grundeinstellung des Buchhändlers zu seinen Kernaufgaben aus, also auf seine Einstellung zu Beratung und Verkauf. Dabei kann der Mitarbeiter verschiedene Rollen einnehmen, die die Amerikaner Greenberg und Maier in einer Verkäufertypologie, unter Verwendung der Begriffe Ego Drive und Empathy erstellt haben. Unter Ego Drive verstehen sie die Disposition und die Fähigkeit zum Verkaufen-Wollen, während Empathy das Vermögen signalisiert, sich in den Kunden hineinzuversetzen. So entstehen vier **Verkäufertypen:**

Der drängende Verkäufer (viel Ego Drive, wenig Empathy)
Der drängende Verkäufer denkt nur an das schnelle Geld. Für diese Art ›Hochdruckverkäufer‹ ist kurzfristiger Erfolg langfristigen Unternehmenszielen übergeordnet.

Der einfühlsame Verkäufer (wenig Ego Drive, viel Empathy)
Der einfühlsame Verkäufer berät, erfüllt Kundenwünsche und kann gut auf seine Kunden eingehen. Da jedoch nicht der Verkauf, sondern die Beratung im Vordergrund steht, überlässt er häufig dem Kunden die Entscheidung zum Kauf – oder zum Nicht-Kauf.

Der unglückliche Verkäufer (wenig Ego Drive, wenig Empathy)
Der unglückliche Verkäufer stellt weder seine Kunden noch seine Vorgesetzten zufrieden. Auch er selbst fühlt sich in seiner Haut nicht wohl.

Der ideale Verkäufer (viel Ego Drive, viel Empathy)
Der ideale Verkäufer paart den Willen zum Verkauf mit der Fähigkeit, seine Kunden und deren Wünsche und Interessen zu verstehen und zu befriedigen.

Angesichts der Verschiedenartigkeit einzelner Mitarbeiter sollte jeder Inhaber oder Personalleiter immer solche Verkaufskräfte einstellen, die seiner Firmenphilosophie und seinen Unternehmensleitlinien gegenüber positiv eingestellt sind. Denn im Rahmen kundenorientierten Arbeitens braucht jeder Betrieb, ganz gleich welcher Ausprägung, engagierte und motivierte Mitarbeiter, damit sie in Kenntnis und Ausführung der jeweils relevanten Rolle im Umgang mit dem Kunden das bestmögliche betriebliche Ergebnis erzielen können.

6.1.2
Verkäuferrollen

Bestimmte Verkäufertypen realisieren sich in bestimmten Rollen, die in Beratungs- und Verkaufssituationen eingenommen werden. Dabei erschöpft sich das buchhändlerische Handeln nicht im bloßen Warenangebot bzw. dessen Verteilung (=Verkauf). Erfolgreiche Interaktion beim Verkauf heißt immer auch ›aktiv sein‹, ›sensitiv sein‹. Dies wiederum bedeutet, dass der Buchhändler Promoter (nicht: Filter) seiner Leistungen sein muss, wenn er im Markt erfolgreich agieren will. Buch-Handeln heißt demzufolge: Verkaufs-Handeln bewusst gestalten. Die Interaktion findet u. a. in Verkaufsgesprächen statt, wobei auf die konkrete Gesprächssituation eine Vielzahl weiterer Faktoren einwirkt:

- psychologische Einflussfaktoren,
- kommunikative Einflussfaktoren,
- Einflussfaktor Fachkompetenz,
- Einflussfaktor betriebliches Umfeld.

Erst im gelungenen Zusammenwirken aller Faktoren entfaltet sich buchhändlerisches Handeln im Sinne zielgerichteter buchhändlerischer Beratungs- und Verkaufskompetenz.

Der Buchhändler muss sich seines Typus bewusst sein und zudem sein Gegenüber richtig einschätzen, damit er seine ihm angemessene Rolle einnehmen kann. In Abhängigkeit von Kenntnisstand und Beratungsbedarf des jeweiligen Kunden unterscheiden Haucke und Bienert in ihrem Buch *Erfolgreich verkaufen als Buchhändler* vier verschiedene Verkäuferrollen:

Der Informationsvermittler (Rolle in der Beratung selbstständiger und bereits (vor-)informierter Kunden) soll dem Kunden lediglich präzise und konkrete Informationen vermitteln. Eine ausführliche Beratungsleistung ist nicht erforderlich. In der Regel hat sich der Kunde bereits vorab informiert und braucht die Kompetenz des Buchhändlers in Hinblick auf Hintergrundinformationen oder aktuelle Auskünfte.

Der Tippgeber (Rolle in der Beratung wenig informierter, aber durchaus selbstständiger Kunden) übernimmt die Führung in Beratung und Verkauf. Der Kunde benötigt klare und einfache Empfehlungen, die zielgerichtet und nutzenorientiert die Wünsche des Kunden befriedigen.

Der Fachberater (Rolle in der Beratung informierter Kunden, die jedoch eingehender Fachberatung bedürfen) ist gleichsam der Experte auf Augenhöhe mit dem Kunden, der sich selbst ebenfalls als ›Profi‹ versteht. Kenntnisse in Bezug auf das Fachgebiet des Kunden sind notwendig, damit dieser die Buchhändlerrolle akzeptiert. Entscheidungen trifft der Kunde in der Regel selbstständig.

Der Lotse (Rolle in der Beratung wenig informierter Kunden, die nach eingehender Fachberatung verlangen) soll dem Kunden dabei helfen herauszufinden, was er überhaupt benötigt. Fundiertes Wissen bildet dabei die Grundlage für qualifizierte und differenzierte Angebote, aus denen der Kunde dann selbstständig auswählt.

Grundvoraussetzung für das Gelingen von Beratung und Verkauf ist die Fachkompetenz des Buchhändlers in Bezug auf das gesamte Leistungsspektrum buchhändlerischen Handelns: von Beschaffung und Einkauf über Platzierung und Präsentation bis hin zu aktivem Verkauf. Darüber hinaus ist die Freundlichkeit im partnerschaftlichen Umgang mit dem Kunden Garant für die erfolgreiche Arbeit. Auch noch so ungewöhnlich erscheinende Kundenwünsche möchte er kompetent erfüllen. Dabei hat er sowohl die Ziele des Unternehmens als auch seine individuelle psychische Disposition im Blick.

Jeder ist in den unterschiedlichsten Handlungssituationen selbst Kunde. So wie man selbst wahrgenommen und behandelt werden möchte, so soll man auch seinen Kunden entgegentreten. Es gilt also, immer aus der Perspektive des Kunden das eigene Handeln zu betrachten. Nur so kann konsequent kundenorientiertes Arbeiten gelingen. Die richtige Selbstwahrnehmung und die entsprechende Einschätzung der eigenen Persönlichkeit mit ihren individuellen Kompetenzen ermöglichen die adäquate Kundenwahrnehmung und bilden somit die Grundlage der Kundenorientierung. Wie schon erwähnt wurde, ist der Kunde immer dann zufrieden, wenn seine Erwartungen erfüllt werden. Will man den Kunden zu einem begeisterten Kunden machen, sollten zu den genannten Standardleistungen weitere Elemente hinzutreten. Ein angenehmes Ambiente, Zusatzangebote wie Kinderbetreuung sowie weitere Leistungen, wie etwa täglicher Lieferservice, besondere Geschenkverpackung oder verschiedenste Zahlungsmöglichkeiten, bedeuten ein Add-on zu den vom Kunden erwarteten Standards. Mittels solcher Add-ons werden möglicherweise aus Kunden im Laufe der Zeit Stammkunden.

Erwartung (des Kunden) = Leistung (des Buchhändlers)	→ Kundenzufriedenheit
Erwartung (des Kunden) = Leistung (des Buchhändlers) + X	→ Kundenbegeisterung

6.2 Kunden, Käufer, Konsumenten

Der einzelne Kunde zeichnet sich jeweils durch eine ihm ureigene psychische Disposition und entsprechende Verhaltensweisen aus. Die so entstehende Vielzahl ganz spezifischer Verhaltensweisen kann jedoch mittels größerer Gruppen intersubjektiv gültiger Eigenschaften beschrieben werden. Diese Gruppen werden durch Ähnlichkeitsmerkmale gebildet. Eine entsprechende Zuordnung ermöglicht es dann, ausgehend vom einzelnen Subjekt, generelle Kundentypen zu beschreiben

6.2.1 Kundenbedürfnisse – die psychologische Dimension des Kaufens

Verstand und Gefühl sind – analog zu den beiden Gehirnhälften – zwei Seiten der menschlichen Persönlichkeit. Dementsprechend liegen jeder menschlichen Handlung vernünftige Überlegungen und / oder gefühlsmäßige Motive zugrunde. Auslöser bzw. Antriebsfedern für Konsumbedürfnisse sind nicht selten gerade die irrationalen Antriebsfedern wie Gefühle, Sehnsüchte und Wünsche. Diese Erkenntnis hat gleichermaßen Konsequenzen für Verkauf, Beratung und Warenpräsentation.

Eine rein sachliche Argumentation des Verkäufers kann zwar verstandesmäßig überzeugen, aber Kaufen stellt genauso – auch wenn es dem Kunden selten bewusst ist – eine emotionale Bedürfnisbefriedigung dar, die in unserer heutigen Gesellschaft häufig eine kompensatorische Funktion ausübt (Kaufen als Ersatzbefriedigung). Wie sonst ist es zu erklären, dass viele Menschen, obwohl sie eigentlich alles Lebensnotwendige ihr Eigen nennen können, ständig auf der Suche nach Neuem, nach Anderem sind, dessen Besitz oder Konsum sie aber nur kurzfristig befriedigt, sodass die erneute Unzufriedenheit wiederum zu Kaufentscheidungen führt. Es ist ein offenes Geheimnis, dass viele Werbestrategien gerade an diesem Punkt ansetzen.

Der Buchhändler darf also die psychologische Komponente nicht aus dem Blick verlieren, auch wenn mancher Bücherkauf vordergründig das Resultat einer rationalen Entscheidung ist. Denn auch hinter objektivierbaren Verwendungszwecken stehen häufig irrationale, aber psychologisch begründete Kaufmotive, die dem Kunden mitunter nicht bewusst sind oder die er nicht zur Sprache bringen will. Neben der rationalen Bedarfsdeckung (Produktnutzen) spielt eben auch die emotionale Bedürfnisbefriedigung (Zusatznutzen) eine große Rolle. Nicht ohne Grund werden Werbefachleute mit dem Satz konfrontiert: »Man verkaufe keine Lippenstifte, sondern schöne Lippen.«

Bedürfnispyramide nach Maslow

An dieser Stelle soll ein Klassiker der Konsumenten-Psychologie vorgestellt werden: Abraham H. Maslow. Der amerikanische Sozialforscher und Psychologe hat die Bedürfnisse des Menschen in eine hierarchische Ordnung gebracht. Die elementaren Grund- oder Primärbedürfnisse wie Essen und Trinken sind physiologischer Art. Erst wenn diese Bedürfnisse befriedigt sind, entwickelt der Mensch weitere (sekundäre) Anforderungen und Bedürfnisse, für deren Befriedigung er Wege und Möglichkeiten finden muss. Da stellen sich die Fragen nach Sicherheit (Gesundheit, Beruf, Vorsorge) und nach sozialer Integration und

Motive menschlichen Verhaltens (nach A. H. Maslow)

Akzeptanz. Da der Mensch aber nie ausschließlich ein Gemeinschaftswesen ist, lassen sich auch individualistische Bedürfnisse feststellen. Während das Wertschätzungsbedürfnis, das sich in Erfolgs- oder Geltungsbedürfnis niederschlägt, die beginnende Abgrenzung zum gesellschaftlichen Umfeld signalisiert, zeigt das Streben nach Selbstverwirklichung verstärkt privatistische Züge.

Menschliche Verhaltensweisen sind allerdings häufig zu komplex, um als Reaktion auf nur ein Bedürfnis reduziert werden zu können. Nehmen wir beispielsweise den Kauf eines großformatigen Weltatlasses. Hierbei können verschiedene (Sekundär-)Bedürfnisse ineinander greifen. So will der Käufer nicht nur die Sicherheit haben, das Faktenmaterial gut aufbereitet vorzufinden, sondern er möchte auch in der heutigen Informationsgesellschaft mitreden können. Vielleicht spielt beim Kauf das Bedürfnis, Fachgespräche qualifiziert führen zu können, ebenso eine Rolle wie die Präsentation des möglicherweise mit Goldschnitt ausgestatteten Bandes, die zur Stilisierung seiner Lebenswelt dient und damit gleichzeitig das Bedürfnis nach Selbstverwirklichung befriedigt. Natürlich wäre es falsch, den Kunden unmittelbar auf seine Bedürfnisse anzusprechen, aber herauszufinden, welches Kaufmotiv dominiert und den Kunden dahingehend positiv in seiner Kaufentscheidung zu bestärken, macht u. a. den Reiz eines Verkaufsgespräches aus.

Der Innenarchitekt Wilhelm Kreft hat in seinem Buch *Ladenplanung* in Anlehnung an Maslow eine ›Konsumenten-Bedürfnis-Hierarchie‹ skizziert. Seine zentrale These besagt, dass mehr Freizeit und höheres verfügbares Einkommen immer neue Bedürfnisse des Konsumenten in Richtung Selbstverwirklichung bewirken. Denn ein Mehr an verfügbarer Kaufkraft führt nicht zwangsläufig zu mehr Käufen, sondern zu bewussteren, sorgfältigeren Kaufentscheidungen. Eine entscheidende Rolle spielt dabei natürlich die Frage, welche Anregungen dem potenziellen Käufer geboten werden. Dies gilt insbesondere für die Gestaltung des Verkaufsraums und die Warenpräsentation (siehe Kap. 10.6 und 10.7). Die psychologische Dimension des Kaufens und Verkaufens umfasst somit auch die Inszenierung der Verkaufsfläche.

6.2.2
Kundentypen

Ausgehend von den Bedürfnissen des heutigen Konsumenten unterscheidet Kreft fünf Kundentypen:
- der preisbewusste Kunde,
- der warenbewusste Kunde,
- der beratungserwartende Kunde,
- der anregungserwartende Kunde,
- der statusbewusste Kunde.

Diese Typologie wird jedoch nicht näher beschrieben, da es dem Ladenbauer Kreft eher um die Darlegung des Zusammenhangs von Bedürfnisdisposition und Gestaltung der Einkaufsumgebung geht. Die genannten Kundentypen stehen jeweils für spezifische Erwartungshaltungen an die besuchte Einkaufsstätte. Die psychologische Dimension des Verkaufens erfasst somit das Verkaufsumfeld und ist zugleich Grundlage des Versuchs, eine entsprechende Kundentypologie zuzuordnen. Diese trägt den wissenschaftlich begründeten psychologischen und soziologischen Zusammenhängen Rechnung. Allerdings muss klar sein: So wie es nicht den(!) Buchhändler gibt, gibt es genauso wenig den(!) Kunden. Auch deshalb gibt es eine Vielzahl von unterschiedlichen Kundentypologien, von denen im Folgenden einige genauer vorgestellt werden.

6.2.2.1 Sinus-Milieus

Die Forschungsergebnisse der Sozialwissenschaften sind für die Entwicklung von Kundentypologien von großer Bedeutung. Die Buchbranche nutzt in besonderem Maße die Arbeit des Sinus-Instituts. Dessen Forschungsansatz verbindet soziodemografische Faktoren mit psychografischen Aspekten. Beide Dimensionen werden in so genannten ›Milieus‹ abgebildet, mittels derer man zu allgemeingültigen Aussagen über Lebenswelten und Einstellungen von verschiedenen Gruppen der Gesamtbevölkerung kommt. Die Sinus-Milieus die-

sogenannte "Kartoffelgrafik"

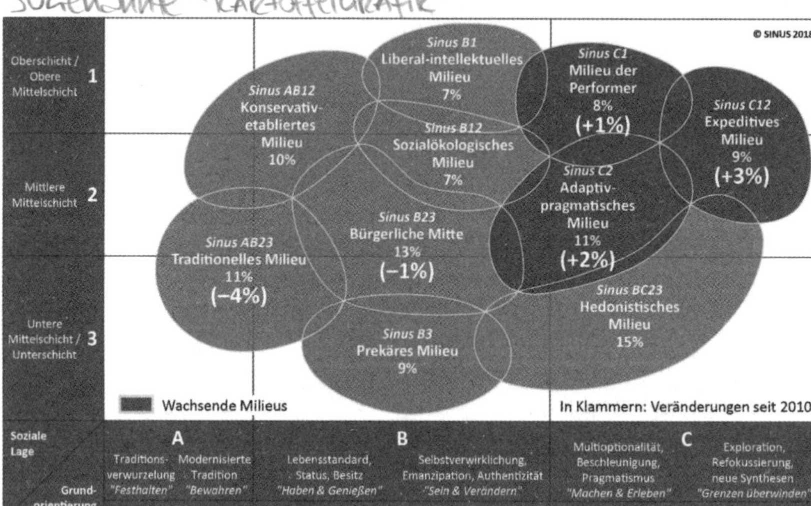

Sinus-Milieus in Deutschland 2018 Milieu-Landkarte

nen ganz allgemein der Bestimmung von Zielgruppen mittels einer Lebensweltanalyse der Gesellschaft. Sie gruppieren Menschen, die sich in ihrer Lebensauffassung und Lebensweise ähneln. Grundlegende Wertorientierungen gehen dabei ebenso in die Analyse ein wie Alltagseinstellungen zur Arbeit, zur Familie, zur Freizeit, zu Geld und Konsum. Sie rücken also den Menschen und das gesamte Bezugssystem seiner Lebenswelt ganzheitlich ins Blickfeld. Dabei ist die von Sinus beschriebene Milieulandschaft ständigen Veränderungen unterworfen, womit der Entwicklung der Gesellschaft, die einem ständigen Wertewandel unterliegt, Rechnung getragen wird. Die Grenzen zwischen den Milieus sind fließend. Sinus nennt dies die ›Unschärferelation der Alltagswirklichkeit‹. Zuletzt wurde die Milieu-Landkarte des Sinus-Instituts 2018 aktualisiert.

Wie schon in früheren Darstellungen veranschaulicht eine ›Kartoffelgrafik‹ die Position der Milieus in der deutschen Gesellschaft nach sozialer Lage und Grundorientierung: Je weiter oben ein Milieu in dieser Grafik angesiedelt ist, desto gehobener sind Bildung, Einkommen und Berufsgruppe; je weiter es sich nach rechts erstreckt, desto moderner im soziokulturellen Sinne ist die Grundorientierung. Alle vorgestellten Milieus werden vom Sinus-Institut ausführlich beschrieben. Die nachstehend aufgeführten Kurzcharakteristiken geben einen Überblick über die Anteile der einzelnen Milieus in Bezug auf die Gesamtbevölkerung und beschreiben im Überblick die Einstellungen der jeweiligen Milieus.:

Sozial gehobene Milieus

KONSERVATIV-ETABLIERTES MILIEU 10 Prozent	Das klassische Establishment: Verantwortungs- und Erfolgsethik; Exklusivitäts- und Führungsansprüche, Standesbewusstsein; zunehmender Wunsch nach Ordnung und Balance
LIBERAL-INTELLEKTUELLES MILIEU 7 Prozent	Die aufgeklärte Bildungselite: kritische Weltsicht, liberale Grundhaltung und postmaterielle Wurzeln; Wunsch nach Selbstbestimmung und Selbstentfaltung
MILIEU DER PERFORMER 8 Prozent	Die multi-optionale, effizienz-orientierte Leistungselite: globalökonomisches Denken ; Selbstbild als Konsum- und Stil-Avantgarde; hohe Technik- und IT-Affinität; Etablierungstendenz; Erosion des visionären Elans
EXPEDITIVES MILIEU 8 Prozent	Die ambitionierte kreative Avantgarde: Transnationale Trendsetter – mental, kulturell und geografisch mobil; online und offline vernetzt; nonkonformistisch, auf der Suche nach neuen Grenzen und neuen Lösungen

Milieus der Mitte

BÜRGERLICHE MITTE 13 Prozent	Der leistungs- und anpassungsbereite bürgerliche Mainstream: generelle Bejahung der gesellschaftlichen Ordnung; Wunsch nach beruflicher und sozialer Etablierung, nach gesicherten und harmonischen Verhältnissen; wachsende Überforderung und Abstiegsängste

ADAPTIV-PRAGMATISCHES MILIEU 10 Prozent	Die zielstrebige junge Mitte der Gesellschaft mit ausgeprägtem Lebenspragmatismus und Nützlichkeitsdenken: Leistungs- und anpassungsbereit, aber auch Wunsch nach Spaß und Unterhaltung; zielstrebig, flexibel, weltoffen – gleichzeitig starkes Bedürfnis nach Verankerung und Zugehörigkeit
SOZIALÖKOLOGISCHES MILIEU 7 Prozent	Engagiert gesellschaftliches Milieu mit normativen Vorstellungen vom ›richtigen‹ Leben: Ausgeprägtes ökologisches und soziales Gewissen; Globalisierungs-Skeptiker, Bannerträger von Political Correctness und Diversity (Multikulti)

Milieus der unteren Mitte / Unterschicht

TRADITIONELLES MILIEU 13 Prozent	Die Sicherheit und Ordnung liebende ältere Generation: verhaftet in der kleinbürgerlichen Welt bzw. in der traditionellen Arbeiterkultur; Sparsamkeit und Anpassung an die Notwendigkeiten; zunehmende Resignation und Gefühl des Abgehängtseins
PREKÄRES MILIEU 9 Prozent	Die um Orientierung und Teilhabe (›dazu gehören‹) bebemühte Unterschicht: Wunsch, Anschluss zu halten an die Konsumstandards der breiten Mitte – aber Häufung sozialer Benachteiligungen, Ausgrenzungserfahrungen, Verbitterung und Ressentiments
HEDONISTISCHES MILIEU 15 Prozent	Die spaß- und erlebnisorientierte moderne Unterschicht / untere Mitte: Leben im Hier und Jetzt, unbekümmert und spontan; häufig angepasst im Beruf, aber Ausbrechen aus den Zwängen des Alltags in der Freizeit
EXPEDITIVES MILIEU 8 Prozent	Die ambitionierte kreative Avantgarde: Transnationale Trendsetter – mental, kulturell und geografisch mobil; online und offline vernetzt; nonkonformistisch, auf der Suche nach neuen Grenzen und neuen Lösungen

Das Milieu-Modell wird ständig angepasst, erweitert, spezifiziert. Die folgenden Line-Extensions illustrieren derartige Erweiterungsaspekte .

Sinus Meta-Milieus sind die Sinus-Milieus auf internationaler Ebene. Die Sinus-Meta-Milieus existieren für mehr als 40 Länder und fassen über Ländergrenzen hinweg Menschen zusammen, die sich in ihrer Lebensauffassung und Lebensweise ähneln.

Sinus-Geo-Milieus übertragen die Sinus-Milieus in den geographischen Raum, beispielsweise in Stadtteile oder Straßenabschnitte. So können sie für die räumliche Planung oder Direktmarketing genutzt werden.

Digitale Sinus-Milieus übersetzen die Sinus-Milieus ins Internet. Damit können auch Online-Zielgruppen punktgenau ermittelt und angesprochen werden, etwa bei Traffic-Analysen von Webseiten, Content-Bereitstellung nach Sinus-Milieus oder Online-Ad-Kampagnen.

Sinus-Jugendmilieus verdichten die soziokulturelle Vielfalt der jugendlichen Lebenswelten in Deutschland zu den ›Sinus-Lebenswelten u18‹.
Sinus-Migranten-Milieus bilden die Lebenswelten und Lebensstile von Menschen mit unterschiedlichen Migrationshintergründen ab.

Alle die im Folgenden genannten Kundentypen sind immer in Hinblick auf die beschriebene Milieu-Landschaft zu interpretieren und zwingend in die jeweils beschriebenen Einzelmilieus zu integrieren. Das heißt beispielsweise, dass die Charakterisierung und Beschreibung des Kundentyps ›Stammkunde‹ immer dessen konkretes Milieu berücksichtigen muss. Denn erfolgreiche Beratung und Verkauf gestalten sich bei Stammkunden aus dem Milieu der Performer anders als bei solchen aus dem Milieu der Konservativ-Etablierten.

Zahlreiche Studien des Börsenvereins bedienen sich der Forschungsergebnisse des Sinus-Instituts, so etwa die Studie *Buchkäufer und Leser – Profile, Motive, Wünsche* (zuletzt 2015 durchgeführt), in der Kundentypen einer Vielzahl von Käufertypen, wie Nicht-, Wenig-, Durchschnitts- und Viel-Käufer, zugeordnet werden, die dann wiederum mit Buchtypen in Gestalt von ›Gelegenheitsleser‹, ›ausleihende Leseratte‹, ›Wenignutzer‹ oder ›buchkaufende Nichtleser‹ korrelieren. Das zentrale Ergebnis der ersten Studie seinerzeit war übrigens, dass das sozialökologische Milieu die höchste Affinität zum Buch hat, am häufigsten liest und die meisten Bücher kauft.

Großes Aussehen erregte 2018 die Studie *Quo Vadis, Buchhandel?* (siehe Kap. 1.3.2), die die Positionierung des Buchs im Kontext der übrigen Medien und deren Nutzung zum Schwerpunkt hatte. Dabei wurde ein Rückgang sowohl der Buchkäufer als auch des Lesens diagnostiziert. Leser lesen seltener und deutlich weniger Bücher pro Jahr – und ›vergessen‹ Bücher in ihrem Lebensalltag. Die Bestandsaufnahme ist ernüchternd:

- Die Menschen empfinden den modernen Lebensalltag als stressreich. Die immer kürzer getaktete Welt zwingt zum Multitasking und schwächt die Fähigkeit, sich auf eine Sache ganz einzulassen. Zudem entsteht ein wachsender sozialer Druck, ständig reaieren und ›dranbleiben‹ zu müssen, um nicht abgehängt zu werden. In Angesicht dieser Situation fühlen Menschen sich überfordert und entwickeln eine tiefe Sehnsucht nach Entschleunigung, Selbstbestimmung, ›echtem‹ Genuss und Erfüllung.
- Bücher sind häufig aus dem öffentlichen Diskurs und persönlichen Umfeld verschwunden. Dies macht Nicht-Lesen gesellschaftsfähig und erschwert gleichzeitig den Weg zum nächsten Buch.
- Bücher erfüllen im Verleich zu Serien und Streaming-Diensten wichtiger gewordene Freizeitbedürfnisse, wie Socialising, Convenience und Flexibilität, aktuell nur unzureichend.
- Dementsprechend ist Bücher-Lesen in vielen Freizeitsituationen keine Option mehr bzw. nur noch eine Option unter vielen.

6.2.2.2
Limbische Welt

In den letzten Jahren hat ein weiteres Modell an Relevanz für die Konzeption marketingpolitischer Strategien gewonnen. Die Gruppe Nymphenburg entwickelte auf der Grundlage von Erkenntnissen der Hirnforschung eine **Limbic Map**, die das Zusammenspiel von Intellekt, Trieb und Emotion kartografiert und sichtbar gemacht. Das limbische System ist eine Funktionseinheit des menschlichen Gehirns, dem insbesondere die Verarbeitung von Emotionen und die Entstehung von Triebverhalten zugeordnet werden, und die entwickelte Limbic Map verortet die menschlichen Motive, Werte und Wünsche in Relation zueinander.

Ausgehend von der hochkomplexen Limbic Map wurde eine Typologie mit sieben **Limbic Types** entwickelt, die als Verdichtung komplexer emotionaler Persönlichkeitsstrukturen zu verstehen sind. Die Zuordnung erfolgt über die Hauptemotionsfelder Stimulanz, Dominanz oder Balance. Zur Anzahl der Typen schreibt die Gruppe Nymphenburg in ihrer Publikation *Die Limbic Types in b4p:* »Anstatt sieben Typen ließe sich der gesamte Emotionsraum zwischen den drei Dimensionen Balance, Stimulanz und Dominanz auch durch drei Gruppen besetzen. Aber auch zwölf Typen zwischen den Dimensionen wären denkbar. Sieben sind ein optimaler Kompromiss zwischen notwendiger Differenzierung und Detailgenauigkeit für die B2C-Marketingarbeit sowie Einfachheit im Sinne leichter Verständlichkeit und pragmatischer Umsetzbarkeit.« Mit 28 Prozent ist die Gruppe der Harmoniser in Deutschland besonders häufig vertreten. Geborgenheit und Sicherheit der Familie ist dieser Gruppe besonders wichtig.

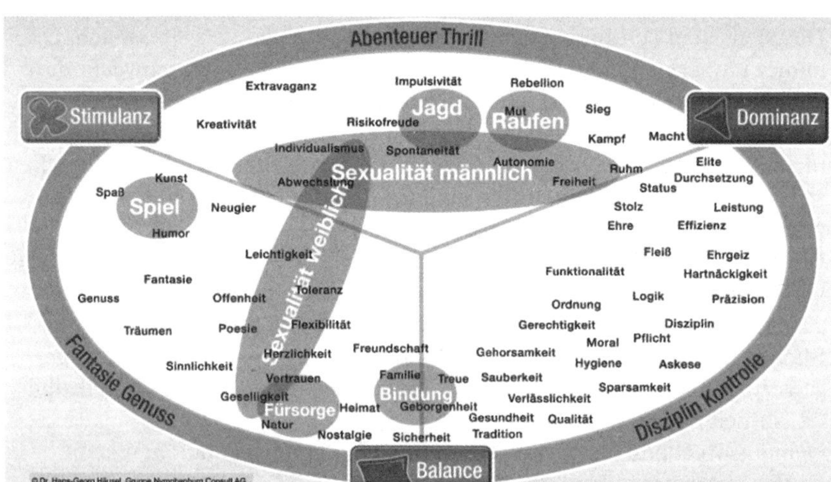

Limbic® Map. Quelle: www.nymphenburg.de/limbic-map

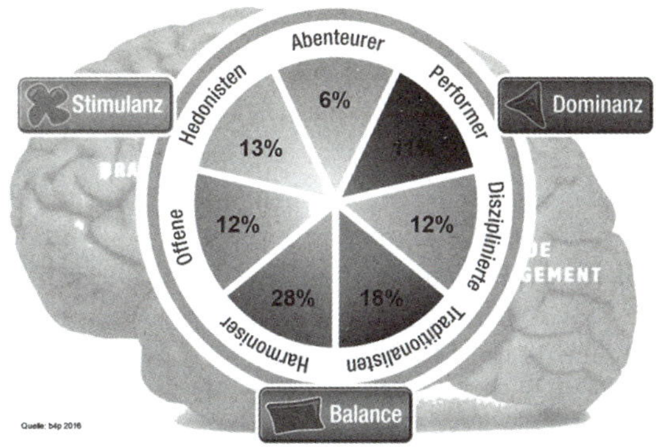

Limbic® Types. Quelle: www.nymphenburg.de/identitaetsorientierte-markenf%C3%BChrung-limbic

Wie gewinnt man nun die unterschiedlichen Typen als Kunden, wie soll man sie ansprechen, welche marketingpolitischen Instrumente sollen zum Einsatz kommen? Den nach Sicherheit strebenden Traditionalisten gewinnt man am besten durch vertrauensbildende Maßnahmen. Diese finden Ausdruck in Zertifikaten oder Gütesiegeln, die entsprechend prominent im Laden bzw. auf dem Produkt zu platzieren sind. Den Abenteurer begeistert man durch innovative Produkte, die Spaß vermitteln. Performer hingegen behalten gern die Kontrolle und schätzen Produkte, die für einen gehobenen Status stehen.

In der Markt-Media-Studie *b4p* (Quelle: https://gik.media/cms/wp-content/uploads/2018/11/b4p-2018_-Limbic-Types.pdf) werden im zweijährigen Turnus 20.000 Konsumenten repräsentativ typisiert. Die Verknüpfung von Hirnforschung mit empirischer Marktforschung, wobei auch Alters-, Geschlechts- und Einkommens-Verteilungen repräsentativ ermittelt werden, ermöglicht zudem eine Vielzahl weiterer Auswertungen über alle Bereiche des Medien- und Konsumverhaltens.

Der hier beschriebene Ansatz weist über soziodemographische Ansätze weit hinaus, da er den gesamten Motiv- und Emotionsraum des Menschen berücksichtigt. Hierin unterscheidet er sich auch von der SINUS-Milieus und anderen psychografischen Segmentierungen. Zwei Typ-Beschreibungen aus b4p sollen die Typologisierung der Gruppe Nymphenburg illustrieren:

Harmoniser Fokussiert auf Familie, Geborgenheit, Harmonie und Fürsorge. Die Elemente Fürsorge und Bindung sind verhaltensbestimmend. Dies hängt mit dem Bindungshormon Oxytocin zusammen. Harmoniser sind in ihrer Grundhaltung optimistisch und messen Themen, die Familie, soziale Harmonie, Heim und Herd betreffen, einen hohen Stellenwert zu.

Traditionalisten Fokussiert auf Tradition, Bescheidenheit, Ordnung und Konstanz. Das Balance-System und das Stresshormon Cortisol prägen die Persönlichkeit der Traditionalisten. Sie scheuen deshalb Neuerungen und sind konservativ eingestellt. Traditionalisten gehören zu den pessimistischeren Menschen, prüfen Dinge gern penibel genau und verlieren sich dabei im Detail. Sie lassen sich eher als vorsichtig, skeptisch und bewahrend beschreiben.

6.2.2.3 Kundentypologien

Es gibt kaum eine Veröffentlichung zum Thema Beratung und Verkauf, die nicht eine eigene Kundentypologie vorstellt. Wer sich mit dem Thema beschäftigt, muss zwangsläufig den Kunden als den zentralen Faktor in den Mittelpunkt seiner Darstellung rücken. – Stellen wir uns für einen Augenblick die folgende Situation vor: Ein Licht durchfluteter Verkaufsraum, staubfreie Regale, ordentlich gebaute Thementische und sichtbares Personal. Der Kunde betritt die Buchhandlung. Die Buchhändlerin empfängt ihn mit einem freundlichen Lächeln. – Seien Sie gut gewappnet, bleiben Sie gelassen und vergessen Sie nie das oberste Gebot: Der Kunde ist königlicher Gast! Wir leben mit ihm – und von seiner Kaufkraft.

Wer aber ist nun dieser königliche Gast ganz genau, der als Mitglied eines relativ genau bestimmbaren Milieus eine ganz bestimmte Käufergruppe und somit einen spezifischen Buchtyp verkörpert? In einer Projektarbeit haben Auszubildende des mediacampus frankfurt *(Überlebenstraining im Umgang mit schwierigen Kunden,* Edition Buchhandel Band 26) die folgenden 20 Kundentypen benannt und beschrieben:

- der Ahnungslose
- der Arrogante
- der Aufdringliche
- der Bemitleidenswerte
- der Besserwisser
- der Duzer
- der Eilige
- der Helfer
- der Komiker
- der Nachfrager
- der Nicht-Ernstnehmer
- der Nörgler
- der Pingelige
- der Schüchterne
- der Schwätzer
- der Sparer
- der Streitsuchende
- der Unentschlossene
- der Verkäuferfixierte
- der Wichtigtuer

Das *Handbuch Verkäufer/-innen – Kaufleute im Einzelhandel* listet die folgenden Kundentypen auf:

- emotionale Kundentypen
- rationale Kundentypen
- Ausländer
- Kinder
- Jugendliche
- ältere Kunden
- der Schwätzer
- der Schweiger
- der Hektiker
- der Ruhige
- der Ungeduldige
- der Experte
- der Seh-Kunde
- der Laufkunde
- der Stammkunde
- der Neuheiten-Typ
- der Nörgler
- der Sicherheitstyp
- der Prestige-Typ
- der Schnäppchenjäger
- der Unentschlossene

Welchem Leser fällt nicht auf Anhieb eine ganz konkrete Person ein, die er einer der aufgelisteten Typen-Bezeichnungen zuordnen könnte! – Damit eine Typologie nun aber einen praktischen Nutzwert hat, gilt es, jeden der genannten Typen mittels der Kennzeichnung spezifischer Verhaltensdispositionen bzw. Eigenschaften zu charakterisieren und, davon abgeleitet, entsprechende buchhändlerische Reaktionsweisen zu formulieren.

Eine Übersicht mit generell verbindlichen Kategorisierungen kann es naturgemäß nicht geben. Jeder von uns wird individuell begründete Besonderheiten notieren. Diese haben jedoch quasi eine Art allgemeingültiges Zentrum, um das sich die jeweiligen Formulierungen gruppieren. Beispielhaft sei das für den Kundentyp des ›Nörglers‹ vorgeführt:

Kundentyp	**Verhaltensdispositionen bzw. Eigenschaften**	**buchhändlerische Reaktionsmöglichkeiten**
der Nörgler	• kritisiert das Leistungsangebot • äußert Unzufriedenheit mit dem Personal • beschwert sich häufig • tauscht Waren oft um • ist genervt von Störungen aller Art • hält sich häufig für einen Experten • hat ein besonderes Geltungsbedürfnis etc.	• Geduld und Gelassenheit bewahren • Umtauschregeln erklären • freundliches und entgegenkommendes Verhalten zeigen • beraten, ohne zu bevormunden • Fachkompetenz demonstrieren • Widersprüche vermeiden • Beleidigungen entschieden zurückweisen etc.

Hinsichtlich eines jeden Typologisierungsansatzes kann man zwei Groß-Gruppen von Kundentypen unterscheiden:
- generell zu beschreibende Kundentypen (z. B. Männer / Frauen; Kinder / Jugendliche / Erwachsene; Stammkunden / Laufkunden; jüngere Kunden / ältere Kunden; emotional Orientierte / rational Orientierte etc.)
- spezifisch zu beschreibende Kundentypen (z. B. der Ahnungslose; der Arrogante; der Aufdringliche; der Bemitleidenswerte; der Besserwisser etc.)

Von sehr großer Wichtigkeit im aktuellen Buchmarkt ist ein Kundentyp, der mit Begriffen wie **Generation 55+, best ager** oder **silver generation** bezeichnet wird. Das Sinus-Institut führt in diesem Zusammenhang als Beispiel-Persönlichkeiten Iris Berben, Robert Redford und Sky DuMont an. Für diesen Kundentyp muss das biologische Alter (real age) überhaupt keine Entsprechung zum gefühlten Alter (feel age) haben. Er verfügt über ein gesichertes Einkommen und ist sich seiner Rolle als kritischer wie erfahrener Konsument bewusst. Gesundheitsbewusst investiert er viel Zeit und Geld, um Vitalität und Aktivität zu bewahren. Die Konsumfreudigkeit dieser Personen muss sich der Bucheinzelhandel zu Nutze machen, denn 2030 wird nahezu jeder dritte Konsument dieser Gruppe angehören. Hochpreisige Warenangebote mit spezifischer Schwerpunktsetzung in einzelnen Warengruppen (Geschenkbuch, Coffee-Table-Book, Wellness, bibliophile Ausgaben in der Belletristik etc.), auf Produkt und auf Qualität bezogene Argumentation des Verkaufspersonals sowie das Herausstellen der Zukunftsperspektiven durch den Kauf für den Kunden fördern die Bindung dieser Konsumentengruppe an die Buchhandlung.

Beachtung verdienen darüber hinaus die Kundengruppen, die mit Bezeichnungen wie **Generation Y** (Millennials) und **Generation Z** bezeichnet werden. Diese Gruppen sind die ersten, die ausschließlich in digitalen Kontexten aufwachsen und sind entsprechend technik-affin. Sie gehören zur Erbengeneration, sind an Nachhaltigkeit interessiert, investieren weniger in Sachen als in Reisen und Genuss. Freizeit hat bei ihnen einen hohen Stellenwert, gleichzeitig aber auch Leistung und materieller Wohlstand. Ihr Lebensziel ist Selbstverwirklichung. Es gilt, die Sprache und die Umgangsformen dieser Menschen zu kennen und zu nutzen. Der Buchhandel muss deshalb die eigene Marke in die digitale Welt transferieren, immer erreichbar sein (Web-Shop, Social Media) und eine Heimat im Netz bieten. Zeit ist ein knappes Gut für diese Kunden, die zwar mitunter gern im stationären Geschäft stöbern, jedoch auch netzbasierte Dienste benötigen, damit Zeitdefizite nicht zu Genussdefiziten führen. Mehr als 70 Prozent dieser Generation bevorzugen Online-Käufe. Deshalb müssen Buchhandlungen und ihre Mitarbeiter für diese Kunden zu Influencern werden. Jederzeit muss ›Personal Shopping‹ angeboten werden, um dem Lebensziel Selbstverwirklichung mittels der programmatischen Dreieinigkeit von Convenience, Beratung und Erlebnis zu entsprechen.

Besonders hilfreich für den kompetenten Umgang mit Kunden ist die von Manfred Haucke und Rolf-Michael Bienert entwickelte Kategorisierung, die von vier generellen Kundentypen ausgeht, die wiederum in Beziehung zu setzen sind mit vier verschiedenen Verkäufer- bzw. Buchhändlerrollen (siehe Kap. 6.1.2). Erkennt der Buchhändler den Kundentypus, besteht seine verkäuferische Fachkompetenz darin, die entsprechende Verkäuferrolle (Informationsvermittler, Fachberater, Tippgeber oder Lotse) aktiv einzunehmen. Die Autoren beschreiben die von ihnen präsentierten Kundentypen wie folgt und fassen ihre Typologie in einem einprägsamen Schaubild zusammen:

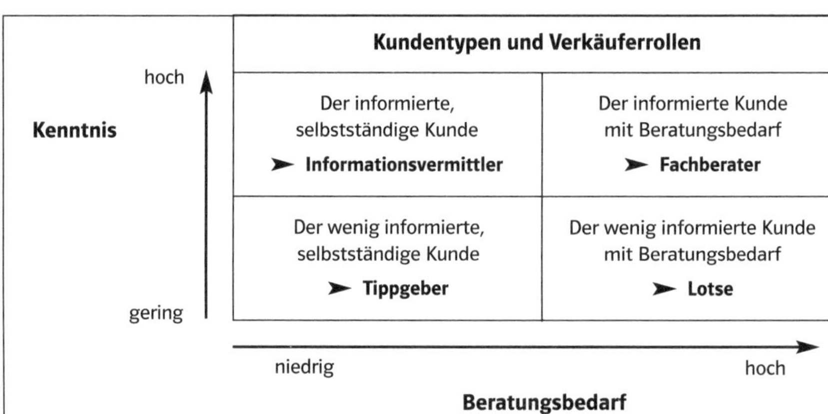

Kundentypen und Verkäuferrollen.
Quelle: M. Haucke/R.-M. Bienert, *Erfolgreich verkaufen als Buchhändler*, S. 61

- **Der informierte, selbstständige Kunde** weiß, was er will, kennt sich aus (auch in der Buchhandlung), agiert weitgehend eigenständig, Beratung sucht er höchstens in Form von knappen Auskünften oder Hinweisen.
- **Der wenig informierte, selbstständige Kunde** kennt sich nicht aus im Sortiment, weiß meist nicht, was er will, die Buchhandlung ist ihm auch etwas suspekt. Er möchte am liebsten einfache Tipps, auf die er sich verlassen kann.
- **Der informierte Kunde mit Beratungsbedarf** ist meist Spezialist mit umfangreichem Fachwissen, der die Buchhandlung aufsucht, um zu recherchieren, sich über Neuentwicklungen zu informieren, und der beim Buchhändler auch eine umfangreiche fachliche Beratung sucht, sozusagen einen Dialog unter Experten.
- **Der wenig informierte Kunde mit Beratungsbedarf** will ein Buch kaufen (für sich oder als Geschenk), weiß aber nicht genau, was für eines. Er ist zwar offen für Anregungen, will aber letztlich selbst entscheiden.

Online-Kundentypen

Im Online-Geschäft spricht man weniger von Kundentypen als vielmehr von Einkaufstypen. Eine Roland-Berger-Studie (zitiert nach *Buchreport-Magazin* 4/2013) formuliert in diesem Zusammenhang die These: »Kunden gehen nur noch in den Laden, um sich Produkte genau anzusehen und sich zu informieren. Gekauft wird dann aber online.« Die Studie unterscheidet insgesamt sieben Einkaufstypen, die auf der nächsten Seite vorgestellt werden; allein die erstgenannten drei Gruppen haben insgesamt einen Anteil von 64 Prozent an der Gesamtbevölkerung und bilden den Kern der stationären Kundschaft.

Gut ausgebildetes Personal im Zusammenspiel mit Qualität, Authentizität, Glaubwürdigkeit und Motivation sind die Garanten für die Zufriedenheit der Kunden, die sowohl online als auch stationär einkaufen. Eine goldene Regel für die Organisation der jeweiligen Multichannel-Angebote gibt es nicht. Damit besteht für den Einzelhändler immer die Herausforderung, sein spezielles Publikum richtig einzuschätzen und sein Waren-, Service- und Multichannel-Angebot entsprechend auszurichten, um erfolgreich im Markt agieren zu können.

6.3 Beratungs- und Verkaufsgespräche

Die Zeiten, in denen der Kunde König und der Buchhändler Diener war, sind zum Glück vorbei. Oder nicht? Haben sich vielleicht nur die Perspektiven und das Selbstverständnis graduell, aber nicht prinzipiell geändert? Sicherlich ist

Einkaufstyp	Charakteristik
• Mainstream Offline Shoppers	• [...] sind zwar täglich mehrere Stunden online, kaufen aber bevorzugt im Geschäft.
• Traditional Senior Shoppers	• [...] sind serviceorientiert, häufig im Ruhestand, kaufen gern ein und fast ausschließlich stationär und haben von allen Gruppen den höchsten Anteil von Büchern im Warenkorb.
• Simplistic Shopping Minimals	• [...] kaufen ungern ein, und wenn doch, dann muss Einkaufen einfach und stressfrei sein.
• Joy-Seeking Multichannel Natives	• [...] sind größtenteils Schüler und Studenten, täglich viele Stunden online, kaufen gern stationär und online – sofern es das Budget erlaubt.
• Well-Off Shopping Enthusiasts	• [...] haben das höchste Haushaltseinkommen, kaufen gern ein, kaufen oft stationär und online, achten auf Qualität. Der Preis spielt nur eine untergeordnete Rolle.
• Efficient Multichannel Shoppers	• [...] haben wenig Zeit, Öffnungszeiten lassen sich nur schwer mit ihrem Alltag vereinbaren, sie kaufen on- oder offline ein, abhängig davon, was schneller oder einfacher geht.
• Non-Urban Shopping Pragmatists	• [...] wohnen weit entfernt vom Shoppingcenter, planen Käufe häufig online, tätigen im stationären Geschäft überproportional Spontankäufe.

Thomas Wilking: *Online-Einkaufstypen.* Quelle: *buchreport.magazin* 4/2013

der Kunde nicht mehr in dem Sinne König, dass er den Buchhändler knechtet und ihm Unmögliches abverlangt. Aber er ist und bleibt insofern König und Herrscher, als er ›selbstherrlich‹ darüber entscheidet, wo, wie und wann er einkauft. In gleichem Maße hat sich auch die Funktion des Dienens gewandelt. Denn Dienen bedeutet nicht länger ›Bütteln‹, sondern das zu geben, was der einzelne Kunde von einem Verkäufer erwartet. Das allerdings kann bei jedem Beratungs-, Informations- oder Verkaufsgespräch etwas anderes bedeuten. So ist der Buchhändler mal ein Fachberater und Informationsvermittler und mal ein Zeitgenosse, der mit einem einfachen, klugen und wohlgemeinten Tipp den Kunden zufrieden stellt.

Oder sollte man die Terminologie grundlegend ändern? Der Betriebsberater Jörg Winter hat dies überzeugend vollzogen. Nach ihm sind die Buchhändler Gastgeber und die Kunden Gäste. Diese Sichtweise eröffnet neue Perspektiven. Denn der Gastgeber freut sich über jeden Besuch und bringt ihm Freundlichkeit, Aufmerksamkeit und Kompetenz entgegen. Und die Gäste dürfen sich wohl fühlen und die Gastfreundlichkeit des Gastgebers jeden Tag aufs Neue erfahren. Welche Rolle man dabei als Buchhändler auch einnimmt, entscheidend ist die Erkenntnis, dass es beim Verkaufsgespräch weniger um die Persönlichkeit und die Vorlieben des Buchhändlers geht (die mitunter selbstverständlich eingebracht werden dürfen und müssen), als um den konkreten Menschen vor sich mit seinem individuellen Anliegen und seinen Wünschen. Deshalb muss der gute Verkäufer immer den ›Sie-Standpunkt‹ einnehmen: Er muss vom Kunden her denken und argumentieren.

Interaktion im buchhändlerischen Handeln realisiert sich u. a. in Verkaufsgesprächen. Obwohl es das(!) Verkaufgespräch aufgrund der Singularität der jeweiligen Verkaufssituationen nicht geben kann, wird im Folgenden versucht, das Beratungs- und Verkaufsgespräch modellhaft zu beschreiben und dabei auch einzelne Phasen eines abgerundeten Gespräches künstlich zu isolieren und im Einzelnen zu thematisieren.

6.3.1 Struktur und Elemente von Beratungs- und Verkaufsgesprächen

Das Beratungs- und Verkaufsgespräch ist grundsätzlich als partnerschaftlicher Dialog aufzufassen. Herbert Paulerberg nutzt zur Beschreibung von Verkaufsgesprächen die Metapher vom ›Ballwechsel‹. Den Dialog zwischen Kunde und Buchhändler in der Buchhandlung vergleicht er mit einem Fußballspiel. Dabei stehen sich Verkäufer und Käufer nicht als Gegner gegenüber, sondern das Suchen gemeinsamer Vorteile steht im Vordergrund. Der Kunde ist stets ein Partner aus der eigenen Mannschaft. Das Zuspielen der Bälle im Verlauf des Spieles (der Ballwechsel) entspricht dem Gespräch zwischen Kunde und Buchhändler. Das Gelingen der Interaktion gleicht dem Torerfolg, ist also gleichermaßen ein Erfolg für alle am Spiel Beteiligten. Gegner bei diesem Spiel ist die Konkurrenz aus der eigenen oder aus fremden Branchen. Diese gilt es auszustechen, also mittels eines optimalen Spiels (betriebswirtschaftlich gedacht) zu Verlierern zu machen. Die einzelnen Stationen des Ballwechsels sind die Schaltstellen (an denen der Ball wechselt) zwischen den verschiedenen Phasen eines Beratungs- und Verkaufsgesprächs:

- Kontaktaufnahme / Gruß,
- Eröffnung des Gesprächs,
- Vorführ-Phase,
- Einwand-Beantwortungs-Phase,
- Kaufhandlung,
- Abschied.

Strukturell ähnlich ist das nachstehende Modell angelegt, in dem ebenfalls sechs Gesprächsphasen voneinander abgegrenzt werden. Auch hier handelt es sich in erster Linie um das Modell für ein **Verkaufsgespräch,** da in Phase 5 die konkrete Kaufhandlung thematisiert wird. Bleibt es zunächst bei einer Beratung (die vielleicht erst zu einem späteren Zeitpunkt zu einer Kaufhandlung führt), so ist diese Phase natürlich anders zu benennen. Man könnte diese Phase dann eher als **Beratungsangebots- oder Dienstleistungsangebotsphase** bezeichnen.

Begrüßung

Wenn ein Kunde den Laden betritt und die Buchhandlung nicht das Vorwahlsystem praktiziert (der Kunde darf sich zuerst in Ruhe umsehen und wird erst dann angesprochen, wenn er einen entsprechenden Wunsch signalisiert), sollte sich die Verkaufskraft als solche zu erkennen geben. Blicke, insbesondere ein Lächeln, signalisieren Aufmerksamkeit. Der Beratung suchende Kunde möchte zur Kenntnis genommen werden, möchte merken, dass er willkommen ist. Auch ein freundlich ausgesprochener Gruß zeigt die Bereitschaft, auf den Kunden einzugehen. Wenn der Kunde verbal oder durch abwartendes Stehenbleiben non-verbal (vergl. Kap. 6.4.2) zu erkennen gibt, dass er Beratung wünscht, beginnt das eigentliche Verkaufsgespräch.

Bedarfsermittlung

Die Bedarfsermittlung erfolgt in der Regel mit öffnenden W-Fragen: welcher Autor, welcher Inhalt, welcher Verwendungszweck, welche Ansprüche an Ausstattung – und bei einem Geschenk kann es auch die Frage nach dem Preis sein. Der Buchhändler hört aktiv zu, fragt eventuell zur Kontrolle nach und versucht mit Hilfe von Alternativfragen, die Wünsche und Erwartungen des Kunden näher einzugrenzen. Die Phase der Bedarfsermittlung ist dann erfolgreich abgeschlossen, wenn man nicht nur erfährt, was der Kunde sagt, sondern darüber hinaus auch herausfindet, was ihn motiviert und bewegt. Da in dieser Phase die Kompetenz, die richtigen Fragen zu stellen von besonderer Relevanz ist, wird das Thema ›Fragen‹ an anderer Stelle (siehe Kap. 6.4.1) ausführlich besprochen.

Demonstration

In dieser Phase wird dem Kunden ein Buch bzw. ein überschaubares Warenangebot vorgestellt bzw. vorgelegt (Systemverkauf), das nur im Fachbuchbereich mehr als drei Titel umfassen sollte. Wenn es die Produkt- und die Sortimentskenntnis der Verkaufskraft erlauben, und der Käufer Offenheit und Aufgeschlossenheit signalisiert, darf auch ein zusätzlicher Verkaufsartikel vorgelegt werden, der neue Aspekte des Themas erschließt oder als Non-Book-Ar

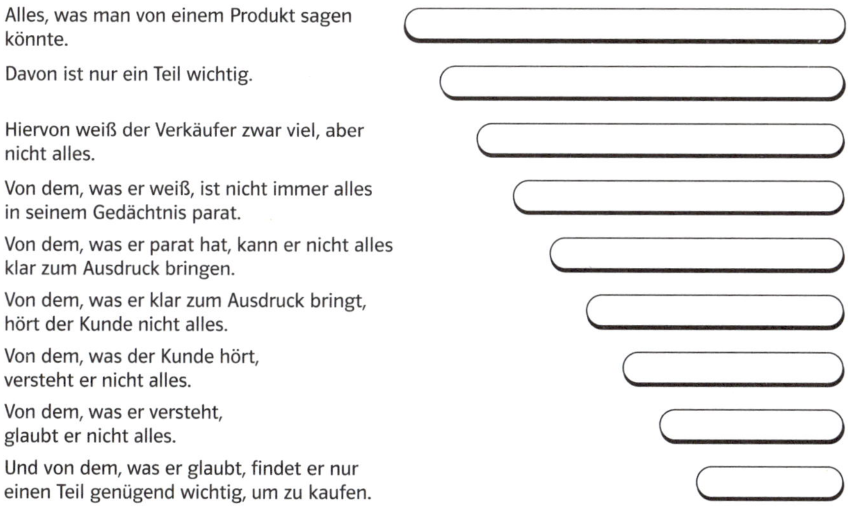

Der Informationsverlust. Quelle: J. L. Wage, *Psychologie und Technik des Verkaufsgesprächs*, S. 45

tikel das Angebot abrundet. Bei der Präsentation muss der Buchhändler den Blickkontakt zum Kunden behalten. Nur so ist gewährleistet, dass jener der Demonstration auch folgt. Auf jeden Fall soll er dem Kunden die Inhalte nicht theoretisch erklären. Vielmehr soll der Kunde die Bücher in die Hand nehmen können, denn ›Reden ist Silber, Zeigen aber ist Gold‹. Ferner sollte man sich als guter Verkäufer immer daran erinnern, welcher ›Informationsverlust‹ im Laufe eines Gesprächs eintreten kann. Die abgebildete Grafik gibt hierüber beredt Auskunft.

Einwandbehandlung

Oft zögern Kunden die Kaufentscheidung hinaus – auch nach einer noch so qualifizierten Beratung. Nun gilt es, ihre Einwände ernst zu nehmen. Gegenfragen, Relativieren, die einzelnen Argumente und den Produktnutzen gemäß der Salami-Technik ›Scheibe für Scheibe‹ noch einmal durchsprechen – all dies mag manchen Widerstand gegen die eigentliche Kaufhandlung besiegen. Aber was tun, wenn der Kunde nicht genug Geld bei sich hat oder sich alles noch einmal in Ruhe überlegen will? In derartigen Fällen sollte der Kunde wenigstens den (oder die) Titel aus der Buchhandlung mit nach Hause nehmen: als Ausdruck aus einer elektronischen Datenbank, in einem Prospekt angekreuzt oder auf einem Merkzettel mit Firmenanschrift mit bestellrelevanten Daten notiert. So ist der Kaufprozess nur aufgeschoben.

Vor dem Kaufabschluss passiert bei vielen Kunden etwas, was in der Sprache der Verkaufspsychologie ›Kaufreue‹ genannt wird. Ist das ausgewählte

Buch wirklich das richtige? Diesem Zweifel kann man am besten durch eine Kaufbestätigung entgegenwirken: »Ich bin sicher, Sie haben Ihre Freude an dem Buch!« – wobei man die Sicherheit vom Kunden, seinen Wünschen und Vorstellungen her begründet. Diese Bestätigung hat übrigens die Funktion eines Lobes. Und wer will nicht gelobt werden?

Kaufabschluss

Wenn der Kunde mit einem oder gleich mehreren Artikeln zur Kasse geht, steht der Kaufentschluss bereits fest. Manche Kunden können sich jedoch in Anbetracht zweier gleichwertiger Titel schwer entscheiden. Hier sollte ein ›freundliches Machtwort‹ die Entscheidung herbeiführen. Allerdings kann in bestimmten Fällen auf die hilfesuchende Frage »Dieses oder jenes?« auch augenzwinkernd mit »Ja, wenn Ihnen beide so gut gefallen, dann nehmen Sie doch beide mit!« geantwortet werden. Ergibt sich aus dem Gespräch, dass der Kunde an einer größeren Anzahl eines Titels interessiert ist (als Geschenk für Freunde, Firmenmitarbeiter o. Ä.), so sollte der Buchhändler den Mehrverkauf mit dem Hinweis auf die preisbindungsrechtlich möglichen Mengenpreise (siehe Kap. 4.1.1) unterstützen.

Gesprächsausklang

Egal ob Ersatz-, System- oder Mehrverkäufe zur Zufriedenheit der Kunden geführt haben, die Verkaufskraft sollte auch nach dem Kassiervorgang zu erkennen geben, dass sie an mehr als nur den Umsatz gedacht hat. So sollte sie das Geschenkverpacken anbieten oder auf den Geschenkverpackungsservice des Hauses hinweisen, falls sie weiß, dass der Artikel zum Verschenken gekauft worden ist. Auch ein Satz wie »Es wäre schön, wenn sie mir bei Gelegenheit erzählen, wie Ihnen das Buch gefallen hat« demonstriert das Interesse am Kunden und fördert mit einfachsten Mitteln die immer gewünschte Kundenbindung an das Unternehmen. Und nicht zu vergessen: Buchkäufer sind potenzielle Leser, also Informationslieferanten, für Buchhändler!

Der Verkaufszyklus in vier Phasen

Haucke und Bienert sprechen von einem so genannten Verkaufszyklus, in den jedwedes Verkaufsgespräch implementiert werden kann. Dabei gehen sie von insgesamt vier Phasen aus, die jeweils aus drei Einzelsegmenten bestehen. Vorab die Übersicht:

Kontaktphase
- Dienstleistung signalisieren,
- Kontakt herstellen,
- situationsgerecht ansprechen.

Informationsphase
- Kundenwünsche erfragen,
- richtig zuhören,
- eigene Kompetenz nutzen.

Überzeugungsphase
- Besitzwunsch wecken,
- Abschluss einleiten,
- Bedenken ausräumen.

Kundenbindungsphase
- Kauf bestätigen,
- Zusatzwünsche wecken,
- Kundenbindung einleiten.

In der **Kontaktphase** findet die erste Begegnung mit dem Kunden statt. Dabei sollte der Kunde nur dann direkt angesprochen werden, wenn er die entsprechenden Signale aussendet. Manche möchten auch zunächst in Ruhe stöbern oder sich allein einen Überblick über das gesamte Warenangebot verschaffen. Der Buchhändler muss deutlich machen, dass er jederzeit bereit ist, mit dem Kunden ins Gespräch zu kommen, wenn dieser es wünscht. Ein kurzes und freundliches Kopfnicken genügt, diese grundsätzliche Dienstleistungsbereitschaft zu signalisieren.

Mit der **Informationsphase** ist der direkte Dialog mit dem Kunden eröffnet. Hier sollte es gelingen, die (oft unklaren) Kundenwünsche möglichst so genau herauszuarbeiten, dass entsprechende Empfehlungen ausgesprochen werden können. Besonders wichtig ist nun die korrekte Typen- bzw. Rollenzuordnung. Mit Einfühlungsvermögen, Freundlichkeit, Aktivität und Fachkompetenz soll der Buchhändler dem Kunden Lust machen auf die angebotenen Waren. Die Kunst, die richtigen Fragen zu stellen, findet Anwendung.

In der **Überzeugungsphase** wird die Entscheidung für oder gegen den Kauf herbeigeführt. Auf keinen Fall darf der Kunde zum Kauf gedrängt werden. Kann er trotz aller verkäuferischer Kompetenz nicht zum Kauf von Waren bewegt werden, dann muss diese scheinbare Niederlage in einen ›Sieg‹ umgedeutet werden. Das ist beispielsweise möglich, wenn der Buchhändler die möglichen Bedenken des Kunden ausdrücklich ernst nimmt, ihn darin bestätigt, den Kaufentschluss noch einmal in Ruhe zu überdenken und ihm gleichzeitig entsprechende Firmen- und Warenunterlagen in die Hand gibt, damit der Kunde nach einer Phase des Überlegens seine zunächst verschobene Kaufhandlung problemlos und schnell nachholen kann. Unter Umständen ›punktet‹ der Buchhändler mehr, wenn der Kunde sich nicht bedrängt, sondern im Gegenteil optimal verstanden und beraten fühlt. Möglicherweise ist dessen Einkaufstasche nach dem nächsten Besuch viel praller gefüllt als ursprünglich gewollt. Nicht zu unterschätzen ist auch die Chance auf virale Impulssetzungen durch Kunden, wenn diese in ihrem Umfeld die Information weitergeben: »In dieser Buchhandlung wird dir nichts aufgeschwatzt, sondern da wirst du exzellent beraten«.

Insofern ist mit dem oben angeführten Beispiel schon die vierte und letzte Phase im Verkaufszyklus eingeleitet: die **Kundenbindungsphase**. Wenn aus Kunden Stammkunden werden, dann unterstützen sie das Fortbestehen des buchhändlerischen Betriebs und sichern die berufliche Zukunft der Mitarbeiter. Der Buchhändler muss den Kunden in seinen Entscheidungen bestätigen, ihn zum Wiederkommen animieren. Das ›gute Gefühl‹, das er beim Kunden weckt, wird somit zum existenziellen Baustein für den betrieblichen Erfolg. Allerdings bedarf es dazu solcher Mitarbeiter, die nicht nur theoretisch wissen, wie Beratung und Verkauf funktionieren, sondern die dies auch in der Praxis leben, also umsetzen können.

6.3.2 Aktives Verkaufen

Beratung und Verkauf finden sowohl stationär als auch ambulant (online) in einem Käufermarkt statt. Nicht mehr der Buchhändler bestimmt autonom über sein Warenangebot, sondern er muss sich, wenn er erfolgreich sein möchte, bei der Auswahl nach den Wünschen und Vorlieben der Kunden richten. Der moderne Kunde ist multioptional: Er kauft immer dann und immer dort, wo er entsprechende Wunscherfüllungsangebote oder Impulssetzungen vorfindet. Deshalb reicht ein hervorragendes buchhändlerisches Fachwissen allein längst nicht mehr aus, Beratung und Verkauf optimal zu gestalten. Kreativität, Sensitivität und Innovationsbereitschaft sind die Grundlagen des aktiven Verkaufens, das nicht abwartend-defensiv, sondern offensiv und kundenzugewandt die betrieblichen Angebote und Leistungen präsentiert.

Die Kundenansprache muss aktiv gestaltet werden. Das geschieht zwar auch mittels Sortimentsauswahl, Präsentation, Platzierung und der Nutzung des gesamten kommunikationspolitischen Instrumentariums (siehe Kap. 6.4), doch die Gestaltung der Beziehung zwischen Kunde und Buchhändler erfordert auch die verkaufsaktive Umsetzung der jeweiligen Ideen. Deshalb reicht es nicht aus, wenn der Buchhändler sich in erster Linie als Produktberater versteht. Er muss den Verkaufsabschluss aktiv herbeiführen wollen und ihn als umsatz- und gewinnbringendes Kern-Element in den Mittelpunkt seiner verkäuferischen Bemühungen stellen. Der Kunde muss hinsichtlich der Angebote und Leistungen des jeweiligen Betriebs begeistert werden. Das kann nur gelingen, wenn der Buchhändler tatsächlich auch verkaufen will und die Möglichkeit hat, ausschließlich für den Kunden da zu sein. Erst dann kann er mit hoher Emotionalität und in angenehmer Atmosphäre auf der Grundlage einer kompetenten Bedarfsanalyse eine dem Kundenwunsch bzw. der Kundenerwartung entsprechende Produktauswahl anbieten. Aktivität ist also als Mehrwert zu verstehen, mit dem der Kunde ›belohnt‹ wird. Der Mitarbeiter muss sich der Tatsache bewusst sein, dass er die Verantwortung für die erfolgreiche Begegnung mit seinen Kunden hat. Zunehmende Veränderungen, besonders bei den Rahmenbedingungen der buchhändlerischen Arbeit (Wegfall von Administration und Organisationsaufwand durch WWS etc.), schaffen Freiräume, immer mehr in die Rolle des aktiven Verkäufers hinein zu wachsen. Pointiert formuliert fassen Haucke und Bienert ihre Einschätzung so zusammen: »Aktiv soll heißen, dass der Buchhändler [...] von sich aus tätig wird, um erfolgsorientierter Gestalter des meist zufälligen Zusammentreffens zwischen potenziellem Buchkäufer und Buchhändler zu werden. Hieraus ergibt sich die starke Mitverantwortung für die gewinnbringende Begegnung mit dem Kunden. Verkaufen wiederum soll bedeuten, dass der Buchhändler nicht nur Warenverteiler ist, der auf Anfrage und Verlangen Bücher aus dem Regal nimmt, dem Kunden aushändigt und dann dafür Geld kassiert, sondern auch Berater, der dem Kunden bewusst und gezielt die von ihm eingekauften Bücher nahe bringt, das heißt die Begegnung mit dem Kunden aktiv und verkaufsorientiert gestaltet.«

6.4 Kommunikation

Spricht man über Kommunikation, dann kommt man nicht umhin, die Namen zweier berühmter Wissenschaftler zu erwähnen, die gleichsam als Pioniere der Kommunikationstheorie die Grundlagen dafür geschaffen haben, dass ein Bewusstsein für die hohe Komplexität von Abläufen bei Beratungs- und Verkaufsgesprächen grundgelegt worden ist. Zunächst ist Paul Watzlawick zu nennen, dessen berühmt gewordenes Diktum »Man kann nicht nicht kommunizieren« deutlich macht, dass der Mensch in jedem Augenblick seiner Existenz ein Individuum ist, das mit anderen Individuen kommuniziert. Insgesamt formuliert Watzlawick **fünf pragmatische Axiome** (Grundsätze, die keines Beweises bedürfen), mit denen er die menschliche Kommunikation erklärt und ihre Paradoxie aufzeigt. Die anschließenden Erläuterungen sind der Website www.paulwatzlawick.de/axiome entnommen.

- Man kann nicht nicht kommunizieren.
- Jede Kommunikation hat einen Inhalts- und einen Beziehungsaspekt.
- Kommunikation ist immer Ursache und Wirkung.
- Menschliche Kommunikation bedient sich analoger und digitaler Modalitäten.
- Kommunikation ist symmetrisch oder komplementär.

Axiom 1 Man kann nicht nicht kommunizieren, denn jede Kommunikation (nicht nur mit Worten) ist Verhalten und genauso wie man sich nicht nicht verhalten kann, kann man nicht nicht kommunizieren.

Ein Beispiel: Eine Frau wartet im Wartezimmer eines Arztes und starrt die ganze Zeit nur auf den Boden. Zunächst könnte man annehmen, sie würde nicht kommunizieren. Dennoch tut sie es, indem sie den anderen Wartenden nonverbal mitteilt, dass sie keinerlei Kontakt möchte.

Axiom 2 Jede Kommunikation hat einen Inhalts- und einen Beziehungsaspekt, wobei letzterer den ersten bestimmt. Der Inhaltsaspekt erhält dic Aufgabe, Informationen zu vermitteln. Der Beziehungsaspekt gibt Aufschluss darüber, wie die Beziehung vom Empfänger aufgefasst wird. Jede informative Äußerung enthält auch eine Beziehungsaussage.

Ein Beispiel: Mit der Bemerkung »Sie haben aber eine schöne Perlenkette. Ist die echt?« werden durch Gestik, Mimik und Tonfall des Sprechers beim Angesprochenen verschiedene Reaktionen ausgelöst: Bestätigung (die Aussage wird als Kompliment verstanden), Verwerfung (die Aussage wird fallen gelassen, da sie als negativ empfunden wurde) oder Entwertung (der Sprecher und seine Aussage werden entwertet).

Axiom 3 Kommunikation ist immer Ursache und Wirkung: Die Natur einer Beziehung ist durch die Interpunktion der Kommunikationsabläufe seitens der Partner bedingt. Die ›Regeln‹ hierfür: Jeder Teilnehmer einer Interaktion gibt der Beziehung eine Struktur, auf jeden Reiz folgt eine Reaktion (Verhaltenskette) und jeder Reiz ist zugleich auch Kommunikation, da eine Kommunikation kreisförmig verläuft. Es gibt keinen Anfangspunkt.

Ein Beispiel: Eine Ehefrau beschwert sich, ihr Mann würde sich ständig zurückziehen. Der Mann jedoch weist darauf hin, dass er sich nur zurückziehe, weil seine Frau ständig an ihm herumnörgelt. Weil er sich nun zurückzieht, nörgelt sie – ein Teufelskreis.

Axiom 4 Menschliche Kommunikation bedient sich analoger und digitaler Modalitäten. In der Kommunikation gibt es zwei Möglichkeiten Objekte und Zustände darzustellen: Digital meint den Inhaltsaspekt einer Nachricht, die komplexes Wissen übermittelt. Analog steht für den Beziehungsaspekt einer Nachricht. Nicht nur das gesprochene Wort, sondern auch die nonverbalen, analogen Äußerungen wie Lächeln, Wegblicken etc. teilen etwas mit. Es gibt Tränen des Schmerzes und der Freude und ein Lächeln kann Sympathie oder Verachtung ausdrücken. Analoge Kommunikation ist mehrdeutig und kann unterschiedlich entschlüsselt werden.

Ein Beispiel: Ein Küsschen, das ein Kind von seinen Eltern bekommt, kann bedeuten: »Wir mögen dich sehr gerne!« oder auch »Lass uns bitte jetzt in Ruhe!«

Axiom 5 Kommunikation ist symmetrisch oder komplementär: Zwischenmenschliche Kommunikationsabläufe sind entweder symmetrisch oder komplementär, je nachdem ob die Beziehung zwischen den Partnern auf

Gleichgewicht oder Unterschiedlichkeit beruht. In komplementären Beziehungen ergänzen sich unterschiedliche Verhaltensweisen und bestimmen den Interaktionsprozess; die Beziehungsgrundlage besteht im Unterschied der Partner. Eine symmetrische Beziehungsform zeichnet sich dadurch aus, dass die Partner sich bemühen, Ungleichheiten untereinander zu minimieren (Streben nach Gleichheit).

Vier Seiten einer Nachricht

Neben Watzlawicks Ansatz muss die Arbeit von Friedemann Schulz von Thun erwähnt werden, dessen Idee des **Kommunikationsquadrates** im ›Modell der vier Seiten einer Nachricht‹ Eingang in nahezu alle kommunikationstheoretischen Werke gefunden hat. Zwischenmenschliche Kommunikation basiert auf Ideen. Diese Ideen werden mittels eines Systems codierter Zeichen (= Sprache) von einem Sender (= Codierer) an einen Empfänger (= Decodierer) übermittelt. Auf diese Weise entstehen Nachrichten. Diese Nachrichten wiederum enthalten grundsätzlich vier mögliche Ebenen:

- die Ebene der Sachinformation (worüber ich berichte),
- die Appellebene (was ich erreichen möchte),
- die Ebene der Selbstoffenbarung (was ich von mir preisgebe),
- die Beziehungsebene (was ich von meinem Gegenüber halte).

Schulz von Thun erläutert dieses Modell anhand des Beispielsatzes, den der Beifahrer beim Autofahren äußert: »Die Ampel ist grün.« - Auf der sachlich-informierenden Ebene bedeutet dieser Satz ausschließlich, dass die Ampel tatsächlich Grün zeigt. Auf der Appellebene kann er hingegen bedeuten: »Gib doch endlich Gas!« Auf der Ebene der Selbstoffenbarung gibt der Beifahrer möglicherweise von sich preis, dass er es eilig hat. Und auf der Beziehungsebene kann gemeint sein, dass der Fahrer der Hilfe des Beifahrers bedarf, weil ersterer nicht erkannt hat, dass die Ampel Grün zeigt. Die Nachricht besteht also aus dem, was gesagt wird. Die Botschaft, die die Nachricht enthält, besteht in dem, was gemeint ist. Es wird immer von der jeweiligen Situation, in der die Äußerung stattfindet, abhängig sein, was mit dem jeweils Gesagten gemeint ist.

Diese hier nur knapp resümierten Grundlageninformationen zeigen, dass Kommunikation, sei sie nun verbal oder non-verbal, ausgesprochen störanfällig ist. Versteht mein Gegenüber meine Nachricht tatsächlich im Sinne der von mir gemeinten Botschaft? Warum erstaunt mich möglicherweise die Reaktion meines Gegenübers? Wie kann sicher gestellt werden, dass Gesagtes und Gemeintes ›richtig‹ verstanden werden? In jeder Phase des Gesprächs mit dem Kunden sind Missverständnisse sowohl beim Sender als auch beim Empfänger möglich. Deshalb ist klar, dass Kundenzufriedenheit bzw. -begeisterung nur dann erzielt werden kann, wenn die Kommunikation in Beratung und Verkauf gelingt. In bestimmten Gesprächsphasen ist dabei besonders darauf zu achten, dass ein gewisses Repertoire an ›Kommunikationshelfern‹ zur Verfügung steht, damit die Zahl möglicher Störungen minimiert wird.

6.4.1 Fragen und Fragetechniken

Fragen spielen eine zentrale Rolle für das Gelingen von Beratungs- und Verkaufsgesprächen - besonders in der Kontakt- und Informationsphase. Deshalb sollen die Aufgaben, die Wirkung und verschiedene Arten von Fragen genauerer Betrachtung unterzogen werden.

Der fragende Verkäufer lenkt, ergreift die Initiative, ›hält die Zügel in der Hand‹, strukturiert, argumentiert, informiert, kurz gesagt: Er dokumentiert mittels seines ›Fragen-Arrangements‹ Kompetenz. Er ist somit aktiv Handelnder. Fragen wird dadurch zum konstitutiven Bestandteil aktiven Verkaufens. Dabei haben Fragen zahlreiche Funktionen:

- Fragen lenken und strukturieren ein Gespräch.
- Wer fragt, spricht selbst weniger.
- Wer fragt, legt den Grundstein für die Möglichkeit aktiven Zuhörens.
- Wer fragt, aktiviert immer wieder den Kunden.
- Wer fragt, zeigt darüber hinaus ehrliches Interesse für den Kunden.
- Wer fragt, gewinnt Zeit für eine möglicherweise notwendige Selbstorganisation.
- Wer fragt, bietet außerdem dem Kunden die Möglichkeit zur Selbstorganisation.

Verkäufer agiert	Kunde reagiert
Flut an Fragen	Kunde fühlt sich ausgefragt
knappe Fragen	Kunde empfindet dies als Desinteresse
Fragen als Dokumentation von Fachwissen	Kunde fühlt sich wie in einer Prüfungssituation (Stressaufbau)
zu früh zu enge Fragen	[...] bedeuten immer Wunscheinschränkung und in der Folge weniger Umsatz
banale Fragen / Phrasen	[...] werden als mangelnde Wertschätzung bzw. Routineverhalten interpretiert
Konflikt auslösende Fragen	[...] werden als Provokation empfunden und können zu Eskalation führen
blamierende Fragen	[...] werden als Bloßstellung empfunden
bedrängende Fragen	[...] werden als Kaufzwang empfunden
keine Fragen	Kunde empfindet dies als Desinteresse
kein Blickkontakt beim Fragen	Kunde empfindet dies als Routine oder Desinteresse

Die Wirkung des Fragens wird immer im Kontext verschiedener Einflussfaktoren interpretiert werden, wie an der Art der Formulierung und des Tonfalls, an dem Inhalt des Gesagten und der Körpersprache. Es gibt eine Vielzahl von **Fragearten.** Grundsätzlich unterscheidet man:

- offene bzw. öffnende Fragen (Kontakt-, Auftakt- und Informationsphase),
- geschlossene Fragen (Überzeugungs- und Entscheidungsphase),
- Alternativfragen (Überzeugungs- und Entscheidungsphase).

Offene bzw. öffnende Fragen (W-Fragen) beginnen mit den Fragewörtern wer, was, wo, weshalb usw. und dienen in erster Linie der Bedarfsermittlung, um nähere Auskünfte vom Kunden zu erhalten. Informationen, Gedanken, Wünsche und Meinungen des Kunden werden so thematisiert. Beispiele: »Was haben Sie zuletzt gelesen?« »Wer hat Ihnen dieses Buch empfohlen?« »Welche Ansprüche stellen Sie an eine gute Klassiker-Ausgabe?«

Geschlossene Fragen beginnen mit einem (Hilfs-)Verb und legen die Antwort ja oder nein nahe. Sie dienen der Vergewisserung und der Kontrolle. Sie wollen Entscheidungen herbeiführen oder dienen zur Abklärung möglicher Zusatzangebote. Beispiele: »Kann ich Ihnen behilflich sein?« »Habe ich Sie richtig verstanden?« »Darf ich Ihnen noch ein weiteres Buch zeigen?« »Sind Sie mit diesem Vorschlag einverstanden?«

Alternative Fragen beinhalten die Konjunktion oder und dienen der näheren Eingrenzung des Kundenwunsches. Darüber hinaus bieten sie Entscheidungshilfen an, indem sie durch die vorgestellte Alternative die Entscheidung für den Kunden erleichtern. Beispiele: »Lesen Sie lieber Romane oder Biografien?« »Soll ich das Buch als Geschenk einpacken oder nehmen Sie es so mit?«

Die Liste möglicher Fragearten ist damit natürlich nicht abgeschlossen. So kann man u. a. als weitere Fragearten aufzählen:

Informationsfragen sollen sachlich neutral bestimmte Informationen fördern.

Gegenfragen dienen dazu, Missverständliches oder Ungenaues zu präzisieren: »Ich habe Sie doch richtig verstanden, Sie suchen ein Geschenk für Ihre Mutter?«

Rhetorische Fragen gehören zu den ›unechten‹ Fragen, die die Antwort bereits vorgeben: »Ist Ihnen dieses Buch bei dieser Aufmachung wirklich zu teuer?«

Ja-Fragen dienen der Bestätigung, fördern eine positive Stimmung: »Ist das nicht ein toll gestalteter Schutzumschlag?«

Suggestivfragen dienen der Beeinflussung des Kunden zur manipulativen Bestätigung der Verkäufermeinung: »Diesen Autor können Sie doch auch nicht wirklich ernst nehmen?«

Anregungsfragen bringen den Sie-Standpunkt ins Gespräch und überlas-

sen dem Kunden scheinbar die Entscheidungsfindung. »Haben Sie schon einmal daran gedacht, dass Sie mit diesem besonderen Band den Grundstock für eine außergewöhnliche Sammlung legen können?«
Bestätigungsfragen dienen der Zusammenfassung von bereits Gesagtem: »Wenn ich Sie richtig verstanden habe, dann ist für Sie der Inhalt wichtiger als die Form?«
Fangfragen lösen Verunsicherung aus und sollten eher vermieden werden: »Sie werden das doch jetzt nicht mehr bestreiten, nachdem Sie eben gesagt haben ...?«

Damit Beratungs- und Verkaufsgespräche den von allen Beteiligten gewünschten Erfolg haben, sollten ›Gesprächszerstörer‹ vermieden und ›Gesprächsförderer‹ entwickelt werden:

(Vermeiden Sie) Gesprächszerstörer	(Entwickeln Sie) Gesprächsförderer

• Killerphrasen (weiß ich nicht, kenne ich nicht, führen wir nicht)
• Befehle
• Vorwürfe
• Überreden
• pessimistische Äußerungen
• Selbstdarstellung
• Preisdiskussionen
• Widersprechen etc.
	• Vertrauensbildende Maßnahmen
	  ◦ Zuhören (aktiv)
	  ◦ Bestätigung
	  ◦ Denkanstöße
	• Empathie / Einfühlungsvermögen
	• Emotionalität
	• Freundlichkeit
	• Höflichkeit etc.

Es macht Sinn, dass Unternehmen innerbetriebliche Regularien formulieren, damit jeder Mitarbeiter auf konkrete Handlungshilfen zurückgreifen kann. Ein solches Regularium könnte wie folgt formuliert sein:

- Freuen Sie sich über jeden Kunden, der in Ihr Geschäft kommt.
- Bringen Sie Ihr Wohlwollen und Ihre positive innere Einstellung zum Ausdruck.
- Halten Sie Blickkontakt, sobald der Kunde Ihr Geschäft betritt.
- Lächeln Sie.
- Bleiben Sie stets höflich.
- Halten Sie Distanz, wenn der Kunde zum Ausdruck bringt, dass er sich nur umschauen will.
- Nutzen Sie offene Fragen, um Bedarfe zu ermitteln.
- Hören Sie dem Kunden aktiv zu.
- Zeigen Sie deutlich Ihr Interesse für Kundenwünsche und -vorstellungen.
- Zeigen Sie dem Kunden ihre Anerkennung.
- Widersprechen Sie bei Einwänden nicht, hinterfragen Sie statt dessen Einwände.
- Bedanken Sie sich beim Kunden für den Besuch im Laden, besonders auch dann, wenn er diesmal nichts gekauft hat.

6.4.2
Interaktion: mehr als Sprache

Buchhändlerisches Handeln wird als ganzheitliches Agieren in einem komplexen Interaktionszusammenhang verstanden. Buch-Handeln heißt also auch immer: Sich-Verhalten. Die verbale (verstanden als rein inhaltsbezogene) Interaktion wird dabei grundsätzlich durch die nicht inhaltsbezogene verbale Interaktion und / oder die non-verbale Interaktion ergänzt:

nicht inhaltsbezogene verbale Interaktion (= paraverbale Interaktion)	non-verbale Interaktion
• Lautstärke • Stimmhöhe • Stimmführung • Sprechtempo • Sprechweise • Sprachniveau etc. ↓ Der Ton macht die Musik.	• Körperhaltung • Gesichtsausdruck • Gestik • Mimik • Augenkontakt • Umgang mit der Ware etc. ↓ Alle wortlosen Mitteilungen ergänzen sich gegenseitig.

Wie in allen Interaktionszusammenhängen sind auch in beiden hier vorgestellten Feldern Fehldeutungen an jeder Stelle jederzeit möglich. Diese Fehldeutungen führen in der Regel dann zu Kommunikationsstörungen, die Beratung und Verkauf beeinträchtigen und mitunter gänzlich unmöglich machen. Buchhändler müssen deshalb ihr Handeln stets reflektieren, im offenen Gespräch mit Kollegen den regelmäßigen Austausch suchen, um so die Voraussetzung dafür zu schaffen, das eigene Handeln im Sinne des unternehmerischen Erfolgs und zum Wohle des Kunden zu optimieren.

6.4.3
Umtausch, Beschwerden und Reklamationen

Jeder kennt die unangenehmen Problemsituationen nach (scheinbar erfolgreicher) Beratung und Verkauf: Das ausgewählte Produkt hat dem Beschenkten nicht gefallen. Ein Buch stellt sich als Defektexemplar heraus oder weist sonstige Mängel auf. Eine fest zugesagte Lieferung ist nicht rechtzeitig eingetroffen. Ein Kunde beschwert sich bei der Geschäftsleitung über das unfreundliche Verhalten eines Mitarbeiters. Wie sollte man sich in all diesen Fällen verhalten? Generell gilt, dass man als Buchhändler nicht ausschließlich situationsabhängig reagieren darf, sondern dass ein **Verhaltenskodex** entwickelt werden muss, der bei Umtausch, Beschwerden und Reklamationen für alle Mitarbeiter des Betriebs bindend ist. Nur im Rahmen eines derartigen Reklamations- und Beschwerdemanagementkonzepts kann der Umgang mit den Kunden systematisch und damit professionell abgewickelt werden. Dabei sind die folgenden Grundsätze zu beachten:

- Konzeptentwicklung, Konzeptdiskussion, Konzeptumsetzung sind abgesprochen.
- Der Umgang mit Umtausch, Beschwerden und Reklamationen muss eingeübt werden.
- Der Umgang mit Umtausch, Beschwerden und Reklamationen erfordert mehr als Verkaufskompetenz.
- Kulanz bei Umtausch, Beschwerden und Reklamationen ist eine Investition in die (betriebliche) Zukunft.
- Kompetenz bei Umtausch, Beschwerden und Reklamationen ist ein Erfolgsfaktor in der buchhändlerischen Arbeit.

Getreu dem Motto, »Fehler sind dazu da, die eigenen Schwächen besser zu erkennen und sie helfen dabei, sie zu beseitigen« werden die Leistungen im Sinne konsequenter Kundenorientierung verbessert, wenn man in einer Übersicht sowohl Reklamations-Situationen als auch typische Mitarbeiter-Reaktionen abbildet, die dann zur Formulierung von generell gültigen Verhaltensregeln herangezogen werden.

Man sollte sich vor Augen führen, dass die Reklamationssituation immer die »Umkehrung der Wunscherfüllungssituation« (so der *BuchMarkt*-Kolumnist Matthias Mayer) ist, für deren Behebung der Buchhändler besonders trainiert sein muss. Interesse am Einzelfall, Fürsorge und Betreuung des Kunden müssen im Mittelpunkt des Handelns stehen. Dabei ist es natürlich jedem unbenommen, leichte, schwierige und schwierigste Fälle zu unterscheiden, in denen jeweils unterschiedliche Aktionen und Kompetenzen zum Tragen kommen können. Besonders die ›unlösbaren Fälle‹, z. B. geöffnete Software, müssen einer kundenorientierten Lösung zugeführt werden. Denn was sind Um-

Situationen	**Reaktionen/ Ist-Situation**	**Verhaltensregeln/ Soll-Situation**

• Geschenkumtausch (verschiedene Gründe)
• Defektexemplar erworben
• Falschbestellung
• Kritik am Mitarbeiterverhalten (verschiedenste Äußerungen) etc.
	• positive Reaktionen
	  ◦ Verständnis
	  ◦ Entschuldigung
	  ◦ Entschädigung
	  ◦ Umtausch ohne Bon
	  ◦ Geldrückgabe
	  ◦ etc.
	• negative Reaktionen
	  ◦ Ignorieren
	  ◦ Schuldzuweisung an den Kunden
	  ◦ Eskalation etc.
		• Umtausch immer ohne Wenn und Aber
		• Entschädigung immer ohne Wenn und Aber
		• 100 Prozent Kulanz
		• Entscheidungskompetenz für alle Mitarbeiter gleich etc.

tausch, Beschwerden und Reklamationen anderes als ›Unfälle / Notfälle‹, bei denen der Buchhändler zum ›Unfallhelfer oder -retter‹ wird. Indem er sich des jeweiligen Falls mit Geduld, Freundlichkeit, Handlungskompetenz und Verständnis annimmt, also zum Vermittler und Betreuer des Kunden wird, wird die unangenehme Situation zum Kundenbindungsinstrument. Reklamationsmanagement ist also immer Teil des Kundenbindungsprogramms, dessen Potenzialen immer noch zu wenig Aufmerksamkeit geschenkt wird. Dabei hat der Betriebsberater Arnd Roszinsky-Terjung bereits Ende der 1990er-Jahre festgestellt, dass »Reklamationen und Beschwerden Prüfsteine der Kundenbindung sind und dass Kulanz im Rahmen von **Reklamationsmanagement** eine Investition in die Zukunft darstellt« (*Börsenblatt* 29 / 1999), die sich in sieben Praxistipps für ein professionelles Reklamationsmanagement niederschlagen:

- Für die Situationen relevante Daten erheben, z. B. wie oft wird reklamiert, welche Gründe gibt es etc.,
- Vereinbarungen von allgemeinen Verfahrensweisen in Mitarbeitergesprächen festlegen,
- Gesprächstrainings durchführen,
- Gleichrangigkeit von Verkaufs-Handeln und Reklamations-Handeln anerkennen,
- Zuständigkeiten festlegen,
- konkrete Spielregeln formulieren,
- Kosten-Nutzen-Bewusstsein entwickeln.

Seine Überlegungen münden in die abschließende Feststellung: »Halten Sie sich immer wieder einmal vor Augen, dass Kulanz eine Investition in die Kundenbeziehung ist. Sie kostet Geld, aber sie bringt mehr als Geld: nämlich ein sehr viel entspannteres Klima im Laden.«

Ein allgemein gültiges Reklamationsmanagementkonzept könnte wie folgt beschrieben werden:

- Planen Sie das betriebliche Handeln.
- Bestätigen Sie Ihre Kunden.
- Helfen Sie Ihren Kunden.
- Trösten Sie, wenn Sie nicht mehr helfen können.

6.4.4
Beratung und Verkauf hochpreisiger Produkte

Kunden sind nicht nur auf der Jagd nach Schnäppchen und ›Geiz‹ ist schon längst nicht mehr nur ›geil‹. Denn wenn ein Buch seinem Käufer einen ganz besonderen Genuss oder Nutzen verspricht, dann spielt der Preis oft überhaupt keine Rolle mehr. Die Aufgabe, die der Buchhändler also zu erfüllen hat, lautet demnach: »Begeistern Sie Ihre Kunden für edle (hochpreisige) Lektüre – zum Vorteil für den Kunden und für den Betrieb!«, so der Kommunikationstrainer Helmut Benze.

Das **Preis-Leistungs-Verhältnis** muss stimmen, dann ist der Kunde bereit, auch sehr viel mehr Geld für seine Ware auszugeben als manch ein Buchhändler vermutet. Allerdings bleibt es die vordringliche Aufgabe des Verkäufers, die Wertigkeit des jeweiligen Produktes aktiv zu vermitteln. Der Verkauf hochpreisiger Produkte fängt also im Kopf des Buchhändlers an. Verkaufstrainer stellen deshalb an den Anfang ihrer Überlegungen häufig so genannte Selbsttests, anhand derer sich der Buchhändler die eigene Einstellung zum Preis klar machen soll:

- Hochwertige und teure Bücher sind schwer zu verkaufen.
- Die meisten Kunden ziehen eine preiswertere Alternative (Taschenbuch) vor, wenn sie die Wahl haben.
- Teure Bücher werden selten spontan gekauft.
- Die meisten Kunden haben eine feste Vorstellung davon, wie viel Geld sie für ein Buch ausgeben wollen.
- Viele Bücher, gerade Bestseller, sind oft ihr Geld nicht wert.
- Bei vielen Kunden kann man abschätzen, wie viel Geld sie ausgeben wollen.

Wer öfter als einmal bestätigend mit Ja antwortet, der hat sich, so Haucke und Bienert, selbst eine Hürde für den aktiven Verkauf aufgebaut. Helmut Benze ergänzt die obige Liste um Fragen wie:

- Haben Kunden und Kollegen, die über zu teure Bücher klagen, grundsätzlich Recht?
- Bin ich besonders fair, wenn ich Kunden nicht präsentiere, was ich mir selbst versage?
- Sollen Taschenbuchausgaben noch schneller auf Hardcoverausgaben folgen?
- Erwarten die meisten Kunden ungefragt Hinweise auf preiswerte Ausgaben?

Nur wer diese Fragen mit Nein beantwortet, bringt im Verständnis Benzes die Qualifikation mit, hochpreisige Bücher erfolgreich zu verkaufen. Der Buchhändler muss also die Fähigkeit entwickeln, auch hohe Preise überzeugend argumentativ zu begründen. Das gelingt, wenn die folgenden Aspekte berücksichtigt werden:

- Preisstabil bleiben, indem man dem Kunden gegenüber ein positives Preisbewusstsein schafft. (»Diese Qualität verlangt einen solchen Preis.«)
- Grundsätzlich nie nach der Preisvorstellung des Kunden fragen. (Ein Kunde, der ein bestimmtes Preislimit nicht überschreiten möchte, sagt dies schon von sich aus.)

- Preise in Argumente verpacken. (›Sandwich-Methode‹: »Diesen Titel kann ich Ihnen besonders empfehlen, weil er so übersichtlich strukturiert ist, sie legen hier 50,– Euro wirklich gut an, schauen sie sich doch nur einmal die Qualität der Abbildungen und Grafiken an.«)
- Preise immer offensiv argumentieren. (Prinzip der Relativierung: »Der Preis dieses Bildbandes ist immer noch niedriger als der für eine Flasche Jahrgangs-Champagner, die Möglichkeit des Genusses währt allerdings viel länger.«)
- Hochpreisige Produkte müssen sichtbar platziert werden. (Impulsfaktor: »Das sollte ich mir doch wert sein; das möchte ich mir jetzt gönnen.«)
- Ein entsprechend gestaltetes Präsentationsumfeld unterstreicht die Wertigkeit der Produkte. (Präsentationsmöbel, Beleuchtung, Dekorationsmittel müssen wertig aufeinander abgestimmt sein: bibliophile Ausgaben werden z. B. in einem antiken Schrank präsentiert, der zudem noch verschlossen ist. Bereits das Öffnen des Schrankes wird dann zum Teil einer ganz besonderen Wareninszenierung.)

Der Buchhändler soll in der Lage sein, seinen Kunden Genuss zu verkaufen. Dazu muss er professionell beraten und überzeugen können (Aspekt der Fachlichkeit: Hinweise zu Ausstattung, Herstellung, Verarbeitung, Kapitalanlage etc.) und dabei gleichzeitig sensitiv und empathisch die Vorzüge des Produktes und den Nutzen für den Kunden herausstellen (Aspekt der Authentizität: Freude am Besitz des Besonderen, durch den Kauf bedingter Prestigegewinn und Imageförderung gegenüber Dritten, Stärkung von Karrierebewusstsein durch den Kauf etc.). Wichtig ist es, alle Sinne des Kunden anzusprechen, dessen Wertbewusstsein durch Wertgewissheit zu untermauern und die Großzügigkeit des Kunden sich selbst gegenüber in den Mittelpunkt der Argumentation zu rücken. Im Lebensmittelhandel boomen derzeit Geschäfte und Abteilungen, in denen Delikatessen angeboten werden. Hochpreisige Produkte sind die Delikatessen des Buchmarktes. Verschenken Sie die Möglichkeit des reichen Ertrags nicht, oder, um Helmut Benze aus *Für edle Lektüre begeistern* (veröffentlicht im *Börsenblatt* 7 / 2005) zu zitieren: »Serviere Deinen Kunden Champagner, auch wenn Du selbst nur vom Mineralwasser nehmen kannst.«

6.4.5 **Kunden am Telefon**

Der Laden ist voller Kunden und alle Mitarbeiter sind beschäftigt. Und jetzt klingelt auch noch das Telefon. Nur bei wenigen Großbuchhandlungen werden eingehende Telefonate über eine Telefonzentrale abgewickelt und auch die Zusammenarbeit mit Call-Centern ist in der Buchbranche eher die Ausnahme. Wie sollte man sich also verhalten? Die Bedürfnisse des Kunden am

Telefon sind ja häufig die gleichen, die auch der Kunde im Laden vor Ort hat: Die Nachfrage, ob sich ein bestimmter Titel am Lager befindet, lieferbar oder schnell zu beschaffen ist; eine kurze Beratung bei der Auswahl eines Geschenkes; die Bitte um eine bibliografische Angabe; möglicherweise möchte ein Geschäftskunde eine größere Fachbuchbestellung aufgeben etc. Dass der Telefonkunde nicht persönlich in den Laden kommt, kann unterschiedlichste Ursachen haben: Krankheit zwingt ihn, in der Wohnung zu bleiben; er ruft vom Arbeitsplatz aus an; ein wichtiger Geschäftstermin muss wahrgenommen werden, sodass er die Buchhandlung aus Zeit- und / oder Termingründen nicht aufsuchen kann etc.

Zumeist gilt die Regel: Der Kunde im Laden hat immer Vorrang. Doch ist der Kunde am Telefon deshalb ein Kunde zweiter Klasse? Mitnichten! Wenn es die Situation erlaubt, dann sollte der Buchhändler den Kunden im Laden fragen, ob er den Anruf kurz entgegennehmen darf. Die meisten Kunden werden dies erlauben. Deutet sich dann an, dass das Telefongespräch nicht schnell abgewickelt werden kann, erläutert der Mitarbeiter dem Telefonkunden die Situation im Laden und vereinbart, dass umgehend ein Rückruf erfolgen wird, wozu natürlich Name und Telefonnummer notiert werden müssen. Die Nutzung eines Anrufbeantworters schließt zwar grundsätzlich das beschriebene Dilemma aus, doch ist die Gefahr groß, dass der Anrufer das Angebot, sein Anliegen auf Band zu sprechen, nicht nutzt und wortlos auflegt. Auch die möglicherweise zu lange Wartezeit auf den Rückruf kann den Kunden verärgern, sodass er dann vielleicht bei einem Konkurrenten seinen Bedarf deckt. Der Kunde am Telefon muss genauso wie der Kunde im Laden freund-

Gesprächsphasen bei eingehenden Telefonaten

Begrüßung und gegenseitige Vorstellung	Die Begrüßung ist gleichsam die Visitenkarte der Buchhandlung. Freundlichkeit wirkt motivierend, das konkrete Anliegen zu äußern. Der Buchhändler wird zum ›Türöffner‹.
Kundenwunsch und Folgereaktion	Sachlich und kompetent erfragen, was gewünscht wird und dabei auf die Stimmung des Gesprächspartners eingehen.
Ansprechpartner zuordnen	Wer der richtige Ansprechpartner im Betrieb ist, das weiß nur der Buchhändler, der das Gespräch entgegennimmt. Wenn er selbst nicht weiterhelfen kann, muss er schnell den Kontakt zur entsprechend kompetenten bzw. gewünschten Person herstellen.
Informationsphase	Durch aktives Zuhören die aktive Beratung bzw. den aktiven Verkauf einleiten.
Überzeugungsphase	Angebote unterbreiten, Einwände entkräften, Konflikte ausräumen, ggf. Entscheidungen treffen.
Verabschiedung und Bindungsphase	Ist das Kundenanliegen bearbeitet, muss geklärt werden, wie das Procedere nach Ende des Telefonats weitergeht (Ware zurücklegen, bestellen, versenden etc.). Mit einer freundlichen Verabschiedung wird die Kundenbindung gefördert.

lich, fachkompetent und zielorientiert betreut werden. Denn so wie der Kunde im Laden ist auch der Telefonkunde als potenzieller Käufer ein Garant für Umsatz und damit ein Erfolgsfaktor für die Prosperität der Buchhandlung.

Strukturell unterscheidet sich das Gespräch am Telefon nicht von ›echten‹ Gesprächen im Laden. Der entscheidende Unterschied beruht jedoch auf dem Fehlen der visuellen Dimension. Man sieht seinen Gesprächspartner nicht, man hört ihn nur. Deshalb sind die im Kapitel 6.4.2 dargestellten Elemente der Kommunikation noch wichtiger als beim Kundengespräch im Laden. Das ›Wie‹ der sprachlichen Interaktion begleitet nicht nur ergänzend das ›Was‹, es hat gleichsam allein die Aufgabe, die Authentizität des Sprechers herzustellen. Deshalb sollten Sprechtrainings (Übungen zur Stimm- und Sprechlehre) und Rhetorikschulungen für die optimale Gestaltung entsprechender Handlungssituationen durchgeführt werden. »Schau zuerst in den Spiegel, bevor Du zum Hörer greifst.« Dieser Grundsatz illustriert, dass hohe Konzentration, am besten verbunden mit einem Lächeln, den Gesprächseinstieg positiv beeinflusst und dem Kunden am Telefon eine gewisse Wohlfühlatmosphäre vermittelt. Das gilt natürlich gleichermaßen für alle vom Buchhändler selbst initiierten Telefongespräche, z. B. bei der Information des Kunden über eine eingetroffene Lieferung oder bei der Einladung zu Veranstaltungen.

Ganz wichtig ist es, das gesamte Handeln auch für Dritte nachvollziehbar zu dokumentieren. Entsprechende Notierhilfen oder Leitfäden sollten in standardisierter Form vorliegen und genutzt werden. Unterlagen müssen die folgenden Komponenten enthalten:

- Datum / Uhrzeit / Mitarbeiter,
- Kundenname / Rufnummer (mobil / Festnetz) / Adresse (privat / dienstlich),
- Gesprächsgegenstand / Anliegen / Thema,
- getroffene Vereinbarungen (in Stichworten),
- Vorgangsdaten (Kunden- / Produkt- / Prozessdaten),
- Kontakt in der Buchhandlung,
- Zuständigkeit,
- Erledigung / Ablage.

6.4.6 Virtuelle Verkaufsräume und Online-Kunden

Es mag sein, dass der Telefonkunde zunehmend vom WhatsApp-, E-Mail- bzw. vom Online-Kunden abgelöst wird. Kunden erwarten von ihrer Buchhandlung die Präsentation des Angebotes im Internet (siehe Kap. 6.6). Dabei ist zu unterscheiden zwischen der Darstellung der Leistungen der Buchhandlung, die vom Web-Auftritt generell erfüllt wird und eher werblichen Charakter hat, und dem konkreten Kauf-Angebot, das der meist in die Website integrierte Web-Shop abdeckt. Die Realisierung solcher Web-Shops erfolgt derzeit in ganz unterschiedlichen Ausprägungen (siehe Kap. 9.4.2). Neben individuellen Entwicklungen, die relativ hohe Entwicklungs- und Wartungskosten verursachen und gewisse Kenntnisse und Fertigkeiten bei der Erstellung, Aktualisierung und Anwendung voraussetzen, bieten auch die Barsortimente verschiedenste (Kooperations-)Modelle an. White-Label-Shops ergänzen mittels eines differenzierten Baukasten-Prinzips derlei Angebote, ganz nach Bedarf und Wünschen des einzelnen Unternehmens.

Vergleichsmaßstab für die jeweiligen Lösungen ist jedoch immer das Angebot des Marktführers Amazon. Basierend auf einer umfangreichen Produktdatenbank, die der Nutzer gezielt nach bestimmten Produktgruppen mittels einer entsprechenden Suchmaschine abfragen kann, werden über eine Warenkorbfunktion die vom Nutzer ausgewählten Produkte in diesem Warenkorb abgelegt. Immer wieder werden bei diesem Vorgang ›Beratungs‹-Algorithmen aktiviert, die die Entscheidungsfindung des Kunden positiv beeinflussen sollen: »Kunden, die das interessiert, interessiert auch [...].« oder »Kunden, die das gekauft haben, haben auch ... gekauft.« Unterstützt wird dieses Verfahren durch die Möglichkeit, Kundenmeinungen zu Rate zu ziehen bzw. selbst Kundenbewertungen abzugeben. Lese- und Hörbeispiele, Abbildungen und Fotos, Video-Einspielungen und Werbe-Trailer etc. runden den ›Beratungs‹-Prozess ab. Eine jederzeit abruf- und überprüfbare Suchhistorie begleitet den gesamten Recherche- und Kaufprozess. Ist der Warenkorb gefüllt, ›lädt‹ das System den Kunden ein, ›zur Kasse zu gehen‹. Basierend auf einem Authentifizierungsprogramm (Kundendaten / Passwort) wird über einen Sicherheitsserver (https), möglicherweise ergänzt um weitere S-I-D-Checks, die die Datensicherheit gewährleisten sollen, der Kaufvorgang abgeschlossen.

Ebenfalls vollkommen automatisierte Prozessfunktionen (Bestellbestätigung, Tracking- oder Tracing-Funktion, Versandmitteilung etc.) dokumentieren für den Kunden jederzeit den Status der jeweiligen Aktivitäten. Dabei muss jedem Nutzer klar sein: menschlich-reale Beratungs- und Verkaufskompetenz ist mittels Informationstechnologie automatisiert worden. Was beachten derlei Systeme nun im Besonderen und wie sind sie hinsichtlich ihrer Qualität zu bewerten? Wesentliche Elemente der formalen Gestaltung sind:

Seitenlayout
- Seiteninhalt, Performance,
- Informationsanordnung,
- Frames (Scrollen, Links, Quellen),
- Gesamtgestaltung.

Seitennavigation
- Navigationsstruktur (Ordnung und logische Verbindung aller Einzelseiten),
- Navigationshilfen (Inhaltsübersicht, Indizes oder Sitemap [Inhaltsverzeichnis aller Seiten]),
- Hyperlinks.

Seitenelemente
- Textgestaltung (Erkennbarkeit, Lesbarkeit, Schriftarten, Schriftgrößen etc.),
- Gestaltung von Grafiken und Fotos (Verwendung von Formaten, wie tiff, jpg, gif, png, eps),
- Tabellen oder Animationen.

Kenntnisse hinsichtlich der Seitenprogrammierung, zum Beispiel
- HTML / XML,
- JAVA ,
- Browserkenntnisse.

Grundsätzlich sollten bei der Bewertung von Webseiten die Vorgaben zum ergonomischen Webdesign nach **DIN EN 29241, T10** für Gestaltungskriterien und -prinzipien beachtet werden. **Gestaltungskriterien** sind u. a.:
- Aufgabenangemessenheit,
- Selbstbeschreibungsfähigkeit,
- Steuerbarkeit,
- Erwartungskonformität,
- Konsistenz (Dichtigkeit),
- Fehlerrobustheit,
- Erlernbarkeit,
- Individualisierbarkeit.

Zu den **Gestaltungsprinzipien gehören** u. a.:
- Natürlichkeit,
- Sachbezogenheit,
- Flexibilität und Anpassungsfähigkeit,
- Leistungsfähigkeit,
- Konsistenz (in Bezug auf Logik: Widerspruchslosigkeit).

An dieser Stelle kann nur ein eher grober Überblick als grundsätzliche Orientierungshilfe gegeben werden. Die genannten Einzelaspekte könnten und müssten natürlich noch weiter differenziert werden. Als Beispiel für eine solche Differenzierung soll hier exemplarisch der im Rahmen des Seitenlayouts relevante Begriff der ›Informationsanordnung‹ erläutert werden: Informationsanordnung muss die so genannten **psychologischen Gestaltungsgesetze** umsetzen:
- Gesetz der Nähe → Gruppen bilden
- Gesetz der Gleichartigkeit → Gleiches zusammenfassen
- Gesetz der Symmetrie → Rechtecke und/oder Linien bilden

Neben diesen formalen Aspekten stehen natürlich für den Nutzer von Webseiten inhaltliche Aspekte (Content) im Vordergrund. Aussagen hinsichtlich

der Qualität von Webseiten müssen jedoch immer das Zusammenspiel von Form und Inhalt berücksichtigen. Die Bewertung von Webseiten sollte sich grundsätzlich an folgenden Fragen orientieren:
- Was ist gut?
- Was ist weniger gut?
- Was ist misslungen?
- Was fehlt?
- Trifft die Bewertung auf alle Seiten zu?
- Trifft die Bewertung nur auf einzelne Seiten zu?
- Was ist besonders bemerkenswert?
- Was sollte anders gestaltet werden?
- Wie ist der Gesamteindruck?
- Welche Vergleichsmöglichkeiten liegen der Bewertung zugrunde?

Multi-Optionalität und Multi-Channeling im Kontext der rasanten Weiterentwicklung der digitalen Informationsgesellschaft verändern den stationären Buchmarkt. Mediennutzung, Wertigkeit von Medien, Angebotsformen, Einstellungen von Kunden, Lebenswelten etc. sind einem ständigen Wandel unterworfen, genauso wie Firmenzusammenschlüsse, Insolvenzen und Neugründungen den Markt in dauernder Bewegung halten. Ob jedoch virtuelle Beratung und Verkauf den Markt in seiner derzeitigen Gesamtstruktur in seinen Grundfesten so radikal verändern werden, wie es die Propheten der New Economy zu Beginn des digitalen Zeitalters prognostizierten, wird bezweifelt. Bestimmte Editionsformen werden vom Markt verschwinden. So können möglicherweise bestimmte Taschenbuchinhalte, sofern es sich um massenkompatible Unterhaltungsliteratur handelt, langfristig vom E-Book substituiert werden. Die Anmutung einer gebundenen bibliophilen Publikation wird jedoch kaum durch Elektronik-Spielzeug verdrängt werden. Die Zahl der Verkaufsstellen wird schrumpfen, und das Angebot wird womöglich gleichzeitig noch umfangreicher werden. Märkte und ihre Teilnehmer verändern sich eben. Der Buchmarkt muss dieses sich in permanenter Veränderung befindende Feld bestellen, indem die darin Handelnden sich an neue Gegebenheiten anpassen. Dies tut er u.a. mittels eines umfangreichen und variablen Angebotes an Dienst- und Serviceleistungen (siehe Kap. 2.6 und 6.5).

6.5 Beratung und Verkauf im Kontext von Serviceleistungen

Theoretisches Wissen allein verkauft keine Waren. Erfolgreicher Verkauf realisiert sich erst in konkreten Handlungssituationen – beim Stöbern im Ladengeschäft oder im Webshop. Serviceleistungen und deren Integration in Servicekonzepte sind Dauerthemen der Buchbranche.

Die Zahl von Checklisten und Tipps, mit denen die Branchenteilnehmer für die Wichtigkeit des Themas sensibilisiert werden sollen, ist deshalb nahezu unüberschaubar. Man kann in diesem Zusammenhang unterscheiden zwischen Standard- bzw. Kernleistungen des Sortiments und solchen, die diese Standards spezifizieren und dadurch den einzelnen Betrieb in seiner jeweils einmaligen Besonderheit charakterisieren. Die Fülle der Leistungen ist dabei im Vergleich zu anderen Branchen ausgesprochen umfangreich, wobei der Fokus auf die vielen Zusatzleistungen gerichtet ist, die die Buchbranche zu einer ganz besonderen Branche im Einzelhandel machen.

Im Kapitel 2.6.1 ist bereits der umfangreiche ›offizielle‹ Leistungskatalog des Börsenvereins vorgestellt worden, den der Sortimenter-Ausschuss gemeinsam mit dem Verleger-Ausschuss anlässlich der Diskussion um auskömmliche bzw. angemessene Konditionen zusammengestellt hat. Aber es gibt auch andere Ansätze, Serviceleistungen zu strukturieren. So benennt der Betriebsberater Wolfgang Ehrhardt Heinold in seinem Werk *Bücher und Buchhändler* fünf übergeordnete Bereiche, in deren Rahmen die Kerndienstleistungen des Buchhandels stattfinden; diese Kategorisierung steht ganzseitig auf der Folgeseite. Anders organisiert die Fachzeitschrift *BuchMarkt* in der April-Ausgabe 2004 ihre unten auf der Seite stehende kundenorientierte Übersicht, indem zwischen Serviceleistungen unterschieden wird, die ›vor dem Kauf‹ und solchen, die ›nach dem Kauf‹ angeboten werden, ergänzt durch die Rubrik Nebenleistungen.

Ganz gleich, welchem Systematisierungsansatz man den Vorzug gibt, eines wird in jedem Fall deutlich: Das umfangreiche Dienstleistungsangebot des Sortimentsbuchhandels sucht in anderen Branchen seinesgleichen. Trotz dieser Einschätzung existiert ein ganz besonderes Problem im Buchhandel, das W. E. Heinold so beschreibt: »Es gelingt dem Buchhandel nur selten, dem potenziellen Käufer und der Öffentlichkeit ein realistisches Bild seines umfangreichen Service zu vermitteln.« – Deshalb müssen im Bereich der Service-Kommunikation besondere Anstrengungen unternommen werden, die Leis-

Serviceleistungen vor dem Kauf	Serviceleistungen nach dem Kauf	Nebenleistungen
• reichhaltiges Warenangebot • Schaufensterdekoration • Warenanordnung • Warenpräsentation • Werbung • Kataloge/Websites • Geschenkgutscheine • telefonische Bestellungen • Bibliografie/Internet • Ansichtsbestellung • Probehefte	• Versand/Lieferung (frei Haus) • Geschenkverpackung • Monatskonto • Umtausch oder Rücknahme • Fortsetzungslieferung • Nach-Werbung • VIP-Ansprache	• Parkmöglichkeiten • Zahlungsmöglichkeiten (Kreditkarten/Monatskonto) • Bindearbeiten • Marketing-Informationen • Lesungen • Bibliothekspflege • Öffnungszeiten • Industriegeschäft: E-Procurement

Fünf Kerndienstleistungsbereiche des Buchhandels

BERATUNGS- UND RECHERCHE-SERVICE
Fachliche Beratung durch geschultes Personal
Bibliografische Auskünfte, auch über fremdsprachige Titel
Recherche antiquarischer Bücher
Auskünfte über lieferbare Bücher und deren Lieferstatus
Telefonische Bestellannahme
Literaturzusammenstellungen
Anbindung an Online-Datenbanken
Öffnungszeiten

INFO-SERVICE
Werbemagazine
Aktions- und Bestsellertische
Messenovitäten
Verlagsprospekte
Internet-Zugang
Autorenlesungen

BESTELL-SERVICE
Bestellungen aus dem Inland/Ausland ohne/mit Zusatzkosten
Vormerkungen für noch nicht erschienene Titel
Besorgung antiquarischer Bücher
Exklusiv-Service hinsichtlich
- Lieferung handsignierter Bücher
- Regionaltitel im Verlag der Buchhandlung
- exklusive MA-Ausgaben

ZUSTELLUNGS- UND VERPACKUNGSSERVICE
Ansichtslieferungen
Warenzustellung durch Boten
Auftragsversand ins In- und Ausland
Geschenkfertiges Einpacken

SERVICE BEIM ABRECHNEN UND UMTAUSCHEN
Zahlung mit Monatskonto
Abrechnen über Kreditkartensyteme
Kundenkarte mit Zahlungsfunktion
Umtausch bzw. risikoloser Tausch
Buchschenkservice

tungen der Buchbranche dem Kunden zu vermitteln. Im Folgenden sollen einige Praxisbeispiele vorgestellt werden, die illustrieren, wie ein Servicekonzept konkret ausgearbeitet und kommuniziert werden kann.

Praxisbeispiele

Die Buchhandlungen von Reinhard Gondrom sind inzwischen zu Filialen der Kette Thalia geworden. Dennoch haben seine Maximen, die er zur Jahrtausendwende formulierte, nach wie vor Bestand. Er wollte seinerzeit Bestleistungen erreichen, die mittels »totaler Kundenorientierung« erzielt werden. Seine Service-Einstellung nannte er »extremistisch«, da sie die traditionelle Organisationspyramide einer Buchhandlung ›auf den Kopf‹ stellte. Nicht der Chef und seine Führungskräfte stehen an der Spitze der Pyramide, sondern die Kunden, denn die kennen ihre Wünsche (vermeintlich) am besten. Daneben gelten in seinem Konzept nur wenige, ganz einfache Regeln:

1. Umtausch immer ohne Wenn und Aber.
2. Keine Lieferkosten für die Kunden.
3. Ansichtsbestellungen immer ohne Wenn und Aber.
4. Geld-Zurück-Garantie.
5. Kundenkarten-Plus mit bargeldloser Zahlung per Monatsrechnung, individuelle Literaturlisten, freier Eintritt zu Veranstaltungen des Hauses als Kundenbindungsinstrument.

Gerade die Einfachheit und die damit verbundene Klarheit des Konzeptes wirkt seiner Einschätzung nach »befreiend« für alle Mitarbeiter, von denen er immer drei Dinge forderte: Belesenheit, Fachwissen und soziale Kompetenz. So glaubte er, seinen Kunden zweierlei bieten zu können: »Information und Genuss«. Gondroms **Service-Extremismus** ist für die gesamte Branche prägend geworden. Viele seiner im Folgenden zitierten ›Merksätze‹ sind heute selbstverständlicher Bestandteil vieler Berater-Äußerungen geworden:

- Wir wollen nicht die Kunden im Griff haben, die Kunden sollen uns im Griff haben.
- Kundenwünsche wollen wir erfüllen und womöglich noch übertreffen.
- Je besser wir auf die Kunden hören, desto erfolgreicher ist die Buchhandlung.
- Wenn man fair mit den Kunden umgeht, werden sich die Kunden auch fair verhalten.
- Kunden sind keine Bittsteller mehr. Sie sind selbstbewusst, wählerisch und aufgeklärt.
- Die Mitarbeiter sind Partner des Kunden und wollen deren Wünsche umsetzen.
- Wir wollen, dass der Kunde glücklich ist.
- Wenn ein Qualitätsziel erreicht ist, ist das nächste Ziel schon zu erkennen.

Eine ehemals im rheinländischen Dormagen ansässige Buchhandlung stellte ihren Empfehlungsprospekten ein Editorial voran, das auszugsweise vorgestellt sein soll:

Telefon und Internet – das ist die Zukunft. Natürlich brauchen Sie nicht jedes Mal persönlich zu uns zu kommen. Bestellungen nehmen wir online und per Telefon entgegen.

Übermorgen ist Klausur. Kein Problem. Heute bestellt – morgen ist es da.

Was gibt es so von … ? Wir recherchieren Buchtitel und Autoren, ebenso wie Verlage. Der Ausdruck einer Liste ist kostenlos. Damit Sie nichts mehr verpassen.

Mein Sohn braucht das grüne Workbook. Schulbücher und Lernhilfen besorgen wir Ihnen zügig.

Das erscheint erst im September. Kein Problem. Wir merken es Ihnen vor. Und benachrichtigen Sie per Telefon oder E-Mail.

Wo sind Sie genau? Auf der Kölner Straße. Aber hinter dem Haus haben wir einen Kundenparkplatz, so wird die Anfahrt noch bequemer.

Ich möchte es verschenken. Bücher sind immer ein gutes Geschenk. Und gute Geschenke müssen gut verpackt sein. Wir verpacken jedes Buch, jeden Kalender, jeden Bleistift. Wenn Sie möchten, mit unserer legendären Fischgräten-Technik und doppelseitigem Papier.

Leider habe ich es schon. Sie sind doppelt beschenkt worden? Glückwunsch. Denn bei uns können Sie jedes Buch zurückgeben oder umtauschen. Egal wann. Egal was.

Wann erscheint das neue Buch von …? Mit unserem wöchentlichen Newsletter erfahren Sie kostenlos das Neueste aus der Bücherwelt, spezielle Tipps von unserem Team und Termine der nächsten Veranstaltungen.

Können Sie noch die *Mikrobenjäger* von 1991 besorgen? Können wir. Denn die antiquarische Buchsuche ist kein Problem für uns. Aber ein großer Gewinn für Sie.

Wer kennt sich hier aus mit Kinderbüchern? Grundsätzlich natürlich das ganze Team. Doch jeder von uns hat seine Spezialgebiete und Interessen, sodass Sie für fast jedes Gebiet einen Experten bei uns finden.

Mir ist so langweilig. Das muss nicht sein. Besuchen Sie doch einfach eine unserer Veranstaltungen.

Ein Blick hinter die Kulissen … Ein Praktikum in unserer Buchhandlung verdient diesen Namen.

Äußerungen von Kunden, die jeder Buchhändler schon einmal gehört hat, werden hier also aufgegriffen, um das Serviceangebot der Buchhandlung zu veranschaulichen, und das nicht abstrakt in Form eines allgemeinen Leistungskatalogs, sondern ganz konkret mit Bezug auf die jeweilige Kundenäußerung. So wird ein Leistungsspektrum in einen ganz real erfahrbaren Lebenszusammenhang gerückt. Diese scheinbar ganz einfache Konzeptidee ist strategisch ausgesprochen überzeugend, da sie genau an dem Punkt ansetzt, der in zahlreichen theoretischen Handreichungen zum hier behandelten Thema als Ausgangspunkt aller Überlegungen beschrieben wird, nämlich beim Kunden!

Der Göppinger Buchhändler Till Herwig ging noch einen Schritt weiter. Für ihn war ein kundenorientiertes Servicekonzept nichts anderes als die Grundlage für die Sicherung des Unternehmens. »Unsere Kunden sind unsere Gäste. Und so wollen wir gute Gastgeber sein. Wir freuen uns über ihren Besuch und tun alles, damit sie sich bei uns wohlfühlen. Sie sollen unsere Gastfreundschaft spüren. Täglich neu.« Herwig-Buchhandlungen sollten sein: »Modern, aber nicht modisch. Offen, großzügig und doch überschaubar und gemütlich. Animierend und vor allem freundlich.« Eine Bar sorgt für Flair, Mütter finden einen Babywickelplatz, die Regalsysteme laden zum Probelesen ein, am Info-Counter hilft geschultes Personal bei Kundenanliegen aller Art, eigene Kundenrechner bieten individuelle Recherchemöglichkeiten vor Ort und auf dem Desktop findet sich die eigene Website – ein ganz unaufdringlicher Hinweis auf Multi-Channeling. Aufmerksamkeit, Freundlichkeit und Loyalität waren die Erfolgsfaktoren des Herwig-Konzeptes. Till Herwig, der seine Buchhandlungen später gewinnbringend verkaufen konnte, stellte im *BuchMarkt* 2 / 2008 seine **Zehn Erfolgsfaktoren eines mittelständischen, inhabergeführten Unternehmens** vor:

1. Fragen Sie sich permanent, was macht mich und / oder mein Unternehmen einzigartig, unverwechselbar.
2. Analysieren Sie ständig Ihre Stärken und Ihre Schwächen. Verstärken Sie Ihre Stärken, die Schwächen werden dann weniger wichtig.
3. Seien Sie bereit zur permanenten Veränderung und wandeln Sie sich auch persönlich mit.
4. Beobachten Sie andere Branchen und lernen Sie von Ihnen.
5. Richten Sie Ihre Energie, Ihre Gedanken nicht auf ein Feindbild, wie beispielsweise einen Mitbewerber, sondern immer nur auf Ihre eigenen Ziele.
6. Haben Sie keine Angst vor Konzernen. Qualitäten wie Schnelligkeit, Kreativität, Loyalität und soziale Intelligenz brauchen – richtig eingesetzt – Macht, Geld und Technologie nicht zu fürchten.
7. Bilden Sie strategische Allianzen.
8. Beschäftigen Sie sich intensiv mit dem Internet und allen Möglichkeiten, die es bietet.
9. Haben Sie keine Angst vor Banken und Krediten. Die Anhängigkeit ist gegenseitig.
10. Lösen Sie sich von romantischen Sehnsuchtsidealen, die Sie in die ›schöne, alte Zeit‹ zurückzuziehen versuchen.

Unstrittig ist: Konzeptentwicklung, Konzeptumsetzung, Konzeptkommunikation sind die Pfeiler, auf die sich die erfolgreiche buchhändlerische Arbeit im Kontext von Beratung und Verkauf stützt. Besonders in Zeiten, in denen der Buchhandel auf ein immer schwieriger werdendes Marktumfeld trifft, bestimmt die Erarbeitung moderner Konzeptionsansätze die Diskussion in allen Unternehmen der Branche. So wie der herstellende Buchhandel versucht, mit VLB-TIX für Zwischenbuchhandel und Sortiment neue Möglichkeiten der Kommunikation zu initiieren, so wie der Branchenprimus Thalia versucht, mit dem Marketingkonzept ›Welt, bleib wach!‹ in die gesamte Branche hineinzuwirken, so ist jeder einzelne in der Buchbranche dazu aufgerufen, seinen ureigenen Beitrag dafür zu leisten, dass die ›Gutenberg-Galaxis‹ weiterhin Bestand hat und auch in der Zukunft ein Garant für zuverlässige Informationen bleibt. Dabei muss sich die Buchbranche sicherlich nicht immer wieder gänzlich neu erfinden, aber sie muss ›am Ball bleiben‹, damit das ›Endspiel‹ um den Fortbestand unserer Buchkultur nicht verloren geht.

Sortimentsbreite, d. h. die Auswahl des Angebots, und Sortimentstiefe, die bewusste Spezialisierung im Zusammenspiel mit Kauferlebnis, sowie Raumatmosphäre und Entertainment unter Berücksichtigung von Gespräch und Beratung, möglichst im Verbund mit den Möglichkeiten von Social Media – all dies muss der moderne Buchhandel sich zu Nutze machen. Aus digitalen Communities müssen Netzwerke entstehen (online und real), damit die Form von Austausch ermöglicht wird, mit der buchhändlerische Arbeit zum Erfolgsmodell werden kann. Gerhard Beckmann und Marcus Disselkamp formulieren es im *BuchMarkt* 5 / 2019 so: »Online- und Offline-Communities leben nicht allein von der Menge ihrer Teilnehmer. Sie sind vor allem dank einiger weniger, herausragender ›Meinungsmacher‹ lebendig – sprich: Mikro-Influencern. Darin hat schon immer das Geheimnis des einfluss- und erfolgreichen Sortimenters bestanden. Heute sollte er die digitale Erkenntnis für sich nutzen, dass es immer einige wenige Personen sind, die etwas in Gang bringen und in Bewegung halten, on- wie offline. Er könnte schon mit einer Handvoll engagierter Mitarbeiter und Stammkunden eine Community ins Leben rufen, die Kreise zieht und neue, wichtige (Lese-)Trends auslöst. Solche Multiplikatoren reizt dabei oft weniger eine finanzielle Vergütung als die Möglichkeit und Befriedigung, eine Plattform für den offenen Erfahrungs- und Meinungsaustausch mitzugestalten. Ein Unterfangen, für das der unabhängige Buchhandel idealer Kooperationspartner ist.«

Seit Jahren entwickelt die Betriebsberaterin Gaby Marx ein Konzept zur Profilbildung im stationären Sortiment, zuletzt in der Publikation *Profilbildung als Wettbewerbsvorteil: Einzigartig statt austauschbar.* Dabei beschreibt sie die drei Profilbausteine ›Sortiment‹, ›Service‹ und ›Ambiente‹, die sie jeweils wieder in Standard- und Zusatzelemente unterteilt. In dieser Veröffentlichung formuliert sie die These, dass die Bausteine ›Service‹ und ›Ambiente‹ weitestgehend ausgereizt sind und derzeit nur der Baustein ›Sortiment‹ beträchtliche Umsatzpotenziale aufweist. Ihr Strategiekonzept lautet verkürzt: Mittels der Aktivierung von Leitthemen durch bewusste Inszenierung Inspiration für Kunden so zu gestalten, dass Impulskäufe angeregt werden. Dies gelingt, wenn die Emotionen der Kunden angesprochen werden. Jede unserer Entscheidungen hat emotionale Komponenten, die über das limbische System an den Cortex vermittelt werden. Kognitive Regulierungsmöglichkeiten sind dabei begrenzt. Entscheidungen werden mehr oder weniger automatisiert getroffen. Dies gilt auch für Kaufentscheidungen. In der Konsequenz heißt das: »Die emotionale Kompetenz in der Buchhandlung ist entscheidend für den Verkaufserfolg und kommt noch vor jeder buchhändlerischen Kompetenz.«

Innovationswille, Kreativität und Service-Extremismus haben das Potenzial, Kompetenzen und Exklusivitätscharakter miteinander zu kombinieren, sodass Service völlig neu gedacht werden kann. Dies gelingt beispielsweise der Buchhandlung Reuffel, die ihren Kunden den roten Teppich ausrollt und zu individuellen Beratungsterminen einlädt. Das Konzept lautet ebenso kurz wie einprägsam ›Triff deinen Buchhändler – bei Reuffel in Koblenz‹. Die Buchhandlung bietet einen Buchungsservice für individuelle Beratungstermine an. Als Kunde kann man kostenlose Gesprächstermine ›buchen‹, die von einem Mitarbeiter mit dem gewünschten Schwerpunkt an einem speziellen Tisch direkt im Laden durchgeführt werden. Es ließen sich zahlreiche weitere Beispiele auflisten, mit denen die Branche verloren gegangene Kunden zurückholen oder neue gewinnen kann. Es erscheint kaum eine Ausgabe von *Börsenblatt, BuchMarkt* oder *Buchreport*, in der nicht über Aktionen berichtet wird, deren Umsetzungsmöglichkeiten für den eigenen Betrieb bedacht werden können. Podcasts, Youtube-Kanäle, Blogs etc. – die Möglichkeiten scheinen schier grenzenlos.

6.6 Der ›Internet-Tsunami‹

Reichen die skizzierten Konzepte als Strategien gegen den ›Internet-Tsunami‹, wie der Betriebsberater Arnd Roszinsky-Terjung den seit einigen Jahren zu beobachtenden »ökonomischen Klimawandel« bezeichnet, der den stationären Handel zunehmend verändert? Für ihn gibt es drei Ursachen für die derzeitige Problemsituation der stationären Geschäfte:

- Frequenzverlust in den Städten,
- scharfe Konkurrenz auf den Online-Märkten,
- immer mehr ungeduldige und fordernde Kunden.

Obwohl das Produkt Buch seit Jahren einer der beliebtesten Kaufgegenstände im Internethandel ist, und die Buchbranche deshalb auf die veränderten Einkaufsgewohnheiten im Einzelhandel hätte intensiver reagieren können, bleibt festzuhalten, dass nur größere Marktteilnehmer nennenswerte Online-Umsätze generieren können. Marktführer bleibt der Mega-Händler Amazon, dessen ebenso aggressives wie durchdachtes Geschäftskonzept zum Maßstab für alle Anbieter im Online-Markt geworden ist. Und wie reagiert das Gros der Branche auf den weiter schrumpfenden stationären Markt? Eigene Webshops sind inzwischen Standard, werden von den Kunden erwartet, ohne dass sie entsprechend genutzt werden. Ein grundlegendes Umdenken in der Branche muss stattfinden. Nicht das Produkt (Buch) darf in den Fokus gerückt werden, sondern die Orientierung an Kunden, Käufern und Nutzern ist die »eigentliche Steuergröße, die heute für Geschäftserfolge maßgeblich ist«. Roszinsky-Terjung weiter: »Niemand betritt eine Buchhandlung, weil er bedrucktes Papier nach Hause tragen möchte. Was ihn antreibt, ist vielmehr eine Sehnsucht nach Kurzweil, Sinnerfüllung, Wissensgewinn, Selbstbelohnung etc. Bücher als Produkte liefern dazu nur die materielle Bühne. Im Kern muss sich der Handel heute mit diesen Sehnsüchten mehr beschäftigen als mit den Produkten.« Erfolgreich wird der »Buchexperte« also erst dann und nur sein, wenn er gleichermaßen zum »Experten für Kunden« wird. Der stationäre Handel muss deshalb seine Kompetenzen neu justieren. »Es stimmt, dass der stationäre Handel durch den Internet-Tsunami existenziell bedroht ist. Aber genauso richtig ist auch, dass es Möglichkeiten gibt, auf diese Bewegung mit einer Vorwärts-Strategie zu antworten.«

Mitarbeiter der Gruppe Nymphenburg führen fünf Strategieansätze an, die als Schlüsseltrends die Zukunft des stationären Einzelhandels positiv gestalten können:

Storytelling Dem multioptionalen Kunden, der je nach Situation und Bedarf unterschiedliche Einkaufskanäle nutzt, müssen Geschichten erzählt werden. Der Buchhändler verkauft nicht Bücher allein, sondern Welten, Emotionen, Abenteuer, Liebe etc.

Kuratiertes Verkaufen Die angebotenen Produkte müssen nicht durch schiere Menge überzeugen, sondern durch bewusste, kundenorientierte und sparsame Auswahl. Die Sorgfalt beim Einkauf hebt den einzelnen Titel stärker heraus als es eine vermeintlich breite Auswahl kann. Wenn Ambiente und Präsentation stimmen, dann bedeutet ein Weniger immer ein Mehr.

Erlebnisinszenierung Die besondere Auswahl motiviert, wenn gleichzeitig alle Sinne angesprochen werden. Kunden verlangen nach Inspiration und Erlebnis, sie wollen sehen, hören, fühlen, riechen. Entsprechend müssen die angebotenen Produkte inszeniert werden. Farbe, Licht, Duft, Klang – all diese Instrumente erzeugen Stimmungen, entfalten emotionale Wirkung.

Multi-Channeling Doch auch der Absatzkanal Internet muss bespielt werden. Die Immer-und-Überall-Erreichbarkeit ist ein Muss in der digitalen Welt von heute. Die Kunst besteht in der Verknüpfung der realen mit der virtuellen Welt. Der Webauftritt muss so gestaltet werden, dass der Kunde Lust bekommt, den Laden wirklich zu betreten.

Beziehungen zwischen Menschen knüpfen und pflegen »Im Einzelhandel geht es darum, Beziehungen zwischen Menschen zu knüpfen«, so der Apple-Macher Ron Johnson. Die Ware darf nicht bloß verkauft, sie muss gelebt werden. Die Kunden haben Probleme, Wünsche, Sehnsüchte. Und der Buchhändler bietet für all diese Aspekte Lösungen, Hilfen und Produkte an.

So gesehen ist der Internet-Tsunami zwar eine Gefahr für den stationären Handel, gleichzeitig aber auch die Chance für eine nachhaltige Neu-Ausrichtung. Durch die konsequente Berücksichtigung der Bedürfnisse der Kunden kann der Buchhandel sich als die Branche für die Lösung von Problemen aller Art neu erfinden und damit zukunftsgewiss und erfolgreich auch in diesem Jahrhundert bestehen.

6.7 Der Kunde als Gast

Beratung und Verkauf beschreibt Jörg Winter in seiner Publikation *Der Kunde ist Gast* so: Gast und Gastgeber bewegen sich auf einer gemeinsamen Bühne gleichberechtigt und respektvoll gegenüber dem jeweils anderen. Beide sind die Teilnehmer auf der Party, die der Buchhändler veranstaltet. Die Beziehung zwischen Gastgeber und Gästen wird durch ›Spielregeln‹ gestaltet, die den reibungslosen Ablauf der Party gewährleisten. Winters Konzept mündet in einer Vielzahl von Merksätzen, von denen am Ende dieses Kapitels einige als Denkanstöße zitiert seien:

- Gewährleisten Sie den unverstellten Zugang zur Ware.
- Entfernen Sie die Schutzfolie, damit der Kunde die Bücher prüfen und begutachten kann.
- Lassen Sie sich in Ihrer Gastgeber-Rolle von einer unaufdringlichen Aufmerksamkeit leiten.
- Nutzen Sie die Begrüßung als Chance, das Beratungsgespräch zu eröffnen.
- Binden Sie den Kunden mit offenen Fragen in das Gespräch ein.
- Schauen Sie erst, bevor Sie reden.
- Benutzen Sie im Zweifelsfall Alternativfragen, denn sie bewirken immer eine Zustimmung.
- Ermitteln Sie so schnell wie möglich die Kaufmotive Ihrer Kunden.
- Verstehen Sie volle Einkaufstaschen als ein Kennzeichen der Kundenzufriedenheit.

Die Buchhändler, die sich auf die Wünsche, Motive und Bedürfnisse ihrer Kunden einstellen, werden zu dem, was die Kunden im 21. Jahrhundert von den Gestaltern des Buchmarktes erwarten: zu aktiven Dienstleistern für Beratung und Verkauf.

Fragen zu Kapitel 6

6.1 Erläutern Sie, warum eine Buchhändlerin heute weniger eine Buchexpertin, sondern vielmehr eine Expertin für Kunden sein sollte.

6.2 Erläutern Sie, inwiefern beim Zielkauf zur Bedarfsdeckung keine ›echte‹ verkäuferische Leistung vorliegt.

6.3 Erläutern Sie die Relevanz von Hygienefaktoren und Motivatoren für Beratung und Verkauf.

6.4 Erläutern Sie, was den ›einfühlsamen‹ Verkäufer vom ›idealen‹ Verkäufer unterscheidet.

6.5 Differenzieren Sie Kundenzufriedenheit und Kundenbegeisterung.

6.6 Erklären Sie den Begriff der ›Unschärferelation der Alltagswirklichkeit‹ im Zusammenhang mit SINUS-Milieus.

6.7 Erläutern Sie den Unterschied zwischen der Limbic-Map und der SINUS-Milieu-Landkarte.

6.8 Erstellen Sie für mindestens vier Kundentypen eine Übersicht mit Verhaltensdispositionen und Reaktionsmöglichkeiten, die der Darstellung im Kapitel 6.2.2.2. entspricht.

6.9 Nennen Sie sechs Phasen, die in einem Verkaufsgespräch in der Regel aufeinander folgen.

6.10 Definieren Sie den Begriff ›aktives Verkaufen‹.

6.11 Erläutern Sie die 5 Axiome der Kommunikationstheorie von Paul Watzlawick.

6.12 Benennen Sie die vier Seiten einer Nachricht des Kommunikationsquadrats nach dem Modell von Friedemann Schulz von Thun.

6.13 Erläutern Sie die generellen Aufgaben von Fragen beim Verkaufsgespräch.

6.14 Nennen Sie sechs Arten von Fragen, die in Beratungs- und Verkaufsgesprächen genutzt werden können.

6.15 Nennen Sie drei Aspekte, die helfen können, hochpreisige Waren erfolgreich zu verkaufen.

6.16 Erläutern Sie die Wichtigkeit der Konzepterstellung für ein erfolgreiches Reklamationsmanagement.

6.17 Erläutern Sie den Begriffs des ›Storytelling‹ im Kontext von Beratung und Verkauf.

6.18 Nennen Sie die fünf übergeordneten Servicebereiche, die der Betriebsberater W. E. Heinold zusammengestellt hat.

6.19 Ordnen Sie die Heinoldschen Servicebereiche dem Leistungskatalog des Börsenvereins (siehe Kap. 2.6) zu.

6.20 Kommentieren Sie aus Sicht Ihres Ausbildungsbetriebs die vorgestellten Praxisbeispiele, betreffend Konzepte und Überlegungen zur Servicekommunikation im Buchhandel.

7 Einkauf

Einkauf

Aus: Ausbildungsrahmenplan für die Berufsausbildung zum Buchhändler und zur Buchhändlerin | Sachliche Gliederung (§ 4 Absatz 2 Abschnitt A Nummer 4)

SORTIMENTSSTRUKTUR

- die Sortimentsstruktur, insbesondere anhand der Marktausrichtung sowie Breite und Tiefe, beurteilen;
- Zusammenhänge zwischen Anordnung und inhaltlicher Struktur des Sortiments begründen;
- Bedeutung der nicht preisgebundenen Produkte für das Sortiment herausstellen.

EINKAUF UND BESTELLUNG

- Bedarf an Waren unter Berücksichtigung der Umsatz- und Bestandsentwicklung, der saisonalen Schwankungen sowie der Absatzchancen ermitteln;
- Umsatzkennzahlen beim Einkauf berücksichtigen;
- Einkaufsmöglichkeiten bei Verlag, Zwischenbuchhandel und über Einkaufsgemeinschaften sowie Bündelung bei Eigenbestellung beurteilen und beim Einkauf nutzen;
- Waren bestellen.

Ergänzt um:
BESCHAFFUNG (§ 4 Absatz 2 Abschnitt A Nummer 3.4)

- Formen der Beschaffung unterscheiden;
- Warennachbezug anhand der Warenwirtschaftsdaten durchführen;
- bei der Beschaffung wirtschaftliche Aspekte berücksichtigen;
- Sonderkonditionen bei der Beschaffung berücksichtigen;
- Handelsbräuche, insbesondere die Verkehrsordnung, anwenden.

Die Frage nach der (richtigen) Sortimentsstruktur ist eine, wenn nicht die(!) zentrale Frage im Rahmen der Sortimentspolitik einer Buchhandlung und gehört zu den Kernbereichen des Marketings (siehe Kap. 10.2). Und der Begriff ›Marketing‹ signalisiert: Es geht um die **Marktausrichtung** einer Buchhandlung. Denn jede Buchhandlung, die ihr Sortiment nicht für einen aktuellen (oder potenziellen) Markt konzipiert, läuft Gefahr, das in ein Wirtschaftsunternehmen eingesetzte Kapital schnell zu verspielen. Dabei kann es durchaus unterschiedliche ›Spielarten‹ der Marktausrichtung mit je spezifischen ›Spielregeln‹ geben, wie sie im Kapitel 1.3 ausführlich thematisiert worden sind. Dort ging es um verschiedene Betriebstypen, wobei das breit sortierte allgemeine Sortiment und die in die Tiefe gehende spezialisierte Fachbuchhandlung einen groben Orientierungsrahmen bieten. Dort ging es aber auch um verschiedene Optionen für Filialunternehmen und Einzelfirmen sowie um die Besonderheiten der ›Großen‹ und der ›Kleinen‹ unserer Branche. Das Fazit: Alle Unternehmen haben eine Aussicht auf Erfolg, so bescheiden er im Einzelnen auch ausfallen mag, sofern sie ihr Konzept, ihre USP (ihr einzigartiges Verkaufsversprechen) am Markt ausrichten. Die Frage, ob bei einer Einzelfirma die Entscheidung für eine bestimmte Ausrichtung auf einer bewussten Entscheidung des Inhabers für einen bestimmten Betriebstyp (z. B. Mainstream-Buchhandlung in einem Einkaufscenter) basiert oder aber aus persönlicher Neigung (Affinität/Nähe zu bestimmten Themen) getroffen worden ist, ist dabei von sekundärer Bedeutung. Außerdem sind Unternehmer, das kann man vor allem bei Neugründungen immer wieder feststellen, weitaus weniger autark als sie meinen. Beeinflussende Faktoren der Sortimentsstruktur sind u. a.:

- Lage der Buchhandlung,
- Größe der Buchhandlung,
- vorgegebene Raumflächen (separate Räume, mehrstöckig),
- verfügbares Kapital,
- Einbindung in buchhändlerische Verbundsysteme (siehe Kap. 7.5),
- Sortimentskompetenz der Mitarbeiter (Zuständigkeit für bestimmte Warengruppen oder Verkaufsetagen).

Die Festlegung des Konzepts ist eine wichtige Aufgabe, und für einen Businessplan ist sie eine unabdingbare Voraussetzung, aber die konkrete Umsetzung des Konzepts vor Ort ist viel wichtiger. Geht es doch hier darum, den Laden mit den Augen des Kunden zu sehen und das gesamte Raum- und Sortimentskonzept auf ihn abzustimmen. Denn mehr als die Hälfte aller Kaufentscheidungen fallen erst im Verkaufsraum, neudeutsch am Point of Sale. In diesem Zusammenhang spielen Warengruppen (siehe Kap. 3) und deren Platzierung eine ebenso wichtige Rolle wie die systematische Feingliederung in der Regalwand, die je nach Warengruppe alphabetisch, thematisch, mitunter auch nach Reihen und Nummern ausfallen kann. Ferner sind größere Zusammenhänge grundlegend zu bedenken, wie Fragen nach dem Kundenleitweg (siehe Kap. 10.6.3), den Ruhezonen und der räumlichen Bündelung der Warengruppen, sodass im Verkaufsraum – je nach Konzept und Marktausrichtung – das zusammensteht, was die Kernzielgruppe als zusammengehörend erwartet.

Auf den Auslagetischen oder -flächen hingegen wechselt das Angebot. Hier geht es in der Regel nicht um das Lagersortiment, sondern um zeitlich und inhaltlich begrenzte Aktionssortimente (Novitäten, Thementische, Aktionsware). Dies ist auch die Angebotsfläche für Non-Books, die, für sich oder in Kombination mit Büchern präsentiert, zu Zusatz- oder Ersatzkäufen einladen, denn bestenfalls sollte kein Kunde das Geschäft ohne Kauf verlassen (siehe Kap. 6; Einleitung). Wegen ihrer Sonderstellung in Bezug auf die Profilierung der Buchhandlung, d. h. auf eine mögliche Abgrenzung zur Konkurrenz, aber auch im Hinblick auf abwechslungsreiche Gestaltungsmöglichkeiten, die sich für den Verkaufsraum ergeben und dessen Atmosphäre maßgeblich beeinflussen, sind verschiedene Aspekte der Non-Books im Abschnitt über die Gegenstände des Buchhandels (siehe Kap. 2.2, vor allem aber 2.3) ausführlich thematisiert worden. Der folgende Absatz beschränkt sich deshalb auf Überlegungen zur ökonomischen Relevanz nicht-preisgebundener Produkte: auf die freie Kalkulation und auf das Preisimage bzw. die Ladenpreisstruktur, die als Wettbewerbsfaktoren eingesetzt werden und profilbildend wirken können.

Wirtschaftliche Bedeutung nicht-preisgebundener Produkte

Non-Books unterliegen keiner Preisbindung. Dies bedeutet: Jeder Händler hat die Freiheit, die Ladenpreise selbst festzusetzen. Eine eher ungewohnte Situation für Buchhändler, die in kalkulatorischer Hinsicht vom Prinzip der gebundenen Ladenpreise ›verwöhnt‹ sind. Und so akzeptieren sie, wie im Falle von Kalendern und Hörbüchern, in der Regel auch die von den Verlagen festgesetzten unverbindlich empfohlenen Ladenpreise und bestreiten ihre Geschäftskosten vom ausgehandelten Sortimenterrabatt.

Die freie Kalkulation hingegen geht stets vom Bezugs- oder Einkaufspreis aus. Damit sind auf der Seite des Warenbezugs bereits berücksichtigt: Rabatte auf den Listeneinkaufspreis (evtl. Staffelrabatte), Skonti und Bezugskosten. Dieser Einkaufspreis ist ein Nettowert ohne Umsatzsteuer. Eine Verkaufskalkulation verläuft dann wie folgt:

	Bezugspreis/Einstandspreis
+	Handlungskosten/Gemeinkosten
=	Selbstkostenpreis
+	Gewinn
=	Nettoverkaufspreis
+	Umsatzsteuer
=	Bruttoverkaufspreis/Ladenpreis

Der Wert für Handlungs- oder Gemeinkosten wird in der Buchhaltung bzw. im Rahmen der Kosten- und Leistungsrechnung ermittelt. Die kaufmännische Geschäftsführung weiß um die Betriebskosten und kann diese als prozentualen Wert für die Aufschlagkalkulation angeben. Würde die Buchhandlung die Ware nun zum Selbstkostenpreis anbieten und verkaufen, hätte sie nur ihre eigenen Kosten eingespielt. Aber in einer Händlerexistenz geht es um Gewinne bzw. Erträge. Also erfolgt ein Gewinnaufschlag, dessen Höhe im Ermessen des Händlers liegt. Hier sollte die Grundregel angewandt werden, nach der der Aufschlag bei niedrigpreisigen Artikeln höher liegt als der bei höherpreisigen Produkten. Manche Firmen operieren mit einem **Kalkulationsfaktor**, der Handlungskosten, Gewinnaufschlag und Umsatzsteuer in einem Wert zusammenfasst, und gelangen dadurch in einem Rechenschritt zum rechnerischen Verkaufspreis. Auch hier gilt: der Kalkulationsfaktor sollte bei niedrigpreisigen Artikeln größer sein. Hierzu zwei Beispiele.

Beispiel 1

	Bezugspreis/Einstandspreis		1,20 €
+	Handlungskosten/Gemeinkosten	(40 %)	0,48 €
=	Selbstkostenpreis		1,68 €
+	Gewinn	(100 %)	1,68 €
=	Nettoverkaufspreis		3,36 €
+	Umsatzsteuer	(19 %)	0,64 €
=	Bruttoverkaufspreis/Ladenpreis		4,00 €

Vereinfacht mit Kalkulationsfaktor:

	Bezugspreis/Einstandspreis		1,20 €
×	Kalkulationsfaktor (3,3)		
=	Bruttoverkaufspreis/Ladenpreis	3,96 €	

Beispiel 2

	Bezugspreis/Einstandspreis		5,40 €
+	Handlungskosten/Gemeinkosten	(40 %)	2,16 €
=	Selbstkostenpreis		7,56 €
+	Gewinn	(50 %)	3,78 €
=	Nettoverkaufspreis		11,34 €
+	Umsatzsteuer	(19 %)	2,15 €
=	Bruttoverkaufspreis/Ladenpreis		13,49 €

Vereinfacht mit Kalkulationsfaktor:

	Bezugspreis/Einstandspreis		5,40 €
×	Kalkulationsfaktor (2,5)		
=	Bruttoverkaufspreis/Ladenpreis		13,50 €

Der rechnerisch ermittelte Ladenpreis entspricht selten dem späteren tatsächlichen Verkaufspreis. Denn dieser muss auch im Hinblick auf seine Wirkung beim Käufer und damit auf seine Markt- und Marketingrelevanz hin festgelegt werden. Zu berücksichtigen sind:

Psychologische Preisschwellen Im ersten Beispiel dürfte der Verkaufspreis auf 3,95 € oder auf 3,99 € festgesetzt werden. Vor allem im Niedrigpreissektor sowie bei 5 €- und 10 €-Angeboten sind Preisschwellen zu berücksichtigen.

Geschätzte / empfundene Wertigkeit des Artikels Bei höherpreisigen Artikeln kann man eher nach oben ›aufrunden‹. Im zweiten Beispiel kann der Verkaufspreis demnach ohne Bedenken bei 14,90 € liegen. Je exklusiver der Artikel, desto leichter fällt das Aufrunden.

Exklusivität Exklusivität kann sich sowohl auf die inhaltliche Qualität beziehen als auch darauf, dass die Buchhandlung den Artikel allein in einer Stadt oder Region anbietet.

Preise der Konkurrenz Sollte die Konkurrenz vor Ort denselben Artikel führen, muss sich die Buchhandlung überlegen, wie sie sich im Preiswettbewerb positionieren will: Gleiches Level? Tiefer oder höher? Die Entscheidung hierüber wird in großem Maße von der eigenen Marktstellung abhängen.

Mögliche positive Auswirkungen auf die Handelsspanne verpuffen übrigens bzw. verkehren sich sogar in ihr Gegenteil, wenn die Buchhandlung in hohem Maße Non-Book-Sortimente aufnimmt, die der Lieferant, ausgehend von einem seitens der Buchhandlung akzeptierten unverbindlichen Ladenpreis, gering rabattiert. Dies ist häufig bei technisch geprägten Produktgruppen der Fall, wie bei DVDs oder E-Book-Readern. Die Gleichung ›Non-Book = Rendite-Bringer‹ geht also nicht in jedem Fall auf. So auch selten bei schwer zu beschaffenden Importtiteln, wo die übermächtige Konkurrenz von Amazon manche Buchhandlung dazu ›zwingt‹, den Titel zwar zu besorgen, ihn aber nicht kostendeckend, sondern zum Angebotspreis der Online-Konkurrenz zu verkaufen. Allerdings ist dies die Ausnahme für allgemeine Sortimentsbuchhandlungen, die ihre Importtitel meistens mit einem marktgängigen Rabatt über Barsortimente oder Importgrossisten beziehen.

Für den **Buchimport** aus dem Ausland sind einige Besonderheiten zu berücksichtigen. Hierzu ein Beispiel für den Bezug von Titeln aus den USA, wo die Katalogpreise in der Regel USA-Inlandspreise sind. Daneben existiert jedoch häufig ein spezieller Preis für den Export: der European Sales Price (ESP), der den Katalogpreis mitunter bis zu 20 Prozent übersteigt. Ferner wird man mit dem Problem der Vorausrechnung (proforma-invoice) konfrontiert, sofern keine guten Geschäftsbeziehungen zu den Verlagen bestehen. Die in Rechnung gestellte Einfuhrumsatzsteuer ist als Vorsteuer abzusetzen. Bei einer Kalkulation sind demnach zu berücksichtigen: der European Sales Price, der Rabatt des Verlages, die Transportgebühren, der Rechnungsbetrag exklusiv Einfuhrumsatzsteuer (= Bezugspreis netto), die Kosten für eine etwaige Banküberweisung, die Geschäftskosten, der Gewinnaufschlag und natürlich die Umsatzsteuer für den Verkauf an Kunden in Deutschland. Zusammenfassend ist zu sagen: Das Importgeschäft ist kein einfaches Geschäftsfeld und wird deshalb eher von spezialisierten Firmen oder Universitätsbuchhandlungen mit entsprechender Professionalität kostendeckend bewirtschaftet. Für alle, die trotz der erwähnten Umstände am Direktbezug interessiert sind oder

Verkaufsgespräche mit englischsprachigen Lieferanten führen müssen, ist das kleine Glossar mit den wichtigsten buchhändlerischen Fachtermini im Anhang des Buches konzipiert.

Kernsortiment, Randsortiment und Aktionssortiment

Jede Buchhandlung hat sich an den Wünschen und Bedürfnissen der potenziellen Kunden zu orientieren – dies gebietet das Primat der Marktausrichtung. Bei der Sortimentsgestaltung wird man also das Warenangebot so gestalten, dass es den Zielen des Unternehmens, den Wünschen der angesprochenen Käufer und den wirtschaftlichen Möglichkeiten der Buchhandlung entspricht. Eine Sortimentsbildung ist zwar im Allgemeinen auf einen längeren Zeitraum ausgerichtet, die konkrete Zusammensetzung eines Sortiments ändert sich aber ständig – kein Wunder bei der jährlichen Bücherflut, die regelmäßig auf sortimentsrelevante Titel hin überprüft werden muss.

Bei der Sortimentsauswahl unterscheidet man zwischen Kern- und Randsortiment. Das **Kernsortiment** besteht aus Warengruppen und Sortimentsbereichen, die im Sinne der Grundkonzeption einen dauerhaften Platz im Gesamtsortiment haben. Dieses Sortiment bildet den Grundstock des Lagerumsatzes und wird von einer bestimmten Anzahl von Kernlieferanten bezogen; in der Regel von ausgewählten ›Lagerverlagen‹, auch A-Verlage genannt, die das Gesicht des Sortiments maßgeblich prägen und für die vereinbarte Jahreskonditionen (siehe Kap. 7.4.6) gelten. Innerhalb dieses Kernsortiments kristallisiert sich häufig ein **Schwerpunktsortiment** heraus; hier ist die Buchhandlung aufgrund ihrer Titelkompetenz besonders gut sortiert und verkauft auch schwierige Titel aus B- und C-Verlagen.

Untersuchungen haben ergeben, dass ca. 20 Prozent der Titel rund 80 Prozent des Umsatzes erwirtschaften, die übrigen 80 Prozent der Titel hingegen nur 20 Prozent. Somit steht das Kernsortiment für gut verkäufliche Titel, während das im nächsten Absatz erwähnte Imagesortiment ein qualitatives Zusatzsortiment darstellt, bei dem Verkäuflichkeit nicht der alleinige Grund für die Einkaufsentscheidung ist. Die Klassifizierung in A-, B- und C-Lieferanten kommt übrigens aus dem Controlling und steht für abgestufte Wertigkeiten (siehe auch Kap. 7.3): A sind die wichtigsten, B die weniger wichtigen und C die nur punktuell wichtigen Lieferanten. Das bedeutet, dass die Produktion der A-Verlage weitestgehend bei den Verlagen bezogen wird, die Titel von B- und vereinzelt auch von C-Verlagen hingegen nur dann, wenn ein ökonomisch vertretbarer Bestellwert vorliegt (siehe Kap. 7.2), der an dieser Stelle als Empfehlung mit mindestens 200,– € netto bei einer einzelnen Bestellung angegeben sei, von Buchhandlungen aber höchst unterschiedlich angesetzt wird.

Mit einem **Randsortiment** reagiert die Buchhandlung auf aktuelle Trends oder ergänzt das Kernsortiment um profilbildende Warengruppen, die mitunter dem Non-Book-Bereich zuzuordnen sind. In diesem Zusammenhang spricht man auch von einem **Imagesortiment.** Aber auch dieser Sortimentsbereich muss auf einen Absatzmarkt hin eingekauft werden; denn Titel, die sich nicht verkaufen, sind letzten Endes auch nicht profil- oder imagebildend. In diesen Sortimentsbereichen oder bei bestimmten Einzeltiteln wird häufig Kapital gebunden, da die Buchhandlung mehr oder weniger bewusst schlechte Lagerdrehzahlen (siehe Kap. 8.1.2) in Kauf nimmt.

Die genannten Sortimentsbereiche werden ergänzt um **Aktionssortimente**, die zeitlich befristet das Gesicht einer Buchhandlung prägen. Hier kann es sich um Produkte auf dem Auslagetisch anlässlich einer Veranstaltung handeln, um die auffällige Präsentation einer Verlagsaktion oder um eigens geplante und organisierte Thementische. Schon diese Beispiele zeigen, dass ein Aktionssortiment selten in die Regale eingeräumt wird. Sein genuiner Platz in einem Geschäft sind die variablen Auslageflächen.

Wirtschaftliche Lagerhaltung bedeutet, das Angebot auf Verkäuflichkeit auszurichten. So schildert es Gudula Buzmann in dem Buch *Gründung und Führung einer Buchhandlung*. Damit sind folgende Fragen zu klären:

- Welche Titel gehören zu den Longsellern, die als ›gute‹ Backlist eine dauerhafte Nachfrage sichern?
- Welche Bestseller in den Bereichen Belletristik und Sachbuch (als Hardcover oder Taschenbuch) haben eine längere oder kürzere Lebensdauer?
- Welchen Stellenwert haben die persönlichen Empfehlungen und wie werden sie von den Kunden akzeptiert?
- Welche Titel sind problematische Verlagserzeugnisse? Zu ihnen gehören Novitäten unbekannter Autoren, nicht mehr aktuelle Titel mit abnehmender Verkaufszahl oder Produkte aus Sachgebieten mit abnehmendem Interesse.

Relevant für den absatzorientierten Einkauf sind zwei Fragestellungen. Wo, an welcher Stelle im Verkaufsraum, sollen die angesprochenen Sortimentsgruppen präsentiert werden? Und: In welcher Stückzahl sollen die sortimentsrelevanten Titel eingekauft werden? Denn die Kernaufgabe einer am Markt ausgerichteten Lagerhaltung muss es sein, die **richtigen Bücher zur richtigen Zeit in bedarfsgerechter Menge** vorrätig zu haben.

Organisatorische und rechtliche Aspekte, die im Zusammenhang mit den in den Betrieben eingesetzten Warenwirtschaftssystemen stehen, bilden den Schwerpunkt des Kapitels 8. Dort findet man auch einen betriebswirtschaftlichen Exkurs über wichtige Lagerkennziffern, wie die Lagerdauer in Tagen, die Lagerumschlagsgeschwindigkeit oder den durchschnittlichen Lagerbestand. Die folgenden Ausführungen reflektieren das Einkaufsverhalten eher auf einer allgemeinen Ebene: Im Vordergrund stehen Bestellanlässe, Bezugsquellen und Einkaufskonditionen.

7.1 Bestellanlässe

Im Bucheinzelhandel unterscheidet man – neben den Besonderheiten des Gründungseinkaufs, die hier unberücksichtigt bleiben sollen – vier mögliche Bestellanlässe:
- Novitäteneinkauf, d.h. die Aufnahme von Neuerscheinungen in das Sortiment;
- Backlist-Bestellungen als Lagerergänzung (Backlist = lieferbare Titel ohne Novitäten);
- Bestellung von Aktionsware, die nur zeitweise (saisonal, projektbezogen etc.) am Lager geführt wird;
- Besorgungsgeschäft aufgrund konkreter Kundenwünsche (Einzeltitel und Abonnements), das in den Betriebsstatistiken als ›Durchlaufgeschäft‹ erfasst wird. Hierunter fallen auch das Rechnungs- und Schulbuchgeschäft.

Einkauf der Novitäten

Der Einkauf von **Neuerscheinungen** für das Warenlager gehört zu den größten betrieblichen Wagnissen. Hier gilt es – je nach Verlag, Autor, Titel oder Bestellmenge – das Lagerrisiko zu begrenzen oder, positiv formuliert, das Risiko als Chance zum Verkauf anzunehmen. Und je besser die Sortimentspolitik in das Marketingkonzept des Unternehmens eingebettet ist, umso einfacher fallen die Entscheidungen. So sollte, selbstverständlich unter Berücksichtigung der Parameter Zielgruppe(n), Zielmilieu(s), Standort, Einzugsgebiet, Verkaufsfläche, Personal etc., geklärt sein:
- Festlegung der Kernlieferanten im Print- und Non-Printbereich,
- Auswahl und Gewichtung der Warengruppen,
- Anzahl und Präsentationsmöglichkeiten für besondere Titel (Empfehlungstitel und Bestseller),
- Platzierungsmöglichkeiten für Non-Books,
- Relation bzw. Gewichtung des Verhältnisses von Novitäten und Backlist.

Nur der absatzorientierte Einkäufer kann das Problem hoher Lagerbestände und hoher Kapitalbindung minimieren. Ein solcher Einkäufer bestellt selektiv für seinen Markt und überlegt sich bei jedem Titel, für welchen Kunden welcher Einzeltitel einzukaufen ist (Verkauf ggf. direkt über das Abholfach) und für welche Kunden welche Titel auf Tischen oder in der Regalwand zu präsentieren sind. Und nicht nur nebenbei gesagt: Entscheiden schließt die Kunst des Verzichts mit ein. Trotzdem bleibt der Einkauf von Novitäten, wie übrigens auch das Verlegen von Titeln, immer auch eine spekulative Angelegenheit. Kein Buchhändler wird wissen, ob er mit seiner Einschätzung auch tatsächlich richtig liegt. Das weiß er letztendlich erst, wenn sich größere Nachbezüge ergeben oder wenn sich über eine etwaige Remission der Warenkreislauf schließt. Die folgenden **Einkaufskriterien** sollen Anhaltspunkte dafür bieten, den Lagereinkauf (siehe Kap. 8.1.2) bewusster zu organisieren:

- **Finanzielle Mittel** Wie hoch ist das Budget für den Einkauf von Novitäten und Backlist? Wie gewichtet man die Relation von Novitäten zur Backlist? Wie verteilt sich das Budget, das als Einkaufslimit verstanden werden sollte, auf Planungszeiträume, z. B. halbjährlich oder monatlich?
- **Zeit** Wie schnell können die Novitäten verkauft werden? Übersteigt die voraussichtliche Lagerdauer das mit den Lieferanten ausgehandelte Zahlungsziel?
- **Exemplarzahl** Wie hoch ist die Bestellmenge pro Titel? Die Bestellzahl 1 ist eigentlich immer einer ›Bestellung für die Regalwand‹ oder einer ›Bestellung für das Abholfach‹ gleichzusetzen. Die Bestellzahl 3 (und mehr) hingegen rechtfertigt (in kleineren Buchhandlungen) bereits eine Tischpräsentation, die ins Absatzkonzept der Buchhandlung passt.
- **Verkaufsraum** Wie ist der Raum aufgeteilt? Wie viel Platz steht auf Tischen und in der Regalwand für Warengruppen, Aktionen, Novitäten oder Empfehlungen zur Verfügung? Also: An welcher Stelle und auf welchen Möbeln soll die eingekaufte Ware angeboten werden?
- **Einkaufskonditionen** Welche Konditionen gewährt der Lieferant als Gegenleistung für einen ›guten‹ Einkauf?
- **Werbung** Wie groß ist der Werbeetat und welche werbliche Unterstützung (Werbekostenzuschüsse o. Ä.) bietet der Lieferant?

Eine Novität wird also zumindest für einen gewissen Zeitraum zu dem Kernsortiment der Buchhandlung gehören. Sie passt durch Thema und Aufmachung in das Sortiment und wird in größeren Stückzahlen eingekauft. Es sei denn, sie soll ›nur‹ das Imagesortiment bereichern, von dem die Buchhandlung glaubt, es wegen einer vermuteten Profilbildung führen zu müssen, ohne ganz große Absatzchancen zu sehen.

Einkauf der Backlist

Hat sich eine Neuerscheinung ›bewährt‹, so wird sie als Backlisttitel weiterhin bevorratet und im Titeldatenstamm des Warenwirtschaftssystems weiter gepflegt. Über Umfang und Ausmaß entscheiden die Instrumentarien der Lagerkontrolle; dementsprechend kann der Einkauf der Backlist auch losgelöst vom Novitäteneinkauf stattfinden. Dabei kann es durchaus sein, dass sich manch ein Titel – zunächst in der Hardcover-Ausgabe, später auch als Taschenbuch – als ausgesprochener Steady- oder Longseller herausstellt. Folgender Regelfall ist jedoch wahrscheinlicher: Der Titel wird immer seltener verkauft und schließlich aus dem Programm genommen. Die Regalverweildauer im Sortiment sollte bei Hardcoverausgaben mindestens 12 Monate betragen, bei Taschenbüchern hingegen nur 6 Monate – so empfehlen es Verbandsgremien. Dessen ungeachtet gewähren Barsortimente für bei ihnen bezogene Waren eine Remissionsfrist von 6 Monaten für Hardcover- und Taschenbuchausgaben.

Die Backlist bildet das Fundament einer gut sortierten Buchhandlung; hier zeigt sich ihre Sortimentskompetenz am deutlichsten. Dementsprechend ist auch der Einkaufsetat zu gewichten. Bei backlistorientierten Buchhandlungen kann er sich auf bis zu 70 Prozent des Einkaufsbudgets belaufen.

Aktionseinkauf

Der Aktionseinkauf bezieht sich auf Waren, die nur temporär in das Sortiment aufgenommen werden. Häufig wird dieser Begriff mit (Schaufenster-)Aktionen der Verlage assoziiert. Dabei gibt es auch Aktionen, die vom Sortiment ausgehen, wie im Falle von eigenen Veranstaltungen / Events.

Häufig bemüht man sich bei Aktionseinkäufen um werbliche Kooperationen mit den Lieferanten, wie dies bei gut umgesetzten Sales-Promotion-Aktionen (siehe Kap. 10.9) geschieht. Diese funktionieren nach dem Prinzip ›Geben-und-Nehmen‹. Der Händler bietet dem Verlag lukrative Plätze in seinem Geschäft an und unterstützt die Aktion mit dem Einsatz weiterer Werbemittel. Der Verlag unterstützt den Händler bei der Aktion mit Werbemitteln und/oder einem Werbekostenzuschuss und gewährt bessere Konditionen als im Normalfall. So ist es durchaus üblich, dass die Buchhandlung bei einer Lesung bis zu 50 Prozent Aktionsrabatt, ein längeres Zahlungsziel und ein volles Rückgaberecht für nicht verkaufte Exemplare erhält. Doch nicht nur für Lesungen gilt: Ziel eines jeden Aktionseinkaufs sollte es sein, für Abwechslung im Geschäft zu sorgen, dabei das Lagerrisiko aber von vornherein so zu begrenzen, dass erst nach Abschluss der Aktion die verkaufte Ware bezahlt wird und Lagerüberhänge durch Remissionsrecht vermieden werden.

Besorgungsgeschäft

Zu jeder Buchhandlung gehört neben dem Lagergeschäft das Besorgungsgeschäft: die zentrale Servicefunktion (siehe Kap. 2.6). Dieses ›Durchlaufgeschäft‹, zu dem man alle einzelnen Kundenbestellungen, aber auch das gesamte Rechnungsgeschäft (siehe Kap. 2.1.2) zählt, macht im Durchschnitt 30 Prozent des Umsatzes aus, wobei der Prozentsatz – je nach Größe und Sortimentsausrichtung – auch bei 5 Prozent oder 70 Prozent liegen kann.

In diesem Zusammenhang erstaunt die häufig zu konstatierende ›lieblose‹ Abwicklung des Verkaufs bestellter Bücher über das Abholfach. Dieses wird häufig ausschließlich als ein Regal mit einzelnen Regalböden benutzt, in dem aus organisationstechnischen Gründen die bestellten Bücher täglich nach dem Kundenalphabet immer neu sortiert werden. Nur selten wird der Käufer auf den für Kunden keineswegs selbstverständlichen buchhändlerischen Service hingewiesen: »Wir besorgen Ihnen Hunderttausende Bücher von heute auf morgen, 2,5 Millionen Bücher binnen einer Woche und 25 Millionen Bücher antiquarisch«. Wenn Online-Buchhändler auf diesen Service hinweisen – warum nicht auch das klassische Sortiment? Denn sollte der über das Abholfach generierte Umsatz einmal einbrechen, fehlt der notwendige Liquiditätszufluss für laufende Ausgaben und damit die Möglichkeit einer kostengünstigen Finanzierung des eigenen Lagersortiments.

7.2 Die Wahl der Bezugsquelle – Verlag oder Barsortiment?

Bestellanlässe sagen noch nichts über die Wahl der Bezugsquelle aus. Hier stehen dem Sortimenter **drei Einkaufsalternativen** zur Verfügung: der Verlag als Produzent und Hersteller, das Barsortiment (oder Importeure) als Großhändler mit Bündelungsfunktion (siehe Kap. 1.2.1.1) oder der Bezug über zum Teil genossenschaftlich organisierte Einkaufsverbünde bzw. Einkaufsgemeinschaften (siehe Kap. 1.3.2), wobei selbstverständlich auch Mischformen möglich sind. Der Kölner Betriebsvergleich ermittelte für das Geschäftsjahr 2017 die Relation Verlag (60 Prozent) – Großhandel (34 Prozent) – Einkaufsgenossenschaften (6 Prozent). Das von vielen Buchhandlungen praktizierte Einkaufssplitting wird durch das in der nachstehenden Übersicht skizzierte Bestellverhalten erklärt.

Verlag als Bezugsquelle	Barsortiment als Bezugsquelle
Größere Lagerbestellungen bei A- oder B-Verlagen, sofern ein ökonomisch vertretbarer Bestellwert erreicht wird	Einzelbestellungen für das **Abholfach**
Bestellungen der **Novitäten** über den Verlagsvertreter	**Kleinere Lagerbestellungen,** sofern beim Verlag kein ökonomisch vertretbarer Bestellwert erreicht wird
Bestellungen anlässlich gemeinsamer **Aktionen** (Schaufenster, Lesungen etc.) – auch wegen kostenloser Werbemittel, Give Aways oder wegen des Deko-Materials	**Eilige** Bestellungen von tagesaktueller Bedeutung
Einzelbestellungen von Titeln, die das Barsortiment nicht am Lager führt	Bestellungen unter den Gesichtspunkten der **Bündelung** und **Arbeitserleichterung (Prozessoptimierung)**
Längere Zahlungsziele, vor allem Valuta	

Kurzgefasst: Da Verlage traditionell besser rabattieren, wird so viel wie möglich bei ihnen bestellt. Dies betrifft vor allem größere Bestellvolumina, die beim Novitäten- oder Backlisteinkauf oder bei anstehenden Aktionen anfallen. Einzelbestellungen sollten hingegen nur dann beim Verlag bestellt werden, wenn der Großhändler den entsprechenden Titel nicht führt oder wenn zwischen Verlag und Sortiment besondere (Konditionen-)Vereinbarungen bestehen. Das Barsortiment gilt als bevorzugte Bezugsquelle für Einzelbestellungen, da es zum Originalverlagsgrundrabatt liefert. Aufgrund der schnellen Zustellzeit dient es darüber hinaus als Lieferant tagesaktueller Titel. Diese und weitere Pluspunkte für einen Barsortimentsbezug sind bereits im Kapitel 1.2.1.1 thematisiert worden.

Allerdings lässt sich die Frage ›Verlag oder Barsortiment?‹ nicht nur mit dem Hinweis auf Rabatte und Schnelligkeit beantworten, denn weitere Faktoren, wie Warenbezugskosten, Zins- und Lagerkosten, Buchhaltungsaufwand, Remissionsmöglichkeiten, Lagerauszeichnungshilfen sowie Skonto- und/oder Bonusgewährung, sind ebenfalls zu berücksichtigen. Und so bestellen Buchhandlungen, die im Rahmen der Beschaffungsorganisation den Gesichtspunkt der Arbeitserleichterung in den Vordergrund stellen, konsequent bei den Adressen, bei denen eine **Bündelung** in Aussicht steht. Dies sind zunächst einmal die Läger der Barsortimente, ggf. ein eigenes Genossenschaftslager, Verlagsauslieferungen, die verlagsübergreifend fakturieren, oder Verlage bzw. Verlagsgruppen, die über ihre Auslieferung eine Versand- oder Fakturgemeinschaft anbieten (siehe Kap. 1.2.2.1). Und so gibt es durchaus Unternehmen, die 80 Prozent ihres Warenbezugs über Verlage abwickeln, und solche, die 80 Prozent ihres Bestellvolumens über ein Barsortiment generieren.

Die Frage **Verlag oder Barsortiment?** führte zu Beginn dieses Jahrhunderts zu einer tiefgreifenden, branchenpolitischen Diskussion, die ab der fünften Auflage des *ABC des Zwischenbuchhandels* unter dem Stichwort **Rabattfalle** Eingang in die Diskussion um optimale Bezugsquellen gefunden hat. Worum ging und geht es? Vordergründig und historisch bedingt ist das ökonomische Denken der Buchhändler durch Rabatte bestimmt. Dies liegt zum großen Teil an der Buchpreisbindung, die den Buchhändler nur in Ausnahmefällen zur Kalkulation zwingt. Dementsprechend waren für ganze Buchhändlergenerationen Rabatte der ausschlaggebende Faktor für ein rentables Betriebsergebnis.Im Rahmen des ›neuen Denkens‹ spielen Rabatte zwar weiterhin eine bedeutende Rolle, aber eben nur als ein(!) Rentabilitätsbaustein. Um diesen Aspekt zu konkretisieren: Bei Verlagen, bei denen man für das Lager einkauft (A- und B-Verlage) erhält man höhere Rabatte. Was nutzen aber diese höheren Rabatte, wenn an anderen Stellen höhere Kosten entstehen? 10 bis 12 Prozentpunkte Mehr-Rabatt beim Verlagsbezug sind schnell verbraucht, wenn man den entgangenen Barsortiments-Bonus sowie die Kosten dagegen stellt, die bei Verlagsbestellungen für Vertreterbesuche, Transportgebühren, Wareneingang, Buchhaltung und Remissionen entstehen. Da gilt es zu rechnen, und selbst für größere Buchhandlungen kann es lukrativ sein, verstärkt über ein Barsortiment zu bestellen. Zugespitzt lautet die Frage zur Einkaufsentscheidung: Mehr Rabatte und höhere Kosten oder weniger Rabatte, dafür aber auch weniger Kosten? Denn ›unter dem Strich‹ zählt das operative Betriebsergebnis.

7.3 Verlagsbezug über Verlagsvertreter

Steigenden Umsatzanteilen zugunsten des Barsortiments und der Einkaufsgenossenschaften zum Trotz: Das Gros der Buchhandlungen bestellt sein Kernsortiment weiterhin bei den Verlagen. Hier liegen für das Backlistgeschäft Daten der Warenwirtschaft und mitunter automatisierte Bestellroutinen vor, während Novitäten vorrangig über den Außendienst der Verlage bezogen werden. In diesem Zusammenhang sind Vertreter als die ›dritte Kraft‹ im Buchhandel ein nicht zu unterschätzendes Bindeglied zwischen dem herstellenden Buchhandel und dem Bucheinzelhandel.

Im Vorfeld entscheidet jedoch die Vertriebsabteilung der Verlage, welche Unternehmen überhaupt vom Außendienst besucht werden. Denn der Vertrieb segmentiert die Kunden des Verlags mittels einer A-B-C-Analyse. Die für den Verlagserfolg wichtigen Schlüsselkunden (= A-Kunden) werden durch spezielle Key-Accounter betreut, sofern diese Aufgabe nicht vom Vertriebsleiter persönlich wahrgenommen wird; er ist für Jahresgespräche und größere Aktionen/Einkäufe im Laufe des Jahres zuständig. Die zahlreichen Klein(st)buchhandlungen (= C-Kunden), die bei Einzelaufträgen kaum relevante Verlagsumsätze tätigen, bleiben bei der Reiseplanung unberücksichtigt; sie können ihre Bestellungen zu Vertreterkonditionen direkt an den Verlag übermitteln. Die mittelgroßen Buchhandlungen (= B-Kunden), deren Anzahl durchaus noch in die Hunderte geht, werden von den Verlagsvertretern besucht, die entweder als Reisende oder als freie Handelsvertreter unterwegs sind.

Der **Reisende** ist mit festem Gehalt bei den Verlagen angestellt und hat als deren Arbeitnehmer Anspruch auf gesetzliche und betriebliche Sozialleistungen. Er ist unmittelbar weisungsgebunden und erhält in der Regel einen Provisionserlös bei verstärkten Verkaufsaktivitäten. Der **freie Handelsvertreter** hingegen ist als selbstständiger Kaufmann weniger weisungsgebunden und bestreitet seinen Lebensunterhalt ausschließlich vom Provisionserlös. Er reist fast immer für mehrere Verlage, deren Programme sich nicht überschneiden sollten, um so möglichst viele Buchhandlungen besuchen zu können.

Der Vertreter ist auf der einen Seite in den Vertrieb der Verlage eingebunden und besitzt Informationen über Marktdaten im Allgemeinen und über das lieferbare und geplante Programm im Besonderen. Auf der anderen Seite muss er auf die Besonderheiten der einzelnen Buchhandlungen eingehen können und ist vor allem bei kleineren Buchhandlungen bei der Auswahl ihres Sortiments behilflich. Regelmäßig besucht er die in seinem Reisegebiet tätigen Kunden während seiner zweimal im Jahr stattfindenden ›Reisezeit‹ (›Frühjahrsreise‹ zwischen Januar und März; ›Herbstreise‹ zwischen Juni und August), was nicht ausschließt, dass er wichtige Kunden häufiger besucht – vor allem noch einmal vor dem Weihnachtsgeschäft. Das Gespräch mit den Kunden ist ein wichtiges Feedback-Instrument für den Verlag.

Der Vertreter hat eine doppelte Aufgabe. Originär ist seine Funktion als Verkäufer. Gerade an diesem Punkt zeigt sich, wie intensiv er sich mit den unterschiedlichen Kunden in seinem Reisegebiet beschäftigen muss. Verkauft er ihnen zu wenig, so entgeht ihm möglicher Umsatz. Wenn er jedoch mehr verkauft, als der Markt verkraftet, so muss er sich mit dem leidigen Problem der Remittenden auseinandersetzen, die seinen Erlös durch nachträgliche Entprovisionierung schmälern. Immer wichtiger jedoch wird seine ›Hermes-Funktion‹ – soll er doch, in dieser Funktion dem früheren Götterboten gleich, neben den Produkten des Verlags auch dessen Marketingaktivitäten vermitteln. Dadurch wird er mehr als ein Verkäufer; denn er vermittelt Informationen über Werbeschwerpunkte und sonstige absatzfördernde Maßnahmen, die weit über die Informationen in den Verlagsvorschauen hinausgehen. Das ideale Selbstverständnis eines Vertreters liegt demnach in der Kombination von optimaler Information und maßgeschneidertem Verkauf.

Der vom Verlag bzw. dessen Vertreter gewährte **Reiserabatt** stellt die ökonomische Existenzgrundlage der meisten Sortimentsbuchhandlungen dar. Deshalb sollte der Buchhändler zur Vorbereitung eines effektiven Gesprächs seine ›Hausaufgaben‹ machen. Zu diesen Tätigkeiten gehören u. a.:

- sich vorab durch Vorschauen, Leseexemplare oder buchhändlerische Fachinformationen (siehe Kap. 5.7.6) print und online (VLB-Tix o. Ä.) über die Novitäten informieren;
- vorläufige Bestellzahlen notieren;
- ggf. individuelle Liefertermine notieren (Lieferung sofort oder Terminkauf zu einem späteren Termin);
- das Einkaufslimit festlegen;
- Absatzzahlen aus seiner Warenwirtschaft ermitteln, um ggf. ›Renner‹ nachzubestellen oder ›Penner‹ für eine Remissionsgenehmigung bereitzulegen;
- Konditionen überprüfen, um auf günstigere Leistungen bei guter Geschäftsentwicklung hinzuwirken;
- sich über die geplanten verkaufsfördernden Maßnahmen (Lesereisen, Aktionen) informieren, um entsprechende Termine zu buchen;
- festlegen, in welchem Ausmaß Werbematerialien (Prospekte etc.) zu bestellen sind;
- etwaige Beschwerdepunkte zurechtlegen (lange Lieferzeiten, Unstimmigkeiten im Zusammenhang mit dem vorherigen Auftrag etc.).

Vertreterbörse

Viele Sortimenter führen das Vertretergespräch nicht mehr in ihren eigenen Geschäftsräumen, sondern besuchen Vertreterbörsen. Auf solchen regional durchgeführten Veranstaltungen finden sich zahlreiche Vertreter der bedeutenden Publikumsverlage an einem Wochenende ein. Die Gespräche sind halbstündlich bzw. stündlich getaktet und terminiert, sodass zahlreiche Lagerverlage an einem Tag ›abgearbeitet‹ werden können.

Der Sortimenter muss also nicht mehr viele Stunden während seiner Ladenöffnungszeit mit den Vertretern verhandeln, und die Vertreter können ihre Reiseroute straffen. So gesehen kann das magische Einkaufsdreieck ›Zeitaufwand – Informationsinput – ökonomischer Nutzen‹ sinnvoll optimiert werden. Allerdings verliert der Vertreter den unmittelbaren Kontakt zum Ladengeschäft und dessen Platzierungsmöglichkeiten. Aus diesem Grund plädieren viele Sortimenter für ein Einkaufssplitting: einmal im Jahr zur Börse und einmal der Empfang des Vertreters im eigenen Ladengeschäft.

Größere Buchhandlungen lösen dieses Problem durch Hausbörsen. In diesem Fall werden die Vertreter aller wichtigen Lagerverlage gezielt eingeladen. Wegen des straffen Zeitplans – selbst große Verlagshäuser erhalten selten mehr als eine Stunde Zeit zum Vorstellen ihres Programms – stehen verkaufsfördernde Maßnahmen sowie der Werbekostenzuschuss (WKZ) im Vordergrund.

7.4 Einkaufskonditionen

Eine Buchhandlung erwirtschaftet ihre Rendite durch den Ein- und Weiterverkauf ihres Sortiments. Die für die Branche so wichtige Preisbindung birgt jedoch in kaufmännischer Hinsicht gravierende Beschränkungen. Denn die gebundenen Ladenpreise haben Höchstpreisfunktion. Somit bleibt die kaufmännische Kalkulation auf den Bereich nicht-preisgebundener Waren beschränkt. Deshalb muss der Buchhändler sein kaufmännisches Geschick bei preisgebundenen Verlagserzeugnissen zwangsläufig auf die Einkaufskonditionen richten, worunter man die Bedingungen (lat. conditio = Bedingung) versteht, zu denen er bei Herstellern und Großhändlern Ware bezieht. Dabei geht es für ihn vor allem um drei Nutzeffekte:

- **Verbesserung des Rohgewinns** durch höhere Rabatte, geringe Bezugskosten und Ausnutzung von Skonto;
- **Verbesserung der betrieblichen Liquidität** durch längere Zahlungsziele und Valuta seitens der Verlage;
- **Minderung des Lagerrisikos** durch spezielle Bezugsformen, wie Remissions- oder Umtauschrecht.

7.4.1 Rabatte

Die Frage nach der Höhe des Verlagsrabatts muss ausgehend vom **Originalverlagsgrundrabatt**, dem Grundrabatt der Verlage, geklärt werden, zu dem auch der Großhandel beim Einzelbezug liefert (siehe Kap. 1.2.1.1). Innerhalb einer gewissen Rabattspreizung (Spielraum zwischen dem niedrigen Grund- und dem Höchstrabatt der Verlage) spielt sich das Rabatt-Szenario der Verlage ab. Aufgrund ihrer Hoheit über Konditionen gewähren die herstellenden Unternehmen in Form von Reise-, Messe-, Natural-, Staffel- und Aktionsrabatten höchst unterschiedliche Rabatte.

Reise- und Messerabatt

Der **Reise-** bzw. **Vertreterrabatt** erhöht den Grundrabatt um rund 10 Prozent. Bei Publikumsverlagen liegt er bei 40 Prozent, bei Fachverlagen erreicht er 35 Prozent. Dieser Rabatt hat eine ›Türöffnungs‹-Funktion, denn die Verlage können über die Vertreter ihre (neue) Produktion im Rahmen ihres Push-Marketings in das Sortiment hineinverkaufen. Der Reiserabatt setzt übrigens keinen Vertreterbesuch voraus. Reiseaufträge und Ergänzungen zu Reiseaufträgen können durchaus auch ›zwischendurch‹ aufgegeben werden.

Genauso unabhängig vom Bestellvolumen wie der Reiserabatt ist der **Messerabatt.** Da aber die Messe in erster Linie nicht mehr als eine Einkaufsmesse, sondern in verstärktem Maße als Präsentations- und Lizenzmesse anzusehen ist, verliert der traditionelle Messerabatt seine frühere exponierte Stellung. Er entspricht in der Regel dem Reiserabatt.

Naturalrabatt

Einem Naturalrabatt begegnet man in Form der **Partie.** Hier erhöht sich der Rabatt durch Freiexemplare (Naturalien) eines Titels. Publikumsverlage bieten Partien über 11/10 an, das heißt, es werden 11 Exemplare geliefert, jedoch nur 10 berechnet. Wissenschaftliche Verlage gewähren unterschiedliche Partiebezüge, gängig ist 7/6, aber auch 6/5 ist anzutreffen. Welche Auswirkungen dieses Freiexemplar auf den Effektivrabatt hat, verdeutlicht die Übersicht auf der Folgeseite.

Doch Vorsicht! Eine Partie sollte nur dann bezogen werden, wenn die bestellten Exemplare binnen kurzer Zeit (spätestens binnen drei Monaten) verkauft werden können. Ansonsten sind die Lagerkosten höher als der zusätzliche Rabattgewinn. Um in Anbetracht dieser Situation dennoch einen verstärkten Kaufanreiz zu bieten, propagieren zahlreiche Verlage das Modell der

Partiebezug bei Publikumsverlagen	Partiebezug bei wissenschaftlichen Verlagen
Vertreterrabatt: 40 %, Partie 11/10	Vertreterrabatt: 30 %, Partie 7/6
10 Expl. à 40 % = 400 % 1 Expl. à 100 % = 100 %	6 Expl. à 30 % = 180 % 1 Expl. à 100 % = 100 %
11 Expl. = 500 %	7 Expl. = 280 %
500 % : 11 = 45,45 % Effektivrabatt	280 % : 7 = 40 % Effektivrabatt

Partieergänzung (PE). In diesem Fall bestellt die Buchhandlung zunächst 5 Exemplare eines Titels mit Reiserabatt. Wenn der Titel schnell verkauft wird, kann er unter Angabe des Erstbezugsdatums nach der Verkehrsordnung § 3 Abs. 5 innerhalb von 6 Monaten eine zweite Bestellung über 6/5 Expl. aufgeben – es sei denn, der Verlag hat einen kürzeren Zeitraum festgelegt. Hier wird die Partie 11/10 also erst bei der zweiten Bestellung komplettiert.

Von einer **Reizpartie** spricht man, wenn bei größeren Bestellmengen zusätzliche Freiexemplare gewährt werden. Derartige Reizpartien sind vor allem bei Publikumsverlagen anzutreffen, die 23/20 (statt 22/20), 35/30 (statt 33/30), 58/50 bzw. 59/50 (statt 55/50), 120/100 oder ein Mehrfaches davon anbieten.

Eine **gemischte Partie** bedeutet, dass sich die Partie auf verschiedene Titel einer Verlagsproduktion bezieht. Häufig sind gemischte Partien bei Verlagsreihen mit vereinheitlichtem Preis und bei Kalenderverlagen anzutreffen.

Einige Publikumsverlage haben in den letzten Jahren den Partie-Verkauf aufgrund des aufwändigen Handlings zugunsten von Staffelrabatt-Lösungen aufgegeben. Als Vorreiter dieser Entwicklung sind die Random-House-Verlage zu nennen. Denn warum nicht 45 Prozent bei einer Abmenge von 10 Exemplaren? Das ist einfacher als Partie-Lösungen, die sich spätestens bei einer anstehenden Remission als kompliziert herausstellen.

Staffelrabatt

Bei einem **Staffelrabatt** ist der Rabatt an die bestellte Menge gekoppelt. Er kann für einzelne Titel, komplette Reihen oder den gesamten Jahresumsatz gelten. Auch Barsortimente bieten Staffelrabatte für einzelne Titel an. Damit wollen sie eine höhere Bündelung erreichen.

Werden einzelne (Schriften-)Reihen oder ähnliche Verlagseinheiten komplett vom verbreitenden Buchhandel abgenommen, so bedeutet das für den Verlag einen garantierten Mindestabsatz. Aufgrund besserer Kalkulationsgrundlagen bietet er einen höheren Rabatt an: den **Fortsetzungsrabatt**, der je nach Höhe der Fortsetzung gestaffelt ist. Der Begriff Fortsetzung ist eng mit dem Begriff ›standing order‹ verknüpft. Standing order besagt, dass der Buchhändler sich zur Abnahme bestimmter Verlagseinheiten (Programmbereiche oder Reihen) verpflichtet, ohne die Titel einzeln bestellen zu müssen. Während der Begriff standing order häufig im Fachbuchbereich anzutreffen ist, wird der Begriff Fortsetzung eher im allgemeinen Sortiment und hier vor allem bei Taschenbuchverlagen verwendet. Beide Begriffe signalisieren ausschließlich ein Reihen-Abonnement und sagen nichts über die jeweils ausgehandelte Bezugsform (siehe Kap. 7.4.3) aus.

Der umsatzbezogene **Abschlussrabatt** wird bei größeren Auftragsvolumina gewährt und erhöht de facto häufig den 40 Prozent-Reiserabatt. Man kennt ihn auch als **Jahresabschluss,** wenn sich der Buchhändler verpflichtet, binnen 12 Monaten einen im Voraus festgelegten Umsatz zu erreichen. Im Taschenbuchbereich gilt ein derartiger Abschlussrabatt auf alle Bestellungen: auf Fortsetzungsbezüge, Reiseaufträge, Lagerergänzungen, ggf. auch auf Sondereditionen. Der Abschlusszeitraum richtet sich entweder nach dem Kalenderjahr oder für die Zeit vom 1. April bis zum 31. März des Folgejahres. Der Jahresabschluss gilt übrigens immer remittendenbereinigt, von den Einkäufen werden also die Remittenden abgezogen. Bei Nicht-Erreichen des vereinbarten Jahresumsatzes behält sich der Verlag vor, die Differenz zwischen dem Abschlussrabatt und der de facto erreichten Abschlussstaffel nachzubelasten. Er kann aber auch kulant sein und nur eine Neueinstufung vornehmen.

ab 3.000,– € netto = 40 %
ab 5.000,– € netto = 42 %
ab 8.000,– € netto = 44 %
ab 10.000,– € netto = 47 %

Bedeutet der Abschlussrabatt eine Vereinbarung im Voraus, so stellt der **Bonus** eine Form der rückwirkenden Vergütung dar. Selbst wenn der Bonus zu Beginn eines Geschäftsjahres vereinbart worden sein sollte, so wird er doch erst nach Abschluss des Jahres – meist in Form einer Gutschrift – gewährt.

Der **Aktionsrabatt** gilt zeitlich begrenzt. Er wird für Aktionspakete gewährt sowie für den Warenbezug im Rahmen von Veranstaltungen, die den Absatz der Bücher fördern (Events, Lesungen, Signierstunden o. Ä.) und erreicht Größenordnungen bis zu 50 Prozent. Dabei ist es zweitrangig, ob der Verlag oder das Sortiment die jeweilige Aktion initiiert hat.

7.4.2 Zahlungsbedingungen

Obwohl die jüngste Fassung der Verkehrsordnung Zahlungskonditionen nicht mehr ausdrücklich thematisiert, haben sie im täglichen Geschäftsverkehr wegen der Steuerung der Liquidität eine nicht unerhebliche Funktion.

Zu unterscheiden sind: Skonto, Ziel, Valuta und in gewisser Hinsicht auch das BAG-Abrechnungsverfahren, da hier im Rahmen der Zahlungsabwicklung Fristen verlängert werden.

Ziel und Skonto

Von **Ziel** (30, 60, 90 oder auch 120 Tage) spricht man, wenn der Rechnungsbetrag nicht sofort, sondern erst zu dem vereinbarten Zeitpunkt bezahlt sein muss. ›Ziel 30 Tage‹ besagt, dass der zu bezahlende Betrag am 30. Tag nach Rechnungsdatum beim Lieferanten eingehen muss.

Damit der Buchhändler aber trotz verlängerter Zahlungsziele relativ schnell zahlt, räumen viele Lieferanten **Skonto** bei Zahlung binnen weniger Tage ein, denn Skonto sichert ihnen Liquidität. Und den Buchhandlungen Rentabilität – muss man hinzufügen. So lohnt es sich für den Buchhändler bei den derzeit geltenden Zinssätzen immer, Skonto auszunutzen. Denn bei einer Vereinbarung von ›30 Tage Ziel oder 2 Prozent Skonto bei Zahlung binnen 10 Tagen‹ bedeuten die 2 Prozent Ersparnis für 20 Tage (10. bis 30. Tag ab Rechnungsdatum) einen effektiven Jahreszinssatz von 36,5 Prozent, wenn man der Berechnung 365 Tage im Jahr zugrunde legt. Da die Kontokorrentkredite deutlich niedriger liegen, ist sogar eine kurzfristige Kreditaufnahme zu empfehlen.

Valuta

Auch **Valuta** ist eine Form der Kreditierung; auch hier besteht das Vertrauen eines Verlages in die Zahlungsfähigkeit und -willigkeit des Buchhändlers. Valuta bedeutet in der Banksprache ›Wertstellung‹ und kann mit ›gedankliche Verschiebung des Rechnungsdatums‹ erklärt werden. Denn erst nach Ablauf des Valutazeitraumes beginnt das Zahlungsprozedere mit Skonto- oder Zielfrist. Während die Zahlung mit Ziel Skonto ausschließt, kann Skonto ohne weiteres zuzüglich Valuta vereinbart werden. Bei einem Valutazeitraum von 60 oder 90 Tagen ist die Wahrscheinlichkeit, dass die Bücher dem Verlag erst nach ihrem Verkauf an das Publikum bezahlt werden, nicht eben gering. Es versteht sich, dass Verlage fast ausschließlich bei großen Bestellmengen, vor allem beim Novitätenbezug diese Vorzugskondition einräumen, sofern sie nicht im Rahmen konstanter Jahreskonditionen festgeschrieben ist.

BAG-Abrechnungsverfahren

Das BAG-Abrechnungsverfahren wird seit 2014 von der Buchwert GmbH praktiziert. Die Abkürzung BAG steht für einen früheren Wirtschaftsbetrieb des Börsenvereins: die Buchhändlerische Abrechnungsgesellschaft. Diese wurde 2010 an die DZB Bank, eine zur ANWRgroup gehörende Spezialbank für Handel und mittelständische Unternehmen, verkauft. Im Jahre 2014 gründeten die Verbundgruppen ANWRgroup (Mainhausen) und ek/servicegroup (Bielefeld) die Buchwert GmbH & Co. KG und brachten ihre jeweiligen Buchsparten ›BAG‹ und ›Buch- und Marketing GmbH‹ als jeweils eigenständige Geschäftsbereiche in das neue Unternehmen ein. Fortan werden bei Buchwert zwei Abrechnungsarten unter einem Dach angeboten: im **Geschäftsbereich 1** die **BAG** (das klassische Zahlungs-Clearing als Ausgleich von Forderungen zwischen herstellendem und verbreitendem Buchhandel) und im Geschäftsbereich 2 die Verbund-Abrechnung (die Zentralregulierung mit Delkredere-Abrechnung).

Das Prozedere des BAG-Abrechnungsverfahrens funktioniert wie folgt: Verlage (keine Barsortimente) übergeben im 14-tägigen Turnus an die Buchwert | Geschäftsbereich 1: BAG alle an Buchhandlungen in Rechnung gestellten Forderungen und bekommen sie nach Fälligkeit in einer Summe ausbezahlt. Buchhandlungen ihrerseits erhalten im Rahmen des BAG-Abrechnungsverfahrens eine(!) Sammelabrechnung für viele Verlags-Einzelrechnungen und gleichen sie mit nur einer(!) Zahlung aus. Wichtig: Die BAG hat eine reine Zahlungsclearing-Funktion, das unternehmerische Risiko für Zahlungsausfälle bleibt bei den jeweiligen Verlagen. Denn nach nicht erfolgter Zahlung und erfolgloser 3-maliger Mahnung schlüsselt die BAG die Fakturen an die jeweiligen Verlage zurück, die dann ihrerseits schauen müssen, das Geld direkt bei der betreffenden Buchhandlung anzumahnen und ggf. ›einzutreiben‹.

Die Teilnehmer am BAG-Abrechnungsverfahren erhalten zweimal monatlich, zum 15. bzw. zum Monatsletzten (Ultimo), eine Sammelabrechnung sowie eine Gesamtübersicht über die bei Lieferanten ausstehenden Zahlungen, die sog. Valuten-Vorschau. Der jeweils zu den zwei Abrechnungsstichtagen aufgelaufene und fällige Zahlbetrag wird von der DZB Bank per Sepa-Firmenlastschrift-Mandat in einer Summe eingezogen. Diese Sammelabrechnung hat **Grundbuchfunktion**. So werden mit nur zwei Buchungen im Monat anlässlich der beiden Zahltermine alle(!) Rechnungen und Gutschriften verbucht und die damit verbundenen buchhalterischen Kosten auf ein Minimum reduziert.

Buchhandlungen zahlen für das BAG-Zahlungsclearing jährlich eine geringe Kontoführungspauschale (2018: Börsenvereinsmitglieder 60,00 EUR jährlich, Nicht-Mitglieder des Börsenvereins 304,00 EUR jährlich). Weitere Fixkosten fallen nicht an, allenfalls können Verzugszinsen (bei Zahlungsverzug) oder Vorfälligkeitsentgelte (für skontobegünstigte Beträge) entstehen. Die von den Verlagen zugesicherten Zahlungskonditionen bleiben in jedem Fall erhalten und werden in vielen Fällen sogar verbessert. Denn beim näheren Hinsehen entdeckt man, dass sich – aufgrund der festgelegten Abrechnungsstichtage – Skonto-, Ziel- und Valutatermine zugunsten der Buchhandlung verlängern. So wird eine zum 8. eines Monats fällige Verlagsrechnung zum 15. des Monats abgerechnet, eine zum 19. des Monats fällige Rechnung zum Monatsende. Weitere Informationen zur ›BAG‹ sowie Muster für Kontoauszüge und Buchungsvorschläge findet man in *Rechnungswesen im Buchhandel.*

7.4.3 Bezugsformen

Die im Buchhandel am häufigsten anzutreffende Bezugsform ist der **Fest-Bezug.** Hier verpflichtet sich der Sortimenter zur Abnahme der bestellten Ware und zur rechtzeitigen Bezahlung der entstandenen Verbindlichkeiten. Um sein Lagerrisiko zu mindern, ist der Buchhändler jedoch darum bemüht, mit anderen Bezugsformen zu bestellen, die im Folgenden erklärt sind.

Standing order

Die Bezugsform **standing order** kann man, wie den **Fortsetzungsbezug,** als eine Art Dauerauftrag bezeichnen. Gemäß einer Standing-Order-Vereinbarung schickt der Verlag sofort nach Erscheinen vor allem die Neuauflagen der bereits im Handel befindlichen Titel sowie Neuerscheinungen aus vereinbarten Produktlinien an den Händler. Diese Bezugsform bietet vor allem für den wissenschaftlichen Buchhandel sowie für spezialisierte Abteilungen im Fachbuchbereich den Vorteil, dass die Aktualität des Lagers gewährleistet ist. Eine Standing-Order-Lieferung kann – je nach Vereinbarung mit dem Verlag – fest, fest mit RR oder auch àc erfolgen. Ausführungen zum Fortsetzungsrabatt stehen im Abschnitt über Staffelrabatte (siehe Kap. 7.4.1).

Fest mit RR

Fest mit RR (Remissionsrecht) besagt, dass der Buchhändler nach einem vereinbarten Zeitraum Bücher, die er bezogen hat, zurückschicken darf. Gewährt der Lieferant RR, so muss er auf der Rechnung den Rücksendungstermin angeben, der nicht unter 60 Tagen nach Rechnungsdatum liegen sollte (Verkehrsordnung §6 Abs. 1). Weichen Zahlungsziel und Remissionszeitpunkt voneinander ab (beispielsweise 30 Tage Ziel und 60 Tage RR), erhält der Buchhändler für die zwischenzeitlich geleistete Zahlung eine Gutschrift. Sinnvollerweise sind RR- und Zahlungszielfristen aber identisch. Dieses Verfahren wird beispielsweise immer häufiger bei zeitlich befristeten Aktionen angewandt. Nach dem Ende der Aktion stellt sich dann bei ›60 Tagen Ziel und RR‹ die Alternative: verkaufte Ware bezahlen oder Bücher zurücksenden.

Fest mit UR

Fest mit UR (Umtauschrecht) bedeutet, dass der Sortimenter die Ware gemäß den vereinbarten Zahlungsbedingungen bezahlt, sich aber vorbehält, Titel, die bei ihm – aus welchen Gründen auch immer – nicht verkäuflich sind, gegen andere Titel des Verlagsprogramms umzutauschen. Er remittiert bei gleichzeitiger Aufgabe einer Ersatzbestellung. Der Verlag erteilt für die Remission eine Gutschrift und liefert die Ersatzbestellung in fester Rechnung.

Vereinbarungen über RR und UR bieten dem Sortimenter einen nützlichen Nebeneffekt. Da eine etwaige Remission bereits bei der Bestellaufgabe vereinbart worden ist, handelt es sich nun nicht mehr um ›nicht genehmigte Remittenden‹ und der Verlag kann die Sendung nicht zurückweisen (Verkehrsordnung § 6 Abs. 2a)

Bedingt-Bezug / àc-Bezug

Der Bedingt-Bezug / àc-Bezug, nach dem Bücher **in Kommission** gehalten werden, war früher handelsüblich, stellt heute jedoch eher eine Ausnahme im Warenbezug dar. In der Verkehrsordnung für den Buchhandel findet deshalb diese Bezugsform auch keine Erwähnung mehr. àc, das traditionelle Kürzel für den Bedingt-Bezug, steht für ›à condition qu'on le vende‹: Titel werden unter der Bedingung ans Lager genommen, dass man sie verkaufen möge – bei späterer Abrechnung. Im Falle des àc-Bezugs ist der Buchhändler Kommissionär nach dem HGB und handelt in eigenem Namen, aber auf fremde Rechnung.

Die Bücher kommen mit Lieferschein und werden in einer Art Vor-Buchhaltung verwaltet. Am Ende einer Abrechnungsperiode – bei wissenschaftlichen Verlagen in der Regel ein Kalenderjahr – rechnet die Buchhandlung ab. Die verkaufte Ware wird dem Verlag gemäß der im Vorfeld vereinbarten Liefer- und Zahlungsbedingungen bezahlt (man spricht von ›fest übernehmen‹). Die nicht verkaufte Ware wird entweder mit einfachem Remissionslieferschein an den Verlag zurückgeschickt, oder sie wird, wenn man ihr noch Verkaufschancen einräumt, ›disponiert‹. Disponierte Bücher bleiben unbezahlt (der Lieferschein hat weiterhin Gültigkeit) in den Beständen des Sortiments und werden bei der nächsten Abrechnung bezahlt, remittiert oder wiederum disponiert.

Die meisten Verlage haben das aufwändige und Vertrauen fordernde àc-Geschäft (manche Buchhändler disponieren trotz Verkauf der Ware) inzwischen aufgegeben. Um trotzdem ihre – teilweise sehr hochpreisige – Ware im Handel zu wissen, bieten sie dem Sortiment als Ersatz ein langes Zahlungsziel und großzügige Remissionsfristen an.

7.4.4
Bezugskosten

Bezugskosten bei Verlagsbezügen gelten als ›Renditekiller‹. Nur bei Sonderaktionen des Verlags, wie der ›Schnellschiene‹ im Weihnachtsgeschäft, stehen sie im Vorfeld fest. Denn hier ist ein fixer Kilopreis Bestandteil der Bezugsbedingungen. Der Verlag lässt dann über private Paketdienste zustellen. Das ist jedoch nicht die Regel.

Der Regelfall ist vielmehr folgender: Buchhandlungen bestellen beim Verlag oder beim Vertreter, und die Sendung wird dann über den Büchersammelverkehr (siehe Kap. 1.2.2.2) zugestellt. Das ist bei größeren Bestellmengen völlig unproblematisch, weil hier die 5-Kilo-Gewichtsgrenze erreicht wird, ab der die Kosten für den Warenbezug preiswert werden. Problematisch wird es jedoch bei kleineren Bestellvolumina: bei der Zusendung von Novitäten, die einzeln (nicht gebündelt) an den Handel aus- bzw. nachgeliefert werden, oder bei kleineren Lagerergänzungen und Novitäten-Bestellmengen. Hier entstehen zahlreiche Kleinsendungen, was die *Logistikumfrage* des Börsenvereins jährlich aufs Neue belegt. Und damit hohe Kosten.

Was ist zu tun? – Bewusster bestellen, auch im Hinblick auf das Gewicht der Sendung. Ferner: Auch beim Bezug der Novitäten Konditionen festlegen, die die eigenen Kosten gering halten. Gängige Vereinbarungen in diesem Zusammenhang sind:
- Portoersatz durch Freiexemplare bestellter(!) Titel,
- Bezugskostenbonus in Prozent vom Bestellwert des Gesamtauftrags,
- portofreie Lieferung bei größeren Lageraufträgen,
- portofreie Lieferung bei Nachlieferungen.

Regellieferant ist der **Büchersammelverkehr**, der die nach Kilogramm gestaffelten Gebühren entfernungsunabhängig berechnet. Nutzt eine Buchhandlung auch andere Zustelldienste, so verringert sich zwangsläufig das Gesamt-Gewichtsvolumen, und es fehlen unter Umständen entscheidende Kilo für den nächstgünstigeren Staffelpreis des Büchersammelverkehrs. Nun muss der Buchhändler rechnen und entscheiden. Aber er sollte dabei nicht nur auf seine Kosten schauen, sondern er muss auch das Bündelungspotenzial durch die Anlieferung von nur einem (Haupt-)Lieferanten, den Personaleinsatzplan im Wareneingang u. a. m. berücksichtigen.

Im Einzelfall ist allerdings zu überlegen, ob man von einer Regelbelieferung durch den Büchersammelverkehr absieht. Das kann **Kleinst- und Großsendungen** gleichermaßen betreffen. Denn bei Sendungen bis 1.000 Gramm ist ab 2020 eventuell das Postprodukt **Bücher- und Warensendung** (siehe Kap. 9.3) eine Alternative und bei sehr schweren Sendungen, wie im Falle von Schulbuchlieferungen, mag die Buchhandlung mitunter den Transport mittels Speditionsunternehmen oder Frachtsendungen (Deutsche Bahn AG) in Erwägung ziehen. Die weiter oben beschriebenen Konsequenzen für den Staffelpreis des Büchersammelverkehrs sollte man dabei aber nicht vergessen.

Natürlich bleibt es jedem Sortimenter unbenommen, bestellte Ware im Falle örtlicher Nähe durch den eigenen Fahrer selbst abzuholen. Je nach Absprache wird der Fahrer den Verlag, dessen Auslieferung und im Extremfall sogar dessen Druckerei anfahren. Die Versandanweisung heißt in diesem Fall folgerichtig **Selbstabholer**.

Laut § 15 Abs. 1 der Verkehrsordnung bestimmt der Sortimenter, da er die Zustellkosten trägt, den Versandweg. Falls der Verlag diese Anweisung jedoch nicht befolgt, muss er nach § 16 Abs. 1 nachweisbare Mehrkosten übernehmen. Der Verlag darf übrigens nur die reinen Porto- bzw. nachweisbaren Frachtkosten in Rechnung stellen. Die Position **Verpackungsmaterial** hat auf Verlagsrechnungen nichts zu suchen. Der Sortimentsbuchhändler hat ein Anrecht darauf, entsprechend ausgewiesene Beträge nicht zu bezahlen.

7.4.5 Werbekostenzuschuss (WKZ)

Es liegt auf der Hand, dass die Marktführer für ihre Distributionsleistung die ›besten‹ Einkaufskonditionen fordern. Da ihnen aber die klassischen Konditionen selten ausreichen, stellen sie zusätzliche Forderungen in Form eines Werbekostenzuschusses, kurz WKZ genannt. Sofern es um spezielle Zuwendungen für das Spitzentitelgeschäft geht, mag das Gerangel um Zuschüsse noch angehen. Aber wenn Unternehmen ganze Rolltreppenanlagen in neuen Häusern mit Hilfe von Verlagsgeldern finanzieren wollen, ist Zweifel daran angebracht, ob es sich hierbei noch um eine warenbezogene Kondition handelt oder ob nicht vielmehr eine Finanzierungsleistung für die Expansionsbestrebungen des Gesamtunternehmens vorliegt. Wie dem auch sei: Die ›Großen‹ erhalten nicht nur wegen der Menge, sondern auch wegen des geringen Aufwandes für Zentrallagertitel und zentralen Wareneingang die ›besten‹ Konditionen. Damit wird reine Größe belohnt – und die ökonomische Kluft zu kleineren und mittleren Firmen vergrößert.

Der Werbekostenzuschuss berechnet sich in Prozent vom Ladenpreis. Er wird in der Regel für Titel gewährt, die in Katalogen beworben und gleichzeitig in den Läden prominent präsentiert werden. De facto kommt er einer Rabatterhöhung gleich. Ob der WKZ darüber hinaus für den Gesamteinkauf gilt oder sogar nach dem Marktanteil des Unternehmens berechnet wird, darüber entscheiden die Jahresgespräche zwischen Einkaufsleitung und Key Accounter (siehe Kap. 7.3), deren Einzelheiten nicht veröffentlicht werden.

Werbekostenzuschüsse gibt es auch für kleinere Unternehmen. Nur nicht in so spektakulärem Ausmaß. Aber es gibt durchaus Verlage, die in Anerkennung des Engagements einer Buchhandlung, z. B. für einen selbst gestalteten

Weihnachtskatalog, freiwillig kostenlose Belegexemplare versenden, die dann zum gebundenen Ladenpreis verkauft werden. Von Werbekostenzuschüssen spricht man auch, wenn die Buchhandlung in einer Anzeige einen Verlagstitel prominent bewirbt und sich die Kosten für die Anzeige mit dem Verlag teilt. Der Komplex WKZ ist also, um einmal die Formulierung des alten Briest aus Fontanes Roman *Effi Briest* zu zitieren, durchaus »ein weites Feld«.

7.4.6 Jahreskonditionen

Seit Mitte der 1980er-Jahre werden im Buchhandel zunehmend Jahreskonditionen vereinbart. Darunter versteht man Absprachen über Konditionen, die für jeden Warenbezug im Laufe des Geschäftsjahres gelten. Hierbei handelt es sich um einen Konditionen-Mix, der nicht nur die traditionellen Konditionen Rabatte, Bezugsformen, Bezugskosten und Zahlungsbedingungen berücksichtigt, sondern darüber hinaus auch Aspekte der Verkaufsförderung und den Werbekostenzuschuss bzw. vergleichbare Vergünstigungen bei einer für beide Vertragspartner lukrativen Zusammenarbeit.

Derartige Modelle, eines liegt beispielhaft in der Gegenüberstellung ›Pflichten des Verlages – Pflichten der Buchhandlung‹ vor, dominieren mittlerweile in unterschiedlichsten Detailausprägungen den Konditionen-Alltag. Allerdings funktionieren sie nur dann, wenn beide Vertragspartner in einer Win-Win-Situation an einem gegenseitigen Nehmen und Geben interessiert sind. Für die Buchhandlung geht es dabei um das eingangs dieses Kapitels Gesagte: Es geht um die Verbesserung des Rohgewinns durch günstigen Warenbezug und Werbekostenzuschüsse, um die Verbesserung der betrieblichen Liquidität und um die Minderung des Lagerrisikos.

Pflichten des Verlages	**Pflichten der Buchhandlung**
Jahresabschlussrabatt ... %	Mindestumsatz pro Jahr/pro Auftrag
Portobeteiligung ... % vom Warenbezug	regelmäßiger Vertreterempfang
... Tage Ziel, 2 % Skonto	verkaufswirksame Präsentation
Bei Bestellungen ab ... EUR: ... Tage Valuta	Remission nicht vor einem Jahr
Remissionsannahme nach einem Jahr ohne vorherige Genehmigung	Beteiligung an den Werbeaktionen des Verlages
Abwicklung von Privatbestellungen über die Partnerbuchhandlungen	Mindestpräsenzpflicht für Taschenbücher 6 Monate
Kostenloser Firmeneindruck in Werbemitteln	Akzeptieren von Unverlangtsendungen bei Schnellschüssen
Werbekostenzuschüsse über ... %	

Fragen zu Kapitel 7

7.1 Im Ausbildungsrahmenplan finden Sie den Satz »die Sortimentsstruktur, insbesondere anhand der Marktausrichtung sowie Breite und Tiefe, beurteilen«. Beurteilen Sie die Sortimentsstruktur Ihrer Buchhandlung anhand folgender Fragen:
Welche Märkte und Zielgruppen bedient Ihre Buchhandlung?
Wie breit und wie tief ist das Sortiment angelegt?
Wie würden Sie die USP Ihrer Buchhandlung beschreiben?

7.2 Nennen Sie vier Faktoren, die Ihre Sortimentsstruktur beeinflussen.

7.3 Erläutern Sie zwei nicht-preisgebundene Produkte in Bezug auf ihre wirtschaftliche Bedeutung.

7.4 Erläutern Sie, inwiefern die Preisstruktur Ihres Non-Book-Angebots profilbildend wirken kann.

7.5 Bei einer antiquarischen Recherche lag das günstigste Angebot bei 19,00 € (inkl. USt.) zuzüglich Versandkosten (2,20 € zuzüglich USt). Der Rechnungsbetrag beläuft sich auf 21,35 €. Ihre Buchhandlung kalkuliert antiquarische Titel mit 40 % Geschäftskosten und 20 % Gewinnaufschlag. Kalkulieren Sie den Verkaufspreis, indem Sie den rechnerisch ermittelten Betrag auf 10 Cent auf- bzw. abrunden.

7.6 Ihre Buchhandlung bezieht Lesezeichen zu einem Stückpreis von 0,70 € (= Bezugspreis) und möchte sie für 2,99 € anbieten. Bei diesem niedrigpreisigen Artikel möchte man mit einem Gewinnaufschlag von 200 % operieren; die Geschäftskosten werden mit 40 % angesetzt. Begründen Sie, ob der geplante Angebotspreis zu realisieren ist.

7.7 Welche Funktion hat der Kalkulationsfaktor?

7.8 Sie wollen Buchstützen zu einem Set-Preis von 24,90 € anbieten. Berechnen Sie die Höhe Ihrer Handelsspanne, wenn das Set im Einkauf für 9,00 € (netto) zuzüglich 4,00 € Bezugskosten (netto) angeboten wird und die Geschäftskosten in Ihrer Buchhandlung mit 40 % angesetzt werden. Runden Sie Ihr Ergebnis auf eine Stelle hinter dem Komma.

7.9 Rechnerisch kalkulierte Non-Book-Preise entsprechen nicht immer den Preisen, zu denen das Produkt am Markt angeboten wird. Nennen Sie drei Gründe dafür.

7.10 Beschreiben Sie das Kernsortiment und das Aktionssortiment einer Buchhandlung anhand von jeweils zwei Merkmalen.

7.11 Erläutern Sie die Begriffe ›problematische‹ bzw. ›schwierige‹ Verlagserzeugnisse in Bezug auf ihre Absatzchancen.

7.12 Erläutern Sie in Stichworten die ›Kunst des Einkaufs‹.

7.13 Im Buchhandel unterscheidet man vier Bestellanlässe. Erläutern Sie diese.

7.14 Erläutern Sie die Formulierung ›absatzorientierter Einkauf‹.

7.15 Nennen Sie vier Einkaufskriterien, die Sie Ihrem Lagereinkauf zugrunde legen können.

7.16 Der Börsenverein empfiehlt seinen Mitgliedern gewisse Fristen, die die Verweildauer der Titel in den Buchhandlungen betreffen. Wie lang sollten Hardcoverausgaben bzw. Taschenbücher im Sortiment bevorratet werden, bevor eine Remission in Erwägung gezogen wird?

7.17 Aktionseinkäufe vereinbart man von langer Hand mit den Lieferanten. Bei den Konditionen versucht man darauf hinzuwirken, dass die Buchhandlung kein Lagerrisiko übernimmt. Nennen Sie zwei Konditionen, die hierzu beitragen.

7.18 Erläutern Sie das Phänomen ›Rabattfalle‹ im Zusammenhang mit der Bezugsquellenwahl ›Verlag oder Barsortiment?‹.

7.19 Hinsichtlich welcher zwei Einzelkonditionen sind die Verlage den Barsortimenten weit überlegen?

7.20 Die Realität sieht so aus, dass – sofern das Kernsortiment über Verlage bezogen wird – eine Buchhandlung Novitäten über Verlagsvertreter bestellt. Erläutern Sie den Unterschied zwischen freien Handelsvertretern und Reisenden der Verlage.

7.21 Erläutern Sie die Aufgaben eines Key-Accounters.

7.22 Das Aufgabenspektrum der Verlagsvertreter hat sich in den letzten Jahren gewandelt. Erläutern Sie diese Aussage anhand von zwei Aspekten.

7.23 Der Vertreter eines Publikumsverlags kommt in 14 Tagen. Nennen Sie sieben vorbereitende Tätigkeiten.

7.24 Nehmen Sie zu der These Stellung: »Vertreterbörsen sind ein sinnvoller Ersatz für Vertreterbesuche in der Buchhandlung.«

7.25 Die Buchhandlung möchte ein Maximum an besten Konditionen aushandeln. Erläutern Sie die betriebswirtschaftlichen Nutzeffekte im Hinblick auf folgende Konditionen:
Fest mit RR, Aktionsrabatt, Valuta.

7.26 Erläutern Sie, warum die Vereinbarung ›60 Tage Ziel, 60 Tage RR‹ günstiger ist als ›30 Tage Ziel, 60 Tage RR‹.

7.27 Errechnen Sie den Effektivrabatt bei den Reizpartien 23/20 und 59/50 bei einem Reiserabatt in Höhe von 40 %. Runden Sie Ihr Ergebnis auf eine Stelle hinter dem Komma.

7.28 Erläutern Sie den Unterschied zwischen einem Jahresabschluss(rabatt) und einem Bonus.

7.29 Eine Rechnung ist auf den 18. Juni datiert. Sie nutzen die Zahlungsmöglichkeit ›60 Tage Valuta, 30 Tage Ziel und 2 % Skonto bei Zahlung binnen 10 Tagen‹ rentabilitätstechnisch zu Ihren Gunsten aus und lassen über BAG einziehen. Zu welchem Buchwert-Abrechnungstermin wird die Rechnung fällig?

7.30 Erläutern Sie die Aussage: Die BAG-Sammelabrechnung hat Grundbuchfunktion.

7.31 Sie diskutieren in Ihrer Buchhandlung über eine mögliche Senkung Ihrer Bezugskosten. Schlagen Sie drei Maßnahmen unter dem Gesichtspunkt einer konsequenten Bündelung vor.

7.32 Erklären Sie den Unterschied zwischen Fest mit RR und Fest mit UR.

7.33 Ihre Buchhandlung möchte mit A-Verlagen einen WKZ vereinbaren. Nennen Sie zwei wiederkehrende Ereignisse, bei denen eine Kostenbeteiligung der Verlage sinnvoll erscheint.

7.34 Ihre Buchhandlung möchte A-Verlagen ein Modell für Jahreskonditionen vorlegen. Nennen Sie sechs Punkte, die Sie vertraglich festlegen möchten.

7.35 Einkaufsverbünde bzw. Einkaufsgemeinschaften gelten als beliebte und akzeptierte Einkaufsmodelle. Recherchieren Sie über das Internet öffentlich zugängliche Modelle von zwei Verbundgruppen, die im Kapitel 1.3.2 kurz vorgestellt wurden. Vergleichen Sie deren Leistungen in einer tabellarischen Übersicht.

8
Warenwirtschaft und Lagerlogistik

Warenwirtschaft und Lagerlogistik

Aus: Ausbildungsrahmenplan für die Berufsausbildung zum Buchhändler und zur Buchhändlerin | Sachliche Gliederung (§ 4 Absatz 2 Abschnitt A Nummer 3.1 bis 3.3)

WARENWIRTSCHAFT

- Grundsätze, Aufgaben und Ziele der Warenwirtschaft erläutern, das Warenwirtschaftssystem des Ausbildungsbetriebes nutzen;
- Zyklus eines Bestellvorganges anhand der Warenwirtschaft beschreiben;
- Warengruppen anhand der Warengruppensystematik als Teil des betrieblichen Warensortimentes unterscheiden;
- Bestände erfassen und kontrollieren.

WARENEINGANG

- Ware annehmen, Lieferungen nach Art, Menge und auf offene Mängel prüfen, bei Beanstandungen Maßnahmen einleiten;
- Rechnungen und Lieferscheine mit den Bestell- und Wareneingangsdaten vergleichen und auf Richtigkeit prüfen, Abweichungen und Unstimmigkeiten klären;
- Ware auszeichnen.

LAGERLOGISTIK

- bei der Lagerverwaltung des Ausbildungsbetriebes mitwirken und die Lagerorganisation des Ausbildungsbetriebes begründen;
- Methoden der Lagerhaltung, Lagerbereinigung, insbesondere Remissionen, unterscheiden und anwenden;
- bei der Inventur mitwirken, rechtliche Vorschriften beachten, zur Vermeidung von Inventurdifferenzen beitragen.

Der Einkauf findet zunehmend unter betriebswirtschaftlichen Gesichtspunkten statt. Die Tendenz weg von der individuellen Produktorientierung einzelner Einkäufer hin zu einer von den Medien gesteuerten Marktorientierung inklusive Bestsellerlisten-Geschäft scheint unumkehrbar. EDV- bzw. IT-Auswertungen liefern Lagerkennziffern, die – aus dem Funktionsbereich Absatz gewonnen – zunehmend auf Einkaufsentscheidungen und Maßnahmen zur Lagerkontrolle Einfluss gewinnen. Während Verkaufsdaten der Backlisttitel Entscheidungshilfen über deren weiteren Verbleib als Lagertitel bieten, beeinflussen Budgetvorgaben den Einkauf der Novitäten. Das Zauberwort **Controlling** bedeutet dabei nicht Kontrolle, sondern lässt sich am besten mit den Begriffen ›Regeln‹ oder ›Steuern‹ übersetzen. Controlling dient demnach nicht einer nachträglichen Kontrolle, sondern leistet als Steuerungsinstrument wichtige Hilfestellungen bei der Vorbereitung zukunftsorientierter Entscheidungen, so auch für den Einkauf.

Lagerkontrolle und **Lagerplanung** gehören unstrittig zu den wichtigen Führungsinstrumenten – dienen sie doch dazu, die Zeitdauer zwischen Einkauf und Absatz überschaubar zu halten, am Lager gebundenes (oder totes) Kapital zu ermitteln und damit die Liquidität des Unternehmens zu sichern.

Das Kernstück betrieblicher Organisation bildet in den meisten Sortimentsbuchhandlungen ein **Warenwirtschaftssystem (WWS).** Hier werden die Bestände vom Wareneingang bis hin zum Verkauf bzw. zur Remission lückenlos erfasst und verfolgt. Dadurch kann der Sortimenter sein Lager ständig kontrollieren und sich jederzeit per Mausklick einen Überblick darüber verschaffen, wie viele Titel er am Lager hat und welche Bestandswerte für einzelne Titel oder Warengruppen vorliegen, was einer permanenten Inventur nahekommt (siehe Kap. 8.5). Das ist aber nur ein Rationalisierungsaspekt der Warenwirtschaftssysteme, denn die EDV bietet zahlreiche weitere Abfragemöglichkeiten und Statistiken.

Die Titel- und Verlaufskontrolle, auch **Warenkreislauf** genannt, beginnt in vielen Buchhandlungen im Wareneingang. Spätestens hier muss jeder Artikel codiert vorliegen bzw. codiert werden, damit er im System registriert und auffindbar ist. Hier steht der Etikettendrucker – für die Ware, die noch betriebsintern codiert werden muss, oder für die Buchhandlungen, denen die EAN-Codierung auf der U4 (vierte Umschlagseite) oder die aufgeklebten Eti-

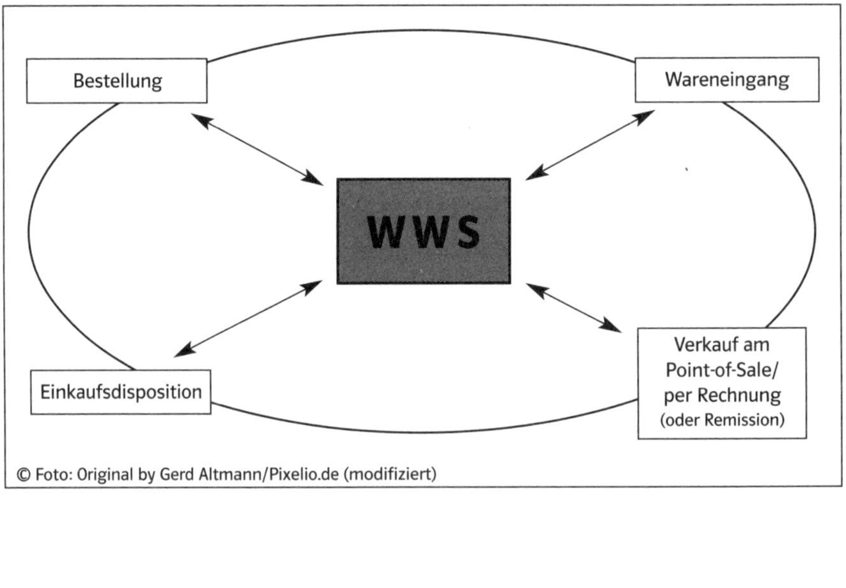

© Foto: Original by Gerd Altmann/Pixelio.de (modifiziert)

ketten der Lieferanten nicht genügen. Neue Titel können aber auch bereits vor Erstanlieferung angelegt worden sein. So erfolgt beim Arbeiten mit VLB-TIX (siehe Kap. 5.7.2) das elektronische Anlegen des Titels direkt bei der Eingabe der Erstbestellung. Alternativ wird der Barcode direkt im Anschluss an den Einkauf aus den Programmvorschauen eingescannt oder er wird durch die automatisiert übermittelten elektronischen Lieferscheine (ELS) oder Rechnungen der Lieferanten ins System eingespielt.

Dem Check-in-System im Wareneingang entspricht ein Check-out-System im Warenausgang. Scangeräte erfassen die nach Verkauf oder nach Remission ausscheidenden Bestände, sodass unmittelbar der neue Lagerbestand angegeben werden kann. Auf diese Weise entstehen differenzierte Statistiken im Hinblick auf Titel, Umsatz, Lieferanten, (anstehende) Aufträge / Bestellungen und Kunden. Durch die lückenlose Datentransparenz und die nahezu unbegrenzten Möglichkeiten der Datenverknüpfung erzielt man zahlreiche Rationalisierungseffekte, die in der folgenden Übersicht zusammengefasst sind.

Rationalisierungspotenziale durch Warenwirtschaftssysteme

LAGERAUFNAHME
Die klassische Lageraufnahme am Regal wird hinfällig. Als Vorbereitung zu einem Vertretergespräch können ›auf Knopfdruck‹ Titel-, Absatz-, Konditionen- und Lieferantenstatistiken ausgedruckt werden, die die vorrätigen und verkauften Titel gleichermaßen erfassen.

LAGERBESTANDSLISTEN
Die Lagerbestandslisten können nach Vorgabe des Buchhändlers erstellt werden.
So besitzt der Sortimenter sein standardisiertes Formular statt vieler unterschiedlicher Lieferantenformulare und erfasst schnell alle Warenbestände hinsichtlich Titel, Menge und Wert (Einkaufs- und Verkaufswerte, inkl. oder exkl. Umsatzsteuer.)
So genannte ›Renner- und Pennerlisten‹ machen Ladenhüter schnell aus, erleichtern das Remissionswesen und ermöglichen ein kundenorientiertes Angebot.

WARENEINGANG
Der Wareneingang (siehe Kap. 8.2) findet doppelt statt: zum einen physisch durch Entnahme der Titel aus Wannen und Kartonagen und Zuordnung zu den einzelnen Abteilungen bzw. zum Abholfach, zum anderen digital anhand elektronischer Lieferscheine und Rechnungen. Auch hier finden Kontrollen statt, wie die Überprüfung der bestellten Titel, der Liefermenge und der Konditionen.

VERKAUFSLISTEN
Die Verkaufslisten können wie die Bestandslisten nach unterschiedlichen Kriterien angefertigt werden: nach Verlagen und Titeln, nach Warengruppen, nach Menge und

Wert und nach Zeiträumen (interessant für den Abverkaufszeitraum von Novitäten). Ferner sind Verkaufslisten ein Hilfsmittel zur täglichen Lagerergänzung aus dem Ersatzlager und werden in diesem Zusammenhang auch ›Nachräumlisten‹ genannt. Betriebsinterne ›Hitlisten‹ sorgen für den rechtzeitigen Nachbezug gut gehender Titel, die ständig vorrätig sein müssen.

DISPOSITIONSLISTE (DISPO)

Verkaufte Titel werden über Verkaufslisten erfasst, und der Buchhändler entscheidet spätestens, wenn der Mindestbestand erreicht ist, welcher Titel in welcher Stückzahl nachbestellt werden soll. Als Entscheidungsgrundlage wird ihm hierbei – je nach Systemvoraussetzung auch filialübergreifend – angezeigt:

- der aktuelle Bestand,
- die Einkäufe der letzten Zeit,
- die Anzahl der laufenden Bestellungen,
- Remittenden,
- Außenstände in Filialen und bereits vorgemerkte Exemplare.

Dies gewährleistet eine kontinuierliche und rentable Lagerergänzung. Die Dispo-Listen können nach Erreichen eines definierten Bestellwertes automatisch an den Verlag oder dessen Auslieferung weitergeleitet werden.

KASSIERVORGÄNGE UND FAKTURIERUNG

Die Kassenvorgänge vollziehen sich durch Scanner- oder Funktechnik beschleunigter und weniger fehlerhaft. Etwaige Preisdifferenzen werden schnell erkannt, Quittungsbelege mit Titeln können per Knopfdruck ausgestellt werden u. a. m.

Bei der Fakturierung können Sonderwünsche effizienter bewältigt werden. Dies gilt nicht nur für ›traditionelle‹ Besonderheiten, wie die Hinterlegung abweichender Lieferadressen oder Bibliotheksnachlässe, sondern auch für ›moderne‹, wie Berechnung und Ausweis der USt bei Bundles, Beachtung der Steuer- und Postvorschriften im internationalen Geschäftsverkehr (EU und Nicht-EU), Archivierungspflichten u. a. m.

STATISTIKEN, INVENTUR UND KENNZIFFERN

Die mit geringem Aufwand erstellten Lager- und Verkaufsstatistiken bieten die Möglichkeit einer ständigen Lagerkontrolle. Der Sortimenter erhält die aufgelaufenen und tagesaktuellen Lagerbestände ebenso wie die (kumulierten) Umsätze. Die stichtagsgenaue Erfassung des Warenbestandes ist nicht nur am Tag der Inventur, sondern permanent möglich. Aus Umsatz und durchschnittlichem Lagerbestand errechnen sich die Lagerumschlagsgeschwindigkeit und weitere Lagerkennziffern.

WERBESELEKTION UND KUNDENMANAGEMENT (CRM)

Aufgrund der Verknüpfungsmöglichkeit des Bestellverwaltungsmoduls mit der Kundenadressverwaltung können Kundenprofile erstellt werden (Kunde x kauft häufig Bücher aus dem Gebiet y). Dadurch wird die Buchhandlung in die Lage versetzt, Mailings oder Newsletter ohne Streuverlust zielgruppengenau als effizientes Werbemittel einzusetzen. Customer-Relationship-Management (CRM) nennt man automatisierte Systeme im Rahmen des kundenorientierten Beziehungs-Marketings.

»Wiederholungen und Routinen an die Maschine delegieren.« So formuliert es René Kohl in seiner 2015 für den Sortimenter-Ausschuss verfassten Publikation *Software für den Buchhandel*. Damit meint er zum einen die genannten Aufgaben eines komplex aufgebauten Warenwirtschaftssystems: so generiert man Verlagsadressen, Kundenspecials, Titelangaben, Bankverbindungen etc. ohne größeren Aufwand per Knopfdruck bzw. Mausclick aus dem System. Zum anderen bietet die Technik Schnittstellen zu ›auswärtigen‹ Systemen, die zur Erfüllung des buchhändlerischen Tagesgeschäfts notwendig sind. Hier seine Aufstellung notwendiger **Schnittstellen**:

- Bibliografie / Katalog Schnittstellen zu Branchenverzeichnissen und Preis-Upgrade-Dateien;
- Lieferanten Schnittstellen zu Lieferanten (Verlage, Verlagsauslieferungen, Barsortimenten) zur Lieferbarkeitsabfrage, Bestellübermittlung und ELS-Versand (elektronische Lieferscheine und Meldenummern);
- Online-Shop Schnittstellen zum Online-Shop mit integriertem E-Book-Vertrieb, zu Antiquariatsplattformen und weiteren Online-Anbietern;
- Customer-Relationship-Management (CRM) Schnittstellen zur Kundenkommunikation inkl. Social-Media-Plattformen und Newslettersoftware, zu E-Mail-Optionen und Kurznachrichtendiensten;
- Office-Anwendungen Schnittstellen zu Office-Anwendungen und Serienbrieffunktion;
- Zahlungssysteme Schnittstellen zum electronic banking und anderen Bezahlsystemen;
- Buchhaltung Schnittstellen zur Finanzbuchhaltung;
- Versand Schnittstellen zu Speditions-Dienstleistern (DHL, DPD etc.);
- Archivierung Schnittstellen zu einem Dokumentenarchiv, Inventurarchiven, Kunden- und Artikelarchiven.

Obwohl die Segnungen der Warenwirtschaftssysteme unumstritten sind – den automatisierten Einkauf können sie nicht leisten. Sowohl für die Backlist, aber vor allem für die Novitäten gilt weiterhin das buchhändlerische Fingerspitzengefühl beim Erfassen neuer oder saisonaler Trends, beim Umgang mit Preisverleihungen und Medientiteln sowie beim Aufspüren neu zu entdeckender Autoren. Somit werden die subjektiven Komponenten im Bestellverhalten durch die Warenwirtschaft nicht eliminiert, aber ihnen werden sinnvolle objektive Kontrollinstrumente zur Seite gestellt.

Die folgenden Ausführungen orientieren sich am Warenkreislauf. Sie beginnen mit dem Bestellvorgang (Kap. 8.1), thematisieren anschließend den Wareneingang (Kap. 8.2) und schließen mit der Bestandsverwaltung (Kap. 8.3). Oder anders ausgedrückt: auf ›Ware bestellen‹ folgt ›Ware annehmen‹ und ›Bestände verwalten‹. Dass sich Lagerbewegungen und Bestandsänderungen selten auf das Gesamtlager beziehen, sondern immer auch für einzelne Geschäftsfelder spezifisch ausgewertet werden können, versteht sich von selbst. In dieser Hinsicht sind vor allem die Warengruppen (siehe Kap. 3) von besonderer Bedeutung. Denn sie bilden die Grundlage der betrieblichen Feindifferenzierung und sind für Einkaufsverantwortlichkeit, Platzierungsoptionen und Kassenstatistiken gleichermaßen wichtig.

8.1 Bestellvorgang

Die technisch-organisatorischen Schritte eines Bestellvorgangs mögen zwar identisch sein – es geht immer darum, Daten zu erfassen, sie ins System einzugeben und dann abzusetzen (zur Bestellung freizugeben) – aber ›Bestellung‹ ist nicht gleich ›Bestellung‹. Dies belegen allein die vier unterschiedlichen Bestellanlässe (siehe Kap. 7.1), die im Folgenden aus methodischen Gründen auf zwei reduziert werden. Einerseits bestellt man Ware für das Lager, andererseits werden Bestellungen im Rahmen des Besorgungsgeschäfts (siehe Kap. 2.6.1) ausgeführt. Zum einen wird also Kapital ins Warenlager investiert, um Kunden ein am Markt ausgerichtetes Sortiment anzubieten, zum anderen spielen Aspekte der Vorfinanzierung des Warenlagers kaum eine Rolle. Umsatzerlöse und(!) Lagerkosten werden also aus zwei höchst unterschiedlichen Quellen generiert: über das Warenlager und über das Durchlaufgeschäft. Aus diesem Grund ist es sinnvoll, Lager- und Kundenbestellungen grundlegend zu trennen; dies gilt vor allem für die Budgetplanung.

Der Punkt ›Bestellung‹ weist im § 5 der Verkehrsordnung (siehe Anhang) zehn Unterpunkte auf. Sie betreffen Regelungen in Bezug auf die Rechtsgültigkeit einer Bestellung, deren fristgerechte Ausführung seitens der Lieferanten, Kosten für die Bestellübermittlung u. a. m.

8.1.1 Kundenbestellungen

Für das Besorgungsgeschäft benötigt man (mitunter detaillierte) kundenbezogene Daten, egal ob die Bestellung via Mail, Telefon, Twitter, Whatsapp oder Webshop eingeht oder im Laden aufgenommen wird. Natürlich sind die Eingabefelder durch die Bestellmaske vorgegeben, oder sie sind schnell auf einem Bestellzettel notiert. Die nachstehende Auflistung stellt einen Maximalkatalog dar, mit dessen Hilfe auch komplexe Bestellvorgänge im Abonnementgeschäft erledigt werden können. Auf Bestimmungen im Hinblick auf den Schutz personenbezogener Daten ist bereits im Kapitel 4.3.6 eingegangen worden.

Kundenbezogene Daten bei der Bestellaufnahme

NAME DES KUNDEN

ANSCHRIFT(EN)
Bestellanschrift,
Rechnungsanschrift,
Lieferanschrift.

BEZUGSFORM
fest, zur Ansicht, mit RR.

ANZAHL DER GEWÜNSCHTEN EXEMPLARE
1 Exemplar für den Kunden (und ein weiteres für das Lager?).

ZUSTELLMODUS
Kunde holt ab,
Zustellung durch Boten,
Zustellung per Post,
Direkteinweisung (vom Verlag direkt zum Kunden oder im Auftrag des Kunden an Dritte).

BEZAHLUNGSMODUS
Zahlung nach Empfang in bar,
Lieferschein,
Rechnung (Anzahl der Rechnungsexemplare notieren),
Bankeinzug,
Nachnahme,
Monatskonto,
ggf. Anzahlung bzw. Höhe der Anzahlung.

SERVICE
telefonische Benachrichtigung,
schriftliche Benachrichtigung (per Karte, E-Mail, Social Media etc.),
Vormerk-Service.

Für die Bearbeitung der Bestellung erhält der Verlag bzw. dessen Auslieferung auftragsbezogen zusätzliche Informationen wie Verkehrsnummer, Bestelldatum, Hinweise auf die spätere Zahlungsabwicklung (BAG-Hinweis) und selbstverständlich Objektdaten wie Verfasser, Titel, ISBN etc. (Im Falle einer Abonnement(ab)bestellung sollte man sicherheitshalber auch die Höhe der ab dann geltenden Bestellmenge angeben.) Der Nachname oder die Anfangsbuchstaben des Bestellers dienen in der Regel als **Bestellzeichen**, die dazu dienen, das Buch und den dazugehörigen Vorgang leicht aufzufinden – entweder im System oder im Abholfach (siehe Kap. 8.2.6). Auch chronologisch fortlaufend vergebene Nummern können diese Funktion erfüllen.

Anschließend wird die Bestellung abgesetzt oder aber zur Weiterleitung freigegeben, was betriebsintern automatisiert an bestimmte ›Abruftermine‹ seitens der Bestellanstalt (Clearing Center siehe Kap. 1.2.2.3). verknüpft sein kann. Der Zeitpunkt des letzten Bestellabrufs erfolgt dabei in direktem Zusammenhang mit der Tour des Bücherwagens. Denn die Dienstleistung der Barsortimente ›Heute bestellt – morgen geliefert‹ kann nur eingehalten werden, wenn die Bestell- und Lagerlogistik auch auf die Logistik des Transportweges abgestimmt ist.

Selbst im Zeitalter nummerischer Bestellzeichen werden immer noch vereinzelt ›Klartextbestellungen‹ in Schriftform an Verlage übermittelt. Das Resultat: Die Bestellbearbeitung dauert länger. So mag beispielsweise eine Mail-Bestellung binnen kurzer Zeit auf dem Bildschirm des Sachbearbeiters erscheinen, allerdings muss sie dort noch für das weitere Bestellprocedere nach- bzw. aufbereitet werden. Dies gilt ebenso für postalisch zugesandte Reiseauftragsformulare anlässlich von Lagerbestellungen.

Exkurs: Verwaltung von Zeitschriften und Fortsetzungswerken

Bestellungen für Zeitschriften und Fortsetzungswerke (siehe Kap. 2.1.2 und 2.1.3) erfordern eine besondere Behandlung. Deshalb werden sie in der Regel in einem separaten Modul des Warenwirtschaftssystems bearbeitet. Hier ruft man nach eingegangener Bestellung zunächst die **Titelmaske/Titeldatei** auf bzw. legt bei einer Erstbestellung einen entsprechenden Datensatz an. Die Titelmaske verzeichnet alle Daten, die unmittelbar mit dem Objekt oder aber mit der Geschäftsbeziehung zwischen Buchhandlung und Verlag zu tun haben. Im Einzelnen sind dies Angaben über Titel, ISBN, Verlag bzw. Auslieferung, Bezugsweg, Preis (auch etwaige Sonderpreise), Rabattstaffeln, Anzahl der bestellten Exemplare, Kündigungsfristen u.a.m. Bei Zeitschriften wird darüber hinaus die Erscheinungsweise sowie die ISSN, bei Fortsetzungen evtl. der geplante Umfang des Gesamtwerkes notiert.

Ebenfalls vermerkt ist die Anzahl der Bezieher, für die es jedoch je Kunde eigene Dateien mit je individuellen kundenbezogenen Daten gibt; diese werden im Wareneingang dann nacheinander abgearbeitet. Nach erfolgter Bearbeitung des Vorgangs werden hier auch die Rechnungsbeträge notiert.

8.1.2 Lagerbestellungen

Den Bestellzeichen für Kunden im Besorgungsgeschäft entsprechen im Rahmen des Lagereinkaufs Bezeichnungen für Warengruppen oder Aktionswaren oder eigens hierfür definierte Zeichen- und/oder Nummernkombinationen. Ansonsten gleicht der technische Bestellvorgang dem der Kundenbestellungen. Mit vielleicht einem Unterschied. Da Bestellungen für das Lager nicht in allen Fällen von heute auf morgen erforderlich sind, können sie in der ›Dispo‹ geparkt (siehe Parkmodelle im Kap. 1.2.2.2) und erst ab einem definierten Bestellwert abgesetzt werden. Dadurch entstehen keine kostenintensiven Kleinbeischlüsse.

In den folgenden Ausführungen stehen Fragen zur Budgetierung und zur Lagerumschlagsgeschwindigkeit im Vordergrund, die gleichermaßen für das Novitäten- und das Backlistgeschäft von elementarer Bedeutung sind. Die Aktionsware (siehe Kap. 7.1) wird nicht näher thematisiert; denn sie birgt, sofern die Aktion zeitlich befristet ist, in der Regel kein Lagerrisiko. Wenn die Aktion abgeschlossen ist, muss es für das Geschäft heißen: verkaufte Ware bezahlen, nicht verkaufte Ware remittieren. Andere Entscheidungen und Maßnahmen sind im Einzelfall zu begründen.

Budgetierung

Der Etat, der für den künftigen Einkauf zur Verfügung steht, wird anhand der Einkaufswerte des vergangenen Geschäftsjahres ermittelt. Dabei handelt es sich um ein Gesamtbudget, das auf einzelne Warengruppen verteilt und in einem weiteren Planungsschritt firmenindividuell festgelegten Einkaufszeiträumen zugeordnet wird. Nur eine Position darf zur Berechnung des Einkaufsbudgets nicht herangezogen werden: der Durchlaufgeschäft-Umsatz in Form von Kundenbestellungen und des gesamten Rechnungsgeschäfts. Denn diese Umsätze sind bis auf wenige Ausnahmen ohne Lageraufwand realisiert worden.

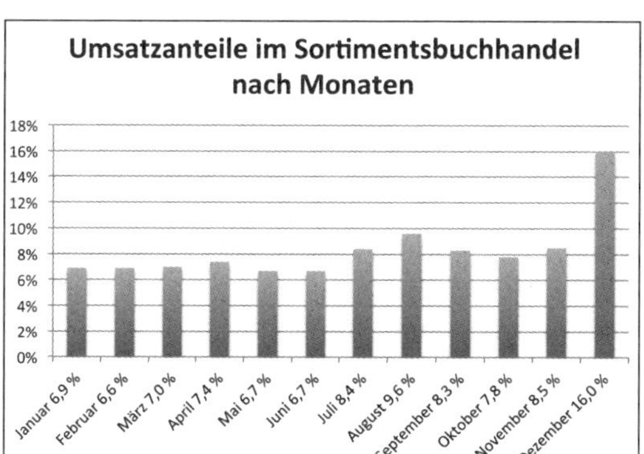

Fragen rund um die Budgetierung lassen sich im Grunde auf fünf reduzieren – über die getroffenen Antworten mag man im Einzelfall trefflich streiten:

- Wie wird sich der Umsatz im kommenden Jahr entwickeln?
- Wie hoch wird der Anteil der lagerunabhängigen Umsätze (= Durchlaufgeschäft) sein?
- Wie verteilt sich der Umsatz auf Planungszeiträume?
- Wie stark soll der Anteil der Novitäten gewichtet werden?
- Wie hoch ist der durchschnittliche Rabatt?

Es folgt ein modellhaftes Beispiel für die Budgetberechnung einer Warengruppe. Vorausgeschickt sei, dass es sich bei allen Werten um Eurobeträge ohne Umsatzsteuer handelt und ›unter dem Strich‹ um das Novitäten-Budget für den Erstbezug (für viele Buchhandlungen entspricht der Endbetrag dem Wert für Reiseaufträge). Aufgrund der spezifischen Umsatzverteilung im Buchhandel (siehe das abgebildetes Säulendiagramm auf der vorherigen Seite) wird das Budget analog zur Frühjahrs- und Herbstreise auf zwei Planungszeiträume verteilt. Das ermittelte Ergebnis, in diesem Fall 12.825,00 EUR, ist dann auf die lagerrelevanten A- und B-Verlage zu verteilen.

	Plan-Umsatz	500.000,00 €
–	Durchlaufgeschäft (25 %)	125.000,00 €
=	Plan-Lagerumsatz	375.000,00 €
	Hiervon 40 % für den Frühjahrseinkauf	150.000,00 €
	Hiervon 15 % für den Novitäten-Erstbezug	22.500,00 €
–	Abschlussrabatt des Vorjahres (43 %)	
=	Einkaufsbudget	12.825,00 €

Lagerumschlagsgeschwindigkeit (LUG)

Die Lagerumschlagsgeschwindigkeit (LUG) gibt darüber Auskunft, wie häufig sich in einem bestimmten Zeitraum einzelne Titel, Warengruppen oder das Gesamtlager verkaufen. Sie ist ein Indikator für die Lagerleistung einer Buchhandlung, deren wirtschaftlicher Zweck darin besteht, einen maximal erreichbaren Umsatz mit einem optimalen Lagereinsatz zu erzielen. Um bei dem einsichtigsten Fall anzufangen: Titel oder Programmbereiche aus der Backlist, die sich im Jahr fünfmal aus dem Regal heraus verkaufen und stets nur einmal am Lager standen, haben eine Lagerdrehzahl von fünf.

In der Regel wird die LUG aber erst am Ende des Jahres nach erfolgter Inventur ermittelt, indem der Umsatz in Relation zum Lagerbestand und damit zum eingesetzten Kapital gesetzt wird. Zähler und Nenner müssen dabei vergleichbare Bezugsgrößen aufweisen, damit der Quotient immer gleich bleibt: Wird der Umsatz inklusive Umsatzsteuer erfasst, so gilt dies gleichermaßen für den durchschnittlichen Lagerbestand. Wird der Umsatzwert exklusive

Umsatzsteuer genommen, so hat dies dieselbe Konsequenz für den Nenner. Und erfasst man den durchschnittlichen Lagerbestand zu Einstandspreisen, so muss auch der Umsatz zu Wareneinsatzwerten angesetzt werden.

Entscheidend ist immer nur die Relation. Je höher der Lagerbestand, desto geringer wird die LUG bei dem erreichten (Jahres-)Umsatz ausfallen und desto höher auch der Kapitaleinsatz. Und umgekehrt gilt: Je niedriger der Lagerbestand, desto höher fällt die LUG bei dem erreichten (Jahres-)Umsatz aus und desto niedriger die Kapitalbindung. Ist man also an einer hohen LUG interessiert, so muss ein optimaler Umsatz im Zähler mit einem effizienten Lagerbestand im Nenner einhergehen. Der Branchendurchschnittswert liegt laut *Buch und Buchhandel in Zahlen 2019* bei 5,6. Wobei kleinere Buchhandlungen mit 5,4 eine geringere LUG aufweisen als größere Sortimente mit 5,7. Begründet wird die verhältnismäßig niedrige LUG nicht zuletzt mit der Titelproduktion auf hohem Niveau, die dem Sortimenter die Übersicht und die gezielte Angebotsauswahl erschwert und häufig zu Fehldispositionen führt.

$$\text{LUG} = \frac{\text{Umsatz}}{\text{Ø Lagerbestand}} \qquad \text{Lagerdauer in Tagen} = \frac{\text{360 Tage}}{\text{LUG}}$$

$$\text{LUG} = \frac{4.000.000}{800.000} = 5 \qquad \text{Lagerdauer in Tagen} = \frac{\text{360 Tage}}{5} = \text{72 Tage}$$

Die abgebildete Übersicht erklärt, wie eine LUG von 5 entsteht. Sie verdeutlicht gleichzeitig auch einen weiteren Zusammenhang, weil sie die LUG mit der Kennziffer Lagerdauer in Tagen verknüpft. Jetzt erst erhält die LUG eine quasi ›sinnliche‹ Dimension. So entspricht eine LUG von 5 einer Lagerdauer von 72 Tagen, d. h. jeder Titel in der Buchhandlung befindet sich – statistisch gesehen – vom Tag des Einkaufs bis zum Tag des Verkaufs 72 Tage am Lager. 72 Tage bei einem durchschnittlichen Zahlungsziel von 45 Tagen bedeutet jedoch 27 Tage Vorfinanzierung – es sei denn, der Sortimenter erhält über Valutierung und Zielgewährung einen langfristigen Lieferantenkredit seitens der Verlage. Hier sieht man, dass nicht nur Verlage, sondern auch Buchhandlungen ›in Vorlage‹ treten und ihr Warenlager in der Hoffnung auf einen späteren Abverkauf vorfinanzieren.

Das Problem verschärft sich, wenn man den Gesamtumsatz näher betrachtet, denn die Jahresumsatzleistung setzt sich zusammen aus dem Umsatz, der aus dem eingekauften Lagersortiment resultiert, und dem Umsatz, der sich aus dem **Durchlaufgeschäft** ergibt. Nimmt man nun für den Buchhandel einen Durchschnittswert von 30 Prozent für das Durchlaufgeschäft an (dieser Wert variiert je nach Standort, Größe und Profil der Buchhandlung), so verändern sich die betrieblichen Kennziffern und aus 72 Tagen durchschnittlicher Lagerdauer werden bei einer bereinigten Lagerumschlagsgeschwindigkeit 103 Tage.

$$\text{Bereinigte LUG} = \frac{\text{Umsatz} - \text{Durchlaufgeschäft}}{\text{Ø Lagerbestand}}$$

$$\text{Bereinigte LUG} = \frac{4.000.000 - 1.200.000}{800.000} = 3{,}5$$

$$\text{Lagerdauer in Tagen} = \frac{360 \text{ Tage}}{3{,}5} = 103 \text{ Tage}$$

Buchhandlungen müssen ihren Lagereinkauf und Kapitaleinsatz an den vom Durchlaufgeschäft bereinigten Lagerdrehzahlen ausrichten. Das Durchlaufgeschäft ist zwar für temporäre Liquidität und Umsatzrendite höchst willkommen und entschärft das Problem eines zu hohen Lagereinkaufs, ist aber in betriebswirtschaftlicher Hinsicht nur so etwas wie ein ›Zusatz-Umsatz‹. Anders ausgedrückt: Buchhandlungen geraten weniger durch das Besorgungsgeschäft in liquiditätstechnisch schwierige Situationen als vielmehr durch Fehlplanungen im Bereich des Warenlagers. Denn während der Besorgungsumsatz zumindest Geld in die Kasse fließen lässt, führt eine falsche Kapitalinvestition in das Warenlager zu gebundenem, schlimmstenfalls zu totem Kapital.

Die Konsequenz für den Einkauf könnte vereinfacht formuliert so lauten: Wenn man an einer bereinigten LUG von 6 interessiert ist, müsste man stets Waren einkaufen, die sich voraussichtlich binnen der nächsten zwei Monate verkaufen ließen. Dass sich die Werte nach oben und unten verändern können, versteht sich von selbst. Aber ein Regulativ wäre nun gegeben – und der Buchhandel nimmt Abschied von zu vollen Lägern.

Jeder wirtschaftlich denkende Buchhändler wird an einer **Lagerbestandsfortschreibung** interessiert sein, um die Lagerbewegungen und den aktuellen Lagerbestand anhand betrieblicher Kennziffern zu kontrollieren. Die drei Möglichkeiten zur Errechnung des durchschnittlichen Lagerbestands sind der nachstehenden Formelübersicht zu entnehmen. Hierbei sind grundsätzlich zwei Methoden zu unterscheiden: die überkommene manuelle und die zeitgemäße elektronische Kontrolle mit Hilfe von Warenwirtschaftssystemen. Allerdings dürfte die erste Formel aufgrund ihrer geringen Aussagekraft für betriebswirtschaftlich geführte Unternehmen nur geringe Aussagekraft besitzen. Denn das arithmetische Mittel aus zwei Größen zu errechnen, die zur Inventurzeit nach dem Weihnachtsgeschäft – also bei stark abgebautem Lagerbestand – ermittelt worden sind, hat wenig praktische Relevanz.

Der Ausgangswert für die Lagerbestandsfortschreibung ist bei beiden Methoden der Warenbestand zur Inventur, wobei der Endbestand (EB) vom 31.12. des Vorjahres dem Anfangsbestand (AB) vom 1.1. des Folgejahres entspricht. Das manuelle Verfahren basiert auf monatlichen Werten. Da Unternehmen jeden Monat ihre Zahllast an das Finanzamt abführen, sind sie verpflichtet, die Umsätze und Einkäufe getrennt zu erfassen. Dadurch wird auch das Lager

$$\varnothing \text{ Lagerbestand} = \frac{\text{AB} + \text{EB}}{2}$$

$$\text{echter } \varnothing \text{ Lagerbestand} = \frac{\text{AB} + 12 \text{ Monatsendbestände}}{13}$$

(nach monatlicher Bestandsfortschreibung)

$$\text{echter } \varnothing \text{ Lagerbestand} = \frac{\text{AB} + \text{Summe der aufgelaufenen Tagesendbestände}}{1 + \text{Anzahl der aufgelaufenen Verkaufstage}}$$

(Lagerbestandsfortschreibung mit Hilfe der Warenwirtschaft)

Monat für Monat fortgeschrieben. Ende Januar/Anfang Februar wird somit der Lagerwert nach folgender Formel errechnet: AB (vom 1.1.) zuzügl. Zugänge/Einkäufe (Januar) abzügl. Abgänge/Verkäufe (Januar). Allerdings ist mit vergleichbaren Größen zu operieren, da die Eingänge zu Einstandswerten und die Verkäufe zu Ladenpreisen registriert worden sind. Also macht man entweder die Einstandspreise rechnerisch – mit Hilfe der für das laufende Jahr kalkulatorisch angenommenen Handelsspanne – zu Verkaufspreisen, oder man überführt die Verkaufswerte in Einstandswerte.

Warenwirtschaftsprogramme erfassen alle Eingänge und Ausgänge per EDV und bieten unmittelbare Verknüpfungsmöglichkeiten. Hier findet eine Art ›permanente Inventur‹ (siehe Kap. 8.5) statt: nicht Monat für Monat, sondern Sekunde für Sekunde. Das stets aktualisierte Zahlenmaterial gewährleistet eine nahezu **vollständige Lagertransparenz.** Nur den Schwund durch Diebstahl bekommen auch Warenwirtschaftssysteme nicht in den Griff.

Der errechnete Lagerbestand hat Konsequenzen für das Einkaufsbudget des Sortiments. Denn er ist ein untrüglicher Indikator für den Abverkauf bzw. Nicht-Abverkauf des Lagers. Und sollte einmal ein firmenindividuell festgesetztes Lagerbestandslimit erreicht werden, bleibt nur noch das Mittel ›Haushaltssperre‹: Nun wird entweder noch kontrollierter oder temporär auch einmal gar nicht für das Warenlager eingekauft.

Ein letzter Absatz sei hinzugefügt. Natürlich versetzen Warenwirtschaftssysteme die Buchhandlungen in die Lage, das Lager zu reduzieren. Aber Lagerreduktion ist nicht immer und in jedem Fall das Allheilmittel. Denn wenn der Lagerabbau bewirkt, dass die ›kritische Masse‹ – damit ist die Bestandsgröße gemeint, die die Buchhandlung für den Kunden attraktiv macht – unterschritten wird, so wird dies in der Folgezeit zwangsläufig zu Umsatzeinbußen und Renditeproblemen führen. Diese ›kritische Masse‹ für die eigene Buchhandlung herauszufinden, ist die Kernaufgabe betriebswirtschaftlich geführter Unternehmen. Und noch ein weiterer Gedanke sei angefügt. Maßnahmen zur Lagerreduktion müssen nicht zwangsläufig mit Maßnahmen zur Titelreduktion gleichgesetzt werden. Denn die Senkung des Lagerbestandes kann durchaus mit einer Titelaufstockung einhergehen. Auch dies bzw. gerade dies wird mit Warenwirtschaftssystemen möglich.

8.2 Wareneingang

Der Wareneingang wird in Buchhandlungen höchst unterschiedlich praktiziert. Dies hängt mit den Optionen zusammen, die der Warenbezug bietet. So wirkt sich beispielsweise die Beantwortung der Frage ›Barsortiments- oder Verlagsbezug?‹ (siehe Kap. 7.2) unmittelbar auf die Arbeit im Wareneingang aus. Wird vorrangig beim Barsortiment bestellt, besteht der Wareneingang fast ausschließlich darin, eine Wanne nach der anderen ›abzuarbeiten‹: Die Kundenbestellungen sind ins Abholfach einzuräumen, das Lager ist aufzufüllen und die Meldenummern müssen verarbeitet werden. Gibt es allerdings neben den Barsortimentswannen eine Vielzahl von Verlagssendungen, die in unterschiedlicher Kartonage und vielleicht auch durch unterschiedliche Zustelldienste angeliefert werden, sind die anfallenden Arbeitsvorgänge zwangsläufig komplexer.

Bei Filialunternehmen kennt man den **zentralen Wareneingang.** Hier wird der komplette Wareneingang im Haupthaus bzw. einer Filiale oder in einer angemieteten Logistikfläche abgewickelt, und die Waren werden anschließend über hauseigene Fahrer oder Kurierdienst auf die Filialen verteilt bzw. an Endkunden mit Rechnung versandt. Dieses Modell ist für den Fortsetzungsbezug unstrittig von Vorteil; ansonsten gilt es, Kosten und Aufwand für die Verteillogistik mit denen eines dezentralen Wareneingangs, der in jeder Filiale einzeln durchgeführt wird, zu vergleichen.

Bei größeren, filialisierten Unternehmen wird mit einem **Zentrallager** gearbeitet. Dieses ist in der Regel an einen Logistik-Dienstleister gekoppelt, der genügend Lagerfläche hat und diese EDV-technisch betreut (siehe Kap. 1.2). Das Zentrallager bildet das engste Kernsortiment (siehe Einleitung zum Kap. 7) ab und bevorratet mit wenigen tausend Titeln die Ware, die in allen Filialen verfügbar sein muss. Hierzu gehören:

- ständige ›Renner‹ der Backlist;
- für alle Filialen wichtige Novitäten;
- Schwerpunkttitel, für die man mit Verlagen einen Werbekostenzuschuss (WKZ) augehandelt hat;
- temporär geplante Aktionen mit den entsprechenden Titeln;
- eingekaufte Restauflagen für das hauseigene Moderne Antiquariat.

Diese Titel werden von den Verlagen (oder direkt ab deren Druckerei) üblicherweise palettenweise angeliefert. Ersteingänge (Novitäten, Aktionstitel) werden nach betriebsinternen Verteilungsschlüsseln auf die einzelnen Filialen verteilt. Auf die Titel der Backlist hat jede Filiale jederzeitiges Zugriffsrecht. Damit hat jede Filiale die Möglichkeit, Top-Titel zu Top-Konditionen zu beziehen – und zwar von heute auf morgen.

Eine dritte Besonderheit ist ebenfalls nur bei größeren Unternehmen anzutreffen. Denn hier kommt es bei einigen Produktgruppen vor, dass **Rack-Jobber** (siehe Kap. 1.2.1.2), also Fremdfirmen, die Warenträger in der Buchhandlung bestücken. Häufig wird diese Option im Rahmen des Kalendergeschäfts und für das (Gruß-)Kartensortiment genutzt. In diesem Fall entfällt der Wareneingang ersatzlos.

8.2.1 Verlagssendungen

Da nach §15 Abs.1 der Verkehrsordnung Verlage gemäß den Anweisungen der Buchhandlungen liefern müssen, kann es für den Wareneingang durchaus eine Vielzahl von Zustellunternehmen geben:

- der Büchersammelverkehr als Branchenspediteur für die Produktion von allen sortimentsrelevanten Verlagen (siehe Kap. 1.2.2.2);
- Deutsche Post AG als Lieferant für Bücher- und Warensendungen bis zu 1.000 Gramm, die zusammen mit der Geschäftspost zugestellt werden;
- Paketdienste (Deutsche Post DHL Group, DPD, UPS, Hermes etc.);
- Speditionsunternehmen oder die Deutsche Bahn AG als Lieferanten für besonders schwere Sendungen, z. B. im Schulbuchgeschäft.

Unabhängig von der Wahl des Transportunternehmens erfolgt eine Überprüfung im Wareneingang. Die im Folgenden aufgeführten Arbeitsschritte stehen für einen idealtypischen Ablauf.

Überprüfen der Anschrift Es ist zu kontrollieren, ob die Sendung für die eigene Buchhandlung bestimmt ist. ›Irrläufer‹ sind zurückzuweisen.

Überprüfen auf Vollständigkeit Die Anzahl der gelieferten Packstücke muss mit den Angaben auf dem Begleitpapier (Avis) übereinstimmen. Differenzen sind anzuzeigen. Eventuell wird die Sendung (nach)gewogen, damit zuviel berechnetes Porto zurückgefordert werden kann.

Überprüfen auf Unversehrtheit Die Packstücke dürfen äußerlich nicht beschädigt sein. Reklamationen sind dem Transportunternehmen sofort mitzuteilen, da Verlage für derartige Schäden nicht haften (Verkehrsordnung §17 Abs. 1). Bei Zustellungen via Post muss man den festgestellten Schaden bescheinigen lassen. Da die Post nur dem Absender Schadenersatz leistet, ist dieser zu verständigen.

Überprüfen auf Mängel Nach dem Auspacken wird die Ware auf ihren einwandfreien Zustand hin kontrolliert (siehe Kap. 8.2.4).

Überprüfen mit den Bestellunterlagen Im Rahmen der Rechnungsprüfung wird die Lieferung mit den Bestellunterlagen (elektronisches Bestellbuch, Reiseauftrag, E-Mail etc.) verglichen. Zu kontrollieren sind neben der Bestellmenge vor allem die ausgehandelten Konditionen, wie Zahlungsbedingungen, Rabatte etc.

Zuordnung der Sendung Anhand der Bestellzeichen wird ersichtlich, ob die Ware ins Lager oder aber ins Abholfach einzusortieren ist.
Meldenummern bearbeiten (Fehl-)Meldungen werden festgehalten und im elektronischen Bestellbuch vermerkt (siehe 8.2.3). Hieraus ergeben sich Kundenbenachrichtigungen, Vormerkungen etc.
Ware auszeichnen Nach der Preisangabenverordnung besteht für alle im Verkaufsraum angebotenen Waren eine Preisauszeichnungspflicht (siehe Kap. 4.3.3)
Rechnungsablage In der Buchhaltung werden die Rechnungen zuerst nach ihrer Skontierfähigkeit sortiert. Rechnungen, die per Lastschriftverfahren bezahlt werden, kommen in die entsprechenden OP-Dateien bzw. OP-Ordner (OP = offene Posten). Der Rest wird bei Fälligkeit überwiesen.

Lieferscheine werden in einer Art Vorbuchhaltung erfasst. Sie kommen bei Verlagssendungen nur im Rahmen von Monatskontenführung oder beim àc-Bezug (siehe Kap. 7.4.3) vor.

8.2.2 Barsortimentssendungen

Bereits bei der Bestellung werden Kunden- und Lagerbestellungen voneinander getrennt. Sofern nicht bereits elektronische Lieferscheine (ELS) über Liefer- bzw. Nicht-Lieferfähigkeit informieren, werden die gelieferten Titel mit dem Lieferschein verglichen und nach Lager- und Besorgungstiteln sortiert und anschließend in das Verkaufslager bzw. ins Abholfach eingeräumt. In der Regel werden zunächst die Kundenbestellungen bearbeitet, da die Besorgung über Nacht ein Serviceversprechen ist, das man auf jeden Fall einlösen sollte.

Zahlreiche Arbeitsschritte, die bei Verlagssendungen anfallen, wie die Kontrolle der Konditionen, erübrigen sich bzw. werden im Back-Office-Bereich am Bildschirm durchgeführt. Die Lieferscheine werden abgelegt bzw. elektronisch abgespeichert und bis zur nächsten Dekaden- oder Monatsrechnung gesammelt. Da die Ware bereits voretikettiert ist, muss man die Bücher nur noch ins Abholfach oder in die Regale einräumen. Etwaige Aktionsware wird für die Präsentation auf Tischen bereitgestellt.

8.2.3 Meldenummern

Meldenummern stehen für unterschiedliche Lieferhindernisse. In Anbetracht einer stattlichen Anzahl von Gründen für die Nicht-Lieferbarkeit von Titeln hat der Ausschuss für den Zwischenbuchhandel in Zusammenarbeit mit der IG PRO (Interessengruppe Prozesse, Rationalisierung, Organisation) des Bör-

Meldenummern im Buchhandel

07 Vergriffen, keine Neuauflage, Bestellung nicht vorgemerkt
09 Bestellung unklar, bitte mit neuen Angaben neu bestellen
11 Erscheint laut Verlag in / am ...
12 Nachdruck. Folgt laut Verlag in / am ...
13 Teillieferung, Rest folgt mit nächster Lieferung
15 Fehlt kurzfristig am Lager
17 Führen wir nicht bzw. nicht mehr
18 Besorgungstitel
19 Ladenpreis aufgehoben. Führen wir nicht mehr
20 Noch nicht erschienen. Bestellung nicht vorgemerkt
21 Noch nicht erschienen. Erscheint laut Verlag in / am ...
24 Erscheint nicht laut Verlag
25 Titel neu aufgenommen. Noch nicht am Lager
26 Titel wird nicht mehr am Lager geführt. Wird nicht besorgt
27 Bestellung storniert
29 Titel nicht zu ermitteln
46 Nur noch in anderer Form lieferbar. Bitte Rücksprache
60 Indiziert, führen wir nicht
62 Titel infolge rechtlicher Auseinandersetzung nicht lieferbar - Bestellung nicht vorgemerkt
73 Fortsetzungswerk
80 Fehlt, da der Verlag derzeit nicht liefern kann.
88 Konditionenänderung durch den Verlag. Führen wir nicht mehr
94 Wird zurzeit nur ab Verlag geliefert. Bestellung nicht vorgemerkt
96 (freies Textfeld; individuell zu benutzen)
97 PoD-Titel (Lieferzeitangabe)
98 (freies Textfeld; individuell zu benutzen)
99 Titel hat Nachfolgetitel

senvereins ein einheitliches Meldenummernsystem entwickelt, das als einheitlicher Branchenstandard gilt.

Es steht im Ermessen der Buchhandlung, ob sie ihren Kunden die Verzögerungen im Wareneingang mitteilt oder nicht. Sind Titel noch nicht erschienen bzw. aktuell nicht lieferbar, werden sie vorgemerkt; Doppellieferungen sind somit ausgeschlossen. Auch dieser **Vormerkservice** gehört zu den Instrumenten der Kundenbindung. Liefert ein Verlag nicht, muss die Buchhandlung die Bestellung nach einer angemessenen Frist, die bei inländischen Verlagsbestellungen ca. zwei Wochen beträgt, anmahnen.

8.2.4 Mängelrüge

Mit Abschluss eines Kaufvertrags ergeben sich für Käufer und Verkäufer Rechte und Pflichten. So hat der Verkäufer Anrecht auf Bezahlung der Ware, und der Käufer hat Anrecht auf eine fehlerfreie Ware.

Bei berechtigten Reklamationen können Buchhandlungen Rechtsansprüche geltend machen. Nach §434 BGB liegt ein **Sachmangel** dann vor, wenn ein Artikel nicht die »vereinbarte Beschaffenheit hat« oder er sich, falls keine spezielle Beschaffenheit vereinbart wurde, nicht für die »nach dem Vertrag vorausgesetzte Verwendung« (fehlerhafte Ware, herstellungsbedingte Mängel, verschmutzter Schnitt o.Ä.) eignet. Ebenfalls als Sachmangel gelten das Fehlen von in der Werbung herausgestellten Eigenschaften des Artikels sowie Falsch- oder Minderlieferung. Rechtsansprüche bestehen je nach Fall in Nacherfüllung (Nachbesserung oder Lieferung eines mangelfreien Artikels), Rücktritt (bei Weigerung des Verkäufers zur Nacherfüllung) und Minderung (Höhe nach Einzelfallprüfung). Soweit die Bestimmungen des BGB.

Die Verkehrsordnung für den Buchhandel (siehe Kap. 4.2.3) thematisiert das Thema Mängelrüge vorrangig im §6 (Genehmigte Remission und Rücknahmepflicht des Verlages), im § 10 (Inhalt und Gewicht der Sendung) sowie im §11 (Beschädigte und fehlerhafte Ware); vereinzelte weitere Remissionsfälle (siehe auch Kap. 8.4.1.2) sind in den §§5, 8, 9, 12, 13 und 14 aufgeführt. Interessant sind die Fristen bei unterschiedlichen Sachlagen:

- Laut VeO §10 stimmt der Inhalt mit der Rechnung überein, falls die Buchhandlung nicht spätestens innerhalb von 14 Tagen nach Eingang der Sendung die Abweichung anzeigt.
- Laut VeO §6 Abs. 2c müssen Beanstandungen bei Festbezügen unverzüglich, spätestens jedoch innerhalb von 4 Wochen nach Eingang der Sendung gegenüber dem Abnehmer geltend gemacht werden.
- Laut VeO §6 Abs. 5 sind Verlage innerhalb von 2 Monaten vom Tag der Lieferung an zur Rücknahme und zur Übernahme der Kosten für Hin- und Rücksendung verpflichtet, falls sie a) falsche Titel geliefert, b) die Absendung schuldhaft verzögert, c) Lieferfristen oder -vorbehalte nicht eingehalten haben oder d) zu neuen, wesentlich erhöhten Ladenpreisen geliefert haben. Allerdings muss die Buchhandlung (wie in § 6 Abs. 2c) binnen 4 Wochen nach Eingang der Sendung die Rücknahme verlangen.

8.3 Abholfach

Sofern der Kunde das bestellte Buch nicht zugeschickt haben möchte (siehe Kap. 9.3), wird es in das Abholfach einsortiert. Die Mehrzahl der Buchhandlungen praktiziert ein nach dem Kundenalphabet geordnetes System, obwohl dieses zwei Schwachstellen aufweist. Einerseits müssen die Bücher bei hohem Bestellaufkommen fast täglich von einem Regalboden auf den angrenzenden umgeräumt werden, andererseits ist für den Sortimenter nicht ersichtlich, ob die bestellten Bücher auch tatsächlich abgeholt worden sind – es sei denn, man überprüft das Nicht-Abholen elektronisch. Falls nicht, muss ein Mitarbeiter in regelmäßigen Abständen das Abholfach auf nicht abgeholte Ware hin überprüfen. Dabei könnte man auch chronologisch ordnen. In diesem Fall stehen die Bücher entweder in Reihenfolge der laufenden Bestellnummern oder aber nach Bestelldatum (Tag bzw. Woche der Bestellung). Die Zuordnung von Bestellnummer und Besteller bzw. Name des Abholers erfolgt über das entsprechende Modul des Warenwirtschaftssystems.

8.4 Bestandsverwaltung

Die Verwaltung der Bestände unterscheidet sich je nach **Lagerort.** Am einfachsten ist sie bei den Beständen, die in einem etwaigen **Zentrallager** (siehe Kap. 8.2) einlagern. Denn hier übernimmt der Logistik-Dienstleister alle anfallenden Arbeiten: Er verteilt die Waren auf die Filialen, er führt die Inventur durch etc. Von seiner Funktion her ist das Zentrallager ein filialübergreifendes Verteil- und Ersatzlager; allerdings nur für die wichtigsten Titel. Damit fallen die Arbeiten an den anderen Lagerorten zwangsläufig komplexer aus.

Je nach Größe und räumlichen Begebenheiten und je nach Bezugsmodell führt eine Buchhandlung ein mehr oder weniger großes bzw. kleines **Ersatz- oder Ergänzungslager,** das sich in Schubläden oder ggf. in einem Reservelager (Keller, Back-Office-Bereich o. Ä.) befindet. Dieses Nachräumlager ist dafür vorgesehen, Bestände einzulagern, die man in größeren Mengen (Aktionsware, Reizpartien o. Ä.) eingekauft hat. Eine Unterabteilung des Ersatzlagers ist das ›Remissionslager‹; wo zwischenzeitlich Titel lagern, die zur Rücksendung anstehen sowie schlimmstenfalls Buchstapel angeblicher Spitzentitel, die man fest ohne RR bezogen hat. Rechtlich und organisatorisch sind diese Bestände wie die des Verkaufslagers zu sehen: ggf. müssen Preisumzeichnungen vorgenommen werden und bei der Inventur zählen sie zu den regulären Beständen des Unternehmens.

Die umfangreichsten Arbeiten fallen im **Verkaufslager** an. Denn zu den eben erwähnten verwaltungstechnischen Arbeiten gesellen sich verkaufstechnische. Hier geht es nicht nur darum, das Sortiment entweder thematisch, alphabetisch oder numerisch ›in Schuss zu halten‹, indem man falsch stehende Titel wieder an der richtigen Stelle einsortiert, sondern auch darum, ›Regalwandhygiene‹ zu betreiben, indem man u. a.:

- Lücken im Regal schließt,
- Titel in der (Frontal-)Auslage immer wieder neu zusammenstellt,
- Beschriftungen am Regal überprüft,
- Titel nachbezieht, um eine intendierte Sortimentspräsenz zu demonstrieren.

Die Optik spielt dabei eine große Rolle, erst Recht beim Arrangement der auf Tischen ausliegenden Ware. Im Verkaufslager geht es um den Kunden, der sich in einem Raum wohl fühlen soll, der mitunter sein ›zweites Zuhause‹ ist oder sein ›dritter (Lebens-)Ort‹, um den Terminus des US-amerikanischen Stadtsoziologen Ray Oldenburg zu benutzen. Der Verkaufsraum mit seiner Atmosphäre und seinen Präsentationsmöglichkeiten ist deshalb ein wichtiges Marketing-Thema (siehe Kap. 10.6 und 10.7).

8.4.1 Lagerkontrolle und wiederkehrende Lagerarbeiten

Die Kontrolle des Warenlagers ist in betriebswirtschaftlicher Hinsicht der wichtigste Aspekt von Warenwirtschaftssystemen. Die einfache Frage lautet: Wie erreicht ein Unternehmen maximalen Erfolg mit einem optimalen Lagereinsatz? Bei der Beantwortung helfen die bereits in der einleitenden Übersicht ›Rationalisierungspotenziale durch Warenwirtschaftssysteme‹ herausgestellten Lagerbestandslisten, ergänzt um Verkaufs-, Nachräum- und Dispositionslisten.

8.4.1.1 Preisänderungen

Zu den wiederkehrenden Lagerarbeiten gehört auch das Bearbeiten anstehender Preisänderungen. Denn maßgeblich ist jeweils der Ladenpreis, den der Verlag festgesetzt hat. Dies gilt auch für Preisänderungen ab bestimmten Stichtagen, wofür es drei Gründe geben kann:
- der Verlag erhöht die Preise,
- der Verlag setzt die Preise herab oder
- der Verlag hebt die Ladenpreisbindung auf.

Nur für den letzten Grund gibt es eine zeitliche Rahmenvorgabe, denn nach Buchpreisbindungsgesetz § 8 Abs. 1 darf die Preisbindung, von Ausnahmen bei aktualitätsgebundenen Titeln einmal abgesehen, erst 18 Monate nach Erscheinen aufgehoben werden. Diese 18 Monate stellen also gewissermaßen eine Schonfrist für Novitäten dar (siehe Kap. 4.1.1).

Verlage müssen alle Preisänderungen spätestens 14 Tage vor Inkrafttreten dem Handel mitteilen (Verkehrsordnung § 3 Abs. 3). Dies geschieht via Meldung im *Verzeichnis Lieferbarer Bücher*, der offiziellen Preisreferenzdatenbank für gebundene Verlagserzeugnisse. (Früher erfolgte die Meldung über eine gelbe Börsenblatt-Beilage.) Jeden Donnerstag wird ein aktuelles PDF mit Preisänderungen zum kostenlosen Download zur Verfügung gestellt. Allen VLB-Kunden stehen dieses PDF sowie auch zusätzlich die bereits zuvor veröffentlichten PDF im VLB-Titelkatalog im Bereich ›Gelbe Beilage‹ zur Verfügung. Gegen Gebühr kann die ›Gelbe Beilage‹ auch digital bezogen werden; damit entfällt das händische Eingeben der Preisänderungen, die nun direkt in die Warenwirtschaft eingespielt werden können.

Bestenfalls fließen die neuen Preise automatisiert in die Warenwirtschaftssysteme ein. Nun müssen nur noch neue Preisetiketten gedruckt und auf der Rückseite der Bücher angebracht werden. Die Umetikettierung ist zum Stichtag vorzunehmen. Sie muss übrigens auch dann erfolgen, wenn der Verlag den Preis bereits aufgedruckt hat. Das Überkleben alter Preise sieht zwar nicht schön aus, genügt aber den gesetzlichen Bestimmungen.

Falls ein Titel aus der Backlist von einer **Preiserhöhung** betroffen ist, so kann ihn der Buchhändler noch zum alten Preis einkaufen, der bis zum Inkrafttreten des erhöhten Preises gilt (Verkehrsordnung § 3 Abs. 6). Einkauf zum alten Preis, Verkauf zum neuen Preis – da kann man seine betriebliche Rendite mitunter verbessern. Und im Einzelfall mag sich auch ein werblicher Hinweis auf die anstehende Preiserhöhung lohnen.

Bei **Preisherabsetzungen** gibt es nach Verkehrsordnung § 3 Abs. 8 zwei Möglichkeiten. Entweder remittiert die Buchhandlung die Bücher zur Gutschrift, oder er lässt sich die Differenz der Abgabepreise vergüten und behält den Titel weiterhin am Lager. Die Wahlmöglichkeit wird nur dann eingeschränkt, wenn Verlage einen bestimmten Modus vorgeben. Auf jeden Fall muss die Differenzvergütung der Abgabepreise unter Beibehaltung des ursprünglichen Rabattsatzes geschehen. Hierzu ein Beispiel. Ein Ratgeberverlag kündigt an, eine Verlagsreihe, die sich wider Erwarten nicht abverkauft hat, nach Ablauf von zwei Jahren im Preis zu reduzieren. Die Bände sollen nun 6,99 EUR statt ursprünglich 19,80 EUR kosten. Der Buchhändler hatte 30 Exemplare mit 45 Prozent Rabatt bezogen, von denen er 21 Exemplare verkauft hat. Folglich stehen noch 9 Exemplare am Lager. Für diese nicht verkauften Exemplare möchte er vom Verlag eine Gutschrift über 63,41 EUR, da er sie zu dem herabgesetzten Preis im modernen Antiquariat verkaufen will. Die dazugehörige Rechenoperation geht wie folgt:

Differenzvergütung der Abgabepreise

9 x 19,80 € =	178,20 €	(früherer Ladenpreis)
– 45 % Rabatt =	80,19 €	
	98,01 €	(früherer Abgabepreis)
9 x 6,99 € =	62,91 €	(neuer Ladenpreis)
– 45 % Rabatt =	28,31 €	
	34,60 €	(neuer Abgabepreis)
	98,01 €	
	– 34,60 €	
	63,41 €	(Differenz der Abgabepreise)

Die **Aufhebung der Ladenpreise** seitens der Verlage erfolgt für Titel und Reihen, die entweder veraltet sind, die erhoffte Rentabilität nicht erwirtschaften oder sehr langsam vom Verlagslager abfließen und ihren Deckungsbeitrag bereits erwirtschaftet haben. Der Sortimenter muss zunächst die Bezugsdaten der in der Buchhandlung noch vorrätigen Exemplare feststellen. Denn der Verlag ist nur dazu verpflichtet, die innerhalb der letzten zwölf Monate vom verbreitenden Buchhandel bezogenen und dort noch vorrätigen Exemplare zurückzunehmen, wobei der Anspruch des Abnehmers auf Rücknahme binnen sechs Wochen ab Bekanntmachung geltend zu machen ist (Verkehrsordnung §3 Abs. 7 und 9). Es erfolgt dann eine Gutschrift über den Abgabepreis. Wenn das Bezugsdatum jenseits des angegebenen 12-Monats-Zeitraums liegt, so bieten sich dem Buchhändler zwei Möglichkeiten. Entweder setzt er sich mit dem Verlag oder dem Vertreter des Verlages in Verbindung und hofft auf Kulanz, oder er platziert die Ware im hauseigenen Modernen Antiquariat mit dem Hinweis ›Ladenpreis aufgehoben‹. Hierbei hat der Buchhändler in Bezug auf die Preisgestaltung völlig freie Hand. Er kann die Bücher im Preis herabsetzen, den ursprünglichen Preis beibehalten (nun als unverbindliche Preisempfehlung) oder den früheren Preis überschreiten. Über die Akzeptanz des Preises entscheidet der Markt. Große Marktteilnehmer können, wie im Abschnitt ›Restauflagen/vergriffene Titel‹ beschrieben (siehe Kap. 1.4.1), eine komplette Restauflage aufkaufen und gewinnbringend weiterverkaufen.

8.4.1.2 Remission

Das ausgeprägte Remissionswesen ist eine Besonderheit der Buchbranche. Die jährlich vom Börsenverein durchgeführte Logistik-Umfrage belegt: Mehr als jedes zehnte eingekaufte Buch wird remittiert. Da die Remissionsquote bei Fachverlagen vergleichsweise niedrig ausfällt, sind vor allem Publikumsverlage von ausufernden Remittendenbergen betroffen – und versuchen, zumindest bei Kulanzremissionen, das Problem mit Bearbeitungsgebühren wirtschaftlich einigermaßen in den Griff zu bekommen. Aber die Remissionsgründe sind zahlreich, wie folgende Aufstellung belegt.

Remissionsgründe im Buchhandel (in Auswahl)

DER VERLAG ...

- liefert mehr Exemplare als bestellt worden sind;
- liefert falsche Titel;
- versäumt bei einem Fixkauf die angegebene Lieferfrist;
- ruft Bücher zurück;

- stellt Sendungen unverlangt zu;
- liefert eine Novität zu einem Ladenpreis, der den angekündigten wesentlich überschreitet.

DAS SORTIMENT REMITTIERT ...
- Bücher nach erfolgter Rücksendegenehmigung durch den Vertreter oder den Verlag;
- irrtümlich falsch bestellte Bücher;
- Bücher, die mit RR oder UR bezogen worden sind;
- Bücher im Rahmen einer vereinbarten Remissionsquote;
- beschädigte Bücher;
- alte Auflagen;
- aus àc-Bezügen;
- fehlerhafte Bücher (Defektexemplare).

Auf dem Remittendenformular müssen der jeweilige Remissionsgrund sowie die Bezugsdaten angegeben werden. Ferner ein Hinweis darauf, wie der Warenwert gutgeschrieben werden soll (Bank, Gutschrift über das BAG-Abrechnungsverfahren). Bei Rücksendungen, die ein Verlag verursacht hat, etwa durch Falsch- oder Unverlangtlieferung, kann der Buchhändler in Rechnung gestellte Porto- und Versandkosten zurückfordern sowie eine angemessene Bearbeitungsgebühr für den Remissionsvorgang in Rechnung stellen. Strittige Rücksendungen dürfen nur nach erfolgter Remissionsgenehmigung erfolgen.

Jörg Winter, ein Betriebsberater der Branche, hat treffend formuliert, dass eine Remission eigentlich keine Schadensbegrenzung für das Sortiment darstelle, sondern vielmehr zusätzlichen Schaden verursache. In konkreten Zahlen ausgedrückt sind dies mindestens 1,20 EUR Prozesskosten pro Buch. Diesen Betrag hat die IG PRO im Rahmen einer umfangreichen Studie ermittelt. Sie brachte auch ›Sechs goldene Remi-Regeln‹ auf den Punkt:
- Remittenden sind, soweit es geht, zu vermeiden. Falls dennoch remittiert werden muss:
- Nicht mehr als zwei, maximal drei Remissionstermine pro Verlag und Jahr.
- Hardcoverausgaben bleiben für mindestens zwölf und Taschenbücher für mindestens sechs Monate am Lager.
- 10 Prozent Remissionsquote ist die oberste Schmerzgrenze. Möglichst eine feste Remissionsquote statt Einzel-Genehmigungen mit den Verlagen vereinbaren.
- Keine Remission von Einzeltiteln. Verlagsbündelung auch bei Remission beachten. Bei Aufhebungen der Ladenpreise Einzeltitel einfach bis zum Vertretertermin liegenlassen.
- Pro Paket ein Rücksende-Avis ausdrucken; Remissionsgenehmigung kopieren pro Paket und Minder-Rabatte und Mehrarbeit verhindern. Besondere Bedingungen bei Barsortimentsremissionen beachten.

Remittenden im Rahmen der **allgemeinen Remission,** die vom Barsortiment bezogen und an dieses wieder zurückgesandt werden, unterliegen geringem Verwaltungsaufwand. Es reicht die Rücksendung der Bücher mit dem selbstklebenden Auszeichnungsetikett, auf dem alle erforderlichen Bezugsdaten vermerkt sind. Zu berücksichtigen sind allerdings die Bearbeitungsgebühren und die unterschiedlichen Zeiträume für verschiedene Remissionsgründe.

Sonderfälle: körperlose und Vereinfachte Remission (VR)

In der Regel werden die Bücher im Originalzustand zurückgeschickt. Es gibt aber auch die Möglichkeit einer **körperlosen Remission,** nach der vorzugsweise die Umschlagseite und / oder die Haupttitelseite zurückgesandt werden. Dieses Verfahren praktiziert man u. a. bei Taschenbüchern, wenn Neuauflagen überarbeiteter Gesetzestexte erscheinen.

Eine **Vereinfachte Remission** (VR) gilt speziell für **Defektexemplare:** Bücher mit Fehlern, die eindeutig erkennbar während der Herstellung entstanden sind:

- verschmierter oder fehlerhafter Druck;
- zerknitterte, zerrissene, fehlende, doppelte Seiten;
- fehlerhafter Beschnitt, mangelhafte Bindung.

Auch Defektexemplare müssen nach Absprache mit dem Verlag nicht komplett an diesen zurückgeschickt werden, da Teile dieser Bücher, in der Regel der defekte Druckbogen bzw. die defekten Druckbögen, ausreichen, um den Ersatzanspruch in Form von Umtausch oder Gutschrift zu prüfen. In diesem Fall sollte man die Rücksendung deutlich mit ›Achtung – Vereinfachte Remission‹ beschriften und sie als Brief frankieren.

8.5 Inventur

Die Inventur als mengen- und wertmäßige Bestandsaufnahme aller Vermögens- und Schuldwerte einschließlich deren Bewertung ist nach §240 HGB steuerrechtlich vorgeschrieben und muss einmal im Jahr zum Bilanzstichtag am Ende eines Geschäftsjahres vorgenommen werden. Sie ist nach allgemeiner Auffassung Bestandteil der Buchführung. Fehlt sie, so liegt ein ›Systemfehler‹ vor; die Buchführung gilt dann als nicht ordnungsgemäß geführt. Die steuerrechtliche Konsequenz: Das Finanzamt ist zur Schätzung des Gewinns berechtigt. Im Rahmen der Jahresabschlussarbeiten gelangt man über die Abschreibung (= Bewertung) der Ware zum Bilanzwert, der Konsequenzen für die Unternehmensbesteuerung hat. Denn je höher die Abschreibung, desto geringer der Bilanzwert, desto größer der Wareneinsatz, desto kleiner Roh- und Reingewinn und desto geringer fällt die Unternehmensbesteuerung aus.

In der Regel wird die Inventur als Stichtagsinventur zeitnah versetzt mit dem Abschlussstichtag 31.12. vorgenommen. Abweichungen sind aufgrund firmeninterner Geschäftsjahre möglich; weitere Besonderheiten sind mit dem für das Unternehmen zuständigen Finanzamt abzusprechen (§241 HGB). Nicht-bilanzierungspflichtigen Unternehmen genügt eine Einnahmen-Überschuss-Rechnung ohne Bestandsaufnahme; nach dem Zweiten Bürokratieentlastungsgesetz (BEG II) aus dem Jahr 2017 betrift dies Unternehmen mit einem Umsatz unter 600.000 Euro und einem Gewinn unter 60.000 Euro an zwei aufeinander folgenden Bilanzstichtagen.

Buchhandlungen, die mit Warenwirtschaftssystemen arbeiten, praktizieren eine **permanente Inventur.** Trotzdem müssen sie einmal im Jahr in jeder Warengruppe ihre Bestände überprüfen, können diese körperliche Bestandsaufnahme aber über das ganze Jahr hinweg verteilen. Zu- und Abgänge vor oder nach dem Zeitpunkt werden durch Speicherung der Bestände in der Warenwirtschaft buchmäßig festgehalten. Zum Inventurstichtag müssen demnach viele Bestände überhaupt nicht in die Hand genommen werden.

Im Rahmen der Inventur festgestellte **Inventurdifferenzen** ergeben sich aus der Differenz von Soll-Werten mit tatsächlichen Ist-Werten. Der größte Teil der Inventurdifferenzen dürfte aus Schwund resultieren, beispielsweise durch Diebstahl. Aber es gibt auch Fehlerquellen aufgrund menschlichen Versagens, so u a. wenn …

- Ware falsch ausgezeichnet wird,
- die Aufnahme fehlerhaft vorgenommen wird,
- außer Haus befindliche Ansichtssendungen für Kunden nicht registriert werden,
- Verpackungseinheiten falsch verbucht werden,
- elektronische Lieferscheine oder Rechnungen mit falschen Mengenangaben ins System eingespielt und nicht korrigiert worden sind,
- Kommissionsbestände zum Firmenbestand gezählt werden.

So unterschiedlich die Gründe im Einzelfall auch sein mögen, die Konsequenz ist immer dieselbe: Der anlässlich der Inventur ermittelte Zähl-Bestand gilt grundsätzlich als neuer Ist-Bestand. Die bis dato im System stehenden Werte werden also ggf. korrigiert / überschrieben. Wie hoch die Gesamt-Inventurdifferenz in steuerrechtlicher Hinsicht sein darf, liegt im Ermessen des für die Buchhandlung zuständigen Finanzamts. So lange der Wert unter 3 Prozent liegt, dürfte die Inventur im Ganzen nicht zu beanstanden sein.

Die Inventur ist nicht nur steuerrechtlich vorgeschrieben, sie liefert auch grundlegende betriebswirtschaftliche Daten. Mit ihr erhält die Buchhandlung am Ende des Geschäftsjahres einen abschließenden **Komplettüberblick** über das Lager und die einzelnen Warengruppen. Damit kann die Betriebsauswertung erfolgen, in deren Rahmen Rohgewinn und Handelsspanne ebenso wie Lagerumschlagsgeschwindigkeit und weitere betriebliche Kennziffern analysiert werden. Vergleichswerte mit Vorjahren und mit anderen Betrieben (Möglichkeit des Benchmarking: Vergleich mit den Besten) zeigen an, in welche Richtung die Buchhandlung sich wirtschaftlich entwickelt hat.

8.5.1 Bestandsaufnahme

Mit dem Ladenverkaufspreis aufzunehmen sind alle Waren, die am Stichtag zum Bestand gehören, d.h. alle Bestände im Lager, Ersatzlager, Wareneingang, Schaufenster sowie die sich außer Haus befindenden Ansichtssendungen. Auch die im Preis herabgesetzten Werke sind mit dem Ladenverkaufspreis, der am Stichtag gilt, zu erfassen. Eine Ausnahme bilden allein die àc-Bestände – handelt es sich hierbei doch um Ware, die der Buchhändler als ein Kommissionär nach HGB in Kommission bezogen hat (siehe Kap. 7.4.3); für die Inventur dieser Bestände ist der Verlag zuständig. Da alle Bestände zum Zeitpunkt der Inventur erfasst werden müssen, sind alle zwischenzeitlichen Bestandsveränderungen zwischen dem Inventur-Stichtag und dem Tag der Aufnahme zu berücksichtigen. Es reicht aber, die (elektronischen) Wareneingangsrechnungen oder -lieferscheine mit Ladenpreisen, Verlag, Rechnungsnummer, Rechnungsdatum separat zu erfassen.

Zu einer ordnungsgemäßen Bestandsaufnahme gehört auch eine Dokumentation über Durchführung und Ergebnis dieser körperlichen Inventur. Festzuhalten sind:

- Zeitpunkt der Aufnahme,
- aufnehmende Personen (Zweier-Teams),
- Unterzeichnung durch die prüfende Person,
- Überprüfungsvermerk des Verantwortlichen,
- ggf. Korrektur der Lagerbestände bei festgestellten Differenzen,
- Inventurlisten mit Einzeltitelnachweis und Gesamtbestand.

Die Verfahren der Bestandsaufnahme können durchaus variieren und mitunter kombiniert werden: Hauptsache, alle Bestände werden erfasst, und die ermittelten Werte werden dem Finanzamt übermittelt – sind sie doch als Vermögenswerte (Umlaufvermögen) Bestandteil des Jahresabschlusses und gehören zu den Aktiv-Positionen der Bilanz.

Buchhandlungen, die mit Warenwirtschaftssystemen arbeiten, erfassen die Bestände per Scanner- oder Funktechnik, und ein Programm druckt anschließend eine gegliederte und den steuerlichen sowie handelsrechtlichen Anforderungen gerecht werdende Warenbestandsaufnahme aus. Andere Buchhandlungen fotografieren die Bestände (Regale, Tische, sonstige Ausstellungsflächen); anschließend werden die Ladenpreise über so genannte Inventurkassen erfasst oder unter Angabe von Menge und Ladenpreis in (vorgedruckte) Listen eingetragen. Verzichtet man auf den Fotobeleg, sind alle Bestände mit Verfasser, (Kurz-)Titel, Menge, Ladenpreis, ersatzweise der ISBN, in Listen zu erfassen.

8.5.2 Inventurverfahren und Bewertung

Seit Juni 2011 ist das Bayerische Landesamt für Steuern die zuständige Behörde für den Einzelhandel mit Büchern. Im September 2012 wurde auf Initiative des Sortimenter-Ausschusses ein ›Merkblatt für die körperliche Aufnahme der Lagerbestände im Sortimentsbuchhandel und ihre Bewertung in der Steuerbilanz‹ veröffentlicht, das den steuertechnischen Erfordernissen Rechnung trägt. Unter dem Punkt ›Allgemeines‹ liest man:

> Eine wesentliche Voraussetzung für die Anerkennung der Ordnungsmäßigkeit der Buchführung bildet die körperliche Bestandsaufnahme. Der Grundsatz der materiellen Ordnungsmäßigkeit der Buchführung erfordert u. a., dass die Lagerbestände nach Art und Menge vollständig aufgenommen und einschließlich der Wertansätze jederzeit nachprüfbar sind.
>
> Diese Richtlinie dient der Erleichterung der Lagerbewertung im Buchhandel. Ihr Zweck ist einerseits, eine gleichmäßige vereinfachende Bewertung im gesamten Bundesgebiet zu ermöglichen, andererseits soll eine den praktischen Erfordernissen des Buchhandels Rechnung tragende Bewertung innerhalb der bestehenden gesetzlichen Rahmenbedingungen ermöglicht werden. Über die gesetzlichen Bestimmungen hinausgehende Rechte und Pflichten können daraus nicht abgeleitet werden.
>
> Eine vereinfachende pauschale Bewertung ist nur entsprechend dieser Richtlinie zulässig. Die Anwendung der vereinfachenden Bewertung steht dem Steuerpflichtigen frei. Wird auf die Anwendung verzichtet, hat die Bewertung entsprechend den Vorschriften des § 6 EStG zu erfolgen.
>
> Basis sowohl für die Einzelbewertung als auch für die pauschalierende Bewertung bilden die um die Umsatzsteuer gekürzten Ladenverkaufspreise. Es kann einheitlich im gesamten Unternehmen nur ein Verfahren angewendet werden. Der Wechsel von einem Verfahren zum anderen ist grundsätzlich zulässig, darf aber nicht willkürlich vorgenommen werden. [...] Die formellen und materiellen Vorschriften betreffenden Grundaufzeichnungen für die Inventur finden unverändert Anwendung.

In dieser Richtlinie, die für die Sparten Bucheinzelhandel (Sortiment), Buch-, Kunst- und Musikalienantiquariat sowie Zeitungs- und Zeitschriftenhandel gilt, sind auch die Bewertungsregeln definiert. Hierzu weiter im Original:

> **A. Bucheinzelhandel (Sortiment)** Auf den gesamten, im Rahmen der Inventur festgehaltenen Buchbestand kann grundsätzlich ein Pauschalabschlagsatz von

60 v. H. auf den Ladenverkaufspreis, netto ohne Umsatzsteuer, vorgenommen werden. Das Pauschalbewertungsverfahren bezieht sich ausschließlich auf das Buchsortiment des Einzelhändlers (insbesondere gebundenes Buch, Taschenbuch, Hörbuch).

B. Buch-, Kunst- und Musikalienantiquariat Das Antiquariat erwirbt sein Lager in der Hauptsache aus zweiter Hand, es handelt also mit gebrauchten Wirtschaftsgütern. Werke mit Altertums- oder Liebhaberwert, wie Erstdrucke (Inkunabeln), Kupferstiche, Holzschnitte u. Ä. zählen nicht zum Buchbestand unter A.). Die Bewertung mit einem Pauschalabschlagsatz ist insoweit nicht möglich. Die vorgenannten Werke mit Altertums- oder Liebhaberwert sind stets mit den Anschaffungskosten oder dem niedrigeren Teilwert (Einzelbewertung) zu bewerten.

C. Zeitungs- und Zeitschriftenhandel Zeitungen und Zeitschriften im Eigenbestand des Einzelhandels sind grundsätzlich mit den Anschaffungskosten zu bewerten.

Seit August 2012 gilt also für das Buchsortiment zeitgenössischer Verlags- und Hörbuchproduktion ein maximaler pauschaler Abschlagsatz von 60 Prozent auf den Nettoladenverkaufspreis. Zeitschriften sind mit den Anschaffungskosten anzusetzen. Antiquarische Titel (echtes Antiquariat) fließen einzeln bewertet mit den Anschaffungskosten oder – bei Nicht- bzw. Schwer-Verkäuflichkeit – mit einem niedrigeren Teilwert in die Inventur ein. Basierend auf dem Prinzip der Einzelbewertung galten jahrelang folgende Nachlasssätze als angemessen:

Erwerb im letzten Geschäftsjahr	80 %	vom Anschaffungswert
Erwerb im zweitletzten Geschäftsjahr	60 %	vom Anschaffungswert
Erwerb im drittletzten Geschäftsjahr	40 %	vom Anschaffungswert
Erwerb im viertletzten Geschäftsjahr	20 %	vom Anschaffungswert
Vorher erworbene Bestände	0 %	(= Makulaturwert)

Das Prinzip der Einzelbewertung zu Anschaffungskosten gilt auch für Non-Books. Diese sind gemäß § 6 (1) 2 EStG »mit den Anschaffungs- oder Herstellungskosten oder dem an deren Stelle tretenden Wert, vermindert um Abzüge nach § 6b und ähnliche Abzüge, anzusetzen. Ist der Teilwert auf Grund einer voraussichtlich dauernden Wertminderung niedriger, so kann dieser angesetzt werden.« Bei Unverkäuflichkeit eines Artikels – das Gesetz spricht von einer »voraussichtlich dauernden Wertminderung« – ist also ein noch geringerer Wert als der Anschaffungswert anzusetzen, der im Einzelfall dem Makulaturwert entsprechen kann.

Übrigens: Die Richtlinie des Bayerischen Landesamts für Steuern sollte in jeder Sortimentsbuchhandlung bei den Bilanzunterlagen aufbewahrt werden. »Dem Unternehmer selbst dient das ›Merkblatt‹ zum Nachschlagen, unkundigen Steuerberatern zur Information und Betriebsprüfern als Rechtsgrundlage, sollte die praktizierte Bewertung angefochten werden.« – so formuliert es Gudula Buzmann, die in *Gründung und Führung einer Buchhandlung* ein umfangreiches Kapitel zum Thema Inventur verfasst hat. Schlussendlich sei auf die vom Sortimenter-Ausschuss herausgegebene und von der Wirtschaftsprüfungs- und Steuerberatungsgesellschaft Dr. Kleeberg & Partner bearbeitete Publikation *Bestandsaufnahme und Bewertung von Vorräten im Sortiment* hingewiesen, die Detailfragen rund um die Inventur klärt.

Fragen zu Kapitel 8

8.1 Erläutern Sie, inwiefern ›Controlling‹ den Einkauf von Novitäten beeinflusst.
8.2 Erläutern Sie die grundlegende Aufgabe von Warenwirtschaftssystemen.
8.3 Erläutern Sie fünf Rationalisierungspotenziale, die Sie durch Nutzung von Warenwirtschaftssystemen erreichen.
8.4 Erläutern Sie das Anlegen von Titeln in Warenwirtschaftssystemen.
8.5 Bei welchem Bestellanlass wird Kapital gebunden: Aktionseinkauf, Einkauf der Novitäten oder Besorgungsgeschäft (Abholfach)?
8.6 Sie nehmen kundenbezogene Daten für einen neuen Rechnungskunden auf. Nennen Sie vier Angaben, die Sie benötigen, um einen Bestellvorgang ohne weitere Nachfragen bearbeiten zu können.
8.7 Sie arbeiten in der Fortsetzungsabteilung. Erläutern Sie die Begriffe: ISSN, Subskriptionspreis, Direkteinweisung und Pflichtfortsetzung.
8.8 Berechnen Sie das Einkaufsbudget bei folgende Ausgangsdaten: Plan-Lagerumsatz 120.000,00 €, 15 % Vertreter-Ersteinkauf, verteilt auf fünf A-Verlage und 10 B-Verlage. Jeder B-Verlag erhält 800,- €. Welcher Betrag entfällt auf jeden A-Verlag, gleiche Verteilung vorausgesetzt?
8.9 Welche drei Aussagen sind richtig?
a) Je höher die LUG, desto geringer der Kapitaleinsatz.
b) Je niedriger die LUG, desto geringer der Kapitaleinsatz.
c) Je höher die LUG, desto höher der Kapitaleinsatz.
d) Je niedriger die LUG, desto höher der Kapitaleinsatz.
e) Je höher die LUG, desto liquider ist eine Buchhandlung.
f) Je niedriger die LUG, desto liquider der Kapitaleinsatz.
8.10 Erläutern Sie zwei Methoden der Lagerbestandsfortschreibung.
8.11 Bringen Sie fünf Arbeitsschritte, die im Rahmen des Wareneingangs anfallen, in die chronologisch richtige Reihenfolge.
8.12 Erläutern Sie den Unterschied zwischen ›zentralem Wareneingang‹ und ›Zentrallager‹.
8.13 Nennen Sie drei Arten von Sachmängeln.
8.14 Bis zu welcher Frist (nach VeO) müssen Buchhandlungen Verlage darüber informieren, dass der Inhalt einer Sendung nicht mit der Rechnung übereinstimmt?

8.15 Welche drei Aussagen sind richtig?
a) Verlage müssen die Änderungen ihrer Ladenpreise spätestens 10 Tage vor Inkrafttreten dem Handel mitteilen.
b) Änderungen der Ladenpreise kann der Verlag erst 18 Monate nach Erscheinen der Erstausgabe vornehmen.
c) Mitteilungen über Preisänderungen erfolgen durch die monatlich erscheinende ›Gelbe Beilage‹ des VLB.
d) Bei Preisaufhebungen sind Verlage dazu verpflichtet, die innerhalb der letzten zwölf Monate vom Bucheinzelhandel bezogenen und dort noch vorrätigen Exemplare zurückzunehmen.
e) Nach Preisaufhebungen kann die Buchhandlung den ursprünglich gebundenen Preis als unverbindliche Preisempfehlung beibehalten.

8.16 Anlässlich einer Preisherabsetzung entscheidet sich eine Buchhandlung für die Differenzvergütung der Abgabepreise. Berechnen Sie den Gutschriftbetrag, wenn folgende Daten vorliegen: früherer LP: 18,– €, neuer LP: 8,– €, Ersteinkauf 20 Expl. mit 40 % Rabatt, 12 verkaufte Expl.

8.17 Nennen Sie fünf Remissionsanlässe von Buchhandlungen.

8.18 Grenzen Sie die Stichtagsinventur von einer permanenten Inventur ab.

8.19 Nennen Sie drei Gründe für mögliche Inventurdifferenzen.

8.20 Zu einer ordnungsgemäßen Lagerbestandsaufnahme gehört die Dokumentationspflicht über Durchführung und Ergebnis der körperlichen Inventur. Nennen Sie drei Angaben, die Sie schriftlich festhalten müssen.

8.21 Ihr Lagerbestand für Buchbestände beläuft sich auf 139.100 € zu Ladenpreisen. Berechnen Sie den Bilanzwert Ihrer Buchbestände.

8.22 Erläutern Sie das Prinzip der Einzelbewertung im Rahmen der Abschreibung von Non-Books.

9
Vertrieb

Vertrieb

Aus: Ausbildungsrahmenplan für die Berufsausbildung zum Buchhändler und zur Buchhändlerin | Sachliche Gliederung (§ 4 Absatz 2 Abschnitt A Nummer 5.5)

VERTRIEBSWEGE

- Vertriebswege des Buchhandels nutzen;
- Informationen zur Erschließung neuer Vertriebswege auswerten und nutzen;
- Waren unter Berücksichtigung von Kundenwünschen sowie wirtschaftlichen und ökologischen Gesichtspunkten versenden;
- besondere Anforderungen der Firmenkunden bei der Organisation des Vertriebs berücksichtigen;
- Besonderheiten des Rechnungsverkaufs und Versands berücksichtigen;
- Vor- und Nachteile von E-Commerce aus Sicht von Unternehmen und Kunden beurteilen.

Ergänzt um:

KASSENFÜHRUNG (§ 4 Absatz 2 Abschnitt A Nummer 5.3)

- Kasse vorbereiten, kassieren, bare und unbare Zahlungen abwickeln, Kaufbelege erstellen;
- Kasse abrechnen, Kassenbericht erstellen, Einnahmen und Belege weiterleiten;
- Kunden beim Kassiervorgang Serviceleistungen anbieten;
- Kassiervorgang als Mittel zur Kundenbindung nutzen;
- buchhandelsspezifische Zahlungsmittel erläutern;
- Besonderheiten beim Kassieren von Rechnungen berücksichtigen und die erfolgreiche Durchführung des unbaren Zahlungsvorgangs sicherstellen.

Geschickt angewandte Kenntnisse der Informationssysteme (siehe Kap. 5), ausgeklügelte Maßnahmen für einen am Markt ausgerichteten Einkauf (siehe Kap. 7) und optimierte Betriebsabläufe (siehe Kap. 8) nutzen in wirtschaftlicher Hinsicht nichts, so lange die Ware nicht verkauft wird; sie liefern sozusagen ›nur‹ die Infrastruktur für einen erfolgreichen Verkauf (siehe Kap. 6). Während sich beim **Verkauf** fast alles um das aktive Anbieten der Ware und um Regeln für einen verkaufsorientierten Umgang mit Kunden dreht, thematisiert der **Vertrieb** vorrangig Fragen der Vertriebskanäle und kümmert sich um Aspekte der Verkaufsabwicklung innerhalb der gewählten Absatzkanäle.

Vertriebsmaßnahmen umfassen im Rahmen der Distributionspolitik (siehe Kap. 10.2) alle planerischen und organisatorischen Aspekte des Verkaufs. Der Vertrieb – in Verlagen gibt es eigene Vertriebsabteilungen, in Buchhandlungen sind Vertriebsentscheidungen in der Regel Chefsache – kümmert sich dementsprechend u. a. um:

- Wahl der Vertriebs- oder Absatzkanäle,
- Erschließung besonderer Vertriebswege,
- technisch-organisatorische Abwicklung von Bar- und Rechnungsumsatz,
- Fragen des Warenversands.

In diesem Sinne verstehen sich die Ausführungen in diesem Kapitel. Unberücksichtigt bleiben die juristischen Aspekte des Warenverkaufs, die bereits im Rahmen der AGB (siehe Kap. 4.3.1) und des Fernabsatzrechts (siehe Kap. 4.3.2) angesprochen worden sind.

Hinsichtlich der Vertriebswege des (Sortiments-)Buchhandels sei auch auf den Abschnitt über die Be- und Vertriebstypenvielfalt des Sortimentsbuchhandels (siehe Kap. 1.3) verwiesen. Im Kapitel ›Buch- und Medienwirtschaft‹ wurde darüber hinaus, ausgehend von konkurrierenden Vertriebsmodellen (siehe Kap. 1.4), die buchhändlerische Einzelhandelslandschaft anhand der jeweils spezifischen Vertriebsaktivitäten einzelner Vertriebskanäle beschrieben. Dort wurde klargestellt, dass künftig zuzüglich zum stationären Vertrieb (Verkauf über ein Ladengeschäft mit ausgewiesener Verkaufsfläche) der ambulante Vertrieb (Verkauf ohne Verkaufsraum), vor allem in Form des E-Commerce (siehe Kap. 9.4), eine immer stärkere Rolle spielen wird.

9.1 Barverkauf

Der Kassiervorgang bildet den ökonomischen Abschluss des Verkaufsvorgangs. Der Preis wird über eine Ladenkasse mittels Scanner-Technik (Ablesefeld, Lesepistole o. Ä.) erfasst oder manuell über die Kassentastatur eingegeben. Elektronische Point-of-Sale-Registrierkassen sind Pflicht; für den Verkauf außer Haus (oder in Einkaufszentren für den Mall-Verkauf auf Aktionsflächen) stehen mobile Handkassen zur Verfügung. Sofern Buchhandlungen mit Warenwirtschaftssystemen arbeiten, registriert die Daten- oder Computerkasse nicht nur den Preis, sondern mithilfe des Barcodes (siehe EAN-Code im Kap. 5.6.9) auch den einzelnen Artikel und weitere artikelrelevante Angaben, u. a. die Warengruppe. Basis hierfür ist die PLU-Technik (price-lock-up): Kassen rufen nach Erfassen des Strich- bzw. Barcodes den Preis und die Artikelbezeichnung direkt aus dem Zentralrechner oder Server der Buchhandlung ab. Aufgrund der genauen Artikelbezeichnung kann der Kunde den Kassenbon als Fachbuchbeleg beim Finanzamt einreichen; bei anderen Kassenlösungen erhält der Kunde auf Wunsch zuzüglich zum Kassenbon einen separaten Verkaufsbeleg mit Titelangabe. Je nach Kassenlösung und Warenwirtschaftssystem enthalten Kassenbons folgende Angaben:

- Artikelbezeichnung,
- Menge des gekauften Artikels,
- Ladenpreis des Artikels,
- USt-Satz des Artikels,
- vom Kunden zur Zahlung gegebener Betrag,
- Rückgeld,
- ggf. Bezeichnung der unbaren Zahlungsmittel (siehe weiter unten),
- Kassennummer (falls mehrere Kassen),
- Datum und Uhrzeit,
- Name der Firma,
- ggf. UID-Nummer (Umsatzsteuer-Identifikationsnummer, auch mit USt-IdNr. abgekürzt)
- laufende, für das Finanzamt identifizierbare Bon-Nummer,
- ggf. die Kennzeichnung oder Nennung des Verkäufers (Nummer oder Name[nskürzel]),
- ggf. Werbetextfeld für die Angabe von Öffnungszeiten, Homepage etc.

2020 tritt das Gesetz zum Schutz vor Manipulation an digitalen Grundaufzeichnungen in Kraft, das u. a. die Manipulation von Kassendaten verhindern soll. Alle Unternehmen müssen nun eine zertifizierte technische Sicherheitseinrichtung nachweisen, die sich aus drei Bestandteilen zusammensetzt:

- aus einem Sicherheitsmodul, das die Kasseneingaben mit Beginn des Aufzeichnungsvorgangs protokolliert und etwaige spätere Änderungen erkennt;
- aus einem Speichermedium, das die Einzelaufzeichnungen für die Dauer der gesetzlichen Aufbewahrungsfrist speichert;
- aus einer digitalen Schnittstelle, die eine reibungslose Datenübertragung für Prüfungszwecke sicherstellt.

Ferner besteht eine Meldepflicht gegenüber dem zuständigen Finanzamt über die eingesetzten Aufzeichnungssysteme und Sicherheitseinrichtungen. Ebenfalls ab 2020 gilt die gesetzliche Verpflichtung, elektronische Kassenbelege nicht nur zu erstellen, sondern diese dem Kunden elektronisch oder in Papierform zur Verfügung zu stellen.

Falls die Ware durch einen Boten zugestellt wird und dieser den Betrag bar in Empfang nimmt, wird der erhaltene Betrag quittiert. Das kann entweder durch einen Quittungsvermerk auf der Rechnung geschehen oder mithilfe eines Quittungsblocks. Das Quittungs-Original erhält der Kunde, die Durchschrift bleibt bei der Buchhandlung. Auf Quittungen mit höheren Beträgen als 250,00 EUR muss, wie bei einer Rechnung über 250,00 EUR (siehe Kap. 9.2), der Umsatzsteuerbetrag in Zahlen ausgewiesen werden, sofern der Kunde vorsteuerabzugsberechtigt ist. Ansonsten sollte eine Quittung folgende Angaben enthalten:

- das Wort ›Quittung‹,
- Betrag in Zahlen und Buchstaben,
- Name des Käufers,
- Zahlungsgrund (Vermerk),
- Zahlungsbestätigung,
- Ort und Datum,
- Unterschrift des Zahlungsempfängers.

9.1.1 Kundenorientierter Kassiervorgang

Der Kassiervorgang bildet nicht nur den ökonomischen Abschluss eines Verkaufsvorgangs, sondern er bedeutet auch viel im Hinblick auf zufriedene Kunden und künftige Umsätze. Schließlich geht es darum, Kunden nicht nur ›ordnungsgemäß abzufertigen‹, sondern auch darum, sie als potenzielle Käufer (für weitere Produkte) zu gewinnen oder zu halten (siehe Kap. 6.3.1); jeder Kaufabschluss ist damit gleichzeitig eine ›Einladung‹ für künftige Geschäfte. Deshalb geht es auch an der Kasse um den Faktor Kundenzufriedenheit, und der Kassiervorgang, der übrigens bereits mit dem Anstehen an der Kasse beginnt, sollte auch als Mittel zur potenziellen Kundenbindung und Stammkundengewinnung genutzt werden. Der kundenorientierte Kassiervorgang kann idealtypisch in sieben bzw. acht Schritten ablaufen:

- Kunden freundlich ansehen, ggf. grüßen;
- Artikel einzeln (per Scan) erfassen;
- Kasse die Endsumme bilden lassen (Bon-Ausdruck);
- zu zahlenden Betrag nennen;
- Zahlungsmittel entgegennehmen:
  - Kartenzahlung (unbare Zahlung; siehe weiter unten),
  - vom Kunden erhaltenes Bargeld nicht als erstes in die Kasse einlegen, sondern zunächst das Wechselgeld herausgeben, dann den Kassenbeleg mit dem Artikel übergeben und erst vor Schließen der Kasse das erhaltene Bargeld in die Kasse geben;
- Kunden situationsbezogen Dienstleistungen der Buchhandlung (siehe Kap. 2.6) anbieten;
- ggf. Give-aways als Mittel zur Kundenbindung überreichen;
- Kunden freundlich verabschieden.

Der Betriebsberater Jörg Winter meint, Kundenzufriedenheit an der Höhe des Wertes der getätigten Käufe festmachen zu können. Auf der Suche nach einem diesbezüglichen Anhaltspunkt, nämlich dem **durchschnittlichen Bon-Umsatz** (Barumsatz je Barverkauf), hilft *Buch und Buchhandel in Zahlen*. In der Ausgabe 2019 wurde das statistische Mittel mit 17,10 EUR pro Kassiervorgang angegeben. Allerdings dürfte es im Einzelfall starke Abweichungen nach unten und nach oben geben, und zwar vor allem in Abhängigkeit von der jeweiligen Betriebsgröße, der Kundenstruktur, der Angebotsstruktur und des Ladenpreis-Niveaus.

Der durchschnittliche Bon-Umsatz ist ein wichtiger, aber bei weitem nicht der einzige Indikator für die Attraktivität eines Geschäfts. Ergänzend hilft ein Blick auf die **Anzahl der Barkunden,** der von größerer Bedeutung sein kann als die rein wertmäßige Beobachtung des Umsatzes. Denn die Kundenzahl steht für die Substanz einer jeden Sortimentsbuchhandlung – so das Statement der Betriebsberaterin Gudula Buzmann. Sie vertritt die Meinung, dass eine abnehmende Kundenzahl weitaus alarmierender ist als ein temporärer Umsatz- oder Bonrückgang.

9.1.2
Kassenbericht

Die Bar-Umsätze werden über die Ladenkasse abgewickelt: Geld kommt herein und Geld wird entnommen. Nach Geschäftsschluss werden alle Zahlungsvorgänge addiert und in einem (automatisiert erstellten) Kassenbericht zusammengefasst. Etwaige während des Tages erhaltene Schecks werden separat erfasst. Bar bezahlte Rechnungen werden an die Buchhaltung weitergegeben. Größere Geldeinnahmen, die erst nach dem Ende der Öffnungszeiten der Bank eingenommen werden, gehören in den Nachttresor der Hausbank; hierfür benötigte ›Geldbomben‹ werden von der Bank zur Verfügung gestellt. Ansonsten dient der firmeneigene Tresor zur Aufbewahrung der Einnahmen und / oder des Wechselgelds. Für Kleingeld reicht mitunter auch eine Geldkassette. Der Kassenbericht, der mit der **Tageslosung** als Summe endet und gleichzeitig die Belege dokumentiert, besteht aus folgenden Positionen:

	Anfangsbestand am Abend (= Summe der nach Geschäftsschluss in der Kasse gezählten Bargeldbestände)
+	Tagesausgaben lt. Belegen (bar ausgezahlte Beträge)
–	sonstige Einnahmen lt. Belegen (alles außer Warenverkäufen)
+	Privatentnahmen (in bar gegen Belege)
–	Wechselgeld
	Tageslosung

Natürlich kann der Kassenbericht die Umsätze auch getrennt nach einzelnen Warengruppen erfassen und diese Statistiken zu Wochen- und Monats-,

Quartals- oder Tertialsberichten kumulieren. Und es bleibt zu hoffen, dass ›besorgte Bücher‹ – am zweckmäßigsten in Kombination mit entsprechenden Warengruppenkennungen – separat registriert werden. Denn nur so erschließen sich relevante Sortimentszusammenhänge, die notwendige Umstrukturierungen nachvollziehbar machen. Sollte sich beispielsweise herausstellen, dass eine bestimmte Warengruppe über einen längeren Zeitraum mehr als 30 Prozent Besorgungsanteil aufweist, kann eine Lageraufstockung dieser Warengruppe eine sinnvolle sortimentspolitische Maßnahme sein.

Während die Kasse durch Kassenberichte regelmäßig kontrolliert wird, steht der Begriff **Kassensturz** für eine außerplanmäßige Kassenkontrolle. Der Kassensturz dient dem Abgleich des Betrags, den die Kasse auswirft, mit dem tatsächlich in der Kasse vorhandenen Geldbetrag. Ein solcher Vergleich stellt glücklicherweise eine Ausnahme im Tagesgeschäft dar. Er ist aber erforderlich, wenn geklärt werden muss, ob von der Kassierkraft ein falscher Betrag herausgegeben worden ist, oder ob der Kunde tatsächlich einen höheren Betrag bezahlt hat, als er hätte zahlen müssen. Um einem solchen Kassensturz zuvorzukommen, soll, wie bereits im vorigen Abschnitt beschrieben, das Bargeld des Kunden immer erst dann in die Kasse eingelegt werden, nachdem dieser Ware und Wechselgeld erhalten hat.

9.1.3
Bargeldlose (unbare) Zahlungsarten

Traditionelles Zahlungsmittel bei Käufen im Einzelhandel ist das Bargeld. Doch zunehmend löst der bargeldlose Zahlungsverkehr durch EC- und Kreditkarten unterschiedlicher Art das überkommene Zahlungsmittel ab.

Zahlung mit EC-Karte

Der Zentrale Kredit Ausschuss der deutschen Bankenverbände propagiert das **EC-Cash-Verfahren**, bei dem die verdeckte Eingabe einer PIN-Nummer (Personal Identity Number) notwendig ist. Dadurch erfolgt ein direkter Zugriff auf das Girokonto des Käufers, und die Buchhandlung hat durch die Online-Abfrage bei der Bank des Kunden eine Zahlungsgarantie. Die Umbuchung erfolgt sofort bargeldlos; für die Buchhandlung fallen (geringe) Transaktionskosten an. Dieses Verfahren nennt man auch EC-Cash am POS (Point of Sale).

Im Bereich Electronic Cash kooperiert der Börsenverein mit einem zertifizierten Netzbetreiber im kartengestützten Zahlungsverkehr, der Lösungen für die Verarbeitung von EC- und Kreditkarten zu günstigen Konditionen ermöglicht; vermittelt wird dies über das Vorteilsprogramm Seitenreich (siehe Kap. 1.5.2).

Hiervon zu unterscheiden ist das **ELV-Verfahren** (elektronisches Lastschriftverfahren). Hier kann der Kunde mit seiner EC-Karte ohne PIN zahlen. An der Kasse erteilt er dem Einzelhändler durch seine Unterschrift auf dem Beleg der Buchhandlung eine einmalige Einzugsermächtigung. Dieses Verfahren ist kostengünstiger als EC-Cash, geht aber auch mit einer gewissen Unsicherheit bezüglich der Zahlungsgarantie einher. Gegebenenfalls muss die Buchhandlung bei späterer Nicht-Einzugsmöglichkeit alle rechtlichen Mittel ausnutzen, um an ihr Geld zu kommen.

Zahlung mit GeldKarte

Eine weniger genutzte Variante des bargeldlosen Zahlungsverkehrs ist die **GeldKarte,** eine ›elektronische Geldbörse‹. Der Benutzer kann bis zu einem bestimmten Betrag ein Chip-Feld aufladen. Beim Bezahlen verringert das Kassenmodem das Chip-Guthaben automatisch um den Zahlbetrag. Die Beträge werden zunächst in einem Chipkartengerät der Buchhandlung gespeichert und anschließend an eine Abrechnungsstelle übermittelt.

Zahlung mit Kreditkarte

Kreditwürdige Personen können von Kreditkartenorganisationen (größtenteils gegen einen Jahresbeitrag) eine Ausweiskarte erhalten, die dazu benutzt wird, (Online-)Rechnungen oder Barbeträge bei Vertragsunternehmen zu bezahlen. Die Organisationen – American Express, VISA, MasterCard/EuroCard, Diners Club, um nur die größten zu nennen – belasten den Kreditkarteninhaber im Rahmen einer Monatsrechnung und buchen den Betrag vom Bankkonto des Kunden per Einzugsermächtigung ab. Mit einer Verzögerung von bis zu drei Monaten nach Umsatztätigkeit (hinsichtlich dieses Zeitkorridors unterscheiden sich die Vertragsbedingungen der Kreditkartenorganisationen erheblich) bekommen die Vertragsunternehmen, in unserem Fall die Buchhandlungen, unter Abzug von einer Provision, die zwischen 2 Prozent und 5 Prozent vom Umsatz liegt, den Betrag gutgeschrieben.

Genau hier liegt das Problem für den Sortimentsbuchhandel. Denn betrachtet man die Relation Rohgewinn und betriebliche Kosten (beide Größen machen rund 32 Prozent vom Umsatz aus), stellt sich zwangsläufig die Frage, von welchem Geld die Provision bezahlt werden soll. Denn im Unterschied zu anderen Einzelhandelsunternehmen sind die Verkaufspreise in der Mehrzahl gebunden – die Provision kann also nicht auf die Endabnehmer umgelegt werden. Deshalb lehnen viele Buchhandlungen Kartenzahlungen über Kreditkartenorganisationen schlichtweg ab. Diejenigen Unternehmen, die trotzdem Kreditkarten annehmen, müssen selbst darüber entscheiden, ob die Kreditkartenakzeptanz einen verstärkten Abfluss von gut rabattierten Lagertiteln bewirkt, ob der bargeldlose Verkehr generell zu größeren Einkäufen (ver)führt oder ob das Image, Vertragspartner einer weltweit agierenden Kreditkartenorganisation zu sein, die Provision vergessen machen kann.

Mobiles Bezahlen (Mobile Payment)

Seit Sommer 2018 bieten Sparkassen und andere Geschäftsbanken die Möglichkeit für mobiles Bezahlen an. Nun reicht es, das Smartphone auf das Kartenterminal zu legen, um den Einkauf zu bezahlen. Voraussetzung ist ein Smartphone mit NFC-Funktion (Near Field Communication). Transaktionen können auch über QR-Codes abgewickelt werden. Der Bezahlvorgang gilt als genauso sicher wie mit einer kontaktlosen Giro- oder Kreditkarte.

Zahlung mit Monatskonto, Kundenkarte und unternehmensbezogener Kreditkarte

Gute Kunden erhalten eine Art Firmen-Kreditrahmen. Dies geschieht häufig mit Hilfe des **Monatskontos**, das ohne besonderen Ausweis für die Benutzer eingerichtet wird. In diesem Fall verlässt der Kunde die Buchhandlung mit der Ware und einem Lieferschein, auf dem Kundendaten, Titel und Menge notiert sind. Die Lieferscheine eines Monats werden addiert und zu Beginn des nächsten Monats wird eine (Sammel-)Rechnung erstellt. Vergleichbar ist auch das Procedere mit Kundenkarten ohne Zahlungsfunktion.

Bei unternehmensbezogenen Kreditkarten mit Zahlungsfunktion werden die Verkäufe über ein Lesegerät erfasst und zu Beginn des Folgemonats per Einzugsermächtigung abgerechnet. Der große Vorteil bei einem solchen Verfahren: Jegliche Art von Provision an Kreditkartenorganisationen entfällt. Übrigens: Ein derartig kurzfristiges Kreditgeschäft verstößt nicht gegen die Bestimmungen des Buchpreisbindungsgesetzes. Denn es wird nicht mit einem Kreditrahmen geworben, wie etwa durch eine Zahlungskondition ›30 Tage Ziel‹, sondern es wird lediglich die Zahlungsweise vereinfacht. Die Spielregeln in Bezug auf die Endabnehmerpreise preisgebundener Verlagserzeugnisse, die als Barzahlungspreise für das Zug-um-Zug-Geschäft an der Kasse gelten, werden nach gängiger Auffassung nicht verletzt.

Einlösung von Gutscheinen

Auch Gutscheine zählen zu den bargeldlosen (unbaren) Zahlungsmitteln, erhält man doch vom Kunden kein Bargeld, sondern löst ein zuvor gegebenes

Warenversprechen ein. Bereits bei den Dienstleistungen des Buchhandels ist in diesem Zusammenhang auf Bücherschecks hingewiesen worden (siehe Kap. 2.6.2). Die **firmeneigenen Büchergutscheine** kann man in finanztechnischer Hinsicht mit unternehmensbezogenen Kreditkarten mit Zahlungsfunktion vergleichen. Denn die Buchhandlung braucht an keine Stelle irgendwelche Provisionen abzuführen – ihr Aufwand besteht einzig darin, diese Büchergutscheine zu layouten, zu drucken und zu verkaufen.

Dies sieht bei einem von der MVB im Rahmen des **BuchSchenkService** angebotenen Gutschein anders aus. Hier fällt nur dann keine Provision an, wenn der ausgegebene Bücherscheck in der ausgebenden Buchhandlung selbst eingelöst wird. Sind jedoch scheck-ausgebende und scheck-einlösende Buchhandlung zwei unterschiedliche Firmen, so erfolgt die Verteilung des Gewinns über die zentrale Verrechnungsstelle bei der MVB, die 5 Prozent für eigenen Aufwand und Marketing einbehält; die Abrechnung kann finanztechnisch über das BAG-Abrechnungsverfahren abgewickelt werden. Gewinnschmälerungen entstehen also bei beiden Buchhandlungen, wie die Grafik belegt. Dafür ist der ›Branchen-Bücherscheck‹ überregional einzulösen, was auf dem auch von anderen Einzelhandelsunternehmen hart umkämpften Geschenkemarkt eine wichtige Funktion erfüllt. Fleurop lässt grüßen.

Bücherschecks müssen beim Verkauf mit Ausgabedatum, Firmenstempel (soweit nicht bereits eingedruckt), laufender Nummer und Unterschrift des Ausstellers versehen werden. Sie sind in der Kasse separat einzugeben; auf jeden Fall ohne Umsatzsteuer, weil man ja noch nicht weiß, ob der beschenkte Kunde später ein Buch oder einen Non-Book-Artikel aus dem Sortiment der Buchhandlung erwirbt. Juristisch gesehen stellt ein Bücherscheck ein Waren- und kein Geldversprechen dar. Falls also bei einem Kauf der volle Scheckbetrag nicht eingelöst wird, besteht für die Buchhandlung keine Verpflichtung der Herausgabe von Bargeld; stattdessen wird sie eine Gutschrift über den

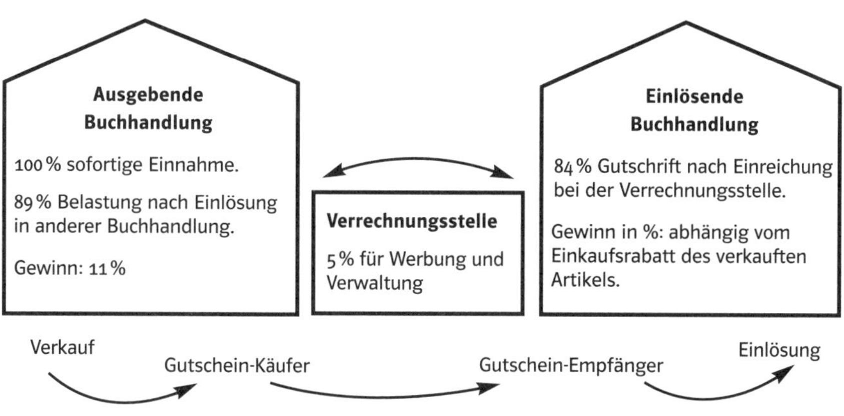

Verrechnungsmodalität: *BuchSchenkService*

Restbetrag ausstellen. Bücherschecks können nicht zeitlich unbegrenzt eingelöst werden. Ihre Gültigkeit richtet sich nach der gesetzlichen Verjährungsfrist: dies sind drei Jahre, beginnend mit dem Ende des Ausstellungsjahres.

9.2 Rechnungsverkauf

Die durchschnittlichen Werte für den Kreditumsatz (Rechnungsgeschäft) weichen von Buchhandlung zu Buchhandlung stark voneinander ab – je nach Umfang des Rechnungsgeschäfts und innerhalb dessen vor allem des Schulbuchgeschäfts, das mitunter 30 Prozent vom Gesamtumsatz ausmachen kann. Unter Umständen geht dem Rechnungsumsatz eine Ansichtssendung mit beigefügtem Lieferschein voraus. Diese Lieferscheine sind lückenlos zu führen, damit sowohl die eingehenden Remittenden zugeordnet als auch die im Folgemonat über das Monatskonto (siehe Kap. 9.1.3) abzurechnenden Beträge ohne große Mühe erfasst werden können.

Bei den regelmäßigen Rechnungskunden sollten deren Adresse sowie die vereinbarten Zahlungs- und Zustellmodalitäten in einer Kundendatei abgespeichert sein. Auf der Rechnung müssen – neben den Hinweisen auf die Zahlungsmodalität und den Eigentumsvorbehalt – die aufgelisteten Bestandteile (siehe Folgeseite) manuell, maschinell oder per EDV eingetragen werden. Rechnungen, die nicht alle Pflichtangaben enthalten, berechtigen nicht zum Vorsteuerabzug nach § 15 Umsatzsteuergesetz (UStG); eine Musterrechnung befindet sich auf einer der Folgeseiten im Rahmen des Kapitels 9.3.

E-Procurement

Die Grundidee des E-Procurements besteht darin, Bestell- und Verwaltungsprozesse, die sowohl in der Buchhandlung als auch bei Rechnungskunden (Industrieunternehmen, öffentliche Verwaltung, Kanzleien etc.) anfallen, mittels EDV bzw. IT-basiert kostenoptimiert zu organisieren.

Der Kunde erhält passwortgeschützte Zugriffsmöglichkeiten auf die Katalogdaten der Buchhandlung und kann über deren Webshop – in diesem Fall über ›seinen‹ Webshop – Bestellungen aufgeben. In einer nur firmenintern zugänglichen Bestandsverwaltung, die mit einer Software arbeitet, die auch die Besonderheiten des buchhändlerischen Abonnement-Bezugs kennt, werden dann die Medien und anstehende Bestellungen verwaltet. Um diese Kernfunktion herum stehen weitere Dienstleistungen modular zur Verfügung. So können Kostenstellen separat verwaltet und Budgetvorgaben berücksichtigt werden. E-Procurement dient somit auch der Kostentransparenz auf Seiten

Pflichtbestandteile einer Rechnung lt. § 14 UStG (Stand Januar 2019)

Rechnungen über 250,– Euro	**Ausnahmen für Rechnungen bis 250,– Euro (= Rechnungen über Kleinbeträge nach § 33 UStDV)**
Name und Anschrift des leistenden Unternehmers	Name und Anschrift des leistenden Unternehmers
Name und Anschrift des Empfängers	Auf die Nennung des Empfängers kann verzichtet werden
Liefermenge, handelsübliche Bezeichnung der Lieferung bzw. Leistung	Liefermenge, handelsübliche Bezeichnung der Lieferung bzw. Leistung
Ausstellungsdatum und Tag der Lieferung bzw. Leistung	Ausstellungsdatum und Tag der Lieferung bzw. Leistung darf entfallen
Rechnungsbetrag inkl. USt aufrund des Buchpreisbindungsgesetzes	Rechnungsbetrag inkl. USt aufrund des Buchpreisbindungsgesetzes
Netto-Entgelt ohne Umsatzsteuer	Netto-Entgelt und Umsatzsteuer in einer Summe
Umsatzsteuer-Ausweis als Betrag in Euro mit anzuwendendem Steuersatz	Ausweis des Umsatzsteuersatzes (oder Betrag)
Angabe der Steuer- oder Umsatzsteuer-Identitätsnummer	Diese Angabe kann entfallen
Fortlaufende Rechnungsnummer	Diese Angabe kann entfallen
Hinweis auf die Befreiungsvorschrift bei steuerfreien Lieferungen und Leistungen	Hinweis auf die Befreiungsvorschrift bei steuerfreien Lieferungen und Leistungen

des Kunden. Entscheidende Prozesse organisiert aber weiterhin die Buchhandlung: Sie bestellt die Ware beim Lieferanten, liefert die Ware aus und bleibt auch für die Fakturierung zuständig.

9.3 Warenversand

Holt der Kunde die Ware nicht in der Buchhandlung ab, und wird sie auch nicht per Boten überbracht (siehe Kap. 2.6.3), so wird die Ware postalisch zugestellt. Grundsätzlich kann jede Buchhandlung die ihr entstehenden Versandkosten weiterberechnen. Allerdings verzichtet sie aus Kulanzgründen, oder weil andere Marktteilnehmer dies auch so machen, meist auf die Berechnung der Versandkosten bzw. versendet ab einem definierten Betrag portofrei.

Sofern aber das Porto weiterberechnet wird oder eine Pauschale für Porto und Verpackung in den Rechnungsbetrag einfließt, muss die Buchhandlung auf der Rechnung für die Position Porto / Verpackung einen Betrag inkl. USt angeben, weil das Finanzamt die Umsatzsteuer aus dem Gesamt-Rechnungsbetrag ermittelt. Die Buchhandlung muss also den Wert der aufgeklebten Briefmarke um die Umsatzsteuer kalkulatorisch erhöhen, wobei sich der Umsatzsteuersatz nach dem Inhalt der Sendung richtet: ermäßigt bei einem Buchversand und voll bei Non-Book-Verkäufen – und dies, obwohl Postwertzeichen grundsätzlich umsatzsteuerneutral sind. Tut die Buchhandlung dies nicht, erfüllt sie den Tatbestand der Steuerminderung, da der Rechnungsbetrag geringer ausfällt und das Finanzamt weniger Umsatzsteuer erhält. Eine Vereinheitlichung bei gemischten Sendungen (Warenverkäufe mit zwei Umsatzsteuersätzen) lässt sich aus dem Umsatzsteuerrecht nicht herleiten.

Bücher- und Warensendung und Streifbandzeitung

Ab dem 1. Juli 2019 gelten folgende Postbestimmungen für den Versand von Gegenständen des Buchhandels: Bücher, Kataloge und sonstige Gegenstände können unter Berücksichtigung bestimmter Formatbeschränkungen (Länge bis 35,3 cm, Breite bis 25 cm, Höhe bis 5 cm) mit zwei Staffelgewichten als **Bücher- und Warensendung 500** bzw. als **Bücher- und Warensendung 1.000** (bis 500 bzw. bis 1.000 g / Sendung) versendet werden. Rechnungen und Lieferscheine sowie andere warenbegleitende Unterlagen können der Ware beigefügt werden; briefliche Mitteilungen sind nicht erlaubt. Auf dem Umschlag muss über der Empfängeradresse deutlich die Abkürzung ›BÜWA‹ für Bücher- und Warensendung zu lesen sein. Die Post übernimmt keine Haftung und bietet – bei einer Laufzeit von 3–4 Tagen – keine Sendungsverfolgung an.

Bücher- und Warensendungen dürfen verschlossen eingeliefert werden; offener Versand ist nicht erforderlich. Allerdings dürfen Postmitarbeiter Sendungen zur Überprüfung der tariflichen Voraussetzungen kontrollieren. Dieser geschlossene Versand dürfte für die Branchenteilnehmer der einzige Vorteil sein, der sich aus den veränderten Bestimmungen der Post ergibt. Denn die klassische Büchersendung, die sich jahrzehntelang durch – im Vergleich mit anderen Angeboten der Post– stark reduzierte Gebühren auszeichnete, existiert nach einer halbjährlichen Übergangsfrist ab dem 1. Januar 2020 nicht mehr.

Einzelne Zeitschriftennummern können preisreduziert als **Streifbandzeitung** versandt werden, sofern der Titel über eine Zeitungskennziffer (ZKZ) verfügt, diese Kennziffer auf der Versandumhüllung deutlich zu lesen ist, die Sendung den Namen Streifbandzeitung trägt und das Höchstgewicht inkl. Beilagen 1.000 g/Sendung nicht übersteigt. Die Zeitungskennziffer, wie die Ziffer 1835 für das *Börsenblatt*, signalisiert, dass die Zeitschrift alle Auflagen erfüllt, die die Deutsche Post Presse Distribution an Presseerzeugnisse stellt: regelmäßiges Erscheinen, presseübliche Berichterstattung, redaktionelle Bei-

:Bramanns Bücherkiste – Am Bücherberg 17 – 12345 Buchhausen

Steuer-Nr.: 012 807 25192
beim Finanzamt Frankfurt VI
UID DE202723312

Redaktionsbüro Schreibstil
Im Buch 15/2

45678 Backlist

Rechnungsnummer WV / 2020 / 16
Rechnungs- und Lieferdatum 21. Januar 2020
Ihre Bestellung vom 20. Januar per Mail
Bestellzeichen Buchsucher
Kundennummer 60012

1 Ex. Leitfaden freies Lektorat
ISBN 978-3-95903-001-4

gebundener Ladenpreis	42,00 Euro
Versandkosten inkl. USt	2,35 Euro
St. Entg. 41,45 Euro	
USt. (7 %) 2,90 Euro	
Rechnungsbetrag	**44,35** Euro

Die Lieferung erfolgt auf Grund der Lieferungs- und Zahlungsbedingungen der Buchhandlung. Die Ware bleibt bis zur vollständigen Bezahlung Eigentum der Buchhandlung. Es gilt Eigentumsvorbehalt gemäß § 449 BGB.

Bitte überweisen Sie den Rechnungsbetrag nach Erhalt der Ware auf das Firmenkonto:
:Bramanns Bücherkiste
IBAN: DE38 5049 0000 0607 8765 70
BIC: BBBBDEFFXXX
Bank: Frankfurter Bücherbank

Zur Erläuterung der Versandkosten: Das Porto für eine Bücher- und Warensendung beläuft sich auf 2,20 EUR (Stand: 2020). Die Umsatzsteuer in Höhe von 7 Prozent wird kalkulatorisch berücksichtigt.

träge ohne Werbecharakter etc. Streifbandzeitungen werden mit einem Umschlag oder einer Banderole, die das Heft vollständig umhüllt, eingeliefert. Der Versand von Postvertriebsstücken und Pressesendungen als Streifbandzeitung steht exklusiv den Vertragspartnern der Deutschen Post Presse Distribution sowie den gewerblichen Einrichtungen des Pressehandels zur Verfügung, damit auch dem Bahnhofs- und Bucheinzelhandel.

Eigene Zustellung oder Direkteinweisung

Bei Versand von (Fach-)Zeitschriften über das Sortiment gibt es zwei unterschiedliche Modelle, mit denen Presseerzeugnisse zum Kunden gelangen. Bei der traditionellen Variante erhält der Buchhändler die Zeitschrift vom Verlag und stellt sie auf Kundenwunsch zu, wobei die ›Zustellung‹ über das Abholfach, den hauseigenen Boten oder auch per Post organisiert ist. Diese Variante wird vor allem praktiziert, wenn der Kunde ohnehin regelmäßig in den Laden kommt, wenn ein Botendienst besteht oder wenn besonderer Wert auf die Wareneingangskontrolle gelegt wird.

Bei der zweiten Variante übernimmt die Buchhandlung die Bestellung und die Abrechnung, aber der Verlag erhält die Anweisung, die Zeitschrift per Direkt-Belieferung, als so genanntes D-Stück, an den Endabnehmer zuzustellen. Da hierdurch im Wareneingang wie in der Expedition Prozesskosten eingespart werden, favorisieren viele Buchhandlungen dieses Modell, das sich bei einzelnen Abos geradezu anbietet. Allerdings ›honorieren‹ Verlage die Leistung des Buchhändlers häufig mit unterschiedlichen Rabattsätzen. Und so sollte der Buchhändler sich über Formulierungen wie ›Minder-Rabattierung da Direkteinweisung‹ nicht wundern.

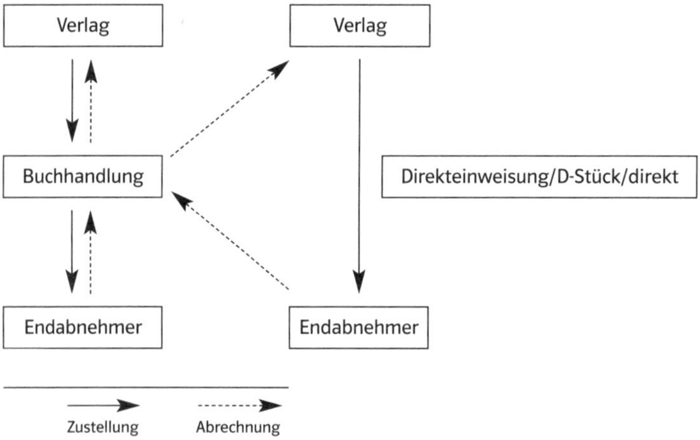

Die Buchhandlung als Absatzmittler für Abonnements

9.4
E-Commerce

E-Commerce bezeichnet die Nutzung des Mediums Internet für die Vorbereitung (Informationsphase), Verhandlung (Kommunikationsphase), Durchführung (Transaktionsphase) und Nachbereitung (Kundenbindungsphase) von Geschäftsprozessen zwischen ökonomischen Partnern. Die Gründe für die umfassende Beschäftigung mit diesem Medium sind gleichzeitig die Wachstumstreiber dieser immer noch jungen ökonomischen Entwicklung:

- die Zahl der Internet-User steigt,
- die Zahl der Anbieter steigt,
- die Zahl der Angebotsformen steigt,
- die Nutzungsintensität bei Endkunden steigt,
- der Werbemarkt wächst.

Die **Arbeitsgemeinschaft Online-Forschung (AGOF)** sowie die *ARD/ZDF-Online-Studie* sind in unserem Zusammenhang zwei gute Quellen, um Entwicklungen zu verfolgen und vorhersehbar zu machen. Die AGOF, ein 2002 gegründeter Verein, fungiert als Zusammenschluss deutscher Online-Vermarkter. Sie arbeitet eng mit der Arbeitsgemeinschaft Media-Analyse (agma) zusammen, wird vom Bundesverband Digitale Wirtschaft unterstützt und ist Mitglied im Zentralverband der deutschen Werbewirtschaft. Ihre Studienreihe *daily digital facts,* die auch mobile Werbeträger mit einschließt, bildet auf der Basis von rund 150.000 Fällen die deutschsprachige Bevölkerung in Deutschland ab zehn Jahren ab und liefert den Online-Werbetreibenden Daten in Form von Reichweiten und Nutzerstrukturen. Diese Form der Untersuchung löste 2015 die Vorgänger-Studie *internet facts* ab, die seit 2005 erschien und ausschließlich das Verhalten ›stationärer Nutzer‹ am Desktop-Computer und Laptop auswertete.

Die **ARD/ZDF-Online-Studie** untersucht seit 1997 die Entwicklung der Internetnutzung. 2018 wurde sie im Rahmen der Studienreihe *Medien und ihr Publikum* (MiP) im Auftrag der ARD/ZDF-Medienkommission durchgeführt. Hier einige Werte für die deutschsprachige Bevölkerung ab 14 Jahren:

- 63,3 Mio. Menschen (90,3 %) sind online, die Steigerung gegenüber dem Vorjahr beläuft sich auf 0,9 Mio.;
- 54,0 Mio. Menschen (77,0 %) nutzen das Internet täglich, was einer Steigerung gegenüber dem Vorjahr um 3,8 Mio. entspricht;
- 39 Prozent der Menschen nutzen das Internet täglich zum Medienkonsum. Der Rest verteilt sich auf Individual-Kommunikation (Schreiben von [Kurz-]Nachrichten, Surfen, Shoppen, Suchen, Spielen);
- Die tägliche Nutzungszeit steigt; sie liegt durchschnittlich bei 3 Stunden und 16 Minuten (+47 Minuten im Vergleich zum Vorjahr), wobei die ab 70-Jährigen unter 1 Stunde online sind, die unter 30-Jährigen knapp 6 Stunden.

Es geht in diesem Kapitel darum, einige wichtige Trends und Marktforschungsergebnisse zum Thema E-Commerce zusammenzustellen. Denn viele Neuerungen gehen so rasant vonstatten, dass eine heute als ›neu‹ gefeierte Lösung bereits wenig später als überholter Ansatz ihre ewige Ruhe auf dem schier unendlich großen digitalen Datenfriedhof findet. Auch das Zahlenmaterial mancher Untersuchung sollte man kritisch hinterfragen – liegen Steigerungsraten von 100 Prozent bereits schon dann vor, wenn der Marktanteil neuer Segmente von 0,2 Prozent auf 0,4 Prozent steigt (derartige Werte verringern sich dann aber schnell im Laufe der Produktlebenszyklen). Damit soll jedoch nicht jeder zu beobachtbare Veränderungsprozess kleingeredet werden.

Ein Leben ohne Internet scheint für die meisten Menschen nicht mehr vorstellbar. Bereits rund 25 Prozent der deutschen Verbraucher können sich nach einer Umfrage des Cashback Anbieters Shoop.de aus dem Jahr 2017 sogar vorstellen, ganz auf den stationären Handel zu verzichten, weil der Kauf im Internet mehr Spaß macht. Woher rührt der Erfolg dieses Mediums, das sowohl den privaten als auch den geschäftlichen Alltag verändert hat?

Erfolgsfaktoren des Mediums Internet

INTERAKTIVITÄT
Die Möglichkeit für den Nutzer, in das Geschehen einzugreifen und den Ablauf der Nutzung zu bestimmen, unterscheidet das Internet deutlich von den klassischen Massenmedien. Plattformen, Communitys und soziale Netzwerke à la Facebook, Instagram, YouTube und Twitter binden die Nutzer ein.

Das Internet ermöglicht den Austausch mit Gleichgesinnten oder Followern und bietet die Möglichkeit der sozialen Vernetzung. Es ist also weit mehr als ein rein technisches Medium. Durch die multimediale Umsetzung von Themen hat sich für viele Zielgruppen das Internet auch zu einem emotionalen Medium mit hoher Wertidentität entwickelt.

ÜBERALL-VERFÜGBARKEIT (UBIQUITÄT)
Das Internet gestattet die Verfügbarkeit rund um die Uhr an 365 Tagen im Jahr. Am Tag und in der Nacht. Werktags und am Wochenende. Einfach immer. Vorausgesetzt, man hat eine Verbindung ins World Wide Web.

INDIVIDUALISIERBARKEIT
Der Kunde erhält auf Wunsch Informationen zu ›seinen‹ spezifischen Produkten aufgrund eines hinterlegten Interessenprofils (Agentenfunktion). Das Internet kann also als Marketing- und Kommunikationsinstrument an die jeweilige Situation des Nutzers angepasst werden. Der Nutzer entscheidet allerdings darüber, was er zulassen möchte und wann er die Kommunikation abbricht. ›Always on‹ zu sein ist demnach kein Muss, sondern eine Option.

CONVENIENCE
Bei vielen Käufern steht der Gesichtspunkt Bequemlichkeit obenan. Online-Bestellungen sind jederzeit – eben wenn man es will – machbar: Egal ob mit dem Laptop bequem auf der Wohnzimmercoach oder eilig von unterwegs via mobile shopping.

AKTUALITÄT
Daten (Informationen, Produktbeschreibungen, Preise etc.) können kurzfristig aktualisiert werden. Content-Management-Systeme (CMS) dienen dabei als Redaktionssystem; das Einpflegen von Änderungen ist ohne Programmierwissen möglich.

INTEGRIERBARKEIT
Da alle Daten digital vorliegen, können unterschiedliche Medienformen (Bild, Text, Ton, Filmsequenzen und Animationen) aufeinander abgestimmt bzw. miteinander verlinkt werden. Ohne Medienbruch, ggf. mit Hilfe von Links, lässt sich die Kundenansprache inklusive Verkauf im Internet umsetzen.

AUTOMATISIERUNG
Im Internet lassen sich viele Prozesse automatisieren, wie automatisierte Bestellbestätigungen, Aufrufen hinterlegter Benutzerdaten, bestimmte Abläufe (beim Bestellvorgang, bei der Recherche etc.), sodass eine kundenbezogene Individualisierung ohne zu hohen Personalaufwand möglich ist.

Das Internet hat alle Bereiche des Buchhandels erfasst. Und wie bei der Durchsetzung aller neuen Technologien gab es auch hier Widerstände, die zum Teil nur langsam überwunden oder die schlichtweg durch die ›normative Kraft des Faktischen‹ beseitigt wurden. So hat die Kommunikation per E-Mail die traditionelle Geschäftspost nahezu abgelöst, das Fax wird als gescannte Datei versandt und Bestellprozesse laufen automatisiert über Cloud-Lösungen ab. Gedruckte Verzeichnisse, einst das Wissensmonopol der Buchhändler, sind aus dem Alltag der Buchhandlungen verschwunden. Immer mehr Kunden sind durch den Zugang zu Endkundenversionen bibliografischer Datenbanken immer informierter. Damit hat sich der Buchhändler mittlerweile abgefunden. Ebenso wie mit der Tatsache, dass die Wahrnehmung von Außen nicht nur von seinem Schaufenster und seiner Verkaufsraumatmosphäre geprägt wird, sondern auch von seiner Website und seinem Auftritt in sozialen Netzwerken.

Nicht abgefunden – und dies zu Recht – hat der Sortimentsbuchhandel sich allerdings mit Entwicklungen, die ihn in seiner ökonomischen Existenz einengen. Hierzu gehören Geschäftsmodelle, die ›online first‹ propagieren (denn diese suggerieren, dass offline bzw. print ›out‹ sind), und Aktivitäten, die den Vertrieb elektronischer Buchvarianten einseitig zugunsten der Verlage fördern.

9.4.1 Multi-Channeling

E-Commerce ermöglicht einen Kaufvorgang ohne Medienbruch. Und trotzdem gibt es Interdependenzen zwischen Online-Käufen, Print-Werbung und stationärem Geschäft. So wird bei vielen Online-Käufen vorher ein stationäres Geschäft aufgesucht, was einerseits zum hybriden Einkaufsverhalten der Kunden (siehe Kap. 6.4.6 und Kap. 6.6) passt und andererseits die Multi-Channel-Strategie erklärt, die sich im Handel durchsetzt. **Multi-Channeling** bedeutet: mehrere oder bestenfalls alle Kanäle bespielen und koordinieren. Und dies nicht nur bei der Unterbreitung des Angebots (Schaufenster, Anzeige, Auslage und Webshop), sondern auch bei der Kaufabwicklung. So bestellen Kunden im Internet und holen die Bücher im Laden ab (click & collect); bei Filialunternehmen in der gewünschten Filiale. Die Rückgabe funktioniert ebenso: im Internet bestellen, im Laden zurückgeben. Auch Gutscheine machen da keine Ausnahme: Je nach technischer Webshop-Ausstattung kann der Käufer sie im Laden kaufen und im Shop einlösen und umgekehrt. On- und offline verschmelzen.

Der High-Tech-Verband Bitkom konnte in seiner online veröffentlichten Studie *Trends im E-Commerce. So shoppen die Deutschen 2019* nicht nur verkünden, dass das mobile Shopping via Smartphone weiter zulegt, sondern auch, dass über 90 Prozent der Online-Käufe nach vorheriger Online-Recherche erfolgte. Dabei spielen Kundenbewertungen mit rund 63 Prozent die größte Rolle, aber fast die Hälfte der Befragten (47 %) schaute sich auch die Website der Händler an und informierte sich über das Angebot, die Preise, aber auch über die Adresse, etwaige Filialen und die Anfahrtsbeschreibung. Die Online-Präsenz fördert somit den Umsatz in den Läden. Das Hauptmotiv für einen ergänzenden Blick ins Internet ist übrigens der Preisvergleich. Dieser spielt jedoch bei preisgebundenen Erzeugnissen keine Rolle – wohl aber im Modernen Antiquariat oder bei Gebrauchtbüchern, die die Verkaufsplattform Ebay genauso erfolgreich anbietet wie der market-place von amazon.de.

Unter der Überschrift ›Multichannel-Kunden sind am besten‹ veröffentlichte das *Börsenblatt* 2016 Zahlen der Gesellschaft für Konsumforschung (GfK). Hiernach geben Kunden, die ausschließlich im Ladengeschäft kaufen, rund 124 EUR im Jahr für Bücher und andere Medien aus, und Kunden, die nur online kaufen, rund 85 EUR. Die Kunden allerdings, die offline und online kaufen, lassen jährlich rund 273 EUR für Bücher und E-Books im Handel. Multichannel-Kunden geben also am meisten Geld für Bücher aus. Damit sind **Omni-Channel-Anbieter** zwangsläufig **die besten Player im Einzelhandel**. Dass sich On- und Offline optimal ergänzen, erklärt sich auch aus dem Nutzungsverhalten der Online-Käufer. So hat der Bundesverband E-Commerce und Versandhandel Deutschland (bevh) im Jahr 2017 bei Verbrauchern bevorzugte Tageszeiten und Wochentage abgefragt und kam zu dem wenig überraschenden Resultat: 64 Prozent der Online-Käufe werden zwischen 18.00 Uhr und 24.00 Uhr realisiert und 66 Prozent am Wochenende (46 % freitags und samstags sowie 20 % sonntags). Aus Sicht der Kunden heißt das: Kauflust befriedigen ohne Rücksicht auf Ladenschlusszeiten.

Eine Website und ein Webshop sind also unabdingbar. Weil sich das Kaufverhalten ändert. Weil die Zahl kaufkraftstarker Internet-Nutzer wächst, auch und vor allem in den Milieus, die für den Buchmarkt relevant sind. Und weil das Marktsegment E-Books (siehe Kap. 2.4.1) nun einmal virtuell verkauft wird.

9.4.2 Webshops

Der hohe Stellenwert von Büchern und Medien im Online-Bereich beruht auf der **Conversion Rate,** die über die Relation Online-Info zu realisiertem Online-Kauf Auskunft gibt. Bei online-affinen Produkten, und dazu gehören aufgrund ihrer guten Beschreibbarkeit Verlags- und Medienprodukte, ist dieser Wert besonders hoch. Die AGOF-Untersuchung *agof daily digital facts* vom 03.01.2019 ermittelte für den Untersuchungszeitraum Dezember 2018 eine Conversion Rate von 66,4 Prozent für Bücher – ein Spitzenwert, den nur wenige Produkte erreichen und der in 12/2018 nur von den Rubriken ›Mode / Bekleidung‹ und ›Schuhe‹ übertroffen wurde.

Webshops sind das Zuhause für Bücher und Medien im Internet. Doch einen eigenen Shop nach individuellen Kriterien zu gestalten oder gestalten zu lassen, dürfte nur wenigen Programmier-Enthusiasten gelingen und ist auch nur für Spezialanbieter notwendig. Ganz allein geht es ohnehin nur sehr aufwändig, weil man – will man denn ein allgemeines Sortiment anbieten – auf die Produktdatenbanken angewiesen ist, die man in seinen Shop einbindet. Doch dieses Problem wird in Form von **White-Label-Shops** gelöst – Shop-Lösungen, die vorgegebene, aber individualisierbare Bausteine bzw. Module verwenden. Alle Barsortimente und die Genossenschaft eBuch mit genialokal bieten derartige Shop-Lösungen an, wobei der Grad der Individualisierung im Ermessen der den Webshop nutzenden Buchhandlungen liegt. Mal sind es das Logo und die werbliche Farbwelt der Buchhandlung, die zu einem individuellen Auftritt beitragen. Ein anderes Mal sind es eigens angelegte und redaktionell gepflegte Rubriken in Form von Mitarbeiterrezensionen, Bilder-Slideshows, eigens angelegten Stöber-Modulen etc.; natürlich nur, sofern das vorinstallierte Redaktionssystem, in der IT-Sprache Content Management System (CMS) genannt, dies zulässt und die Buchhandlung die Möglichkeiten des CMS auch nutzt. Es gibt also kleine und große Lösungen, ästhetische und puristische. Hinweise für die Erstellung von Websites findet man in der SoA-Publikation *E-Business für Buchhandlungen.*

Auch auf eine weitere Broschüre aus dem Frankfurter Haus des Buches sei in diesem Zusammenhang hingewiesen: Aus juristischer Sicht informiert die Rechtsabteilung des Börsenvereins in der von ihr herausgegebenen Schrift *Buchhandel im Netz* u. a. über den Aufbau einer Website (Start-, Produkt- und Bestellseite), Besonderheiten und Klauseln bei der Abfassung der AGB sowie über Pflichtangaben im elektronischen Geschäftsverkehr, bei Fernabsatzverträgen und nach dem Telemediengesetz (TMG).

Die folgende Auflistung stellt eine Art Maximal-Anforderungskatalog für White-Label-Shops dar. Nicht alle Shop-Anbieter bieten alle Funktionen an. Und nicht alle Buchhandlungen wollen bzw. können alle Leistungen und Möglichkeiten bezahlen. Die Alternative wäre dann ein eigener Shop. Aber ein solcher kostet Zeit und Geld für Erstellung und Pflege, erfordert eigenes oder fremdes Wissen um Webdesign, muss rechtssicher sein und sollte inhaltlich immer auf dem neuesten Stand sein.

Was White-Label-Shops im Buchhandel bieten

BASICS

- Inbetriebnahme,
- AGB / Umfang der Rechtssicherheit,
- Integration von Payment-Systemen,
- Wartung,
- Hotline,
- Schulungsangebote (Webinare, Tutorials) etc.

KATALOGE UND SORTIMENT

- Verfügbarkeit einer großen Anzahl von Lager- oder Besorgungstiteln,
- Downloadoption für digitale Dateien (E-Books, mp3 etc.),
- Integration verschiedener Datenbanken,
- redaktionell gepflegte Inhalte (Themen- und Autorenspecials),
- Anlegen eigener Titel in (separater) Datenbank etc.

SUCHE UND DARSTELLUNG

- Responsive Design (optimierte Anzeige je nach benutztem Endgerät),
- Suchkomfort bei der Recherche (siehe Kap. 5) inkl. Filtermöglichkeiten,
- Einbindung von Metadaten,
- Stöbern nach Themen,
- Empfehlungen (von Mitarbeitern und Kunden),
- cross selling (collaborative filtering: Kunden, die diesen Artikel gekauft haben, interessierten sich auch für …),
- Anzeige und Umfang der Suchergebnisse auf einer Seite,
- Wunschzettel, Merklisten etc.

EIGENE GESTALTUNGSMÖGLICHKEITEN

- Möglichkeiten des CMS im Hinblick auf Individualisierbarkeit:
  Farbwelt des corporate design,
  Anlegen eigener redaktioneller Seiten / Rubriken,
- Versand von Newslettern etc.

MULTI-CHANNEL-FUNKTIONEN

- Click & Collect,
- Verfügbarkeit in der Buchhandlung (oder Filiale) online anzeigen,
- Gutscheine im Shop und Laden verkaufen und einlösen,
- Kunden-Account im Laden anlegen etc.

WEITERE LEISTUNGEN

- Lösungen für mobile shopping via Smartphone, Tablet etc.,
- Nachverfolgbarkeit der Bestellungen (tracking code),
- Versand an Dritte inkl. Geschenkoption,
- Einbindung von Social-Media-Plattformen,
- Versandoption für eigene Newsletter etc.

RABATTE UND PROVISION

- bei Lieferung in die Buchhandlung,
- bei Direktversand an Endkunden.

KONTROLLE

- Auswertung der Verkäufe (auch für Filialen),
- Verbindung zum WWS,
- Webanalytics etc.

KOSTEN

- Einrichtungskosten,
- Versandgebühren (Handlings- und Versandkosten),
- monatliche Lizenzgebühren (für Anbieter und Payment-Dienstleister) etc.

9.4.3 Der eigene Internetauftritt

Der Internetauftritt ist so etwas wie ein eigenes Profit-Center, mit dem eine Buchhandlung genauso erfolgreich sein will wie beispielsweise mit einer neuen Filiale. Der dazugehörige Online-Shop als das Herzstück des Händlerauftritts ist ein neuer Unternehmenszweig (Versandbuchhandlung via Internet) – und dieses Geschäftsfeld bearbeitet man nicht einfach so nebenbei. Zumindest nicht ambitionierte Marktteilnehmer. In diesem Buch wird häufig von Benchmarks gesprochen. Also warum nicht auch von Benchmarks im Online-Bereich? Sie dienen der Orientierung und werden von internet-affinen Kunden zunehmend als selbstverständlich angesehen.

Eine firmenindividuell gestaltete Website ist für Buchhandlungen in dem Maße Pflicht, in dem der Online-Handel eine bedeutende Rolle spielt und die individuelle Gestaltung der Profilbildung und Herausstellung der ›Marke‹ dienen soll. Wieder einmal geht es um die USP (engl. unique selling proposition) – um das einzigartige Verkaufsversprechen, das ein Geschäft unverwechselbar und damit für andere Unternehmen schwer nachahmbar macht. Sieht man den Online-Auftritt als Maßnahme zur Kundenbindung, gilt es, auch in der digitalen Welt den Mehrwert für die Kunden herauszustellen.

Je mehr Standards von Fremdanbietern verwendet werden, desto anonymer muss ein Auftritt erscheinen. Auf der anderen Seite gilt: Je persönlicher, beispielsweise durch das Einstellen aktueller Schaufensterfotos mit Erklärungen, warum die ›Besten‹ wirklich die Besten sind, desto eher wird eine Wohlfühl-Atmosphäre suggeriert, die der Kunde auch im stationären Geschäft zu schätzen weiß. Ein gelungener Internet-Auftritt ist demnach weit mehr als die Lösung prozess- und bestelltechnischer Probleme. Denn stellt man den Kunden in den Mittelpunkt, geht es zumindest gleichwertig um subjektiv empfundene Komponenten, wie persönliche Ansprache, Vertrautheit, Sicherheit, das Gefühl des Aufgehobenseins und des Ernst-Genommen-Werdens. Letztlich geht es, wie im stationären Geschäft, um den **share of customer,** der sich in der Frage zuspitzt: Wie bekommt die Buchhandlung einen größeren Anteil am Leben ihrer Kunden? Oder: Wie wird sie für ihre Kunden relevanter? Letzten Endes geht es jedoch um den **costumer benefit**: welchen Nutzen, welchen Mehrwert, welchen Vorteil hat der Kunde?

Die Buchhandlung im Netz – was internet-affine Kunden erwarten

AUFTRITT

- schnelle Auffindbarkeit (auch von Filialen),
- übersichtliche Website,
- Adresse, Lageplan, Öffnungszeiten (auch für Filialen),
- möglichst wenige Klicks zur Bestellung,
- Mitarbeiter-Team mit Fotos,
- Einbindung von Bildern, Fotos und Videos,
- Kontakt,
- responsive design,
- auf das Ladengeschäft abgestimmtes Corporate Design,
- unternehmensspezifische Menüpunkte / Seiten,
- Porträt der Buchhandlung (inkl. Firmengeschichte) etc.

WEBSHOP

- große Auswahl an Büchern und anderen (elektronischen) Medien,
- Metadaten in Form von Abbildungen, Rezensionen, Lese- und Hörproben,
- variable Such- und Sortiermöglichkeiten über alle Shop-Inhalte,
- Merkliste, Wunschzettel,
- Verfügbarkeitsanzeige,
- Click & Collect,
- optionaler Versand (als Geschenk) an Dritte,
- flexible Handhabung von Gutscheinen,
- geräteunabhängige Recherche (Laptop, Tablet, Smartphone etc.),
- Empfehlungen (Bewertungen / Rezensionen von Mitarbeitern und Käufern oder anonymisiert durch collaborative filtering),
- Links zu anderen Titeln des Autors und zu vergleichbaren Themen / Autoren etc.

AGB / KUNDENINFORMATIONEN

- Information über Sicherheit des Bestellprozesses (Datenschutz),
- sichere und bequeme Zahlungsabwicklung (auch für Gutschriften und Storno),
- schnelle und zuverlässige Lieferung (evtl. Tracking Codes),
- transparente Lieferbedingungen (Benachrichtigung bei Verzögerungen),
- Hotline,
- Anfragen per Mail.

WERBUNG

- persönliche Empfehlungen, ggf. aus einzelnen Abteilungen oder Warengruppen,
- Übersicht über Veranstaltungen inkl. einer Archivfunktion,
- regelmäßige Rubriken, wie Tipps / Infos der Woche,
- Newsletter (optional).

SOCIAL MEDIA

- Anbindung an Plattformen (facebook, Instagram etc.),
- Austauschforen, wie Leseclubs,
- Blog mit Kommentarfunktion.

Überschneidungen mit einzelnen Punkten der Übersicht im Kap. 9.4.2 sind nicht zufällig, sondern spiegeln die beiden Aspekte einer Website wider: eine technische und eine verkaufsorientierte. Wenn die Technik steht, dann ist es nicht aufwändiger, die eigene Website zu pflegen als ein Schaufenster zu gestalten oder einen Büchertisch zu organisieren. Man muss es nur machen und die Maßnahmen aufeinander abstimmen. Dann gehen online und offline zusammen und die Kunden besuchen das Geschäft nicht mehr nur zu den Ladenöffnungszeiten, sondern rund um die Uhr. Damit wird auch der langjährige Glaubenskrieg zwischen analog und digital obsolet. Es geht also um einen ganzheitlichen Ansatz – erst recht für die Markenbildung und die Wahrnehmung als Marke. Das bedeutet wiederum zwangsläufig: Wer im Internet nicht ›richtig‹ mitspielt, kann schnell zu den Verlierern im stationären Geschäft werden. Boris Langendorf formulierte bereits in *BuchMarkt* 12/2013: »Ein Online-Shop ist Pflicht. Diesem die persönliche Note der Buchhandlung zu geben, ist die Kür.« Damit sind wir gedanklich bereits mitten im letzten Kapitel des Buches.

Fragen zu Kapitel 9

9.1 Nennen Sie je zwei Aufgaben von Vertrieb und Verkauf.
9.2 Erläutern Sie die PLU-Technik moderner Kassensysteme.
9.3 Nennen Sie sieben Angaben, die auf Kassenbons ausgedruckt werden.
9.4 Nennen Sie drei Kommunikationsbestandteile, die zu einem kundenorientierten Kassiervorgang gehören.
9.5 Erläutern Sie den Begriff ›durchschnittlicher Bon-Umsatz‹.
9.6 Wie errechnet sich die Tageslosung?
9.7 Erläutern Sie den Begriff Kassensturz.
9.8 Erläutern Sie das EC-Cash-Verfahren.
9.9 Ihre Buchhandlung stellt am 21. Mai 2019 einen Bücherscheck aus. Bis zu welchem Datum kann der Bücherscheck eingelöst werden?
9.10 Nennen Sie sieben Pflichtangaben, die nach dem USt-Gesetz ausgewiesen werden müssen.
9.11 Nennen Sie drei Angaben (der unter 9.10 verlangten Pflichtangaben), auf die Sie bei der Ausstellung von Rechnungen bis zu einem Betrag von 250,00 € verzichten können.
9.12 Erläutern Sie fünf Merkmale, anhand derer man das Anwachsen des E-Commerce festmachen kann.
9.13 Erläutern Sie im Zusammenhang mit E-Commerce die Begriffe:
Conversion Rate,
White-Label-Shop,
Mobile Payment,
CMS,
Responsive Design,
AGOF.
9.14 Erläutern Sie, was die Begriffe ›Multi-‹ bzw. ›Omni-Channeling‹ aus Sicht des Vertriebs bedeuten.

10 Marketing

Marketing

Aus: Ausbildungsrahmenplan für die Berufsausbildung zum Buchhändler und zur Buchhändlerin | Sachliche Gliederung (§ 4 Absatz 2 Abschnitt A Nummer 6)

MÄRKTE UND ZIELGRUPPEN

- Strukturen der Buchhandelslandschaft bei Marketingentscheidungen berücksichtigen;
- Marktdaten erfassen, Marktsituation am Standort unter wirtschaftlichen und regionalen Gesichtspunkten beurteilen und Schlussfolgerungen für das Marketing ziehen;
- Informationen über Kauf- und Konsumverhalten von bestehenden und potenziellen Zielgruppen ermitteln und für Marketingmaßnahmen aufbereiten;
- Kundenwünsche und -bedürfnisse ermitteln, mit betrieblichen Leistungsangeboten vergleichen und daraus bedarfsgerechte Vorgehensweisen ableiten.

MARKETINGKONZEPTE

- Ergebnisse der Marktforschung für die Entwicklung, Planung und Durchführung eines Marketingkonzeptes nutzen;
- Marketingmaßnahmen auswählen und Marketinginstrumente einsetzen, Budgetvorgaben berücksichtigen;
- Erfolg der Marketingmaßnahmen beurteilen;
- Möglichkeiten der freien Preisgestaltung als Instrument der Angebotspolitik nutzen.

VERKAUFSFÖRDERUNG

- visuelle Verkaufsförderung gezielt einsetzen;
- anlass- und zielgruppenbezogene Informationen für die Verkaufsförderung einsetzen;
- verkaufsstarke und verkaufsschwache Zonen feststellen und Maßnahmen zur Verkaufsförderung ableiten;
- verkaufsfördernde Maßnahmen planen, durchführen und auswerten.

WARENPRÄSENTATION

- verkaufspsychologische Erkenntnisse bei der Gestaltung der Warenpräsentation berücksichtigen;
- Ladengestaltung und Lichtdesign zur Warenpräsentation nutzen;
- Präsentationsflächen im Rahmen der innerbetrieblichen Werbung gestalten;
- Schaufensterplan erstellen und Schaufenster dekorieren;
- eigene Dekorationsmittel und Materialien der Verlage einsetzen.

WERBUNG
- Werbeplan erstellen;
- Werbemittel und Werbeträger unter Berücksichtigung von Kosten und Erfolg einsetzen;
- Medien zielgruppenorientiert einsetzen;
- Erfolg der Werbemaßnahmen beurteilen.

ÖFFENTLICHKEITSARBEIT
- Maßnahmen der Öffentlichkeitsarbeit planen, durchführen und beurteilen;
- Maßnahmen der Öffentlichkeitsarbeit und Werbung unterscheiden und koordinieren;
- mit Medienvertretern zusammenarbeiten und Medienanalysen durchführen;
- Interessen von Kooperationspartnern und Sponsoren berücksichtigen.

Eigentlich müsste dieses zehnte Kapitel das erste dieses Buches sein. Denn Gedanken darüber, wie Unternehmen sich selbst oder ihre Produkte ›auf den Markt bringen‹, sind für Wirtschaftsunternehmen jeglicher Art von grundlegender Bedeutung. Letzten Endes sollten sich alle betrieblichen Entscheidungen aus dem Marketingkonzept des Unternehmens ableiten und erklären lassen. In der Einleitung des ersten Kapitels wurde bereits dargelegt, dass die Preisbindung für Verlagserzeugnisse Wettbewerb und Konkurrenzsituationen keineswegs verhindert, sondern allenfalls entschärft. In einem **Käufermarkt** besteht nun einmal der Wettbewerb über den Standort, die Größe und die Atmosphäre des Verkaufsraums, die Auswahl des Sortiments, die Qualifikation der Mitarbeiter, die Präsentation der Ware, die Form der Werbung, die Wahl der Absatzkanäle und nicht zuletzt über den Service. Viele Aspekte sind bereits in den vorangegangenen Kapiteln zur Sprache gekommen. Der Schwerpunkt in diesem letzten Kapitel liegt auf der Darstellung der absatzpolitischen Maßnahmen im Rahmen der Kommunikationspolitik. Um die beschriebenen Zusammenhänge besser nachvollziehen zu können, werden zunächst einige theoretische Aspekte des Marketings thematisiert, wobei die Marktforschung als konstitutiver Bestandteil besondere Aufmerksamkeit erfährt (siehe Kap. 10.3).

Modern geführte Unternehmen verstehen Marketing als ›Denkhaltung‹, die betrieblichen Prozessen und Entscheidungen zugrunde liegt. Alle Entscheidungen sind vom Markt her zu treffen (vom Markt her denken und handeln), wobei der Kunde mit seinen Bedürfnissen im Mittelpunkt steht und der Nutzen des Angebots für den Kunden herauszuarbeiten ist. Unter **Marketing** versteht man also die Gesamtheit aller Maßnahmen, die ein Unternehmen treffen muss, um auf Dauer sowohl die Kundenbedürfnisse zu befriedigen als auch die eigenen Unternehmensziele zu erreichen.

Marketing bedeutet demnach, das eigene Unternehmen strategisch auf einen Absatzmarkt hin zu positionieren, um ihm eine unverwechselbare Identität zu geben. Die dazugehörigen Fragen lauten: »Was macht meine Buchhandlung einzigartig?« Oder konkreter formuliert: »Welchen Vorteil, Nutzen oder Mehrwert hat mein Kunde davon, gerade in meinem Laden oder in meinem Webshop zu kaufen?« Jede Bemühung um Individualisierung und Einmaligkeit bewirkt gleichzeitig eine Profilierung gegenüber der Konkurrenz, eine Abgrenzung zu den Mitbewerbern und erschwert den Markteintritt neuer Konkurrenten. Hieraus erklärt sich der Stellenwert der **unique selling proposition (USP),** des Alleinstellungsmerkmals. Aus dem Zusammenspiel von unternehmerischem Selbstverständnis (die Buchhandlung steht für diese und jene Leistung) und den daraus abgeleiteten praktischen Umsetzungsmaßnahmen resultiert die Unternehmensidentität, die **corporate identity (CI),** die sich in verschiedener Hinsicht äußert, u. a. in den folgenden Elementen:

- corporate design (CD) – einheitlicher Außenauftritt durch Schrift, Farben und Formen,
- corporate behaviour – Stil bzw. Auftritt nach innen und außen,
- corporate communication – Mittel und Wege der Kommunikation,
- corporate culture – Unternehmenskultur.

10.1 Unternehmensphilosophie und Unternehmensleitlinien

Bei der **Unternehmensphilosophie** und der hiervon wesentlich beeinflussten Unternehmenskultur spielen Wertvorstellungen eine wesentliche Rolle, die für das Verhalten eines Unternehmens gegenüber seinen Mitarbeitern, Kunden und etwaigen Anteilseignern entscheidend sind. Hier geht es um Fragen wie:

- Welche Einstellungen hat die Buchhandlung hinsichtlich Wachstum, Wettbewerb und technischer Innovation?
- Wie steht die Buchhandlung zu der »geheiligten Ware« Buch (B. Brecht)? Welchen Stellenwert haben die digitalen Medien für die Buchhandlung?
- Welchen gesellschaftlichen Anspruch hat die Buchhandlung? Will sie nur das Bedürfnis nach Information und Unterhaltung stillen, oder will sie auch Akzente im politischen, wirtschaftlichen und kulturellen Dialog setzen?

Aber nicht nur die werthaltigen Festsetzungen sind verpflichtend und wegweisend für Marketingziele und deren Realisierung, sondern auch die bereits auf die Praxis hin formulierten **Unternehmensleitlinien**, die alle betrieblichen Bereiche erfassen sowie beschreiben und damit u. a. betreffen:

- **Sortiment / Dienstleistungen**
  Unsere Buchhandlung bietet ein umfassendes Angebot zu einem bestimmten Thema. Unsere Buchhandlung führt neben ambitionierten Titeln aus Konzernverlagen vorzugsweise die Publikationen kleinerer Indie-Verlage. Unsere Buchhandlung bietet den bestmöglichen Besorgungsservice; dies gilt auch für Importtitel und Antiquaria – offline und online.

- **Kunde / Käufer**
  Unsere Buchhandlung ermöglicht jedem Kunden den problemlosen Zugang zur Ware. Unsere Buchhandlung versteht sich als Gastgeber und empfängt die Kunden als Gäste.
- **Mitarbeiter / Kommunikation**
  Unsere Buchhandlung informiert jeden Mitarbeiter über Umsatzzahlen und Leistungskennziffern. Unsere Buchhandlung schätzt die Arbeit jedes Mitarbeiters. Unsere Mitarbeiter sollen gegenüber den Kunden nicht als Einzelkämpfer auftreten; der Teamgedanke soll stets im Vordergrund stehen. Unsere Mitarbeiter sollen in einem angenehmen Betriebsumfeld arbeiten, für das die Geschäftsleitung zuständig ist.

Unternehmensleitlinien können hinsichtlich aller Unternehmensaktivitäten festgelegt werden. Aber erst wenn nach diesen Leitlinien auch gehandelt wird, kann man von einer gelebten Unternehmenskultur oder einer gelebten CI sprechen.

10.2 Marketingziele, Marketingkonzepte und Marketinginstrumente

In der Fachliteratur unterscheidet man strategisches und operatives Marketing, und im Idealfall ergibt sich das letztgenannte aus dem erstgenannten: Auf der Grundlage übergeordneter ›Vorgaben‹ (Unternehmensphilosophie und -leitlinien) werden in Reaktion oder im Hinblick auf (konkrete) geschäftliche Situationen **Marketingziele** definiert, die am Markt umgesetzt werden sollen. Mag auch das letztendliche Geschäftsziel in einem hohen Ertrag bestehen, im Detail gibt es eine Fülle denkbarer Teilziele.

Eine vordergründige Orientierung bietet die Einteilung in betriebswirtschaftliche Ziele, die quantitativ in Zahlen und Prozentangaben festgelegt werden können, und in verkaufspsychologische Ziele, die auf qualitative Veränderungen hinsichtlich der Einstellung zum Kaufen zugunsten des Unternehmens abzielen. Aber auch gemeinschaftsorientierte Ziele sollten nicht aus dem Blickfeld geraten. Eine Auswahl dieser Ziele sind auf der Folgeseite zusammengestellt.

Marketingziele sollten stets so formuliert sein, dass sie später überprüft werden können. Denn ohne spätere kritische Beurteilung ihres Erfolgs oder auch Misserfolgs laufen sie ins Leere. Deshalb sind sie unbedingt nach Inhalt, Ausmaß und Zeit zu präzisieren – selbstverständlich unter Berücksichtigung etwaiger Budgetvorgaben, die ihrerseits wiederum ständig auf ihre Effektivität hin zu prüfen und zu nutzen sind. Falls Zielkonflikte auftreten, was bei grundlegenden Entscheidungen durchaus vorkommen kann, sind Prioritäten für das eine oder das andere Ziel zu setzen. Die Klärung der Marketingziele

Betriebswirtschaftliche Ziele	Kundenorientierte Ziele	Gemeinschaftsorientierte Ziele
Umsatzsteigerung	größtmögliche Kundenzufriedenheit	Arbeitsplätze schaffen und sichern
Erreichung definierter Marktanteile	Verbesserung des Einkaufsklimas	angenehme Arbeitsatmosphäre
Verbesserung der Handelsspanne	Nr. 1 im Bewusstsein der Kunden	Erhaltung der Buch- und Lesekultur
Optimierung von Beschaffungslogistik und Distribution	bestmöglicher Service	Teilhabe am kulturellen Leben der Stadt bzw. des Stadtteils
Verbesserung der Rendite	Neukundengewinnung	Leseförderung

ist die oberste Hierarchie-Ebene bei der Erstellung von **Marketingkonzepten**, bei denen es drei Konzeptionsebenen zu unterscheiden gilt:

- Marketingziele (= erste Konzeptionsebene):
  »**W**o wollen wir hin? **W**as wollen wir erreichen?«
- Marketingstrategie (= zweite Konzeptionsebene):
  »**W**ie schaffen wir es? **W**ie kommen wir dahin?«
- Marketing-Mix oder Marketing-Instrumente (= dritte Konzeptionsebene):
  »Mit **w**elchen Maßnahmen erreichen wir unsere Ziele? **W**elche Mittel müssen wir einsetzen?«

Damit wird deutlich, dass Marketing der Planung bedarf. Ein gängiges Verfahren, nach dem **Planungsarbeit** strukturiert wird, ist das **SMART-Verfahren**, das die je spezifische Gesamtplanung in fünf Einzelbereiche unterteilt. Das folgende Beispiel zeigt, wie eine ›SMARTe‹ Planung die Transparenz hinsichtlich der Realisierung des Marketingziels, in diesem Fall eine fünfprozentige Umsatzsteigerung in der Warengruppe Belletristik, deutlich erhöht:

S(pezifisches)	Umsatzsteigerung um 5 Prozent
M(essbarkeit)	Daten des Monatsabschlusses
A(ktionsplan)	Sonderpräsentationen, Veranstaltungen, Aktionswochen
R(elevanz)	Sicherung quantitativer und qualitativer Unternehmensziele
T(erminierung)	am Quartalsende

Alternativ könnte auch die weniger bekannte **ZWERG-Formel** genutzt werden. In diesem Fall sollten Maßnahmen **z**entral zur Zielerreichung, **w**irtschaftlich machbar und **e**infach umzusetzen sein sowie **r**echtzeitig angegangen werden und möglichst **g**enau formuliert sein.

MARKETING-INSTRUMENTE IM BUCHEINZELHANDEL

PRODUKTPOLITIK
(Welche Leistungen biete ich meinen Kunden oder Zielgruppen an?)

Sortiment
- Auswahl der Verlage (A-, B-, C-Verlage)
- Auswahl der Warengruppen
- Diversifikation durch Non-Books
- Aktualität: Relation Novitäten – Backlist
- Stellenwert der Bestseller
- Stellenwert der Neuen Medien

Service
- Auskünfte zu Titeln
- Besorgungsgeschäft (Einzeltitel- und Abo-Besorgung)
- Verfügbarkeit (Website, Hotline, Anrufbeantworter, Fax)
- Ansichtssendungen
- Zustellung
- Bücherschecks
- Antiquarische Recherche
- Infos über Novitäten bestimmter Sortimentsbereiche

KOMMUNIKATIONSPOLITIK
(Wie mache ich meine Leistungen dem Kunden verständlich?)

Werbung
- Schaufenster
- Prospekte
- Anzeigen etc.

Sales Promotion
(Verkaufsfördernde Maßnahmen)
- Lesungen
- Events
- Signierstunden
- Vorlesewettbewerbe etc.

PR (public relations – Werbung um öffentliches Vertrauen)
- Kontakte zur Presse
- Kontakte zu wichtigen Multiplikatoren
- Social Media etc.

Gesprächsführung
- Verkaufsgespräche
- Telefonische Auskünfte
- Beratungsgespräche beim Kunden etc.

Verkaufsraum
- Loop
- Beschriftung
- Warenpräsentation
- Licht
- Bodenbelag etc.

DISTRIBUTIONSPOLITIK
(Wo und wie vertreibe ich meine Leistungen?)

Stationärer Verkauf
- Eigenes Ladengeschäft
- Filialkonzept
- Kommissionsverkauf in Nebenmärkten

Ambulanter Verkauf
- Versandbuchhandel
- Reisebuchhandel
- Verkauf via Büchertisch
- Online-Vertrieb

PREIS- BZW. KONTRAHIERUNGSPOLITIK
(Zu welchen vertraglichen Bedingungen biete ich meine Leistungen an?)

Preisniveau
- bei preisgebundenen Büchern
- bei Non-Books

Rechtsnormen/vertragliche Bestimmungen
- BuchPrG
- Fernabsatzrecht
- AGB

Aus der Abstufung der Hierarchieebenen ergibt sich zwangsläufig die ›dienende‹ bzw. ausführende Funktion der **Marketing-Instrumente**, die kein Selbstzweck sind, sondern Mittel, um gesetzte Ziele zu erreichen. Dabei steht jeder Buchhandlung eine Vielzahl von Maßnahmen zur Verfügung, die sie bei Bedarf einsetzen kann. Häufig wird Marketing auf die Instrumente reduziert, die – aus dem Amerikanischen kommend – als die ›vier P‹ in die Literatur eingegangen sind und im **Marketing-Mix** zusammenwirken:

Product	Produktpolitik
Placement	Distributionspolitik
Promotion	Kommunikationspolitik
Price	Kontrahierungspolitik

In der Fachliteratur ergänzen zwei weitere ›P‹ die ›4-P-Formel‹: **P**eriphery (betriebliches Umfeld) und **P**erson (Mitarbeiter). Damit wird die Möglichkeit der Reflexion hinsichtlich weiterer Einflussfaktoren im Kontext der zentralen Marketinginstrumente optimiert.

Die nebenstehende ganzseitige Abbildung bietet einen Überblick über die wichtigsten Marketing-Instrumente im Sortimentsbuchhandel. Dem an letzter Stelle aufgeführten Marketinginstrument, bei dem es um Preise oder den Preis beeinflussende Vertragsbestandteile geht, wie etwa um die Porto-Belastung beim Internet- oder Versandgeschäft, kommt allerdings aufgrund der mehrheitlich gebundenen Ladenpreise eine geringere Bedeutung zu. Zu berücksichtigen sind jedoch in diesem Zusammenhang unbedingt der Preis-Mix des Warenangebots (hochpreisige Bücher, Taschenbücher oder MA-Ware) sowie die preisrelevanten Aspekte im Kontext der Distributionspolitik (Monatskonto, Kundenkarte). Wird bei Non-Books die freie Preisgestaltung als Instrument der Angebotspolitik genutzt, kommt es zu Überschneidungen zum Marketing-Instrument Produktpolitik.

Im Rahmen der Produktpolitik wird auch entschieden, wie die Buchhandlung mit neuen Produkten verfährt. In diesem Zusammenhang ist das Vier-Felder-Modell für mögliche Produkt-Markt-Strategien des Wirtschaftswissenschaftlers Harry Igor Ansoff interessant. Ansoff unterscheidet in Bezug auf alte und neue Produkte bzw. Märkte die Optionen Marktdurchdringung, Marktentwicklung, Produktentwicklung und Diversifikation. Dabei liegt es auf der Hand, dass jede Entscheidung der Buchhandlung für eine Option, oder sogar für mehrere Optionen, je eigene Kommunikations- und Distributionsstrukturen nach sich zieht. Marketing – genauer: das erfolgreiche Auf-den-Markt-Bringen – gelingt eben immer nur mit einem Bündel von Maßnahmen.

	Bisherige Märkte	**Neue Märkte**
Bisherige Produkte	Marktdurchdringung	Marktentwicklung
Neue Produkte	Produktentwicklung	Diversifikation

Produkt-Markt-Strategien nach Harry Igor Ansoff

›Gespielt‹ werden die verschiedenen Instrumente von Mitarbeitern und Führungskräften in ihren Buchhandlungen. Häufig basieren sie auf Ergebnissen der Marktforschung, die man für die Entwicklung, Planung und Durchführung eines Marketingkonzeptes nutzen sollte. Wie auch immer: Nur den Firmen, denen es gelingt, ihre Mitarbeiter durch Motivation und Weiterqualifizierungsmöglichkeiten in einen lebendigen Marketing-Mix einzubeziehen, wird ein langfristiger Erfolg am Markt nicht verwehrt bleiben.

10.3 Marktforschung und Markterkundung

Marktforschung beschafft und analysiert Daten für das Absatzmarketing. Im Rahmen der Informationsgewinnung grenzt man durch eigene Untersuchungen gewonnene **Primärdaten** von **Sekundärdaten** ab, die aus bereits durchgeführten Untersuchungen oder anderen Quellen abgeleitet werden. Da die Sekundärdaten in der Regel via PC recherchiert werden, spricht man hier auch von ›desk research‹ – im Unterschied zur ›field research‹ eigener Untersuchungen. Des Weiteren lassen sich die Daten trennen in **interne,** aus dem eigenen Unternehmen gewonnene Daten und **externe** Informationen, die aus unternehmensfremden Quellen stammen. In der Regel ergänzen sich die unterschiedlichen Datenquellen und ergeben erst in der Kombination ein Abbild des gegenwärtigen oder künftigen Marktes ›vor der Haustür‹, denn ›all business is local‹.

Datenquellen für Marktforschung

	primär (field research)	**sekundär (desk research)**
intern	Eigene Marktuntersuchung mit firmenspezifischer Fragestellung	Kassenstatistik Kundenstatistik WWS etc.
extern	Befragungen durch Marktforschungsinstitute	Marktdaten der Stadt/Kommune Studien von allgemeinem Interesse Literaturquellen *(Buch und Buchhandel in Zahlen* etc.)

Methoden der Datengewinnung

Primärdaten gewinnt man durch Befragung, Beobachtung, Experiment und Panelforschung. Von großer Bedeutung für die Qualität der Ergebnisse ist die **Stichprobenbildung**. Da es im Normalfall nicht möglich ist, alle potenziellen

Kunden oder Käufer zu befragen, muss eine repräsentative Auswahl getroffen werden. Hierfür gibt es zum einen unterschiedliche Verfahren der **Zufallsauswahl (Random-Verfahren),** die repräsentative Ergebnisse sicherstellen sollen, und zum anderen Verfahren der **Quotenstichprobe**. Im letztgenannten Fall wird dem Marktforschungsinstitut vorgegeben, nach welchen soziodemografischen Merkmalen (Geschlecht, Alter etc.) es seine Stichproben zu bilden hat.

Die **Befragung** wird entweder schriftlich (online oder offline) oder in Form von Diskussionsrunden und Interviews durchgeführt. Während die Interview-Ergebnisse dadurch verzerrt werden können, dass Fragesteller und Befragte in direktem Kontakt stehen, hat die schriftliche Befragung den Nachteil einer geringen und evtl. nicht repräsentativen Rücklaufquote. Entscheidend für das Ergebis ist die Formulierung der Fragen. Wegen der preisgünstigen Durchführung werden die schriftlichen Befragungen häufig eingesetzt, obwohl sie Nachteile aufweisen, so können u. a. keine direkten Kontrollfragen eingebracht werden. Allerdings kompensieren entsprechend professionell konzipierte Fragebögen diesen Nachteil durch Stimmigkeits- bzw. Ausschlussfragen (Plausibilitätskontrolle), die die Validität der erzielten Ergebnisse gewährleisten.

Die **Beobachtung** bzw. das **Experiment** lässt sich entweder im ›Labor‹ mit Wissen der Versuchspersonen oder im ›Feld‹, an einem realen Ort, durchführen. So gibt es beispielsweise Methoden der Blickaufzeichnung (eye tracking) am Point-of-Sale, die feststellen, welche Regalsegmente eine Testperson als erste sieht. Auch von Kunden bevorzugte Laufwege lassen sich durch Beobachtung analysieren. Publikumsverlage testen mitunter vor Start eines neuen Produktes (Pretest) das Verhalten der anvisierten Zielgruppe und die Markttauglichkeit der grafischen Gestaltung (Cover, Werbeplakate etc.), zunehmend mithilfe von social media (siehe Kap. 10.5.8).

Ein **Panel** ist eine Wiederholungsbefragung, bei der im Rahmen von Langzeituntersuchungen in derselben Personengruppe die gleichen Fragenkataloge zu unterschiedlichen Zeitpunkten eingesetzt werden. Neben Haushaltspanels, bei denen Konsumgewohnheiten wöchentlich per Fragebogen und / oder Scan-Technik erhoben werden, gibt es Handelspanels, die den Abverkauf von Produkten und Produktkombinationen erfassen. Vor allem der Einsatz von Scannerkassen ermöglicht die einfache Erfassung von Verkaufsdaten. Seit 2003 besteht eine Kooperation zwischen dem Börsenverein des Deutschen Buchhandels und Media Control, die 2019 die Daten von knapp 3.800 Verkaufsstellen erfassen. Auf der Basis dieses Buchhandelspanels erscheint seit Februar 2004 der monatliche Newsletter *Branchen Monitor Buch.*

Marktforschung im Buchhandel

Aus dem Gesagten wird klar, dass allein aus finanziellen Gründen nur wenige Untenehmen des verbreitenden Buchhandels Marktstudien in Auftrag geben können; dies bleibt großen Firmen oder dem Börsenverein als Dachverband aller Buchhandelsunternehmen vorbehalten. Es kann hier nicht der Ort sein, auf alle Buchmarktanalysen und -studien einzugehen, die unter Fragestellungen wie ›Buchkäufer und Leser‹, ›Hörlust und Lesefrust?‹ oder ›E-Book-Studie‹ durchgeführt worden sind. Alle Veröffentlichungen dieser Art sind online recherchierbar und in den Fachbibliotheken der Studiengänge rund um Bücher und Medien einsehbar.

Der Börsenverein des Deutschen Buchhandels informiert seine Mitglieder über neue Studien und deren Ergebnisse im *Börsenblatt,* macht die monatlichen aktuellen Umsatztrends durch den Newsletter *Branchen Monitor Buch* publik, präsentiert eigene Studien auf seiner Website im geschlossenen Bereich und wertet in der alljährlich erscheinenden Publikation *Buch und Buchhandel in Zahlen* relevante Studien und Quellen hinsichtlich der Medienentwicklung in Deutschland aus. Das fängt bei Marktdaten an, die amtlichen Umsatz- und Außenhandelsstatistiken entnommen sind (Steuerpflichtige Betriebe nach Umsatzgrößenklassen; Einfuhr von Büchern, Zeitungen und Zeitschriften), geht über Daten der Allensbacher Markt-Analyse für Werbeträger (Interesse an Medien) und Auswertungen des Kölner Betriebsvergleichs für den Einzelhandel (Analysen und Kennziffern für den Sortimentsbuchhandel hinsichtlich der Erlös- und Kostenstruktur unterschiedlicher Betriebe) bis hin zu Statistiken hinsichtlich der Titelproduktion und der Durchschnittsladenpreise, wofür Angaben der *Deutschen Nationalbibliografie* und des *Verzeichnis Lieferbarer Bücher* (VLB) herangezogen werden.

Markterkundung

Marktforschung im Buchhandel setzt sich mit der Situation und Entwicklungstendenzen der Branche auseinander sowie mit allgemeinen und branchenspezifischen Verbrauchertrends. Doch was fängt das einzelne Sortiment in seiner konkreten Situation mit diesen Informationen an? Zunächst einmal wird es hoffentlich für bestimmte Fragestellungen und Zusammenhänge sensibilisiert. Bestenfalls treffen bestimmte Tendenzen oder Analysen auch für ›seinen‹ Markt zu, und es kann die Studien zu seinem Vorteil nutzen.

Trotzdem muss jede Buchhandlung sich zusätzlich um konkrete Zahlen aus ihrem Geschäftsumkreis kümmern. Da sie jedoch in den seltensten Fällen eigene Studien in Auftrag geben kann, wird man ihre individuellen Analysen besser mit dem sachadäquaten Begriff ›Markterkundung‹ beschreiben. Auch hier unterscheidet man – je nachdem, ob die Buchhandlung Daten durch Erhebungen, Umfragen o.Ä. selbst gewinnt oder ob sie vorhandene Datenquellen der IHK, der Berufsverbände, der kommunalen Verwaltung oder einfach Telefonverzeichnisse auswertet – primäre und sekundäre Marktdaten; in der Regel handelt es sich um desk research (Recherche am Rechner).

Maßnahmen der Markterkundung (in Auswahl)

MARKTANALYSE
- Kaufkraft,
- Geschäftslage,
- Einzugsgebiet,
- Infrastruktur,
- Zahl der Haushalte,
- Beschäftigungsstruktur,
- Behörden,
- Industrie-/Handels-/Dienstleistungs-/Handwerksunternehmen,
- Bildungseinrichtungen,
- Bildungsstruktur,
- Baugenehmigungen für neue Wohnviertel.

KONKURRENZANALYSE
- stationäre Wettbewerber,
- ambulante Wettbewerber,
- Marktanteile der Konkurrenz,
- Konkurrenz außerhalb der Branche.

KUNDENANALYSE
- Kaufkraft,
- Pendlersituation,
- Lebensstile/Milieus,
- Kaufmotive,
- Ansprüche hinsichtlich Sortiment, Präsentation, Beratung, Service,
- Relation Laufkunden/Stammkunden,
- Informationsverhalten der Kunden.

Eine häufig angewandte Analysetechnik der Markterkundung besteht in der **SWOT**-Analyse. Dies ist eine **Stärken-Schwächen-Analyse,** die einerseits das individuelle Firmenumfeld (Mikroumwelt) mit seinen Stärken und Schwächen beleuchtet und andererseits die rechtlich-politischen, ökonomisch strukturellen, soziokulturellen, ökologischen und technologischen Rahmenbedingungen (Makroumwelt) mit ihren Chancen und Gefahren diagnostiziert. Die Abkürzung SWOT steht für:

S strength (Stärken)
W weaknesses (Schwächen)
O opportunities (Chancen)
T threats (Gefahren)

Stärken und Schwächen verdeutlichen in einem generellen Sinn die Faktoren, die ein Unternehmen beeinflussen kann. Chancen und Gefahren indizieren Faktoren, die die einzelne Buchhandlung nicht verändern kann. Bezogen auf die Attraktivität des Sortimentsbuchhandels – die Stärken und Schwächen des eigenen Unternehmens muss jede Sortimentsbuchhandlung selbst ausloten – könnte eine Matrix wie folgt aussehen:

Beeinflussbare Faktoren (in Auswahl)	**Nicht beeinflussbare Faktoren (in Auswahl)**
Stärken • Individualität (USP) • Sortiment • umfangreicher Service	**Chancen** • intakte Buchpreisbindung • Lesekompetenz der nachwachsenden Generation
Schwächen • geringes Eigenkapital • schlechte LUG • geringe Rendite • hohe Mietkosten für gute Lagen	**Gefahren** • Verlage forcieren das Direktgeschäft • Online-Geschäftsmodelle nehmen zu • Abhängigkeit von der jeweiligen Gesetzeslage

SWOT-Analyse: Attraktivität des Sortimentsbuchhandels

Die Matrix zeigt, dass einzelne Punkte gleichzeitig Stärke und Schwäche bzw. Chance und Gefahr bedeuten können. So zum Beispiel der Punkt Sortiment, der aufgrund der Sortierleistung als Stärke des Buchhandels anzusehen ist, bei fehlendem Absatz aber Kapital bindet. Oder das Buchpreisbindungsgesetz, das bei der jetzigen Rechtslage ein dichtes Buchhandelsnetz ermöglicht, während sich bei einer Änderung der Gesetzeslage die jetzige Buchhandelslandschaft fundamental ändern dürfte.

Eng verknüpft mit der SWOT-Analyse ist eine **Potenzialanalyse,** die in erster Linie die Mikroumwelt untersucht. Als Frage formuliert: »In welchen Bereichen besitzt die Buchhandlung Kompetenzen und in welchen kann bzw. muss sie gegebenenfalls Know-how aufbauen?« Hierzu kann man einzelne Unternehmensfunktionen in einer Checkliste darstellen und deren Zustand anhand einer Skala als eher positiv oder negativ bewerten. Ein besonderer Reiz besteht darin, eine derartige Potenzialanalyse im eigenen Haus vornehmen zu lassen und parallel dazu eine Fremdbefragung durchzuführen. Denn das Fremdbild, eine Bewertung von Außen, ist ungleich wichtiger als die Eigendiagnose. Und je nachdem, wie das Ergebnis ausfällt, muss es dann heißen: ›Die Schwächen angehen!‹ Aber auch: ›Die Stärken stärken!‹

Ein Beispiel für eine Potenzialanalyse steht auf der folgenden Seite. Haupt- und Unterpunkte können selbstverständlich beliebig modifiziert und ergänzt werden – je nachdem, in welchem Zusammenhang die Marktanalyse steht und für welchen Zweck der Inhaber der Buchhandlung die (Einzel-)Ergebnisse der Untersuchung nutzen möchte.

Beispiel einer Potenzialanalyse für eine Sortimentsbuchhandlung

	3	2	1	-1	-2	-3
Äußere Erscheinung						
• Hausfassade	☐	☐	☐	☐	☐	☐
• Außenwerbung	☐	☐	☐	☐	☐	☐
• Abhebung von Nachbargeschäften	☐	☐	☐	☐	☐	☐
• Schaufensteranlage	☐	☐	☐	☐	☐	☐
• Eingangslösung	☐	☐	☐	☐	☐	☐
Verkaufsraum						
• Übersichtlichkeit	☐	☐	☐	☐	☐	☐
• Blendenbeschriftung	☐	☐	☐	☐	☐	☐
• Regalbodenbeschriftung	☐	☐	☐	☐	☐	☐
• Sortimentsauswahl	☐	☐	☐	☐	☐	☐
• Erkennen von Neuerscheinungen	☐	☐	☐	☐	☐	☐
• Erkennen von Sonderplatzierungen	☐	☐	☐	☐	☐	☐
• Erkennen des Schwerpunktsortiments	☐	☐	☐	☐	☐	☐
Service						
• Besorgungsdienst	☐	☐	☐	☐	☐	☐
• Zustellung/Versand	☐	☐	☐	☐	☐	☐
• Behandlung von Sonderwünschen	☐	☐	☐	☐	☐	☐
Personal						
• Kundenorientierung	☐	☐	☐	☐	☐	☐
• Lagerkenntnisse	☐	☐	☐	☐	☐	☐
• Freundlichkeit	☐	☐	☐	☐	☐	☐
• Qualität der Führungskräfte	☐	☐	☐	☐	☐	☐
Warenpräsentation						
• Schaufenstergestaltung	☐	☐	☐	☐	☐	☐
• Auslagengestaltung	☐	☐	☐	☐	☐	☐
• Gestaltung der Mittenmöbel	☐	☐	☐	☐	☐	☐

10.4 Zielgruppen und Milieus

Marktorientiert denkende Buchhandlungen haben immer schon den Markt mit seinen diversen **Zielgruppen** im Visier gehabt. Allerdings sind diese häufig ungenau definiert – beispielsweise dann, wenn das lese-interessierte Publikum im Fokus steht. Oder die Zielgruppe ist vom Konzept her limitiert, wie im Falle eines Fachbuchsortiments, das wissenschaftliche Literatur anbietet, oder einer Kinder- und Jugendbuchhandlung, die allein dieses Warensegment am Lager führt. Und wenn man als einziger Anbieter für alle Menschen im Stadtteil oder in einer kleineren Stadt verantwortlich ist, entscheidet primär der geografisch-lokale Aspekt.

In der heutigen Marketingtheorie unterscheidet man zwei Ansätze, um nahe beim Kunden zu sein. Der traditionellere ist der **soziodemografische Ansatz,** der quantifizierbar erfassbare Merkmale von **Zielgruppen** ausmacht, wie Geschlecht, Alter, Familienstand, Haushaltsgröße, höchster erreichter Schulabschluss, Einkommen etc. ›Spannender‹ – und in den letzten Jahren in den Mittelpunkt gerückt – ist der **psychografische Ansatz.** Ausgehend von der Erkenntnis, dass Zielgruppen nicht mehr allein über ihre Kaufkraft und weitere äußere Merkmale zu definieren und zu umwerben sind, arbeiten Marktforschungsinstitute, wie Sinus Sociovision, gemeinsame Wunsch- und Leitbilder, Lebensstile, Werthaltungen und Freizeitmuster einzelner gesellschaftlicher Gruppen heraus. **Aus Zielgruppen werden Milieus.**

Warum diese für die Marktforschung (und die Verwertung ihrer Erkenntnisse im Handel) interessanter sind als traditionelle Zielgruppen, verdeutlicht ein bekanntes Beispiel aus der Literatur, in dem es um ›soziodemografische Zwillinge‹ geht: Jeder der Zwillinge wurde 1948 in Großbritannien geboren, beide sind sehr vermögend, beide schätzen die Alpen als Urlaubsregion, beide sind geschieden und haben wieder geheiratet, beide haben zwei Kinder – und sind dennoch so grundverschieden, dass kein Mensch auf den Gedanken kommen würde, sie derselben Zielgruppe zuzuordnen. Das Beispiel von Prinz Charles und Ozzy Osbourne zeigt die Grenzen des Zielgruppen-Ansatzes, der mit soziodemografisch-statistischem Material arbeitet, und weist den Weg zu gesellschaftlichen Milieus, die durch ähnliche Wertvorstellungen und Verhaltensweisen charakterisiert sind.

Das Institut Sinus Sociovision hat sich seine sozialen Cluster bzw. Milieus mit dem Begriff Sinus-Milieus® schützen lassen. Da jedoch nicht jeder Mensch – aufgrund unterschiedlicher Werteinstellungen zu unterschiedlichen Themen – eindeutig einem gesellschaftlichen Milieu zuzuordnen ist, bleiben Überschneidungen mit angrenzenden Milieus nicht aus, was in der Sinus-Matrix mit den Achsen ›Soziale Lage‹ und ›Grundorientierung‹ durch ›Kartoffelgrafiken‹ symbolisiert wird (siehe Kap. 6.2.2.1). Die immer auftretenden Überschneidungsbereiche werden von Sinus Sociovision mit dem Begriff ›Unschärferelation der Alltagswirklichkeit‹ bezeichnet.

Auf welches Milieu eine Buchhandlung gegebenenfalls setzen soll, ergibt sich aus ihrem jeweiligen Konzept. Die Entscheidung darüber, ob sie überhaupt konsequent auf nur ein Milieu setzen soll, fällt der Eigentümer. Bemerkenswert ist auf jeden Fall die Aussage Reinhold Gondroms, der bereits in den 1990er-Jahren mit dem Sinus-Modell arbeitete und damals sinngemäß sagte: »Jeder Kunde möge sich in meinen Buchhandlungen wohlfühlen, aber für meine Kernzielgruppe [die bürgerliche Mitte; eig. Ergänzung] tue ich besonders viel.« So löste er das Problem, das herstellende Unternehmen in der Medienbranche anders angehen können, indem sie Programmsegmente oder einzelne Reihen für bestimmte Milieus konzipieren, um diese dann ›milieugerecht‹ zu vermarkten.

10.5 Werbung

Werbung als ein wichtiger Teilaspekt absatzorientierten Handelns ist das wohl publikumswirksamste Mittel, um sich von der Konkurrenz abzugrenzen und um Marktanteile zu erwerben, zu sichern und zu erweitern. Durch geschickten Einsatz verschiedener Werbemittel und -träger ist jede Buchhandlung aufgefordert, ihr Sortiment und ihre Dienstleistungen transparent zu machen und auf Produkte oder Themen hinzuweisen, die der Kunde ohne diese ›Herausstellung‹ nicht zur Kenntnis genommen hätte. Neben der klassischen **produktorientierten Werbung** gibt es auch eine **imageorientierte Werbung**, deren erklärtes Ziel es ist, das Image des Unternehmens und die Einstellung der Kunden zum Unternehmen zu verbessern.

Als »versuchte Meinungsbeeinflussung« *(Gablers Wirtschaftslexikon)* oder als »planmäßige psychologische Beeinflussung« (Uhlig, *Der Sortimentsbuchhandel)* gekennzeichnet, versucht die Werbung einerseits rational-informativ, andererseits psychologisierend-manipulativ die Konsumenten für die Durchsetzung ihrer Werbeziele zu gewinnen. Wenn man die verschiedenen Begriffserklärungen zusammenfasst, kann man Werbung wie folgt definieren: Planmäßig konzipierte, mediengebundene Information an tatsächliche und potenzielle Buchleser und -käufer, um den Wert, Vorteil und Nutzen von Waren und Dienstleistungen einer Buchhandlung mit dem Ziel aufzuzeigen, den Absatz herausgestellter Titel und Themenbereiche anzubahnen.

Werbung findet nicht im rechtsfreien Raum statt. Im Gesetz gegen den unlauteren Wettbewerb (UWG) sind die wichtigsten Beschränkungen aufgeführt. So darf Werbung nicht sittenwidrig oder irreführend sein. Für den Buchhandel konkretisieren die Wettbewerbsregeln (siehe Kap. 4.2.3) im Punkt 5 den unlauteren Wettbewerb; hier geht es vor allem um die korrekte Preisauszeichnung. Vergleichende Werbung, die erkennbar die eigene Leistung in Relation zu einem Mitbewerber hervorhebt (im Sinne von ›besser als …‹), darf nur in engen Grenzen eingesetzt werden.

10.5.1 Werbeetat

Der US-Werbefachmann Steve McKenzie hat einmal gesagt: »Wer aufhört zu werben, um Geld zu sparen, der könnte genau so gut seine Uhren stehen lassen, um Zeit zu sparen.« Und von Henry Ford ist der Satz überliefert: »Ich weiß, dass ich die Hälfte meines Werbeetats falsch ausgebe; ich weiß nur nicht welche Hälfte.«

Anders als bei Verlagen, die ihren Werbeaufwand in den Ladenpreis mit einkalkulieren können, muss der Sortimentsbuchhandel alle Werbeausgaben von seinem Rohgewinn bestreiten. Dies erklärt den vergleichsweise niedrigen prozentualen Anteil von rund 1 Prozent des Umsatzes. Zwar fließen manche Werbekosten, z. B. Aufwendungen für die Schaufensterbeleuchtung, in die allgemeinen Geschäftskosten ein und werden als Werbeausgaben erst gar nicht ersichtlich, doch auch mit 1,5 Prozent vom Umsatz lassen sich kaum große Sprünge machen. Selbst große Buchhandlungen sowie Gründungskonzepte neuer Buchhandlungen veranschlagen selten mehr als 3 Prozent vom Umsatz für Werbeaktivitäten oder Maßnahmen zur Verkaufsförderung (siehe Kap. 10.9), sondern nutzen eher Möglichkeiten der Gemeinschaftswerbung (siehe Kap. 10.5.6) oder bitten Verlage um Werbekostenzuschüsse. Ferner kommt der so genannten **Mediaselektion** eine entscheidende Rolle zu: Welche Werbemittel und welche Werbeträger sind zu wählen, damit die jeweilige Zielgruppe zu vertretbaren Kosten am effizientesten erreicht wird?

Für größere Aktivitäten werden Sponsoren als Kooperationspartner gesucht, die Gelder oder sonstige Sachzuwendungen zur Verfügung stellen, ohne sich inhaltlich in die Werbung der Buchhandlung einzumischen. Natürlich liegt dem **Sponsoring** eine gewisse Förderabsicht zugrunde und so wird manchmal nicht nur über die Präsentation des Firmenlogos des Sponsors gesprochen. Denn das Sponsoring ist ebenfalls Bestandteil der Kommunikationspolitik der Sponsoren, die vor allem bei medienwirksamen Ereignissen auf sich selbst aufmerksam machen wollen und damit auch ihre eigenen Interessen verfolgen. Da es diese indirekte ökonomische Nutzenerwartung des Kooperationspartners gibt, bietet es sich an, Verträge zu formulieren, die den Umfang von Leistungen und Gegenleistungen schriftlich fixieren.

10.5.2 Werbemittel und Werbeträger

Jede Werbung bedarf der Festlegung effektiver und erfolgversprechender Werbemittel und -träger, wobei Werbemittel gestaltete Werbebotschaften sind, die mit Hilfe eines Werbeträgers zum Konsumenten ›transportiert‹ werden. Die Werbemittel-Werbeträger-Matrix verdeutlicht, dass fast alle Werbemittel mehreren Werbeträgern zuzuordnen sind.

Das wohl häufigste im Sortimentsbuchhandel eingesetzte **Werbemittel** ist die Schauwerbung im eigenen Schaufenster, denn eine Schaufensteranlage gehört zum Inventar fast jeden Ladengeschäfts, sofern es sich nicht in Einkaufszentren befindet. In Anbetracht der geringen finanziellen Mittel ist eine Buchhandlung in der Regel gezwungen, sich sehr gründlich zu überlegen, welcher Werbeträger sich eventuell für Maßnahmen der Streuwerbung an einen breiteren Publikumskreis eignet. Da bleibt man doch lieber beim Versand von Literaturempfehlungslisten, Prospekten, Weihnachtskatalogen oder Kundenzeitschriften an Adressen der hauseigenen Kundendatei bzw. nutzt den

Werbemittel / **Werbeträger**	Zeitung	(Fach-) Zeitschrift	Haushaltsdirektwerbung	Kino	Hörfunk	Internet	Schaufensteranlage	Verkaufsraum/POS	Messen	Direct Mail	Telefonmarketing
Anzeige	●	●									
Prospekt/Katalog	●	●	●					●	●	●	
Spot				●	●	●					
Gespräch								●	●		●
Produkt							●	●	●		
Brief			●							●	
Plakat							●	●	●		
Schauwerbung							●	●	●		
Banner						●	●	●	●		

Werbemittel-Werbeträger-Matrix

Newsletterversand oder Social-Media-Aktivitäten, um seinen Kunden Nachrichten und Werbeangebote zu unterbreiten.

Während vor allem inhaltliche Überlegungen den Ausschlag für oder gegen bestimmte Werbemittel geben, steht bei der Wahl der **Werbeträger** der Gesichtspunkt eines etwaigen **Streuverlustes** im Vordergrund. Denn ein solcher tritt unweigerlich ein, wenn das Verbreitungsgebiet eines Werbeträgers größer ist als der Einzugsbereich der Buchhandlung. So ist der Streuverlust bei einer themenspezifischen Individualwerbung im Rahmen eines Mailings an hauseigene Adressen weitaus geringer als bei einem Radio-Commercial oder einer Anzeigenkampagne in regionalen Großräumen. Bei Filialunternehmen sieht dies naturgemäß anders aus. Hier bestimmt die ›Zentrale‹, gegebenenfalls in Absprache mit Werbeagenturen, über die ›passgenaue‹ Streuung der Werbemittel in überregionalen Medien.

10.5.3 AIDA-Prinzip

Die Frage, wie Werbung funktioniert, haben amerikanische Werbepsychologen mit der AIDA-Formel beantwortet. Da Werbung Nachfrage stimulieren, also Bedarf wecken will, geht es zunächst einmal darum, Aufmerksamkeit beim Umworbenen zu erregen **(A = Attention).** Dies geschieht in der Regel durch Bilder oder durch kontrastreich gestaltete Werbemittel, die den Konsumenten aus seiner Gleichgültigkeit herausreißen, wobei die Aufnahme von Bildern schneller und eindringlicher erfolgt als die von Textinformationen (›Ein Bild sagt mehr als 1.000 Wörter.‹). Erst nachdem sich der Werbeimpuls gegenüber vielen anderen (Kauf-)Impulsen, denen der Umworbene tagtäglich ausgesetzt ist, durchgesetzt hat, wird sich der Kunde mit dem Inhalt der Werbung auseinandersetzen; erst jetzt kann sein Interesse **(I = Interest)** geweckt werden. Wobei es prinzipiell nicht entscheidend ist, ob man neue Produkte/Autoren/Themen o. Ä. vorstellt oder ältere noch einmal bewirbt. Hauptsache: ein Kaufwunsch wird stimuliert **(D = Desire)** und ein Kaufabschluss **(A = Action)** wird erreicht.

Das AIDA-Prinzip schließt nicht aus, dass einzelne Werbemaßnahmen mitunter auch unterhalten und/oder – bei entsprechender Gestaltung – darüber hinaus einen gewissen ästhetischen Reiz ausstrahlen. Zum einen kurz, sachlich und sparsam, zum anderen aufwändig, kritisch und intelligent – die Buchhandlung hat viele Möglichkeiten, ihre Werbung zu gestalten. Doch sollten alle Werbemaßnahmen stets aus dem Marketing- bzw. Kommunikationskonzept des Unternehmens hervorgehen.

10.5.4
Werbeplan

Ein Werbeplan fixiert die unterschiedlichen Werbeaktivitäten einer Buchhandlung. Dabei leistet er zweierlei. Auf einer horizontalen Ebene legt er den Zeitpunkt der Werbemaßnahmen fest. Hierin unterscheidet er sich nicht wesentlich von einem ausführlichen Terminkalender. Ein richtiger Werbeplan hat aber darüber hinaus eine zweite Dimension. Hier wird festgehalten, welche flankierenden Werbemaßnahmen ergriffen werden müssen. Ein Beispiel möge dies verdeutlichen: Im Frühsommer startet die Buchhandlung in Zusammenarbeit mit einem Verlag eine große Kampagne zum Thema Wellness. Der Werbeplan erfasst sowohl die Tage, an denen die Verlagsprospekte in den Zeitungen gestreut werden, als auch die Termine der Themendekoration im Schaufenster und im Verkaufsraum sowie Mailings an die Gesundheitsinstitute im Umkreis und an die Mitarbeiter über den Umfang der Aktion.

Damit hilft ein Werbeplan also nicht nur dabei, Themen und Termine aufeinander abzustimmen, sondern er leistet auch einen Beitrag zur Koordination der zahlreichen, zum Tiel unterschiedlichen Werbeaktivitäten. Um deren geeignete Zeitpunkte festzulegen, gibt es theoretisch drei Orientierungsmöglichkeiten:

Zyklische Werbung Werbeaufwand und -etat verteilen sich analog zu den Umsatzspitzen. Die Werbung für das Weihnachtsgeschäft beginnt mit dem Katalogversand Ende Oktober, die Werbung für Studienliteratur zu Semesterbeginn etc.

Antizyklische Werbung Der Werbeeinsatz wird in (konjunkturell bedingten) umsatzschwachen Zeiten verstärkt. Im Sommer läuft eine Kampagne für die Zuhause-Gebliebenen, zu Jahresbeginn eine für Abo-Bestellungen und Dienstleistungen der Buchhandlung etc.
Konstante Werbung Die Werbung erfolgt ohne Berücksichtigung der Umsatzschwankungen eines Geschäftsjahres. Konsequent wird dies beispielsweise bei wöchentlich oder monatlich versandten Newslettern praktiziert. Aber auch Veranstaltungen können regelmäßig zu einer bestimmten Uhrzeit, an immer denselben Wochentagen in denselben Räumlichkeiten stattfinden.

Alle Werbeaktivitäten sollten mittel- und langfristig geplant und entsprechend umgesetzt werden. Nur wenn man dem ›Prinzip Zufall‹ möglichst wenig Raum gibt, wird auch der umworbene Kunde die Schlüssigkeit des Werbekonzepts durch Umsatz honorieren.

10.5.5 Werbeerfolg

Eine Werbeerfolgskontrolle fällt umso leichter, je genauer die Werbeziele im Vorfeld formuliert worden sind. Wenn beispielsweise die Rücklauf- und Verkaufsquote nach einem Mailing oder die Umsatzsteigerung in einer bestimmten Warengruppe in Zahlenwerten festgelegt worden sind, können anschließend auch Zahlen eine eindeutige Antwort über Erfolg oder Misserfolg geben.

Vergleichbares gilt auch für die Erfolgskontrolle im Internet. Hier ist es sinnvoll, die Entwicklung von Bestellzahlen und -werten regelmäßig zu überprüfen, wobei auch die regionale Herkunft der Internetbestellungen erfasst werden kann, um ggf. die Verbreitung des Bekanntheitsgrades über den eigenen Ort hinaus zu verfolgen und mit entsprechenden Werbemaßnahmen darauf zu reagieren. Die Attraktivität der eigenen Website misst man anhand der Maßeinheit ›Visits‹, die die Zahl der Besucher pro Website / Einzelseite angibt. Weitere Erfolgsparameter für Online-Aktivitäten stehen im Kap. 10.5.8.

Allerdings gibt es auch einen indirekten Werbeerfolg, der beispielsweise dadurch zum Ausdruck kommt, dass vermehrt Kundenkontakte stattfinden oder das gute Image am Markt verfestigt wird (siehe Kap. 10.9.1 und 10.9.2). Auch bei der Schauwerbegestaltung ist es nicht so wichtig, ob drei, fünf oder zwanzig Bücher aus einem Schaufenster verkauft werden; entscheidender ist, dass durch das positive Erscheinungsbild der Gesamtumsatz gesteigert wird.

Grundstein für einen Werbeerfolg ist die sorgfältige Planung jeder einzelnen Werbemaßnahme. Deshalb an dieser Stelle eine Checkliste, die bewusst mit offenen Fragen arbeitet. Denn wenn bereits zu Beginn alle entscheidenden Fragen bedacht sind, steht einem späterem Erfolg nichts im Wege.

Fragen an die Werbeplanung

Was soll die Werbung bezwecken?
Welche Produkte/Leistungen sollen herausgestellt werden?
Welcher Etat steht zur Verfügung?
Wer organisiert die Werbemaßnahmen bzw. die Werbekampagne?
Welche Werbemittel versprechen den meisten Erfolg?
Welche Werbeträger bieten die gewünschte Resonanz?
Wann ist der günstigste Werbezeitpunkt?
Welche Aufmachung bewirkt welchen Effekt?
Welcher Aufwand ist gerechtfertigt?
Welche Partner (z. B. Agenturen) helfen bei Bedarf weiter?
Welcher Gemeinschaftswerbung schließt man sich ggf. an?

10.5.6 Gemeinschaftswerbung

Die Herstellung von Werbemitteln kostet nicht nur Geld, sondern erfordert auch handwerkliches bzw. gestalterisches Geschick und setzt ein angemessenes Zeitbudget voraus – Faktoren, die in den Buchhandlungen nicht immer gegeben sind. Was liegt also näher, als sich Partner für die Werbung zu suchen, Fremdwerbemittel einzukaufen oder den Posten Werbung im Rahmen des betrieblichen Outsourcing weitestgehend von Agenturen abwickeln zu lassen?

Wenn man sich der Gemeinschaftswerbung von der terminologischen Seite nähert, muss man zwischen horizontaler und vertikaler Gemeinschaftswerbung unterscheiden. Von **horizontaler Gemeinschaftswerbung** spricht man, wenn sich Unternehmen einer Handelsstufe zusammenschließen, beispielsweise nur Sortimentsbuchhandlungen, die Werbemittel gemeinsam erstellen und vermarkten. Einen Spezialfall der horizontalen Gemeinschaftswerbung stellt die **Verbundwerbung** dar. Sie erfolgt entweder im Rahmen der Zugehörigkeit zu Verbundgruppen im Buchhandel (siehe Kap. 1.3.2) oder branchenübergreifend, im Einzelhandel beispielsweise durch Gewerbevereine oder Einkaufszentren.

Eine **vertikale Gemeinschaftswerbung** liegt vor, wenn Unternehmen verschiedener Wirtschaftsstufen, in der Medienbranche also Verlage und Buchhandlungen, zusammenarbeiten. Die einfachste Form dieser gemeinsamen Werbung besteht in dem Auslegen oder Versenden von Verlagsprospekten und Gesamtverzeichnissen durch die Buchhandlungen, die ihrerseits ihren Namen aufstempeln oder ab einer gewissen Mindestabnahme ihr Firmenlogo eindrucken lassen. Interessanter und vielschichtiger wird diese **kooperative**

Werbung erst, wenn gemeinsame Aktionen durchgeführt werden, wobei es von nachgelagerter Bedeutung ist, wer diese initiiert. Denn es besteht eine gemeinsame Interessenlage: Die Buchhandlung setzt sich für Autoren / Themen / Produkte des Verlages ein. Dafür erhält sie als Gegenleistung Aktionsrabatte, Werbekostenzuschüsse, Vorzugs-Zahlungsbedingungen u. a. m.

Werbemittel oder (Fach-)Kataloge mit Eindruck des Firmennamens sind auch über **Werbemittelanbieter** zu beziehen, wobei an dieser Stelle stellvertretend für viele andere auf das Werbemittelangebot von *Buchreport* (Harenberg) und MVB hingewiesen sei. Buchhandlungen, die in Verbundgruppen organisiert sind, übernehmen vertragsgemäß oder freiwillig Werbemaßnahmen, die ausgewählte Marketingagenturen konzipiert haben. Häufig besteht für derartige Werbeaktionen Ortsexklusivität, damit nicht zwei Buchhandlungen an einem Ort oder in einem Stadtteil dieselben Werbemittel einsetzen.

Eine Gemeinschaftswerbung besonderer Art ist die **Branchenwerbung.** Hier geht es um die Gesamtbranche, die sich durch bestimmte Angebote und Dienstleistungen auszeichnet. Hierzu zählen in erster Linie die Kundenzeitschriften *Buchjournal* aus dem Verlagsspektrum der MVB sowie *buch aktuell – erlesen* von Harenberg. Zur Branchenwerbung zählen aber auch groß angelegte PR-Kampagnen, die entweder vom Börsenverein oder von überregional agierenden Buchhandelsketten initiiert und durchgeführt werden.

Besondere Erwähnung in diesem Zusammenhang verdienen, neben dem Vorlesewettbewerb, auch die Aktionen anlässlich des Welttags des Buches (siehe Kap. 1.5.4). Obwohl der Börsenverein alles Erdenkliche für die Medienresonanz dieses Tages in die Wege leitet, und die MVB von zentraler Stelle aus gemeinsame Werbemittel für die Mitgliedsfirmen anbietet, wären die Aktivitäten am 23. April ohne die unterschiedlichsten und originellen Ideen einzelner Buchhändler im Dienst der Werbung für die Branche und ihrer Leistungen nur die Hälfte wert.

10.5.7
Ausgewählte Werbemaßnahmen (Print)

Jede Buchhandlung muss ihr eigenes Kommunikationskonzept erarbeiten und individuell umsetzen. Deshalb werden in diesem Buch nur ausgewählte Werbemaßnahmen vorgestellt. Selbstverständlich bleibt es dem Leser unbenommen, seine kritische Distanz zu der einen oder anderen Aussage zu bewahren. Gilt doch die Aussage, dass es in der Kommentierung von Werbemitteln weniger um ein ›Gefallen oder Nicht-Gefallen‹ geht, sondern eher um die Frage ›Passt die Werbemaßnahme für die anvisierte Zielgruppe?‹ und ›Geht die Werbemaßnahme konform mit dem Marketingkonzept des Unternehmens?‹ Ausführungen zur Schauwerbegestaltung und Online-Werbung stehen an anderer Stelle (siehe Kap. 10.7 und Kap. 10.5.8).

Anzeigenwerbung

Sie steht im Kreuzfeuer der Kritik: die Anzeigenwerbung. Den einen sind die Kosten und / oder der Streuverlust zu hoch sowie die Möglichkeiten der Erfolgskontrolle zu dürftig, während andere Anzeigen durchaus für ein angemessenes Mittel halten, um auf die Leistungen ihres Unternehmens aufmerksam zu machen. Obwohl Anzeigen nicht nur in Zeitschriften und Zeitungen, sondern auch in Vorlesungsverzeichnissen, Festschriften örtlicher Vereine o. Ä. wirkungsvoll platziert sein können, beschränken sich die folgenden Ausführungen auf die Werbung in Presseerzeugnissen.

Der erste Schritt zu einer effektiven Anzeigenwerbung besteht in der **Mediaplanung.** Welcher Werbeträger findet bzw. welche Werbeträger finden bei den Kunden der eigenen Buchhandlung größtmögliche Akzeptanz? Fast alle Zeitungs- und Zeitschriftenverlage lassen in regelmäßigen Abständen Leseranalysen durchführen, die Aufschlüsse über soziodemografische Daten (siehe Kap. 10.4) ihrer Käufer bzw. Leser geben. Derartige Leseranalysen werden mit weiteren **Mediadaten,** wie Preislisten, Verbreitungsanalyse, Auflagenziffern etc., dem Inserenten zur Verfügung gestellt. In den Mediadaten und im Impressum steht häufig ein ivw-Zeichen. Hinter der Abkürzung ivw verbirgt sich die Informationsgemeinschaft zur Feststellung der Verbreitung von Werbeträgern. Diese Informationsgemeinschaft, der sich mehr als 1.000 Verlage freiwillig angeschlossen haben, überprüft die Auflagenzahlen der Presseerzeugnisse (gedruckte, verbreitete, verkaufte, unentgeltlich vertriebene Auflage), um den Insertionswilligen verlässliche Daten über die Werbeträger zur Verfügung zu stellen. Hierzu gehören ggf. auch Informationen über unterschiedliche Teilausgaben mit regionaler Berichterstattung und einem dazugehörigen Anzeigenteil mit evtl. abweichenden Preisen.

Häufig erfüllen Anzeigen die Funktion einer Erinnerungswerbung. Deshalb sollte man bei dieser Werbeform weniger punktuell als kontinuierlich denken. So wie Lesungen am wirkungsvollsten in Lesereihen eingebettet sind (gleicher Wochentag, gleiches Layout für vergleichbare Werbemittel etc.), bieten auch Anzeigenserien die Möglichkeit, die Buchhandlung regelmäßig ins Gespräch zu bringen und trotzdem abwechselnd Themen oder firmenindividuelle Leistungen herauszuheben.

Direktwerbung

In vielen Geschäften wird die Direktwerbung als unverzichtbares Instrument der Kundenbindung gepflegt. Denn man schreibt seinen Kunden unmittelbar an, nicht indirekt über Werbemedien. Die Palette der Ansprachemöglichkeiten ist groß und reicht von Newslettern bis zu aufwändig gestalteten Prospekten für hochpreisige Werke. Bei jeder Direktwerbeaktion wird auf Bestellmöglichkeiten hingewiesen, denn man möchte seinen Kunden zu einem Auftrag per Post oder durch andere Telekommunikationstechnologien bewegen (Mail-Order-Prinzip). Dabei verwendet man einstufige Mailings (Adressat kann das Objekt direkt bestellen) oder indirekte, mehrstufige Mailings (Adressat muss zunächst weitere Informationen anfordern).

Das A und O für den Erfolg im Mail-Order-Geschäft ist die Auswahl der Adressen. Selbst ein schlechtes Mailing kann bei gutem Adressenmaterial mehr bewirken als ein perfektes bei der falschen Zielgruppe. Hier hilft eine gut geführte Kundendatei, die nach Interessengebieten differenziert ist. Adressen von Kunden, die viel und regelmäßig bestellen, gelten dabei als ›heiße Adressen‹, während neue Adressen zunächst einmal als ›kalt‹ eingestuft werden. Auf jeden Fall spricht die Rücklaufquote eine klare Sprache: Sie beläuft sich bei kalten Adressen auf bis zu 2 Prozent und bei heißen auf bis zu 20 Prozent. Adressen recherchiert man in Verzeichnissen oder im Internet. Oder man ›kauft‹ bzw. genauer formuliert man ›mietet‹ sie für den einmaligen Gebrauch von sogenannten Adressverlagen, die potenzielle Kunden bereits nach diversen Kriterien (Beruf, Einkommen etc.) vorselektiert haben.

Neben Newslettern (siehe 10.5.8) und (Weihnachts-)Katalogen ist das **Mail-Order-Package** weit verbreitet. Es besteht traditionell aus einem Prospekt, einem personalisierten Werbebrief, dem Versandumschlag, der zu Werbezwecken genutzt werden kann, und einer Bestellkarte o. Ä., um auf die Bestellmöglichkeit hinzuweisen. Zusätzlich kann es auch Teilnahmescheine für Preisausschreiben, Stuffer (Kleinwerbemittel) oder Gutscheine für Werbegeschenke enthalten. Der häufig aufwändig gestaltete Prospekt, welcher das Produkt vorstellt und beschreibt, stammt in der Regel vom Verlag, während der **Werbebrief,** der mit namentlicher Nennung des Umworbenen beginnt, von der Buchhandlung konzipiert wird. Die Kosten einer Mail-Order-Aktion variieren je nach Gestaltungsaufwand, Umfang, Auflage, Gewicht und Gebühren. Im Einzelnen sind zu berücksichtigen:

- **Adressenbeschaffung** firmeneigene Kundendatei, Branchenverzeichnisse, Adressverlage
- **Text und Gestaltung** eigene Mitarbeiter / Werbeabteilung, Werbeagentur
- **Werbemittelkosten** Werbebrief, Prospekt, Stuffer, Antwort- / Anforderungskarte, Versandhülle
- **Konfektionierung und Versandfertigmachen** Zusammentragen, Falzen, Kuvertieren, Frankieren
- **Versandkosten**

Über den Erfolg von Werbemaßnahmen entscheidet in hohem Maße ein gelungener Text, der wirkungsvoll aufbereitet ist und die Zielgruppe überzeugt. Das gilt gleichermaßen für Print-Werbung als auch für digital versandte Werbung. Anregungen zur Textaufmachung und -gestaltung kann man den folgenden Doppelseiten entnehmen.

Texte wirkungsvoll aufbereiten

GESCHÄFTSBRIEFE

Beim S-Check punkten Tests mit Augenkameras beweisen: Bevor ein Leser den Inhalt wahrnimmt, schweift sein Blick s-förmig über Briefkopf, Adresse, Betreff, Anrede, Textbild, Gruß, Unterschrift und PS. Nach dem S-Check ist der Leser um einiges schlauer. Er weiß zum Beispiel, wer ihm schreibt, worum es geht, wie freundlich er be- und gegrüßt wird und wie viel Zeit er in die Lektüre investieren muss. Widmen Sie den S-Check-Elementen also besonders viel Aufmerksamkeit – sie spielen für den Erfolg eines Briefs eine größere Rolle als der Fließtext.

Beziehungsvoll anfangen Verbannen Sie Floskeln wie: »Beiliegend erhalten Sie« oder »Wie telefonisch besprochen« und beginnen Sie wie bei einer persönlichen Begegnung mit einem Satz, der die Beziehungsebene berührt, bevor es zur Sache geht: »Vielen Dank für Ihre Anfrage«, »Ihre Nachricht hat mich sehr gefreut«, »Sie haben mich gebeten, Ihnen …«, »Gerne sende ich Ihnen …«.

Für-mich-Gefühl Auch wenn Sie ein Schreiben 1.000 mal verschicken, man sollte ihm den Serienbrief nicht ansehen. Am persönlichsten wirkt ein Brief, wenn Sie Ihren Leser mit seinem Namen ansprechen, selbst mit Vor- und Zunamen unterschreiben und ohne Kundennummer und Bearbeitungszeichen auskommen.

Kurz ist gut Zeit ist Geld, und kurze Briefe werden mit größerer Wahrscheinlichkeit gelesen als lange. Schreiben Sie deshalb kurze Sätze, kommen Sie möglichst mit einer Seite aus, streichen Sie Vorreiter wie »Wir bitten Sie, dass …«, formulieren Sie einfach und alltäglich und beschränken Sie den ersten Absatz auf zwei, drei Zeilen.

Professionelle Freundlichkeit Probleme kommen in den besten Beziehungen vor. Wer professionell ist, reagiert versöhnlich und gelassen. Nicht: »Vielen Dank für Ihr Schreiben vom … Sie beklagen darin, dass …« Sondern: »Herzlichen Dank, dass Sie weiter das Gespräch mit uns suchen.«

Raus mit den Floskeln Jahrhundertelang haben Amtsdeutsch und Juristensprache die Geschäftskorrespondenz geprägt. Heute haben sich Floskeln wie Betreff, i. A. oder »Wir dürfen Ihnen mitteilen« überlebt.

Vom Wir zum Sie Kundenfreundliche Briefe enthalten mindestens so viele Sie/Ihr-Aussagen wie wir/uns-Sätze. Nicht: »Es ist uns wichtig, dass unsere Kunden mit unserem Dienstleistungsangebot zufrieden sind.« Sondern: »Ihre Zufriedenheit als Kunde ist uns wichtig.« Dank des Perspektivwechsels fühlt Ihr Adressat sich wertgeschätzt und erkennt deutlicher, welche Vorteile Ihr Angebot ihm bietet.

WERBETEXTE

Attention Die zwei Gehirnhälften arbeiten zusammen, legen aber ein unterschiedliches Tempo vor. Während die linke Gehirnhälfte noch überlegt, ob es sich lohnt, einen Werbetext überhaupt zu lesen, entscheidet die rechte spontan: Doch, ja! Hier sind fünf Klassiker, die Aufmerksamkeit zu fesseln:

Insight »Wäscht nicht nur sauber, sondern rein« – das war einmal. Heute überzeugt man nicht primär durch die Produktleistung. Sondern, indem man sich als Problemlöser oder Wunscherfüller präsentiert.

In der Anzeige eines Anbieters für hochwertige Fertighäuser klingt das so: »Sie haben sich einiges erarbeitet im Leben – und es hat Spaß gemacht. Und jetzt gönnen Sie sich ein Haus. Ein Haus, das Ihrer Individualität Rechnung trägt und von Geschmack zeugt. Ein Haus, das Ihren Ansprüchen an Qualität und Innovation gerecht wird. Ein Haus zu guter Letzt, das Sie Freunden und Geschäftspartnern auch gerne zeigen.«

Desire Sobald Sie Ihrem Leser vermittelt haben, dass Sie ihn und seine Bedürfnisse verstehen, legen Sie mit der Produktleistung nach. Am besten verdeutlichen Sie neben den Produkteigenschaften auch den Nutzen, den Ihr Kunde davon hat. »Unsere Qualität – vom Rohbau aus dem nachwachsenden Wertstoff Holz bis zur exklusiven Armatur – ist über jeden Zweifel erhaben. Unser Komfort im Haus ist gestützt von steter Forschung und Entwicklung.«

Action Werbetexte müssen bewegen. Definieren Sie deshalb vor dem Schreiben, zu welcher Handlung Sie Ihre Leser motivieren möchten. Fordern Sie sie am Schluss ohne Umschweife dazu auf: »Buchen Sie Ihre individuelle Einrichtungsberatung!«. Tipp: Wendungen wie schnell oder nur noch, mehrere Antwortmöglichkeiten und verführerische Extras erhöhen die Responsequote.

Sprache Auch geübte Leser wenden für Werbetexte nur ein Minimum an Energie auf. Tragen Sie dieser Tatsache Rechnung: Geizen Sie mit jeder Silbe, formulieren Sie bildhaft und konkret, arbeiten Sie mit Aktivsätzen, schwitzenden Verben und Aufforderungen, verzichten Sie auf Eigenlob und Superlative, verwenden Sie Ausrufezeichen und Reizwörter wie Extra. Außerdem wichtig: Setzen Sie Ihren Kunden positive Bilder in den Kopf. Nicht »kein Risiko«, sondern »mit Geld-zurück-Garantie«.

Testlauf Verschicken Sie einen Werbebrief nicht auf gut Glück. Erarbeiten Sie besser mehrere Varianten und probieren Sie an Testgruppen aus, welche eine größere messbare Reaktion erbringt.

Quelle: D. Märtin, *Erfolgreich texten.* Seite 156ff. Geringfügig bearbeitet.

10.5.8 Ausgewählte Werbemaßnahmen (Digital)

Jedes neue Medium hat seine Besonderheiten. Das gilt nicht nur in technischer Hinsicht, sondern auch für dessen Vermarktung. Und so sind die Werbemittel im digitalen Zeitalter zum Teil völlig andere als in früheren Print-Zeiten. Aus Anzeigen und Plakaten werden Banner und Flash Layer, aus der Direktwerbung entsteht die Massen- oder Serien-E-Mail und aus Einträgen in Verzeichnissen wird das Suchmaschinen-Marketing. Das alles ist für ›digital immigrants‹, für alle diejenigen Menschen, die nicht mit digitalen Technologien, wie PC, Internet, Mobiltelefonie und MP3-Player, aufgewachsen sind, zunächst einmal gewöhnungsbedürftig; für Auszubildende hingegen, die zu den ›digital natives‹ gehören, mehr als selbstverständlich. Die mit ›Newsletter‹ beginnende Zusammenstellung beruht in Teilen auf Ausführungen von Ulrich Huse in seinem Buch *Verlagsmarketing*. Doch zuvor sei auf online-spezifische Aspekte hinsichtlich der Zielgruppen und der Werbeerfolgskontrolle eingegangen.

Der Fachterminus **Online-Targeting** (Zielgruppenansprache; engl. target = Ziel) bezeichnet das zielgruppenorientierte Einblenden von Werbung auf Websites. Ziel des Targeting ist es, durch eine möglichst genaue Definition der Zielgruppe oder der Community dem Internetnutzer entsprechende Werbung einzuspielen. Je präziser das Targeting, desto höher ist die Chance, die richtige Zielgruppe anzusprechen. Für Buchhandlungen kommen in erster Linie Feuilletonseiten überregionaler Online-Zeitungen und -Zeitschriften in Frage, Websites von Literatur-Blogs oder -Communitys oder bei kleineren Firmen auch örtliche Online-Auftritte.

In fast allen web-basierten Angeboten werden **Cookies** verwendet – lokale Speicher für Zugangs- und Vorgangsdaten, die u. a. bei Foren Anwendung finden, wo der Nutzer persönliche Voreinstellungen (Achtung Datenschutz!) speichern kann, um sich nicht jedes Mal neu anmelden zu müssen, oder bei Webshops, um Waren in virtuellen Einkaufskörben zu sammeln. Manche Anbieter legen ihren Nutzern nahe, Cookies zu akzeptieren, damit die Website in vollem Umfang genutzt werden kann. Durch die Analyse von Cookies wird das Nutzerverhalten ausgewertet und für Werbung nutzbar gemacht.

Die wichtigsten Messgrößen für Online-Kampagnen sind Visits, AdImpressions und AdClicks. Es braucht Fachwissen, um sie im jeweils richtigen Umfeld interpretieren und bewerten zu können, deshalb holen sich Einzelhändler in der Regel externe Unterstützung. Diese Experten werden bereits für die Konzeption größerer Online-Werbekampagnen, aber auch für langfristig angelegte Aktivitäten in sozialen Netzwerken hinzugezogen. Sie begleiten die Kampagnen und greifen gegebenenfalls steuernd und korrigierend ein, falls die Kampagnen nicht den gewünschten Verlauf nehmen. Diesen coachenden Begleitprozess nennt man **Monitoring.**

Erfolgsparameter für Online-Kampagnen

VISITS
Messgröße zur Werbeträgerleistung der Website. Hiermit werden anonyme ›Besuche‹ erfasst: Besucher einer Website, die von anderen Websites her kommen.

ADIMPRESSIONS
Kontaktchance mit einem Werbemittel. Während Visits sich damit beschäftigen, die Zahl der Besucher pro Website / Einzelseite zu messen, geht es bei den AdImpressions lediglich um den möglichen Sichtkontakt mit einem Werbemittel auf einer Website. AdImpressions beschreiben also, wie oft das betreffende Werbemittel, z. B. ein Banner, technisch ausgeliefert wurde, sodass eine Chance auf Sichtkontakt bestand.

ADCLICKS
Angeklickte Werbemittel. Messgröße, die die Anzahl der Nutzer der Werbemittel angibt. Wie viele Nutzer haben also auf Online-Werbemittel reagiert und das Werbemittel angeklickt? Die AdClick-Rate bezogen auf die Zahl der AdImpressions gibt an, wie viel Prozent der Nutzer, die ein bestimmtes Werbemittel gesehen haben, hierauf mit einem Klick reagiert haben. Häufig werden Klickraten von weniger als 1 Prozent erzielt.

Newsletter

Das beliebteste (da kaum Geld kostende) Instrument des digitalen Dialog-Marketings ist der Newsletter, der aufgrund vorangegangener Adressenselektion den zielgenauen Dialog mit den Kunden ermöglicht. Aufgrund der direkten Response-Möglichkeit lässt sich der Erfolg schnell messen, sodass die Aktivitäten schnell korrigiert, neu justiert oder intensiviert werden können. Je nach Zielsetzung und Zielgruppe setzen Newsletter unterschiedliche Schwerpunkte, die redaktionell oder werblich sein können; auch Mischformen sind möglich.

Das massenweise Versenden unerwünschter Werbe-E-Mails hat aber dazu geführt, dass die Newsletter-Akzeptanz abnimmt. Die Internet-Nutzer differenzieren damit ganz klar zwischen erwünschten Werbe-Mails auf der einen und unverlangt zugesandten Mails auf der anderen Seite; abonnierte Newsletter werden mehrheitlich gelesen oder zumindest überflogen, während unverlangt zugesandte Mails in über 95 Prozent aller Fälle direkt gelöscht oder sogar als **SPAM** aussortiert werden. Apropos unverlangt zugesandte Mails – diese dürfte es eigentlich nicht geben. Denn die Zusendung von unerwünschten Werbe-E-Mails in Deutschland ist sitten- und damit wettbewerbswidrig. Der

Gesetzgeber verlangt daher in juristischer Hinsicht zwingend das **Double-Opt-In** (engl. to opt = sich für etwas entscheiden). Während bei einem Single-Opt-In um die Einwilligung des Adressaten gebeten wird, muss der Adressat beim Double-Opt-In seine Einwilligung anschließend noch einmal bestätigen, um endgütig in die Mailingliste der Buchhandlung aufgenommen zu werden.

Banner

Banner sind Werbemittel, die für definierte Flächen auf fremden Websites oder auf für die jeweilige Zielgruppe relevanten Portalen erstellt werden. Sie können mit unterschiedlichem Inhalt und Aufwand gefüllt werden; nur mit Text, mit Animationen oder auch mit Interaktionsmöglichkeiten. Sonderformen sind aufklappende Pop-up-Fenster sowie (Flash-)Layer-Ads – animierte Anzeigen, die sich über den Inhalt einer Website legen. Mit nur einem Klick auf die Werbefläche gelangt der Nutzer auf die beworbene Seite. Der Vorteil der Banner-Werbung liegt also in der Möglichkeit der optimalen Auswahl geeigneter Werbeorte und somit einer gezielten Ansprache potenzieller Interessenten oder Käufer. Zudem bietet sie eine gute Chance zur Erhöhung der Besucherzahlen auf der eigenen Website bzw. – wie Online-Experten es ausdrücken würden – zur Generierung von mehr Traffic.

SEM – Search Engine Marketing (Suchmaschinen-Marketing)

Als Suchmaschinen-Marketing werden alle Maßnahmen bezeichnet, die dazu dienen, die Auffindbarkeit eines Webauftritts durch Suchmaschinen zu verbessern. Denn wer im Internet nicht auffindbar ist, ist so gut wie nicht existent. Und wer, beispielsweise bei einer Google-Suche, nicht auf der ersten Ergebnisseite nach einem Suchlauf weit oben gelistet wird, findet bei den meisten Internetnutzern kaum Beachtung. »To exist is to be indexed by a search engine« – so formulierten es die US-amerikanischen Kommunikationsforscher Lucas Introna und Helen Nissenbaum zu Beginn des digitalen Jahrhunderts. Die Suchmaschinen – genauer formuliert die Suchmaschinenbetreiber à la Google (der Marktanteil in Deutschland liegt bei über 85 Prozent), Yahoo und wenige andere mehr – übernehmen also die Funktion moderner Gatekeeper und betätigen sich als Pförtner, Torwächter bzw. Schleusenwärter für Informationen.

Suchmaschinen-Marketing wird häufig als Oberbegriff für zwei unterschiedliche Themenkomplexe eingesetzt. Zunächst geht es um die Optimierung von Websites für deren Durchsuchbarkeit durch Webcrawler und Suchmaschinen im Rahmen der **Search Engine Optimization** (Suchmaschinen-Optimierung). Das Ziel der **SEO** ist schnell benannt: die eigene Website soll auf einem besseren Platz im Ranking der Suchergebnisse landen. Dies geschieht sowohl ›onsite‹ als auch ›offsite‹. Zu den wichtigsten Onsite-Maßnahmen gehören die Aufbereitung der Struktur, der Navigation sowie die Schaffung umfangreicher und attraktiver Seiteninhalte. Hier ist unter anderem die Kompetenz professioneller Programmierer gefragt, die mittels entsprechender Maßnahmen, wie die Implementierung so genannter Meta-Tags, die Ranking-Höhe beeinflussen können. Die Offsite-Optimierung hingegen zielt auf die Verbesserung aller für die Suchmaschinen relevanten externen Faktoren, wie die Steigerung der Link-Popularität, also der Anzahl und Qualität der Links, die auf die eigene Seite verweisen. Denn Links werden von den Suchmaschinen als Empfehlung gewertet und gehen in das Ranking einer Website ein.

Von der SEO grenzt sich die **SEA** ab: die **Search Engine Advertising** (Suchmaschinen-Werbung). Hier geht es um das gezielte Bewerben der eigenen Internetseite oder besonderer Produkte mittels bezahlter Anzeigen, die über oder neben den Suchergebnissen erscheinen. In diesem Zusammenhang spricht man auch von **Keyword-Advertising:** von Anzeigen, die bei den Suchmaschinenbetreibern so gebucht werden, dass die Anzeige nur dann erscheint, wenn einzelne Suchbegriffe (engl. keywords = Schlüsselwörter) von Internetnutzern eingegeben werden. Keyword Advertising gilt als Idealfall des Pull-Marketings. Denn die Anzeigen ziehen den Kunden auf eine so genannte Landing Page (= Landeseite): eine speziell eingerichtete Webseite der Buchhandlung, auf der das Angebot und Response-Elemente zu finden sind, wie ein Anfrageformular, ein Call-Back-Button oder Links zum Webshop. Zumindest die Landing Page sollte im Kontext zum Keyword stehen. In diesem Zusammenhang ist auch auf **QR-Codes** hinzuweisen, die auf Websites, Facebook- und Twitter-Seiten verweisen, auf denen der Internet-Nutzer weitergehende Informationen oder Bestelloptionen findet.

Der Markt des Keyword-Advertising wird beherrscht vom Google-Programm AdWords, doch auch die Angebote anderer Suchmaschinenbetreiber funktionieren nach demselben Prinzip: Die Anzeigenplätze werden gewissermaßen versteigert. Jeder Werbekunde nennt für ein bestimmtes Keyword den Preis, den er maximal pro Klick auf seine Anzeige zu zahlen bereit ist. Die Höhe dieses Gebots bestimmt die grundlegende Rangposition der Anzeige. Das Einblenden der Anzeige ist kostenlos; der Werbekunde zahlt erst, wenn auf die Anzeige geklickt wird. Der Abrechnungsmodus lautet also: Pay per Click.

Affiliate-Programme

Affiliate-Programme sind eine internetspezifische Form des Kooperationsmarketings und gehören zum Standardangebot von Online-Händlern. Sie basieren auf dem Prinzip, dass ein Produktanbieter seine angegliederten Vertriebspartner (engl. to affiliate = sich anschließen) für die Vermittlung von Kunden erfolgsorientiert provisioniert. Die Buchhandlung platziert dazu Banner auf den Websites der Affiliates; anders ausgedrückt: Sie bewirbt dort ihre Produkte. Kommt nun eine Vermittlung über die fremde Website zustande, so kann der Partner durch den Link, der einen speziellen Code enthält, eindeutig identifiziert und provisioniert werden. Zu preisbindungsrechtlichen Problemen siehe die Ausführungen im Kapitel 4.1.3.

Abrechnungsmodi variieren je nach Vertrag: es gibt: **Cost per Click** (CpC), **Cost per Order** / Cost per Sale (CpO / CpS) und **Cost per Costumer** / Cost per Lead (CpC / CpL). Die Buchhandlung zahlt also an den Partner entweder pro Klick auf das Werbemittel (Pay per Click), pro Übermittlung qualifizierter Kundenkontakte (Pay per Costumer / Pay per Lead) oder nach abgeschlossenem Kaufvorgang (Pay per Sale / Pay per Order).

Virales Marketing / Influencer Marketing

Virales Marketing überträgt das Prinzip der Mundpropaganda auf das Internet, indem Werbebotschaften über soziale Netzwerke wie ein Virus verbreitet werden. Im Gegensatz zu anderen Werbeformen hängt hier der Erfolg von der Bereitschaft ›neutraler‹ Menschen ab, den Virus auch ohne materiellen Anreiz zu verbreiten. Denn nur so kann die – auch durch professionelle Influencer verbreitete – ›Werbebotschaft‹ der community als glaubwürdige persönliche Empfehlung vermittelt werden. Aber nicht nur positive Empfehlungen können sich zugunsten der Buchhandlung auswirken – auch negative Nachrichten können sich schnell verbreiten und sich unter Umständen zu einem ›Shitstorm‹ ausweiten.

Social Media

Als Social Media werden die Online-Plattformen oder -Kanäle bezeichnet, die dem Austausch, der Interaktion und der Mitgestaltung ihrer Nutzer dienen. Social Media basiert auf der technologischen Weiterentwicklung des World Wide Web der ersten Generation in Richtung Interaktivität. Denn die Nutzer (User), die sich im Web 1.0 mit einzelnen, statischen Anbieterseiten konfrontiert sahen und reine Rezipienten bzw. Konsumenten waren, haben sich im Web 2.0 zu potenziellen Produzenten entwickelt. Die durch das Verschmelzen der englischen Wörter ›producer‹ und ›consumer‹ entstandene Wortbildung **Prosument** bezeichnet diese Doppelrolle heute. Der von einzelnen Nutzern oder ganzen Communitys auf partizipativen Plattformen wie Wikipedia, Facebook, Instagram oder YouTube entstandene oder entstehende **User Generated Content (UGC)** ist für alle Nutzer kostenfrei.

Die Kommunikation erfolgt interaktiv. Stellvertretend sei in diesem Zusammenhang auf das Blogging hingewiesen. Ein **Blog** (Wortkreuzung von engl. web für World Wide Web und log für Logbuch) bezeichnete ursprünglich ein auf CMS-Basis erstelltes öffentliches Tagebuch, wobei CMS (Content Management System) ein Redaktionssystem ist, das zum unkomplizierten Erstellen und zur Pflege von digitalen Inhalten, auch von Websites, eingesetzt wird. Blogs fördern, da sie auf gedanklichen Austausch hin angelegt sind, die soziale Vernetzung der User und gelten damit als ein wichtiges Instrument des Web 2.0. Mittlerweile hat sich die Bedeutung des Wortes erweitert: Blog steht für alle digitalen Plattformen, bei denen es um Inhalte geht – egal ob es sich um Rezepte oder um wissenschaftliche Arbeiten handelt. Ein Blogger ist jemand, der in seinem eigenen oder in anderen Blogs publiziert und sich in diesen auch Blogosphäre genannten Communitys ›Zuhause‹ fühlt.

Social-Media-Klassifizierung

Formen	Funktion	Beispiele
Kooperativ erstellte Plattformen	Gemeinschaftliche Erstellung von Inhalten	Wikipedia, Wikis
Blogs / Microblogs	Meinungsaustausch und Diskussion, Hilfestellung in allen Lebensfragen	Twitter, wasmitbuechern.de, lovelybooks
Content Communitys	Influencing, Austausch von Inhalten (Texten, Fotos, Videos etc.)	Flickr, Instagram, YouTube
Soziale Netzwerke	Selbstpräsentation und Kontaktsuche	Facebook, MySpace, Pinterest, Xing
Online-Spiele und virtuelle Welten	Fun und Thrill in interaktiven Computer-Rollenspielen	World of Warcraft

Da der Aufbau eigener Plattformen von Buchhandlungen nicht zu leisten ist, und auch keine Gewähr besteht, dass für solche Neugründungen hinreichend viele Interessenten zu gewinnen sind, konzentrieren sich Social-Media-Aktivitäten auf Facebook, Instagram, Twitter und YouTube. Hier geht es darum, ein Empfehlungsmarketing anzustoßen, das nicht nur die Markenbekanntheit steigert, sondern auch die Kommunikation mit Kunden fördert.

Lässt sich ein Erfolg durch Social Media messen? Ja – auch wenn dieser nicht zwingend in Absatz- und Umsatzzahlen vorliegt. Zu den quantitativen Messwerten gehören u.a. die Anzahl der:

- Follower (Abonnent eines Twitter-Accounts),
- Zugriffe auf die eigene Website,
- Fan-Zustimmungen durch ›Like it / Gefällt mir‹ auf Facebook (ursprünglich wurden die Facebook-Seiten ›Fanpages‹ genannt; daher die Bezeichnung ›Fan‹),

Social Media und Buchhandel Es gibt sicherlich Begriffspaare, die man leichter miteinander in Verbindung bringen kann. Aber hinter Social Media verbergen sich Menschen, die zunehmend online unterwegs sind. Und wir sollten da sein, wo sie sind: auf dem Sofa, bei ihnen zu Hause, morgens in der Bahn, auf dem Weg zur Arbeit, beim Gassi-Gehen mit dem Hund. Also müssen auch wir online präsent sein, uns ein bisschen aufdrängen, unbequem sein, Ecken und Kanten zeigen, berühren und beraten, innovativ sein und uns unersetzlich machen. Offline können wir das längst schon, das beweisen wir jeden Tag in unseren Buchhandlungen. Online müssen es einige von uns noch lernen. Dabei geht es vordergründig überhaupt nicht um Bücher, sondern um Persönlichkeit und Authentizität. Erzählt Eure Geschichten, was Ihr erlebt und was Euch ausmacht. Einfach online dabei sein und die Regel beherzigen: Auf Social Media duzt man sich.

Ein Stammkunde hat Euch ein paar Aprikosen vom Markt mitgebracht? Macht ein Foto und teilt es auf Facebook und Instagram. Ein totaler Lesemuffel, von den Eltern längst aufgegeben, kommt in die Buchhandlung, um sich den zweiten Band eines von uns empfohlenen Buches zu besorgen. Super! Erzählt es nicht nur Eurer Lieblingskollegin, sondern postet es in die Welt hinaus. Auf dem Weg zur Arbeit einen Regenbogen gesehen? Erzählt davon. Besuch vom Lieblings-Vertreter? Erzählt davon. Schreibt von Euren allerliebsten Büchern, so wie Ihr es jeden Tag in Eurer Buchhandlung macht. ›Storytelling‹ heißt das übrigens. Aber man könnte auch einfach sagen: Allen erzählen, warum es das Schönste auf der Welt ist, Buchhändler*in zu sein.

Social Media lohnt sich Zuallererst ein paar handfeste Argumente für Social-Media-Dienste. Obwohl ein Kommunikationskanal, könnt Ihr beispielsweise Facebook sehr gut für Werbung nutzen. Zeitungsbeilagen, Printwerbung & Co. sind meist sehr teuer, aber selten ist der Effekt gut messbar. Solltet Ihr allerdings eine Veranstaltung oder einen Beitrag über Facebook bewerben, dann reicht es oft schon, wenn Ihr wenige Euro in die Hand nehmt und ganz gezielt regional und zielgruppengenau werbt. Die Zielgruppe könnt Ihr in wenigen Schritten einfach selbst eingrenzen. Dabei habt Ihr immer genau im Auge, was die Anzeige im Einzelnen bewirkt hat: Wie viele Personen welchen Alters sie gesehen und darauf reagiert haben.

Auch Instagram lohnt sich – nicht nur, um Jugendliche zu erreichen. Denn hier stehen Bilder und Geschichten, so genannte Stories, im Vordergrund. Präsentiert Euch persönlich und mindert die Schwellenangst, die manche Menschen haben, wenn es um Buchhandlungen geht. Dabei geht es nicht um optische Perfektion, sondern um echte Menschen und Euer individuelles Unternehmen, um authentische Inhalte, die sich abheben, nicht perfekt sein müssen und vielleicht gerade deshalb Neugierde auf mehr machen. Zeigt Eure witzige, nachdenkliche, alberne Seite, zeigt einfach Euch selbst, Eure Angebote und Eure Buchhandlung.

Nicht lange überlegen, einfach loslegen! Legt Euch erst einmal selbst einen privaten Facebook-Account an. Eine Seite für Euer Unternehmen könnt Ihr nämlich nur dann anlegen, wenn Ihr bereits privat auf Facebook angemeldet seid. Eine private Seite hat auch den Vorteil, dass Ihr ganz entspannt schauen könnt, wie andere Buchhandlungen sich präsentieren. Auf Eurer Startseite findet Ihr alle Informationen, die Ihr über Euch preisgebt: Beiträge, Veranstaltungen und natürlich Fotos. Und auf Eurem News Feed zeigt Facebook Euch wiederum die Beiträge von den Seiten an, denen ihr mit einem ›Like‹ folgen wollt.

Wenn Ihr auf Facebook eine Seite für Eure Buchhandlung angelegt habt, habt Ihr die Administrator*innen-Rechte für diese Seite. Ihr könnt sie aber auch Mitgliedern aus Eurem Team übertragen. So könnt Ihr Euch im Team die Betreuung der Facebook-Seite teilen. Aber einigt euch im Voraus auf das, was die/der Einzelne machen soll. Die Abstimmung kann u. a. erfolgen über eigenen gemeinsamen E-Mail-Account, in dem man Dateien speichert, Messenger-Dienste, Excel-Dateien, die ggf. in einer Cloud verwaltet werden, Jahreskalender oder professionelle Redaktionspläne.

Wenn Ihr Euch erst einmal umschauen wollt, sucht doch erst einmal nach Euren Lieblings-Unternehmen. Sobald Ihr auf ›Like‹ klickt und ihnen damit folgt, wird Euer News Feed gleich bunter und interessanter. Ihr könnt Beiträge ›teilen‹. Teilen heißt: Der Beitrag taucht auch auf Eurer Startseite auf. Nun können diejenigen, die Eure Seite gut finden, diesen Beitrag ebenfalls sehen. Das ist übrigens eine einfache Möglichkeit sich zu präsentieren: Teilt das, was Euch gefällt und was Ihr wichtig findet, und zeigt auf diese Weise, wer Ihr seid.

Bei Instagram könnt Ihr direkt (ohne eigenen Account) eine Seite für Eure Buchhandlung erstellen. Wer sowohl Facebook als auch Instagram nutzen will, verknüpft am besten direkt beide Accounts. Warum ist das sinnvoll? Wenn Ihr diese Funktion aktiviert, können beispielsweise Eure Instagram-Beiträge automatisch auf Eurem Facebook-Account erscheinen – oder Ihr entscheidet von Fall zu Fall, was Ihr auf beiden Plattformen zeigen wollt. Das erspart Zeit. Auch die ›Instagram-Stories‹ lassen sich dann mit nur einem Klick bei Facebook teilen.

Geschichten und Emotionen teilen Vieles ist also nur eine Frage der Planung. Doch was soll ich zeigen? Persönlichkeit! Dabei gilt es zwei ganz einfache Regeln zu befolgen: 1. Das posten, was einen selbst bewegt, was einem wichtig ist und was im Alltag in der Buchhandlung ›passiert‹. 2. Das posten, was die Kund*innen interessiert, die man jeden Tag ohnehin im Laden trifft.

Auch die Art, wie man schreibt, ist entscheidend: Kurz und knackig, Geschichten statt Fakten. Statt: »Heute ist es sehr sonnig« lieber schreiben: »Heute hört die Sonne gar nicht mehr auf, in unsere Buchhandlung zu scheinen – endlich Frühling!« Hier geschieht etwas. Man kann sich die Szene bildhaft vorstellen und sie gleichzeitig mit einer positiven Emotion verknüpfen. Fotos vermitteln Stimmungen in Sekundenbruchteilen. Ein einheitlicher Stil und eine hohe Qualität sprechen die Follower an und sorgen für einen guten Wiedererkennungswert.

Wenn Ihr auf Instagram gesehen werden wollt, dann macht es Sinn, dass Ihr Euren Beitrag mit Hashtags verseht. Ein Hashtag bündelt alle Beiträge, die zu einem bestimmten Thema gepostet werden. Instagram-Seiten aus der Buchbranche verwenden beispielsweise Hashtags wie #bookstagram, #instabook, #bücher, #books, #buchhandlung, #bookshop, #lesen. Auch der Name Eurer Buchhandlung kann ein Hashtag sein. Und falls Ihr engagierte Kund*Innen habt, machen Sie es Euch vielleicht sogar nach und posten Kommentare oder eigene Bucherlebnisse. Das nennt man dann authentisches Guerilla-Marketing zum Null-Tarif.

Ganz viele Dinge, die wir tagtäglich in Social Media sehen, uns zum Lachen bringen oder uns nahe gehen – viele davon betreffen Kleinigkeiten, Outtakes, Schnipsel aus unserem Alltag. Das sind in Bücherwannen badende Buchhändlerfüße, verkleidete Buchhändler, die sich selbst nicht zu ernst nehmen, Kolleginnen und Kollegen, die zeigen, was Ihnen wichtig ist. Authentisch und ohne viel Schnickschnack, nahbar und sympathisch. Manchmal braucht es nur eine besondere Kundenbegegnung, einen Regenschauer auf dem Weg in die Buchhandlung oder die Sonnenstrahlen, die schön durchs Schaufenster strahlen. Erzählt davon! Zeigt Euch online genau so, wie Ihr offline seid. Dann klappt's! Versprochen.

Johanna Lammert-Bohnenkamp arbeitet in der Buchhandlung Carolin Wolf in Bruchsal und bietet seit 2018 Workshops, Coachings und Inhouse-Seminare zum Thema ›Social Media im Buchhandel‹ an. Nähere Informationen erfahrt Ihr per Mail direkt bei der gelernten Buchhändlerin Johanna.Lammert@web.de.

- ReTweets (Weiterleitung und Zitieren des max. 140 Zeichen umfassenden Tweets [der Mitteilung] eines anderen Twitterers),
- @mentions; mit @mentions markiert bzw. verlinkt man andere Personen, um ihnen gezielt entsprechende Textbeiträge oder Fragen zuzuordnen,
- Kommentare in Blogs.

Social Media ist keine Verkaufsplattform. Wer dies behauptet, verkennt das ursprüngliche Anliegen der neuen ›Kommunikationskultur‹, das erstmalig 1999 im *Cluetrain Manifesto* schriftlich fixiert wurde. Auf www.cluetrain.com heißt es auch noch zwanzig Jahre später:

> A powerful global conversation has begun. Through the internet, people are discovering and inventing new ways to share relevant knowledge with blinding speed. As a direct result, markets are getting smarter – and getting smarter faster than most companies. These markets are conversations. Their members communicate in language that is natural, open, honest, direct, funny and often shocking. Whether explaining or complaining, joking or serious, the human voice is unmistakably genuine. It can't be faked.

Wibke Ladwig umschreibt diese Gedanken in *Social Media für die Verlagspraxis* mit wenigen Worten: »Märkte sind Gespräche. Zwischen Menschen. Offen. Natürlich. Unprätentiös.« Selbst wenn so manche Äußerung – Sichwort ›hate speech‹ – besser nicht in die Welt gesetzt worden wäre.

Aber aufgepasst: Wer immer meint, Social Media kostet nichts, nur weil die meisten Netzwerke kostenlos sind, der irrt sich. Denn der ›kommerzielle‹ Einstieg in Social Media verlangt Zeit – und diese will bekanntermaßen bezahlt sein. Aber die Investitionen dürften sich lohnen. Denn aufgrund der weitverbreiteten Akzeptanz sozialer Netzwerke werden (nicht nur) junge Zielgruppen angesprochen und bestenfalls zu Communitys zusammengeschlossen. Wie dies konkret umgesetzt werden kann, darüber informiert u. a. die vom Sortimenter-Ausschuss herausgegebene Publikation von Wibke Ladwig *Social Media für Buchhandlungen,* in der wertvolle Hinweise für den Umgang mit Facebook, Xing, Twitter, YouTube, Flickr und Blogs von Unternehmen gegeben werden. Internetaffin aufgestellten Buchhandlungen bieten sich durch Social Media vielfältige Möglichkeiten für die Kommunikation mit ihren Kunden. Allerdings sind zuvor einige Fragen zu beantworten:

- Auf welchen Kanälen sind die eigenen Zielgruppen am effektivsten zu erreichen?
- Wie sieht eine erfolgreiche Positionierung im Social Web aus?
- Wie kann ein lebendiger Austausch mit der Online-Community organisiert werden?
- Mit wie viel zeitlichem Aufwand ist dieser zu organisieren?
- Wer übernimmt diese Aufgabe?

10.6 Verkaufsraum

Der Begriff ›Dritter Ort‹ umschreibt in der Soziologie nachbarschaftliche Gemeinschaften, die einen Ausgleich zu Familie (erster Ort) und Beruf (zweiter Ort) bieten. Es sind Orte zum Wohlfühlen, zum Ausgleich und zum Treffen mit Gleichgesinnten. Der US-amerikanische Soziologe Ray Oldenburg bezeichnet in seinem Werk *The great good place* deutsche Biergärten, Pubs und Kaffeehäuser als typische dritte Orte (»informal public gathering places«): Dort kann jeder kommen und gehen, wann und wie er will, soziale Unterschiede spielen keine große Rolle, Konversation ist erwünscht und es herrscht eine eher spielerische Stimmung. Dieser Begriff wird aber auch auf andere Treffpunkte übertragen – auch auf Verkaufsräume. Die zu beantwortende Frage lautet demnach: Was muss eine Buchhandlung bieten bzw. leisten, damit sie als dritter Ort ihrer Kunden anerkannt und akzeptiert wird? Diskussionsforen und Ruhezonen dürften hierbei eine ebenso große Rolle spielen wie eine angenehme Kaufatmosphäre und gelungene Warenarrangements (siehe Kap. 10.7).

Je klarer die Vorstellungen über die anvisierten Zielgruppen sind, umso erfolgversprechender werden die Atmosphäre und Wareninszenierungen von den entsprechenden Kunden wahr- und angenommen. Gerade im Hinblick auf die Gestaltung des Verkaufsraums ist es wichtig, sich von der stationären Konkurrenz – auch von den aus anderen Branchen kommenden Nachbargeschäften – abzugrenzen und sich durch ein gelungenes Gestaltungskonzept für die Kunden einprägsam und unverwechselbar zu machen. Man erreicht dies durch bestimmte Einrichtungsstile und Farbarrangements, durch signifikante Materialien oder durch geplante visuelle Stimulierungen im Bereich der Regalblende. Das einheitliche Konzept sollte alle Laden- und Arbeitsbereiche umfassen: angefangen bei der Schaufensteranlage, über die Wahl des Fußbodens und der Beleuchtungsquellen bis hin zur Gestaltung der Mittenmöbel, der Regalwände und des Kassenbereichs.

Die unverwechselbare **corporate identity (CI)** einer Sortimentsbuchhandlung liegt in der assoziativen Verknüpfung von den aufgeführten formalen Gestaltungsmerkmalen, die zum **corporate design (CD)** mit der inhaltlichen Aussagekraft des Unternehmens gehören (siehe Kap. 10; Einleitung). Eine wichtige Funktion übernimmt dabei die verwendete Typografie und Farbwahl. Auch sie trägt in allen Bereichen (Fassade, Regalblende, Regalboden, Übersichtstafel) zur Einmaligkeit der Buchhandlung bei. Nicht zu vergessen das Logo oder Firmensignet, das an markanten Stellen angebracht werden kann.

Die **Anordnung der Warengruppen** im Verkaufsraum orientiert sich an unterschiedlichen Kriterien: einmal stehen die Bedürfnisse der Zielgruppen, ein anderes Mal die räumlichen Besonderheiten, und ein weiteres Mal die besondere Sortimentsausrichtung, verbunden mit der inhaltlichen Feinjustierung einzelner Warengruppen, im Vordergrund (siehe Kap. 7; Einleitung). Die einheitliche Warengruppensystematik, die der Börsenverein für die Gesamtbranche als sinnvoll erachtet (siehe Kap. 3.2), muss nicht zwangsläufig auch geeignet für Verkaufsräume einzelner Unternehmen sein. Ganz im Gegenteil: Das uniforme Sortiment wäre das Ende der differenzierten, kulturellen Vielfalt im Bucheinzelhandel. Denn gemäß der Devise ›all business is local‹ entscheidet sich der Erfolg des stationären Handels vor Ort. Zwischen statistischem Warengruppen-Zahlenmaterial und einer lebendigen Warengruppen-Anordnung im Verkaufsraum können also Welten liegen. Wahrscheinlich auch deshalb, weil Kunden, die eine Buchhandlung besuchen, sich von denen unterscheiden, die mit einer bestimmten Nutzenerwartung einfach nur eine Publikation zu einem Thema suchen – und diese dann unter Umständen im Internet erwerben.

Kundenorientierung im Verkaufsraum

Kann die so intensiv geforderte Kundenorientierung auch im Verkaufsraum umgesetzt werden? – Ja! Denn es kann durchaus reizvoll sein, den eigenen Verkaufsraum immer wieder mit den Augen der Kunden zu sehen und nicht nur als buchhändlerischen Arbeitsplatz. Ein Wechsel der Perspektive verändert die eigene Sichtweise und erweitert gleichzeitig den eigenen Horizont. Schauen wir uns diesbezüglich exemplarisch den Kassenbereich und die Lagerordnung in Buchhandlungen an.

Die **Kasse** erfüllt natürlich zunächst einmal eine betriebliche Funktion: Sie dient zur Registrierung der Verkäufe und zur Abwicklung der Zahlung. Der Geschenkverpackungsservice verlangt zusätzlich Unterbringungsmöglichkeiten für Geschenkpapierrollen und evtl. weiteres Einpackmaterial sowie eine bequeme großzügige Auslagefläche. Aber auch als Depot für ›Kleinmaterial‹ wird der Kassenbereich gern genutzt (und missbraucht). – Aber was erwarten die Kunden? Zunächst einmal eine Ablagemöglichkeit für Tasche, Gepäck und notfalls den Schirm, körpergerechte Maße und Platz für Schreibtätigkeit (bei Kartenzahlung) sowie einen freundlichen und kompetenten Ansprechpartner ›für alle Fälle‹. Zuviel verlangt?

Die **Lagerordnung** des Buchhändlers orientiert sich häufig an warenkundlichen Aspekten: nach Hardcover, Taschenbuch, Straßenkarten, Bildbänden, Ratgebern, Wörterbüchern etc. Aber nur die buchhandelsgewohnten Käufer kennen die buchhändlerischen Ordnungskriterien oder können sie problemlos erschließen. Viele Kunden haben eine völlig andere Suchlogik. Sie suchen nach Schnäppchen, nach Unterhaltung, sie bereiten eine Reise vor, sie suchen Geschenke, sie wollen im Beruf weiterkommen etc. Warum kommt man diesen Kaufmotiven so selten entgegen? Warum also nicht eine Rubrik ›Urlaub machen‹ statt Reiseliteratur, ›Für Schnäppchenjäger‹ statt Modernes Antiquariat, warum nicht eine Präsentationseinheit ›Kleine Präsente bis 15,– EUR‹, die Titel aus allen Sortimentsbereichen anbietet?

10.6.1 Eingangsbereich

In Fachabteilungen gilt die Sortier-Regel ›vom Allgemeinen zum Besonderen‹. Analog hierzu könnte man für das allgemeine Sortiment ebenfalls ein Anordnungsprinzip festlegen: ›vom Bekannten zum Unbekannten‹. Das Bekannte bzw. das Erwartete liegt im vorderen Sortimentsbereich. Hierzu gehören in der Regel:

- Titel, die auf den Bestsellerlisten platziert sind,
- das persönliche Empfehlungsregal des Buchhändlers,
- Titel, die wegen ihres Inhalts aktuell im Gespräch sind,
- Novitäten, die der Verlag beim Endkunden bereits durch Werbung vorverkauft hat,
- Titel, die auf Veranstaltungen der Buchhandlung hinweisen,
- buch- oder nicht-buchaffine Produkte, die aufgrund ihrer Preisstruktur als Lockvogelangebot eingesetzt werden.

Im Eingangsbereich herrscht also eine Art ›Marktplatzatmosphäre‹ mit einem hohen Anteil an Sonderplatzierungen und einem Höchstmaß an Selbstbedienung. Hat der Kunde sich erst einmal stöbernd an die Buchhandlung gewöhnt und bringt er genügend Zeit mit, schließt sich eine Entdeckungsreise in die anderen Abteilungen fast zwangsläufig an. Wie der Buchhändler diesen mit Titeln aus der Backlist gespickten ›Kompetenzbereich‹ anordnet, ist höchst unterschiedlich.

10.6.2 Kompetenzbereich

Die Anordnung der Warengruppen wird sichtbar durch die **Blendenbeschriftung** der Regale. Diese ›Regalüberschriften‹ können sehr nüchtern daherkommen. Häufig folgt auf Belletristik das Segment Politik / Zeitgeschichte oder Biographien oder das Sachbuch, gefolgt von den Ratgebern etc. Wie genau hier in der Tiefe sortiert wird, hängt zum einen von der Größe der Verkaufsfläche ab, zum anderen von der Anzahl der Titel, die der Buchhändler für die entsprechenden Warengruppen einkauft.

Buchhandlungen machen sich immer wieder Gedanken darüber, welche Begriffe am besten zu ihrer Sortimentsausrichtung passen und unter welchen Begriffen ihre Kunden wohl suchen. So ist die Überschrift ›Unterhaltung‹

oder ›Romane und Erzählungen‹ in populär ausgerichteten Buchhandlungen durchaus ein adäquater Ersatz für das Fremdwort ›Belletristik‹. Manchmal geht es aber gar nicht mehr um buchhändlerische Begriffe, sondern um Formulierungen, die dem Kunden vermitteln, worum es in den Abteilungen und Regalen geht. In diesem Sinne ist ›Wellness‹ mehr als ein Regalsegment zu den Themen Gesundheit, Sport und Ernährung; hier könnten unter Umständen auch Bücher zum Thema Esoterik ihren Platz finden. Warengruppen kann man also in einer Buchhandlung höchst unterschiedlich kombinieren. Aber stets geht es darum, Zusammenhänge zwischen der Anordnung und der inhaltlichen Struktur des Sortiments herzustellen. Es gilt, Zielgruppen, Inhalte und räumliche Begebenheiten jeweils individuell in ein schlüssiges Konzept zu integrieren.

Jede Buchhandlung operiert im Rahmen ihrer Sortimentspolitik mit fünf unterschiedlich strukturierten Sortimentsbereichen: einem Kernsortiment, einem Randsortiment, einem Imagesortiment, einem Schwerpunktsortiment sowie wechselnden Aktionssortimenten. Diese verschiedenen Sortimentsbereiche erfordern nicht nur einen unterschiedlich organisierten Einkauf (siehe Kap. 7.1), sondern auch unterschiedliche Platzierungen und Arrangements im Verkaufsraum. Das **Kernsortiment**, der Umsatz- und Renditebringer schlechthin, da es sich fast ausschließlich aus Titeln der kooperierenden A-Verlage zusammensetzt, gehört auf gute Plätze im Stöberbereich, ist aber gleichzeitig in der Regalwand präsent. Das **Randsortiment** erfüllt die Funktion eines Zusatzsortiments; häufig kommen die Waren aus dem PBS-Bereich (Papier, Büro, Schreibwaren) oder dem Spielebereich und ermöglichen Zusatzverkäufe. Das **Schwerpunktsortiment** steht für die inhaltliche Stärke der Buchhandlung und geht einher mit Sortimentstiefe und gut informiertem Personal; leider ist es nicht immer der Sortimentsbereich mit der höchsten Lagerumschlagsgeschwindigkeit. **Imagesortimente** runden das Kern- und Randsortiment ab und wirken profilbildend, weil sich hierin verschiedene Buchhandlungen an einem Ort unterscheiden; ein profilbildendes Imagesortiment kann z. B. eine größere Klassikerabteilung innerhalb der Belletristik sein. Zeitlich begrenzte **Aktionssortimente** bringen Abwechslung in den Verkaufsraum und fordern Platz auf Auslageflächen oder im Rahmen der Frontalpräsentation. Wie auch immer die Buchhandlungen ihre Herausforderungen im Einzelnen lösen mögen – die Angebotsstruktur muss für den Kunden verstehbar und ersichtlich sein. Denn das, was Kunden von ihrer Buchhandlung vor allem anderen erwarten, ist eine erkenn- und nachvollziehbare Ordnung. Optische Einheiten unterstützen hierbei die Bemühungen um Übersicht und Transparenz, sei es durch Gruppenbildung, wie im Schaufenster, oder durch Berücksichtigung von Reihen oder (farbig) ähnlich gestalteten Covern in der Regalauslage.

Im Rahmen der vorgegebenen Abteilungen oder Warengruppen lassen unterschiedliche **Ordnungsprinzipien** das Lager transparent erscheinen. Die folgende Aufstellung bietet eine Übersicht für denkbare und praktizierte

Ordnungsprinzip (in Auswahl)	Anwendungsbereiche (in Auswahl)
Autorenalphabet	Belletristik
Länderalphabet	Reiseabteilung
Sprachenalphabet	Wörterbücher
Inhaltliche Systematik	Ratgeber, Fachbuch
Chronologie	Historische Sachgebiete
Nummern	Reihen
Größe, Format	Bildbände, Bilderbücher, einzelne Produktgruppen
Alter	Kinder- und Jugendbuch
Preis	Modernes Antiquariat
Farbe	Reihen, einzelne Produktgruppen

Ordnungsmöglichkeiten unter Zuordnung der entsprechenden Abteilungen. Sie erhebt keinen Anspruch auf Vollständigkeit, da sie nicht für alle Möglichkeiten konzipiert ist. Gerade die Kombination der Ordnungsprinzipien unter Nutzung ladenbaulicher Hervorhebungsmöglichkeiten macht einen Großteil der buchhändlerischen Individualität aus. Auf Aktionstischen kann z. B. das Ordnungsprinzip Farbe wirkungsvoll eingesetzt werden. Fachabteilungen gliedern ihr Sortiment analog zur inhaltlichen Systematik des Spezialgebietes.

10.6.3 Kundenleitweg – der Loop

Der Kundenleitweg bildet das Instrument der Raumstrategie schlechthin. Das erklärte Ziel muss es sein, den gesamten Verkaufsraum (Eingangsbereich und Kasse, Gänge und Plätze, Theken und Kontaktmöglichkeiten, Sitzplätze und Servicestationen etc.) so zu gestalten, dass …

- Kunden an allen verkaufsrelevanten Tischen und an möglichst vielen Warengruppen vorbeikommen,
- an markanten Stellen Zusatz- oder Impulsverkäufe initiiert werden,
- sich die Kunden möglichst lange im Verkaufsraum aufhalten, weil mit zunehmender Verweildauer die Wahrscheinlichkeit auf (Mehr-)Umsatz zunimmt.

Bei der Planung des Loops (wörtlich übersetzt Schleife, aber auch Kreis, Wiederkehr) muss man davon ausgehen, dass dieser, je nach räumlichen Gegebenheiten, höchst unterschiedlich gedacht und angelegt werden muss. Bei großen Flächen unterscheidet man beispielsweise Hauptwege, die in die Tiefe des Raumes führen, und sich verästelnde Nebenwege. Bei kleineren Flächen ist es meistens sinnvoll, den Begriff ›Schleife‹ wörtlich zu nehmen, wobei auch hier verkaufsstarke und verkaufsschwache Zonen zu unterscheiden sind.

Zur Logik eines Loops gehört auch die Platzierung der Ware. Nach der Devise ›Kann-Käufe nach vorne‹ sind im Eingangsbereich Sonderangebote, Novitäten sowie umworbene Titel und Themen zu platzieren. ›Muss-Käufe‹ hingegen gehören in den hinteren Teil des Ladens – in den im vorangegangenen Kapitel beschriebenen Kompetenzbereich, in dem der Buchhändler seine bedienungsintensiven Warengruppen bevorratet. Verdeutlichen wir uns abschließend einige Grundregeln für die Organisation des Verkaufsraums anhand einer allgemeinen Sortimentsbuchhandlung.

Grundregeln für die Organisation des Verkaufsraums

KANN-KÄUFE GEHÖREN IN DEN VORDEREN GESCHÄFTSBEREICH
Dies betrifft vor allem ›Titel im Gespräch‹, Bestseller oder Empfehlungen, die in einem ›Stöber-Bereich‹ ausliegen können/sollten. Häufig sind es Titel, die durch Werbung oder Listenplätze bekannt und damit bereits vor-verkauft sind.
MUSS-KÄUFE KOMMEN IM HINTEREN GESCHÄFTSBEREICH ZUR GELTUNG
Bei Fachbüchern und Ratgebern ist Beratung angesagt und wird von Kunden auch gewünscht und erwartet. Hier zeigt sich die Kompetenz des Buchhändlers, der sich auch entsprechende Zeit für den Kunden nehmen sollte und ggf. in Ruhe die Recherche erledigen kann.

DIE KINDERABTEILUNG GEHÖRT NICHT IN TÜRNÄHE
Der weite Weg für Kinder zum Ausgang ist nur ein Grund, warum Kinderbücher in der Regel im hinteren Bereich des Ladens untergebracht sind. Der Hauptgrund ist vielmehr: Die begleitenden Erwachsenen möchten in Ruhe, ohne ›Verantwortungs-Stress‹, Bücher für andere oder sich selbst aussuchen.

ZU EINANDER PASSENDE WARENGRUPPEN / SEGMENTE WERDEN IN RÄUMLICHER NÄHE PLATZIERT
Nach dem Prinzip der Bedarfsbündelung sollte man ›benachbarte‹ Warengruppen zusammenfassen. In diesem Sinne stehen Lernhilfen neben dem Kindersachbuch, Wirtschaft neben Aktuelle Zeitgeschichte, Sport und Kochen neben Gesundheit etc. Aber auch aus Sicht der Kunden kann man bündeln; so interessieren sich Erziehende neben dem Bereich Kinderbuch auch für die Themen Familie und Gesundheit.

WANDREGALE GEHÖREN DEM STANDARD-SORTIMENT, TISCHE STEHEN FÜR WECHSELNDE ANGEBOTE ZUR VERFÜGUNG
In den Wandregalen sind die Titel je nach Warengruppe alphabetisch, thematisch, mitunter auch nach Reihen und Nummern eingestellt. Nur der Sichtbereich wird eventuell für die Frontalpräsentation einzelner Titel genutzt wird. Auf die Auslagetische gehören wechselnde Angebote. Dies ist auch die bevorzugte Präsentationsfläche für Zusatzverkäufe aus dem Non-Book-Bereich.

LOCKVOGEL-ANGEBOTE GEHÖREN VOR DIE TÜR ODER IN DEN EINGANGSBEREICH

Kartenständer können nicht schaden. Oder Modernes Antiquariat, das ›Schnäppchenjäger‹ wertschätzen und das in ›Ramschkisten‹ oder auf ›Ramschtischen‹ präsentiert wird.

ZWEI LAUFWEGE PLANEN

Das Wort Loop kommt von Schleife und bezeichnet den Weg, den der idealtypische Kunde durch den Laden geht. Über unterschiedliche Teppichbeläge, Lichtlösungen, Aktionsflächen, Tische, Anordnungen der Warengruppen, Platzierungs-Highlights etc. kann der Laufweg gesteuert werden.

Am besten, man plant eine kleine und eine große ›Schleife‹: die kleine für Schnellkäufer (›Zielkäufer‹), die sich nur kurze Zeit im Laden aufhalten, und die große für Bummelkäufer (›Flaneure‹), die Zeit haben, den ganzen Laden zu erkunden.

10.7 Präsentation und Wareninszenierung

Die Aufgaben kundenorientierten Handelns sind in diesem Buch bereits häufiger angesprochen worden: Es geht um Sortiments- und Beratungskompetenz, um Produktauswahl und -präsentation, um Titelkenntnis und ›Animation‹. Der im letzten Abschnitt angesprochene Loop (Wie sollen die Kunden durch den Laden laufen?) wird in Wechselwirkung mit Überlegungen zur Warenplatzierung und -präsentation (Wo und wie werden welche Sortimentsbereiche ausgestellt?) erarbeitet. Das Ergebnis der strategischen Vorüberlegungen und quasi die Krönung aller non-verbalen Verkaufsbemühungen ist jedoch eine ansprechende **Wareninszenierung.** Wobei diese nicht immer etwas

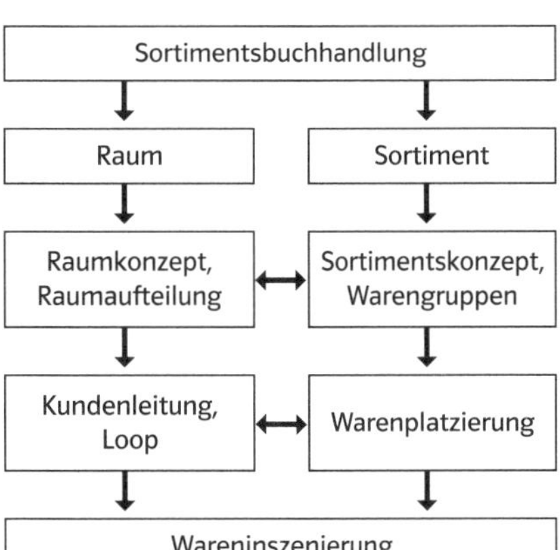

Wareninszenierung am Point-of-Sale als visuelles Ergebnis von Planungsprozessen
(Als Vorlage für die Grafik dient die Übersicht *Der Kundenleitweg* aus dem Buch *Ladenplanung* von W. Kreft, Verlagsanstalt Alexander Koch, 2001)

mit kunstvollem Gestalten zu tun haben muss. Manchmal kann auch ein einzelnes quer, nicht an ›seiner‹ Stelle liegendes Buch beim Kunden den Reiz auslösen, dieses in die Hand zu nehmen, zu begutachten und zu kaufen; mitunter reicht also auch ein scheinbar zufällig inszeniertes Chaos.

Neben dem Bedienungsverkauf haben sich in den letzten Jahrzehnten die Selbstbedienung und das Vor-Auswahl-Verkaufsverhalten etabliert. Bei der Vor-Auswahl sichtet der Kunde zunächst das Angebot allein und nimmt erst dann eine Beratung in Anspruch. Jede Verkaufsform erfordert ihre eigene Präsentation. Während die Rücken-an-Rücken-Präsentation in der Regel mit dem Bedienungsverkauf Hand in Hand geht, verlangt der Kunde, der sich zunächst einfach nur unverbindlich und frei umsehen möchte, ein Höchstmaß an **Frontalpräsentation.** Er möchte Buchcover statt Buchrücken sehen. Dies gilt für die Regalwand in Augenhöhe genauso wie für die Auslagetische, auf denen Buchstapel (plano übereinander, treppenförmig auf unterschiedlichen Auslageebenen) und Einzelpräsentationen (frontal, schräggestellt) vorherrschen. Im besten Fall gelingt es, psychologischen Kaufzwang – sprich **Warendruck** – auszuüben. Bespielt man große Flächen, können für Spitzentitel exklusive Plätze vergeben und hier mit nur einem oder wenigen Büchern runde oder eckige Inszenierungen vorgenommen werden.

Auch für die Frontalpräsentation in der Regalwand gilt das **Prinzip von Reihung und Herausstellung.** Denn ein Zuviel von Rücken-an-Rücken-Präsentation ermüdet den Kunden ebenso wie ein Zuviel an Frontalpräsentation. Hier helfen zum einen variable Regalböden. Ladenbaufirmen fertigen serienmäßig Winkelböden, mit deren Hilfe jeder Sortimenter bei Bedarf den Abstand zwischen den Böden sowie den Neigungswinkel und die Tiefe der Böden individuell variieren kann, und so genannte Sägezahneinsätze ermöglichen eine Halbfrontalpräsentation. Abwechslung entsteht zum anderen durch unterschiedlich breite Regale oder freie Flächen zwischen den Regalen. Regale oder Regalböden haben also nicht mehr nur eine Warenträger-Funktion, sondern werden, wie Lichtlösungen, als Mittel der Verkaufsförderung eingesetzt; sie sind Bestandteil einer Verkaufsraumdramaturgie, die ein Innenarchitekt anlässlich der Gründung oder nach Umbauten individuell konzipiert hat.

Umsatz entsteht aber erst dann, wenn sich das Personal regelmäßig um die Ware kümmert, wozu nicht nur der Einkauf und das tägliche Nachräumen gehören, sondern auch eine regelmäßige **Regalwandhygiene.** Zu beachten sind insbesondere folgende Aspekte:

- Gibt es leere Flächen im Regal?
- Sind entnommene Bücher ersetzt?
- Sind die für Frontalpräsentation vorgesehenen Flächen oder Regale ›zugemüllt‹?
- Sitzen die Beschriftungsfelder (Autorennamen, Sachgebiete, Rankingnummern) an der richtigen Stelle und stehen dort die entsprechenden Bücher?
- Passen die Cover der ausgestellten Bücher zueinander (Farbharmonie)?

Bücher verkaufen sich aus unterschiedlichen **Regalzonen** – auch bei ausnahmsloser Frontalpräsentation – unterschiedlich gut. Die höchste Wertigkeit, die mit den größten Zugriffsquoten und damit auch den größten Verkaufschancen, hat die Sichtzone in Augenhöhe (ca. 150–170 cm), gefolgt von der Griffzone (ca. 70–150 cm) und der Reckzone (ca. 170–220 cm); cm-Angaben jeweils vom Boden aus. Die schlechteste Wertigkeit hat die Bückzone, die in der Regel als Ersatzlager oder Stauraum dient – es sei denn, dort stehen Geschenkkisten für Kindergeburtstage oder Jubiläen. Wenn man es seinem Kunden leicht machen will, sollte man Ware auf Augenhöhe präsentieren.

Die abschließenden Grundregeln für die Gestaltung des Verkaufsraums bilden gleichzeitig die Überleitung zum Punkt Wareninszenierung, der im Folgenden anhand der Schauwerbegestaltung exemplarisch vorgestellt wird, aber auch in weiten Bereichen auf die Dekoration der Auslagetische übertragen werden kann.

Grundregeln für die Gestaltung des Verkaufsraums

SPANNUNG DURCH ABWECHSLUNG VON REIHUNG UND HERAUSSTELLUNG

Dies gilt gleichermaßen für die Wandregale und Tische. Denn jede bloße Reihung ist letzten Endes langweilig – egal ob sie nur frontal oder ausschließlich Rücken-an-Rücken stattfindet. Am besten, man berücksichtigt Unterbrechungen unter Wahrung optisch wirkungsvoller Mindestabstände zwischen den Ausstellungselementen.

DIE AUGENHÖHE DES KUNDEN IST DER ATTRAKTIVSTE BEREICH

150–170 cm vom Boden aus gemessen, ist der Bereich, den der Kunde am stärksten wahrnimmt. Hier wird Wichtiges augenfällig präsentiert. Dies gilt gleichermaßen für den Blickfang im Schaufenster wie für die Frontalpräsentation im Regal.

STRUKTUR GEWÄHRLEISTET TRANSPARENZ UND ORDNUNG

Kunden erwarten von ihrer Buchhandlung eine erkennbare Ordnung. Dies gilt für die Gliederung und Platzierung der Warengruppen wie auch für das Warenarrangement. Geschlossene optische Einheiten fördern den Überblick über das Angebot; sei es durch Gruppenbildung im Schaufenster, durch Berücksichtigung von Reihen und / oder (farbig) ähnlich gestalteten Covern in der Regalauslage.

LICHT **L**OCKT **L**EUTE

Die ›drei L‹ bilden die Grundvoraussetzung visueller Kommunikation. Punkt- und Streulicht, direktes und indirektes Licht, farbiges Licht und spannungsvolles Lichtdesign – all dies sind Maßnahmen, um Wichtiges von weniger Wichtigem unterscheiden zu helfen. Dies gilt gleichermaßen für Schaufenster, Aktionstische und wichtige Regalzonen. Das Licht im Laden sollte ein Drittel stärker sein als das natürliche Licht draußen; soviel verträgt das menschliche Auge.

DAS GESETZ DES SEHENS BESAGT: ERST BILD, DANN WORT
Menschen nehmen die Eigenschaften dessen, was sie sehen, in einer bestimmten Reihenfolge wahr: zunächst die Farbe, dann die Form, später das Bild und zuletzt die Schrift. Schrift sollte also nicht die primäre und einzige Quelle für eine Orientierung sein. Demnach ist die Blendenbeschriftung der Regale, sofern dies möglich ist, durch Bilder oder dekorative Gegenstände, die das Thema der Abteilung weithin sichtbar machen, zu ergänzen. Im Schaufenster und über Auslagetischen übernimmt der Blickfang diese Funktion.

ANGENEHMER KASSENBEREICH
Der Kassenbereich ist genauso wichtig wie die Warenpräsentation. Hier wird der Kunde sein Geld los, und das ist für manche durchaus schmerzhaft. Deshalb sollte zumindest die Umgebung angenehm gestaltet werden und Atmosphäre verbreiten.

Schauwerbegestaltung

Das **Schaufenster** ist die Visitenkarte einer jeden Buchhandlung. Obwohl es das individuellste Werbemittel ist, wird die Wirkung dieses Kommunikationsmittels in vielen Geschäften nicht beachtet bzw. unterschätzt. Häufig dient es ausschließlich als verlängertes Warenlager, die (Gesamt-)Aussage des Fensters ist nicht verständlich, und Bücher werden ohne erkennbare Ordnung präsentiert. Damit stellt man vielleicht seine Stammkunden zufrieden, die ohnehin in den Laden kommen, aber man reißt keine Passanten aus ihrer Gleichgültigkeit und vernachlässigt somit potenzielle neue Kunden. Wenn man so verfährt, braucht man sich über das Fernbleiben kauf(un)entschlossener Konsumenten nicht zu wundern.

Folgende Punkte zeichnen ein gelungenes Schaufenster aus. Der Blickfang (Display, Plakat, Attrappe etc.) muss verhältnismäßig groß sein, am besten in DIN A0 (84,0 x 118,9 cm), aber mindestens in DIN A1 (59,4 x 84,0 cm). Falls das Schaufenster eine Textaussage hat, dann wird auch die Schrift in gut und leicht lesbaren Lettern angefertigt. Der Text sollte so gehalten sein, dass er mehr mitteilt als die Bücher ohnehin bereits signalisieren und demnach besonders den Nutzen herausstellen (Was hat der Kunde davon, sich dieses Fenster näher anzuschauen?). Es sollte also nicht heißen ›Ihre Reiseliteratur in unserer Buchhandlung‹, sondern ›Für Ihren Kurzurlaub‹.

Die aussagekräftige Kombination von Bild / Blickfang und Text bewirkt das Stehenbleiben des Passanten und unterstützt somit das erste A des **AIDA**-Prinzips (siehe Kap. 10.5.3). Die Bücher werden in Gestaltungsgruppen platziert, wobei Respekträume zwischen den einzelnen Gruppen einzuhalten sind, denn erst eine Gruppenbildung macht das Angebot transparent. Da nachgewiesen ist, dass das menschliche Auge nie mehr als fünf Teile gleichzeitig dif-

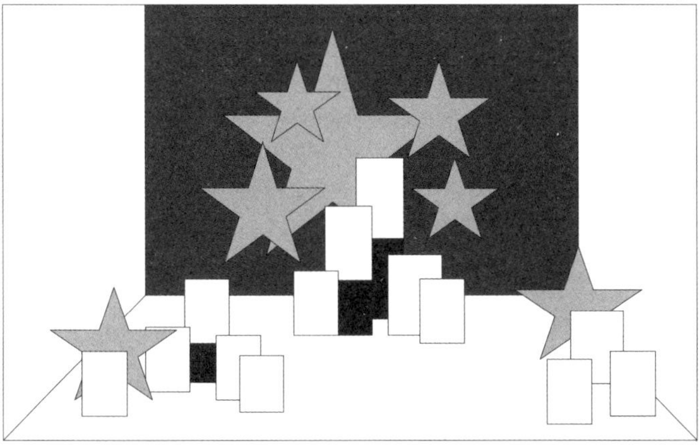

Bei einer gelungenen Dekoration stehen Ware, Requisite und Freiraum immer im richtigen Verhältnis.
Quelle: Sabine Gauditz, *Schaufenster als Spiegel der Geschäfte*, Seite 69

ferenziert wahrnehmen kann und die Sehgewohnheiten auf ungeraden Mengen beruhen, sollten Gruppen mit ungeraden Mengen (3 – 5 – 7 oder 8 [3 + 5]) arrangiert werden. Dies wirkt auf das Auge beruhigend und harmonisch – und macht trotzdem neugierig.

Unterstützt werden die ›ungeraden Verhältnisse‹ durch die Berücksichtigung des **Goldenen Schnitts,** der seit Jahrhunderten als Basis für gefällige Proportionen gilt. In einer Teilung nach dem Goldenen Schnitt verhält sich die kleinere Strecke m (Minor) zur größeren Strecke M (Major) wie die größere Strecke zur Gesamtstrecke. In Ziffern ausgedrückt: eine Strecke von 1 wird in das Verhältnis von 0,38 zu 0,62 aufgeteilt. Bei einer 5 Meter langen Schaufensterfront müsste also der Blickfang eines links von der Eingangstür liegenden Schaufensters ca. 1,90 Meter von der Eingangstür angebracht werden; denn der Kunde sollte aus verkaufspsychologischen Gründen nur noch die kürzere Strecke (m) zum Betreten der Buchhandlung zurücklegen. Unterteilt man die Schaufensteranlage in Breite und Tiefe mit gedachten Hilfslinien nach der Grundregel des Goldenen Schnitts, ergeben sich zwangsläufig die Positionen der einzelnen Gestaltungsgruppen. Mindestens eine Gruppe stellt die Verbindung zum Blickfang / Text her, damit der Blick des Betrachters die Einheit der Fenstergestaltung nicht aus dem Auge verliert.

Da das Schaufenster ein dreidimensionales Werbemittel ist, muss die Tiefe des Raumes genutzt werden, wobei die Lichtlösung (Spots nahe der Schaufensterscheibe, die die Gestaltungsgruppen von vorn beleuchten) für Schattenwurf sorgt und den räumlichen Aspekt vertieft. Form- und Farbkontraste bzw. inszenierte Farb(dis)harmonien können die Wirkung erheblich steigern. Bild- und Leseproben aus Büchern, aber auch buchferne Gegenstände in Gestalt von Gartengeräten, Backformen etc., illustrieren ein Fenster und verstärken dessen Attraktivität. Ganz wichtig ist die **freie Fläche,** die als **Gestaltungsfaktor** einzusetzen ist.

Die Belegdauer des Schaufensters beträgt etwa zwei bis drei Wochen. Während dieser Zeit sollten die ausgewählten Titel auch im Laden ausgestellt sein, denn das Schaufenster gibt ja nur den ersten Kaufimpuls – der Verkauf findet im Ladeninneren statt. Aus dem Fenster entnommene Bücher werden ersetzt, oder man arrangiert neue Gruppen, damit das Schaufenster jeden Tag seine Vorzeige-Funktion behält. Abschließend sind die wesentlichen Punkte noch einmal in einer Checkliste zusammengefasst.

Erfolgsfaktoren für eine gelungene Schauwerbegestaltung

Das Schaufenster ist mindestens vier Wochen vor dem Dekorieren geplant und wird mit anderen Werbemaßnahmen koordiniert.
Das Schaufenster wirkt stärker als die der Nachbargeschäfte und die der buchhändlerischen Konkurrenz.
Jede Stelle des Schaufensters ist prinzipiell dekorierbar (Deckenraster, Podeste o. Ä.).
Der Blickfang wird in Augenhöhe angebracht (ca. 150–170 cm über Bodenhöhe).
Die Signalwirkung des Blickfangs erreicht auch die gegenüberliegende Straßenseite.
Ein atmosphärischer Einstieg über Farben, Formen, Materialien und Requisiten ist einer Schriftlösung vorzuziehen.
Die Dekorationshilfen des Verlags (Displays, Autorenfotos, Poster etc.) bilden die Grundlage des eigenen Warenarrangements.
Form- und Farbkontraste steigern die Wirkung des Fensters.
Die Schlagzeile/das Motto des Fensters ist schnell erfassbar und typografisch gut gestaltet.
Die Schlagzeile kann unter Umständen durch eine Inszenierung von Blickfang und Ware in Augenhöhe ersetzt werden.
Der Blickfang ist mit einer Gestaltungsgruppe optisch verbunden.
Die Bücher werden in Gestaltungsgruppen zusammengefasst.
Der freie Raum (Respektzonen zwischen den Gruppen und zum Schaufensterrand) wirkt als Gestaltungsfaktor.
Die Gestaltung nutzt die Schaufenstertiefe.
Der Schaufensterraum ist kein Warenlager.
In der Schaufensteranlage besteht ein optimales Verhältnis zwischen Streulicht und Punktlicht.
Technische Hilfsmittel (Podeste,Schnüre etc.) fallen nicht auf.
Texttafeln, Abbildungen, Text-/Leseproben aus Büchern, fremde Ware etc. vertiefen die Wirkung der ausgestellten Titel.
Entnommene/verkaufte Bücher werden ersetzt, oder es werden neue Gestaltungsgruppen gebildet.
Die Belegdauer sollte maximal drei Wochen nicht übersteigen.
Beworbene Titel sind auch im Laden herausgestellt.

In vielen Buchhandlungen – dies gilt erst Recht für Buchhandlungen in Einkaufscentern und Verbauchermärkten – verliert das Schaufenster konzeptionell an Bedeutung; mitunter werden die Scheiben sogar großflächig zugeklebt. Im Zuge von Umbauten wird einem hellen, großzügig gestalteten Eingangsbereich mehr Bedeutung zugemessen als einer Schaufensteranlage.

An die Stelle der traditionellen Schaufenstergestaltung tritt dann die Schauwerbegestaltung im Innenbereich der Buchhandlung; denn auch dort gilt es, für die Kunden Waren zu dekorieren, immer wieder neue Themen zu arrangieren und diese dann ins rechte Licht zu setzen. Die Checkliste Schaufenstergestaltung behält somit auch in diesem Zusammenhang in vielen Punkten ihre Gültigkeit.

10.8 Öffentlichkeitsarbeit – Public Relations (PR)

Eine Sortimentsbuchhandlung veranstaltet eine Autorenlesung. Die Kunden werden persönlich eingeladen, das Plakat der Autorin und ihre Bücher werden im Schaufenster und auf Auslageflächen arrangiert und vielleicht steht auch noch eine Anzeige in der örtlichen Zeitung. Bei gründlicher Vorbereitung der Lesung wird eine Pressemappe zusammengestellt, anhand der sich der zuständige Redakteur über den Gast und etwaige organisatorische Besonderheiten informieren kann. Er berichtet daraufhin vor oder nach der Lesung über das Ereignis, und die Buchhandlung gewinnt dadurch zusätzlichen Stoff für ihren Facebook-Account. Bestenfalls lobt der Redakteur die Buchhandlung für ihr Engagement und diese festigt damit ihren Ruf als die ›Buchhandlung für …‹.

In dem hier skizzierten Fall greifen drei unterschiedliche Elemente des marketingpolitischen Instruments ›Kommunikationspolitik‹ (siehe Kap. 10.2) ineinander: Sales Promotion (siehe Kap. 10.9), Werbung (siehe Kap. 10.5) und PR/Social Media (siehe Kap. 10.5.8). Die Lesung selbst ist eine der beliebtesten verkaufsfördernden Maßnahmen im Buchhandel. Sie wird durch jeweils passende Werbemittel publik gemacht. Aber man will auch die interessierte Öffentlichkeit für sich einnehmen; Andere, in der Regel die Medien, sollen positiv über das Unternehmen sprechen. Bei der PR-Arbeit geht es also um das »Management von Kommunikation«, wie es die Deutsche Public Relations Gesellschaft (DPRG) definiert hat.

Die Grenzziehung zwischen Werbung auf der einen und PR auf der anderen Seite mag im Einzelfall schwierig sein. Aber die vorrangige Aufgabe der PR-Arbeit besteht in der Konstituierung einer (publizistischen) Öffentlichkeit, die dem Unternehmen gegenüber positiv eingestellt ist. PR-Arbeit geht aber auch über das reine Bestreben nach journalistischer Berichterstattung hinaus, weil sie letzten Endes vom Etat eines Wirtschaftsunternehmens be-

	Werbung	Öffentlichkeitsarbeit
Zeithorizont	kurzfristig	langfristig
Funktion der Medien	Werbeträger für kauf-/mietbare Werbefläche	Informationsträger für redaktionelle Berichterstattung
Gegenstand	Titel, Themen	eigene Firma, besondere Anlässe, Aktivitäten oder Aktionen, Jubiläen
Ziel	erhöhter Absatz bzw. Umsatz	transparentes, positives Firmenimage, Information, Service und Ansprechbarkeit
Kommunikation mit Zielgruppe	direkte, steuerbare Beeinflussung	indirekte Kommunikation und Meinungsbeeinflussung
von der Buchhandlung eingesetzte Medien	Werbemittel, Werbetexte etc.	Pressetexte, Pressemappen etc.

zahlt und zweckgebunden eingesetzt wird. Außerdem werden, wenn es um die konkrete PR-Arbeit für öffentlich relevante buchhändlerische Aktionen geht (Lesungen, Veranstaltung von Vorlesewettbewerben, Welttag des Buches etc.), diese selbstverständlich in den Mediaplan integriert (Berichterstattung für unser Event am … ist vorgesehen für den …). Wichtig festzuhalten ist: Die PR-Abteilung ist kein verlängerter Arm der Verkaufsabteilung. Die Theorie benennt Unterschiede, die in der Übersicht auf der nächsten Seite idealtypisch gegenübergestellt sind.

Klassische PR-Arbeit legt ihren Schwerpunkt auf die Information der Presse. Ein breiterer PR-Ansatz erweitert die Arbeitsgebiete. Denn wenn die Öffentlichkeitsarbeit zuständig ist für die Präsentation, die Imagepflege und die Profilierung des Unternehmens als Ganzes, dann muss sie das ihr zugrunde liegende Selbstverständnis erweitern, indem sie sich auch als Dialogpartner mit Meinungsführern, Investoren, öffentlichen Interessenvertretungen (Lobbyismus) und auch mit den eigenen Mitarbeitern versteht. Dann besteht das Hauptziel sämtlicher PR-Aktivitäten in der Schaffung einer Vertrauensbasis mit der unternehmensexternen und -internen Öffentlichkeit, die selbst dann eingesetzt wird, wenn es um heikle und schwierige Sachverhalte geht (Krisen-PR). Die Kernfrage aber bleibt: Wie bringt eine Buchhandlung Andere dazu, positiv über das eigene Unternehmen, seine Produkte und seine Dienstleistungen zu berichten? Setzt man sich nun dem Urteil und der Einschätzung Anderer aus, so ist es nur ein kleiner Weg zu Social Media, wodurch die Community oder Follower informiert werden und diese im besten Fall ein Empfehlungsmarketing anstoßen. So oder so – im Vorfeld muss eine Vielzahl an Fragen geklärt sein.

- Welche Botschaft soll mitgeteilt werden?
- Welche Zielgruppen sollen angesprochen werden?
- Welche Informationskanäle (offline, online) sollen bedient werden?
- Welche konkreten Medien sollen die Informationen streuen?

- Welches Budget steht zur Verfügung?
- Welche PR-Instrumente (Pressemitteilung, Info-Broschüren etc.) sollen verfasst und eingesetzt werden?
- Wie viel Zeit steht zur Verfügung?
- Welcher personelle Aufwand wird veranschlagt?
- Welcher Kooperationspartner kommt für das Erreichen einzelner (Teil-)Ziele in Frage?

PR-Instrumente ermöglichen einen organisierten Informationsaustausch zwischen Buchhandlung und Öffentlichkeit. Zu den schriftlichen PR-Instrumenten gehören Presseinformationen, Pressemappen, Newsletter, Blogs, Image-Broschüren oder Geschäftsberichte, aber auch das Schwarze Brett oder das Intranet zur Kommunikation innerhalb des Unternehmens. Wichtige digitale PR-Instrumente sind der eigene Internetauftritt oder audiovisuelle Präsentationen, z. B. Podcasts oder Videos auf YouTube zur Selbstdarstellung von Buchhandlungen und ihren kulturellen Aktivitäten (inkl. Archiv).

Der Tenor der PR-Texte muss ein anderer sein als der der Werbetexte (siehe Kap. 10.5.7). Man verdeutliche sich dies anhand der **Pressetexte.** Auch hier geht es nicht in erster Linie um das Verkaufen, sondern darum, den verantwortlichen Redakteur davon zu überzeugen, dass die Leser seines Presseorgans ein Interesse daran haben, etwas über die Buchhandlung und deren Aktivitäten zu erfahren. Im Fokus stehen also nicht die Buchkäufer, sondern die Leser der Zeitungen und Zeitschriften. Und diese erreicht man am besten über folgende Aufhänger: Neuigkeit, Nutzwert, Exklusivität, Emotion, Betroffenheit und einen räumlichen bzw. intellektuellen Bezug.

Pressemappen können sowohl in einer Print-Fassung als auch digital verteilt werden. Sie sollten enthalten:

- Pressemitteilung zu dem Thema;
- bei Bedarf ein zusätzliches Daten-und-Fakten-Blatt über Anwesende (Name, Funktion etc.), Referenten / Redner / Autoren;
- Leseproben oder bereits vorliegende Pressestimmen;
- Visitenkarte bzw. Ansprechpartner bei Rückfragen;
- Fotos (300 dpi in CMYK für Print und 72 dpi für RGB-Modus) auf USB-Stick bzw. zum Download mit Vermerk ›frei und kostenlos abdruckbar‹.

Zur PR-Arbeit gehört auch, nach Aktionen die Stimmung in den Medien und die Reaktionen der Öffentlichkeit einzufangen. Für alle anderen Medien gilt: Gegen ein Honorar helfen so genannte Ausschnittdienste oder **Clipping-Dienste** weiter. Sie beobachten die Medien und durchsuchen diese nach bestimmten Stichworten. Was Clipping-Dienste für die klassischen Medien leisten, leistet Social-Media-**Monitoring** im Internet. Hier beobachten Dienstleister im Auftrag der Buchhandlung das Social Web, analysieren die Informationen und fassen diese zusammen – um daraus ggf. neue Online-Maßnahmen abzuleiten (siehe Kap. 10.5.8). Alle wichtigen Artikel oder Meinungsbeiträge kann man dann in einem **Pressespiegel** zusammenstellen und in Umlauf bringen. Anhand des Medienechos kann man den Erfolg der PR-Aktivitäten kontrollieren; es zeigt, ob die Pressearbeit ihre Ziele erreicht hat. Schließen wir mit einer im *Börsenblatt* veröffentlichten, praxisorientierten Checkliste für Pressemitteilungen.

Checkliste für Pressemitteilungen*

DARSTELLUNG
- Ist der Text allgemein verständlich? Sind unvermeidliche branchenspezifische Fachbegriffe ausreichend erklärt?
- Macht die Überschrift neugierig und entspricht sie dem Inhalt der Meldung?
- Sind die sechs ›Ws‹ einer Pressemitteilung berücksichtigt: wer, was, wann, wo, warum (nähere Umstände) und wie (Details)? Diese Infos gehören an den Anfang des Textes. Denn Journalisten kürzen die ihnen vorgelegten Texte von hinten.
- Ist eine ausführliche Hintergrundinformation erforderlich?
- Wirkt die Darstellung authentisch und passt sie zur Buchhandlung?

ÄUSSERE FORM
- Ist der Absender deutlich erkennbar?
- Ist die Betreffzeile präzise formuliert? (Nicht: ›Pressemitteilung‹ oder ›Veranstaltung im Bücherparadies‹, sondern ›Nele Neuhaus liest am Nordendplatz‹.)
- Haben Sie den Text in die Mail kopiert, damit der Empfänger auf einen Blick sieht, worum es geht? Aus Zeitgründen werden Anhänge oft gar nicht geöffnet.
- Sind Veranstaltungsdatum und -ort erwähnt?
- Sind Bilder (farbig, 300 dpi) angehängt oder stehen sie als Download zur Verfügung?
- Sind die Urheberrechte an den Abbildungen mit den Fotografen abgeklärt?
- Sind für Rückfragen Ansprechpartner und Telefonnummer angegeben, unter der auch wirklich immer jemand erreichbar ist?

STREUUNG
- Entspricht der Verteiler dem Inhalt der Meldung?
- Entspricht die Art der Darstellung der ausgewählten Zielgruppe (nicht wahllos versenden)?
- Sind die Adressen der Verteilergruppen vollständig und auf dem neuesten Stand?

*Quelle: *Börsenblatt* 25 | 2013, geringfügig bearbeitet

10.9 Verkaufsförderung (Sales Promotion)

Maßnahmen zur Verkaufsförderung organisiert jeder Einzelhändler. Sei es die Extra-Flasche bei einem Bierkastenkauf im Getränkemarkt, ein verkaufsoffener Sonntag (ohne Beratung) im Möbelhaus oder ein kostenloses Wochenend-Probefahren neuer Modelle bei einem Autohändler. Über das Ziel dieser Bemühungen muss man nicht streiten: Der Kunde soll die entsprechenden Produkte oder Dienstleistungen kennenlernen, sie bestenfalls kaufen oder – falls nicht – sie zumindest weiterempfehlen. Im Buchhandel bieten vor allem Publikumsverlage Veranstaltungen an, die entweder als Tagesveranstaltung stattfinden (Plätzchenbacken zur Weihnachtszeit am …) oder aber nur wenige Stunden dauern (Signierstunde am … von … bis … mit ...).

Es steht im Ermessen der Buchhandlung, ob die Maßnahmen zur Verkaufsförderung mit oder ohne Eintrittsgeld stattfinden. Die Kunden merken ohnehin, dass die Veranstaltungen auf einen direkten oder indirekten Verkauf ausgerichtet sind. Aber vor allem größere Aktivitäten dienen nicht nur der Umsatzsteigerung, sondern sie bezwecken darüber hinaus ein bestimmtes Bild in der Öffentlichkeit. Will die Buchhandlung doch, dass Andere im redaktionellen Teil der Tageszeitung, in Literaturzirkeln oder in Hobby- und Sportvereinen positiv über sie berichten.

Ideen zu derartigen Veranstaltungen, die Abwechslung in den buchhändlerischen Alltag bringen und in größerem Rahmen durchgeführt neudeutsch als **Event** (Ereignis) mithilfe eines entsprechenden Veranstaltungs- oder Eventmanagements organisiert werden, sind bei einem so vielschichtigen Medium wie dem Buch schnell gefunden. Neben den klassischen Aktivitäten anlässlich von Jubiläen jeglicher Art bieten sich u.a. an:

- Lesungen und Signierstunden,
- Vorstellungsabende von Novitäten,
- Verlagsabende,
- Film- oder Tonbildvorführungen,
- Informationsveranstaltungen zu digitalen Themen (E-Books, E-Book-Reader),
- Fahrten zu Buchmessen oder regionalen Büchertagen,
- Schaufenstergestaltung durch Schulklassen oder ortsansässige Vereine,
- prämierte Vorlesewettbewerbe,
- ein ›Tag der offenen Tür‹.

Die Grenzen zwischen Veranstaltungen zur Verkaufsförderung und Veranstaltungen zur Kundenbindung und Imagepflege sind fließend. Um die Kontaktpflege zur Presse zu optimieren, bietet es sich an, vorab Pressemappen zu erstellen, in denen die ›öffentliche Relevanz‹ der Veranstaltung hervorgehoben wird (siehe Kap. 10.8). So braucht sich der Journalist während der Veran-

Aufgabe	Bemerkungen	wer	bis wann	erledigt
Thema festlegen				
Preise einholen (Autor, Ort, Catering)				
Kosten kalkulieren				
Entscheidung pro oder kontra fällen				
Verantwortlichkeiten im Team festlegen				
Liste von Ansprechpartnern (Verlag, Ort, Presse) erstellen				
Kontakt zu Autor und Verlag herstellen				
Termin festlegen				
Veranstaltungsort festlegen				
Veranstaltungsort buchen				
Eintrittspreise festlegen				
Kundenliste für Einladungen erstellen				
Einladungen verfassen, gestalten und drucken				
Presse informieren				
Presseinformationen erstellen und versenden				
Anzeigen schalten				
Bücher u. a. bestellen				
Catering organisieren				
Reservierungsliste anlegen				

staltung nur noch einen zusätzlichen persönlichen Eindruck zu verschaffen. Nicht überflüssig zu erwähnen: Auch die Mitarbeiter der Firma müssen optimal informiert und an den Aktionen beteiligt werden. Am besten geschieht dies mithilfe von übersichtlichen Checklisten, die Verantwortungsbereiche, zuständige Mitarbeiter und Termine gleichzeitig im Blick haben.

Die Buchhandlung Lesezeit in Kaiserswerth hat dem obenstehenden Abdruck ihrer praxiserprobten Checkliste für dieses Buch dankenswerterweise zugestimmt. Ebenso hat der Gabal Verlag den Abdruck seines visualisierenden Posters (siehe Kap. 10.9.2) ermöglicht.

10.9.1 Kosten und Erfolgskontrolle

Einzelne Veranstaltungen und erst recht ganze Veranstaltungsreihen kosten Geld. Deshalb müssen bzw. sollten sie einer Kosten-Nutzen-Relation standhalten. Doch welche Elemente haben zum Erfolg geführt? Die Betriebsberaterin Gudula Buzmann, deren Ausführungen in *Gründung und Führung einer Buchhandlung* die Autoren in diesem Abschnitt weitgehend folgen, hat einige Faktoren benannt – wohl wissend, dass meist mehrere Faktoren ihren Beitrag zum Erfolg beisteuern. Hier eine kleine Auswahl:

- ein prominenter Kooperationspartner vor Ort,
- ein renommierter Autor,
- ein aktuelles Thema,
- effiziente Mundpropaganda im Vorfeld, auch mittels Social Media,
- ein besonderer, der Veranstaltung angemessener Veranstaltungsort,
- Einbettung in ein attraktives Veranstaltungsumfeld (z. B. Stadtfest).

Für die Kalkulation im Allgemeinen sollten von Anfang an alle Kosten Berücksichtigung finden. Bei der Führung einer Schulklasse durch die Buchhandlung beispielsweise entstehen diese Kosten durch die Vorbereitungszeit, die Zeit, die die Führung selbst dauert, Give-aways inklusive Bezugskosten und die Zeit für das anschließende Aufräumen. Wie viel Geld (Personalkosten und Material) darf diese Veranstaltung insgesamt kosten?

Auch für einen **Büchertisch** entstehen Kosten, die durch den Verkauf oft nicht gedeckt werden. Es handelt sich ebenfalls um Personalkosten (Vorbereitungszeit, Zeit vor Ort, Nachbereitung) sowie um die Bezugskosten für die bestellten Bücher und deren Rücksendung, sofern nötig. Gegebenenfalls fallen bis zu 10 Prozent Vermittlungsprovision an und führen zu einer Schmälerung des Rohgewinns. Wer sich die Vorbereitung in Zukunft mit einer Checkliste erleichtert, spart Zeit und damit Geld. Wer regelmäßig Büchertische bestückt, sollte die Bestellzahlen für die Titel optimieren, eine Word-Vorlage für die Titelliste haben (als Bestellzettel konfigurieren und den Kunden am Büchertisch mitgeben), die Titel anschließend auch auf der eigenen Website präsentieren (mit Foto des Büchertischs bei der Veranstaltung) und zudem alles, was mitzunehmen ist, in einer Box fix und fertig zusammengestellt haben. In diese Box gehören auf jeden Fall: mobile Kasse, Wechselgeld (in konstanter Grundbestückung), Taschenrechner, Quittungsblock, Kugelschreiber, Bestellzettel, Namensschilder, Visitenkarten, Stempel, Gummibänder, Tüten, Tesafilm und das aktuelle Veranstaltungsprogramm.

Alle Kosten, inklusive derjenigen für eine etwaige Rücksendung nicht verkaufter Exemplare, werden nach Abschluss addiert und den Erträgen – genauer formuliert: dem Rohgewinn – der Aktion gegenübergestellt. Ergibt sich ein positiver Deckungsbeitrag, war die Veranstaltung auch in ökonomischer Hinsicht ein Erfolg. Sollte ein negativer Deckungsbeitrag herauskommen, so ist zu fragen, ob der immaterielle Imagewert höher anzusetzen ist als der entgangene Gewinn. Aber hat die Buchhandlung mögliches Einsparpotenzial konsequent genutzt? Ein Blick auf die Übersicht ›Kosten sparen‹ (Folgeseite) hilft, diese Frage zu beantworten.

Entstehende Kosten	Kosten sparen durch	Mögliche Partner
Honorar	gutes Verhandeln	prominente Personen aus der Region, regional bedeutsame Personen mit prominenten Themen, Sponsoren
Anzeige	Hinweise in Amtsblättern	Verlagsbeteiligung, Pressestelle, Stadtmarketing
Druck für Karten, Einladungen, Plakate	Angebote einholen bei größeren Mengen, Wechselrahmen bzw. Wechselvorrichtung für Plakatträger, immer gleiches Layout, Belegexemplare für Buchempfehlungen auf Programm anfordern	Gemeinde (Stadtbücherei), Verlage, 50% der Kosten übernimmt jeweiliger Partner
Porto für die Aussendung	Versandangebote der Post	
Raummiete	Rabatt bei Veranstaltungsreihen	der Stadt ein Podium bieten (keine Kosten oder Nachlass bei Miete in öffentlichen Räumen), Verein, Kirche, Galerie, Schule, Gaststätte (vor Ort lesen), open air (Genehmigung einholen)
Leihgebühren Technik		Schulen: Technik- oder Foto-AG, Hotel, in dem der Autor übernachtet, Musikschule
Fahrtkosten	Lesereisen berücksichtigen	
Übernachtung	Firmenrabatt, private Unterbringung, gewünschte Hotelkategorie erfragen	Hotel als Sponsor
Dekoration		Gärtner, Floristen, Schulprojekte (Kunstunterricht), Kunstlehrer, regionale Künstler, eigene Mitarbeiter, Kunden
Bewirtung (Essen, Getränke)	kostendeckenden Eintritt anstreben	Restaurants, Gaststätten als Veranstaltungsort, Kooperation mit Caterer
Helfer	Buchgutschein, signiertes Exemplar, Freikarte für nächste Veranstaltung	Freunde
Pressearbeit		Presse als Mitveranstalter

© Gudula Buzmann, geringfügig bearbeitet

10.9.2 Autorenlesung

Eine der wirkungsvollsten Maßnahmen einer Buchhandlung, sich in der Öffentlichkeit zu präsentieren, besteht im Format Autorenlesung. Je nach Profil, Engagement und zur Verfügung stehendem Etat wird die Buchhandlung vielversprechenden Newcomern der Literaturszene ein Podium zur Verfügung stellen oder (regionale) Autoren mit hohem Bekanntheitsgrad lesen lassen. Die erste Kontaktaufnahme erfolgt in der Regel über den Verlag.

Wenn die Lesung nicht in den eigenen Räumlichkeiten stattfinden kann, bemüht man sich um Mitveranstalter, die sich in Bildungseinrichtungen, wie Bibliotheken, VHS etc., finden lassen. Bei zu hoher Saalmiete trägt ein angemessenes Eintrittsgeld zur Finanzierung der Aktion bei. Es mag zwar einige Kunden vom Kommen abhalten, erhöht aber unbestritten den Wert der Veranstaltung. An welchem Ort auch immer die Veranstaltung stattfinden mag, der geeignete Kooperationspartner ist der Verlag des Autors, denn jede Lesung ist zugleich auch für den Verlag eine verkaufsfördernde Maßnahme. So stellt der Verlag Autorenplakate zur Verfügung, liefert die Bücher zu günstigen Konditionen (RR, 45% [oder mehr] Aktionsrabatt etc.), beteiligt sich an flankierenden Werbemaßnahmen und finanziert mitunter Reise- und Übernachtungskosten seines Autors. Der Buchhändler hat die Aufgabe, ihn einzuladen, für seine Übernachtung zu sorgen, ihn zu bewirten, ihn über Ablauf der Lesung und des geplanten (Rahmen-)Programms zu informieren, ihn zu Beginn der Veranstaltung einleitend zu begrüßen, ihm wichtige Personen (Persönlichkeiten des Kulturlebens der Stadt, Redakteure der Presse) zuzuführen und ihm auch eine Nachbereitung der Lesung zukommen zu lassen.

Maßnahmen zur Organisation einer Lesung (in Auswahl)

VORBEREITENDE WERBE-, PR- UND EINKAUFSMASSNAHMEN

- Werbemittel (Plakate, Prospekte, Anzeigen etc.) aufeinander abstimmen,
- Werbeträger für die unterschiedlichen Werbemittel festlegen,
- Handzettel mit bio- und bibliografischen Daten des Autors erstellen,
- Einladungen für Kunden und Presse schreiben,
- Pressetext für den redaktionellen Teil der Zeitungen vorbereiten,
- Plakate, Displays, Autorenfotos o. Ä. beim Verlag anfordern,
- ausreichende Buchanzahl zu Aktions-Bezugsbedingungen ordern,
- Sonderfenster gestalten und Bücher bereits auf Aktionsmöbeln präsentieren,
- publikumswirksame Ankündigung in sozialen Netzwerken.

AUSSTATTUNG DES RAUMES

- für Bestuhlung sorgen (ggf. auch für Kinder),

- Lesetisch für den Autor zurechtmachen (Leselampe, ggf. Tischdecke, Getränk),
- Beleuchtung überprüfen,
- Soundcheck der Mikrofonanlage,
- Zu- und (Not-)Ausgänge kenntlich machen,
- Veranstaltung auch vor der Tür durch Aushang von Plakaten anzeigen,
- Veranstaltungsplakat hinter dem Autor aufhängen (für etwaige Pressefotos),
- zum Plakat und den Farben der Buchhandlung passende Blumendeko,
- bei geschlossener Veranstaltung in fremden Räumlichkeiten Verkaufstische mit Standbetreuung organisieren.

DURCHFÜHRUNG DER LESUNG
- Abholen des Autors,
- Begrüßung der eintreffenden Gäste,
- Bekanntmachen des Autors für Presseinterview,
- (persönliche) Begrüßungsrede mit Einführung des Autors,
- Platzzuweisung für zu spät kommende Gäste,
- Umtrunk und ggf. Bewirtung,
- Bezahlung des Autors (häufig bar, Bezahlung quittieren lassen),
- Abräumdienst.

NACHBEARBEITUNG DER LESUNG
- Dankesschreiben an Autor mit Fotos und Reaktionen auf den Abend,
- Meldung beim Verlag mit Presseberichten,
- Manöverkritik mit Angestellten oder Mitveranstaltern,
- signierte Bücher des Autors mit Hinweis auf die Lesung im Laden weiterhin an exponierter Stelle auslegen.

Auch öffentlich angekündigte Veranstaltungen müssen gesetzliche Bestimmungen beachten, vor allem die des Ladenschlussgesetzes (siehe Kap. 4.3.4). Eine Autorenlesung in den Geschäftsräumen einer Buchhandlung darf auch nach Ladenschluss stattfinden, wenn zur Organisation der Veranstaltung der Geschäftsinhaber und / oder das Verkaufspersonal anwesend sind. Bei dieser Gelegenheit dürfen dann auch Exemplare desjenigen Buches, aus dem vorgelesen wurde, verkauft werden. Falls Eintritt genommen wird, gilt die Veranstaltung als ›geschlossene Veranstaltung‹, denn damit hält man das Ladenlokal nur für einen begrenzten und ausgewählten Kreis offen; auch in diesem Fall darf nach dem offiziellen Ladenschluss verkauft werden. In den Ankündigungen zur Lesung sollte man auf keinen Fall den an dem Abend möglichen Einkauf bewerben, sondern nur die Lesung. Vorbestellungen für signierte Exemplare dürfen selbstverständlich entgegengenommen werden.

Bei der **Honorarzahlung** anlässlich von Lesungen sind einige Besonderheiten zu berücksichtigen. So sind deutsche Autoren von der Umsatzsteuer

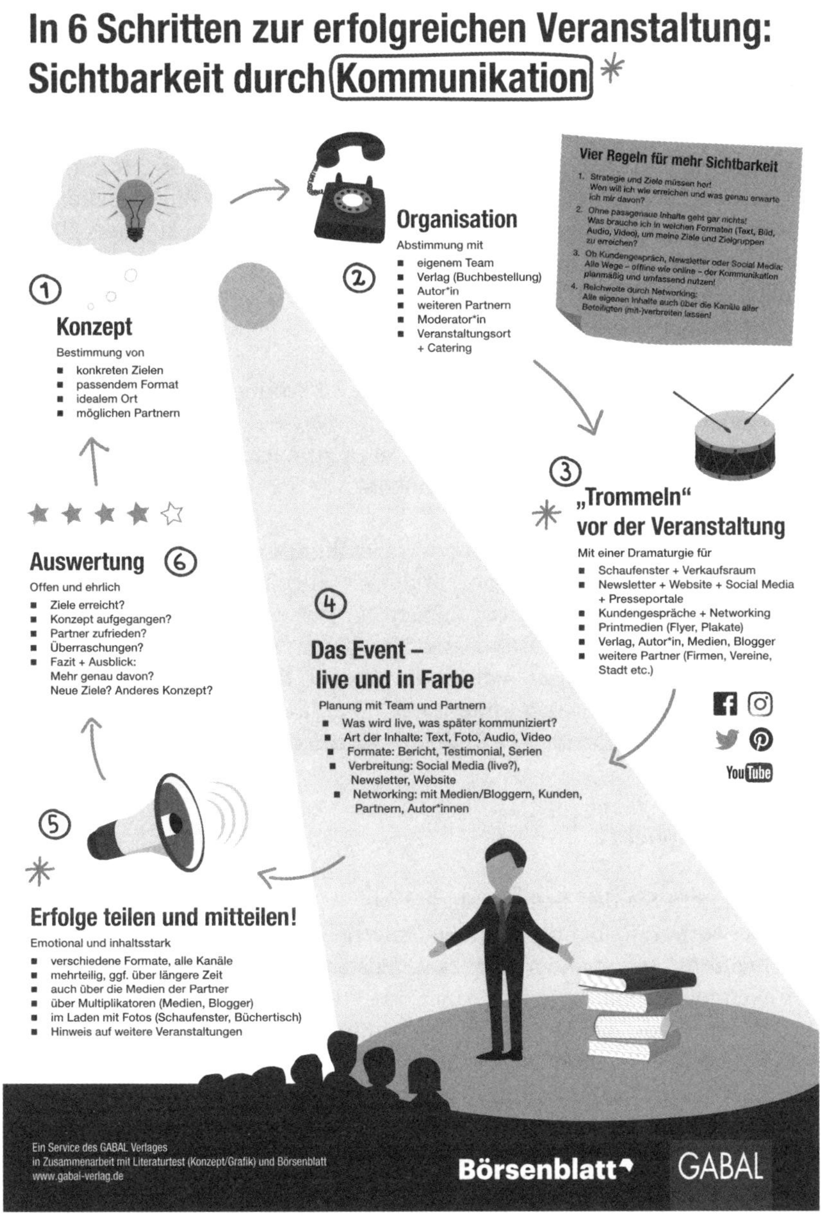

Abdruck mit freundlicher Genehmigung der Copyright-Inhaber: GABAL Verlag [www.gabal-verlag.de] & Literaturtest (Konzept & Grafik) [www.literaturtest.de]. Zu diesem Plakat gibt es auch eine Broschüre, die alle sechs Schritte sowohl theoretisch als auch jeweils mit einem Best Practice aus dem Handel erläutert (siehe QR-Code).

befreit (Bescheinung vorlegen lassen), oder sie sind umsatzsteuerpflichtig (in diesem Fall sind 19 Prozent Umsatzsteuer auf das Honorar aufzuschlagen). Ferner sind Abgaben an die Künstlersozialkasse (KSK) zu zahlen, denn Buchhandlungen gehören zu denjenigen Unternehmen aus Kunst und Publizistik, die Beiträge abführen müssen. Die Höhe der KSK-Gebühr wird jährlich neu festgelegt; es handelt sich um einen prozentualen Beitrag vom Honorar.

Der Geschäftsführer einer literarisch ambitionierten Buchhandlung vertritt die These: »Lesungen rechnen sich nicht – sie zahlen sich jedoch aus.« Denn Lesungen sind eine der wirkungsvollsten Maßnahmen einer Buchhandlung, sich Öffentlichkeit zu verschaffen; sie ...

- sind in hohem Maße imagebildend,
- steigern den Bekanntheitsgrad,
- bedeuten kostenlose Werbung (am Ort) durch Multiplikatoren nach gelungenen Veranstaltungen,
- bieten einen Mehr-Wert für Kunden (Autor zum Anfassen),
- und steigern den Teamgeist (nach innen).

Ein reibungslos funktionierendes Veranstaltungsmanagement, das in ein schlüssiges Kommunikationskonzept der jeweiligen Buchhandlung eingebettet ist, schafft günstige Voraussetzungen für das physische und geistige Zusammentreffen von Autor und Leser. Erst dann wird der Buchhändler – im wahrsten Sinne des Wortes – der Rolle gerecht, die er in der Vergangenheit eingenommen hat und auch weiterhin in einer hoch komplexen Medienlandschaft einnehmen möchte: der **Rolle des Kulturvermittlers.**

Fragen zu Kapitel 10

10.1 Erläutern Sie den Begriff ›Marketing‹.

10.2 Die corporate identity (CI), die Unternehmensidentität, besteht aus mehreren miteinander in Beziehung stehenden Teilbereichen. Nennen Sie vier.

10.3 Wie heißt der Fachbegriff für ›verkäuferisches Alleinstellungsmerkmal‹?

10.4 Entwerfen Sie Unternehmensleitlinien für die Bereiche Sortiment/Dienstleistungen, Kunde/Käufer und Mitarbeiter, die nicht bereits im Kap. 10.1 genannt sind.

10.5 Marketingziele können sowohl aus betriebswirtschaftlicher als auch aus verkaufspsychologischer Sicht formuliert werden. Stellen Sie je zwei Beispiele vor.

10.6 Ziele sollten generell so formuliert werden, dass sie erreichbar sind und dass das Erreichen überprüfbar ist. Die SMART-Formel bietet hierzu eine Handreichung. Erläutern Sie die Abkürzung ›SMART‹.

10.7 Nennen Sie vier allgemeine Bestandteile des Marketing-Mix.

10.8 Nennen Sie für jeden allgemeinen Bestandteil des Marketing-Mix je zwei Einzelkomponenten.

10.9 Erläutern Sie den Begriff ›Diversifikation‹.

10.10 Ordnen Sie den folgenden Marktdaten-Erhebungen die methodische Begrifflichkeit ›intern oder extern‹ bzw. ›primär oder sekundär‹ zu:
a) Passantenbefragung,
b) Auswertung der Kassenstatistik für sortimentspolitische Entscheidungen,
c) Analyse anderer Einzelhandelsbranchen,
d) Ermittlung der Kaufkraft in der Region,
e) SWOT-Analyse durch Befragung der eigenen Mitarbeiter.

10.11 Erläutern Sie den Begriff ›Handelspanel‹.

10.12 Unterscheiden Sie Kundenanalyse und Marktanalyse.

10.13 Erläutern Sie die Abkürzung ›SWOT‹.

10.14 Grenzen Sie den soziodemografischen Ansatz vom psychografischen Ansatz im Rahmen von Zielgruppenforschung ab.

10.15 Nennen Sie fünf Gesichtspunkte, die geklärt sein sollten, bevor Sie Werbeaktivitäten realisieren.

10.16 Geben Sie für die ›Beilagenwerbung‹ je ein Werbemittel und je einen Werbeträger an.

10.17 Bei welcher der folgenden Werbeaktivitäten ist der Streuverlust am geringsten und bei welcher am größten:
a) Postwurfsendung im Stadtteil,
b) Anzeigenwerbung in der überregionalen Presse,
c) Schaufensterwerbung?

10.18 Ordnen Sie den nachstehend aufgeführten Geschäftsfällen die jeweilige Form der Gemeinschaftswerbung zu:
(1) vertikale Gemeinschaftswerbung,
(2) horizontale Gemeinschaftswerbung,
(3) Verbundwerbung,
(4) Branchenwerbung.
  a) Eine Buchhandlung organisiert den Regionalausscheid des Vorlesewettbewerbs des Börsenvereins.
  b) Eine Buchhandlung startet eine Werbeinitiative gemeinsam mit anderen Unternehmen des örtlichen Gewerbevereins.
  c) Buchhandlungen in einer Stadt veranstalten einen gemeinsamen Bücher-Flohmarkt.
  d) Eine Buchhandlung gibt das *Buchjournal* kostenlos an ihre Stammkunden weiter.
  e) Eine Buchhandlung nimmt an der Schaufensteraktion eines Publikumsverlages teil.
  f) Eine Buchhandlung legt Verlagsprospekte mit Firmeneindruck in ihrem Verkaufsraum aus.

10.19 Nennen Sie je drei Grundregeln für eine attraktive Schaufenstergestaltung, für erfolgreiche Werbebriefe und für die Konzeption eines erfolgreichen Verkaufsraums.

10.20 Erläutern Sie die AIDA-Formel.

10.21 Wie lauten die Fachbegriffe für Regalzonen aus verkaufstechnischer Sicht, und von welcher Zone gehen die größten Verkaufschancen aus?

10.22 Nennen Sie drei Faktoren, von denen eine Werbeerfolgskontrolle abhängt.

10.23 Beschreiben Sie die Größen, mit denen man den Erfolg von Online-Werbekampagnen misst.

10.24 Erläutern Sie zwei Grundformen des Suchmaschinen-Marketings (SEM).

10.25 Erläutern Sie den Begriff ›Social Media‹.

10.26 Erläutern Sie im Zusammenhang mit Online-Kommunikation die Begriffe Double-Opt-In, Banner, Keyword Advertising, Affiliate Programme, Blog, UGC und Follower.

10.27 Auch die Social-Media-Kommunikation sollte nicht dem Zufall überlassen werden. Erläutern Sie vier Grundsatzentscheidungen, die einer erfolgreichen Kommunikation vorausgehen.

10.28 Unterscheiden Sie Werbung und PR anhand von drei Gesichtspunkten.

10.29 Nennen Sie je zwei digitale und je zwei Print-PR-Instrumente, die dem Informationsaustausch einer Buchhandlung mit der Öffentlichkeit dienen.

10.30 Zum ›Einfangen‹ der öffentlichen Resonanz in den Medien bzw. im Internet können Sie Dienstleistungsunternehmen beauftragen. Mit welchen Fachtermini bezeichnet man diese Dienstleister?

10.31 Welche sechs ›Ws‹ sind bei einer Pressemitteilung zu berücksichtigen?

10.32 Sie planen eine Veranstaltungsreihe, um Ihren Kunden Novitäten des Buchmarkts vorzustellen. Nennen Sie zehn Aufgaben, die im Vorfeld zu erledigen sind.

10.33 Sie organisieren einen Büchertisch auf einem Fachkongress in der örtlichen Stadthalle. Erstellen Sie eine Liste für Dinge, die Sie unbedingt mitnehmen sollten.

10.34 Sie organisieren eine Lesung. Nennen Sie fünf Maßnahmen, die nach dieser Veranstaltung zu erledigen sind.

Anhang

Gesetz über die Preisbindung für Bücher

(Buchpreisbindungsgesetz – BuchPrG) in der Fassung vom 1. September 2016

§ 1 Zweck des Gesetzes

Das Gesetz dient dem Schutz des Kulturgutes Buch. Die Festsetzung verbindlicher Preise beim Verkauf an Letztabnehmer sichert den Erhalt eines breiten Buchangebots. Das Gesetz gewährleistet zugleich, dass dieses Angebot für eine breite Öffentlichkeit zugänglich ist, indem es die Existenz einer großen Zahl von Verkaufsstellen fördert.

§ 2 Anwendungsbereich

(1) Bücher im Sinne dieses Gesetzes sind auch
1. Musiknoten,
2. kartographische Produkte,
3. Produkte, die Bücher, Musiknoten oder kartographische Produkte reproduzieren oder substituieren, wie zum Beispiel zum dauerhaften Zugriff angebotene elektronische Bücher, und bei Würdigung der Gesamtumstände als überwiegend verlags- oder buchhandelstypisch anzusehen sind sowie
4. kombinierte Objekte, bei denen eines der genannten Erzeugnisse die Hauptsache bildet.

(2) Fremdsprachige Bücher fallen nur dann unter dieses Gesetz, wenn sie überwiegend für den Absatz in Deutschland bestimmt sind.

(3) Letztabnehmer im Sinne dieses Gesetzes ist, wer Bücher zu anderen Zwecken als dem Weiterverkauf erwirbt.

§ 3 Preisbindung

Wer gewerbs- oder geschäftsmäßig Bücher an Letztabnehmer verkauft, muss den nach § 5 festgesetzten Preis einhalten. Dies gilt nicht für den Verkauf gebrauchter Bücher.

§ 4 (weggefallen)

§ 5 Preisfestsetzung

(1) Wer Bücher für den Verkauf an Letztabnehmer in Deutschland verlegt oder importiert, ist verpflichtet, einen Preis einschließlich Umsatzsteuer (Endpreis) für die Ausgabe eines Buches für den Verkauf an Letztabnehmer in Deutschland festzusetzen und in geeigneter Weise zu veröffentlichen. Entsprechendes gilt für Änderungen des Endpreises.

(2) Wer Bücher importiert, darf zur Festsetzung des Endpreises den vom Verleger des Verlagsstaates für Deutschland empfohlenen Letztabnehmerpreis einschließlich der

in Deutschland jeweils geltenden Mehrwertsteuer nicht unterschreiten. Hat der Verleger keinen Preis für Deutschland empfohlen, so darf der Importeur zur Festsetzung des Endpreises den für den Verlagsstaat festgesetzten oder empfohlenen Nettopreis des Verlegers für Endabnehmer zuzüglich der in Deutschland jeweils geltenden Mehrwertsteuer nicht unterschreiten.
(3) Wer als Importeur Bücher in einem Vertragsstaat des Abkommens über den Europäischen Wirtschaftsraum zu einem von den üblichen Einkaufspreisen im Einkaufsstaat abweichenden niedrigeren Einkaufspreis kauft, kann den gemäß Absatz 2 festzulegenden Endpreis in dem Verhältnis herabsetzen, wie es dem Verhältnis des erzielten Handelsvorteils zu den üblichen Einkaufspreisen im Einkaufsstaat entspricht; dabei gelten branchentypische Mengennachlässe und entsprechende Verkaufskonditionen als Bestandteile der üblichen Einkaufspreise.
(4) Verleger oder Importeure können folgende Endpreise festsetzen:
1. Serienpreise,
2. Mengenpreise,
3. Subskriptionspreise,
4. Sonderpreise für Institutionen, die bei der Herausgabe einzelner bestimmter Verlagswerke vertraglich in einer für das Zustandekommen des Werkes ausschlaggebenden Weise mitgewirkt haben,
5. Sonderpreise für Abonnenten einer Zeitschrift beim Bezug eines Buches, das die Redaktion dieser Zeitschrift verfasst oder herausgegeben hat, und
6. Teilzahlungszuschläge.
(5) Die Festsetzung unterschiedlicher Endpreise für einen bestimmten Titel durch einen Verleger oder Importeur oder deren Lizenznehmer ist zulässig, wenn dies sachlich gerechtfertigt ist.

§ 6 Vertrieb
(1) Verlage müssen bei der Festsetzung ihrer Verkaufspreise und sonstigen Verkaufskonditionen gegenüber Händlern den von kleineren Buchhandlungen erbrachten Beitrag zur flächendeckenden Versorgung mit Büchern sowie ihren buchhändlerischen Service angemessen berücksichtigen. Sie dürfen ihre Rabatte nicht allein an dem mit einem Händler erzielten Umsatz ausrichten.
(2) Verlage dürfen branchenfremde Händler nicht zu niedrigeren Preisen oder günstigeren Konditionen beliefern als den Buchhandel.
(3) Verlage dürfen für Zwischenbuchhändler keine höheren Preise oder schlechteren Konditionen festsetzen als für Letztverkäufer, die sie direkt beliefern.

§ 7 Ausnahmen
(1) § 3 gilt nicht beim Verkauf von Büchern:
1. an Verleger oder Importeure von Büchern, Buchhändler oder deren Angestellte und feste Mitarbeiter für deren Eigenbedarf,
2. an Autoren selbständiger Publikationen eines Verlages für deren Eigenbedarf,
3. an Lehrer zum Zwecke der Prüfung einer Verwendung im Unterricht,
4. die auf Grund einer Beschädigung oder eines sonstigen Fehlers als Mängelexemplare gekennzeichnet sind;
5. im Rahmen eines auf einen Zeitraum von 30 Tagen begrenzten Räumungsverkaufs anlässlich der endgültigen Schließung einer Buchhandlung, sofern die Bücher aus den gewöhnlichen Beständen des schließenden Unternehmens stammen und den Lieferanten zuvor mit angemessener Frist zur Rücknahme angeboten wurden.

(2) Beim Verkauf von Büchern können wissenschaftlichen Bibliotheken, die jedem auf ihrem Gebiet wissenschaftlich Arbeitenden zugänglich sind, bis zu 5 Prozent, jedermann zugänglichen kommunalen Büchereien, Landesbüchereien und Schülerbüchereien sowie konfessionellen Büchereien und Truppenbüchereien der Bundeswehr und des Bundesgrenzschutzes bis zu 10 Prozent Nachlass gewährt werden.
(3) Bei Sammelbestellungen von Büchern für den Schulunterricht, die zu Eigentum der öffentlichen Hand, eines Beliehenen oder allgemein bildender Privatschulen, die den Status staatlicher Ersatzschulen besitzen, angeschafft werden, gewähren die Verkäufer folgende Nachlässe:
1. bei einem Auftrag im Gesamtwert bis zu 25.000 Euro für Titel mit
mehr als 10 Stück 8 Prozent Nachlass
mehr als 25 Stück 10 Prozent Nachlass
mehr als 100 Stück 12 Prozent Nachlass
mehr als 500 Stück 13 Prozent Nachlass
2. bei einem Auftrag im Gesamtwert von mehr als
25.000 Euro 13 Prozent Nachlass
38.000 Euro 14 Prozent Nachlass
50.000 Euro 15 Prozent Nachlass
Soweit Schulbücher von den Schulen im Rahmen eigener Budgets angeschafft werden, ist stattdessen ein genereller Nachlass von 12 Prozent für alle Sammelbestellungen zu gewähren.
(4) Der Letztverkäufer verletzt seine Pflicht nach § 3 nicht, wenn er anlässlich des Verkaufs eines Buches
1. Waren von geringem Wert oder Waren, die im Hinblick auf den Wert des gekauften Buches wirtschaftlich nicht ins Gewicht fallen, abgibt,
2. geringwertige Kosten der Letztabnehmer für den Besuch der Verkaufsstelle übernimmt,
3. Versand- oder besondere Beschaffungskosten übernimmt oder
4. andere handelsübliche Nebenleistungen erbringt.

§ 8 Dauer der Preisbindung

(1) Verleger und Importeure sind berechtigt, durch Veröffentlichung in geeigneter Weise die Preisbindung für Buchausgaben aufzuheben, deren erstes Erscheinen länger als achtzehn Monate zurück liegt.
(2) Bei Büchern, die in einem Abstand von weniger als achtzehn Monaten wiederkehrend erscheinen oder deren Inhalt mit dem Erreichen eines bestimmten Datums oder Ereignisses erheblich an Wert verlieren, ist eine Beendigung der Preisbindung durch den Verleger oder Importeur ohne Beachtung der Frist gemäß Absatz 1 nach Ablauf eines angemessenen Zeitraums seit Erscheinen möglich.

§ 9 Schadensersatz- und Unterlassungsansprüche

(1) Wer den Vorschriften dieses Gesetzes zuwiderhandelt, kann auf Unterlassung in Anspruch genommen werden. Wer vorsätzlich oder fahrlässig handelt, ist zum Ersatz des durch die Zuwiderhandlung entstandenen Schadens verpflichtet.
(2) Der Anspruch auf Unterlassung kann nur geltend gemacht werden
1. von Gewerbetreibenden, die Bücher vertreiben,
2. von rechtsfähigen Verbänden zur Förderung gewerblicher Interessen, soweit ihnen eine erhebliche Zahl von Gewerbetreibenden angehört, die Waren oder gewerbliche Leistungen gleicher oder verwandter Art auf demselben Markt vertrei-

ben, soweit sie insbesondere nach ihrer personellen, sachlichen und finanziellen Ausstattung imstande sind, ihre satzungsgemäßen Aufgaben der Verfolgung gewerblicher Interessen tatsächlich wahrnehmen, und die Handlung geeignet ist, den Wettbewerb auf dem relevanten Markt wesentlich zu beeinträchtigen,
3. von einem Rechtsanwalt, der von Verlegern, Importeuren oder Unternehmen, die Verkäufe an Letztabnehmer tätigen, gemeinsam als Treuhänder damit beauftragt worden ist, ihre Preisbindung zu betreuen (Preisbindungstreuhänder),
4. von qualifizierten Einrichtungen, die nachweisen, dass sie in die Liste qualifizierter Einrichtungen nach § 4 des Unterlassungsklagengesetzes oder in dem Verzeichnis der Kommission der Europäischen Gemeinschaften nach Artikel 4 der Richtlinie 98/27/EG des Europäischen Parlaments und des Rates vom 19. Mai 1998 über Unterlassungsklagen zum Schutz der Verbraucherinteressen (ABl. EG Nr. L 166 S. 51) in der jeweils geltenden Fassung eingetragen sind. Die Einrichtungen nach Satz 1 Nr. 4 können den Anspruch auf Unterlassung nur geltend machen, soweit der Anspruch eine Handlung betrifft, durch die wesentliche Belange der Letztabnehmer berührt werden.
(3) Für das Verfahren gelten bei den Anspruchsberechtigten nach Absatz 2 Nr. 1 bis 3 die Vorschriften des Gesetzes gegen den unlauteren Wettbewerb und bei Einrichtungen nach Absatz 2 Nr. 4 die Vorschriften des Unterlassungsklagegesetzes.

§ 10 Bucheinsicht

(1) Sofern der begründete Verdacht vorliegt, dass ein Unternehmen gegen § 3 verstoßen hat, kann ein Gewerbetreibender, der ebenfalls Bücher vertreibt, verlangen, dass dieses Unternehmen einem von Berufs wegen zur Verschwiegenheit verpflichteten Angehörigen der wirtschafts- oder steuerberatenden Berufe Einblick in seine Bücher und Geschäftsunterlagen gewährt. Der Bericht des Buchprüfers darf sich ausschließlich auf die ihm bekannt gewordenen Verstöße gegen die Vorschriften dieses Gesetzes beziehen.
(2) Liegt eine Zuwiderhandlung vor, kann der Gewerbetreibende von dem zuwiderhandelnden Unternehmen die Erstattung der notwendigen Kosten der Buchprüfung verlangen.

Vertragsstrafenvereinbarung und Fachzeitschriften-Sammelrevers („Sammelrevers 2002“)

Allgemeiner Teil

1. Mir ist bekannt, dass ab 1. Oktober 2002 die Preisbindung des Buchhandels in Deutschland durch das Preisbindungsgesetz vom 02.09.2002 geregelt ist. Die bislang vertraglichen Verpflichtungen zur Einhaltung der Preisbindung werden durch die gesetzliche Verpflichtung gemäß § 3 des Buchpreisbindungs-Gesetzes ersetzt. Diese Verpflichtung erstreckt sich auf alle in § 2 des Gesetzes aufgeführten Verlagserzeugnisse, mithin

   - Bücher,
   - Musiknoten,
   - kartographische Produkte,
   - Produkte, die Bücher, Musiknoten oder kartographische Produkte reproduzieren oder substituieren und bei Würdigung der Gesamtumstände als überwiegend verlags- oder buchhandelstypisch anzusehen sind sowie
   - kombinierte Produkte, bei denen eines der genannten Erzeugnisse die Hauptsache bildet.

   Fremdsprachige Bücher fallen nur dann unter das Preisbindungsgesetz, wenn sie überwiegend für den Absatz in Deutschland bestimmt sind.

   Die nachfolgende Vereinbarung bezweckt zweierlei:

   Zum einen enthält Teil A. die Vereinbarung einer Vertragsstrafe, um eine schnelle und effektive Verfolgung von Preisbindungsverstößen zu gewährleisten.

   Zum anderen lässt § 15 Abs. 1 GWB den Verlegern von Fachzeitschriften die Wahl, ob sie diese Zeitschriften im Preis binden wollen oder nicht. Diejenigen Verlage, die in der Verleger-Liste genannt sind, haben von der Möglichkeit zur Preisbindung ihrer Fachzeitschriften Gebrauch gemacht. Die hierzu erforderlichen vertraglichen Regelungen finden sich unter B. (Fachzeitschriften-Sammelrevers).

   Die in der Verlegerliste aufgeführten Verlage haben Rechtsanwalt Dieter Wallenfels, Wiesbaden, gem. § 9 Abs. 2 Ziff. 3 Preisbindungs-Gesetz beauftragt, ihre Preisbindung zu betreuen.

2. Dieser Vertrag tritt mit Unterzeichnung in Kraft. Er wird auf unbestimmte Zeit abgeschlossen. Der Vertrag kann von beiden Seiten mit einer Frist von vier Wochen jeweils zum Monatsende durch eingeschriebenen Brief, der an den Preisbindungstreuhänder zu richten ist, gekündigt werden. Für die bei Wirksamwerden der Kündigung bereits gelieferten Bücher bleibt er bestehen.

3. Für alle aus diesem Preisbindungsvertrag sich ergebende Streitigkeiten werden wahlweise als Gerichtsstände vereinbart: Wiesbaden oder die Hauptstadt des Bundeslandes, in dem der Verlag seine Niederlassung hat, oder die Hauptstadt des Bundeslandes, in dem der gebundene Händler seine Niederlassung hat, oder der Ort der Niederlassung des Verlages.

4. Weitere, insbesondere neue Verlage werden Buchhändler ebenfalls zur Einhaltung einer Vertragsstrafe verpflichten oder ihre Fachzeitschriften im Preis binden wollen. Die Einholung neuer Reverse (von ihren Kunden und denen des Zwischenbuchhandels) würde für sie allein einen untragbaren Kostenaufwand verursachen. Um zu ermöglichen, dass sie dieser Vertragsstrafenvereinbarung und dem Fachzeitschriften-Sammelrevers beitreten, erteile ich Frau Rechtsanwältin Ira Troa-Korbion, Düsseldorf, Vollmacht, für mich dabei zu unterzeichnen. Außerdem bevollmächtige ich sie, in meinem Namen mitzuwirken, wenn Sie in Vollmacht der an dieser Vereinbarung beteiligten Verlage den Sammelrevers veränderten tatsächlichen und rechtlichen Verhältnissen anpassen müssen. Frau Troa-Korbion kann die Vollmacht, insbesondere auch für den Fall ihres Ablebens, weiter erteilen.

5. Erklärungen des Bevollmächtigten in meinem Namen – gleich welcher Art – werden erst wirksam, wenn sie der Bevollmächtigte in zwei aufeinanderfolgenden Nummern des Börsenblattes an auffälliger Stelle bekannt gemacht hat und ich die Vollmacht nicht inzwischen allgemein oder aber für den Einzelfall binnen Monatsfrist nach der zweiten Bekanntmachung schriftlich widerrufen habe.

   Neu hinzukommende Verlage müssen in ihren Preislisten, Preismitteilungen und Geschäftsbedingungen deutlich auf den Beitritt zu diesem Vertrag hinweisen.

A. Vertragsstrafenverpflichtung

Ich verpflichte mich durch die Unterzeichnung dieser Vereinbarung gegenüber den in der Verlegerliste aufgeführten Verlagen zur Zahlung einer Konventionalstrafe für jeden Fall des vorsätzlichen oder fahrlässigen Anbietens oder Gewährens unzulässiger Nachlässe. Die Vertragsstrafe hat die Höhe des Rechnungsbetrages des angestrebten oder vollzogenen Geschäftes. Sie beträgt bei Verstößen von durchschnittlicher Schwere mindestens € 1.500,00 für den ersten Verstoß, € 2.500,00 für jeden weiteren Verstoß und € 5.000,00 für unzulässige Nachlassangebote an eine Mehrzahl von Abnehmern. Gleiches gilt bei Überschreitung des Ladenpreises. Die Vertragsstrafe ist unter Berücksichtigung der Umstände des jeweiligen Falles unter Wahrung des Grundsatzes der Verhältnismäßigkeit in Absprache mit den betroffenen Verlagen geltend zu machen. Der Betrag ist, sofern die Verlage nicht ausnahmsweise Zahlung an sich wünschen, an das Sozialwerk des Deutschen Buchhandels oder eine andere von Ihnen (dem Preisbindungstreuhänder) zu bestimmende soziale gemeinnützige Einrichtung des deutschen Buchhandels zu zahlen.

Der Verlag ist berechtigt, neben oder anstelle der Vertragsstrafe seine sonstigen Rechte geltend zu machen (Schadensersatzansprüche alternativ zur Vertragsstrafe).

Der Verlag verpflichtet sich, die Preisbindung zu überwachen. Er verpflichtet sich ferner mir gegenüber zur Zahlung einer Konventionalstrafe für den Fall, daß er seine gebundenen Preise (einschließlich der Sonderpreise) selbst unterbietet oder schuldhaft die Unterbietung durch Dritte veranlaßt. Absatz 1 gilt entsprechend. Die Konventionalstrafe kann für alle Betroffenen als Gesamtgläubiger (§ 428 BGB) nur einmal und nur von der Preisbindungsbevollmächtigten des Sortiments, Frau Rechtsanwältin Ira Troa-Korbion, Düsseldorf, zur Zahlung an das Sozialwerk des Deutschen Buchhandels geltend gemacht werden.

B. Preisbindung für Fachzeitschriften

Mir ist bekannt, dass die Preisbindung für Fachzeitschriften nicht vom Buchpreisbindungs-Gesetz geregelt ist, sondern weiterhin gemäß § 15 GWB durch Preisbindungsverträge zu regeln ist. Zur Gewährleistung einer lückenlosen und effektiven Preisbindung der in der Verleger-Liste genannten Verlage verpflichte ich mich gegenüber den Verlagen wie folgt:

1. Ich werde die Endabnehmerpreise allen Kunden in Deutschland in Euro berechnen. Sie werden von den einzelnen Verlagen durch ihre jeweils gültigen (gegenwärtigen und künftigen) Preislisten oder Preismitteilungen für ihre Zeitschriften festgesetzt. Sie enthalten die Mehrwertsteuer.

   Ich werde die Preisbindung auch nicht indirekt verletzen, etwa durch Zugaben, Freiexemplare und Boni, auch nicht durch sonstige Umgehungsformen, wie z.B. Umsatzprämien oder Gewinnbeteiligungen, soweit diese von den von mir mit dem Kunden getätigten Umsätzen für preisgebundene Zeitschriften abhängen. Dies gilt auch im Rahmen gesellschaftsrechtlicher Vertragsverhältnisse, wenn deren Zweck darauf gerichtet ist, Endabnehmern preisgebundene Zeitschriften im Ergebnis billiger zukommen zu lassen. Auch werde ich Abzüge seitens der Käufer nicht dulden.

   Ich werde die Preise auch nicht überschreiten, darf aber außergewöhnliche Auslagen, z.B. bei Eilbestellungen oder Versand an den Kunden, berechnen.

2. Sofern der Verlag „Sonderpreise" festsetzt, bin ich auch an diese gebunden. Ihre Auftraggeber werden insbesondere die folgenden herkömmlichen Begriffe verwenden:

   a) Ermäßigte Preise für Zeitschriften, die zur Ausbildung oder zur Ausübung der beruflichen oder gewerblichen Tätigkeit benötigt werden, und zwar, wenn der Bezieher sich in der Ausbildung befindet oder noch kein volles Gehalt bezieht oder Mitglied eines Fachvereins ist. Der Nachlass und der Kreis der Berechtigten werden in der Zeitschrift bekannt gegeben.

   b) Vorzugspreise für ausdrücklich so bezeichnete „Sonderveröffentlichungen" einer Zeitschrift (Sonderhefte, Ergänzungshefte) für deren Abonnenten.

   c) Sonderpreise für Körperschaften (Behörden, Organisationen oder Unternehmungen anderer Art), die bei der Herausgabe der betreffenden Fachzeitschrift in ausschlaggebender Weise mitgewirkt haben.

3. Von der Preisbindung ausgenommen ist die Lieferung zum Eigenbedarf an:

   a) Selbständige herstellende und verbreitende Buchhändler.

   b) Angestellte und feste Mitarbeiter von buchhändlerischen Betrieben.

   c) Angestellte von buchhändlerischen Abteilungen gemischter Betriebe.

   Zu a), sofern sie reversgebunden sind, zu b) bis c), sofern der Abnehmer schriftlich oder durch Betriebsordnung verpflichtet wird, diese Verlagserzeugnisse nicht (auch nicht gefälligkeitshalber) weiterzuveräußern.

4. Die Verpflichtungen dieses Vertrages gelten auch dann, wenn ich die Zeitschriften von dritter Seite, z.B. vom Zwischenbuchhandel, oder von einem anderen Händler beziehe. Davon ausgenommen sind Lieferungen aus Mitgliedsstaaten der EU. Aus einem Mitgliedsstaat der EU reimportierte deutsche Fachzeitschriften sind von der Preisbindung nur dann erfasst, wenn sich aus objektiven Umständen ergibt, dass diese Fachzeitschriften allein zum Zweck ihrer Wiederausfuhr ausgeführt worden sind, um die Preisbindung nach diesem Sammelrevers zu umgehen. Sinn dieser Regelung ist es, eine Beeinträchtigung des Handels zwischen Mitgliedsstaaten i.S.d. Art. 81 EGV durch den Sammelrevers auszuschließen. Sie ist entsprechend diesem Zweck auszulegen.

   Sofern ich meinerseits, z.B. als Zwischenbuchhändler, preisgebundene Fachzeitschriften an inländische Wiederverkäufer veräußere, bin ich verpflichtet, zuvor zu prüfen, ob der betreffende Händler bereits gebunden ist. Ist er nicht gebunden, muss ich ihn meinerseits entsprechend diesem Vertrag durch Revers binden.

   Wiederverkäufer, die ich außerhalb von Deutschland beliefere, habe ich entsprechend den vorstehenden Absätzen 1 und 2 zur Verhinderung der Umgehung einer lückenlosen Preisbindung schriftlich für den Fall zu binden, dass sie nach Deutschland reimportieren (ich habe sie außerdem zu verpflichten, beim Weiterverkauf an Händler diese ebenfalls zu binden).

   Grenzüberschreitende Verkäufe von Fachzeitschriften an Endabnehmer in anderen Mitgliedsstaaten der EU unterliegen nicht der Preisbindung nach diesem Sammelrevers.

   Bei Gewährung von Vermittlungsprovisionen werde ich sicherstellen, dass diese nicht, auch nicht teilweise, an Endabnehmer weitergegeben werden. Nicht gewerbsmäßige Vermittler dürfen keine Vermittlungsprovision erhalten.

   Bei einer Veräußerung meines Betriebes werde ich den Rechtsnachfolger schriftlich verpflichten, die von mir übernommenen Verpflichtungen aus diesem Revers ebenfalls einzuhalten.

5. Ich verpflichte mich durch die Unterzeichnung dieser Vereinbarung gegenüber den in der Verlegerliste aufgeführten Verlagen zur Zahlung einer Konventionalstrafe für jeden Fall des vorsätzlichen oder fahrlässigen Anbietens oder Gewährens unzulässiger Nachlässe. Die Vertragsstrafe hat die Höhe des Rechnungsbetrages des angestrebten oder vollzogenen Geschäftes. Sie beträgt bei Verstößen von durchschnittlicher Schwere mindestens € 1.500,00 für den ersten Verstoß, € 2.500,00 für jeden weiteren Verstoß und € 5.000,00 für unzulässige Nachlassangebote an eine Mehrzahl von Abnehmern. Gleiches gilt bei Überschreitung des Ladenpreises. Die Vertragsstrafe ist unter Berücksichtigung der Umstände des jeweiligen Falles unter Wahrung des Grundsatzes der Verhältnismäßigkeit in Absprache mit den betroffenen Verlagen geltend zu machen. Der Betrag ist, sofern die Verlage nicht ausnahmsweise Zahlung an sich wünschen, an das Sozialwerk des Deutschen Buchhandels oder eine andere von Ihnen (dem Preisbindungstreuhänder) zu bestimmende soziale gemeinnützige Einrichtung des deutschen Buchhandels zu zahlen.

   Der Verlag ist berechtigt, neben oder anstelle der Vertragsstrafe seine sonstigen Rechte geltend zu machen (Schadensersatzansprüche alternativ zur Vertragsstrafe), insbesondere Lieferungen – auch aus laufenden Bestellungen – einzustellen; dies auch dann, wenn ich meine Verpflichtungen gemäß Ziff. 6 verletze.

   Der Verlag verpflichtet sich, die Preisbindung zu überwachen. Er verpflichtet sich ferner mir gegenüber zur Zahlung einer Konventionalstrafe für den Fall, dass er seine gebundenen Preise (einschließlich der Sonderpreise) selbst unterbietet oder schuldhaft die Unterbietung durch Dritte veranlasst. Absatz 1 gilt entsprechend. Die Konventionalstrafe kann für alle Betroffenen als Gesamtgläubiger (§ 428 BGB) nur einmal und nur von dem Preisbindungsbevollmächtigten des Sortiments, Herrn Rechtsanwalt Dr. Giessen, Kassel, zur Zahlung an das Sozialwerk des Deutschen Buchhandels geltend gemacht werden.

6. Ich verpflichte mich, einem von Ihnen zu bestimmenden vereidigten Buchprüfer Einblick in meine Bücher einschließlich Geschäftsunterlagen zu geben, wenn die begründete Vermutung besteht, dass ich gegen die Preisbindung verstoße. Als Zwischenbuchhändler bin ich auch ohne Anlass bereit, einem Buchprüfer offenzulegen, dass ich nur reversgebundene Firmen mit Händlerrabatt beliefere. Der Buchprüfer hat sich mir in diesem Fall bei Beginn der Prüfung zu verpflichten, über alle ihm durch die Prüfung bekannt werdenden Vorgänge, die nicht Preisbindungsverstöße betreffen, Stillschweigen zu bewahren.

   Ich trage die Kosten einer Bucheinsicht, wenn die Zweifel an meiner Preisbindungstreue von mir verschuldet oder schuldhaft nicht ausgeräumt worden sind oder wenn Verstöße festgestellt werden.

   Habe ich die Prüfung von Preisbindungsverstößen (etwa durch nicht ordnungsgemäße Buchführung) ganz oder teilweise vereitelt, verpflichte ich mich, über die Verpflichtung gem. B.5 Abs. 1 hinaus zur Zahlung einer Vertragsstrafe in Höhe von € 5.000,00.

Grundlagenpapier

(Stand: 12. April 2007, verabschiedet von Vorstand, Fachausschüssen und Abgeordnetenversammlung in den Sitzungen am 24., 25. und 26. April 2007)

Die Buchbranche handelt mit einer Ware, die zugleich Kultur- und Wirtschaftsgut ist. Hieraus ergeben sich für uns besondere Verpflichtungen.

Als Kulturbranche erfüllen wir unseren gesellschaftlichen Auftrag, indem wir als Vermittler Brücken schlagen zwischen den Autoren, dem Kultur- und Bildungsbetrieb und dem Lesepublikum mit seinen unterschiedlichen Bedürfnissen. Dies ist der Kern unseres Selbstverständnisses. Er begründet unsere besondere gesellschaftliche Stellung.

In der Kombination aus kultureller Sicherung und wirtschaftlicher Erfolgsorientierung liegt unsere besondere Verantwortung. Nur wenn wir als Wirtschaftsunternehmen erfolgreich sind, können wir in Kultur investieren. Wir begreifen dieses Spannungsfeld nicht als Gegensatz, sondern sehen unsere Chance darin, beide Seiten zu einem für die Gesellschaft fruchtbaren Ausgleich zu bringen. Dieser doppelte innere Antrieb, das Streben nach kulturellem und wirtschaftlichem Gewinn, wirkt sinnstiftend für die gesamte Branche. Dies unterscheidet uns von ausschließlich ökonomisch gesteuerten Branchen.

Im verständlichen Bemühen um den kurzfristigen Erfolg unterstreicht die Branche die Bedeutung einer Orientierung an den beschriebenen langfristigen Aufgaben. Langfristige Ziele und Strategien erfordern klare Regeln und eine offene Kommunikation derselben, damit der

Einzelne sie sich zu eigen machen kann. Gemeinsames Handeln basiert auf Vertrauen. Das ist vor allem das Vertrauen, dass sich alle an gemeinsame Regeln halten.

Der Gesetzgeber erkennt die besonderen Aufgaben der Branche an, indem er wesentliche Rahmenbedingungen unseres Handelns schützt. Dazu gehören unter anderem die Bindung des Buchpreises und die Gewährung des Umsatzsteuerprivilegs. Die Branche mahnt den Gesetzgeber, bei allen verständlichen Maßnahmen zur Förderung von Bildung und Kultur die wirtschaftlichen Bedingungen ihrer Verbreitung auch im Internetzeitalter nicht zu vernachlässigen. Dieser gesetzliche Rahmen sichert die vier zentralen Ziele unseres Handelns ab und verpflichtet uns zugleich, uns aktiv für diese Ziele einzusetzen: für die Garantie der Vielfalt von Autoren und Inhalten, der landesweiten Verfügbarkeit dieser Inhalte, einer qualifizierten Auswahl von Titeln durch den verbreitenden Buchhandel sowie der umfassenden Information und Beratung des Lesepublikums.
Das bedeutet im Einzelnen:

Verlage

Verleger erkennen das Bedürfnis der Gesellschaft nach Information, Wissen und Kultur als Chance für unternehmerisches Handeln. Sie spüren Autoren und ihre Potenziale auf – Werteorientierung bestimmt ihre Programmarbeit. Durch intensive Arbeit an Konzept und Text machen sie das Wissen der Autoren für die Leser zugänglich. Der Wettbewerb zwischen Verlagen fördert und ermöglicht eine große Vielfalt an Konzepten und Inhalten. Diese Vielfalt spiegelt die Pluralität und Komplexität der modernen Gesellschaft und wird ihr gerecht.

Die Verfügbarkeit von Titeln erfordert vor allem, dass Titel über einen möglichst langen Zeitraum vom Verlag angeboten und lieferbar gehalten werden. Nicht nur einer großen Zahl an Neuerscheinungen, sondern ebenso einer lebendigen Backlist und einem dauernden Einsatz für diese muss das Bemühen der Verlage gelten. Zur Verfügbarkeit gehört auch, dass das verlegerische Angebot einer möglichst großen Zahl von Kunden im verbreitenden Buchhandel zugänglich gemacht wird.

Mit der Auswahl der Titel und der Gestaltung des Verlagsprogramms übernimmt der Verleger gegenüber Lesern und Autoren Verantwortung für den Inhalt, dessen Sicherung und dessen Qualität.

Medienkonkurrenz und Datenflut erfordern eine immer präzisere und präsentere Information über das Angebot. Dabei ist die Pflege und Gestaltung des *Verzeichnisses lieferbarer Bucher* (VIB) eine besondere Verpflichtung. Neben den klassischen Informationskanälen gewinnt das Internet immer mehr an Gewicht. Hier gestaltet die Branche mit ihrem Projekt der urheberrechtlich abgesicherten Volltextsuche-Online das Informationsverhalten im digitalen Zeitalter.

Zwischenbuchhandel

Der Zwischenbuchhandel ist die Drehscheibe des buchhändlerischen Verkehrs und damit Garant für die Verfügbarkeit inhaltlicher Vielfalt. Die für die Innovationskraft und für die langfristige Qualität des Angebots notwendigen kleinen Verlage können nur bestehen, wenn sie von den Barsortimenten und Verlagsauslieferungen beachtet werden. Erst die logistische Leistungsfähigkeit des Zwischenbuchhandels, insbesondere die Belieferung auch entlegener sowie kleiner Buchhandlungen garantiert die Verfügbarkeit des verlegerischen Angebots.

Bei der Auswahl der Titel sind sich die Barsortimente ihrer Verantwortung für die Meinungsfreiheit und die Pluralität bewusst. Der Gesetzgeber erkennt und unterstreicht diese Bedeutung durch die besondere Stellung im Gesetz.

Die Information durch Datenbanken und Kataloge von Barsortimenten bestimmt über die Wahrnehmung und damit faktisch über die Verfügbarkeit eines Werkes. Die Datenbanken haben in dieser Hinsicht eine besondere Bedeutung. Ihre Existenz liegt im Interesse aller Marktteilnehmer. Da nicht alle Titel von Barsortimenten geführt werden, ist die Existenz des VIB als Gesamtverzeichnis aller lieferbaren Titel eine Grundbedingung für den Erhalt der Vielfalt.

Verbreitender Buchhandel

Erst in der Arbeit des verbreitenden Buchhandels mit seinem Sortiment realisiert sich der Erfolg der kulturellen Vermittlungsarbeit der gesamten Branche. Der Buchhändler ist für seine Kunden Wegweiser durch die große Titelvielfalt. Er vermittelt zwischen dem Interesse des Kunden und dem breiten Angebot der Verlage. Der Kunde soll darauf vertrauen können, dass er die wichtigsten und besten Titel im Sortiment findet. Der Buchhändler stellt eine fundierte Auswahl zur Verfügung und beschränkt sich nicht nur auf die bloße Bereitstellung des Angebots. Vielmehr sichert er auf allen Vertriebskanälen beratend den individuellen Zugang zur gesamten Informationswelt.

Die Verfügbarkeit eines breiten und tiefen Angebots über einen langen Zeitraum ist nur möglich, wenn der Buchhandel neben den angebotenen Titeln die Besorgung aller lieferbaren Titel aktiv sicherstellt.

Die Information des Kunden ist wesentliche Grundlage für den Verkauf. Der Buchhändler ist auf die breite Information des Publikums in den Medien insbesondere durch den Verlag angewiesen. Die aktive Ansprache des Kunden ist vornehmlich Aufgabe des verbreitenden Buchhandels. Der Buchhändler geht auf Kunden zu, bietet Titel an, präsentiert Alternativen und stellt die Vielfalt aktiv dar. Dazu gehört die systematische Nutzung von Datenbanken, über die auch nicht barsortimentsgängige Werke auf Kundenwunsch ermittelt und besorgt werden.

Verkehrsordnung für den Buchhandel in der Fassung vom 9. November 2006 (mit Änderungen § 3 Ziffer 4 (jetzt Ziffer 5) vom November 2013, § 3 Ziffer 3 vom September 2015 sowie Ergänzung von § 3 Ziffer 4 vom November 2018)

§ 1 Begriffsbestimmungen

1. Die Begriffsbestimmungen für den herstellenden Buchhandel, im Folgenden kurz »Verlag« genannt, den verbreitenden Buchhandel, im Folgenden kurz »Sortiment« genannt, sowie den Zwischenbuchhandel ergeben sich aus der Satzung des Börsenvereins. »Abnehmer« sind Buchhandlungen und Buchgroßhandlungen.
2. Importeur ist ein Unternehmen insbesondere aus dem Bereich des Sortiments oder des Zwischenbuchhandels, das Werke im Sinne von Ziffer 4 Satz 1 aus dem Ausland zum Zwecke des Weiterverkaufs einführt.
3. Für den Zwischenbuchhandel finden folgende Begriffsbestimmungen Anwendung:
a) Buchgroßhandlungen sind Barsortimente und andere Unternehmen, die im eigenen Namen und auf eigene Rechnung Gegenstände des Buchhandels von den Verlagen kaufen, ein eigenes Lager unterhalten und an Sortimente verkaufen sowie Dienstleistungen erbringen.
b) Der buchhändlerische Kommissionär handelt im Auftrag, im Namen und für Rechnung des Verlages, des Sortiments oder beider. Buchhändlerischer Kommissionär einer Firma ist der

im *Adressbuch für den deutschsprachigen Buchhandel* oder im *Börsenblatt* (s. Ziffer 8) bekannt gegebene Kommissionär, solange ein Kommissionswechsel oder die Kommissionsaufgabe nicht gemäß § 2 angezeigt worden ist.
c) Der Sortiments-Kommissionär fasst Dienstleistungen im Rahmen des buchhändlerischen Bestell- und Lieferverkehrs zusammen. Als Bücherwagen-Dienst übernimmt der Sortiments-Kommissionär im Auftrag des Sortiments-Kommittenten die Übernahme und die Zustellung von Gegenständen des Buchhandels von Verlagen bzw. deren Auslieferung (Beischlüsse) und fasst sie ggf. mit Sendungen der Barsortimente gleichrangig zusammen. Er übernimmt die Abholung von Remittenden bei den Sortiments-Kommittenten und deren Zustellung an die Verlage bzw. deren Auslieferungen entsprechend der Versandanweisung des Sortiments-Kommittenten. Als Bestellanstalt leitet er im Auftrag des Sortiments-Kommittenten dessen Bestellungen an die Verlage bzw. deren Auslieferungen weiter.
d) Der Verlags-Kommissionär liefert aus dem von ihm verwalteten Auslieferungslager im Auftrag, für Rechnung und nach Weisungen der Verlags-Kommittenten aus (Verlagsauslieferung).
e) Buchgroßhandlungen, Sortiments-Kommissionäre und Verlags-Kommissionäre erfüllen, ungeachtet der Zusammenfassung von Dienstleistungen, in sich selbstständige und voneinander klar abgegrenzte Funktionen.
4. »Werke« sind alle Gegenstände des Buchhandels sowie des Zeitschriften- und Kunsthandels, die der Verlag herstellt oder verbreitet. »Gegenstände des Buchhandels« sind alle Erzeugnisse der Literatur, Tonkunst, Kunst, Kartografie und Fotografie, die durch ein grafisches, phonografisches, fotografisches, fotomechanisches, optisches, magnetisches, digitales oder vergleichbares bestehendes oder neues Verfahren vervielfältigt sind, wie z. B. Bücher, Zeitschriften, Musikalien, Tonträger einschließlich Hörbücher, Daten- oder Bildträger (insbesondere CD-ROM und DVD), Kunstblätter, Kalender, Diapositive, Atlanten, Landkarten, Globen, Schulwandbilder und andere diesen Begriffsbestimmungen entsprechende Lehr- und Lernmittel.
5. »Gebundener Ladenpreis« ist der vom Verlag oder vom Importeur für den Verkauf an den Endabnehmer festgesetzte Verkaufspreis, »unverbindlich empfohlener Preis« ist der Preis, den der Verlag für den Verkauf an Endabnehmer empfiehlt, »Abgabepreis« ist der dem Abnehmer berechnete Preis des Verlages oder des Importeurs. Alle diese Preise enthalten die gesetzliche Mehrwertsteuer. Rabatte und Skonti beziehen sich auf Preisangaben einschließlich der gesetzlichen Mehrwertsteuer.
6. Als »Erscheinungstermin« eines Werkes gilt der Tag, an dem der Verlag mit der Auslieferung beginnt.
7. Als »Erstverkaufstag« gilt der vom Verlag festgesetzte Tag, an dem ein Werk erstmals ausgestellt und/oder an Endabnehmer verkauft werden darf.
8. Offizielles Mitteilungs- und Veröffentlichungsorgan des Börsenvereins ist die Verbandszeitschrift *Börsenblatt* (derzeitiger Titel: *Börsenblatt – Wochenmagazin für den deutschen Buchhandel*). Sie erscheint in einer Druckausgabe und ist in einer Online-Version im Internet abrufbar.

§ 2 Bekanntmachungen

Die in dieser Verkehrsordnung aufgeführten buchhändlerischen Anzeigen und Mitteilungen über geschäftliche Vorgänge, Veränderungen und dergleichen gelten als ordnungsgemäß erfolgt, wenn sie im *Börsenblatt* veröffentlicht worden sind.
Solange eine anzuzeigende Tatsache nicht in dieser Weise bekannt gemacht ist, kann sie vom Anzeigepflichtigen einem Dritten nicht entgegengehalten werden, es sei denn, dass sie diesem nachweislich bekannt ist.

§ 3 Bezugsbedingungen

1. Der Verlag setzt die Bezugsbedingungen unter Berücksichtigung der jeweiligen Funktion des Abnehmers fest. Dabei trifft ihn gemäß § 6 *BuchPrG* in dreierlei Hinsicht im Interesse des Erhalts der Preisbindung die Pflicht, sachlich ungerechtfertigte Benachteiligungen seiner Abnehmer zu vermeiden, nämlich

- gemäß § 6 Abs. 1 gegenüber kleineren Buchhandlungen (»Verlage müssen bei der Festsetzung ihrer Verkaufspreise und sonstigen Verkaufskonditionen gegenüber Händlern den von kleineren Buchhandlungen erbrachten Beitrag zur flächendeckenden Versorgung mit Büchern sowie ihren buchhändlerischen Service angemessen berücksichtigen. Sie dürfen ihre Rabatte nicht allein an dem mit einem Händler erzielten Umsatz ausrichten.«)

Eine individuelle Konditionenspreizung findet ihre Grenzen dort, wo Marktteilnehmer wegen ihrer Marktstellung ohne sachlich gerechtfertigten Grund bevorzugt oder benachteiligt werden.

- gemäß § 6 Abs. 2 gegenüber dem Buchhandel in Beziehung zu Abnehmern in Nebenmärkten (»Verlage dürfen branchenfremde Händler nicht zu niedrigeren Preisen oder günstigeren Konditionen beliefern als den Buchhandel.«)
- gemäß § 6 Abs. 3 gegenüber den Barsortimenten (»Verlage dürfen für Zwischenbuchhändler keine höheren Preise oder schlechteren Konditionen festsetzen als für Letztverkäufer, die sie direkt beliefern.«).

2. Sofern der Verlag nicht allgemein oder im Einzelfall besondere Bedingungen vorgeschrieben hat, gelten die in den nachstehenden Bestimmungen enthaltenen Regeln als Bezugsbedingungen. Änderungen seiner Bezugsbedingungen muss der Verlag den Abnehmern so frühzeitig mitteilen, dass die Abnehmer darauf reagieren können. Einzelvertragliche Bezugsbedingungen bleiben hiervon unberührt.

3. Der vom Verlag oder vom Importeur an das *Verzeichnis lieferbarer Bücher* (VIB) gemeldete und dort veröffentlichte Endpreis (Ladenpreis) eines preisgebundenen Verlagserzeugnisses wird entsprechend der Verkehrsübung sowohl vom Verlag bzw. vom Importeur als auch vom Abnehmer als verbindliche Preisfestsetzung und Preisveröffentlichung im Sinne der Buchpreisbindung verstanden. Der so gemeldete Ladenpreis gilt als gebundener Buchpreis gemäß § 5 Abs. 1 *BuchPrG*. Änderungen und Aufhebungen von gebundenen Ladenpreisen, auch der Sonderpreise und der Sonderbedingungen, muss der Verlag bzw. der Importeur mit einer Vorlauffrist von 14 Tagen im VIB bzw. im Fall von nach dem *Sammelrevers 2002* preisgebundenen Zeitschriften seinen Abnehmern direkt anzeigen. In gleicher Weise sind die Ladenpreise von Neuerscheinungen (§ 9) und Ladenpreisänderungen bei Neuauflagen (§ 13) anzuzeigen. Im Fall von E-Books gilt eine Vorlauffrist von 4 Tagen. E-Book-Aktionspreise müssen mit einer Vorlaufzeit von 28 Tagen angezeigt werden. Im Falle von nach dem *Sammelrevers 2002* preisgebundenen Zeitschriften muss die Anzeige der Preisänderung/ bzw. -aufhebung bei den Abnehmern des Verlags bzw. des Importeurs direkt erfolgen.

4. Ein Verlag darf einen gebundenen Mengenpreis nur anwenden, wenn er den Mengenpreis zuvor festgesetzt und in geeigneter Weise veröffentlicht hat. Sofern der Verlag Mengenpreise nicht im VLB bekannt gibt, kann eine Veröffentlichung auch über die Website des Verlages erfolgen, sofern die Preisangabe als Information für den Handel gekennzeichnet sowie für jeden Wiederverkäufer öffentlich zugänglich und leicht auffindbar ist.

5. Führen die Bezugsbedingungendazu, dass der gebundene Ladenpreis eines Werkes, welches nicht über Großbuchhandlungen oder andere bündelnde Verkehrswege beziehbar ist, unter dem Einstandspreis (»Abgabepreis« des Verlages zzgl. Kosten der Warenbeschaffung) liegt, ist der Abnehmer berechtigt, die Rechnung um den entsprechenden Betrag zu kürzen.

Bei der Berechnung der Zustellkosten soll zugrunde gelegt werden

- bei Büchersendungen bis 1 kg das jeweils gültige Porto der Deutschen Post,
- bei Lieferungen ab 1 kg der jeweils günstigste Satz der Bücherwagendienste; für Unternehmen, die nicht an Bücherwagendienste angeschlossen sind, der günstigste Satz des jeweiligen Logistik-Kooperationspartners des Börsenvereins.

Es dürfen keine pauschalen Versandkosten berechnet werden, die zusätzlich zum Porto Verpackungs- oder sonstige Servicekosten enthalten. Soweit der im VLB genannte Ladenpreis überschritten wird, darf der Buchhändler wie in Ziffer 5 Satz 1 vorgehen.

6. Die Vergünstigungen bei Partiebezügen gelten nur, wenn die dafür vorgesehene Stückzahl auf einmal bestellt wird. Gestattet der Verlag eine Partieergänzung, so ist diese nur innerhalb eines Zeitraumes bis zu sechs Monaten zulässig. Der Erstbezug ist bei Bestellung anzugeben.

7. Erhöht der Verlag oder der Importeur die Preise, sind alle bis zum Stichtag aufgegebenen Bestellungen zum alten Preis auszuführen. Bei Preissenkungen sind die Bestellungen ab Stichtag zum neuen Preis auszuführen.
8. Hebt der Verlag oder der Importeur gebundene Ladenpreise auf oder setzt er Ladenpreise herab oder trifft er Maßnahmen, die einer Aufhebung des Ladenpreises gleichkommen, so ist er verpflichtet, innerhalb der letzten 12 Monate durch den Abnehmer bezogene und dort vorrätige Exemplare gegen Erteilung einer Gutschrift in voller Höhe und ohne Erhebung einer Bearbeitungsgebühr zurückzunehmen.
Bei Lieferungen über Buchgroßhandlungen erfolgt die Remission über diese. Maßgebend für die Frist ist der Zeitpunkt der ordnungsgemäßen Bekanntgabe der Preisherabsetzung. Die remittierten Exemplare bleiben, vorbehaltlich eines noch bestehenden Eigentumsvorbehalts des Lieferanten, bis zur Erteilung der Gutschrift Eigentum des Abnehmers.
9. Bei Preisherabsetzungen kann der Verlag oder der Importeur statt der Rücknahme dem Abnehmer auch den Unterschied der Abgabepreise vergüten, wobei diese nach dem ursprünglich gewährten Rabattsatz zu berechnen sind.
10. Der Anspruch des Abnehmers auf Rücknahme muss beim Verlag oder beim Importeur innerhalb von sechs Wochen ab Bekanntgabe der Preisaufhebung oder -herabsetzung geltend gemacht werden. Für Buchgroßhandlungen gilt eine Frist von drei Monaten. Auf Verlangen des Verlages oder des Importeurs muss der Abnehmer die Voraussetzungen für die Remission gemäß Ziffer 7 durch Angabe der Bezugsdaten nachweisen.
11. Der Übergang von Verlagsrechten an Werken von einem Verlag auf einen anderen sowie die damit etwa vorgenommenen Änderungen der gebundenen Ladenpreise sind vom erwerbenden Verlag unverzüglich im *Börsenblatt* zu veröffentlichen oder seinen Abnehmern direkt mitzuteilen. Der erwerbende Verlag ist gehalten, die zwischen dem veräußernden Verlag und dem Abnehmer vereinbarten Bezugsbedingungen zu übernehmen, soweit es sich um Rechtsfolgen aus bereits geschlossenen Verträgen handelt.
12. Subskriptionspreise gelten für den Abnehmer bis zu sieben Werktage nach Ablauf der für den Endabnehmer verbindlichen Subskriptionsfrist.
13. Fest gelieferte Werke bleiben bis zur vollständigen Bezahlung Eigentum des liefernden Verlages. Solange der Eigentumsvorbehalt besteht, darf der Abnehmer die Werke nur im ordnungsgemäßen Geschäftsbetrieb veräußern und ohne Zustimmung des Verlages weder verpfänden noch zur Sicherheit übereignen.

§ 4 Änderungen der Bezugsbedingungen
1. Eine Bestellung kann zu veränderten Bezugsbedingungen nur ausgeführt werden, wenn diese rechtzeitig im *Börsenblatt* oder dem Abnehmer direkt mitgeteilt worden sind. Aufhebung oder Einschränkung der offenen Rechnung gilt in diesem Fall nicht als Änderung der Bezugsbedingungen.
2. Bei Lieferung von Fortsetzungswerken ist der Verlag gegenüber dem Abnehmer der früheren Teile des Werkes zur Änderung seiner Bezugsbedingungen für das Werk nur berechtigt, wenn sich im Laufe eines mehrjährigen Lieferzeitraumes schwerwiegende Umstände ergeben haben, die im Zeitpunkt der Bestellung weder vom Verlag noch vom Abnehmer vorausgesehen werden konnten und die auch unter Berücksichtigung der Interessen des Abnehmers ein Festhalten an den bisherigen Bezugsbedingungen für den Verlag billigerweise unzumutbar machen.
Das Gleiche gilt auch für in Subskription bestellte Werke ohne Rücksicht darauf, ob es sich um Fortsetzungswerke handelt. Der neue Jahrgang, Band usw. eines periodisch erscheinenden Werkes gilt nicht als Fortsetzung im Sinne vorstehender Bestimmung.
3. Bei Zeitschriften ist eine Änderung der Bezugsbedingungen nur zum Ablauf des Bezugszeitraums mit mindestens zweimonatiger Vorankündigung möglich. Der Verlag ist jedoch berechtigt, die Bezugsbedingungen jederzeit zu ändern, wenn der Abnehmer die ihm gegenüber eingegangenen Verpflichtungen aus Lieferungsverträgen im allgemeinen geschäftlichen Verkehr nicht erfüllt hat.

§ 5 Bestellungen

1. Für die Rechtsgültigkeit einer Bestellung genügt die Verwendung von Bestellformularen (Bestellzettel), welche die Firma des Abnehmers aufgedruckt oder aufgestempelt tragen. Bei elektronischer Bestellung genügt eine eindeutig identifizierbare Absenderangabe.
2. Kann eine Bestellung nicht in einer dem Charakter der Bestellung angemessenen Frist ausgeführt werden, so hat der Verlag dem Abnehmer die Lieferungszeit unverzüglich mitzuteilen. Ist er dazu außerstande, so hat er vor Ausführung der Bestellung beim Abnehmer unmittelbar anzufragen, ob die Bestellung noch ausgeführt werden soll. Nichtbeantwortung dieser Anfrage innerhalb von zwei Wochen gilt als Zustimmung zur Ausführung der Bestellung. Hat der Verlag eine wesentliche Lieferungsverzögerung nicht mitgeteilt, so hat er die verspätete Lieferung auf Verlangen und eigene Kosten zurückzunehmen.
3. Angemahnte Bestellungen müssen den deutlich erkennbaren Zusatz »wiederholt« oder »Reklamation« enthalten sowie das Datum, den Inhalt und den Bestellweg der ersten Bestellung.
4. Der Bezug des ersten Teiles eines Werkes (Band, Lieferung, Nummer) verpflichtet zur Abnahme der später erscheinenden Teile, falls der Verlag dies in seinen Ankündigungen unmissverständlich zum Ausdruck gebracht hat und diese Verpflichtung auf den beigefügten Rechnungen oder Lieferscheinen auffällig und zweifelsfrei ausgedruckt oder sonst auf andere Weise vermerkt ist (Ausnahme: §§ 7 und 8).
5. Der Verlag hat das Bestelldatum und das Bestellzeichen auf Lieferschein und Rechnung anzugeben. Bei Unklarheiten hat der Verlag unverzüglich den Nachweis der ordnungsgemäßen Bestellung zu führen.
6. Bestellungen gelten grundsätzlich als fest, wenn sie nicht zweifelsfrei anders bezeichnet sind.
7. Beim Verlag direkt eingehende Bestellungen von Endabnehmern, die einem Abnehmer durch Lieferung zur Ausführung überwiesen werden, gelten als Bestellung dieses Abnehmers, falls er dieser Regelung grundsätzlich zugestimmt hat.
8. Die Kosten der traditionellen Bestellübermittlung (per Post oder Telefax) trägt der Abnehmer.
9. Ist ein Werk in verschiedenen Einbandarten (Ausstattungen) lieferbar, ist bei Fehlen detaillierter Bestellangaben, z. B. ISBN, grundsätzlich die preisniedrigste gebundene Ausgabe zu liefern. Entsprechendes gilt, wenn ein elektronisches Werk in verschiedenen Ausstattungen angeboten wird.
10. Der Verlag soll den EAN-Code und die ISBN gut lesbar auf dem Werk oder dessen Umhüllung vermerken.

§ 6 Genehmigte Remission und Rücknahmepflicht des Verlages

1. Liefert der Verlag Werke mit Remissionsrecht (RR), so hat er auf der Rechnung den Termin anzugeben, bis zu welchem er die Rücksendung gestattet; diese Frist soll in der Regel nicht weniger als zwei Monate betragen. Der vereinbarte Termin ist einzuhalten. Entscheidend ist das Absendedatum. Mit Umtauschrecht anstelle von RR darf der Verlag nur nach vorheriger Zustimmung des Abnehmers liefern. Die Gutschrift für die Rücksendung ist in voller Höhe zu erteilen.
2. Bei Rücksendung aus Festbezügen gilt folgendes:

a) Rücksendungen aus Festbezügen sind nur nach vorheriger Genehmigung oder im Rahmen von Sondervereinbarungen zulässig.

b) Genehmigte Remittenden sind im verlagsneuen Zustand innerhalb von vier Wochen abzusenden. Gefahr und Transportkosten gehen zu Lasten des Abnehmers. Bearbeitungsgebühren oder Rabattkürzungen seitens des Verlages sind nur nach ausdrücklicher vorheriger Vereinbarung zulässig.

c) Beanstandungen müssen unverzüglich, spätestens jedoch innerhalb von vier Wochen, gegenüber dem Abnehmer geltend gemacht werden.

3. Das Fehlen der Originalverpackung berechtigt den Verlag nicht, Rücksendungen zurückzuweisen, wenn ihr sonstiger Zustand einwandfrei ist. Er kann aber in solchem Fall die Selbstkosten für die fehlende Originalverpackung fordern.

4. Der Verlag ist zur Rücknahme fest bestellter Werke nur in den in diesem Paragrafen und in den §§ 5, 8, 9, 11, 12, 13 und 14 aufgeführten Fällen verpflichtet. Bei genehmigter Rücknahme oder genehmigtem Umtausch infolge irrtümlicher Bestellung trägt der Abnehmer die Kosten für Hin- und Rücksendung. Der Verlag ist berechtigt, zum Ausgleich seiner innerbetrieblichen Kosten eine angemessene Bearbeitungsgebühr zu verlangen.
5. Der Verlag ist verpflichtet, das Gelieferte innerhalb von zwei Monaten vom Tag der Lieferung an zurück zu nehmen und die Kosten für Hin- und Rücksendung zu tragen, wenn er entweder
a) irrtümlich fest ein anderes als das bestellte Werk geliefert hat oder
b) die Absendung schuldhaft verzögert hat oder
c) eine ausdrücklich gestellte Lieferfrist nicht eingehalten oder sonstige Vorbehalte, z. B. Preisgrenzen, nicht berücksichtigt hat oder
d) zu einem neuen, wesentlich erhöhten Ladenpreis geliefert und wenn er oder der Importeur die Preiserhöhung nicht ordnungsgemäß zuvor bekannt gegeben hat.
In den Fällen a) bis d) kann der Abnehmer binnen vier Wochen nach Eingang der Sendung Rücknahme verlangen. Er hat nur Anspruch auf Aufhebung der Bestellung und Rücknahme der Lieferung, kann jedoch zum Ausgleich seiner innerbetrieblichen Kosten eine angemessene Bearbeitungsgebühr verlangen.

§ 7 Zeitschriften

1. Zeitschriften sind periodisch erscheinende Druckwerke mit mindestens zwei Ausgaben jährlich in gleicher Form und Aufmachung. Das Redaktionskonzept mit einer kontinuierlichen und universellen Stoffdarbietung ist auf bestimmte Zielgruppen ausgerichtet, vom breiten Publikum bis hin zu Spezialisten. Zeitschriften enthalten Beiträge mehrerer Autoren, sind für eine unbegrenzte Erscheinungsdauer konzipiert und können im Voraus für einen längeren Zeitraum abonniert werden. Sie haben üblicherweise sowohl einen Einzelbezugspreis als auch einen Abonnementpreis.
2. Bei der Lieferung von Zeitschriften an den Abnehmer darf der Verlag diesen gegenüber den direkten Beziehern zeitlich nicht benachteiligen.
3. Zur Fortsetzung ohne bestimmte Zeitangabe bestellte Zeitschriften werden bis zur Abbestellung geliefert, Verlage, die zu jedem Berechnungsabschnitt Neubestellungen wünschen, haben rechtzeitig hierzu aufzufordern.
4. Bei Zeitschriften sind grundsätzlich der Bezugszeitraum und die vom Verlag im Impressum oder auf andere Weise mitgeteilten Kündigungsfristen bindend. Abonnentenaufträge, die ohne zeitliche Begrenzung erteilt werden, verlängern sich automatisch um den jeweils nächsten Bezugszeitraum. Soweit Kunden des Abnehmers erst in den letzten 14 Tagen vor dem festgelegten Kündigungstermin das Abonnement bei diesem kündigen, verlängern sich die Kündigungsfristen bis zu sieben Werktage.
5. Der Abnehmer kann das Abonnement aus wichtigem Grund kündigen, wenn der Kunde verstorben ist, Zahlungsunfähigkeit vorliegt oder eine Zustellung nachweisbar nicht erfolgen kann. Für die bis zum Zugang einer solchen Kündigung beim Verlag bereits durchgeführten Lieferungen erfolgen keine Gutschriften oder Rückerstattungen, wohl aber für später erscheinende, vorausbezahlte Exemplare.

§ 8 Fortsetzungswerke

1. Fortsetzungswerke im Sinne dieser Bestimmung sind Publikationen, die in mehreren Teilen, in mehr oder weniger regelmäßigen Abständen und nicht mit auf einen Zeitraum festgelegten Laden- oder Subskriptionspreis erscheinen. Dabei ist es unerheblich, ob Teile des Fortsetzungswerkes auch einzeln erhältlich sind.
2. Ist dem Abnehmer der weitere Absatz eines zur Fortsetzung auch in Subskription erhaltenen Werkes an den bisherigen Kunden infolge höherer Gewalt oder deshalb unmöglich geworden, weil dieser gestorben, zahlungsunfähig geworden, unbekannten Aufenthaltes oder aus recht-

lichen Gründen von seiner Abnahmepflicht frei geworden ist, so muss der Verlag den nicht mehr absetzbaren Teil zurücknehmen, wenn ihm die Unmöglichkeit des Absatzes innerhalb von drei Monaten nach Eingang der letzten Lieferung mitgeteilt und auf Verlangen die letzte Anschrift des Kunden bekannt gegeben worden ist. Die vom Kunden nicht abgenommene Lieferung ist innerhalb der gleichen Frist an den Verlag zurückzusenden.
3. Im Fall der Rücknahme des nach Ziffer 2 nicht mehr absetzbaren Teiles eines in Subskription gelieferten Fortsetzungswerkes ist der Verlag nicht berechtigt, dem Abnehmer den Differenzbetrag zwischen dem subskriptionspreisbezogenen Abgabepreis des Werkes und dem auf Basis des regulären gebundenen Ladenpreises berechneten Abgabepreis nach zu belasten.
4. Die Abnahmepflicht erlischt, falls der Kunde die weitere Abnahme verweigert, weil das Fortsetzungswerk in angemessener Frist nicht abgeschlossen und/oder der in Aussicht gestellte Umfang der weiteren Lieferungen und/oder deren gebundene Ladenpreise gegenüber dem gebundenen Ladenpreis der ersten Lieferung so erheblich überschritten bzw. erhöht werden, dass dem Kunden die Abnahme billigerweise nicht zugemutet werden kann.

§ 9 Neuerscheinungen und unverlangte Sendungen
1. Als Neuerscheinungen gelten Werke, die zum ersten Mal oder in neuer Auflage (§ 13) veröffentlicht werden.
2. Neuerscheinungen dürfen unverlangt nur an Abnehmer versandt werden, die solche Sendungen grundsätzlich erbeten haben.
3. Verlagswerke, die keine Neuerscheinungen sind, dürfen unverlangt nicht zugesandt werden.
4. Für unverlangte Sendungen trägt der Verlag Gefahr und Kosten der Hin- und Rücksendung sowie weitere angemessene, beim Abnehmer entstandene Kosten.

§ 10 Inhalt und Gewicht der Sendung
1. Der Inhalt einer Sendung gilt als mit der Rechnung übereinstimmend, falls der Abnehmer dem Absender nicht spätestens innerhalb von 14 Tagen nach Eingang der Sendung die Abweichung anzeigt.
2. Die einzelnen Packstücke sollen ein Gewicht von 15 kg nicht überschreiten.

§ 11 Beschädigte und fehlerhafte Werke
1. Ist ein Werk offensichtlich vor der Versendung durch den Verlag schadhaft geworden (z. B. angestoßene Einbände, Flecken und dgl.), so hat der Verlag dieses Mängelexemplar auf seine Kosten umzutauschen oder zurückzunehmen, sofern der Abnehmer dem Verlag die Beschädigung unverzüglich nach Eingang des Werkes anzeigt.
2. Defekte Exemplare (Exemplare mit Herstellungsfehlern) sind auf Verlangen kostenlos zurückzunehmen, umzutauschen oder bei vom Käufer gewünschter Minderung anteilig gutzuschreiben, ggf. nach den Vorschriften der »Vereinfachten Remission«. Ist der Verlag zum Umtausch oder zur Ersatzlieferung außerstande, so hat er das Werk auf seine Kosten zurückzunehmen, auch wenn es bereits gebraucht oder vom Käufer individuell bearbeitet wurde.
3. Die ausdrückliche und deutlich hervorgehobene Bemerkung »Vor Absendung verglichen« auf der Rechnung für eine Sendung, die Seltenheiten des Antiquariatsbuchhandels, Luxusdrucke, Tafeldrucke u. a. enthält, verpflichtet den Abnehmer zur unverzüglichen Prüfung des Inhalts der Sendung auf offensichtliche und heimliche Mängel. Unterlässt er die Mängelanzeige, so verliert er das Recht, das gelieferte Werk wegen später entdeckter Mängel zu beanstanden.

§ 12 Sendungen unter Vorbehalt
1. Werden bestellte Werke unter einem Vorbehalt (z. B. Abnahmeverpflichtung für noch nicht erschienene Bände) geliefert und ist dies auf der Rechnung auffällig und unzweideutig vermerkt, so gilt die Sendung als angenommen und der Vorbehalt als genehmigt, wenn der Abnehmer nicht unverzüglich nach Empfang der Sendung widerspricht. Im Falle des Widerspruchs hat der Verlag

die Sendung zurückzunehmen; der Abnehmer hat sie dem Verlag nach Aufforderung unverzüglich zuzustellen. Der Verlag trägt Gefahr und Kosten der Hin- und Rücksendung.
2. Die Bemerkung auf der Rechnung, dass das Werk nur in Originalverpackung zurückgenommen wird, gilt nicht als Vorbehalt im Sinne dieser Bestimmung, vielmehr ist in einem solchen Fall § 6 Ziffer 3 sinngemäß anzuwenden.

§ 13 Lieferung neuester Auflagen
1. Bestellte Werke sind in neuester Auflage und in vollständigen und unbeschädigten Exemplaren zu liefern.
2. Steht das Erscheinen einer in Inhalt oder Ausstattung wesentlich veränderten neuen Auflage binnen acht Wochen ab Eingang der Bestellung bevor, so ist der Abnehmer hierauf hinzuweisen und die Bestellung nur bei ausdrücklicher Aufrechterhaltung auszuführen. Wird ohne vorherige Ankündigung geliefert, so ist der Abnehmer zur Rückgabe binnen 14 Tagen nach Erscheinen der veränderten Auflage berechtigt.

§ 14 Eingeschränkt vertriebene Parallelausgaben
Beabsichtigt der Verlag die Veröffentlichung einer nicht für das gesamte Sortiment bestimmten und über dieses vertriebenen, in anderer Ausstattung und zu einem gegenüber dem Preis der lieferbaren Buchhandelsausgabe erheblich geringeren Ladenpreis angebotenen Ausgabe des Werkes, so ist der Abnehmer der Buchhandelsausgabe hierauf so früh wie möglich hinzuweisen, spätestens jedoch 14 Tage vor Erscheinen dieser Ausgabe. In diesem Fall kann er die innerhalb der letzten 12 Monate bezogenen und dort vorrätigen Exemplare der Buchhandelsausgabe gegen Erteilung einer Gutschrift in voller Höhe und ohne Erhebung einer Bearbeitungsgebühr zurücksenden. Bei Bezug über Buchgroßhandlungen erfolgt die Remission über diese. Im Übrigen gilt § 3 Ziffer 7 und 9 entsprechend.

§ 15 Versandwege
1. Der Abnehmer schreibt Art und Wege der Versendung generell oder für den Einzelfall vor. Fehlt eine Vorschrift hierüber, muss der Verlag eingehende Bestellungen auf Kosten des Abnehmers auf dem nach seinem Wissen günstigsten Wege ausführen. Berechnet werden die reinen Porto- bzw. Frachtkosten. Verpackung wird grundsätzlich nicht berechnet. Lieferrückstände einzelner Exemplare sind frei nachzuliefern.
2. Wenn nichts anderes vereinbart ist, werden Sendungen über den Sortiments-Kommissionär geliefert. Nach Vereinbarungen zwischen Verlag und Sortiments-Kommissionär können die Sendungen den Sortiments-Kommissionären kostenfrei zugestellt oder von diesen an einem Auslieferungsplatz des Verlages gegen Entgelt abgeholt werden.
3. Will oder kann der Verlag den vorgeschriebenen Versandweg nicht einhalten, ist der Abnehmer sofort zu verständigen, um eine Vereinbarung zu erzielen.
4. Erfolgt die Sendung ausnahmsweise als Postnachnahme, sind Bestellnummer, Bestelldaten und Inhalt der Sendung außen anzugeben. Auf der Faktur ist deutlich zu vermerken: »Durch Nachnahme erhoben«.

§ 16 Versandkosten
1. Die Kosten für Zusendung und Rücksendung trägt der Abnehmer, wenn der Versand nach seiner Vorschrift erfolgt ist; anderenfalls hat der Verlag nachweisbare Mehrkosten zu tragen.
2. Für Rücksendungen infolge irrtümlicher oder vorschriftswidriger Versendung trägt der schuldige Teil die Kosten einschließlich angemessener Bearbeitungskosten gemäß § 6 Ziffer 4.

§ 17 Haftung für Sendungen
1. Für Sendungen oder Rücksendungen, die auf Verlangen des Empfängers erfolgen, haftet dieser vom Augenblick der Übergabe an den Transportführer.

2. Wird entgegen dem ausdrücklichen Auftrag ohne wichtigen Grund anders versandt, haftet der Absender für den dadurch entstandenen Schaden.

§ 18 Haftung des Sortiments-Kommissionärs

1. Die Haftung des Sortiments für zugehende Sendungen beginnt mit der Übergabe an seinen Kommissionär und endet für Rücksendungen mit der Übergabe an den Kommissionär des Verlages oder an den Verlag selbst.

2a) Der Kommissionär haftet für die nachweislich durch sein Verschulden in Verlust geratenen oder beschädigten Sendungen.

2b) Ist eine Schuld nicht festzustellen (insbesondere bei Abgabe der Pakete ohne Quittung des Bücherwagendienstes oder zum Zeitpunkt der Übergabe erstellter Avise), so haben der Abnehmer (als Absender oder Empfänger) und die beteiligten Kommissionäre dem Verlag jeweils die Hälfte des Rechnungsbetrages der in Verlust geratenen oder beschädigten Sendung in gleichen Teilen zu ersetzen.

3. Die Haftung erlischt in allen Fällen und für alle Beteiligten nach Ablauf von drei Monaten nach Sendungsübergabe.

4. Der Abnehmer haftet nicht, wenn der Verlag den von ihm bestimmten Versandweg nicht eingehalten hat.

§ 19 Abmahnungen, einstweilige Verfügungen und sonstige Entscheidungen im Zusammenhang mit Werken

1. Wird dem Verlag wegen des Inhalts oder der Ausstattung eines Werkes dessen weitere Verbreitung durch einstweilige Verfügung oder andere vollstreckbare Gerichts- oder Behördenentscheidung untersagt, so hat er dies unverzüglich im *Börsenblatt* oder seinen Abnehmern direkt anzuzeigen. Soweit die Anzeige gegenüber Buchgroßhandlungen erfolgt, sind diese nach Vereinbarung mit dem Verlag verpflichtet, die Information an ihre Kunden weiterzugeben.

2. Das Sortiment und der Zwischenbuchhandel haben dem Verlag unverzüglich mitzuteilen, wenn sie wegen des Inhalts oder der Ausstattung eines durch sie bezogenen Werkes abgemahnt oder mit einer einstweiligen Verfügung oder anderen Gerichts- oder Behördenentscheidung überzogen werden und ihnen dadurch der weitere Vertrieb dieses Werkes untersagt wird.

3. Der Verlag hat seine Abnehmer unverzüglich zu einem bestimmten, der Sach- und Rechtslage angemessenen Handeln oder Unterlassen anzuweisen. Insbesondere kann er sie anweisen, von der Einschaltung eines Rechtsanwalts zur Abwehr einer Abmahnung, einstweiligen Verfügung oder anderen Gerichts- oder Behördenentscheidung abzusehen. Im Falle einer unverzüglichen Anweisung gemäß Satz 1 trägt der Abnehmer die ihm auferlegten Kosten der Abmahnung oder anderen, ihm den weiteren Vertrieb des Werkes untersagenden Entscheidung selbst. Jedoch hat ihm der Verlag die Kosten zu erstatten, soweit der Abnehmer auf die rechtlich ungehinderte Verbreitung des Werkes vertrauen durfte und der Anweisung nicht zuwider handelt.

4. Weist der Verlag seine Abnehmer entgegen Ziffer 3 Satz 1 nicht unverzüglich zu einem bestimmten, der Sach- und Rechtslage angemessenen Handeln oder Unterlassen an, so hat der Abnehmer die Wahl, sich der gegen ihn ergangenen Abmahnung oder anderen, ihm den weiteren Vertrieb des Werkes untersagenden Entscheidung zu unterwerfen oder – falls die Rechtsabteilung des Börsenvereins dies ausdrücklich empfiehlt – anwaltliche Hilfe in Anspruch zu nehmen. In jedem dieser Fälle hat der Verlag dem Abnehmer die diesem auferlegten Kosten der Abmahnung usw. sowie der anwaltlichen Inanspruchnahme zu erstatten.

5. Eine Kostenerstattung erfolgt nur insoweit, als der Verlag den Abnehmer nicht unter Erteilung einer Kostendeckungszusage aufgefordert hat, den geltend gemachten Abmahnkosten der Höhe nach zu widersprechen.

§ 20 Beschlagnahme von Werken

1. Werden gelieferte Werke des Inhalts oder der Ausstattung wegen beim Abnehmer beschlagnahmt, so fällt der Schaden dem Verlag zur Last.

2. Die Tatsache der Beschlagnahme hat der Abnehmer, der Schadensersatzansprüche geltend machen will, dem Verlag unverzüglich unter Bekanntgabe der Gründe und der Beschlagnahmeverfügung mitzuteilen.
3. Die Schadensersatzleistung des Verlages erstreckt sich auf die Erstattung des bei der Lieferung berechneten Nettopreises und der entstandenen Versandkosten, nicht dagegen auf die Vergütung eines entgangenen Gewinnes.

Wettbewerbsregeln des Börsenvereins des Deutschen Buchhandels

I. Vertrieb von preisgebundenen Verlagserzeugnissen

Beim Vertrieb preisgebundener Verlagserzeugnisse verstößt ein Verlag gegen die Grundsätze lauteren Wettbewerbs,
1. wenn er kleine oder mittlere buchhändlerische Abnehmer, die auf das Programm oder Teile des Programms des Verlags nach den Verbrauchererwartungen angewiesen sind, oder eine Gruppe solcher Abnehmer ohne sachlich gerechtfertigten Grund dadurch benachteiligt, dass er diese nicht oder erst zu einem späteren Zeitpunkt über seine Neuerscheinungen unterrichtet und/oder beliefert als andere Abnehmer;
2. wenn er es unterlässt, gegenüber dem Verbreitenden Buchhandel etwaige (für den Endabnehmer geltende) Mengenpreise
a) in geeigneter Weise zu veröffentlichen, soweit sie sich auf handelsübliche Mengen beziehen;
b) auf Anfrage einheitlich bekannt zu geben, soweit sie sich auf über das Handelsübliche hinaus gehende Mengen beziehen;
3. wenn er Bezugsbedingungen festlegt, die dazu führen, dass der gebundene Ladenpreis eines Werks, das nicht über Buchgroßhandlungen oder andere bündelnde Verkehrswege beziehbar ist, unter dem Einstandspreis liegt;
4. wenn er preisgebundene Exemplare als Mängelexemplare in Umlauf bringt, obwohl diese keinen Mangel aufweisen.

II. Verkauf von Remissionsexemplaren

Remittierte preisgebundene Verlagserzeugnisse dürfen nur verbilligt abgegeben werden, wenn sie Mängel im Sinne von V. Nr. 4 aufweisen.

III. Mitteilungspflicht bei Parallelausgaben

Erscheint neben der preisgebundenen Originalausgabe eines Werks eine inhaltlich identische oder geringfügig veränderte Parallelausgabe unter demselben oder einem anderen Titel als Sonderausgabe, bibliophile Ausgabe, Taschenbuchausgabe, Buchgemeinschaftsausgabe oder dergleichen, so ist der Verlag der Originalausgabe verpflichtet, den Verbreitenden Buchhandel darüber rechtzeitig zu unterrichten. Diese Mitteilungspflicht ist erfüllt, wenn der die Parallelausgabe veranstaltende Verlag in seinen Programmankündigungen oder auf andere geeignete Weise darauf hinweist.

IV. Änderung oder Aufhebung von Ladenpreisen

Die Bekanntgabe von Änderungen und der Aufhebung von gebundenen Ladenpreisen muss mindestens 14 Tage vor Inkrafttreten der Änderung oder der Aufhebung des Ladenpreises erfolgen.

V. Werbung

Unlauter handelt, wer irreführend wirbt. Ausgehend von dieser wettbewerbsrechtlichen Rahmenbedingung gelten beispielhaft die nachfolgenden Grundsätze:

1. (Parallelausgaben)
a) Wird ein bereits erschienenes Werk auch von einer Buchgemeinschaft herausgegeben, so darf mit dem niedrigeren Preis der Buchgemeinschaftsausgabe nicht geworben werden – insbesondere nicht durch Gegenüberstellung des Preises der Originalausgabe mit dem der Buchgemeinschaft –, wenn nicht klargestellt ist, dass der Erwerb der Buchgemeinschaftsausgabe nur im Rahmen einer Mitgliedschaft erfolgen kann.
b) Unlauter handelt, wer durch Gegenüberstellung eine sonstige Parallelausgabe mit dem gegenüber der Originalausgabe niedrigeren Preis bewirbt, ohne in geeigneter Weise auf den Ausgabenunterschied hinzuweisen.
c) Unlauter handelt, wer durch Gegenüberstellung eine Parallelausgabe mit dem gegenüber dem Preis einer früheren, nicht mehr erhältlichen Originalausgabe niedrigeren Preis bewirbt, ohne zum Ausdruck zu bringen, dass es sich bei dem höheren Preis um den der früheren Originalausgabe handelt.
2. (Herabsetzung des gebundenen Preises)
Verlagserzeugnisse, für die der Verlag den gebundenen Ladenpreis herabgesetzt hat, dürfen nicht so beworben werden, dass beim Endabnehmer der Eindruck entsteht, es handele sich bei dem herabgesetzten Preis um ein speziell von diesem Händler festgesetztes Angebot.
3. (Preisaufhebung)
Verlagserzeugnisse dürfen nicht durch Gegenüberstellung mit einem früheren gebundenen Ladenpreis beworben werden, wenn nicht ein ausdrücklicher Hinweis darauf erfolgt, dass es sich um einen inzwischen aufgehobenen Ladenpreis handelt.
4. (Mängelexemplare)
Verlagserzeugnisse, die wegen erkennbarer äußerlicher Schäden nicht mehr zum gebundenen Preis verkäuflich sind (Mängelexemplare), dürfen nicht – sei es durch eine Gegenüberstellung mit dem gebundenen Ladenpreis oder auf andere Weise – beworben werden, ohne dass ein Hinweis auf den Umstand der Mangelhaftigkeit erfolgt.
5. (Konkretisierung der Hinweispflichten)
In den Schaufenstern, Prospekten, Katalogen, Anzeigen oder anderen Werbemitteln für Verlagserzeugnisse muss in den Fällen der Ziffern 3 und 4 deutlich auf den jeweils zutreffenden Grund für die Herabsetzung des Preises hingewiesen werden (zum Beispiel ›Ladenpreis aufgehoben‹, ›Mängelexemplare‹, ›Modernes Antiquariat‹ oder ›antiquarisch‹). In Schaufenstern und Werbemitteln, durch die ausschließlich nicht mehr preisgebundene Werke angeboten werden, genügt ein genereller Hinweis auf den Grund der Preisherabsetzung an deutlich sichtbarer Stelle. Werden dagegen sowohl preisgebundene als auch nicht mehr preisgebundene Werke in einem Schaufenster oder Werbemittel angeboten, so muss bei jedem einzelnen preisermäßigten Titel der Grund für die Herabsetzung deutlich vermerkt sein.

VI. Abonnenten-, Direktkunden-, Adressenschutz
Unlauter handelt, wer
1. Buchhandelskunden oder -abonnenten durch Irreführung, Überrumpelung oder sonstige unsachliche Einflussnahme auf ihre Entscheidungsfreiheit dazu veranlasst, bei ihrem Händler abzubestellen, um die Belieferung selbst direkt zu übernehmen, auszuführen oder ausführen zu lassen;
2. als Verlag die ihm von einer Buchhandlung zur Direktbelieferung bzw. -einweisung anvertrauten Kundenadressen ohne deren Zustimmung verwendet, z. B. an Dritte weitergibt.

VII. Mindestbestellgrößen
Sind preisgebundene Verlagserzeugnisse generell oder im Einzelfall nur beim Verlag oder bei der Verlagsauslieferung direkt beziehbar und ist ein kleiner oder mittlerer Abnehmer auf die Belieferung mit dem betreffenden Verlagserzeugnis wegen seiner Bedeutung für das Sortiment nach den Verbrauchererwartungen angewiesen, so dürfen von diesem keine Mindestbestellgrößen gefordert werden, sofern es sich nicht um ein niedrig preisiges Buch handelt.

VIII. Erstverkaufstag

Hat ein Verlag nach der Bekanntmachung eines von den Fachausschüssen des Börsenvereins beschlossenen ›Verhaltenskodex zum Erstverkaufstag‹ im Börsenblatt unter Beachtung der in diesem Kodex niedergelegten Regeln für einen neu erscheinenden Titel einen Erstverkaufstag verbindlich festgelegt, so darf das Werk von keinem Marktteilnehmer vor diesem Stichtag dem Endabnehmer zugänglich gemacht werden.

Verlagsvertrag

zwischen

(nachstehend: Autor)

und

(nachstehend: Verlag)

§1

Vertragsgegenstand

1.

Gegenstand dieses Vertrages ist das vorliegende/noch zu verfassende Werk des Autors unter dem Titel/Arbeitstitel:

(gegebenenfalls einsetzen: vereinbarter Umfang des Werkes, Spezifikation des Themas usw.)

2.

Der endgültige Titel wird in Abstimmung zwischen Autor und Verlag festgelegt, wobei der Autor dem Stichentscheid des Verlages zu widersprechen berechtigt ist, soweit sein Persönlichkeitsrecht verletzt würde.

3.

Der Autor versichert, dass er allein berechtigt ist, über die urheberrechtlichen Nutzungsrechte an seinem Werk zu verfügen, und dass er bisher keine den Rechtseinräumungen dieses Vertrages entgegenstehende Verfügung getroffen hat. Das gilt auch für die vom Autor gelieferten Text- oder Bildvorlagen, deren Nutzungsrechte bei ihm liegen. Bietet er dem Verlag Text- oder Bildvorlagen an, für die dies nicht zutrifft oder nicht sicher ist, so hat er den Verlag darüber und über alle ihm bekannten oder erkennbaren rechtlich relevanten Fakten zu informieren. Soweit der Verlag den Autor mit der Beschaffung fremder Text- oder Bildvorlagen beauftragt, bedarf es einer besonderen Vereinbarung.

4.

Der Autor ist verpflichtet, den Verlag schriftlich auf im Werk enthaltene Darstellungen von Personen oder Ereignissen hinzuweisen, mit denen das Risiko einer Persönlichkeitsrechtsverletzung verbunden ist. Nur wenn der Autor dieser Vertragspflicht in vollem Umfang nach bestem Wissen und Gewissen genügt hat, trägt der Verlag alle Kosten einer eventuell erforderlichen Rechtsverteidigung. Wird der Autor wegen solcher Verletzungen in Anspruch genommen, sichert ihm der Verlag seine Unterstützung zu, wie auch der Autor bei der Abwehr solcher Ansprüche gegen den Verlag mitwirkt.

§ 2

Rechtseinräumungen

1.

Der Autor räumt dem Verlag an dem Werk räumlich unbeschränkt für die Dauer des gesetzlichen Urheberrechts die nachfolgenden ausschließlichen inhaltlich unbeschränkten Nutzungsrechte in allen bekannten und unbekannten Nutzungsarten für alle Ausgaben und Auflagen ohne Stückzahlbegrenzung – insgesamt oder einzeln – in allen Sprachen ein:

a) Das Recht zur Vervielfältigung und Verbreitung in allen Druckausgaben sowie körperlichen elektronischen Ausgaben. Unter Druckausgaben sind z.B. Hardcover-, Taschenbuch-, Paperback-, Sonder-, Reprint-, Buchgemeinschafts-, Schul-, Großdruckausgaben und Gesamtausgaben zu verstehen. Unter körperlichen elektronischen Ausgaben ist die digitale Vervielfältigung und Verbreitung des Werkes auf Datenträgern (z.B. CD, CD-ROM, DVD) zu verstehen.
b) Das Recht, das Werk in unkörperlichen elektronischen Ausgaben (z.B. E-Book, App) digital zu vervielfältigen und in Datenbanken und Datennetzen zu speichern und einer beliebigen Zahl von Nutzern ganz oder teilweise derart zugänglich zu machen, dass diese das Werk oder Werkteile auf individuellen Abruf (z.B. Download, Streaming) empfangen können, unabhängig vom Übertragungssystem (z.B. Internet, Mobilfunk) und der Art des Empfangsgeräts (z.B. Computer, Handy, E-Reader). Dies schließt auch das Recht ein, das Werk Nutzern ganz oder teilweise zeitlich beschränkt zugänglich zu machen.
c) Das Recht des ganzen oder teilweisen Vorabdrucks und Nachdrucks, beispielsweise in Kalendern, Anthologien, Zeitungen und Zeitschriften.
d) Das Recht der Übersetzung in andere Sprachen oder Mundarten und die Auswertung dieser Fassungen nach allen vertragsgegenständlichen Nutzungsarten.

e) Das Recht zu sonstiger Vervielfältigung und Verbreitung des Werkes, ganz oder in Teilen, insbesondere durch digitale, fotomechanische oder ähnliche Verfahren (z.B. (Digital-)Fotokopie).
f) Das Recht zum Vortrag des Werkes durch Dritte, insbesondere Lesung und Rezitation.
g) Das Recht zur Aufnahme des Werkes (z.B. als Hörbuch) auf Datenträger aller Art sowie das Recht zu deren Vervielfältigung, Verbreitung, öffentlichen Wiedergabe einschließlich Sendung sowie öffentlicher Zugänglichmachung.

sowie

h) Das Recht, das Werk oder seine Teile mit anderen Werken, Werkteilen oder sonstigem Material zu (auch) interaktiv nutzbaren elektronischen Werken zu vereinen und diese dann als körperliche oder unkörperliche Ausgaben zu vervielfältigen, verbreiten und öffentlich zugänglich zu machen. Änderungen des Charakters des Werkes bedürfen der Zustimmung des Autors.
i) Das Recht zur Bearbeitung als Bühnenstück sowie das Recht der Aufführung des so bearbeiteten Werkes.
j) Das Recht zur Verfilmung einschließlich der Rechte zur Bearbeitung als Drehbuch und zur Vorführung des so hergestellten Films. Eingeschlossen ist ferner das Recht zur Bearbeitung und Verwertung des verfilmten Werkes im Fernsehen (Free- oder Pay-TV) oder auf ähnliche Weise (Abruffernsehen, Video-on-Demand, WebTV etc.).
k) Das Recht zur Bearbeitung und Verwertung des Werkes als Hörspiel.
l) Das Recht zur Vertonung des Werkes einschließlich des Rechts zur Aufführung des vertonten Werkes.
m) Das Merchandisingrecht, d.h. das Recht, das Werk, insbesondere die in dem Werk enthaltenen Figuren, Namen, Textteile, Titel, Schriften, Geschehnisse, Erscheinungen und die durch das Werk begründeten Ausstattungen einschließlich ihrer bildlichen, fotografischen, zeichnerischen und sonstigen Umsetzungen im Zusammenhang mit anderen Produkten und Dienstleistungen jeder Art und jeder Branche zum Zwecke der Verkaufsförderung zu nutzen, und so gestaltete oder versehene Produkte kommerziell auszuwerten und nach eigenem Ermessen Markenanmeldungen durchzuführen sowie gewerbliche Schutzrechte zu erwerben. Die Verwertung hat im Einvernehmen mit dem Autor zu erfolgen.

sowie

n) Das Recht, das Werk bzw. die hergestellten Werkfassungen nach Absatz 1 h bis m in allen vertragsgegenständlichen Nutzungsarten auf Datenträgern aller Art aufzunehmen, zu vervielfältigen und zu verbreiten sowie durch Hör- und Fernsehfunk zu senden und/oder öffentlich zugänglich zu machen.
o) Die am Werk oder seiner Datenträger oder durch Lautsprecherübertragung oder Sendung entstehenden Wiedergabe- und Überspielungsrechte.
p) Das Recht, das Werk in allen vertragsgegenständlichen körperlichen Nutzungsarten zu veröffentlichen, gewerblich oder nichtgewerblich auszuleihen und/oder zu vermieten.
q) Das Recht, das Werk im Umfang der eingeräumten Rechte in allen vertragsgegenständlichen Nutzungsarten auszugsweise zum Zwecke der Werbung für das Werk öffentlich zugänglich zu machen.
r) Das Recht, das Werk in zum Zeitpunkt des Vertragsschlusses unbekannten Nutzungsarten zu nutzen. Beabsichtigt der Verlag die Aufnahme einer neuen Art der Werknutzung, wird er den Autor entsprechend informieren. Dem Autor stehen die gesetzlichen Rechte gemäß § 31a UrhG (Widerruf) und § 32c UrhG (Vergütung) zu.

2.

Der Autor räumt dem Verlag schließlich für die Dauer des Vertrages alle durch die Verwertungsgesellschaft WORT wahrgenommenen Rechte nach deren Satzung, Wahrnehmungsvertrag und Verteilungsplan zur gemeinsamen Einbringung ein. Der Autor ist damit einverstanden, dass der Verlag den ihm nach den jeweils geltenden Verteilungsplänen der Verwertungsgesellschaft WORT zustehenden Verlagsanteil direkt ausgezahlt erhält. Der Autorenanteil bleibt davon unberührt[1].

3.

Der Verlag kann die ihm nach diesem Vertrag eingeräumten Nutzungsrechte ganz oder teilweise Dritten einräumen. Dabei steht die Entscheidung über Art, Umfang und Konditionen im freien Ermessen des Verlages, wobei § 3 Absatz 6 dieses Vertrages zu berücksichtigen ist. Die Lizenzverträge sollen befristet werden. Das Recht des Verlages zur Vergabe von Nutzungsrechten an Dritte endet mit Beendigung dieses Vertrages. Der Bestand bereits bestehender Lizenzverträge bleibt hiervon unberührt; die Verteilung der nachvertraglichen Lizenzeinnahmen richtet sich nach § 4 Absatz 5, sofern der Autor diesen Vertrag nicht berechtigt außerordentlich gekündigt hat. In diesem Fall erhält der Verlag keinen Anteil.

4.

Ist der Verlag berechtigt, das Werk zu bearbeiten oder bearbeiten zu lassen, so hat er Beeinträchtigungen des Werkes zu unterlassen, die geistige und persönliche Rechte des Autors am Werk zu gefährden geeignet sind. Im Falle einer Vergabe von Lizenzen wird der Verlag darauf hinwirken, dass der Autor vor Beginn einer entsprechenden Bearbeitung des Werkes vom Lizenznehmer gehört wird. Möchte der Verlag einzelne Rechte selbst ausüben, so hat er den Autor anzuhören und ihm bei persönlicher und fachlicher Eignung die entsprechende Bearbeitung des Werkes anzubieten, bevor damit Dritte beauftragt werden.

5.

Die in Absatz 4 genannten Anhörungsrechte und Anbietungspflichten erlöschen mit dem Tod des Autors.

[1] Unmittelbar nach einer Entscheidung des BGH über die Revision des Urteils des OLG München vom 17.3.2013 (Az.: 6 U 2492/12) oder bei einer Änderung der Gesetzeslage werden die Parteien über eine neue Fassung der Klausel verhandeln.

§ 3
Verlagspflichten

1.
Das Werk wird zunächst als ....-Ausgabe (z.B. Hardcover, Paperback, Taschenbuch, CD-ROM, E-Book) erscheinen; nachträgliche Änderungen der Form der Erstausgabe bedürfen des Einvernehmens mit dem Autor.

2.
Der Verlag ist verpflichtet, das Werk in der in Absatz 1 genannten Form zu vervielfältigen, zu verbreiten und dafür angemessen zu werben.

3.
Ausstattung, Buchumschlag, Auflagenhöhe, Auslieferungstermin, Ladenpreis und Werbemaßnahmen werden vom Verlag nach pflichtgemäßem Ermessen unter Berücksichtigung des Vertragszwecks sowie der im Verlagsbuchhandel für Ausgaben dieser Art herrschenden Übung bestimmt.

4.
Das Recht des Verlags zur Bestimmung des Ladenpreises nach pflichtgemäßem Ermessen schließt auch dessen spätere Herauf- oder Herabsetzung ein. Vor Herabsetzung des Ladenpreises wird der Autor benachrichtigt.

5.
Als Erscheinungstermin ist vorgesehen: .... Eine Änderung des Erscheinungstermins erfolgt in Absprache mit dem Autor.

6.
Der Verlag ist verpflichtet, sich intensiv um die Verwertung der sonstigen ihm gemäß § 2 Absatz 1 c bis n eingeräumten Rechte zu bemühen und den Autor auf Verlangen zu informieren. Bei mehreren sich untereinander ausschließenden Verwertungsmöglichkeiten wird er die für den Autor materiell und ideell möglichst günstige wählen, auch wenn er selbst bei dieser Rechtsverwertung konkurriert. Der Verlag unterrichtet den Autor unaufgefordert über erfolgte Verwertungen bezüglich des ganzen Werkes und deren Bedingungen und übersendet auf Anforderung die Lizenzverträge.

7.
Verletzt der Verlag seine Verpflichtungen gemäß Absatz 6, so kann der Autor die hiervon betroffenen Rechte nach den Regeln des § 41 UrhG zurückrufen. Der Bestand des Vertrages im Übrigen wird hiervon nicht berührt.

§ 4
Honorar

Als Vergütung für alle nach diesem Vertrag von dem Autor zu erbringenden Leistungen sowie zur Abgeltung aller gemäß § 2 dieses Vertrages eingeräumten Rechte erhält der Autor folgende Vergütung:

1.
Der Verlag zahlt dem Autor einen nicht rückzahlbaren, mit allen Ansprüchen des Autors aus diesem Vertrag verrechenbaren Vorschuss in Höhe von EURO .... Dieser Vorschuss ist fällig
zu ...... % bei Abschluss des Vertrages,
zu ...... % bei Ablieferung des Manuskripts gemäß § 1 Absatz 1 und § 5 Absatz 1,
zu ...... % bei Erscheinen des Werkes, spätestens am ....

2.
Der Autor erhält als Honorar für die verlagseigene Verwertung der eingeräumten Rechte für jedes verkaufte, bezahlte und nicht remittierte Exemplar der

a) ....-Ausgabe
.....%
.....% von .... bis .... Exemplaren
....% ab .....Exemplaren.

b) ....-Ausgabe
.....%
.....% von .... bis .... Exemplaren
....% ab ... Exemplaren

des Nettoladenpreises (gebundener Ladenverkaufspreis abzüglich Umsatzsteuer).
oder *(auch z.B. bei nicht preisgebundenen Produkten wie Hörbüchern)*
des Nettoverlagsabgabepreises (gebundener bzw. unverbindlich empfohlener Ladenverkaufspreis abzüglich Umsatzsteuer und gewährter Rabatte/eines Durchschnittsrabattes von derzeit ...%).

3.

a) Der Autor erhält als Honorar im Falle der verlagseigenen Verwertung von unkörperlichen elektronischen Ausgaben ein Honorar in Höhe von ...% vom Nettoverlagserlös (= der unmittelbaren Verwertung des Werkes zuzuordnende Verlagseinnahmen abzüglich Mehrwertsteuer) unabhängig davon, ob die öffentliche Zugänglichmachung über eigene oder fremde Plattformen stattfindet.

b) Wird das Werk als Teil eines Angebots mit mehreren Werken verwertet, erhalten sämtliche Autoren, deren Werke beteiligt sind, insgesamt den oben genannten Honorarsatz. Der Anteil des Autors bestimmt sich unter Zugrundelegung des Umfangs (z.B. Seitenanzahl, genutzte Speicherkapazität etc.) oder des regulären Einzelpreises seines Werkes im Verhältnis zu den anderen beteiligten Werken oder – im Falle der gemeinsamen Verwertung durch Dritte – durch den von diesem Dritten einheitlich gegenüber allen seinen Vertragspartnern angewendeten Verteilungsschlüssel, sofern dieser nicht offensichtlich unbillig ist.

4.

Der Autor erhält für alle sonstigen Verwertungsformen und Ausgaben des Werkes eine angemessene Vergütung, über die sich die Parteien bei beabsichtigter Nutzungsaufnahme durch den Verlag verständigen werden.

5.

Der aus der nicht verlagseigenen Verwertung (Lizenzvergabe) erzielte Erlös wird zwischen Autor und Verlag geteilt, und zwar erhält der Autor

[...] % bei der Verwertung der Rechte aus § 2 Absatz 1 a bis g.
[...] % bei der Verwertung der Rechte aus § 2 Absatz 1 h bis n.
(Bei der Berechnung des Erlöses wird davon ausgegangen, dass in der Regel etwaige aus der Inlandsverwertung anfallende Agenturprovisionen und ähnliche Nebenkosten allein auf den Verlagsanteil zu verrechnen, für Auslandsverwertung anfallende Nebenkosten vom Gesamterlös vor Aufteilung abzuziehen sind.)

6.

Für die durch Verwertungsgesellschaften wahrgenommenen Rechte gelten deren Verteilungsschlüssel.

7.

Pflicht-, Prüf-, Werbe- und Besprechungsexemplare sind honorarfrei; darunter fallen nicht Partie- und Portoersatzstücke sowie solche Exemplare, die für Werbezwecke des Verlages, nicht aber des Buches abgegeben werden.

8.

Ist der Autor mehrwertsteuerpflichtig, zahlt der Verlag die auf die Honorarbeträge anfallende gesetzliche Mehrwertsteuer zusätzlich.

9.

Honorarabrechnung und Zahlung erfolgen halbjährlich zum 30. Juni und zum 31. Dezember innerhalb der auf den Stichtag folgenden 3 Monate.
oder:
Honorarabrechnung und Zahlung erfolgen zum 31. Dezember jedes Jahres innerhalb der auf den Stichtag folgenden drei Monate.

Eine Zahlung erfolgt jedoch nur, wenn der Abrechnungsbetrag mehr als EURO (....) beträgt. Niedrigere Beträge werden auf die nächste Abrechnung vorgetragen.
Der Verlag leistet dem Autor entsprechende Abschlagszahlungen, sobald er Guthaben aus Lizenzeinnahmen von mehr als EURO .... feststellt.
Der Verlag ist berechtigt, das Honorar für Exemplare, die gegenüber dem Autor als verkauft abgerechnet, danach jedoch remittiert werden, bei späteren Abrechnungen abzuziehen oder für solche Remissionen 10% des Abrechnungsbetrages einzubehalten und mit der darauffolgenden Abrechnung zu verrechnen.

10.

Falls der Verlag wegen Verletzung der ihm durch diesen Vertrag eingeräumten Rechte Schadensersatzansprüche gegen Dritte realisiert, ist der Autor hieran, nach Vorabzug der Kosten der Rechtsverfolgung, nach Maßgabe von § 4 Absatz 2 bzw. 3 zu beteiligen. Sollte der Verlag für mehrere bzw. alle seine Autoren gemeinschaftlich Urheberrechtsverletzungen verfolgen lassen und sollten sich nur in Einzelfällen Schadensersatzansprüche realisieren, so ist der Autor nach Vorabzug der Kosten der gemeinschaftlichen Rechtsverfolgung gemäß Satz 1 zu beteiligen.

11.

Der Verlag ist verpflichtet, einem vom Autor beauftragten Wirtschaftsprüfer, Steuerberater oder vereidigten Buchsachverständigen zur Überprüfung der Honorarabrechnungen Einsicht in die Bücher und Unterlagen zu gewähren. Die hierdurch anfallenden Kosten trägt der Verlag, wenn die Abrechnungen den Autor zu 3%, mindestens aber zu € 100 gegenüber der vertraglichen Regelung benachteiligen.

12.

Nach dem Tode des Autors bestehen die Verpflichtungen des Verlages nach Absatz 1 bis 11 gegenüber den Erben, die bei einer Mehrzahl von Erben einen gemeinsamen Bevollmächtigten zu benennen haben. Bis zur Vorlage des Erbscheins oder vergleichbarer rechtskräftiger Dokumente und ggf. bis zur Benennung des gemeinsamen Bevollmächtigten ist der Verlag nicht verpflichtet, Honorare auszuzahlen.

§ 5
Manuskriptablieferung

1.
Der Autor verpflichtet sich, dem Verlag bis spätestens......................... /binnen .... das vollständige und vervielfältigungsfähige Manuskript gemäß § 1 Absatz 1 (einschließlich etwa vorgesehener und vom Autor zu beschaffender Bildvorlagen) in folgender Form zu übergeben: .... Wird diese(r) Termin/Frist nicht eingehalten, gilt als angemessene Nachfrist im Sinne des § 30 Verlagsgesetz ein Zeitraum von .... Monaten.

2.
Der Autor behält eine Kopie des Manuskripts bei sich.

3.
Autographen und Typoskripte bleiben Eigentum des Autors und sind ihm vom Verlag nach Erscheinen des Werkes auf Verlangen zurückzugeben.

§ 6
Freiexemplare

1.
Der Autor erhält für seinen eigenen Bedarf....... Freiexemplare, im Falle einer E-Book-Ausgabe ...... kostenlose Downloads. Von jeder folgenden Auflage des Werkes erhält der Autor ... Freiexemplare.

2.
Darüber hinaus kann der Autor Exemplare seines Werkes zu einem Höchstrabatt von .....% vom (gebundenen bzw. empfohlenen) Ladenpreis vom Verlag beziehen.

3.
Sämtliche gemäß Absatz 1 oder 2 übernommenen Exemplare dürfen nicht weiterverkauft werden. Dies gilt auch für die unkörperlichen Ausgaben.

§ 7
Satz, Korrektur

1.
Die erste Korrektur des Satzes wird vom Verlag oder von der Druckerei vorgenommen. Der Verlag ist sodann verpflichtet, dem Autor in allen Teilen gut lesbare Abzüge zu übersenden, die der Autor unverzüglich honorarfrei korrigiert und mit dem Vermerk >>druckfertig<< versieht; durch diesen Vermerk werden auch etwaige Abweichungen vom Manuskript genehmigt. Abzüge gelten auch dann als >>druckfertig<<, wenn sich der Autor nicht innerhalb angemessener Frist nach Erhalt zu ihnen erklärt hat.

2.
Nimmt der Autor Änderungen im fertigen Satz vor, so hat er die dadurch entstehenden Mehrkosten – berechnet nach dem Selbstkostenpreis des Verlages – insoweit zu tragen, als sie 10 % der Satzkosten übersteigen. Dies gilt nicht für Änderungen bei Sachbüchern, die durch Entwicklungen der Fakten nach Ablieferung des Manuskripts erforderlich geworden sind.

§ 8
Lieferbarkeit, veränderte Neuauflagen

1.
Der Autor ist zu benachrichtigen, wenn das Werk in keiner Ausgabe mehr lieferbar ist.

a) Der Autor ist in diesem Fall berechtigt, den Verlag schriftlich aufzufordern, sich spätestens innerhalb von 3 Monaten nach Eingang der Aufforderung zu verpflichten, die Verwertung des Werkes in einer Verlagsausgabe spätestens nach ... Monat(en)/Jahr(en) nach Ablauf der Dreimonatsfrist wieder aufzunehmen. Wenn der Verlag eine solche Verpflichtung nicht fristgerecht eingeht oder die Neuherstellungsfrist nicht wahrt, ist der Autor berechtigt, durch schriftliche Erklärung den Verlagsvertrag zu kündigen.

b) Nimmt der Verlag die Verwertung des Werkes in einer Verlagsausgabe aufgrund der Aufforderung wieder auf, ist eine Kündigung des Autors unter den Voraussetzungen von Absatz 2 erst nach Ablauf von zwei Jahren nach Wiederaufnahme der Verwertung möglich.

2.
Wenn das Werk nur in einer elektronischen Ausgabe und/oder nur in einer Druckausgabe lieferbar ist, die nach Bestelleingang in der Regel nicht binnen 10 Werktagen an den Kunden geliefert werden kann, ist der Autor berechtigt, den Verlagsvertrag durch schriftliche Erklärung zum 30.6. eines Jahres zu kündigen, wenn der Verkauf der körperlichen elektronischen Ausgabe und der Abruf der unkörperlichen elektronischen Ausgabe in zwei aufeinanderfolgenden Kalenderjahren unter ... x Exemplaren gelegen hat.

3.

Der Verlag bleibt im Falle der Kündigung zum Verkauf der ihm danach (z.B. aus Remissionen) noch zufließenden Restexemplare innerhalb einer Frist von .... berechtigt; er ist verpflichtet, dem Autor die Anzahl dieser Exemplare anzugeben und ihm die Übernahme anzubieten. Im Falle von unkörperlichen Ausgaben wird der Verlag diese aus den entsprechenden Vertriebsplattformen in angemessener Frist entfernen bzw. entfernen lassen, die zu diesem Zeitpunkt von Endkunden erworbenen Ausgaben können von diesen jedoch ggf. erneut heruntergeladen werden.

4.

Der Autor ist berechtigt und, wenn es der Charakter des Werkes (z.B. eines Sachbuchs) erfordert, auch verpflichtet, das Werk für weitere Auflagen zu überarbeiten. Sollte der Verlag den Autor verpflichten, so erhält der Autor ein angemessenes Werkhonorar. Wesentliche Veränderungen von Art und Umfang des Werkes bedürfen der Zustimmung des Verlages. Ist der Autor zu der Bearbeitung nicht bereit oder nicht in der Lage oder liefert er die Überarbeitung nicht innerhalb einer angemessenen Frist nach Aufforderung durch den Verlag ab, so ist der Verlag zur Bestellung eines anderen Bearbeiters berechtigt. Wesentliche Änderungen des Charakters des Werkes bedürfen dann der Zustimmung des Autors.

§ 9
Verramschung, Makulierung

1.

Der Verlag kann die gedruckten Ausgaben des Werkes verramschen, wenn der Verkauf in zwei aufeinanderfolgenden Kalenderjahren unter........ Exemplaren pro Jahr gelegen hat. Am Erlös ist der Autor in Höhe seines sich aus § 4 Absatz 2 ergebenden Grundhonorarprozentsatzes beteiligt.

2.

Erweist sich auch ein Absatz zum Ramschpreis als nicht durchführbar, kann der Verlag die Restauflage makulieren.

3.

Der Verlag ist verpflichtet, den Autor vor einer beabsichtigten Verramschung bzw. Makulierung zu informieren. Der Autor hat das Recht, durch einseitige Erklärung die noch vorhandene Restauflage bei beabsichtigter Verramschung zum Ramschpreis abzüglich des Prozentsatzes seiner Beteiligung und bei beabsichtigter Makulierung unentgeltlich – ganz oder teilweise – ab Lager zu übernehmen. Bei beabsichtigter Verramschung kann das Übernahmerecht nur bezüglich der gesamten noch vorhandenen Restauflage ausgeübt werden.

4.

Das Recht des Autors, im Falle der Verramschung oder Makulierung vom Vertrag zurückzutreten, richtet sich nach § 8 Absatz 1.

§ 10
Rezensionen

Der Verlag wird auf Wunsch des Autors bei ihm eingehende Rezensionen des Werkes innerhalb des ersten Jahres nach Ersterscheinen umgehend, danach in angemessenen Zeitabständen dem Autor zur Kenntnis bringen.

§ 11
Urheberbenennung, Copyright-Vermerk

1.

Der Verlag ist verpflichtet, den Autor in angemessener Weise als Urheber des Werkes auszuweisen.

2.

Der Verlag ist verpflichtet, bei der Veröffentlichung des Werkes den Copyright-Vermerk im Sinne des Welturheberrechtsabkommens anzubringen.

§ 12
Änderungen der Eigentums- und Programmstrukturen des Verlags

1.

Der Verlag ist verpflichtet, dem Autor anzuzeigen, wenn sich in seinen Eigentums- oder Beteiligungsverhältnissen eine wesentliche Änderung ergibt.

2.
Der Autor ist berechtigt, durch schriftliche Erklärung gegenüber dem Verlag von etwa bestehenden Optionen oder von Verlagsverträgen über Werke, deren Herstellung der Verlag noch nicht begonnen hat, zurückzutreten, wenn sich durch eine wesentliche Änderung der Eigentumsverhältnisse oder durch Änderung der über das Verlagsprogramm entscheidenden Verlagsleitung eine so grundsätzliche Veränderung des Verlagsprogramms in seiner Struktur und Tendenz ergibt, dass dem Autor nach der Art seines Werkes und unter Berücksichtigung des bei Abschluss dieses Vertrages bestehenden Verlagsprogramms ein Festhalten am Vertrag nicht zugemutet werden kann.

3.
Das Rücktrittsrecht kann nur innerhalb eines Jahres nach Zugang der Anzeige des Verlages über die Änderung der Eigentumsverhältnisse ausgeübt werden.

§ 13
Schlussbestimmungen

1.
Soweit dieser Vertrag keine Regelungen enthält, gelten die allgemeinen gesetzlichen Bestimmungen des Rechts der Bundesrepublik Deutschland und der Europäischen Union. Die Nichtigkeit oder Unwirksamkeit einzelner Bestimmungen dieses Vertrages berührt die Gültigkeit der übrigen Bestimmungen nicht. Die Parteien sind alsdann verpflichtet, die mangelhafte Bestimmung durch eine solche zu ersetzen, deren wirtschaftlicher und juristischer Sinn dem der mangelhaften Bestimmung möglichst nahekommt.

2.
Die Parteien erklären, Mitglieder bzw. Wahrnehmungsberechtigte folgender Verwertungsgesellschaften zu sein:
Der Autor: ....
Der Verlag: ....

3.
Im Rahmen von Mandatsverträgen hat der Autor bereits folgende Rechte an Verwertungsgesellschaften übertragen:

.... an die VG: ....

...., den............
(Autor)
...., den............
(Verlag)

Fachvokabular deutsch-englisch

abbestellen	to cancel
Abbildung	illustration
Abkürzung	abbreviation
Abonnement	subscription
Abonnementerneuerung	subscription renewal
anbieten	to offer
Anhang	appendix
Ansichtsexemplar	inspection copy
Ansichtssendung	consignment sent on approval
zur Ansicht	on approval
antiquarische Bücher	secondhand books
Anthologie	anthology
Anzahlung	deposit
Arbeitsbuch	workbook
Auflage	edition
Auflagenhöhe	numbers of copies
Restauflage	remaindered stock
Auftrag	order, contract
Ausgabe	edition
aktualisierte Ausgabe	updated edition
bebilderte Ausgabe	illustrated edition
Dünndruckausgabe	india-paper edition
Erstausgabe	first edition
erweiterte Ausgabe	expanded edition
gebundene Ausgabe	hardback editon
gekürzte Ausgabe	abridged edition
Gesamtausgabe	complete edition
Großdruckausgabe	large-print edition
Jubiläumsausgabe	anniversary/jubilee edition
kartonierte Ausgabe	paperback edition
kommentierte Ausgabe	annotated edition
limitierte Ausgabe	limited edition
mehrbändige Ausgabe	multi-volume edition
mehrsprachige Ausgabe	multilingual edition

neu bearbeitete Ausgabe	new edition
Originalausgabe	first edition
Printausgabe	print edition, print version
signierte Ausgabe	signed copy
Sonderausgabe	special edition
überarbeitete Ausgabe	revised edition
unveränderte Ausgabe	unamended edition
veränderte Ausgabe	amended edition
Auslieferung	distribution, delivery
Auslieferungslager	warehouse
Ausstattung	format, design
ausverkauft	sold out
Auszug	extract, excerpt
Autor/in	author
Band	volume
Bankkonto	bank account
Barbezug	cash payment
Barsortiment	book wholesaler
barzahlen	to pay in cash
Begleitheft	accompanying booklet
Beiheft	supplement
Beilage	supplement, insert
Beleg	receipt, voucher
Belletristik	fiction
beschädigt	damaged
Beschwerde	complaint
Besorgungsgebühr	ordering change
Besprechungsexemplar	review copy of book
Bestellabteilung	order department
bestellen	to order
unverbindlich bestellen	to order without obligation
Bestellschein	order slip
Betrag	amount
beziehen	to take, to subscribe to
Bezug	buying, subscribing
bibliografische Angaben	bibliographical details
Bildband	coffee-table book
Bilderbuch	picture book
broschiert	paperback
Buchbesprechung	book review
Buchhändler/in	book seller
Buchhändlerrabatt	bookseller's discount
Buchhandlung	bookshop (GB), bookstore (USA)
Buchmesse	book fair
Buchpreisbindung	retail price maintenance on books
Buchreihe	book series
Dauerauftrag	standing order
Druckfehler	misprint

Eigenverlag	self publisher
Einband	(book) cover, binding
fester Einband	hard cover
flexibler Einband	soft cover
Ledereinband	leather cover
einfarbig	single-colour
Einleitung	introduction
einschweißen	to shrink-wrap
Empfehlung	recommendation
englisch broschiert	case bound
Ergänzungsband	supplementary volume
Ergänzungsheft	supplementary booklet
erscheinen	to be published (or released), to come out
erschienen bei	published by
noch nicht erschienen	not yet released
erscheint demnächst	to be published soon
soeben erschienen	just released
Erscheinungsjahr	year of publication
Erscheinungstermin	publication date
Erstauslieferungstermin	first delivery (date)
Erzählung	story
Exemplar	copy
Fachbuch	specialist book
Fachkatalog	specialist catalogue
Fachzeitschrift	specialist journal
Filiale	branch
Format	format
Fortsetzungsabteilung	subscription department
Fortsetzungswerk	serial work, sequel
Fortsetzungsbezug	series order
Fotoband	book of photographs
Frachtsendung	freight shipment
Freiexemplar	free (or complimentary) copy
Gedichtband	poetry book
geheftet	sewn
Geleitwort	preface
Gesammelte Werke	collected works
Gesamtverzeichnis	full catalog(ue)
Geschenkbuch	gift wrapping
Geschichtensammlung	story collection
gratis	free of charge
Großhändler, Grossist	wholesaler
Gutschein	credit note
Halbkunststoff	half-synthetic binding
Halbleder	half-leather binding
Halbleinen	half-cloth binding
Handelsbrauch	trade accepted practice

handsigniert	autographed
Herausgeber/in	publisher
Hörbuch	talking book
Impressum	imprint
Inhaltsverzeichnis	table of contents
Jahrbuch	annual, yearbook
Jahresabrechnung	annual accounting
Jahrgang	annual publication year
Jugendliteratur	books for young people
Kalender	calendar
Karte	map
Kassette	cassette
Katalog	catalog(ue)
Kinderbuch	children's book
Klappentext	blurb
Klassiker	classics
Klassische Literatur	classical literatur
Kleinverlag	independent publisher
Kontoauszug	statement of acount
Koproduktion	co-production
Kosten	costs, expences
kreditfähig	solvent
Kreditkarte	credit card
Krimi	crime novel
Kunde	customer
Kunstbuch	art book
Kunstgeschichte	art history
Künstlerbiografie	artist biography
Kurzgeschichte	short story
Ladenpreis	retail price
gebundener Ladenpreis	fixed retail price
unverbindlicher Ladenpreis	recommended retail price
Lager(raum)	stockroom
auf Lager	in stock
Lagerbestand	stock
Landkarte	map
Lehrbuch	textbook
leichte Unterhaltung	light entertainment
Leinen	linen
Lernprogramm	learning program
Leseexemplar	review, sample copy
Liebesgeschichte	love story
Liebesroman	romance
lieferbar	available
nicht lieferbar	not available, out of stock
liefern	to supply, deliver
Lieferschein	delivery note
Liefertermin	date of delivery
Lieferzeit	time (or period) of delivery
Literaturpreis	literary prize
Loseblattausgabe	loose-leaf edition
Luftfracht	air freight
Lyrik	lyric poetry
Makulatur	pulping
Mängelexemplar	faulty copy
Mappe	folder
Märchen	fairy tale
Mehrwertsteuer	value added tax, VAT
Menge	quantity
Mengenpreis	bulk price
Mindestabnahme	minimum order
Modernes Antiquariat	remainder bookshop/ bookstore
Nachbestellung	restock, repeat order
Nachdruck	reprint
Nachlass	discount
Nachlieferung	subsequent (or later) delivery
Nachnahme	payment (or cash) on delivery
Nachschlagewerk	reference book
Nachtrag	supplement
Nachwort	epilogue, afterword
naturwissenschaftliches Sachbuch	science (text-)book
Neuauflage	reprint
Neuauflage in Planung	planned reprint
Neuauflage in Vorbereitung	reprint in preparation
Neuausgabe	new edition
Neubearbeitung	revision
Neudruck	reprint
Neuerscheinung	new publication
Noten	(sheet) music
Novitäten	new titles
nummerierte Exemplare	numbered copies
Originalausgabe	first edition
Originalverlag	original publisher
Packzettel	packing list (or note)
Partieexemplar	batch bonus copy
Porto und Verpackung	post and packing
portofrei ab ... EUR	orders post free over ... EUR
Portokosten	postal charges
Probeheft	sample copy
Prospekt	leaflet, brochure
Querformat	oblong format
Quittung	receipt

Rabatt	discount
Ramschverkauf	clearance sale
verramschen	to sell off
Ratgeber	guide
Rechnung	invoice, bill
Vorausrechung	proforma invoice
Rechnungsbetrag	invoice amount
Regionalia	regional matters
Register	index
(Schriften-)Reihe	series
Reiseführer	travel guide
Reklamation	complaint, claim
Remittende	return (of unsold copies)
Restauflage	remaindered stock, rest of an edition
Rezension	review
Roman	novel
Rückentext	back cover text
Rückgaberecht	sale or return
Sachbuch	non-fiction
Sammelband	anthology
Sammlung	collection, anthology
Schadenersatz	compensation, payment for damages
Scheck	check
Schriftwechsel	correspondence
Schuber	slip case, slipcover
Schulbuch	schoolbook, textbook
Schutzumschlag	book jacket, dust cover
Seefracht	sea freight
Seite	page
Sonderangebot	special offer
Sonderpreis	special price
Sortimentsbuchhandlung	retail bookstore
Stadtplan	street map
Staffelpreis	graduated price
steuerpflichtig	obligates to pay taxes
stornieren	to cancel
Subskriptionspreis	subscription price
Supplementband	supplementary volume
Tabelle	table
Taschenbuch	paperback
Teilzahlung	partial payment, instalment
Titel	title
Tonkassette	audio cassette

Übersetzung	translation
Übersichtskarte	general book
(Buch-)Umschlag	jacket
umtauschen	to exchange
Umtauschrecht	right to exchange
Universitätsbuchhandlung	university bookstore
Urheber/in	originator, author
Untertitel	subtitle
verbilligt	reduced
vergriffen	out of print
Verlag	publisher, publishing house
Verlagskatalog	publisher's catalog(ue)
Verpackung	packing, wrapping
Verpackungskosten	packings costs
Versandkosten	delivery charge (or cost)
Versicherung	insurance
Vertrag	contract, agreement
Vertrieb	distribution
Verzeichnis	index, list
Vorausrechnung	proforma invoice
Vorauszahlung	advance payment
(in) Vorbereitung	in preparation
Vormerker	advance order
vorrätig	in stock
nicht vorrätig	out auf stock
Vorwort	preface, foreward
Vorzugspreis	preferential price
Währung	currency,
Werbung	advertising, promotion material
wissenschaftliche Literatur	scientific (or academic) literature
Wörterbuch	dictionary
Zahlung	payment
Zahlungsbedingung	condition of payment
zeitgenössische Literatur	contemporary literature
Zeitschrift	magazine, journal
Zeitung	newspaper
Zoll	duty, customs
zollfrei	duty free
Zusammenarbeit	cooperation
zuschicken	to send to
zweisprachig	bilingual

Verzeichnis weiterführender Literatur

ABC des Buchhandels. Hg. von Sabine Gillitzer. 11. Auflage. Würzburg, Lexika 2009

Bez, Thomas: **ABC des Zwischenbuchhandels.** 8. Auflage. BoD 2017

Books & Bookster. Die Zukunft des Buches undder Buchbranche. Hg. von Martin Schmitz-Kuhl. Frankfurt, Bramann 2015

Breyer-Mayländer, Thomas u. a.: **Wirtschaftsunternehmen Verlag.** 5. Auflage. Frankfurt, Bramann 2014

Buchhandel im Netz. Hg. von der Rechtsabteilung des Börsenvereins des Deutschen Buchhandels. 2018

Buzmann, Gudula / Bramann, Klaus-W.: **Gründung und Führung einer Buchhandlung.** 7. Auflage. Frankfurt, Bramann 2019

Emrich, Kerstin: **Konzentration im Sortimentsbuchhandel.** Wiesbaden, Gabler 2011

Gauditz, Sabine: **Schaufenster als Spiegel der Geschäfte.** 2. Auflage. Frankfurt, Bramann 2019

Haller, Sabine: **Handelsmarketing.** 4. Auflage. Ludwigshafen, Kiehl 2017

Handbuch Verkäufer/-innen, Kaufleute im Einzelhandel. 6. Auflage. Braunschweig, Winklers 2018

Haucke, Manfred/Bienert, Rolf-Michael: **Erfolgreich verkaufen als BuchhändlerIn.** 4. Auflage. Landsberg, VMI 1997

Heinold, Wolfgang Ehrhardt: **Bücher und Buchhändler.** 5. Auflage. Frankfurt, Bramann 2007

Heinold, Wolfgang Ehrhardt: **Bücher und Büchermacher.** 6. Auflage. Frankfurt, Bramann 2009

Huse, Urich: **Verlagsmarketing.** Frankfurt, Bramann 2017

Kleeberg u.a.: **Bestandsaufnahme und Bewertung von Vorräten im Sortiment.** Hg. vom Sortimenterausschuss des Börsenvereins des Deutschen Buchhandels

Kohl, René: **Software für den Buchhandel.** Eine Publikation des Sortimenter-Ausschusses, Frankfurt 2015

Ladwig, Wibke: **Social media für Buchhandungen.** Hrsg. vom Sortimenterausschuss des Börsenvereins des Deutschen Buchhandels. 2013

Märtin, Doris: **Erfolgreich texten.** 5. Auflage. Frankfurt, Bramann 2019

Marx, Gabi: **Profilbildung als Wettbewerbsvorteil: Einzigartig statt austauschbar** Eine Publikation des Sortimenter-Ausschusses

Menche, Birgit: **Urheber- und Verlagsrecht.** Frankfurt, Bramann 2017

Niestrath, Angelika: **Sortiment mit Gesicht.** Hg. vom Sortimenterausschuss des Börsenvereins des Deutschen Buchhandels. 2013

Paulerberg, Herbert: **Die Kunst, Bücher zu verkaufen.** Würzburg, Krick Fachmedien 1999

Pohl, Sigrid/Umlauf, Konrad: **Warenkunde Buch.** 2. Auflage. Wiesbaden, Harrassowitz 2007

Pohl, Sigrid/Umlauf, Konrad: **Der Sortimentsbuchhandel.** Ein Lehrbuch. Stuttgart, Hauswedell 2018

Reclams Sachlexikon des Buches. Hg. von Rautenberg, Ursula. 3. Auflage. Ditzingen, Reclam 2015

Reifsteck, Peter: **Handbuch Lesungen und Literaturveranstaltungen.** 3. Auflage. Reutlingen, Beratungsbüro für Literaturveranstaltungen 2005

Tom Riedl/Christoph Kaeder: **E-Books.** Hg. vom Sortimenterausschuss des Börsenvereins des Deutschen Buchhandels. Copyright: Lehmanns Media GmbH 2013

Roszinsky-Terjung, Arnd: **Strategien gegen den Internet-Tsunami.** In: Buchmarkt 7-2013, S. 26-29

Ruta, Hans-Heinrich: **Basiswissen Herstellung für Buchhändler.** Frankfurt, Bramann 2010

Schickerling, Michael: **Bücher machen**. 3. Auflage. Frankfurt, Bramann 2012
Schikowski, Michael: **Warum Bücher?** 2. Auflage. Frankfurt, Bramann 2013
Schikowski, Michael: **Der Buchhandel**. Frankfurt, Bramann 2019
Schulz von Thun, Friedemann/Zach, Kathrin/Zoller, Karen: **Miteinander reden von A – Z.** Hamburg, Rowohlt 2012

Überlebenstraining im Umgang mit schwierigen Kunden. Hrsg. von Klaus-Wilhelm Bramann/ Friederike Randt. Frankfurt, Bramann 2011

Wallenfels, Dieter/Russ, Christian: **Preisbindungsgesetz, Kommentar.** 7. Auflage. C. H. Beck, München 2017
Warengruppen im Buchhandel. Hg. von Klaus-Wilhelm Bramann/Michael Buchmann/ Michael Schikowski. Frankfurt, Bramann 2011
Wendt, Bernhard/Gruber, Gerhard: **Der Antiquariatsbuchhandel.** 4. Auflage. Stuttgart, Hauswedell 2003
Wiesenmüller, Heidrun/Horny, Silke: **Basiswissen RDA.** 2. Auflage. Berlin, De Gruyter 2017
Willberg, Hans P./Forssmann, Friedrich: **Lesetypografie.** 5. Auflage. Mainz, Schmidt 2010
Winter, Jörg: **Der Kunde ist Gast.** 2. Auflage. Frankfurt, Bramann 2016
Wörterbuch des Buches. Hg. von Hiller, Helmut / Füssel,Stephan. 7. Auflage. Frankfurt, Klostermann 2006

Abkürzungen

Im Text und im Sachregister verwendete (buchhandels-)relevante Abkürzungen

AGB	Allgemeine Geschäftsbedingungen
BBG	Börsenverein des Deutschen Buchhandels Beteiligungsgesellschaft mbH
BuchPrG	Buchpreisbindungsgesetz
CI	Corporate Identitiy
CD	Corporate Design
CMS	Content Management System
DRM	Digital Rights Management
ELS	Elektronischer Lieferschein
EPUB	Electronic Publication
ERFA-Gruppen	Erfahrungsaustauschgruppen
FBM	Frankfurter Buchmesse
FRBR	Functional Requirements for Bibliographic Records
GS1	Global Standard One
GTIN	Global Trade Item Number
GWB	Gesetz gegen Wettbewerbsbeschränkungen
IBU	Informationsverbund Buchhandel
IGUS	Interessengruppe Unabhängiges Sortiment
IHF	Institut für Handelsforschung
ISBN	Internationale Standard-Buchnummer
ISSN	Internationale Standard-Seriennummer
KNV	Koch, Neff & Volckmar
KSK	Künstlersozialkasse
LUG	Lagerumschlagsgeschwindigkeit
MA	Modernes Antiquariat
MVB	Wirtschaftsbetrieb des Börsenvereins
PBS	Papier-, Büro- und Schreibwaren
PDF	Portable Document Format
PoD	Printing-on-Demand
PR	Public Relations
RDA	Resource Description and Access
RR	Remissionsrecht
SEO	Search Engine Optimization
SEM	Search Engine Marketing
SoA	Sortimenter-Ausschuss
UR	Umtauschrecht
USP	Unique Selling Proposition
UWG	Gesetz gegen den unlauteren Wettbewerb
VA	Verlagsauslieferung
VeO	Verkehrsordnung für den Buchhandel
VLB	Verzeichnis Lieferbarer Bücher
WGSneu	neue Warengruppensystematik
WKZ	Werbekostenzuschuss
WWS	Warenwirtschaftssystem
ZVAB	Zentrales Verzeichnis Antiquarischer Bücher

Periodisch erscheinende Publikationen

Branchenmonitor Buch. (monatlicher Newsletter)
Börsenblatt. Frankfurt, MVB (erscheint wöchentlich)
Buch und Buchhandel in Zahlen. Hrsg. vom Börsenverein des Deutschen Buchhandels, Frankfurt, MVB (erscheint jährlich)
Buchmarkt. Meerbusch, Buchmarkt (erscheint monatlich)
Buchreport. Dortmund, Harenberg (buchreport.express erscheint wöchentlich. buchreport.magazin erscheint monatlich)
Langendorfs Dienst. Leichter Führen im Buchhandel. (Online-Publikation; erscheint Montag bis Freitag)

Wichtige Internetadressen

www.buchwert-service.de
www.boersenblatt.net
www.boersenverein.de
www.buchmarkt.de
www.buchreport.de
www.dnb.de
www.fortbildung-buchhandel.com
www.langendorfs-dienst.de
www.preisbindungsgesetz.de
www.stiftunglesen.de
www.wulffundpartner.de

Lösungsteil

1.1 Die ›besondere‹ Ware Buch soll – zumindest was den Preis anbelangt – nicht den normalen Marktmechanismen überlassen werden.

1.2 Wirtschaftsstufen Verlag (herstellender Buchhandel), Zwischenbuchhandel und Bucheinzelhandel (beide verbreitender Buchhandel)

1.3 1, 2, 2, 2, 1, 1

1.4 Unterhaltungsbedürfnis (Roman, Sachbuch), kulturelles Bedürfnis (Roman, Sachbuch), Informationsbedürfnis (Ratgeber, Fachbuch)

1.5 Lektorat: Herstellung, Werbung, Vertrieb. Herstellung: Lektorat, Controlling, Vertrieb.

1.6 Bei Outsourcing werden Dienstleistungen in Anspruch genommen, die nicht mit eigenem Personal ausgeführt werden, d. h. man nutzt Hilfsmittel bzw. -quellen außerhalb des Unternehmens, z. B. PR-Arbeit, Verlagsauslieferung.

1.7 Absatzmittler sind Großhändler, die an den Einzelhandel weiterverkaufen, z. B. Barsortiment, Importgroßhandel. Absatzhelfer agieren in unterschiedlichen Dienstleistungsbereichen, z. B. Verlagsauslieferung, Büchersammelverkehr.

1.8 Barsortiment, Presse-Grosso

1.9 Ausnutzung des Bündelungspotenzials, schnelle Zustellung, Lieferung zum Grundrabatt der Verlage, Minimierung des Aufwands in der Buchhaltung, kostengünstige Zustellung, Verringerung von Verpackungsmaterial

1.10 Rabattfalle: Hohe Verlagsrabatte verlieren ihren Effekt, wenn sie durch Prozesskosten ›aufgebraucht‹ werden. Bündelung: Bezug vieler Titel aus einer Hand; auch: viele Exemplare in einer Bestellzeile. Funktionsrabatt: Der Teil des Verlagsrabatts, den ein Barsortiment nicht an den Einzelhandel weitergibt (= Gewinnspanne des Barsortiments). Rack-Jobbing: Handel mit Regalfläche, i. d. R. in Nebenmärkten.

1.11 Der Kommittent ist der Auftraggeber eines Kommissionärs. Er nimmt Dienstleistungen in Anspruch, die ein Kommissionär am Markt anbietet. Die buchhändlerischen Kommissionäre sind entweder Verlags- oder Sortimenter-Kommissionäre.

1.12 1, 1, 1, 2, 2

1.13 Kontrolle der Dateiformate (Qualitätssicherung), Verwaltung der E-Book-Mastercopy, Organisation des Vertriebs.

1.14 Parkmodell: Man hält Bestellungen in der ›Dispo‹ zurück in Hoffnung auf eine rentable Bestellgröße; man kann auf Wert, Zeit und/oder Gewicht parken. Kleinbeischluss: Verlegerbeischlüsse bis zu fünf kg Gewicht. Avis: Warenbegleitpapier mit Angabe von Paketanzahl und Gewichten. Clearing Center: organisiert Bestelltransfer zwischen Marktteilnehmern.

1.15 Der Club Bertelsmann, Karstadt, Hugendubel, Thalia

1.16 individuelle Antworten. Grundlage: Übersicht in der Einleitung von Kap. 1.3.

1.17 Stationärer Vertrieb mit integriertem Webshop, Bereithaltungsfunktion, Beratungskompetenz, Besorgungsdienst (und weitere Servicebereiche), kulturelle Aktivitäten

1.18 EBuch, Buchwert, LG Buch, Nordbuch (siehe Seite 55)

1.19 sehr gute Konditionen der Verlage, optimierte Einkaufslogistik, Vergleichbarkeit einzelner Betriebsergebnisse durch das Controlling (filialübergreifendes WWS), geringe Steuerschuld (der Gewinn wird in den Ausbau des Filialnetzes gesteckt), standardisiertes Ladenlayout, einheitliche Verkaufsschulung der Mitarbeiter, Einsetzbarkeit der Mitarbeiter in allen Filialen

1.20 Gewinner: Internethandel, Direktgeschäft der Verlage. Verlierer: Warenhausbuchhandel, Buchgemeinschaften, Sortimentsbuchhandel

1.21 Angebote bearbeiten und bewerten, Ware beschaffen (ankaufen, ersteigern), Bestände kollationieren, Internetportale nutzen, Ware bewerten, Verkaufspreise kalkulieren, finanzielle Aspekte der Finanzplanung und Budgetierung berücksichtigen

1.22 Geschäft mit Einzeltiteln, bibliophile Kostbarkeiten (Erstausgaben etc.)

1.23 Restauflagen/vergriffene Titel, Mängelexemplare, preisgebundene Sonderausgaben, Billig-Editionen

1.24 ›Normale‹ Mängelexemplare: durch ›unachtsame Behandlung‹ beschädigte Einzelstücke. ›Gemängelte‹ Mängelexemplare: Remittenden in einwandfreiem Zustand, die durch Anbringen eines Aufdrucks zu einem Mängelexemplar gemacht werden.

1.25 Kunden werden durch eine Mitgliedschaft und/oder Abnahmeverpflichtung an ein Unternehmen gebunden und erhalten im Gegenzug Ware preiswerter als zum regulären gebundenen Ladenpreis.

1.26 Mitgliedsbindung (Kaufverpflichtung), Zeitabstand, Ausstattungsunterschied und Preisdifferenz zur Originalausgabe. Erläuterungen aufgrund der Formulierungen des ›Potsdamer Protokolls‹.

1.27 Reise-, Versand- und Internetbuchhandel

1.28 Integration verschiedener Absatz- und/oder Kommunikationskanäle, wodurch ein Miteinander von online und offline für Kommunikation und Transaktion entsteht.
1.29 Beeinflussende Kontakte zu Institutionen und (politischen) Entscheidungsträgern; Mitarbeit in (internationalen) Gremien
1.30 FBM: Frankfurter Buchmesse, MVB: Wirtschaftsbetrieb des Börsenvereins, SoA: Sortimenter-Ausschuss, IGUS: Interessengruppe Unabhängiges Sortiment
1.31 Gruppe 16: Bundesverband: 1.483,– €, Landesverband: 497,– €
1.32 Nachweis über Ladenlokal (Angabe von Quadratmeter-Verkaufsfläche), Angaben zum (geplanten) Umsatz
1.33 Versicherungen, Bürobedarf, Verpackungsmaterialien, elektronische Zahlungssysteme, Autokauf
1.34 Friedenspreis: Förderung des Friedens, der Menschlichkeit und der Verständigung der Völker; Deutscher Buchpreis: (nationale und internationale) Förderung deutschsprachiger Autoren und Literatur.
1.35 Suhrkamp: Tellkamp, R. Menasse. Rowohlt: Mahlke, Ruge. FVA: Kirchhoff etc.
1.37 Longlist: 20. Shortlist: 6.
1.38 23. April
1.39 Stiftung Buchkunst
1.40 Sortimenter-Ausschuss

2.1 Ein Buch ist gekennzeichnet durch seine Idealität (geistiges Erzeugnis) und seine Materialität (Ware).
2.2 Waren, die als verlagstypisch angesehen sind, eine inhaltliche Nähe zu Buchinhalten haben und über den Buchhandel vertrieben werden (Kalender, Hörbücher, PBS etc.).
2.3 Imagetitel: dienen zur Profilbildung. Bestseller: bestverkaufte Titel. Steadyseller: Titel, die sich über Jahre hinweg gut verkaufen. Aktionstitel: Titel, die zeitlich befristet zum Sortiment gehören.
2.4 c, e, f, g
2.5 Gesamtausgaben: wissenschaftliche Verlage, Publikumsverlage. Monografien: Fachbuchverlage, wissenschaftliche Verlage. (Buch-)Reihen: alle Verlage. Loseblattwerke: Fachbuchverlage. Hörbücher: Publikumsverlage
2.6 4 Seiten. Seite 1: Schmutztitel, Seite 2: Schmutztitelrückseite, Seite 3: Titelblatt, Seite 4: Impressum
2.7 Format, Satzspiegel, Schrift(en), Stand der Seitenzahl, Größe der Abbildungen
2.8 Satzspiegel: bedruckte Fläche einer Seite. Antiquaschriften: Schriften mit Serifen. Groteskschriften: serifenlose Schriften
2.9 Typografie für lineares Lesen: Romane, Erzählungen. Typografie für konsultierendes Lesen: Nachschlagewerke. Typografie für selektierendes Lesen: Ratgeber. Typografie nach Sinnschritten: Bilderbücher
2.10 Bildbände: Bilderdruck-/Kunstdruckpapier. Romane: Werkdruckpapier und Offsetpapier. Ratgeber: Offsetpapier. Gesangbücher: Dünndruckpapier
2.11 Offsetdruck: indirektes Druckverfahren. Es werden nur die fetthaltig präparierten Teile/Bereiche der Druckplatte gedruckt; nicht druckende Teile werden mit Wasser bzw. einem Wasserfilm präpariert, der keine Farbe annehmen kann.

Tiefdruck: direktes Druckverfahren. Die zu druckenden Teile/Bereiche befinden sich als seitenverkehrte Näpfchen vertieft in einem präparierten Formzylinder. Digitaldruck: ›Digitale Druckseiten‹ aus Computern werden einem Drucker übertragen und dort mittels Tonermaterial ausgedruckt. Es ist keine statische Druckform erforderlich.

2.12 Fadenheftung: Alle Seiten eines Falzbogens werden entlang des Rückens von innen mit einem Heftfaden durchstochen; anschließend werden die Fäden miteinander vernäht. Fadensiegelung: Die Rücken der Falzbogen werden mit kurzen Plastikfäden oder -klammern von innen durchstoßen; anschließend von außen erhitzt und miteinander verschweißt.

2.13 Standardbroschur: Der Umschlag wird im Rücken mit dem Buchblock verklebt und dreiseitig beschnitten. Klappenbroschur: Der Umschlag besitzt zusätzliche Klappen, die nach innen umgelegt werden. Englische Broschur: Der Buchblock wird wie bei der Standardbroschur in einen meist unbedruckten Umschlagkarton eingehängt und dreiseitig beschnitten. Danach wird um den Umschlag ein weiterer Schutzumschlag mit Klappen entweder lose umgelegt oder am Rücken festgeklebt.

2.14 Fachbuch, Reihenpublikation, Hardcover (Deckenband), Offsetdruck (Auflage: 2.000 Ex.), Fadenheftung, Werkdruckpapier, Antiquaschrift (Concorde) mit Zweitschrift in Grotesk (Polo)

2.15 Loseblattausgaben (Loseblattwerke), Werkausgaben, mehrbändige Monografien, Reihen, periodisch erscheinende Verzeichnisse

2.16 Foto-, Bild- und Abreißkalender werden mit dem vollen Steuersatz verkauft. Der ermäßigte Umsatzsteuersatz gilt für Kalender in Buchform oder Kalender, in denen der Textanteil überwiegt.

2.17 Maßstab: Der Maßstab gibt das Zahlenverhältnis der Verkleinerung des Kartenbildes gegenüber der Wirklichkeit an. Höhenlinien: Aus den Höhenlinien lassen sich die realen Landschaftsformen genau ablesen. Schummerung: Mithilfe der Schummerung kann man ein Gelände dreidimensional darstellen. Legende: Eine Legende erklärt die in einer Karte verwendeten Signaturen. Blattschnittübersicht: Eine Blattschnittübersicht informiert über angrenzende Anschlusskarten.

2.18 Wanderkarten: 1:25.000, 1:50.000. Radwanderkarten: 1:50.000, 1:100.000. Straßenkarten: 1:100.000 bis 1:1.000.000.

2.19 Faksimile: detailgetreue Wiedergabe eines Originals. Reprint: unveränderter Neudruck eines vergriffenen Werks. Musikalien: gedruckte oder geschriebene Musikwerke. Tonträger: Trägermedium für Wort und/oder Musik (CD, DVD, Vinyl).

2.20 Inszenierte Lesung, Szenische Lesung, Live-Einspielung

2.21 Sprecher, Bearbeitung, Aufnahme, Geräusche/unterlegte Musik, Booklet mit weiteren Infos

2.22 Ambiente, Paperworld, Buchmessen (Merchandising)

2.23 individuelle Antworten

2.24 PoD: Print(ing)-on-Demand. DVD: Digital Versatile Disc. UGC: User Generated Content. PDF: Portable Document Format. EPUB: Electronic Publication. DRM: Digital Rights Management. App: Applikation.

2.24 ›online first‹ steht für die Erstpublikation als ›Digitalisat‹; bei Bedarf werden Offline-Medien (print oder ggf. digital) veröffentlicht.

2.26 2, 1, 1, 2, 2, 1, 1, 2

2.27 E-Ink-Technologie: Eine elektronische Tinte verwandelt durch Anlegen einer elektrischen Spannung positiv geladene Mikropartikel in schwarze Schrift. LCD-Technologie: Flüssigkristalle werden mittels elektrischer Spannung unterschiedlich ausgerichtet, wodurch Schrift und/oder Bewegtbilder erzeugt werden.

2.28 Displaygröße, integrierte Beleuchtung, E-Book-Formate, stufenlose Schriftvergrößerung, Bedienungskomfort (Tastatur, Touchscreen), Stromverbrauch

2.29 Beratung, Besorgung, Ansichtssendungen, Zustellservice, antiquarische Suche, Informationsdienste, Monatskonto, E-Procurement

3.1 Warengruppen sind ökonomische Einheiten, die das Lager einer Buchhandlung strukturieren. Grundlage für Entscheidungen im Controlling, Einkauf, Verkaufsraum etc.

3.2 individuelle Lösungen

3.3 Betriebsinterne, individuelle Statistiken verstellen den Blick auf größere Zusammenhänge. Die WGSneu dient als Grundlage für alle Statistiken über wirtschaftliche Entwicklungstendenzen im Buchhandel.

3.4 Belletristik

3.5 die Editionsform oder das Trägermedium (Buch, Hörbuch etc.)

3.6 Der Unterschied liegt nicht in herstellerischen Gesichtspunkten begründet. Der WG-Index 2 bezeichnet die Produktion der Taschenbuchverlage. Der Index 1 steht allen Verlagen für Hardcover und Softcover zur Verfügung.

3.7 Ratgeber (WG 4): handlungs- oder nutzenorientierte Literatur für den privaten Bereich. Sachbücher (WG 9): wissensorientierte Literatur mit primär privatem Nutzwert. Fachbücher (WG 5-7): handlungs- bzw. wissensorientierte Literatur mit primär beruflichem oder akademischem Nutzwert.

3.8 a: 5121; b: 1111; c: 2112; d: 1114 (Anaconda: kein Kinderbuchverlag)

3.9 Umsätze pro Warengruppe, Anteil der einzelnen Warengruppen innerhalb der Hauptwarengruppe (HWG) in Prozent, Anteil der Hauptwarengruppen (HWG) am Gesamtumsatz in Prozent, Anteil des Durchlaufgeschäfts (gesamt und einzelne Warengruppen)

4.1 Adolf Kröner, 1888

4.2 JuSchG (1), UrhG (2), Normvertrag [...] (3), Fernabsatzrecht (1), BuchPrG (2), Verkehrsordnung (3), Wettbewerbsregeln (3), UWG (1)

4.3 2002

4.4 Verfolgung von Preisbindungsverstößen der Buchhandlung, Führung von Preisbindungsprozessen, Vorträge und Veröffentlichungen etc.

4.5 Gesetz gegen Wettbewerbsbeschränkungen (GWB)

4.6 Die Bekanntmachung der gebundenen Preise erfolgt über das *Verzeichnis Lieferbarer Bücher*. Auch Preisänderungen werden hier den Branchenteilnehmern über eine so genannte ›Gelbe Beilage‹ (siehe Kap. 8.4.1.1) mitgeteilt.

4.7 a: 1, b: 1, c: 2, d: 1, e: 2, f: 1, g: 2, h: 2

4.8 Bei mehrbändigen Werken gilt der Subskriptionspreis spätestens bis zum vollständigen Erscheinen. Bei einbändigen und bei mehrbändigen Werken, die gleichzeitig erscheinen, darf der Subskriptionspreis bis max. 3 Monate nach Erscheinen gelten. Die Vergünstigung darf max. 20 % des späteren Endpreises betragen.

4.9 Ein Endabnehmer kauft einen Titel in größerer Stückzahl zum eigenen Bedarf.

4.10 Preis für ›Kombi-Packungen‹, z. B. Wanderkarten plus Kompass oder Print-Produkt mit inhaltsgleichem E-Book.

4.11 a: max. 5 %, b: max. 10 %, c: max. 10 %, d: max. 10, e: kein Nachlass, f: generell 12 %

4.12 Zugaben von geringem Wert sind erlaubt. Dies können Sachprämien bis zu 2 % des Warenwertes sein, wobei die Zugabe nicht unmittelbar mit einem Kaufabschluss verknüpft sein muss. Es ist auch möglich, dass der Kunde erst nach Erreichen eines bestimmten Mindestumsatzes, also erst nach mehreren Käufen, ein Anrecht auf die Zugabe erhält. Eine Auszahlung in Geld, Ausgabe von Gutscheinen oder dem Payback-Verfahren ähnliche Systeme sind unzulässig. Werbegeschenke sind erlaubt, sofern sie nicht an den Kauf gekoppelt sind.

4.13 Bibliografische Recherche, Entsorgung des Verpackungsmaterials zugestellter Bücher, Hotline für Einzelauskünfte etc.

4.14 Preisbindung von Fachzeitschriften; bestimmt konkrete Vertragsstrafen bei Preisbindungsverstößen

4.15 Mindestbestellgrößen: 3, Adressen- und Abonnentenschutz: 3, Remittenden (Rücknahmepflicht der Verlage): 2, Versandwege: 2, Parallelausgaben: 2 und 3, Versandkosten: 2, Titelvielfalt: 1

4.16 a, c, d, f, g, h

4.17 Angabe von: Identität des Unternehmens, Anschrift des Unternehmens, Preis der Ware, Liefermodalitäten, Zahlungsmodalitäten etc.

4.18 Widerrufsfrist, Widerrufserklärung, Kosten für die Hin- und Rücksendung, Zurückbehaltungsrecht, Ausnahmen vom Widerrufsrecht etc.

4.19 Sie unterliegen nicht mehr der Preisbindung. Sie verlieren den ermäßigten Umsatzsteuersatz. Sie dürfen im Verkaufsraum nicht für jedermann zugänglich ausgestellt werden.

4.20 b, c

4.21 Immer dann, wenn eine künstlerische Idee Gestalt oder Form annimmt. Der Urheberrechtsschutz gilt also nicht für die Idee, sondern für das konkrete Werk.

4.22 Synonyme. Das vom Autor zugestandene Recht des Verlags zur Vervielfältigung und Verbreitung eines Werkes.

4.23 Körperlich: Vervielfältigungsrecht, Verbreitungsrecht. Unkörperlich: Vortragsrecht, Aufführungsrecht

4.24 bis zum 31. Dezember 2055

4.25 Die ›Schranken des Urheberrechts‹ gelten u. a. für: Medien, Rechtspflege und öffentliche Sicherheit, Vervielfältigungen zum privaten, wissenschaftlichen und sonstigen Gebrauch, Zitate, Unterricht / Lehre an Bildungseinrichtungen, Bibliotheken

4.26 Verlage: Vervielfältigung und Veröffentlichung des Werkes, Honorarzahlung,

Info-Pflicht bei Preisaufhebungen oder -senkungen etc. Autor: Manuskriptablieferung, Übertragung der Nutzungsrechte, honorarfreie Korrektur der ersten Satzfassung etc.

4.27 Bundesgerichtshof

4.28 Herstellender Buchhandel (Verlage), Bucheinzelhandel

4.29 freie Antwort, z.B. Achten auf Energieeffizienz, Zweitverwertung von Verpackungsmaterial, Fahrradkurier statt Auslieferung mit Auto, Unterstützung der Verlage, die klimaneutral produzieren, Bündelung im Warenbezug etc.

4.30 aktive Dokumentation von Datenschutzmaßnahmen, gezielte Einhaltung der Informationspflichten etc.

4.31 personenbezogener

4.32 Name, Rufnummer, E-Mail-Adresse, Anschrift, Geburtsdatum etc.

5.1 Titelsuche, Literatursuche, Literaturkontrolle

5.2 Datenbankauswahl, Maskensuche (Kategorien Verlag, Schlagwort, Erscheinungsjahr), Interpretation der jeweiligen Treffer. Problematisch kann hier die Kundeninformation ›neues‹ Buch sein, da Kunde und Sortimenter in der Regel den Begriff ›neu‹ unterschiedlich verwenden. Im Vorgespräch zur Recherche muss der Sortimenter also versuchen, den vom Kunden verwendeten Begriff formal so zu erfassen, dass für den Kunden relevante Treffer angezeigt werden.

5.3 Bibliografie: standortunabhängiges und anbieterübergreifendes Verzeichnis von Medien (z. B. VLB). Katalog: anbieterabhängiges Bestandsverzeichnis von Medien (z. B. Barsortimentskatalog). Kompendium: Fachverzeichnis oder Fachkatalog (z. B. KiLiFü). Adressverzeichnis: nach verschiedenen Kriterien geordnete Adressverzeichnisse (z. B. adb). Branchenzeitschrift: von der Fach-Community rezipierte Zeitschrift (z. B. Börsenblatt).

5.4 Standards und Regelwerke ermöglichen eine von den individuellen Auffassungen einzelner Personen unabhängige normierte Erfassungs- bzw. Erschließungsarbeit und damit intersubjektiv standardisierte Abfragemöglichkeiten.

5.5 Das bibliografische Universum beschreibt alle möglichen Beziehungen zwischen allen bibliografisch erfassten Elementen in Form eines Entitäten-Modells. Es macht das ›Semantic Web‹ verstehbar, ist international gültig und ermöglicht die generelle Austauschbarkeit von Daten.

5.6 Profisuche, Maskensuche, Phrasensuche, Schlagwortrecherche, Verwendung von Filtern

5.7 Maskensuche/BS-Katalog: Eingabe in der Kategorie Verlag ›AB‹ (mit vom System vorgesehener Endtrunkierung) in Kombination mit dem Schlagwort ›Latein‹ (soweit im verwendeten Thesaurus indexiert) findet: ›Romdeutsch‹ in der Ausgabe der AB (Die Andere Bibliothek).

5.8 Das *Börsenblatt* ist ›Pflichtlektüre‹ für den Sortimenter (VeO §2), da alle publizierten Informationen als der gesamten Branche mitgeteilt gelten. Dies gilt für alle Rubriken des *Börsenblatts.* Zudem ist die Kenntnis der aktuellsten Branchennachrichten und -entwicklungen Grundlage für den betriebswirtschaftlichen Erfolg.

5.9 Recherchestrategien in verschiedenen Recherchemodi sollten kundenorientiert paraphrasiert werden. Beispiel: In Bezug auf Ihre Frage wähle ich die Datenbank unseres Barsortiments für die Recherche aus, da der von Ihnen gewünschte Titel wahrscheinlich ein Lagertitel beim Großhändler ist. Ihre Angaben gebe ich in die jeweiligen Felder der Suchmaske ein, wobei ich den Filter X und den Filter Y nutze, um möglichst einen eindeutigen Treffer zu erhalten (…).

5.10 Die Nutzung des AdB ist kostenfrei, sodass auch Nicht-Branchenangehörige die Datenbank jederzeit nutzen können. Die Einträge beschreiben die gelisteten Verlage mittels einer Vielzahl unterschiedlichsten Datenmaterials; eine Rubrik lautet ›Fachgebiete‹.

5.11 Das *Börsenblatt* ist aufgeteilt in einen anzeigenden und einen redaktionellen Bereich. Während der Anzeigenteil neben umfangreicher Verlagswerbung u. a. noch die Bereiche Titelschutz, Stellenmarkt und Brancheninfos enthält, werden im redaktionellen Teil nach dem Editorial die Kategorien Wochenschau, Markt, Management, Medien, Börsenverein, Rubriken präsentiert. *Magazin* und *Börsenblatt Spezial* erscheinen im wöchentlichen Wechsel.

5.12 VLB: »Was ist denn zurzeit alles von Günter Grass lieferbar?« DNB: »Wann ist denn die erste Auflage des Romans *Der Butt* von Günter Grass erschienen?« BS-Katalog: »Können Sie mir bis morgen eine gebundene Ausgabe des Romans *Der Butt* von Günter Grass besorgen?« Antiquaria.com (nur bei Listung): »Haben Sie die Möglichkeit, mir die Erstausgabe des Romans *Der Butt* von Günter Grass zu besorgen?«

5.13 Je nach verwendetem Operator unterschiedlich umfangreiche Treffermengen. ›und‹: Schnittmenge. ›oder‹: Vereinigungsmenge. ›nicht‹: Restmenge.

5.14 Hier kann z. B. eine Recherche zu Lernhilfen, Lektürehilfen, Werkkommentaren etc. durchgeführt werden. Die erscheinenden Treffer sind vom Buchhändler auf der Grundlage der jeweiligen Warengruppenkenntnisse kunden- und betriebsorientiert zu erläutern.

6.1 Die Kunden interessiert weniger das bedruckte Papier, sondern vielmehr die Möglichkeit, mittels der Ware Buch Kurzweil, Sinnerfüllung, Wissensgewinn, Selbstbelohnung etc. zu erreichen.

6.2 Bei einem Zielkauf liegt keine verkäuferische Leistung im engeren Sinne vor, denn die Wünsche des Kunden werden aufgrund des eingekauften Sortiments sowie der Recherche- und Lagerkenntnisse der Mitarbeiter befriedigt.

6.3 Erst aus der Stimmigkeit und der entsprechenden Wahrnehmung beim Mitarbeiter resultieren Leistungsbereitschaft und Produktivität.

6.4 Der einfühlsame Verkäufer berät, stellt zusammen und kann gut auf seine Kunden eingehen. Nicht der Verkauf, sondern die Beratung steht bei seinem Handeln im Vordergrund. Der ideale Verkäufer paart den Willen zum Verkauf mit der Fähigkeit, seine Kunden und deren Wünsche und Interessen zu verstehen. Er versteht seine Arbeit als ›aktives Verkaufen‹.

6.5 Kunden sind dann zufrieden, wenn ihre Erwartungen durch das Handeln des Buchhändlers befriedigt werden. Kundenbegeisterung entsteht dann, wenn die erwarteten Leistungen übertroffen werden (z. B. durch nicht erwartete Empfehlungen).

6.6 Die Grenzen zwischen den von Sinus beschriebenen Milieus sind nicht eindeutig, sondern fließend und weisen zahlreiche Überschneidungen auf.

6.7 Während SINUS soziodemographische und psychographische Aspekte miteinander in Verbindung setzt, präsentiert die LIMBIC-Map Aspekte von Konsumenten-Persönlichkeiten, die von einem archetypischen Emotionssystem gesteuert werden.

6.8 individuelle Lösungen

6.9 Kontakt/Begrüßung, Bedarfsermittlung, Vorführung, Einwandbehandlung, Kaufabschluss, Verabschiedung/Bindungsphase

6.10 Der Buchhändler will den Verkaufsabschluss aktiv herbeiführen und stellt ihn als umsatz- und gewinnbringendes Kernelement in den Mittelpunkt seiner verkäuferischen Bemühungen.

6.11 siehe Kap. 6.4

6.12 Appell, Beziehung, Selbstoffenbarung, Sachinformation

6.13 Durch Fragen ist der Verkäufer immer ein aktiv Handelnder. Er ergreift die Initiative, strukturiert das Gespräch und ›hält die Zügel in der Hand‹.

6.14 Informationsfragen, Gegenfragen, rhetorische Fragen, Bestätigungsfragen, Anregungsfragen, Gegenfragen

6.15 Sandwich-Methode bei der Preisargumentation nutzen, Preise relativieren, hochpreisige Produkte angemessen platzieren

6.16 Reklamationsmanagement ist immer Teil eines Kundenbindungsprogramms und muss in einem Reklamations- bzw. Beschwerdemanagementkonzept beschrieben werden. Denn nur so können für alle Mitarbeiter verbindliche Regelungen deutlich gemacht werden. Eine solche Systematisierung bedeutet Professionalisierung des buchhändlerischen Handelns.

6.17 Wenn der Buchhändler Bücher verkauft, dann sollte er nicht allein auf das Produkt Buch fokussiert sein, sondern mittels des Produktes Welten, Emotionen, Abenteuer, Liebe usw. verkaufen. Die Geschichten, die er auf diese Art erzählt, binden den Kunden an den Laden.

6.18 Beratungs- und Recherche-Service, Info-Service, Bestell-Service, Zustellungs- und Verpackungsservice, Service beim Abrechnen und Umtausch

6.19 individuelle Lösungen

6.20 individuelle Lösungen

7.1 individuelle Antworten; auch unter Bezug auf Kap. 1.3

7.2 Lage der Buchhandlung, Größe der Buchhandlung, Kapital, Sortimentskompetenz der Mitarbeiter

7.3 Kalender (Umsatzbringer im Weihnachtsgeschäft), Wein (Zusatzartikel zu einem Romankauf) o. Ä.

7.4 Das Ladenpreis-Niveau grenzt von der Konkurrenz ab und bewirkt ein bestimmtes Markt-Image (teuer, preiswert).

7.5 Bezugspreis (netto): 19,96 €; zuzügl. 40 % Geschäftskosten, 20 % Gewinnaufschlag und 7 % USt. = 35,88 €, aufgerundet 35,90 €

7.6 Nein. Der Verkaufspreis (brutto) würde bei 3,50 € liegen. Bezugspreis (netto): 0,70 €; zuzügl. 40 % Geschäftskosten, 200 % Gewinnaufschlag und 19 % USt. = 3,50 €

7.7 Er vereinfacht die Kalkulation. In einem Schritt kommt man vom Bezugspreis zum Ladenpreis.

7.8 37,86 %

7.9 Zu berücksichtigen sind: Exklusivität des Produkts, Preise der Konkurrenz und psychologische Preisschwellen.

7.10 Kernsortiment: umsatzstarkes Grundsortiment; A-Verlage. Aktionssortiment: zeitlich befristet; Titel von A-, B- oder C-Verlagen zu allen möglichen Themen.

7.11 Novitäten unbekannter Autoren, nicht mehr aktuelle Titel mit abnehmender Verkaufszahl, Titel aus Sachgebieten mit abnehmendem Interesse

7.12 Die richtigen Bücher zur richtigen Zeit in der richtigen Menge zu bevorraten.

7.13 Bestellung der Novitäten, der Backlist, der Aktionsware, der Besorgungstitel

7.14 Einkauf für den Absatzmarkt/die Zielgruppen der Buchhandlung

7.15 Einkaufsbudget, Zeitraum des Abverkaufs, Konditionen der Lieferanten, werbliche Unterstützung der Lieferanten

7.16 Hardcoverausgaben: mindestens 12 Monate. Taschenbücher: mindestens 6 Monate.

7.17 Rückgaberecht (RR), langes Zahlungsziel, das nicht vor dem RR-Datum liegt

7.18 Die höheren Verlagsrabatte werden durch Prozesskosten ›aufgefressen‹.

7.19 Aktionsrabatt, Valuta

7.20 Freier Handelsvertreter: selbstständiger Kaufmann, lebt von seinem Provisionserlös, reist in der Regel für mehrere Verlage. Reisender: bezieht festes Gehalt von Verlagen, unmittelbar weisungsgebunden, geringer Provisionserlös bei verstärkten Verkaufsaktivitäten.

7.21 Betreuung der für den Verlagserfolg wichtigen Schlüsselkunden (= A-Kunden).

7.22 Wichtige Kunden werden mehrmals im Jahr besucht. Marketingmaßnahmen für Novitäten werden wichtiger. Einkauf der Backlist erfolgt nicht mehr über den Vertreter.

7.23 Programmvorschauen etc. auswerten, Bestellzahlen notieren, Einkaufslimit festlegen, Remissionsgenehmigung vorbereiten (Penner-Liste), Jahreskonditionen überprüfen, verkaufsfördernde Maßnahmen planen, angebotene Werbematerialien sichten

7.24 Bei der Antwort sind Aspekte der Prozessoptimierung (Zeit für die Vorbereitung und das eigentliche Gespräch) sowie des Verkaufsraums (Präsentationsmöglichkeiten am Point-of-Sale) zu berücksichtigen.

7.25 Fest mit RR: Minderung des Lagerrisikos. Aktionsrabatt: Verbesserung des Rohgewinns. Valuta: Verbesserung der betrieblichen Liquidität.

7.26 Buchhalterischer Verwaltungsaufwand ist im zweiten Fall größer: Zunächst überweisen, später ggf. remittieren und Gutschrift anfordern bzw. verbuchen.

7.27 23/20: 47,8 %; 59/50: 49,2 %

7.28 Jahresabschluss(rabatt): Rabattvereinbarung für das kommende Jahr. Bonus: nachträgliche Gutschrift.

7.29 Ultimo, hier: 31. August

7.30 Eine Buchung für alle Zahlungsvorgänge, die über das BAG-Abrechnungsverfahren abgewickelt werden.

7.31 Festlegen auf ein (erstes/vorrangiges) Barsortiment, Festlegen der A-Verlage, Festlegen auf einen (ersten/vorrangigen) Branchenspediteur.

7.32 Fest mit RR: Remission und Gutschrift; Fest mit UR: Remission und Neueinkauf

7.33 Anzeigenkampagnen, Lesungen von Autoren des Verlags

7.34 Rabatte, Bezugsformen, Bezugskosten, Zahlungsbedingungen, WKZ, Aspekte der Verkaufsförderung

7.35 individuelle Lösungen

8.1 Da Controlling ›Steuerung‹ bedeutet, beeinflusst es den ökonomischen Aspekt des Novitäten-Einkaufs.

8.2 Vollständige Lagertransparenz inkl. aller an- bzw. ausstehender Bestellungen.

8.3 siehe Übersicht in der Einleitung des Kapitels

8.4 Einscannen des Balkencodes der Programmvorschauen, Übernahme der Daten elektronischer Lieferscheine (ELS), eigene Codierung mithilfe der ISBN

8.5 Einkauf der Novitäten

8.6 Name (genaue Firmierung), Anschrift(en), Zustellmodus, Bezahlmodus

8.7 ISSN: Internationale Standard Seriennummer. Subskriptionspreis: Vorab-Preis (Markteinführungspreis). Direkteinweisung: Zustellung vom Verlag direkt an den Endkunden (Abrechnung über den Handel). Pflichtfortsetzung: Die Abnahme eines Bandes verpflichtet zur Abnahme aller Bände eines mehrbändigen Werkes.

8.8 2.000,00 €

8.9 a, d, e

8.10 mittels WWS (permanente Inventur), mittels monatlicher Lagerbestandsfortschreibung ausgehend von Zahlen, die für das Finanzamt (Umsatzsteuer, Vorsteuer, Zahllast) aufbereitet werden müssen

8.11 Überprüfen der Anschrift, Überprüfen auf Vollständigkeit, Überprüfen auf Unversehrtheit, Überprüfen auf Mängel, Überprüfen mit den Bestellunterlagen

8.12 Zentraler Wareneingang: Der komplette Wareneingang wird über eine Logistikfläche abgewickelt, von der aus die Waren auf die Filialen verteilt werden. Zentrallager (ZL): Titel, die das Kernsortiment bilden. Bei Filialisten Aktionstitel und gekaufte Restauflagen.

8.13 fehlerhafte Ware, unvollständige Sendung, falsche Lieferung

8.14 bis zu 14 Tage (VeO § 10) nach Eingang der Sendung

8.15 d, e

8.16 48,– €

8.17 RR-Bezug, beschädigte Bücher, irrtümlich falsch bestellte Bücher, alte Auflagen, Remission nach àc-Bezug

8.18 Stichtagsinventur: einmalige körperliche Bestandsaufnahme zum Ende des Geschäftsjahres (meistens Kalenderjahr). Permanente Inventur: körperliche Bestandsaufnahme über das ganze Jahr hinweg (jede Warengruppe muss einmal erfasst werden); Zu- und Abgänge vor oder nach dem Zeitpunkt der Aufnahme werden durch die Warenwirtschaft buchmäßig festgehalten.

8.19 Diebstahl, fehlerhafte Aufnahme, falsche Preisauszeichnung

8.20 Zeitpunkt der Aufnahme, aufnehmende Personen (Zweier-Teams), Unterzeichnung durch die prüfende Person, Überprüfungsvermerk des Verantwortlichen, ggf. Korrektur der Lagerbestände bei festgestellten Differenzen, Inventurlisten mit Einzeltitelnachweis und Gesamtbestand

8.21 52.000 € (139.100 € abz. 7 % USt. abz. 60 % Abschreibung)

8.22 Non-Books werden zu ihren jeweiligen Anschaffungskosten wertmäßig erfasst (ggf. auch mit einem niedrigeren Teilwert). Es gelten keine pauschalen Abschlagssätze.

9.1 Aufgabe des Vertriebs: alle Aspekte der Verkaufsabwicklung (Auslieferung, Fakturierung) innerhalb gewählter Absatzkanäle. Aufgabe des Verkaufs: aktives Anbieten der Ware und Regeln für den Umgang mit Kunden.

9.2 Kasse ruft nach Erfassen des Strich- bzw. Barcodes den Preis und die Artikelbezeichnung direkt aus dem Zentralrechner/Server ab.

9.3 Artikelbezeichnung, Menge des gekauften Artikels, USt.-Satz des Artikels, Ladenpreis des Artikels, Datum und Zeit, Name der Firma, laufende Bon-Nummer

9.4 Kunden freundlich ansehen, ggf. grüßen, zu zahlenden Betrag nennen, situationsbezogen Dienstleistungen der Buchhandlung anbieten, Give-aways überreichen, freundliche Verabschiedung

9.5 Umsatz je Barverkauf bzw. Kassiervorgang

9.6 AB (am Abend gezählte Bargeldbestände)
+ Tagesausgaben lt. Belegen (bar ausgezahlte Beträge)
– sonstige Einnahmen lt. Belegen (alles außer Warenverkäufen)
+ Privatentnahmen (in bar gegen Belege)
– Wechselgeld

9.7 außerplanmäßige Kassenkontrolle

9.8 Kunde gibt seine PIN-Nummer verdeckt ein. Dadurch erfolgt ein direkter Zugriff auf das Girokonto des Käufers. Die Buchhandlung hat durch die Online-Abfrage eine Zahlungsgarantie.

9.9 31.12.2023

9.10 Name und Anschrift des leistenden Unternehmens, Name und Anschrift des Empfängers, fortlaufende Rechnungsnummer, Liefermenge, Rechnungsdatum, Tag der Lieferung/Leistung, Rechnungsbetrag, Netto-Entgelt ohne USt. (= Steuerliches Entgelt)

9.11 Name und Anschrift des Empfängers, Netto-Entgelt ohne USt. (es reicht Angabe des USt.-Satzes), fortlaufende Rechnungsnummer

9.12 Anwachsen der Zahl der Internet-User, Anbieter im Internet, steigende Angebots- und Nutzungsformen, Nutzungsintensität bei Usern, Anwachsen des Werbemarkts

9.13 Conversion Rate: Relation Online-Info zu realisiertem Online-Kauf. White-Label-Shop: Webshop unter der Verwendung vorgegebener Bausteine. Mobile Payment: Zahlung mit Smartphone. CMS: Content-Management-System (ein Redaktionssystem zum Ändern von Einträgen auf der Website). Responsive Design: Display-Anzeige je nach benutztem Endgerät. AGOF: Arbeitsgemeinschaft Online-Forschung; ein Zusammenschluss deutscher Online-Vermarkter.

9.14 mehrere bzw. alle Absatzkanäle bespielen und aufeinander abstimmen

10.1 Gesamtheit aller Maßnahmen eines Unternehmens, um auf Dauer Kundenbedürfnisse und Unternehmensziele zu befriedigen. Unternehmensziele vom Markt her denken und entsprechende Maßnahmen durchführen.

10.2 corporate design, corporate behaviour, corporate communication, corporate culture

10.3 unique selling proposition (USP)

10.4 individuelle Lösungen

10.5 Betriebswirtschaftlich: Umsatzsteigerung, Erreichen definierter Marktanteile. Verkaufspsychologisch: größtmögliche Kundenzufriedenheit, bestmöglicher Service

10.6 S: Ziele sollen spezifisch sein. M: Ziele sollen messbar sein. A: Ziele sollen umsetzbar sein (Aktionsplan). R: Ziele sollen relevant sein. T: Das Erreichen der Ziele soll terminiert sein.

10.7 Produktpolitik, Distributionspolitik, Kommunikationspolitik, Kontrahierungspolitik

10.8 Produktpolitik: Sortiment, Leistungen. Distributionspolitik: stationär und online. Kommunikationspolitik: Werbung, Verkaufsraum. Kontrahierungspolitik: Rechtsnormen, Preisniveau

10.9 Platzierung neuer Produkte auf neuen Märkten.

10.10 a: intern (oder extern durch ein MaFo-Institut) und primär. b: intern und sekundär. c: extern und sekundär. d: extern und sekundär. e: intern (oder extern durch ein MaFo-Institut) und primär.

10.11 Wiederholungsbefragung eines Handelsunternehmens (bzw. Absatzanalyse von Warengruppen) im Rahmen von Langzeituntersuchungen

10.12 Kundenanalyse ist ein wichtiger Baustein einer Marktanalyse; sie stellt ›den‹ Kunden bzw. einzelne Kundengruppen in den Vordergrund. Die Marktanalyse beschäftigt sich primär mit dem ökonomisch-strukturellen Umfeld des Unternehmens.

10.13 S: strength (Stärken). W: weaknesses (Schwächen). O: opportunities (Chancen). T: threats (Gefahren). Die SWOT-Analyse ist Grundlage vieler Marketingentscheidungen.

10.14 Soziodemografischer Ansatz: untersucht quantifizierbar erfassbare Merkmale von Zielgruppen (Geschlecht, Alter, Familienstand, Haushaltsgröße etc.). Psychografischer Ansatz: untersucht Wunsch- und Leitbilder, Lebensstile, Werthaltungen und Freizeitmuster einzelner gesellschaftlicher Zielgruppen (Milieus).

10.15 Werbeziel, Werbeinhalt, Werbebudget, Werbemittel, Werbezeitpunkt

10.16 Werbemittel: Prospekt. Werbeträger: Presseerzeugnis

10.17 am geringsten: c. am größten: b

10.18 a: 4, b: 3, c: 2, d: 4, e: 1, f: 1

10.19 Schaufenstergestaltung: atmosphärischer Einstieg über besondere Form- und Farbkontraste, Materialien und Requisiten, Blickfang in Augenhöhe, freier Raum als Gestaltungsfaktor. Werbebrief: Herausstellung des Produkt- und Kundennutzen, KISS-Methode (keep it short and simple), adressatenbezogene Sprache. Verkaufsraum: Kann-Käufe gehören in den vorderen, Muss-Käufe in den hinteren Geschäftsbereich. Lockvogel-Angebote gehören vor die Tür oder in den Eingangsbereich. Inhaltlich ›benachbarte‹ Warengruppen werden in räumlicher Nähe zueinander platziert.

10.20 Auf **A**ttention folgt **I**nterest. So entsteht **D**esire, was **A**ction bewirkt.

10.21 Sicht-, Griff-, Reck-, und Bückzone. In dieser Reihenfolge auch die Wertigkeit für Verkaufschancen.

10.22 Definition der Werbeziele, Streuverlust der eingesetzten Webemittel, Arbeitsaufwand (Monitoring bei Online-Kampagnen)

10.23 Visits: Website-Besucher, die per Link von anderen Websites kommen. AdImpressions: möglicher Sichtkontakt mit einem Werbemittel auf einer Website. AdClicks: Anzahl der Nutzer, die Werbemittel anklicken.

10.24 Ziel der SEO: gutes Auffinden der eigenen Website durch bessere Plätze im Ranking der Suchergebnisse. Ziel der SEA: gezieltes Bewerben der eigenen Internetseite oder besonderer Produkte mittels bezahlter Anzeigen.

10.25 Soziale Plattformen, die dem Austausch, der Interaktion und der Mitgestaltung durch ihre Nutzer dienen.

10.26 Double-Opt-In: Ein Werbekunde muss seine Einwilligung in den Erhalt für Werbemittel noch einmal ausdrücklich bestätigen. Banner: für Websites und Portale erstellte Werbemittel. Keyword Advertising: Buchen von Anzeigen bei Suchmaschinenbetreibern, die nur dann erscheinen, wenn User bestimmte Suchbegriffe eingeben. Affiliate Programme: Website-Betreiber provisionieren angegliederte Vertriebspartner für Kundenkontakte (CpC, CpO, CpL). Blog: ursprünglich ein öffentlich zugängliches Online-Tagebuch; bezeichnet heute digitale Plattformen, auf denen es um Inhalte geht. UGC: user generated content; Inhalte, die für alle Mitglieder einer Community frei nutzbar sind. Follower: Abonnent eines Social-Media--Accounts.

10.27 Auswahl der Social-Media-Kanäle, Organisation des Austauschs mit der Online-Community, zeitlicher Aufwand, Zuständigkeiten der Mitarbeiter

10.28 Zeithorizont, Ziel, eingesetzte Medien

10.29 Newsletter, Website, Presseinformation, Pressemappe

10.30 Ausschnittdienste (Clipping-Dienste), Social-Media-Monitoring-Dienstleister

10.31 **w**er, **w**as, **w**ann, **w**o, **w**arum, **w**ie

10.32 genaues Thema festlegen, Kosten kalkulieren, Verantwortlichkeiten im Team festlegen, Termin festlegen, Veranstaltungsort festlegen und buchen, Einladungen verfassen, gestalten und drucken, Presseinformationen erstellen und versenden, Bücher bestellen, Catering organisieren, Liste für signierte Exemplare anlegen

10.33 Wechselgeld, Taschenrechner, Quittungsblock, Stempel, Kugelschreiber, Bestellzettel, Namensschilder, Visitenkarten, Gummibänder, Tüten, aktuelles Veranstaltungsprogramm

10.34 Dankschreiben an Autor, Meldung beim Verlag mit Presseberichten, Abrechnen der Aktionsware, Manöverkritik mit Angestellten und/oder Mitveranstaltern, Sammeln von Pressestimmen und deren Einstellen auf der Website

Sachregister

a
Abgabepreis 174, 359f
Abholfach 356f
Abssatzhelfer 29
Absatzmittler 29
àc 332
AdClicks 419
AdImpressions 419
Affiliate-Programme 170, 421f
AGB 178f
AGOF 383
AIDA 409f, 417
Aktionseinkauf 320
Antiquariatshandel 59-62, 140
Ausbildungsordnung 11
Autopsie 231f

b
Backlist 319f
BAG-Abrechnungsverfahren 329f
Bahnhofsbuchhandel 65f
Barsortiment 30-35
Barverkauf → Kasse
Beischlüsse 44
Beratung → Verkauf
Besorgungsgeschäft 137f, 320f
Bestellanstalt 44f
Bestelldaten 344-346; → Datenschutz
Bestellwesen 318-321, 344-351
Betriebstyp 48-51
Betriebsvergleich → Kölner Betriebsvergleich
Bezugsbedingungen → Einkaufskonditionen
Bezugsformen 331f
Bezugskosten 333f
Bezugsquellen 321-323
Bibliografie → Informationssysteme
bibliografisches Universum 208f
Bonus 328
Bonussysteme 168
Börsenblatt 168, 174, 255f
Börsenverein des Deutschen Buchhandels 70-87, 171
Boolesche Operatoren 223
Branchenstruktur 18f
Branding → Markenbildung
Buch (Herstellung) 27, 99-114
Bucheinzelhandel 48-51, 173
Buchgemeinschaften 67-69
Buchmarkt (Fachzeitschrift) 256
Buchpreis → Ladenpreis
Buchpreisbindung → Preisbindung
BuchPrG 158-166, 176, 453-456
Buchreport (Fachzeitschrift) 256
Buch- und Medienwirtschaft 13-88
Budgetierung 347f
Büchersammelverkehr 43f, 333
Bücherscheck → Gutscheine
Büchersendung 94, 380f
Büchertisch 445
Bücherwagen → Büchersammelverkehr
Bündelung 31, 185, 322
Bundle-Preise 163, 164

c
Clearing Center → Bestellanstalt
Controlling 339f
Conversion Rate 387
Corporate Design 395, 427
Corporate Identity 395, 427

d
Datenbanken → Informationssysteme
Datenschutz 185-188
Defektexemplar 361, 362
Deutsche Nationalbibliografie 144f, 213-216
Deutsche Nationalbibliothek 14, 214-216
Deutscher Buchhandlungspreis 16f
Deutscher Buchpreis 81f
Deutscher Verlagspreis 22
Dienstleistung → Service
digitale Produkte 96, 126-131, 163
Direkteinweisung 382
Direktvertrieb 24, 33
Direktwerbung 414-417
Dispo 342
Diversifikation 399
Dokumentationseinheiten (Recherche) 207
Dritter Ort 427
Durchlaufgeschäft 154f, 348f
DVD 122

e
E-Book 15, 42, 68, 128f, 163, 164
E-Commerce 69 - 71, 179 - 181, 307 - 309, 383 - 392
Einkauf 311 - 338
Einkaufsbudget 319, 347 - 351
Einkaufskonditionen 325 - 335
Einkaufskriterien 319
Einstandspreis → Abgabepreis
ELS 341; → Wareneingang
E-Procurement 378f
E-Reader 129 - 131
Erstverkaufstag 177
Event 443

f
Fachbuch 25, 150
Fachbuchhandlung 50f
Fachpresse 255 - 257
Fachverlag 24
Fachvokabular deutsch-englisch 479 - 482
Faksimile 120
Fernabsatzrecht 179 - 181
Filialsysteme 52f
Fortsetzungen 114 - 116, 175, 331, 346,
Frankfurter Buchmesse (FBM) 87
FRBR 208 - 213
Friedenspreis 80f
Funktionsrabatt 34f

g
Gebrauchtbücher 62, 162
Gegenstände des Buchhandels 91 - 134
GND 217
Geschäftsbriefe 416
Großantiquariat 36
Großhandel 17, 29 - 37
Großflächenbuchhandlung 52f
Grundlagenpapier 171, 172f, 459 - 461
Gutscheine 169f, 376 - 378
GS1 228

h
Handelsbrauch → Verkehrsordnung
Hörbücher 121 - 124, 163

i
IBU 45, 87
IHF → Kölner Betriebsvergleich
Imagesortiment → Sortimentspolitik
Import 35f, 315f
Imprint 21
indizierte Medien 189f
Influencer 422
Informationssysteme 203 - 258
Internet-AGB 179 - 181
Internet-Buchhandel → E-Commerce
Inventur 362 - 367
ISBN 227 - 230
ISSN 230f

j
Jahreskonditionen 335
Jugendmedienschutz 189f

k
Käufermarkt 394
Kalkulation (freie) 314
Kalender 117, 163
Kapitalbindung 154, 348 - 351
Kasse 370 - 378, 428
kartografische Produkte 118f
Katalog 231f, 244 - 247
Kernsortiment → Sortimentspolitik
Kleinbeischlüsse → Beischlüsse
Kollegenrabatt 165
Kölner Betriebsvergleich 145f
Kommissionär, buchhändlerischer 37f
Kommunikation 285 - 300, 449
Kompendium 248f
Konditionen → Einkaufskonditionen
Konditionen (Verlage) 164f, 175
Konkurrenzanalyse 402 - 404
kulturelle Aktivitäten 16, 81 - 85, 443 - 450
Kundenbindung 259 - 309
Kundenbindungssysteme 165f
Kundengespräch → Verkaufsgespräch
Kundenkarte 139, 376
Kundenleitweg 428 - 436
Kundenschutz 177, 185 - 188
Kundentypologie 265 - 277
Kundenzeitschrift 257

l
Ladenpreis 181f, 398f
Ladenschlussrecht 182f
Lagerbewertung → Inventur
Lagerdauer in Tagen 348 - 351
Lagerlogistik 339 - 368
Lagerordnung 427 - 433
Lagerorte 357f
Lagerrisiko 325, 331f
Lehrerprüfstück 165
Lehr- und Lernmittel 119f
Lektorat 27
Leseförderung 83
Lesungen 443 - 450
Lieferant → Bezugsquelle
Liefer- und Zahlungsbedingungen → AGB
Lieferschein 32, 332
Limbische Welt 272f
Liquidität 154, 325
Literaturdatenbanken 207, 208 - 213
Loop → Kundenleitweg

Loseblattausgabe 114f
LUG 348–351

m
Modernes Antiquariat 36, 62–65
Mail Order 415
Mängelexemplar 64f, 166
Mängelrüge 355f
Markenbildung 54f
Marketing 393–452
Marketing-Mix 398f
Marktforschung 400–406
Meldenummer 354f
Mengenpreis 164
Merchandising 125
Metadatenbank → FRBR
Milieus, gesellschaftliche 405f; → Sinus
Mindestbestellgrößen 177
Mitarbeiter 396, 399
Monatskonto 139, 376
Monitoring 418, 441
Multi-Channeling 19, 308, 386f
Multioptionaler Kunde 57f
Musikalien 120f
MVB 84–87

n
Nachlässe 165
Nebenleistungen (handelsübliche) 165f
Nebenmärkte 67
Networking 54f
Neue Medien → digitale Produkte
Newsletter 419f
Non-Books 92f, 124–126, 313–315
Normdateien 216f
Normvertrag → Verlagsvertrag
Novitäten 318f

o
Öffentlichkeitsarbeit → PR
Online-Buchhandel → E-Commerce
Outsourcing 26

p
Parallelausgaben 69
Parkgebühren 166
Parkmodelle 44
Partie 326f
PBS 92, 125
Personal → Mitarbeiter
Pflichtablieferung 14, 215f
PoD 14, 111
Potsdamer Protokoll 69
PR 439–442
Präsentation 433–439
Preis → Ladenpreis
Preisänderung 174, 358–360
Preisgestaltung 24f, 313–315, 398f
Preisangabenverordnung 181f
Preisbindung 16, 64f, 94–96, 158–170
Presseerzeugnisse 36, 167f
Presse-Grosso 36f
Printmedien 97–120
Produkt-Markt-Strategie 399
Profilbildung → Markenbildung → USP
Provision 170
Publikumsverlag 23

r
Rabattstruktur 24f, 324, 326–328
Rabattfalle 322f
Rack-Jobbing 35, 67
RAK-WB 207, 209f, 216f
Ramsch 62
Ratgeber 25, 150
RDA 209f, 218–222
Recherche → Informationssysteme
Recherche in Datenbanken 222–231
Rechnungsverkauf 378f, 381
rechtliche Bestimmungen 157–202
Referenzdatenbank → VLB
Regalgroßhandel → Rack-Jobbing
Regelwerke (Recherche) 207f, 216f
Reisebuchhandel 70
Reklamationen 291–293
Remission 175, 331f, 360–362
Reprint 120
Restauflage 63
Rohgewinn 325

s
Sachbuch 25, 150
Sachgruppen 144–147
Sales Promotion → Verkaufsförderung
Sammelrevers 2002 161, 167f, 457–459
Schauwerbegestaltung 436–439
Schlagwort 224f
Schulbuchnachlässe 165
Seitenreich (Vorteilsprogramm) 76
SEM → Suchmaschinenmarketing
Service 96f, 134–140, 166, 300–307
Sinus-Milieus 268–271, 406
Skonto 329
SMART 397
Social Media 391, 422–426
Sonderausgaben 63f
Sonderpreise 163f
Sortimenter-Ausschuss 71, 72, 78f, 87
Sortimentsbuchhandel 13–19, 45–58
Sortimentspolitik 316f, 398f, 430
Sponsoring 408
Stichwort 224f
Storytelling 308
Streifbandzeitung 380–382

Strukturwandel 46-58
Subskriptionspreis 164
Suchmaschinen 252
Suchmaschinenmarketing 420f
SWOT-Analyse 403f

t
thema-Klassifikation 236-238
Titelaufnahme 218-222
Titelproduktion 14f

u
Umsatz → Verkauf
Umsatzsteuer 94-96, 163
Umtausch → Reklamationen
Umtauschrecht 332
Umweltschutz 184f
Unternehmensphilosophie, -leitlinien 395f
Unverlangtsendung 175
Urheberrecht 190-196
USP 97, 389f, 395
UWG 176

v
Valuta 329
Veranstaltungen 443-450
Verbundgruppen 55f
Vereinfachte Remission 362
Verfasser (Ansetzung) 220-222, 225
Verkäuferrollen 263-265, 276
Verkäufertypen 262f
Verkauf 259-310, 369-379
Verkauf (Telefon) 295-297
Verkaufsförderung 443-450
Verkaufsgespräche 277-297
Verkaufsraum (stationär) 427 - 436
Verkaufsraum (virtuell) 297-300; → Webshop
Verkehrsnummer 76, 78
Verkehrsordnung 171, 173-176, 461-470
Verlage 17, 20-28, 33f, 172
Verlagsauslieferung 38-43
Verlagsvertrag 197-199, 473-479
Verlagsvertreter 323-325
Verlagsvorschau 254f; → VLB-TIX
Verlegerbeischlüsse → Beischlüsse
Verpackungsgesetz 183-185
Verpackungsmaterial 334
Versand 138f, 379-382
Versandbuchhandel 69-71
Versandkosten 166, 381
Vertreterbörse 325
Vertrieb 26, 369-392
Vertriebstypen 48-51
Vertriebsbeschränkungen 188-190
Verwertungsgesellschaften 196f
Visits 419
VLB 15, 233-241
VLB-TIX 241-244
Volltextsuche 226
Vorlesewettbewerb 82f

w
Wareneingang 352-356
Warengruppen 144-147, 153-156, 427f
Warengruppenpakete 32
Warengruppensystematik 148-153
Warenhausbuchhandel 66f
Wareninszenierung 433-439
Warenwirtschaft 339-368
Webshop 297-300, 387-392
Welttag des Buches 82
Werbekostenzuschuss (WKZ) 334f
Werbemaßnahmen (digital) 418-426
Werbemaßnahmen (print) 413-417
Werbung 407-426, 439f
Wertschöpfungskette 19
Wettbewerbsrecht → UWG
Wettbewerbsregeln 171, 176f, 470-472
White-Label-Shop 387-392
Widerrufsrecht 179, 180
WWS 339-354

z
Zahlungsarten (bargeldlos) 374-378
Zahlungsbedingungen 328-331
Zahlungsziel 329
Zeitschriften 116, 175, 249-252, 346
Zeitungen 116
Zielgruppen 25, 405f
Zugabe 166
ZVAB 15, 140
ZWERG-Formel 397
Zwischenbuchhandel 29-45, 173

Zusammenhänge verstehen
writing.
publishing.
selling.
20 Jahre
bramann.
Verlag & Beratung
1999 – 2019
Informationen zu der Beratungstätigkeit sowie zu allen Titeln, inkl. Gliederungsübersichten und Leseproben, erhalten Sie auf der Website des Verlags. Dort können Sie auch den Newsletter ordern, der über Novitäten informiert.
www.bramann.de